世界名著

西洋名家如是说

刘文荣 选编

文汇出版社

■ 序言　名著与历史

通常,所谓"名著",是指超越历史界限的著作,而所谓"世界名著",还要超越民族界限。换言之,世界名著是属于所有时代,属于全人类的。但是,世界名著虽具有人类普遍性而为世界各民族的读者所普遍赏识,而其自身却是历史的产物、民族的产物。也就是说,世界名著和其他著作一样,也是在某个历史时期、某个民族中产生的。所以对世界名著的历史背景和民族文化背景有所了解,不仅不会损害其普遍性;恰恰相反,只会使读者更自觉地领会其超时代性和超民族性。所谓"越是民族的,越是世界的",大概就是这个意思。

本书所选三十部世界文学名著,以及论述这些名著的名家,均出自西洋,因而在此对西洋文学的历史作一概述,看来对读者不无好处。只是,为了"概"述,权将漫长的西洋文学史简单地分为三段:古代、近代和现代。下面分而述之:

一、古代文学

西洋古代文学,是指公元前六世纪至公元五世纪的古希腊、古罗马文学,公元五世纪至十四世纪的中世纪文学,和十四至十六世纪的文艺复兴时期文学。

和其他民族文学一样,古希腊文学也起源于神话传说。最初形成文字的,即所谓"荷马史诗"——《伊利亚特》(也译《伊利昂纪》)和《奥德赛》(也译《奥德修纪》),两首讲述远古神话故事的长诗(确切地讲,是歌谣)。

荷马史诗是西洋文学的开山之作,其重要性不言而喻。除了其神话内容具有史学价值之外,两部史诗还基本框定了后世西洋文学的两大叙事类型,即以事件为中心的叙事类型(《伊利亚特》类型)和以人物为中心的叙事类型(《奥德赛》类型),故而被后世有的西洋作家视为"一种规范和高不可及的范本"。

仅次于荷马史诗的,是公元前五世纪雅典时期的古希腊悲剧。古希腊悲剧讲述的也是远古神话故事。在众多悲剧诗人中,有所谓"三大悲剧诗人",即埃斯库罗斯、索福克勒斯和欧里庇得斯;其中又以索福克勒斯名声最大,而在索福克勒斯的悲剧作品中,《俄狄浦斯王》被后世视为"悲剧的典范"。

当然,除史诗和悲剧之外,还有古希腊喜剧,还有堪称西洋抒情诗鼻祖的古希腊"三大抒情诗人"(萨福、品达和阿克那瑞翁),还有相传为伊索所作的《伊索寓言》,等等。

继古希腊之后,是古罗马。古罗马文学虽是古希腊文学的模仿,但其重要性也不可忽视,因为后世西洋文学,如意大利文学、西班牙文学、法国文学、英国文学,均是古罗马文学的直接继承者;也就是说,古罗马文学是连接古希腊文学与后世西洋文学之间的一座桥梁。再说,古罗马文学模仿古希腊文学,也是非常出色的,还有"三大诗人",即维吉尔、贺拉斯和奥维德,其中尤以维吉尔名声最大,其长诗《伊尼特》(也译《埃涅阿斯纪》)前半部分模仿《奥德赛》,后半部分模仿《伊利亚特》,被称为"古罗马史诗"。

公元五世纪,西罗马帝国灭亡。其后至十四世纪的将近一千年,史称"中世纪"①。这将近一千年的中世纪,可称"基督教世纪"或"神学时代",一个漫长的信仰时代和禁欲时代,人们一心向往灵魂得救,故而即便有什么文学,也是为宣扬基督教教义的教会文学,如赞美诗、惩戒故事和宗教剧等;还有所谓"骑士文学",虽非宗教文学,但也具有浓厚的基督教色彩;即便是中世纪中期出现的所谓"市民文学",宣扬的也是基督教道德。

当然,并不是说文学不能宣扬基督教:文学是一种艺术,基督教是一种信仰——艺术当然可以为任何信仰服务。问题是上述这些文学——宗教文学也好,骑士文学也好,市民文学也好——均没有多少"艺术",或者说,没有多少"文学性"。当然,这也并不是说,中世纪的基督教文学毫无成就,只是这一"成就"要到中世纪行将结束时才出现。那就是意大利诗人但丁写于十四世纪初的长诗

---

① 因为这一千年介于古罗马与文艺复兴之间,故称"中世纪"。

《神曲》。《神曲》堪称"基督教史诗",因为它以最精妙的艺术形式和艺术手法宣扬了基督教教义。

继但丁之后,也就是在十四世纪中叶,也是在意大利,最初出现了非基督教文学。这种非基督教文学,后世称为"人文主义文学",即宣扬人文精神而非基督教教义的文学。这种文学的出现,即标志着文艺复兴的开启。文艺复兴之所以称为"复兴",是当初不再以宣扬基督教教义为己任的诗人、文人——如彼特拉克、薄伽丘——宣称,最好的文学楷模是古罗马文学,所以应该"复兴"古罗马文学;而古罗马文学——"三大诗人"维吉尔、贺拉斯和奥维德的文学,尽管也有宗教因素,但不是基督教(那时基督教还未传入罗马帝国)。也就是说,所谓"人文主义文学",最初是在复古的旗帜下出现的;所谓"文艺复兴"(Renaissance)①,最初是以复古为宗旨的,而其结果,是基督教时代的结束②。

文艺复兴从意大利开始,逐渐蔓延到整个西欧。于是西欧各国也相继出现了人文主义文学。譬如,在法国,人文主义文学中最有影响的作品,是拉伯雷的长篇讽喻故事《巨人传》和蒙田的《随笔集》——一部完全撇开基督教教义、宣扬享受日常生活为乐的散文集。

在西班牙,人文主义文学则以一部"反骑士小说"最引人注目,那就是塞万提斯的《堂吉诃德》。说它是"反骑士小说",是因为它以骑士小说的形式讽刺骑士小说,即模拟讽刺;说它是人文主义文学,是因为中世纪骑士小说宣扬的是基督教道德;讽刺骑士小说,即间接讽刺基督教道德。

在英国,人文主义更多地体现在戏剧中:先有"大学才子派"戏剧,后有莎士比亚。莎士比亚戏剧被后世誉为"不可逾越的艺术之巅",而其名作中的名作,是《哈姆雷特》和《李尔王》——前者讲述一个王子为父报仇的故事,后者讲述一个国王受人虐待的故事。然而并非王子、并非国王的普通人,不仅会为之动容,还会为之深思、为之沉吟,其中必有人性因素。

---

① Renaissance 是法语词,欧洲各国都直接引入,一般不作翻译,若译成英语,是 rebirth(再生)(按:汉语"文艺复兴"一词是从日语中直接引入的,即日本人对 Renaissance 一词的翻译,其中"文艺"两字为日译者所加,并不恰当,因"复兴"的不仅仅是"文艺")。
② 注意:基督教时代的结束,是指基督教教会一揽大权的时代结束(教会一揽大权是欧洲中世纪的特殊情况:因蛮族入侵,西罗马帝国消亡,欧洲处于无政府状态,行政管理实际由教会承担,因而一切都以教会为中心),不是基督教的结束,基督教至今依然存在,而且是西欧最有影响力的宗教,但仅仅是宗教而已。

二、近 代 文 学

莎士比亚死于一六一六年,已是十七世纪初。十七世纪至十九世纪,大约三百年,是西洋的近代。这是理性时代,神学式微,哲学兴起,或者说,从中世纪的"神学时代"过渡到了"哲学时代"。在这一时代,作为人生指导者、灵魂指导者的,不再是神学家,而是哲学家——当然,时代变迁总是渐进的,所以在这一时代,基督教神学仍有一定影响力,但总的趋势是,逐渐被各种各样的哲学思想所取代。

那么,这理性时代的文学又怎样呢?毫无疑问,文学也要被"理性化"(Rationalize)。但由于文学的特殊性,文学的"理性化"过程是反反复复的,时而会遭遇"非理性化"(Irrationalize)逆流。大体说来,是这样的:

十七世纪的西洋文学,以古典主义戏剧为主。所谓"古典主义"(Neoclassicism,也译"新古典主义"),是指一种创作方法,即以古希腊戏剧为楷模的创作方法,通俗地说就是"像古希腊人那样写戏",而古希腊人,被那时的西欧人视为是崇尚理性的;所以,古典主义戏剧也可称为"理性主义戏剧"。

古典主义戏剧最先出现在法国,而代表其最高成就的也是法国,即法国的三位古典主义戏剧大师:悲剧大师高乃依、拉辛和喜剧大师莫里哀。

除了古典主义戏剧,当然还有古典主义诗歌。不过,古典主义诗歌盛行于西欧各国时,已是十八世纪,此时,古典主义戏剧已经过了高峰期。在各国古典主义诗人中,最出名的大概就是英国诗人蒲柏了,他被视为古典主义诗歌的代表。

在十八世纪,在古典主义诗歌盛行时,西欧——具体说是英国——产生了一种新的文学样式——novel(长篇小说)。这种文学样式产生后不到一百年,也就是到十九世纪初,就成了西洋文学中最受人关注的文学样式,完全压倒了以往的两种文学样式——诗歌和戏剧。写作者热衷写长篇小说,阅读者热衷读长篇小说,顿时形成了长篇小说大潮。不过,关于这些还是放到后面再说,因为现在长篇小说还刚刚产生。我们要问的是:哪本书是第一部 novel? 谁是第一个 novelist(小说家)? 一般认为,第一部 novel 是写一个人漂流到一个孤岛上并在那里孤独地生活了十八年的《鲁滨孙漂流记》;第一个 novelist(小说家)就是写《鲁滨孙漂流记》的英国作家笛福。不过，笛福虽是第一个小说家，他的"第一"也只是比其他人早几年而已。那时在英国，好像水到渠成似的，一下子涌现出了许多小说家，其中成就最大的就是所谓"四大小说家"——笛福、斯威夫特、菲尔丁和理查生。斯威夫特以寓言讽刺小说《格利佛游记》闻名于世；菲尔丁以长篇流浪汉小说《汤姆·琼斯》名垂青史；理查生则以《帕米拉》成为书信体小说的开创者。

显然，和古典主义戏剧一样，小说也是理性时代的产物。小说的产生，可说是西洋文学"理性化""哲学化"的巅峰。小说家比诗人、剧作家更像哲学家；更何况，就在十八世纪，有不少哲学家，尤其是法国哲学家，直接兼做小说家。譬如，孟德斯鸠，写哲理小说《波斯人信札》；伏尔泰，写哲理小说《老实人》；狄德罗，写哲理小说《拉摩的侄儿》。然而，就在理性时代高歌猛进之际，迎来了第一波强劲的"非理性化逆流"——浪漫主义（Romanticism）。

所谓"浪漫主义"，就是情感主义、个人主义、自由主义、理想主义的总称。浪漫主义强调情感、强调个性、强调自由、强调理想，与理性主义针锋相对。在浪漫主义看来，理性主义压制情感、压制个性、压制自由、压制理想。所以，浪漫主义文学极度张扬情感、张扬个性、张扬自由、张扬理想。

具体说来，发生在十八世纪末至十九世纪中叶的欧洲浪漫主义运动，是古老的诗歌反抗新近的小说"暴发户"的一场运动，是诗人反抗小说家的一场运动；因为诗歌自其诞生以来就代表着情感、代表着个性、代表着自由、代表着理想，而小说，如前所说，是理性时代的产物；所以，说这是"情感"反抗"理性"，也没错。

既然如此，当你看到浪漫主义杰作几乎全是诗歌作品、浪漫主义大师几乎全是诗人时，也就不足为怪了。这是西洋文学史上一个短短的"诗歌时代"，是西洋诗人最后的辉煌。此后，诗歌再也没有复兴，尽管到二十世纪还有一波"非理性化逆流"，但那主要是小说界的自我反抗。

关于这第二波"逆流"，留待后文再说。现在继续说浪漫主义。浪漫主义最初产生于十八世纪七八十年代的德国，当时称作"狂飙突进"。主要是一批年轻诗人不满于西欧诗坛长期为法国古典主义所统领，要求突破陈规，还诗歌以自由。在这批年轻诗人中，就有日后最伟大的两位德国诗人——歌德与席勒。

很快，德国的骚动蔓延至英国，蔓延至意大利，蔓延至西班牙，蔓延至北欧乃至东欧、俄罗斯，最后连古典主义的大本营法国，也陷入浪漫主义旋涡。整个欧洲都"浪漫化"了。一时间,各国的"浪漫派"都雨后春笋般的壮大,诗坛上杰作纷呈,大师辈出,如英国的华兹华斯、柯勒律治、拜伦、雪莱、济慈;法国的雨果、拉马丁、缪塞;还有俄罗斯的普希金、莱蒙托夫,都是拥有世界名声的"浪漫派"大诗人。补充说一句,欧洲浪漫主义虽然要到十九世纪下半叶才传至美国,但也使美国诞生了一位"浪漫派"大诗人——瓦尔特·惠特曼,其浪漫诗风可谓独步天下。

"浪漫派"不仅使欧美诗歌"浪漫化"了,甚至使原本的"对手"——小说——也"浪漫化"了。不仅有不少"浪漫派"诗人兼写浪漫主义小说,还产生了专写浪漫主义小说的"浪漫派"小说家。前者如诗人歌德,写了好几部小说,其中有浪漫小说《少年维特之烦恼》,曾轰动全欧洲(至于歌德的诗剧《浮士德》,则显然是一部"浪漫化"的悲喜剧);还有如诗人雨果,写有典型的"浪漫派"小说《巴黎圣母院》和《悲惨世界》。至于"浪漫派"小说家,如英国的瓦尔特·司各特,虽然也是一位功力不俗的诗人,但更使其闻名遐迩的,却是他的二十几部散发着浪漫气息的历史小说;还有如"勃朗特姐妹"中的艾米莉·勃朗特,仅写了一部小说——《呼啸山庄》,但这部小说却是一部奇特的浪漫主义小说,阴沉怪异而令人惊心动魄。这儿再补充说一句,美国也有两位名声很大的"浪漫派"小说家,即霍桑和麦尔维尔——前者的《红字》,脍炙人口;后者的《白鲸》,则是一部典型的美国式浪漫主义小说,一部写捕鲸的小说,充满了可怕的象征和隐喻。

然而,浪漫主义激情来得快,去得也快。大约到了十九世纪三四十年代,浪漫主义已呈强弩之末。为什么?因为自文艺复兴以来,西洋文化的主流是理性主义,尽管有浪漫主义这样的"非理性化"逆流,但不可能改变理性主义主流。"非理性化"逆流是对理性主义主流的一种对冲,所起的作用是牵制理性主义主流,使其不至于走向极端,而"非理性化"逆流自身也不可能走向极端。也就是说,理性与非理性(以情感为代表)作为人性的两大要素,是相互制衡的。通俗地说,就是人不可能只讲"理"不讲"情",也不可能只讲"情"不讲"理",所谓"通情达理",意思就是"情""理"平衡。

那么,浪漫主义的"情"是如何被理性主义的"理"平衡的呢?那就是所谓"现实主义"(Realism)的流行。现实主义既然以"现实"为"主义",当然是偏重于"理"的,而代表现实主义的,正是浪漫主义诗人的"老对头"——小说家。也就是说,经过诗人的一番"折腾",现在小说家又回来了,而且将很快取代诗人而成为文坛盟主。

小说的辉煌时代开始了,而且就是从法国开始的。这像是一种"报复",因为当初来自德国的浪漫主义,最后"攻占"的就是古典主义大本营——法国;现在,古典主义摇身一变,变成了现实主义,而且手里的"武器"也变了,不再是戏剧,而是小说——现实主义小说。

现实主义小说"大战"浪漫主义诗歌——真是这样吗?其实不是,那不过是个比喻。小说取代诗歌而成为"文学中坚",其实是由读者决定的,而读者的兴趣变化是缓慢的,至少也要好几年才能看得出来。所以,当第一部现实主义小说在法国问世的时候,其实什么事情也没有发生。这部叫《红与黑》的小说出版了,几年里只卖掉几十本,出版商亏了本,作者司汤达到死都默默无闻。

但是,风气慢慢变了。继《红与黑》之后出版的这类小说,渐渐赢得了读者的青睐,而随着读者越来越多,写这类小说的作者也越来越多,每年都有不少新作问世。这样,过了好几年,人们回头一看,发现这类小说已经流行多年,于是就根据它们的特点,称其为"现实主义小说"——如此而已,并没有什么"大战"。至于那本叫《红与黑》的书,也是在作者去世后多年,才被人追认为这类小说的开山之作的。

那么,在十九世纪法国现实主义小说家中,最杰出的是哪几位呢?这大概要到二十世纪才被论定,即所谓的"三大小说家":司汤达、巴尔扎克和福楼拜。司汤达除了《红与黑》还写有《阿尔芒斯》和《巴马修道院》等作品;巴尔扎克堪称最多产的法国小说家,写有九十多部中长篇小说,合称《人间喜剧》,其中《高老头》是其杰作;福楼拜的作品并不多,总共只有四部长篇小说和若干短篇小说,但其中的《包法利夫人》却是不朽名作。

就如当时浪漫主义从德国传遍全欧洲,最后传至法国;现在,现实主义从法国传遍全欧洲,最后传至德国。这一来一回,完成了文学史上的一次改朝换代——全欧洲乃至美国,不说现实主义一统天下,也可说现实主义把政当道。

不过,各国的现实主义并非是清一色不分伯仲的。要知道,现实主义只是一种创作方法,而各国的"现实"是千差万别的。所以,具体到各国的现实主义小说,其宗旨、其价值是大不相同的。就以法国、英国、俄国这三国来说(通常认为,这三国的现实主义小说创作是最有成就的),法国现实主义小说中的"现实",是法国大革命后的法国现实;英国现实主义小说中的"现实",是工业革命后的英国现实;而俄国现实主义小说中的"现实",则是"农奴制改革"后的俄国现实——三种"现实"大不相同。但由于采用的是相似的创作方法,故而都被称为"现实主义小说"。

那么,英国和俄国有哪些重要的现实主义小说家呢?英国现实主义小说,以四位小说家为代表,即:简·奥斯汀、查尔斯·狄更斯、夏洛蒂·勃朗特和托马斯·哈代。简·奥斯汀著有六部长篇小说,其中《傲慢与偏见》是其代表作;狄更斯著有二十多部中长篇小说,其中《大卫·科波菲尔》《远大前程》是其杰作;夏洛蒂·勃朗特著有四部长篇小说,其中《简·爱》是其代表作;哈代著有二十部长篇小说,其中《还乡》《德伯家的苔丝》是其杰作。至于俄国现实主义小说,则有所谓"俄罗斯三大小说家",即:屠格涅夫、陀思妥耶夫斯基和托尔斯泰。屠格涅夫著有六部长篇小说,其中《罗亭》《父与子》是其代表作;陀思妥耶夫斯基著有八部长篇小说,其中《罪与罚》《卡拉马佐夫兄弟》是其杰作;托尔斯泰著有三部长篇小说,其中《战争与和平》《安娜·卡列尼娜》是其杰作。

当然,美国也有现实主义小说家,其中拥有世界名声的有三位,即:马克·吐温、杰克·伦敦和德莱塞。马克·吐温的杰作是《哈克贝利·费恩历险记》;杰克·伦敦的代表作是《马丁·伊登》和《野性的呼唤》;德莱塞的代表作是《嘉莉妹妹》。毫无疑问,美国现实主义小说中的"现实",是"南北战争"后的美国现实,和欧洲现实主义小说中的"现实"大不相同。

确实,现实主义小说成就斐然,名作名家灿若群星。然而,现实主义小说有一先天倾向,前文已有所提示,即"理性化"。前文还有所提示,尽管理性主义是西洋文学乃至西洋文化的主流,但是当文学变得越来越"理性化"时,照样会遭遇"非理性化逆流"。现在,到了十九世纪后半期,现实主义小说渐渐失去平衡,越来越趋向"理性化",越来越变得像是一种说理的工具了。于是,"非理性化逆流"便应运而生。这简直就像是一种"自然现象",至少对西洋文学乃至西洋文化来说,就是这样:一次次地自我校正。

这一次,作为主流的现实主义,就像当初的古典主义一样,也迎来了一波"非理性化逆流"——现代主义(Modernism)。

三、现 代 文 学

在西洋史上，一九一四年"一战"爆发至一九四五年"二战"结束之间的三十多年称为"现代"(其后称为"当代")。

"现代文学"和"现代主义文学"(或"现代派文学")是两个概念："现代文学"中的"现代"是指时间，"现代主义文学"中的"现代主义"是指宗旨；就时间上说，"现代文学"是指一九一四年至一九四五年之间的文学(包括"现代主义文学"和"非现代主义文学")，而"现代主义文学"没有确切的起始时间，大体是在十九世纪后期，更没有结束时间，至今还有"现代主义文学"——就是"现代主义文学"的鼎盛期，也不和"现代"重合，大概是二十世纪初至二十世纪五六十年代。

那么，什么是"现代主义"？很难下定义，是个模糊概念，泛指非传统的种种理念、思想、技巧、趣味，等等。什么是"现代主义文学"？也很难下定义。前文所示，现代主义是"非理性化逆流"。那么，"非理性化"是不是"现代主义"的定义呢？不是。因为浪漫主义也是"非理性化"的，强调情感；中世纪的宗教文学也是"非理性化"的，强调信仰。那么，"现代主义"的"非理性化"强调什么呢？说起来有点可怕，强调本能，即人的动物性。

为什么要强调人的动物性？这和时代有关。前文已讲过，西洋的古代是"宗教时代""信仰时代"；到了近代，宗教式微，哲学兴起，因而近代是"哲学时代""思辨时代"；然而，到十九世纪，哲学开始式微，哲学家逐渐被科学家取代——指导人生、指导灵魂的，既不是宗教，也不是哲学，而是科学；所以，现代(包括当代)是"科学时代""实证时代"。宗教认为，人是上帝的子民；哲学认为，人是思维实体；而科学认为，人是一种动物。既然人是一种动物，动物性就是人的本质，而不像哲学家所说的那样，"我思，故我在"，认为思维是人的本质。①

简单说来，十九世纪后期到二十世纪初，西洋文学的主流一直是"理性化"的现实主义文学，现在与主流对冲的，就是"非理性化"的现代主义文学。不过，现代主义文学虽然在总体上有基本一致的特征，即反现实主义，在具体表现上却是

---

① 需要说明的是：科学认识到人的动物性，并非把人等同于其他动物，人是通过不同于其他动物的方式表现其动物性的，其中最主要的就是理性——这一点，科学并不否认。但到底是动物性本身重要呢，还是表现方式重要，那就众说纷纭了。

五花八门的,因而有许多流派。譬如,表现主义、意识流、荒诞派、超现实主义、存在主义、"新小说",等等;其中,影响最大的是表现主义和意识流,这两派都以小说为主。

表现主义小说为"表现"抽象主题,通常所用的是象征、变形、幻觉和荒诞等手法,这在现实主义小说中是绝对不用的。最重要的表现主义小说家,就是奥地利的卡夫卡,尽管他的作品并不多,仅有三部未完成的长篇小说和若干中短篇小说,其中长篇小说《审判》《城堡》和中篇小说《变形记》堪称"现代经典"。因为在这些作品中,卡夫卡除了采用像象征、变形、荒诞等表现主义手法之外,还使用意识流、佯谬、黑色幽默甚至非常传统的现实主义等多种手法,同时又具有存在主义倾向。因此,几乎所有流派的现代作家都把卡夫卡视为先驱,使其成了名副其实的"现代派文学之父"。

意识流小说的产生与现代心理学尤其是弗洛伊德精神分析学密切相关。意识流小说的主要代表是法国的普鲁斯特、爱尔兰的乔伊斯和美国的福克纳。普鲁斯特直接受柏格森和弗洛伊德的影响,把"直觉"和"潜意识"观念直接融贯于小说创作。他的长篇巨著七卷本小说《追忆似水年华》主要通过内心独白描写主人公的潜意识活动,从时间和记忆中发掘外部现实与内部现实的联系。乔伊斯最负盛名的作品是长篇小说《尤利西斯》。他运用时空混淆、情节穿插跳跃、象征和语词联想等手法,写了三个主要人物的潜意识结合。福克纳的代表作《喧哗与骚动》则以意识流和传统描写手法相结合的方法,分别从四个人物的角度叙述同一个事件。这四个角度是:白痴的意识活动、精神错乱者的内心活动、性格阴郁者的内心活动,以及旁观者的观察,它们对事件的反映都不真实,而"真实"就隐含在四者的互补与融合之中。总之,意识流小说的重点在于揭示超越客观现实的内心真实,即"超现实"。而在意识流小说家看来,唯有这种"超现实"的东西才是真正真实的,至于现实主义小说描写的那种外部真实,其实并不真实,只不过是一种意识的表象而已[①]。

除了表现主义和意识流这两个最重要的流派,还有存在主义也相当有影响。存在主义作家旨在于表现"存在"(即生存)的荒诞。所谓"荒诞",就是无目的;无

[①] 当然,关于"真实"的性质问题,自十九世纪以来一直是令小说家最感头痛的问题,也是小说理论中最令人棘手的问题。意识流小说家在这方面作了大胆的探索。但他们是富有成果呢,还是误入歧途? 对此,西方理论界至今仍争论不休。

目的就是无意义;无意义就是"荒诞"。为什么生存是"荒诞"的?因为世界是"荒诞"的、无目的、无意义的——试问:为什么要有宇宙?为什么要有太阳系?为什么要有地球?为什么要有人类?不知道。既然不知道为什么要有人类,那又怎么知道我们每个人活着为了什么?既然你不知道自己活着为了什么,你当然也不知道自己活着到底有何意义。也许,你知道人活到最后的结果总是死亡。那么,死亡是什么?是生命的彻底毁灭?是虚空?是〇?——既然死亡是〇,那么相对于死亡的生存,实质上也是〇。是的,生存归根结底是无意义的。但这并不是说大家都不要活了,而是说,你活着有何意义,是你自己决定的,并不是生来就有的。这就是存在主义文学要告诉我们的。最重要的存在主义作家,是法国的萨特和加缪。萨特的重要作品是《恶心》《墙》等;加缪的重要作品是《局外人》《鼠疫》等。

　　此外还要说明一下:除了现代主义文学,在西洋现代,还有既非现代主义、也非现实主义的文学,其中有些作家还很有名,必须提一下。譬如英国小说家D.H.劳伦斯,很难归入哪一流派,但他的几部惊世骇俗的小说——如《儿子与情人》《恋爱中的女人》《查泰莱夫人的情人》——使他的名声如日中天;还有如美国小说家海明威,也很难归入某个流派,其创作风格可谓独树一帜,他的长篇小说《永别了,武器》《丧钟为谁而鸣》和中篇小说《老人与海》等,不仅拥有众多读者,还得了诺贝尔文学奖。

　　最后还要交代一下:二十世纪五六十年代以后,所谓"现代主义运动"渐渐平息,西洋文学又渐渐回归"理性化",但已不再是十九世纪的现实主义,而是一种新的"理性化"的当代文学。这种文学至今还没有正式名称,通常称为"后现代主义"(Post-Modernism),就是"现代主义之后"的意思。至于这种"理性化"文学何时又要受到"非理性化"的冲击,那就不得而知了。

刘文荣
2020年6月于上海

目 录

序言　名著与历史

上卷　古代名著

1　《荷马史诗》

[意大利] 乔瓦尼·维柯
　　发现真正的荷马　5

[英] 托马斯·卡莱尔
　　论《荷马史诗》　26

2　《俄狄浦斯王》

[法] 伏尔泰
　　对索福克勒斯《俄狄浦斯王》的批评　37

[奥地利] 西格蒙德·弗洛伊德
　　《俄狄浦斯王》与《哈姆雷特》　48

3　《神曲》

[英] 托马斯·卡莱尔
　　论《神曲》　57

[德]阿尔图尔·叔本华
    关于《神曲》 65

[英]T.S.艾略特
    《神曲》鉴赏 68

4 《哈姆雷特》

[德]约翰·沃尔夫冈·冯·歌德
    哈姆雷特的性格和遭遇 97

[法]维克多·雨果
    论《哈姆雷特》 100

[俄]伊凡·屠格涅夫
    哈姆雷特与堂吉诃德 110

[英]T.S.艾略特
    关于《哈姆雷特》 126

5 《李尔王》

[比利时]莫里斯·梅特林克
    关于《李尔王》 133

[俄]列夫·托尔斯泰
    《李尔王》是尽美尽善的杰作吗？ 138

[英]乔治·奥威尔
    李尔王、托尔斯泰与弄臣 157

6 《堂吉诃德》

[英]托马斯·卡莱尔
    塞万提斯与《堂吉诃德》 173

[美]弗拉基米尔·纳博科夫
　　关于《堂吉诃德》　176

7
《蒙田随笔》

[法]安德烈·纪德
　　蒙田　181

[英]弗吉尼亚·伍尔夫
　　读《蒙田随笔》　183

中卷　近代名著

1
《少年维特之烦恼》

[英]托马斯·卡莱尔
　　论少年维特式的多愁善感　197

[英]W.S.毛姆
　　歌德与《少年维特之烦恼》　199

2
《浮士德》

[俄]伊凡·屠格涅夫
　　论《浮士德》　213

3
《鲁滨孙漂流记》

[英]弗吉尼亚·伍尔夫
　　读《鲁滨孙漂流记》　233

4
《傲慢与偏见》

[英]W.S.毛姆
　　简·奥斯汀和《傲慢与偏见》　239

3

5
《巴黎圣母院》

[俄] 费奥多尔·陀思妥耶夫斯基
    雨果小说《巴黎圣母院》译文前言　253

[法] 安德烈·莫洛亚
    命运：《巴黎圣母院》　255

6
《悲惨世界》

[法] 夏尔·波德莱尔
    评《悲惨世界》　261

[法] 安德烈·莫洛亚
    关于《悲惨世界》　268

7
《红与黑》

[英] W.S.毛姆
    司汤达和《红与黑》　277

8
《高老头》

[英] W.S.毛姆
    巴尔扎克与《高老头》　293

9
《包法利夫人》

[法] 夏尔·波德莱尔
    论《包法利夫人》　309

[英] W.S.毛姆
    福楼拜与《包法利夫人》　318

[美]弗拉基米尔·纳博科夫
　　《包法利夫人》解读　333

10
《大卫·科波菲尔》

[法]安德烈·莫洛亚
　　关于《大卫·科波菲尔》　375

[英]W.S.毛姆
　　狄更斯与《大卫·科波菲尔》　379

11
《简·爱》

[英]弗吉尼亚·伍尔夫
　　读《简·爱》　397

12
《呼啸山庄》

[英]弗吉尼亚·伍尔夫
　　读《呼啸山庄》　403

[英]W.S.毛姆
　　艾米莉·勃朗特与《呼啸山庄》　406

13
《白鲸》

[英]D.H.劳伦斯
　　论《白鲸》　421

[英]W.S.毛姆
　　麦尔维尔与《白鲸》　438

14
《卡拉马佐夫兄弟》

[英]W.S.毛姆
　　陀思妥耶夫斯基与《卡拉马佐夫兄弟》　457

15
《战争与和平》

[俄] 列夫·托尔斯泰
　　就《战争与和平》一书说几句话　481

[法] 罗曼·罗兰
　　论《战争与和平》　490

[英] W.S.毛姆
　　托尔斯泰和《战争与和平》　496

16
《安娜·卡列尼娜》

[俄] 费奥多尔·陀思妥耶夫斯基
　　《安娜·卡列尼娜》是具有特殊意义的事实　521

[法] 罗曼·罗兰
　　论《安娜·卡列尼娜》　527

下卷　现代名著

1
《审判》《城堡》

[法] 阿尔贝·加缪
　　弗兰茨·卡夫卡作品中的希望与荒诞
　　　　——论《审判》与《城堡》　537

2
《变形记》

[美] 弗拉基米尔·纳博科夫
　　《变形记》解读　549

3 《追忆似水年华》

[法] 安德烈·莫洛亚
　《追忆似水年华》赏析　585

[爱尔兰] 塞缪尔·贝克特
　《追忆似水年华》中的时间与记忆　599

[美] 弗拉基米尔·纳博科夫
　《斯旺宅边小径》　607

4 《尤利西斯》

[奥地利] 斯蒂芬·茨威格
　《尤利西斯》批注　651

[瑞士] 卡尔·古斯塔夫·荣格
　《尤利西斯》：一段独白　655

[美] 弗拉基米尔·纳博科夫
　谈谈《尤利西斯》　674

5 《局外人》

[法] 让-保罗·萨特
　《局外人》诠释　683

6 《喧哗与骚动》

[法] 让-保罗·萨特
　福克纳小说中的时间
　　——论《喧哗与骚动》　701

7
《儿子与情人》

［英］弗吉尼亚·伍尔夫
　读 D.H.劳伦斯的《儿子与情人》　713

上卷

古代名著

1
《荷马史诗》

简介:

【英文名】*Homer Epic*
【作　者】相传为[古希腊]盲诗人"荷马"(Homer)
【年　代】约公元前9至8世纪。
【体　裁】民族史诗,据民间短歌综合而成。
【主　题】叱咤风云的英雄,其生死离合均系于诸神的喜怒哀乐。
【人　物】主要有:阿基琉斯、阿伽门农、赫克托尔、奥德修斯、珀涅罗珀。
【情　节】《荷马史诗》有两部:一部是《伊利昂纪》,一部是《奥德修纪》。《伊利昂纪》的主要情节是:因天后赫拉与爱神阿芙罗狄忒不和,导致希腊人和伊利亚人(也称特洛伊人)的战争。希腊各城邦组成联军,以阿伽门农为主帅,以阿基琉斯为主将,远征特洛伊。战争刚开始不久,主将阿基琉斯便拒绝出战,原因是主帅阿伽门农抢夺了他的女俘。阿基琉斯的好友帕特洛克罗斯穿着阿基琉斯盔甲出战,结果为特洛伊王子赫克托尔所杀。阿基琉斯欲为好友报仇,愤然出战,不仅杀了赫克托尔,还将其尸体拖回了营地。不过,这一切都是由天后赫拉一方与爱神阿芙罗狄忒一方的纷争所决定的:赫拉一方支持希腊人,阿芙罗狄忒一方则支持特洛伊人。当赫拉一方取胜时,希腊人也取胜,而当阿芙罗狄忒一方取胜时,则特洛伊人取胜。最后,特洛伊国王要求阿基琉斯归还赫克托尔的尸体,阿基琉斯同意了。(按:《伊利昂纪》的故事讲到这里就结束了,而根据其他传说,希腊人后来用"木马计"攻陷了特洛伊城,其原因就是在天后赫拉一方和爱神阿芙罗狄忒一方的纷争中,赫拉一方占了上风。)《奥德修纪》可说是《伊利昂纪》的续篇,主要情节是:攻陷特洛伊城之后,希腊联军乘船返回希腊。途中,奥德修斯的船队与大军的船队失散了,原因是海神波塞东属爱神阿芙罗狄忒一方,他欲报复天后赫拉,便在海上掀起风浪,致使奥德修斯(想出"木马计"的人)在海上漂泊,不得回家。这样,奥德修斯一行在海上整整漂泊十年,经历各种各样的奇遇怪事和磨难(这是《奥德修纪》主要讲述的)。当奥德修斯在海上漂泊时,他的妻子珀涅罗珀在家里也倍受磨难:人们说她丈夫一定死了,要她改嫁;甚至有许多人上门来求婚,住在她家里不走。但珀涅罗珀坚信丈夫一定会回来,拒绝了所有求婚者。最后,奥德修斯只剩孤身一人,漂流到一个海岛上。此时,经诸神调解,天后赫拉和爱神阿芙罗狄忒已重归于好,所以波塞东也就放奥德修斯回家了。奥德修斯回家途中遇到儿子特洛马科斯,后者正奉母命,外出寻父。父子俩一起回家,与贤妻良母珀涅罗珀团聚,并驱除了所有求婚者。

发现真正的荷马[1]

[意大利]乔瓦尼·维柯[2]

第一部分 寻找真正的荷马

序 言

我们在第二卷已证明：诗性智慧是古希腊各民族的民俗智慧,古希腊各民族原先是些神学诗人,后来是些英雄诗人[3]。这种证明的后果必然是：荷马的智慧绝不是另外一种不同的智慧。但是柏拉图却坚决认为荷马赋有崇高的玄奥智慧(见《理想国》),其他所有的哲学家都在附和柏拉图的意见,认为荷马赋有崇高的玄奥智慧。最先是普鲁塔克[4]写了一整部书来谈这个问题[5]。我们在这里要特别研究荷马是否算得上一个哲学家。朗吉驽斯[6]对这个问题写过一整本书。……

第一章 记在荷马账上的玄奥智慧

让我们把荷马本来确实有的东西记在荷马账上吧！荷马要遵从他那个时代

---

[1] 此处辑录的是维柯《新科学》(下)第三卷,题目和文中标题均系原书所有。本文要点：第一部分：考察荷马的智慧、出生地、年代、诗艺,以及《荷马史诗》的性质和语言特征；第二部分：以第一部分为依据,证明荷马不是一个实际存在过的人,而是古希腊民众心目中的一个理想人物。
[2] 乔瓦尼·维柯(Giovanni Battista Vico, 1668—1744),18世纪意大利哲学家、历史学家、散文家,以巨著《新科学》闻名于世。
[3] 神学诗人、英雄诗人：意指神话时代、英雄时代(即崇拜酋长为英雄的原始部落时代)。
[4] 普鲁塔克(Plutarchus, 约46—120),罗马帝国时期的希腊作家、哲学家,著有《名人传》等。
[5] 《荷马的生平和诗篇》,见普鲁塔克著作集第五卷,100—164页。——英译者
[6] 朗吉驽斯(Longinus, 生卒年不详),罗马帝国时期的希腊修辞学家、批评家,著有《论崇高》等。

的野蛮的古希腊人的十分世俗的情感和习俗,因为只有这种情感和习俗才向诗人们提供恰当的材料。所以,我们应承认荷马所叙述的,是凭诸天神的力量来尊敬诸天神的,例如天帝约夫大锁链的神话故事①,就在企图证明约夫在神和人之中都是王。根据这种世俗信仰,荷马使人相信:狄俄默德借明诺娃之助②,居然能伤害女爱神和战神,在诸天神争战中劫掠了女爱神,并用一块大岩石击中战神(见《伊利亚特》)③。而明诺娃在世俗信仰中确实是个哲学女神,她使用的武器居然配得上天帝的智慧!让我们允许荷马叙述当时流行于古希腊各民族中的那种无人道的习俗吧!而这些野蛮民族却曾被人们认为曾向全世界传播人道,而且谈论部落自然法的学者们居然声称,这种无人道的习俗是在各民族中永远流行的。例如,荷马叙述到明诺娃运用的武器中有毒箭(奥德修斯④去厄非拉那地方,就是为寻毒草来造毒箭[见《奥德赛》⑤]);他还叙述到那种拒绝埋葬在战场上打死的敌人尸首、任狼狗和鹰鹫吃掉的惨无人道的习俗。因此,老国王普里阿摩斯才会用大笔赎金去赎回他儿子赫克托尔的尸首⑥,尽管这具尸首已被剥光衣服,系在阿基琉斯的战车上拖着绕特洛伊城墙走了三圈。

然而,诗的目的如果是在表现世俗人的凶恶性,这种世俗人的教师就应该是诗人,而一个熟悉这种凶恶情感习俗的哲人就不能起这种作用,即引起世俗人去羡慕这种凶恶的情感和习俗,从中感到乐趣,从而让这种乐趣去加剧这种凶恶的情感和习俗;同时一个哲人也不可能引起凶恶的世俗人去对神和英雄们的丑恶行为感到乐趣。例如,战神在争吵中骂明诺娃是一个"狗屎苍蝇"(见《伊利亚特》);明诺娃拳打狄安娜(实即女爱神);阿伽门农和阿基琉斯相呼为狗,而阿伽门农还是希腊联军的最高统帅,阿基琉斯也是希腊方面的最大英雄,而且两人都是国王(见《伊利亚特》),就连在今天通俗喜剧里,仆人们也少有这种下流表现。

但是,天底下有什么名称比用"愚蠢透顶"来称呼阿伽门农的"智慧"更为贴切呢!阿基琉斯逼他做理应做的事,把劫来的女俘克律塞斯送还她父亲,即阿波罗的司祭,这位阿波罗神正为他的司祭、这个女俘被劫掠而用残酷的瘟疫来使大

---

① 天帝约夫大锁链的神话故事:天帝约夫(Jove)为着要证明自己是人神之王,声言如果所有的神和人都抓住锁链的一头,而他自己独身抓住另一头,就可以拖着所有的神和人跟他转(见《伊利亚特》)。
② 狄俄默德:古希腊英雄。明诺娃:通译"密涅瓦",古希腊智慧女神雅典娜的拉丁名称。
③ 《伊利亚特》:通译《伊利昂纪》,《荷马史诗》之一。
④ 奥德修斯:也称"尤利西斯",古希腊英雄,参与特洛伊战争,《奥德赛》(《奥德修纪》)中的主人公。
⑤ 《奥德赛》:通译《奥德修纪》,《荷马史诗》之一。
⑥ 特洛伊王子赫克托尔被希腊英雄阿基琉斯杀死,特洛伊国王普里阿摩斯乞求阿基琉斯归还赫克托尔的尸体。

批希腊军队死亡。阿伽门农却认为自己受了侮辱,而他挽回荣誉的办法却和他的智慧相称,偷偷地把阿基琉斯的女俘克律塞斯弄到自己身边。阿基琉斯也不顾自己身负特洛伊战争胜败和希腊兴亡的重任,就愤而带领他的士兵和船只撤退出来,任赫克托尔很快就杀掉还没有死于瘟疫的希腊人①。这就是前此被认为是古希腊政治或文化的缔造者的荷马这位诗人的本色,从这种线索开始就织成全部《伊利亚特》,其中主要角色就是像阿伽门农这样一位统帅以及像上文谈到的原始各民族的英雄体制时已经介绍过的阿基琉斯那样一位英雄。荷马在这里以无比的才能创造出一些诗性人物性格,其中一些最伟大的人物都是和我们现代人的这种文明的人道的性质毫不相容,但是和当时斤斤计较小节的英雄气质却完全相称。

此外,我们应该怎样看待荷马把他的英雄们描绘为那样嗜酒贪杯,每逢精神上感到苦恼,就从酩酊大醉中求安慰呢?以智慧见称的奥德修斯尤其如此(见《奥德赛》)。这倒是求安慰的好教训,最配得上一个哲学家啊!

斯卡里格②在他的《诗学》里发现荷马的全部比喻都是从野兽和野蛮事物中取来的,就感到愤怒。但是,纵使我们承认荷马有必要用这类野蛮事物,以便本来就野蛮世俗的听众更好地理解,他在这方面确实是成功了,他的那些比喻确是高妙无比的,可是这当然不是受过哲学熏陶和开化过的心灵所应有的特征。而荷马在描绘那么多的各种不同的血腥战争,那么多的五花八门的过分残酷的屠杀——《伊利亚特》全部崇高风格都来源于此——这种酷毒野蛮的描绘风格,就不可能来自受过任何哲学感染和人道化的心灵。

此外,由研究哲学家们的智慧所养成的始终一致的恒心,也不可能把神和英雄们描绘得那样飘忽无常,其中有些角色尽管深感激动和苦恼,一碰到些微的相反的暗示,便马上风平浪静;还有另外的角色正在盛怒咆哮之中,偶然想到一个凄惨事件,马上就号啕大哭起来(见《伊利亚特》)。另外有些人物则与此相反,在极端哀伤中如果碰上某种愉快的消遣,例如奥德修斯在阿尔岂努斯国王的筵席上那样,马上就忘去一切烦恼,尽情欢闹起来(见《奥德赛》)。另外一些角色本来心平气和,听到一句天真话不合口味,就翻起脸来,作出狂暴愤怒的反应,威胁要杀死对方。阿基琉斯也是如此。他在上述普里阿摩斯国王在帐篷里招待他时,听

---

① 指阿基琉斯因此而罢战,致使希腊军大败。
② 斯卡里格(Julius Scaliger, 1540—1609),16 世纪意大利裔的法国学者,代表作《诗学》是对亚理士多德《诗学》的详注。

到老国王于无意中说了一句不合他口味的话,马上就勃然大怒,丝毫不顾这位老国王是在交通神①保护之下,深夜里只身穿过希腊军营来赎回他儿子的尸体,这是对他的完全信任,他竟不体贴这位老国王所曾遭到的许多沉重灾祸,不顾他对老年人应有的尊敬,对人类共同命运应有的同情和怜悯,禁不住野兽般地狂怒,咆哮如雷地大喊要砍掉那老人的头(见《伊利亚特》)。也就是这位阿基琉斯,下定决心要报阿伽门农对他的私仇,尽管他曾受到严重的伤害,也不应以使祖国和全民族遭毁灭的方式来报复②。尽管他身负决定特洛伊战争胜负命运的重任,他竟不顾爱国心和民族光荣,亲眼坐视全体希腊人在赫克托尔猛攻下势将覆灭,不但见死不救,反而觉得开心。后来,他终于出兵援助,也只是由于他的爱友帕特洛克罗斯在战场上被赫克托尔杀死这种私愤。他对被夺去的女俘到死也不解恨,直到他把本是特洛伊王室的一位公主而后也成为女俘的美丽而不幸的波立克辛娜(Polyxena)在她父亲的墓上杀掉,并喝干了她的最后一滴血,才甘心(见欧里庇特斯悲剧《赫库巴》)。真正不可理解的是:一个诗人如果真具备哲学家的谨严思考,难道会自寻开心,会像荷马那样用那样多只配让老婆婆讲给孩子们听的怪诞故事来塞满另一部史诗《奥德赛》吗?

就如我们在第二卷里就英雄本性的定义所展示的那样,一些粗鲁野蛮、飘忽无常、无理固执、轻浮愚蠢的习性,究竟是哪种人才会有呢?那种人,心智薄弱如儿童,想入非非如女人,怒气冲天如莽汉。因此,我们否认荷马有任何哲学家才有的玄奥智慧。就是这些考虑所引起的一些疑难,才使我们感到有必要来寻找出真正的荷马。

第二章 荷马的祖国

过去,人们都把玄奥智慧归到荷马身上,现在让我们先研究荷马出生的地方。几乎所有的希腊城市都声言荷马就生在他们那里,还有不少的人断言,荷马是一个生在意大利的希腊人。里阿·亚拉契(Allacci)在他的《荷马的故乡》一书里枉费了许多气力;但是就像约瑟夫斯(Josephus)强烈反对语法学家阿庇安的主张所持的论证,传到我们这一代的(古代)作家,没有一个比荷马更早。既然这些

---

① 交通神:即司男女交往的爱神阿芙罗狄忒(拉丁名"维纳斯"),在特洛伊战争中,阿芙罗狄忒是庇护特洛伊一方的,天后赫拉和智慧女神雅典娜则是希腊人的后盾。
② 指阿基琉斯罢战。

作家的出生都比荷马晚得多，我们就不得不运用我们的哲学方法，把荷马看作一个民族创建人，从荷马本人著作里去发现荷马的年代和故乡。

就荷马是《奥德赛》的作者来说，有确凿的证据使我们相信，荷马来自希腊西部稍偏南的地区。《奥德赛》里有一段著名的叙述可以为证：菲亚修姆(Phaeacians)①匡王阿尔岂驽斯在奥德修斯急于启程赶路时，向客人提供了一艘装备好的海船，由他的家丁们当水手，并告诉客人说，这些水手都是航海老手，如果有必要，可以把客人送到攸波亚(Euboea)，即今黑海的黑人桥(Negropont)，这是古希腊人的极北点(Ultima Thule)。这段叙述(见《奥德赛》)清楚地证明，创作《奥德赛》的荷马和创作《伊利亚特》的荷马，并非同一个人，因为黑人桥离特洛伊并不远，特洛伊正坐落在亚细亚②，靠近黑海岸一个窄海峡上，海峡上现在有两座要塞，叫作达旦尼尔，这个名称至今仍令人回想起它所自出的 Dardania(达旦尼亚)，在古代就是特洛伊国的领土。我们从塞涅卡③(Seneca)的《论生命的短促》一文里确实见到，过去的语言学家就曾对《伊利亚特》和《奥德赛》是否属于同一个作家有过争论。

至于希腊许多城市都争着要荷马当他们的公民，这是由于几乎所有这些城市都看到《荷马史诗》中某些词、词组乃至一些零星土语俗话都是他们那个地方的。

以上这番话可以帮助我们发现真正的荷马。

第三章 荷马的年代

从《荷马史诗》中下列段落，我们可以找到荷马的年代：

1. 阿基琉斯为了他的密友帕特洛克罗斯的葬礼，安排了各种表演(见《伊利亚特》)。这些都是到后来古希腊文化达到高峰时在奥林匹克运动会上要表演的。

2. 当时浅浮雕和金属镌镂这两门艺术，已经发明了。许多例证之中，有阿基琉斯的盾牌④。绘画当时还未发明，因为浮雕把事物的表面大体表现出来，镌镂也是如此，只是刻得较深一点，而绘画却要把事物的表面全部表现出来，这要求最高度的精巧手艺。因此，无论是荷马，还是摩西⑤，都不曾提到任何绘画，这

---

① 在地中海的一个希腊岛。——中译者
② 亚细亚：通译"亚洲"。
③ 塞涅卡，古罗马政治家、斯多葛派哲学家、悲剧作家、雄辩家。
④ 这是《伊利亚特》中有名的对一件艺术品的描绘。——中译者
⑤ 希伯来人的民族创建者。——中译者

就证明了这两人的年代都很古老。

3. 阿尔岂弩斯国王花园里的各种宜人事物以及宫殿的富丽堂皇和筵席的丰盛(见《奥德赛》),都显示出当时古希腊人已达到欣赏奢侈和华丽排场的阶段。

4. 当时腓尼基人输送到希腊海岸的商品已有象牙、紫红染料、使女爱神所居岩洞散发香气的阿拉伯香料、一种比洋葱表皮还薄的亚麻(见《奥德赛》),以及求婚者们献给珀涅罗珀王后①作礼物的绣衣。这种绣衣先在织框上设计好,安上精细的弹簧,使丰满的胸臀突出来,纤细的腰部缩进去(见《奥德赛》)。这种新发明的手艺,配得上我们今天讲究娇艳的时代。

5. 特洛伊老国王坐着去见阿基琉斯的马车,是用雪松木做的(见《伊利亚特》),而卡吕普索的岩洞撒了香料,满洞香气(见《奥德赛》),这种感官方面的精细讲究,到后来罗马人最爱在奢侈方面花钱的尼禄②等皇朝,也望尘莫及。

6. 再如喀尔刻(Circe)③的骄奢的浴室(见《奥德赛》)。

7. 跟随求婚者们的年轻仆人们都很隽秀,淡黄头发,风度翩翩(见《奥德赛》),简直就像现代社交礼节所要求的那样。

8. 男人们和女人们一样讲究发型。这却是狄俄默德和赫克托尔用来指责帕里斯④女子气重的一项罪状(见《伊利亚特》)。

9. 荷马描绘他的英雄们,确实常说他们总是吃烤肉。烤是烹调肉食的最简单的办法,因为只需要炭火。这种做法在牺牲祭礼中曾保存着,罗马人用 prosiicia 这个词来指在祭坛上烤熟的牺牲⑤。肉烤熟之后就割开来分享宾客。不过,后来无论是作祭供的,还是不作祭供的,肉都放在烤叉上去烤。例如,阿伽门农在宴请特洛伊老国王时,亲自把小羊切开,然后由他的密友把肉放在烤叉上去烤,放好餐席,把面包放在篮子里摆在席上(见《伊利亚特》)。因为英雄们所设的盛宴都带有牺牲献祭礼的性质,他们自己就扮演司祭的角色。在拉丁人中间,这种宴请方式还保存在 epulae 这个词里,这是由大人物在隆重的"国宴"上宴请人民的。在这种神圣筵席上,司祭们也参加。因此,阿伽门农亲自宰了两头小羊,以宗教的仪式来表明他和特洛伊老国王订的战争条约是神圣不可侵犯的(见《伊利亚特》)。当时这样隆重的典礼,今天不免使人联想到一个屠夫的所作所为:只

---

① 珀涅罗珀王后,即奥德修斯的妻子,因奥德修斯是国王,故称"王后"。
② 尼禄(Nero,37—68),罗马帝国第五位皇帝,暴君。
③ 喀尔刻(Circe),希腊神话中住在艾尤岛上的女巫。
④ 帕里斯:特洛伊王子,赫克托尔的弟弟,特洛伊战争就因他勾引希腊美女海伦而引起。
⑤ 近似古汉语中的"燔肉",见《论语》。——中译者

有在这个阶段以后,才有烹煮的肉食,因为除火以外还要用水、锅和一个三足鼎。维吉尔①也提到过他所写的英雄们吃这种烤肉(见《埃涅阿斯纪》)。最后才出现调味的食品,这就需要作料。且回头来续谈荷马的英雄筵席。他描写过古希腊人的最美味的食品是用面粉、奶酪和蜂蜜来做的(见《伊利亚特》和《奥德赛》)。不过,他用的比拟词中有两个是从水产或渔业中来的(见《伊利亚特》和《奥德赛》)。还有奥德修斯在乔扮乞丐向一个求婚者求施舍时②说过,天神们会把渔产丰盛的海洋赐给对流浪汉乐善好施的人们(见《奥德赛》)。鱼在筵席上通常是最好的美味。

10. 最后是更切合本题的一点。荷马像是出生在英雄体制已在古希腊废弛而平民自由政体已开始起来的时期,因为他所叙述的英雄们已和外方人结婚,而私生子也可以继承王位了。实际上情况也本应如此,因为很久以前,赫库勒斯的妻子被丑恶的人马妖涅苏斯所玷污,她因此发疯而死,这已显示英雄体制已经告终③。

所以,关于荷马的年代,我们不愿完全鄙视从《荷马史诗》本身所搜集来的凭证。《伊利亚特》没有《奥德赛》所提供的凭证那样多。朗吉弩斯(《论崇高》)认为,《奥德赛》是荷马晚年的作品。我们证实了那些把荷马摆在特洛伊战争之后很远的学者的意见,其间隔时间长至四百六十年,或者说,大约直到弩玛时代④。说实在话,我们相信自己不把荷马摆到甚至更接近我们的年代,是在向这些学者们让步。他们说,在弩玛时代以后,埃及国王莎麦提卡斯才让埃及向希腊人开放。但是从《奥德赛》里的许多段落来看,古希腊人早已让希腊向腓尼基人开放,和他们通商了。古希腊人爱听腓尼基人的故事,真不下于爱买他们的商品,正如今天的欧洲人爱听东印度群岛的故事一样。由此可见,荷马一方面从来没有到过矣及,另一方面他却叙述到埃及和利比亚、腓尼基和亚细亚,特别是意大利和西西里岛的事物,这二者并没有什么矛盾,因为这些事物都是由腓尼基人说给古希腊人听的。

可是,我们仍无法解决另一个矛盾,即荷马同时把他的英雄们描绘得既有那么多的文明习俗,又有那么多的野蛮习俗,特别是在《伊利亚特》里,更是如此。

---

① 维吉尔(Virgil,前70—前19),罗马帝国初期"三大诗人"之一,古罗马史诗《埃涅阿斯纪》作者。
② 奥德修斯在海上漂泊十年后,回到家乡,但他没有马上去见妻子,而是化装成乞丐,到自己家里去乞讨,以探知妻子是否忠贞。
③ 在英雄体制下,尚无稳固婚姻,因而女子无忠贞感,即使被强奸,也不会感到太痛苦。
④ 弩玛是罗马的第二代国王。——中译者

所以，为了不把野蛮行为和文明行为混淆在一起，如贺拉斯①（《诗艺》）所说的，我们就必须假设，荷马的两部史诗是由先后不同的两个时代中的两种不同的诗人创作出来的，后来被编在了一起。

因此，就上文提到的关于荷马的故乡和年代的过去一些看法，从中可看到种种疑难。这使我们提起勇气，要寻找真正的荷马。

第四章 荷马在英雄诗方面的无比才能

上文已说明的荷马完全没有玄秘哲学以及对荷马故乡和年代的发现，都使我深深地疑心到荷马也许只是人民中的一个人。贺拉斯在《诗艺》里的一番话，使这种疑心得到了证实。他说到在荷马以后极难创造新的悲剧人物性格，因而规劝诗人们最好从荷马史诗中借用人物性格。这里所说的"极难"还应联系到另一事实来看，古希腊新喜剧②中的人物性格全是人为的虚构。雅典就有一条法律，规定新喜剧的人物性格必须是完全虚构③的才准上演。古希腊人在这一点上做得很成功，使不管多么骄傲自大的拉丁人④也无法和希腊人比武。昆体良⑤（Quintilian）在《论修辞术》里就承认过，"我们在喜剧方面无法和希腊人竞赛"⑥。

除贺拉斯所指出的困难之外，我们还要加上两种范围较广的困难。其一是荷马既然出现最早，何以竟成了一个不可追攀的英雄诗人？悲剧⑦的出现本来较晚，开始时很粗陋，这是人所熟知的，我们在下文还要详谈这一点。另一困难是：荷马既然出现在哲学以及诗艺和批评的研究之前，何以竟成了一切崇高诗人中最崇高的一位，而在哲学以及诗艺和批评的研究既已发明之后，何以竟没有一个诗人能远望荷马的后尘而和他竞赛呢？我们且把这两种困难暂时放下，先指出贺拉斯所说的困难，以及我们关于新喜剧所说的事实曾引起帕特里齐

---

① 贺拉斯（Horatius，前65—前8），罗马帝国初期"三大诗人"之一。
② 希腊新喜剧：相对于公元前5世纪雅典的旧喜剧（代表作家是阿里斯托芬），指"希腊化时期"（前323—前30）的希腊喜剧，代表作家是米南德。
③ 这是为了避免像旧喜剧那样影射现实中的个人。在旧喜剧里，如阿里斯托芬的喜剧，人物大多是对雅典名流富豪的影射和嘲笑，甚至连悲剧作家索福克勒斯、欧里庇特斯，也成其影射和嘲笑对象。
④ 拉丁人：即罗马人，原居意大利拉丁平原，故称。
⑤ 昆体良（Quintilianus，约5—约100），罗马帝国教育家、罗马国立教育创始人。
⑥ 《论修辞术》第十四卷叙述了希腊和罗马的文学简史。——中译者
⑦ 悲剧：即以埃斯库罗斯、索福克勒斯、欧里庇特斯为代表的古希腊悲剧。

(Patrizzi)、斯卡里格和卡斯特尔维特罗①等论诗艺的大师所研讨过的各种理由。

理由只有从上文《诗性智慧》部分②已找到的诗的起源中去找,也就是从已发现的诗的本质即诗性人物性格中去找。因为新喜剧所描绘的是当前的人类习俗,即苏格拉底派哲学家们所思索的人类习俗,因此,古希腊诗人深受这派哲学关于人类道德的学说的浸润(例如米南德 Menander,和他相较,拉丁人把他们的泰伦斯③称为"半个米南德"),因而能创造出一些光辉的范例,显示出一些观念或理想中的人物典型,用来唤醒一般世俗人。这些世俗人最擅长于向说服力很强的具体范例学习,尽管他们不能根据推理所得出的箴规来理解。旧喜剧都从现实生活中取来剧中情节,使所作的剧本就按照事物本来的样子。例如,邪恶的阿里斯托芬就曾这样描绘过老好人苏格拉底④,造成这位喜剧角色的身败名裂⑤。但是悲剧展现在剧场上的却是英雄们的仇恨、侮慢、愤怒和复仇,这些都起自英雄们的崇高本性。这些本性自然而然地发泄于情绪、语言方式和行动,通常都是野蛮、粗鲁和令人恐怖的。这类情节都带有一种惊奇色彩,而在题材安排上彼此之间具有紧密的一致性。古希腊人只有在英雄体制时代才能创造出这类作品,所以荷马只能出现在这个时代的末期。这一点可以用本书所用的哲学批判来说明。这类神话故事在初产生时,原是直截了当的,到达荷马手里时就已经被扭曲和颠倒了,从上文"诗性智慧"部分所提到的一些公理中,就可以看出这些神话故事起初原是真实的历史,后来逐渐遭到修改和扭曲,最后才以扭曲的形式传到荷马手里。因此,荷马应该摆在英雄诗人的第三个时期。第一个时期创造出作为真实叙述的一些神话传说("真实的叙述"是古希腊人自己对神话 mythos 一词所下的定义)。第二个时期是这些神话传说遭到修改和扭曲的时期。第三个最后时期,就是荷马接受这样经过修改和扭曲的神话传说的时期。

不过,现在且回到我们的本题,以便指出下面一个理由。亚里士多德⑥在《诗学》里说,只有荷马才会制造诗性的谎言⑦,因为荷马的诗性人物性格具有贺拉斯所称赞的无比崇高而妥帖的特征。他们都是些想象性的共性(imaginative

---

① 帕特里齐(Patrizi,1529—1597),16 世纪意大利数学家、自然哲学家。斯卡里格:见前注。卡斯特尔维特罗(Castelvetro,约 1505—1571),16 世纪意大利文艺批评家。
② 《诗性智慧》部分:见《新科学》第一卷。
③ 泰伦斯(Terentius,前 195 或前 185—前 159),古罗马喜剧家,与普劳图斯并称"古罗马喜剧之父"。
④ 苏格拉底(Socrates,前 469—前 399),古希腊哲学之父,柏拉图之师。
⑤ 指的是阿里斯托芬的喜剧《云》。《云》把苏格拉底写得滑稽可笑。——中译者
⑥ 亚里士多德(Aristotle,前 384—前 322),古希腊哲学家,柏拉图弟子,古希腊"三圣哲"之一。
⑦ 意为"把谎说得圆"。——中译者注

universals),如上文《诗性哲学》部分①所下的定义。古希腊各民族把凡是属于同一类的各种不同的个别具体事物都归到这类想象性的共性上去②。例如阿基琉斯,原是《伊利亚特》这部史诗的主角,古希腊人把英雄所有的一切勇敢属性以及这些属性所产生的一切情感和习俗——例如暴躁、拘泥繁文细节、易恼怒、顽强到底不饶人、狂暴、凭武力僭夺一切权力(就像贺拉斯在《诗艺》里所总结的)——都归到阿基琉斯一人身上。再如奥德修斯,是《奥德赛》这部史诗的主角,古希腊人也把来自英雄智慧的一切情感和习性——例如警惕性高、忍耐、好伪装、口是心非、诈骗、老是说漂亮话而不愿采取行动、诱旁人自堕圈套、自欺——都归到奥德修斯一人身上。古希腊人总是把个别具体人物的各种行为按类别分属于上述两种人物性格,只要这些行为足够突出,以致迟钝愚笨的古希腊人也都能注意到。由于这两种人物性格是全民族创造出来的,就只能被认为具有自然的一致性(这种一致性对于全民族的共同意识即常识来说是乐于接受的,只有这种一致性,才形成神话故事的魅力和美感);而且,由于这些神话故事都是凭生动强烈的想象创造出来的,它们必然是崇高的。由此就产生出诗的两种永恒特性:一种是诗的崇高性(poetic sublimity)和诗的通俗性(popularity),两者不可分;另一种是,各民族既然一开始就为自己创造出了英雄人物性格,后来就只能凭借这些光辉范例来理解人类习俗③。

第五章 发现真正荷马的一些哲学证据

根据以上所述,可以把下列的一些哲学证据搜集在一起:

1. 首先,就是列在上文"公理"中的第一条,人们自然而然地被引导,以促使他们保存对自身社会的那些制度和法律的记忆。

2. 卡斯特尔维特罗所理解的那条真理④是:最先出现的必然是历史,然后才是诗,因为历史是真实事物的简单叙述,而诗除此之外还是一种模仿⑤。足见这

---

① 《诗性哲学》部分:见《新科学》第一卷。
② 这里说的就是"典型","典型"不是抽象的共相——概念,而是"想象的共相",即用形象形成的共相,能代表某一类人的人物性格。——中译者注
③ 就像凭阿喀琉斯和奥德修斯来理解希腊社会习俗,在我国曹操和诸葛亮、李逵和宋江,薛宝钗和林黛玉等著名角色也起着同样的作用。——中译者注
④ 卡斯特尔维特罗:《通俗化的和受歪曲的亚里士多德的〈诗学〉》(1576),4—6页。——英译者注
⑤ 模仿:意为对事物的具体描述。

位学者在其他方面尽管眼光最锐敏,但却不能把这条真理用作发现真正荷马的钥匙,还没有把这条真理和下列其他一些哲学证据合在一起考察。

3. 由于诗人当然出现在世俗史学家之前,最初的历史必然是诗性的历史①。

4. 神话传说在起源时,都是些真实而严肃的叙述,因此 mythos(神话传说)的定义,就是"真实的叙述"。但是,由于神话传说大部分都很粗疏,后来就逐渐失去原意,遭到窜改,因而变成不大可能、暧昧不明、惹笑话,以至于不可信。这些现象,就是神话传说中诸疑难的七个来源,这从本书第二卷中即可得知。

5. 如第二卷所已说明的,神话传说是以篡改扭曲的形式传到荷马手里的。

6. 神话传说的精华,在于诗性人物性格,而之所以会产生这种诗性人物性格,在于当时人按本性还不能把事物的具体形状和属性从事物本身中抽象出来。因此,诗性人物性格必然是按当时全民族的思维方式②创造出来的,因为一个民族在极端野蛮时期必然会运用这种思维方式。神话传说都有一种永恒的特征,就是往往会放大对个别具体事物的印象。关于这一点,亚里士多德在《修辞学》里就说过,见识有限的人往往会把某一特殊事例视为一种典范。其缘由就是人的心智尚未开化,受到强烈感觉的刺激,除非在想象中把个别事物加以放大,就无法予以表达了。也许就是这个缘故,在古希腊诗人和拉丁诗人的作品里,神的形象都要比人的形象高大。到了复归的野蛮时期③,上帝、耶稣和圣母玛利亚都被画得特别高大,也是由于上述缘故。

7. 原始人既缺乏反思能力,也不会运用反思能力,这就成了谬误之母。最初的英雄时代的拉丁诗人都歌咏真实的历史故事,即关于罗马人的战争故事。到了复归的野蛮时期,由于这种原始的本性,一些拉丁诗人——例如耿特(Gunther)和阿普里亚(Apulia)的威廉等人——还以为自己在歌咏历史故事,同时期的罗曼斯(romance)(传奇)作家也都自以为在写真实的历史故事。就连博亚尔多(Boiardo)和阿里奥斯托(Ariosto)④,他们虽身处深受哲学教养的时代⑤,也仍然取材于巴黎主教杜尔邦所著的历史书。因为出于同样的原始本性,他们也都

---

① 诗性的历史:即神话故事。——中译者注
② 即形象思维。——中译者注
③ 复归的野蛮时期:指中世纪基督教时期,也有称之"黑暗时期""蒙昧时期"。
④ 博亚尔多(Boiardo,1441—1494),15世纪意大利大诗人。阿里奥斯托(Ariosto,1474—1533),16世纪意大利大诗人。
⑤ 深受哲学教养的时代:即指意大利文艺复兴时期。

缺乏反思能力,还都不会虚构故事。就连但丁①,尽管他有博大精深的玄奥哲学,也还是用真人真事来塞满《神曲》的各种场面,而且把他的史诗命名为"喜剧"(Comedy)②,因为古希腊人的旧喜剧也描绘真人。在这一点上,但丁还是像写《伊利亚特》的荷马。朗吉弩斯(《论崇高》)曾指出,《伊利亚特》全是戏剧性的或再现性的;至于《奥德赛》,则全是叙述性的。再如彼特拉克(Petrarca)③,尽管是一位渊博的学者,仍然用拉丁语歌咏第二次迦太基战争④。至于他的《凯旋》,则是用塔斯康语⑤写的,虽具有英雄诗色彩,却只是一部历史故事辑录。从这里可以看出"最初的神话故事都是历史"这一事实的最明显证据。因为讽刺诗所讽刺的人物,不仅是真实的,而且还是人所熟知的;悲剧则取诗性人物性格放到情节里;旧喜剧把还活着的名人放进情节里;新喜剧则由于出现在反思能力最活跃的时代⑥,终于创造出一些虚构的人物性格,就如在意大利语中,新喜剧是随着学问渊博的十五世纪而重新出现的。无论是古希腊人,还是拉丁人,都没有用过完全虚构的人物性格作悲剧的主角。民众的趣味也有力证明了这种分别。民众趣味不愿接受有悲剧情节的戏剧,除非其中的悲剧情节是来自历史的;但是,群众趣味却愿意接受喜剧中的虚构情节,因为这些情节源自并非人所共知的私人生活,民众就信以为真了。

8. 既然诗性人物性格具有上述性质,涉及他们的诗性神话故事就必然仅对最早期的古希腊人才有历史意义,如我们在上文"诗性智慧"部分就予以说明的。

9. 根据上文第一条哲学证据,这类历史故事必然是在各民族的记忆中自然保存着的;因为作为民族的婴儿,他们必然具有惊人的记忆力。这是经天意安排的,因为据约瑟夫斯反对阿庇安⑦时所提出的论据,直到荷马时代,甚至更晚的时代,古希腊人尚未发明出共同的字母。在人类还那样困乏的时代,各民族几乎只有肉体而没有反思能力,在看到个别具体事物时,必然会浑身都有活生生的感觉,会用强烈的想象力去放大那些事物,并用极强的记忆力把它们保存下来。

10. 所以,诗人必然是各民族最初的历史学家。所以,卡斯特尔维特罗没有

---

① 但丁(Dante,1265—1321),13世纪末意大利大诗人,《神曲》作者。
② 《神曲》:意大利文原名 *Divina Commedia*,直译为《神圣喜剧》。
③ 彼特拉克(Petrarca,1304—1374),14世纪意大利大诗人。
④ 第二次迦太基战争:古罗马与迦太基的战争,发生于公元前202年。
⑤ 塔斯康语:意大利方言,意大利语的前身。
⑥ 反思能力最活跃的时代:即指公元前4世纪至公元1世纪的"希腊化"时期。
⑦ 约瑟夫斯(Josephus,37—100),1世纪犹太史学家。阿庇安(Appianus,95—165),2世纪古罗马史学家。

能运用他的"历史必先于诗"的箴言去寻找诗的真正根源,因为他和自柏拉图和亚里士多德之后所有其他讨论过这个问题的人一样,本应该很容易看出,凡是异教的历史都起源于神话传说,就如我们在公理中所提出的,在"诗性智慧"部分所予以证明的。

11. 按照诗的本性,任何人都不可能同时既是高明的诗人,又是高明的哲学家,因为哲学要把心智从各种感官方面抽出,而诗的功能却把整个心灵沉浸到感官里。哲学上升为共相,而诗的功能却要深深地沉浸到殊相里①。

12. 根据公理,任何人如果没有自然天赋,都可以凭勤奋在其他各种行业中获得成功,但是在诗歌方面,任何人如果没有自然天赋,就不可能单凭勤奋去获得成功。诗学和批评这两门技艺②,可以使心灵得到教养,但不能使心灵伟大。因为精细③只是一种小品德,而伟大却自然地鄙视一切微小事物——说实在话,就如滚滚洪流,虽夹杂着污泥浊水,却能把大石头和大树干席卷而走。荷马的诗篇正是如此,他的伟大说明了我们在他的诗篇中为何总能看到一些粗俗的表达方式。

13. 但是这并不妨碍荷马成为诗人之父和诗人之王。

14. 我们知道,亚里士多德认为没有人能像荷马那样把谎说得圆满;贺拉斯则称赞荷马的人物性格是没有人能模仿的。他们的意思是一样的。

15. 荷马的诗句就像星空那样崇高。诗的语言必须是真实热情的表现,或者说,必须凭一种烈火似的想象力,使我们真正受到感动,所以必须是个性化的。因此,我们把一般化的生活格言称为哲学家的语句④。如若对热情本身进行反思,而不是热情本身的直接表达,这样的作品通常出自既虚假、又枯燥的诗人之手。

16. 《荷马史诗》取自野蛮事物的一些比喻,其实是非常高明的。

17. 荷马所描绘的战争和死亡,令人恐惧,然而这恰是《伊利亚特》的神奇性之所在。

18. 像这样的语句、比喻和描绘,一个冷静的、有修养、温和的哲学家是不可能写出来的。

---

① 共相是抽象的共同属性,殊相是个别具体事物的形象。——中译者注
② 指诗学和批评理论。——中译者注
③ 精细是诗学和批评所需要的。
④ 维柯所用的"语句"(sentence),不单指语言,兼有"判断"的意义。——中译者注

19. 像荷马所写的那些英雄,心智薄弱如儿童,想入非非如女人,怒气冲天如莽汉,是任何哲学家都不可能想象出来的。

20.《荷马史诗》中有些欠妥帖和不文雅的表达方式,是由于古希腊语正在形成时期,词语还很贫乏,用来表达事物很吃力,就不免显得笨拙了。

21. 纵使《荷马史诗》含有玄奥智慧的神秘教义(这是我们在《诗性智慧》中已证明绝对不确实的),其表达方式也绝不是直截了当、按部就班的,绝不是哲学家严谨的头脑所能模拟的。

22. 英雄时代的语言是一种由显喻、意象和譬喻组成的语言,这是由于当时还缺乏对事物予以明确界定所必需的种类概念。

23. 各原始民族都有英雄史诗,这是人的自然本性的必然结果。我们应该赞赏这种天意安排,即在共同的书写文字还未发明之前,就安排好各民族用诗句①来说话,使他们的记忆借助于音步和节奏,把他们的家族和城市的历史保存下来。

24. 这些神话传说、语句、习俗都可叫作"英雄的",都流行于历史所划定的英雄时代,就如我们在"诗性智慧"部分所已详细说明的②。

25. 所以,上文所说的是全民族的一些特征,也是其中每个人都共有的特征。

26. 这些特征都来自人的本性,而就是这些特征使荷马成为最伟大的"诗人",而不是我们反对的说他是个"哲学家"。

27. 此外,我们在上文"诗性智慧"部分也已证明过,凡是所谓玄秘智慧的意义,都是后来的哲学家强加到荷马的神话传说里去的。

28. 最后,英雄时代的神话传说,其精华在于其诗性人物性格的浑然一体(decorum),这是今天擅长哲学、诗学和批评的学者们绝对无法模仿的。亚里士多德和贺拉斯就是根据这种浑然一体,才把桂冠戴到荷马头上,前者称荷马把谎说得圆满,无可比拟;后者称荷马的人物性格不可模仿。这两种说法其实是一致的。

---

① 诗句:即指押韵、有节奏的语句,这样的语句容易记忆。
② 注意:维柯的"英雄"专指原始民族中的强人或贵族。与一般人所了解的"英雄"不同,维柯依埃及传统把历史分为神、英雄和人的三个时代,属于英雄时代的人就叫作英雄,涉及英雄时代的制度,习俗乃至文艺,语言和斗争都叫作"英雄的",所以在《新科学》里"英雄的"这种形容词一般就等于"野蛮的"或"野蛮时代的",一个"英雄"就是一个"酋长"。——中译者注

第六章　发现真正荷马的一些语言学的证据

上述大量哲学证据都是从对异教诸民族的创建人进行哲学批判得来的。我们应把荷马摆在这些民族创建人之列,因为就如犹太人约瑟夫斯所坚持认为的,我们确实找不到哪一位世俗作家比荷马更古老了。对此,我们还可以加上下列这些语言学证据。

1. 一切古代世俗历史,都起源于神话传说。

2. 和世界其他民族隔绝的有些原始民族,如日耳曼人和美洲印第安人,也都被发现把他们的历史保存在诗歌中。

3. 最初写罗马史的,也是诗人。

4. 就是在复归的野蛮时期,历史也是用拉丁文写作的诗人书写的。

5. 埃及的高级司祭曼涅陀,把用象形文字书写的古埃及史解释为"崇高的自然神学"。

6. 我们在"诗性智慧"部分已说明,古希腊哲学家也曾对在神话传说中叙述的古希腊史作了类似的解释。

7. 因此,在上文"诗性智慧"部分,我们不得不颠覆曼涅陀的神秘解释,重新赋予神话传说以它们本来的历史意义。这样做是顺理成章的,没有一点强词夺理的意思。因为我们只是说明了那些历史神话传说是与当时的历史特性相符的。

8. 以上一切都有力地证明了斯特拉博[①]所说的一番话,他说在希罗多德[②]以前,古希腊各民族的历史都是由他们的诗人书写的。

9. 我们在第二卷里还说明了,无论在古代,还是在近代,各民族中最初从事写作的人,都是诗人。

10. 《奥德赛》里有两段名言赞美一位说书人把故事说得好,说他讲故事就像音乐家演奏或歌唱家唱歌。用《荷马史诗》来说书的人,他们自己也正是如此。他们都是些普通人,但他们每个人都凭记忆保存了《荷马史诗》中的某个部分。

11. 根据犹太人约瑟夫斯反对语法学家阿庇安时所坚持的观点,荷马不曾用文字写下任何一首诗。

---

① 斯特拉博(Strabo),公元前 1 世纪古希腊学者。
② 希罗多德(Herodotus),公元前 5 世纪古希腊史学家,古希腊史学之父。

12. 说书人周游希腊各城邦，在集市或宴会上演唱《荷马史诗》，这个人唱这一段，另一个人唱另一段。

13. Rhapsodes(说书人)这个词，由两个词合成，意思是把歌词编织在一起，而这些歌词则是他们从民间搜集来的。与此类似，Homeros(荷马)一词，据说也是由 homou(在一起)和 eirein(联系)合成的。这是说，"荷马"就是神话传说编制者的意思。

14. 是庇西斯特拉图王朝(Pisistratids)的几位雅典君主自己，也可能是他们命令别人，将《荷马史诗》加以编排而分为两部，即《伊利亚特》和《奥德赛》。所以，我们可以想象，此前的《荷马史诗》原是一堆凌乱的材料，现在我们还看得出，两部史诗在风格上大不相同。

15. 据西塞罗的《论神性》(实即《论演说家》)和柏拉图的对话录《希巴球斯》等著作记载，庇西斯特拉图王朝还下令，从此之后《荷马史诗》应由说书人在雅典城邦的宴会或庆祝会上演唱。

16. 但是，庇西斯特拉图王朝被逐出雅典，仅比塔魁尼阿斯王朝被逐出罗马稍早几年。所以，我们如果假定，荷马生于罗马国王驽玛那个时期，而在庇西斯特拉图王朝以后，一定还过很长一段时间，这期间是说书人把《荷马史诗》保存在自己记忆里的。这种说法，使另一种说法变得很不可靠。另一种说法是，庇西斯特拉图王朝是由阿利斯塔克(Aristarchus)①把《荷马史诗》加以整理和编排的。这种说法不可靠，因为没有文字书写的底稿，阿利斯塔克是做不成的；再说，他要是做成了，此后也就不需要说书人凭记忆来演唱《荷马史诗》了。

17. 根据这个理由，曾用文字写出作品的赫西俄德②就应在庇西斯特拉图王朝之后，因为没有证据使我们相信，赫西俄德像荷马一样是由说书人凭记忆把他的作品保存下来的，而编年史家把他摆在荷马之后三十年也是瞎搞③。

18. 因此，希波克拉底④也属类似情况。他留下了许多大著作，不是用诗而是用散文写的，因此它们自然不能是凭记忆保存下来的；因此他应摆在大约与希罗多德同时。

---

① 阿利斯塔克(Aristarchus，前 31—前 230)，古希腊学者，第一个天文学家。
② 赫西俄德(Hesiod)，古希腊远古诗人，有《神谱》传世，当时人认为他是古希腊最早的诗人，但本文作者认为，他应在荷马之后。
③ 荷马时期希腊尚无文字，而文字不可能在三十年之间创造出来。
④ 希波克拉底(Hippocrates)，古希腊医学之父。当时人认为希波克拉底生活在非常遥远的时代，本文作者则认为他可能和希罗多德差不多是同时代的，理由是"他留下了许多大著作"。

19. 从这一切来看,约翰·浮斯①显然过于相信希罗多德所说的三个纪念章上的铭文,并且认为可以根据这些铭文来驳倒约瑟夫斯。其实,那三个纪念章——安菲特理安(Amphitryon)、希泡孔(Hippocoon)和拉奥麦敦(Laomedon)——就像今天的商人伪造的假古董一样,是古人伪造的赝品。所以,马丁·秀克②就支持约瑟夫斯而反对浮斯。

20. 我们还可以补充一点:荷马从来没有提到过一般人都会书写的希腊字母,他说的普罗塔斯写给攸拉亚去陷害伯勒罗芬的信,是用 semat③ 写的。

21. 尽管阿利斯塔克修改过《荷马史诗》,但里面还是保存了各种各样的土语和措辞不妥语,这必然是古希腊各族在当时习惯的表达方式。此外,音节上也往往有不合规处。

22. 荷马的故乡在哪里是无人知道的。

23. 几乎所有的希腊城市都说自己是荷马的故乡。

24. 我们在上文已提出了一些有力的揣测:《奥德赛》的作者荷马来自希腊西部偏南,而《伊利亚特》的作者荷马却来自希腊东部偏北。

25. 就连荷马的年代也是无从知道的。

26. 关于年代这一点,意见既多而又纷纭,分歧竟达到四百六十年之长,极端的估计最早到和特洛伊战争同时,最迟到和弩玛同时。

27. 因为无法规避荷马的两部史诗在风格上的悬殊,朗吉弩斯曾说,荷马在少年时代编出《伊利亚特》,而到晚年才编出《奥德赛》。这倒是一种有趣的说法,总比把我们蒙在鼓里要好。

28. 出于同样考虑,我们理应对任何其他人写的关于赫西俄德或荷马的传记都不予信任,不管其中叙述了多少生活细节,哪怕是塞满一整部书,也都是不可信的。所以,对普鲁塔克的《荷马传》,我们也应如此看待。

29. 至于朗吉弩斯的揣测,也许他是根据这样一个事实:荷马在《伊利亚特》里描绘的阿基琉斯的狂怒和骄横,都是年轻人的特征;而在《奥德赛》里叙述的奥德修斯的诡诈和谋略,则是老年人的特征。

30. 据传说,荷马是个盲人,因此他才叫作"Homeros"(荷马),Homeros 在伊

---

① 约翰·浮斯,生平不详,可能是当时的一名学者。
② 马丁·秀克,生平不详,可能是当时的一位历史学家。
③ Semata:希腊文的拉丁拼写,意为"符号""暗号"。

阿尼亚土语里的意思,就是"盲人"。

31. 荷马自己曾称在贵人筵席上演唱的诗人为盲人,譬如在阿尔岂弩斯招待奥德修斯的筵席上演唱的,以及在求婚者欢宴中演唱的,都是盲人(见《奥德赛》)。

32. 盲人一般有惊人的记忆力,这是人类本性的一种特征。

33. 最后,据传说,荷马很穷,曾在希腊各地的市场上流浪和卖唱①。

第二部分　发现真正的荷马

序　　言

关于《荷马史诗》,由我们凭推理得出的或是由旁人叙述过的以上一切事实,都不是我们事先就着意要达到这样结果的——说实在话,我们原先并没有想到,本书②第一版的某些读者都是些思想锐敏和学问高超的学者,就曾疑心到此前人们一直置信的那个荷马,并不是真实的。这一切情况,现在迫使我们要肯定:不仅是荷马,就连特洛伊战争的经过也不是真实的。现在就连最审慎的批评家们也都认为:尽管特洛伊战争标志着历史上一个著名的时代,而实际上,它在世界上并不曾发生过。就特洛伊战争来说,假如荷马不曾在诗篇里留下一些重大的遗迹,有许多重大难题就应迫使我们下结论说:荷马纯粹是一位仅存于理想中的诗人,并不曾作为具体的个人在自然界存在过。但是,一方面有许多重大难题,另一方面又有留传下来的诗篇,都似应迫使我们采取一种中间立场:单就古希腊民众在诗歌中叙述了他们的历史来说,荷马是古希腊民众的一个理想人物或英雄人物。

第一章　前此置信的那个荷马所表现出的许多不恰当和不可能的事情,在本书所发现到的那个荷马身上就成了既是恰当的,又是必然的

从这种发现来看,此前所置信的那个荷马所叙述的一切不恰当的和不可能

---

① 我国过去说书人和算命先生以及瞽妓也大半既穷而又盲目,浪游集市卖技。也可作为旁证。——中译者注

② 本书:指当时出版的某一版本的《荷马史诗》(本文最初可能是为该版本《荷马史诗》撰写的再版前言,后收入《新科学》)。

的事物和语言,对现在发现的那个荷马来说,就都变成恰当的和必然的了。首先,我们原先还得将信将疑的那些重大事物迫使我们要说下列各点:

1. 为什么古希腊各民族都争着要取得荷马故乡的荣誉呢?理由就在于古希腊各民族自己就是荷马。

2. 为什么关于荷马年代有那么多的意见分歧呢?理由就在于特洛伊战争从开始一直到弩玛时代有四百六十年之久,我们的荷马确实都活在古希腊各民族的口头上和记忆里。

3. 他的盲目,和他的贫穷,都是一般说书人或唱诗人的特征。他们都盲目,所以都叫作"荷马"(homeros)。他们有特别持久的记忆力。由于贫穷,他们要流浪在希腊全境各城邦,演唱《荷马史诗》来糊口。他们就是《荷马史诗》的作者,因为他们就是民众中间用诗编制历史故事的那些人。

4. 由此可见,荷马作出《伊利亚特》是在少年时代[①],当时古希腊还年轻,因而胸中沸腾着崇高的热情,譬如骄傲、狂怒、报仇雪恨,这类热情不容许弄虚作假而要宏大气派。因此,这样的希腊,喜爱阿基琉斯那样的狂暴的英雄。但是,他写《奥德赛》是在暮年,当时希腊的血气仿佛已为反思所冷却,而反思是审慎之母,因此,这样老成的希腊爱慕奥德修斯那样的富有智慧的英雄。从此可见,在荷马的少年时代,古希腊人崇尚粗鲁、邪恶、狂暴、野蛮和残忍(见《伊利亚特》)。到了荷马的暮年时代,古希腊人就喜欢阿尔岂弩斯国王的奢侈、卡吕普索(Calypso)的寻欢作乐、塞壬女妖的歌声、求婚者的吃喝玩乐,以及对珀涅罗珀王后贞操的围攻和侵犯(见《奥德赛》)。像以上这两类习俗和习性,竟被人认为同时存在,而在我们看来,二者是互不相容的。就是这个难点,使大智大慧的柏拉图宣称,荷马凭灵感预见到这些令人作呕的、病态的、邪淫的习俗风尚终将出现。柏拉图想借此来解决上述难点,但他却把荷马说成了古希腊文明的一个愚笨的创建人,因为荷马虽然谴责这种腐败颓废的习俗风尚,同时却预言这种习俗风尚终将出现,从而使古希腊人更快地走向腐败。

5. 我们已经说明,《伊利亚特》的作者荷马,要比《奥德赛》的作者荷马早许多世纪。

6. 我们也已经说明,歌咏特洛伊战争的那位荷马来自希腊的东北部,而歌咏奥德修斯的那位荷马则来自希腊的西南部。奥德修斯所统治的王国,就在希

---

① 此处的"荷马",不是指某个人或某些人,而是代指希腊民族。

腊的西南部。

7. 这样,隐匿在古希腊民众之中的荷马所遭受的种种指责,便可以昭雪了。特别是对他所作的下列指责:(1)他的卑劣语句;(2)他的世俗习俗;(3)他的粗疏譬喻;(4)他的地方俗语;(5)他的音节失调;(6)他的土语方言前后不一致;(7)他把神变成人,把人变成神。关于最后一项神话传说,朗吉弩斯其实也不相信(见《论崇高》),除非可以证明,神话传说中具有某种哲理性。这就等于承认,当荷马歌咏这些神话传说时,他并不能得到古希腊文明创建者的荣誉。这个不利于荷马的难点,和我们在上文提到的不利于俄耳浦斯(Orpheus)①作为古希腊文艺创建者的难点是一样的。但是上述几项,特别是最后一项②,本是古希腊各民族所共有的特点,因为在创建时期,古希腊人本身就是虔诚的、信神的、贞洁的、强壮的、正直的、宽宏大量的,他们就认为神也有这些品德,如我们在上文讨论自然神谱时所已证明的。后来随着岁月的推移,上述神话传说就渐渐暗淡起来,老习俗渐渐衰败了,古希腊人于是凭他们自己的性格来判定,他们的神也和他们一样放辟邪侈了。这是根据那条公理,即:任何神话与宗法,均服务于人的欲望与利益。古希腊人害怕他们的神和他们不一样,因为和他们不一样的神,对他们来说就没什么用了③。

8. 不过,这样一来,荷马却更有权利获得两大赞赏。这两大赞赏,即亚里士多德所赞赏的"诗性谎言",和贺拉斯所赞赏的"创造英雄人物性格",其实是指同一种东西。贺拉斯还因此承认自己不是诗人,因为他缺乏才能或巧智去把握他所称的 colores operum(作品的色彩)(见《诗艺》)。这其实也就是亚里士多德所说的"诗性谎言",因为普劳图斯④就曾在他的剧本《吹牛军人》里把 obtinere colorem(把握色彩)说作是"把谎话说得完全像真的一样"。好的神话传说,就是这样。此外,荷马还有一些优点受到诗学专家的赞赏,譬如:(1)他的粗俗野蛮的譬喻;(2)他把战争和死亡描绘得残酷可怕;(3)他的充满崇高热情的语句;(4)他的富于表现力的堂皇典丽的风格。这些优点,其实都是英雄时代的古希腊人的特点。在这个英雄时代,荷马始终只是一个高明的诗人,因这个时代而具

---

① 俄耳浦斯(Orpheus):希腊神话中的诗人与歌手。
② 即"他把神变成人,把人变成神"。
③ 注意:维柯在费尔巴哈之前就已提出神是人按自己的本性创造出来的这一重要学说。维柯实际上是个无神论者。他不敢触犯天主教的忌讳,特地标明他所说的只限于异教民族,不包括希伯来人在内,仿佛希伯来人的《旧约》中创造世界说还是实话。——中译者注
④ 普劳图斯(Plautus,前254?—前184),古罗马早期喜剧家,和泰伦斯并称"古罗马喜剧之父"。

有超强的记忆力和奔放的想象力。他绝对不是哲学家。

9. 因此,后来的所有哲学、诗学和批评,都不可能创造出一个可步荷马后尘的诗人。不仅如此,荷马还配得到以下三条赞词:(1) 他是古希腊政体与文化的创建人;(2) 他是古希腊所有诗人的祖先;(3) 他是古希腊所有哲学流派的源泉。这三条赞词中,没有一条是适合于此前人们所相信的那个荷马的。第一条不相称,因为从杜卡良和庇拉时代算起,荷马被认为在婚姻制奠定古希腊文明之后八百年才出现。第二条也不相称,因为人们认为,在荷马时代之前,神话与诗歌就已经很繁荣,譬如俄耳浦斯、安菲翁、缪萨乌斯、李弩斯,等等;编年史家还把赫西俄德摆到荷马前三十年;西塞罗①在他的《布鲁图传》里也肯定地说,有些英雄诗人比荷马还早;攸色布斯在他的《为福音作准备》一书里还举出了一些早于荷马的诗人名字,如菲拉蒙、塔茂理斯、德莫多库斯、厄庇蒙里狄斯、阿里斯特斯,等等。最后,第三条赞词也不相称,因为后来的哲学家并不是从荷马的神话传说中发现了哲学,而是把他们的哲学硬塞进了荷马的神话传说。而事实是,就如我们在本书第二卷已经说明过的,荷马的诗性智慧用神话传说为哲学家提供了思考真理的机缘。

第二章　从《荷马史诗》中发现古希腊部落自然法的两大宝库

然而,最重要的是,凭我们的发现,还可以把另一项荣誉归于荷马:他是当时整个异教世界②的最早的历史记录者。

因此,他的两部史诗应被视为古希腊习俗的两大宝库而受到重视。然而,《荷马史诗》却遭遇了和十二铜表法③相同的命运。十二铜表法一直被认为是古罗马人仿效梭伦④为雅典人制定的法律,以至于古罗马部落自然法的历史一直不为我们所知。同样,《荷马史诗》也一直被认为是由某个超凡绝世的诗人创作的,以至于古希腊部落自然法的历史也一直不为我们所知。

朱光潜　译

---

① 西塞罗(Cicero,前106—前43),古罗马政治家、雄辩家、法学家、哲学家。
② 异教世界:指罗马帝国中期基督教传入之前的欧洲。
③ 十二铜表法:古罗马最初颁布的法律,因镌刻在铜版上公示,共有十二条,故称。
④ 梭伦(Solon,前638—前559),古希腊雅典城邦领主、立法者,古希腊"七贤"之一。

论《荷马史诗》①

[英]托马斯·卡莱尔②

  《荷马史诗》讲述的历史，是希腊历史上第一个伟大时期——特洛伊战争时期。《伊利亚特》(*Iliad*)③，或者说《特洛伊之歌》，是由很多我称为叙事性的歌谣组成的。这些歌谣讲述了当时发生的各种事件，而不只是对特洛伊战争本身的叙述，因为它从事件的中间开始，也在事件的中间结束。《奥德赛》(*Odyssey*)④讲述了战争结束以后，奥德修斯(Odysseus)——也叫尤利西斯(Ulysses)——从特洛伊返回家乡的冒险旅行。故事发生的时间，据阿伦德尔·马布里斯(Arundel Marbles)⑤推测，他的推测主要依据希罗多德⑥的《历史》，是在公元前八百年，或是在公元前九百年，不管怎么说，和《伊利亚特》里面的故事在时间上大致相同。约翰尼斯·缪勒(Johannes Müller)⑦认为，这两部史诗是仅次于《圣经》的最古老、最重要的作品，它们甚至比中国的文学作品还要古老，因为尽管有人说中国的文学历史悠久，但没有证据表明其文学作品比《荷马史诗》出现得更早。中国有一

---

① 本文节选自卡莱尔《文学史演讲集》，题目系本书编者所加。本文要点：(1) 荷马实无其人，《荷马史诗》是远古行吟歌手的集体创作，经后世之人整理而成；(2)《荷马史诗》最初是口头文学，故而其结构和歌谣很相似；(3)《荷马史诗》是古希腊先民精神面貌的反映；(4)《荷马史诗》是神话，然而却是人类心灵的真实写照；(5)《荷马史诗》原是口口相传的，故而读起来朗朗上口，具有音乐性；(6)《奥德赛》比《伊利亚特》晚一个世纪完成，故而比《伊利亚特》更成熟；(7)《荷马史诗》中的比喻别具一格，粗俗，然而既生动又深刻。
② 托马斯·卡莱尔(Thomas Carlyle, 1795—1881)，英国哲学家、历史学家、作家、评论家，被视为19世纪英国最有影响力的人物之一，重要著作有论著《论英雄与英雄崇拜》《论法国大革命》、评论集《过去与现在》等。
③ 《伊利亚特》(*Iliad*)：也译《伊利昂纪》(Iliad，意为"关于伊利昂"，即特洛伊，古希腊人称其为"伊利昂")。
④ 《奥德赛》(*Odyssey*)：通译《奥德修纪》(Odyssey，意为"关于奥德修斯")。
⑤ 此处翻译有误，Arundel Marbles 不是人名，而是由阿伦德尔(Arundel)爵士(即 Thomas Howard)收藏的古希腊雕像，称作 Arundel Marbles (阿伦德尔雕像)。Marble：大理石，亦指大理石雕像。
⑥ 希罗多德，古希腊史学家，有"古希腊史学之父"之称。
⑦ 约翰尼斯·缪勒(Johannes Müller)，15世纪德国学者、古希腊典籍注释家。

些作品出现的时间与《荷马史诗》大致相当,但那些不是什么重要的作品,只是一些传奇或编年史。

荷马是谁,或者谁是这两部史诗的真正作者,我们尚不清楚。博物馆里确实有阿伦德尔爵士提供的荷马半身塑像,在其他地方还有一两个荷马的塑像,但我们没有任何证据证明它们就是荷马。我们也不能肯定这部史诗是出自一个人之手,还是多人合作的结晶。人们曾一度认为荷马是一个行吟者、一个乞丐、一个盲人,在一七八〇年之前一直这么认为,但这一年有一个名叫沃尔弗(Wolf)①的德国人,受命为格拉斯哥版的《荷马史诗》写一个序言,他在序言里首次提出一个令专家学者都非常吃惊和困惑的观点,说荷马实无其人,并且说《伊利亚特》的成书经历了一个多世纪的时间,是许多行吟歌手或诗人的集体创作,这些人经常出入古希腊王公贵族的府邸,还说那时古希腊境内流传着上千首关于特洛伊的歌谣②。继庇西特拉图斯(Pisistratus)、西庇亚斯(Hippias)和西帕恰斯(Hipparchus)的

---

① 弗雷德里奇·奥古斯都·沃尔弗(Friedrich August Wolf),其对荷马的看法广为人知,但是,这其实是乔瓦尼·维柯(Giovanni Vico)先想到的。乔瓦尼·维柯是《新科学》的作者,关于他的生平和创作,塞尔沃尔(Thirlwall)主教有一个令人愉快的介绍,在《文献博物馆》(剑桥,1833)第 2 卷中可以找到。——英文版编者注
② 有关荷马的论争——关于荷马的问题有两个分支,都和《伊利亚特》有关。一个把《伊利亚特》和《奥德赛》相比较,另一个讨论《伊利亚特》整体与其部分之间的关系。

《奥德赛》的许多章节看起来很奇怪(就像哈姆雷特所说的),似乎是在《伊利亚特》之后创作的。它对场景、信仰、人物、艺术和事件的描述,常常让我们感到和《伊利亚特》的方式不一样。这些看法因思想深刻的文学评论家的强调而受到重视,获得了许多人的赞同,即一个荷马不可能写出这两部诗,这种观点比公元纪年还要古老。

认为《伊利亚特》在结构上不具有统一性——我们现在就持这种观点——还没有得到证实。沃尔弗的"集结说"很多人都认同(那些嫉妒沃尔弗的可怜声誉的人,可能会提出批评性的保留意见),但只有当我们把目光放在这首诗的嵌入结构和它不同的场景以及很少几处不足为道的不一致上时,才感到有其合理性。我们姑且认同在沃尔弗之前,对《伊利亚特》的这种混合特征还没有足够的认识(因为荷马改编得如此合乎情理,人们不会总是停下来询问这么改编的原因)。由于我们不相信荷马一个人能创作出如此宏大的作品,不相信他能提供如此多的材料,就认为《伊利亚特》是多人合作完成的,这样合理吗?荷马之前以及他同时期的行吟诗人,无疑吟诵了许多颂歌和民谣,其中最伟大的是讲述特洛伊人的命运和阿喀琉斯的愤怒,他们为那些喜欢后继吟唱者创造性加工过的不同故事版本的观众演唱。荷马脑子里尽是这些故事,他对它们进行加工处理,把最符合他意图的故事连缀起来,在赋予其形式、在把分散的主题合并起来的过程中,体现出荷马真正的智慧,还有人能做得比这更多吗?生存的要素是大致差不多的,艺术家把它们糅合在一起并编织成动听的故事。我们周围、我们自身永远有无限的可能性,最平凡的事情比我们想象的更富有启发性,它们在范畴、在相互关系的多样性上,是无限的。

这样,荷马问题牵涉一个更宽泛的、涉及运用当前的惯用语指称艺术家的作品这一问题。创造性和独创性这些在文学创作中被视为"佳作"一词的近义词的词汇,其含义是什么?"创造"这个词当带着适当的含混,作为及物动词使用时,不能掉掉其最初的含义。莎士比亚深知这一点,他描述伍斯特(Worcester)密谋反抗亨利四世,但借福斯塔夫之口冷酷地嘲讽道:"反叛的念头出现在他的脑海里,而他意识到了这一点。"因此可怜的伍斯特不是最初提出反叛的人,虽然他的这一想法使他付出了掉脑袋的代价。如果我们只看其外表,任何一位天才都缺乏独创性。织布工无足轻重;铁匠既不挖煤矿,也不挖铁矿;更接近大自然的矿工是一个榨取者,不是创造者。这种似是而非的分析只适合于萨克(转下页)

后代①首次出版《荷马史诗》三百年之后，这是第一次出版。古希腊历史学家普鲁塔克(Plutarch)曾说莱库古斯(Lycurgus)②已经搜集整理了有关材料,但他说得非常含糊,而且证据不足。第二个版本是亚历山大大帝收集整理的,只做了几处改动,就是我们现在看到的版本。在我看来,一个人如果不用笔记录下来,很难创作出这样宏大的史诗。其他的诗是用来吟诵的,但这一首太长,在一次宴会上吟诵似乎不太可能;另一方面,如果那时没有读者,这些诗也不可能写出来。荷马不识字,这也是一个公认的事实。荷马用自己的嘴巴,把这些故事从一个首领那儿传唱到另一个首领那儿。当他清楚地表达出来时,故事就被记录下来,不是用字母,而是用一种类似象形文字的东西。事实上,赞成荷马是史诗的真正作者的唯一证据,来自对这一问题的共识和史诗的前后统一性。人们把它归结为是一群有才华的作家,以偶然相同的风格创作的意外巧合的作品,它应该是印刷术发明之后才成书的。这种说法③一度被认为是不可能的。但前不久,我开始阅

（接上页）索,不适合于《哈姆雷特》的作者莎士比亚,它只能使绘画还原为颜料和画布。但谁会欣赏这些东西? 真正的创造太微妙,不能进行分析,那些像寄生虫似的在天才人物身上爬行的文学批评家,永远发现不了这一点。另一方面,还有一种所有出色的文人都竭力避免的痛苦的独创性,他们无法忘记那些从一个新的角度来展示时,被视为平庸的东西。爱伦·坡身上那种强烈的创新意识是一个瑕疵,他描写的恐怖事件我们在读第二遍时感到很不舒服。索福克勒斯这位除了《李尔王》的作者之外,比其他任何作家都更能打动人的悲剧家,并没有杜撰可怕的俄狄浦斯神话,他原样拿来,把它改编成永恒的关于权力和美的故事;歌德把萨尔茨伯格(Saltzburg)移民的故事改编成《赫尔曼和窦绿苔》。在这儿,艺术与自然融为一体,形成最完美、最富有希腊色彩的后古典诗章。像歌德一样,索福克勒斯也是一个改编者、一个创造者,他先于前人创造出令人难忘的人物和动作,与荷马塑造的"人中之王"相比,真实的阿伽门农一定是一个不幸的人。

在评论荷马时,以《伊利亚特》和《奥德赛》加以比较这一简单的方式为着眼点,是错误的。这是沃尔弗的做法,他只是在孜孜不倦地追寻本特利的研究线索。我们换一个思路,首先将《伊利亚特》作为一个独立的作品来研究,会放弃那种把早期的史诗分成不同的部分这一似是而非的偏见。这时如果我们重读《奥德赛》,会很容易看出它的作者也是《伊利亚特》的作者,让后者保持古老的谋篇布局毫无疑问是荷马所擅长的,听众心中也依然保留着古老习俗和奇特习语的记忆。荷马对两大主题截然不同而又恰到好处的处理,他自己心中一清二楚,而评论家对此却疑惑不解。

相对于专家,荷马更受业余爱好者的喜爱,这对荷马不公平,给他的作品、声誉、人格都蒙上了一层迷雾,也给那些尊敬他、特别是喜欢读他的作品的人带来伤害。他们翻译他的作品,挖掘它们的内涵,从他的时代背景中重新获得灵感。沃斯、德比勋爵、席理曼和拜伦对荷马的阐释,比海茵(Heyne)和学识渊博、严谨认真的格罗特更为深刻。席理曼的深入探索让我们怀疑格罗特的过度怀疑论,这一点他的朋友哈勒姆也委婉地提出过批评(哈勒姆的长信在格罗特夫人撰写的《乔治·格罗特的私人生活》第164—169页可以看到)。拜伦对荷马确有其人的辩解(见他的《阿比道斯的新娘》,第2章,第2—4行)现在有力地证明:诗人的洞见超过了专家的阐释。当我们抓住"会存在两个荷马吗"这一最终问题时,所有关于荷马史诗的疑问都将迎刃而解。一些学生不相信会有两个荷马,而且一直在不断地探索这一问题,用约里克(Yorick)的话说:"一直到现在,一般人还是坚持这一观点。"——英文版编者注

① 庇西特拉图斯(Pisistratus)、西庇亚斯(Hippias)和西帕恰斯(Hipparchus)的后代：意为古希腊人自己（庇西特拉图斯、西庇亚斯、西帕恰斯：均古希腊智者）。
② 莱库古斯(Lycurgus),古希腊雅典城邦首领。
③ 这种说法：指奈特(Knight)一派的说法。

读《伊利亚特》——离开学校以后就一直没有碰过它——我必须承认,我在阅读时完全赞同这一说法,即史诗不是一个人所作。奈特(Knight)本人强烈支持相反的一方,认为《奥德赛》出自另外一个人之手,我们现在手中的《伊利亚特》则被抄写者改动很多。总而言之,他并不十分赞同自己一方的观点。但最有说服力的见解,是从阅读诗歌本身得出来的。

至于史诗的前后一致,我觉得可以在不破坏前后连贯的前提下,分写成两部或三部书,它的价值不在于人物的完美延续上。《荷马史诗》的风格一点也不象莎士比亚对人物的刻画,其中只有狡猾的人,头脑简单、粗鲁、愚蠢的人,和傲慢的人。我们都知道意大利的古代喜剧,剧中有小丑哈勒昆(Harlequin)、学者和科伦芭茵①,《伊利亚特》中的人物也有类似的特征。因此,如果可以作一比较的话,我们可以在我国文学中也找到类似的例子。我们有大量关于罗宾汉的歌谣集②。罗宾汉是一个反叛者,住在舍伍德树林中,闻名于诺丁汉和英国北部。在十四世纪,英国有许多关于罗宾汉的歌谣,特别是在英国北部,流传着许多有关他和郡长作对的故事,还有他的各种冒险经历。这些歌谣是由那些拉琴的人和年老的盲人用一种独特的方式吟唱出来的。就在五十年前,约克郡的一个书商把这些歌谣收集起来,加以出版。经他整理,这些歌谣成了一部像《伊利亚特》一样前后连贯的长诗。当然,当我们把乐天的古希腊人和不那么乐天的英国人作比较时,把他们的竖琴和我们的提琴作比较时,我们不会忘记,他们的歌谣是在王公贵族的宫殿里演唱的,而我们的歌谣则是在小酒馆里演唱的,但我们发现,

---

① 科伦芭茵(Columbine),意大利传统喜剧及哑剧中丑角哈勒昆的情人。——中译者注
② 罗宾汉歌谣——现在,讲述塔瓦斯泰人(Tavastian)或西芬兰人民的《卡勒瓦拉》,对罗宾汉歌谣做出了更好的解释:"他们的叙事歌谣以传统的口传形式,至今仍在穷苦人中间传唱,并且保留着完美的韵律和一种非常古老的语言。虽然遭受俄罗斯人的蹂躏,但一种民族主义情绪在芬兰人中间升腾起来,斯约格恩(Sjöern)、隆洛德(Lönrot)、卡斯泰恩(Castrén)、凯尔格林(Kellgren)、克罗恩(Krohne)和多纳(Donner)受到极大鼓舞,勤奋工作,做出了令人惊讶的成绩。这首叙事长诗从老辈人嘴里不断丰富,在篇幅和完整性上与《伊利亚特》相当——不仅如此,如果我们能暂时忘记我们年轻时称之为美、更美的东西,就更是如此。芬兰人不是希腊人,万奈摩宁不是荷马式的拉普索多斯(Rhapsodos),但如果诗人能带上他当时生活环境的印记,如果他对当时生活的人们做了描述,那么,《卡勒瓦拉》不仅会有与《伊利亚特》不同的优点,而且会成为世界第五大民族史诗,与爱奥尼亚民谣、印度的《摩诃婆罗多》、波斯的《王书》、德国的《尼伯龙根之歌》并列。如果我们想研究一下短小歌谣不断发展,经过一段时间形成真正史诗性篇章的例子,再没有比《卡勒瓦拉》的形成过程更具有启发意义的了,对这一过程我们有事实证据,不像对《荷马史诗》和《尼伯龙根之歌》那样只是猜测。我们依然能够看到一些诗篇是如何遗失的,另一些又是如何进行修改的;能够看到某些主人公和情节如何变得流行起来,引人注目,并吸收了最初讲述的其他人物和情节。隆洛德能够看出那些向他复述歌谣的人记忆准确与否,他并不掩饰自己在对歌谣最后采编时做了修改,正像那些给他提供歌谣的人所做的那样。"(马克斯·缪勒:《语言科学》,第1卷,第437页)——英文版编者注

"神圣的特洛伊故事"①和并不那么神圣的罗宾汉歌谣有着相似的结构。

我赞同约翰尼斯·缪勒的观点,认为《荷马史诗》是所有诗篇中最好的。因为,首先,《荷马史诗》叙述的是比史诗本身更古远的事件,也更简洁,因而更有趣,因为它是古希腊先民——我们精神上的祖先——精神面貌的反映,史诗中还提到了人类历史上最重要的事件。其次,史诗反映了任何时代、任何国家最崇高的品质,即便是古希腊的天才艺术家,也没有超越荷马的这两部史诗。《荷马史诗》的特点可归纳为以下两点:

其一,荷马似乎不认为他的故事是虚构的,他从不怀疑它的真实性。现在,如果我们只考虑应该怎么来认识它,就会看到它一定是荷马所喜欢的一件大事情。我并不是说,荷马可以在陪审团面前宣誓,称他的作品是真实的——完全不是,而是说他记录了传统和历史所保存下来的东西,并希望他的读者像他一样,相信其真实性。关于我们称为文学手段的东西,比如众神、幻象之类的东西,我必须提醒你们,回顾一下我在上一讲中所说的有关希腊人对神明的信奉。认不认为这些故事完全是虚构的并不重要,只是荷马相信它们是真实的。纵览希腊历史,我们发现任何一个伟大的人,任何一个相信神秘事物的人,都可视为是超自然的。他们的经历很有限,而人类的心灵总期望奇迹的出现,并不会因为怀疑主义就关闭向往神奇的心灵之窗。这种人性倾向,导致了谣传(Rumour)的丰富性;事实上,谣传后来变成了一位神灵,人们还为它建了神庙②。因此,诗人品达也曾提到,海神波赛东③有一次出现在复仇女神的宴会上。我们说,如果一位年长的、有着令人仰慕的风度并且沉默含蓄的人,真的到了那儿,他会吸引众人的目光,这是合乎情理的;人们会注视他,会有各种猜测,下一代人会真的宣称世界上又多了一位神明,这是顺理成章的。因而,我相信,荷马认为他所讲述的事情

---

① "神圣的特洛伊故事":即指《荷马史诗》。
② 建了神庙:比喻《荷马史诗》的产生。
③ 海神波赛东(原文第 19 页用的是海神尼普顿 Neptune)——在古希腊两年举行一次的运动会上,波赛冬受到特别的尊敬。在不那么崇拜神的年代里,一个不敬神的希腊诗人这样描述他:

  海神尼普顿出现在运动会上,
  他对每一位夫人都彬彬有礼。
  但没有找到一个轻浮的人,
  他躬身告退回到海中老家。
  "美人鱼更适合我。"他埋怨道。

保萨尼阿斯在第 8 章第 10 行给我们讲述了"曼梯尼亚人 说波塞冬在他们征服斯巴达人的战斗中帮助了他们"(参见锡利托[Shilleto]先生的译本)。——英文版编者注

都是真实的。

其二,《伊利亚特》实际上是用来吟诵的。它本身就具有吟诵的特质,不光音调上抑扬顿挫,整首诗的思想内容也具有吟诵的性质;实际上,整个诗篇都体现出一种庄重的吟诵性。如果我们把这两种特质融合起来,就会构成世界上最经典的诗篇。在那种激情中,整首诗都被看作由单词组成的音符,在高亢的激情下,朗诵的音调带有音乐性;此外,荷马还在诗中加进了一些感叹性的短句。音乐性和真实性,这两种特质把荷马的心置放在一种最美好的手足之情中。他和他的人物真诚地对话,毫无保留地倾吐心声;他对突出其作品主题的一切事物倾注感伤的情怀,有时还会出现一些充满歉意的拙笔。这样的荷马,表现出他创作天才中真正的诗人气质,给人以深刻的印象。

我们能从他的语言、他的遣词、他的诗句的最细微的细节中看出这一点。譬如,让我们看一下他用来描述自然界万物的形容词:"神圣的大海"(神圣大海的那种壮美深深地烙在荷马的内心深处)、"黑色的大海"①,还有他所羡慕的国王的宫殿,"装有高高护墙板的宫殿""充满声响的房间"。一个最有说服力的例子,就是阿

---

① 黑色的大海——荷马在他精彩的段落(《伊利亚特》第 23 章,第 313—318 行以及上下文)中,让内斯特对安提洛克斯(Antilochus)说:

    技艺高超的舵手驾驶着
    他的海船疾转在蓝黑色的洋面上。

这儿蓝黑色(dark-blue)是德比勋爵的翻译,严格来说是葡萄酒般的颜色(wine-looking)(法国人称某种深色的葡萄酒为蓝色)。荷马的拉丁文译者尝试着用黑色来代替。荷马用另外一个词来描写反射出浅蓝色天空的辽阔大海,说大海的颜色"被岸边的巨石遮挡住了"(拜伦的《异教徒》第 43 行),内斯特的意思是这给海船的舵手带来了危险。这种黑颜色的海水所产生的良好的、几乎可以说是神秘的效果,与远处"清澈的蓝色海洋"(同上,第 17 行)以及歌德第一次在巴勒莫(独具西西里特色的一个地方,同意大利相比,它和希腊有更多相似之处)看到并被深深吸引的明媚天空,形成鲜明对比。拜伦对这儿一定很熟悉,而德比勋爵以其敏锐的鉴赏力,可能认为他最好引用《阿比道斯的新娘》(第 1 章第 9 行)中的诗句——

    他一只手托着腮,
    出神地望着蓝黑色的水面。

其他的英译者(参见沃克的《打开荷马的钥匙》[Clavis Homericu]第 47 页)翻译成黑暗中的陆地(the dark main),这听起来很新鲜,其实是误译,因为其形状没有海洋的一般特征。除了地中海中几块他十分喜欢的陆地之外,荷马没有想到其他的大陆。我不知道罗斯金先生是否注意到了这段话。——一些德国的评论家对葡萄酒般的颜色(wine-looking)一词的翻译完全不同,格贝尔(Göbel)认为它指的是与翻滚的海水截然相反的透明色,奥顿里斯(Autenrieth)说它指的是深海在晴朗、温暖的天气里所反射的太阳光线(参见 H. 埃比林[H. Ebeling]编的《荷马词典》),他似乎忘记了深海可能离海岸很近。荷马有 18 次用这个词描绘大海,2 次描述城堡,比彻[Butcher]博士和兰博士在这两种情形下都翻译成葡萄酒般的黑色(wine-dark)。——英文版编者注

伽门农在发誓时,不光对着众神,还对着河流和世间万物、星辰,让它们为他的誓言作证。荷马并没有说出它们具体是什么,但他感到自己是一个神秘的存在,一个站在众多神秘存在物旁边的神秘存在!

　　荷马的第二部史诗,人们认为它比《伊利亚特》晚一个世纪完成,更具特色,它描述的是一种更高的文明形态,书中对神的处理有明显不同。在《伊利亚特》中,帕拉斯①在战争中态度不明朗;在《奥德赛》中,她明确表示不支持任何一方。无论她叫密涅瓦②,或者雅典娜,其实都是智慧女神。从全诗前后高度的一致中可以看出,《奥德赛》不大可能是许多人合作完成的,它给人的印象比《伊利亚特》要深刻,尽管创作技巧并不比《伊利亚特》高超,甚至还要逊色一点。诗中的主人公不同了,奥德修斯在《伊利亚特》中还不占重要地位,仅仅被塑造成一个机敏、足智多谋而又狡猾的形象,但在《奥德赛》里面,他是至关重要的悲剧人物。在这里,他不再是机智、有计谋的人,而是"忍受苦难者"③——一个令人喜爱的绰号。我们在诗中可以看到有关他苦难经历的动人描述,他在《奥德赛》中证明自己比那些死去的人更善于思考。譬如,下面一幕也许是最感人的:奥德修斯在逃脱食人兽莱斯特律戈涅斯(Laestrygonians)、女妖喀耳刻(Circe)的陷阱和其他艰难险阻后,来到欧洲的尽头赫拉克勒斯之墩④,向盲人先知提瑞西阿斯(Tiresias)求助。在向周围的幽灵献上各种祭品之后,他看到他母亲安提克丽(Anticlea)的亡灵。可怜的奥德修斯站在那儿,旁边是他的母亲,一个苍白、柔弱的鬼魂。他伸出双臂,想拥抱她,而怀里除了空气,什么也没有!这样的感情,我们在所有国家的文学中都读到、听到过,它把我们引领到人类本性的最深处。同样的感情,我们在

---

① 帕拉斯(Pallas),即雅典娜,亦作帕拉斯·雅典娜,古希腊神话中的智慧女神。
② 密涅瓦(Minerva):雅典娜的拉丁名。
③ 奥德修斯的绰号——奥德修斯对求婚者的忍耐,或者说压抑的愤怒,在《奥德赛》第10章的开头表现得最充分。夜幕降临之后,奥德修斯在自家走廊的兽皮床上休息,看到那些和求婚者鬼混的侍女们从旁边走过,他的怒火在胸中燃烧,因此他内心展开了激烈的斗争,一个声音怒发冲冠,另一个声音告诉他要控制自己的感情。读者可以看看比彻博士和兰博士的译本,这是我们所知道的最好的英语散文译本,他们把忍受苦难(much-enduring)译成了坚定(steadfast)。
　　至于奥德修斯的绰号,卡莱尔完全错了。他从"狡猾和有计谋的人"(也就是智慧、有计谋)这一短语翻译过来,用来指称奥德修斯,在《伊利亚特》中只用了14次,而在《奥德赛》中则用了66次。这个词有三个意义相近的词,用法相似,在《伊利亚特》中出现了8次,在《奥德赛》中出现了24次。忍受苦难一词以及它的同义词,在《奥德赛》中只出现了不到50次。很明显,卡莱尔所反对的这两种品质不是互相矛盾的,它们一点也不矛盾,因此荷马在我们上面提到的上下文中,把它们都赋予他的主人公。如果维多利亚英语要胜过伊丽莎白英语的话,狡猾(canny)和坚毅(gritty)将会代替审慎(prudent)和坚定(steadfast)。——英文版编者注
④ 赫拉克勒斯之墩(pillars of Hercules):指直布罗陀海峡东端两岸的两个岬角——欧洲的直布罗陀和非洲的穆塞山,相传由赫拉克勒斯置于此地。

"女王的玛丽们"①那些优美的诗行里也可以感受到,那是一次淋漓尽致的愤怒大发泄。奥德修斯藏在自己的寓所里,看到令人羞耻的寻欢作乐;那些配不上他妻子的求婚者,在狂欢、在挥霍。奥德修斯假扮成乞丐,没人发现他,只有老仆人在给他洗脚时,发现了他腿上的伤疤,从而认出了他。那些求婚者侮辱他,向他扔骨头和各种各样的东西。最后,他们试图拉开奥德修斯的那张大弓,但没有一个拉得动。假扮成乞丐的奥德修斯恳求一试,他拿起弓,热切地端详着他心爱的老朋友,很长时间没有说一句话,看它是否还是他离开时的模样。然后,他甩掉乞丐服,像荷马说的那样:"他大步跨过门槛",开始对付那些求婚者。"你们这些狗东西,"他说,"你们认为我再也不会从特洛伊回来了,尽情地发泄你们的邪恶,上不顾天上的神灵,下不看地上的众生,但现在你们的末日到了!死神在等待着你们!"然后,他把箭雨点般地射向那些求婚者。我想,求婚者在这种情形下会纷纷倒地死去——这场面,歌德(Geothe)后来也常常写到。

《荷马史诗》中有大量比喻,有些比喻虽粗俗得令人发笑,但其中仍带着善意和敬意。譬如,当他把阿贾克斯②比作犟驴③时,他并没有侮辱之意,只是想把阿贾克斯被特洛伊人团团围住的情形比作一头犟驴闯进了谷物地里,年轻的农夫

---

① 原指一首老歌中传唱的与苏格兰的玛丽女王年龄相当、服侍她的四位名叫玛丽的姑娘,这儿指奥德修斯家里同求婚者厮混的女仆们。
② 阿贾克斯(Ajax),特洛伊围攻战中的希腊英雄,臂力及骁勇仅次于阿喀琉斯。当阿喀琉斯的盔甲给了奥德修斯时,他自杀身亡。
③ 犟驴似的埃阿斯——荷马把埃阿斯比作犟驴可能很天真,但从科学上来讲是正确的,而且非常贴切。

> 像一头难以推拉的犟驴,由男孩们牵着行进,
> 闯入一片庄稼地里,尽管打断了一根根枝棍,
> 但它照旧往里躬行,咀嚼着穗头簇拥的谷粒;
> 男孩们挥枝抽打,但毕竟童力有限,
> 最后好不容易把它撵出农田,但犟驴已吃得肚饱溜圆。
> 《伊利亚特》第11章,第558—562行。

像埃阿斯一样,驴子生来就很有勇气,由于不是食肉动物,它的勇气主要体现在防御上,就像矣阿斯在我们引述的段落中所做的那样。驴子强健的神经系统不仅表现在它的顽固上,还表现在坚韧上,因为虽然受到不公正的对待,它很少屈服于那些落在身上的棍棒和鞭子。而且,在南方和东方的一些国家,驯养的驴子常常是一种很好的动物,在物竞天择中一点一点地进化。在荷马时代,人们对这种现象——野生的驴子像羚羊一样是优雅的动物,并非不知道在英国,驴子被视为卑贱的动物,这是由于其主人的贫穷或无知造成的,这一点请参见达尔文的《动植物在驯养状态下的变异》。在卡莱尔年轻时,人们很少注意那些动物学之外的问题。它们是学者而不是博物学家关心的问题,现在这些问题因德·古波那提斯(De Gubernatis)、维克多·亥恩(Victor Elehn)和其他人的著作而为我们所熟悉。吉本要求学历史的学生阅读布丰(Buffou)描述驯养动物的经典篇章,既能得到乐趣,也能获得益处,这么做是正确的。布丰堂堂正正地为驴子辩护,认为仅仅因为它不是马,而被心胸狭窄的人所忽视。——英文版编者注

们拿着棍棒大喊大叫着要把它赶走,而这头犟驴却不理不睬,只顾埋头吃着新鲜谷物,直到吃饱了,才慢吞吞地离开。当写到死亡时,荷马总喜欢用一句经典套语:"他被击中后倒下,身上的兵器叮当作响。"这句话乍看平淡无奇,但稍稍想一想,就会发现这句话既生动又深刻:人倒下去时就像一袋泥土,兵器的响声是他一生中的最后发声——几分钟前他还生龙活虎,几分钟后便成了一具死尸!

最后,在我们离开荷马之前,我还要说一句:奥德修斯是希腊人的典范①,是完美无缺的希腊天才;他足智多谋、灵活敏捷,即便深陷困境,也总会从昏暗中脱身而出,毫发无损地凯旋而归。

但我必须就此打住对荷马的探讨,我深感抱歉,我必须略去他带给我们的英雄时代:那种牧民的游牧生活,他描绘的大厅里青烟袅袅的烟柱,王宫正门前安静的庭院,他非常向往的充满声音的房间,堆满肥料的马厩,和其他对礼仪的别具一格的描绘,我必须把这一切省略了。荷马给我们展示了一个高度发达的文明形态,事实上,我们通过对传统的研究,通过阅读文献资料,知道那时希腊人已经存在一千年了。……

姜智芹　译

---

① 希腊人的典范——已故的霍普先生在他的《阿纳斯塔西斯》(*Anastasis*)第4章中让现代希腊人向他的同胞说出了下列印象:"相信我,古希腊人和现代希腊人总体上十分相似,从性情到才能都有同样的可塑性,这种可塑性一直使他们同样容易给人以深刻的印象和强烈的推动。当用爱国主义、公共精神以及艺术、科学、文学和战争方面的不同凡响来区分他们时,希腊人首先是爱国者,是英雄;然后也是画家,是诗人,是哲学家。既然手腕和精明、奉承和阴谋是通向伟大的途径,希腊人也是这样——你可能看到他们是这样的!"看看背景资料。《阿纳斯塔西斯》最初是献给拜伦勋爵的。拜伦在《异教徒》的开头严厉谴责了希腊人的堕落。想要看看对古希腊人雄辩的赞颂,参照圣-勃夫(Sainte-Beuve)的《十七世纪法国文化史》(第3册,第18页)。——英文版编者注

2
《俄狄浦斯王》

简介：

【英文名】*Oedipus the King*
【作　者】［古希腊］索福克勒斯（Sophocles，前496—前406）
【年　代】公元前5世纪。
【体　裁】悲剧，据古希腊神话改编。
【主　题】人的可悲命运，即在于人想逃避不可逃避的命运。
【人　物】主要有：俄狄浦斯、拉伊俄斯、伊俄卡斯特。
【情　节】主要是：俄狄浦斯出生后不久，他的父母——忒拜国王拉伊俄斯和王后伊俄卡斯特——便从阿波罗神庙获得神谕，称其儿子命中注定要杀父娶母。这对夫妇万分恐惧，为逃避厄运，他们命令一个仆人把婴儿抛到荒野里去喂狼。然而，这个仆人却把婴儿偷偷送给了科林斯城的一个牧羊人。牧羊人又把婴儿送给了膝下无子的科林斯国王夫妇。这样，俄狄浦斯便由科林斯国王夫妇当作儿子抚养长大，而且只知道科林斯国王夫妇是他的亲生父母。到了十八岁，俄狄浦斯到阿波罗神庙去求神谕。神谕称，他命运中注定要杀父娶母。他万分恐惧，为逃避厄运，擅自离家出走。他一路到了忒拜城外，遇到几个人，而且为一些小事争执、打斗起来。他一怒之下把这几个人都杀了，而其中的一位长者，正是微服私访的忒拜国王拉伊俄斯。但俄狄浦斯并不知晓，便到了忒拜城里。不久，忒拜城里来了女妖斯芬克斯，要城里人猜一谜语；若猜不出，全城都将有灾难。俄狄浦斯猜出了这个斯芬克斯之谜，解救了忒拜城。于是，忒拜民众便拥立他为国王，还让他娶了前国王的王后、年纪尚轻的伊俄卡斯特。过了一段时间，忒拜城流行瘟疫。国王俄狄浦斯为此到阿波罗神庙去求神谕。神谕称，必须抓到杀害前国王的凶手，瘟疫方能解除。于是，俄狄浦斯开始查找凶手。结果，种种证据表明，凶手竟是他自己，而且他所杀的，正是他的生父；他所娶的，正是他的生母。他命中注定要杀父娶母的预言，全都应验了。对此厄运，伊俄卡斯特上吊自尽；俄狄浦斯刺瞎双眼，流落他乡。

对索福克勒斯《俄狄浦斯王》的批评①

[法]伏尔泰②

先生,由于我才疏学浅,我无法探讨"索福克勒斯的悲剧是否在语言、诗句的韵律与谐协方面对前人有所模仿,即是否使用了亚里士多德蓄意称为'经过良好加工的语言'"③。我也无法探讨它"是否属于第一流的、既单纯又复杂的剧本:单纯在于它只有一个简单的结局;复杂在于它历尽曲折才有了人物间的认同"。我仅限于向您报告哪些地方令我不快,因而需要比笔者更了解古人、更善于解释古人的种种缺点的专家不吝赐教。

索福克勒斯此剧幕启时,代表忒拜人的合唱队正匍匐于祭坛前,哭喊着求神明快来结束他们的苦难。此时,集解放者与国君于一身的俄狄浦斯,出现在他们当中。他对众人说:

> 我是俄狄浦斯,就是人人交口称誉的俄狄浦斯。

迹象表明,忒拜人并非不知他是俄狄浦斯。关于他自诩的隆名盛誉,达西埃④认为这是索福克勒斯设下的妙笔,从而定下俄狄浦斯傲慢性格的基调。俄狄浦斯开口问:

---

① 本文选自《外国文学名家精选·伏尔泰选集》,原题为"《俄狄浦斯王》:1719年的六封信",此处所选为其中第三封信,题目系原书编者所加。本文要点:(1)被誉为古希腊悲剧之首的《俄狄浦斯王》,其实并非完美,有种种不尽如人意之处,甚至还有错误;(2)但是,不能就此责怪古人,因为那时的悲剧艺术,还处于萌芽时期。
② 伏尔泰(Voltaire, 1694—1778),笔名,本名弗朗索瓦-马利·阿鲁埃(François-Marie Arouet),法国哲学家、作家,被誉为"法兰西思想之王",重要著作有哲学论著《哲学通信》《路易十四时代》、哲理小说《老实人》等。
③ 语出达西埃《索福克勒斯〈俄狄浦斯王〉序》,下句亦同。
④ 安德烈·达西埃(André Dacier, 1651—1722),法国学者、翻译家,曾翻译《伊利亚特》《奥德赛》。

子民们，你们为什么要到这里来？

大祭司答：

在您面前的是一些年轻人和老人。我在跟您说话，我是朱庇特的大祭司。您的城邦好似暴风雨袭击下的一艘舟楫；它就要沉沦，它无力抵御劈面而来的狂风巨浪。

于是大祭司借机将瘟疫描绘一番，而俄狄浦斯早就知情，正如他对大祭司的名声地位也并不陌生。而且，一座城池传染着瘟疫，尸横遍野，奄奄一息者呻吟不止，大祭司却将这比喻成一只暴风雨袭击下的舟楫，这难道有助于使他的祭祀词更感人么？这位大祭司竟然不知道以小比大是对"大"的削弱？

这一切似不足证明前几年的论点，即所谓索福克勒斯把悲剧推向了顶峰。如今大家不无道理地对该诗人不表赞赏，因为他在技穷之余，竟让笔下的人物自我介绍："我是俄狄浦斯，就是人人交口称誉的俄狄浦斯。"而另一位人物登台伊始便道："我就是朱庇特的大祭司。"如此粗劣的笔法，如今已不再被视为古朴。

伊俄卡斯特①的兄弟克瑞翁上场，于是对瘟疫的描绘被打断。克瑞翁奉俄狄浦斯之命求神谕归来，劈头便对俄狄浦斯说：

陛下，咱们从前有一位国王，名叫拉伊俄斯②。

俄狄浦斯：我知道他，虽然从未与他谋过面。

克 瑞 翁：他被杀害了。现在阿波罗要我们惩罚凶手。

俄狄浦斯：拉伊俄斯的遇害地是在家中还是野外？

俄狄浦斯在位多年，竟不知其前任如何终了，这已难以置信。更有甚者，他竟不知谋杀发生在野外或城里，对此种无知又提不出理由或借口，如此荒唐之事真不知该如何形容。

据说这是题材的弊病③而非作者之过。似乎题材有缺陷不该由作者匡正！

---

① 伊俄卡斯特：俄狄浦斯的妻子，其实是他的生母。
② 拉伊俄斯：忒拜城前国王，伊俄卡斯特的丈夫，即俄狄浦斯的生父。
③ 索福克勒斯的《俄狄浦斯王》根据古希腊神话传说改编。

我知道,差不多可以责备笔者也犯有同样错误。但我对自己不会比对索福克勒斯更宽容。我希望由于我真诚认错,人们便可原谅我对一位古人大胆挑剔。

下面的情节发展似亦有违常情。俄狄浦斯问拉伊俄斯的随从是否已有人折回,以便问问消息。左右的回话是:

> 那不幸之王的随从中已有一人只身逃回,他在忒拜说拉伊俄斯死于一群盗贼之手;这群盗贼并非小小一股而是人多势众的一帮。

拉伊俄斯之死的一位目击者怎能谎称主人亡于寡不敌众?须知正是一名凶手①单枪匹马结束了拉伊俄斯及其随从!

最自相矛盾之处是:俄狄浦斯在第二幕说,他闻悉拉伊俄斯系死于路人之手,但却无人表示目睹此事。及至第三幕,伊俄卡斯特谈及拉伊俄斯之死,却向俄狄浦斯解释道:

> 望陛下相信,据拉伊俄斯的随从报告,其主人遇害于一帮盗贼之手。他现在决不会改口,也不会另择他词。全城人都听见了。与我听见的正是相同。

幸有斯芬克斯之谜②比这类自相矛盾之词容易猜出,否则忒拜人就更可悲可悯了。

但更奇怪的是(或者说不足为奇的是——因为竟有如此多的失实之处):俄狄浦斯听说福巴斯③还健在,竟未差人去将他找来。他以破口大骂和求神问签为乐事,而不下令召见唯一的知情人。合唱队本身对于结束忒拜的灾祸极为关切,并不停地向俄狄浦斯献计,却不建议叫人审讯一下这个先王之死的见证人,反而请王上派人去找提瑞西亚斯④。

---

① 这名凶手其实就是俄狄浦斯。
② 斯芬克斯之谜:人面狮身怪物斯芬克斯出的一道谜语,即:"何物早上四条腿走路,中午两条腿走路,晚上三条腿走路?"谜底是"人"——婴儿时用四肢爬行,长大后用双腿走路,老年时拄着拐杖走路。斯芬克斯在忒拜城门口要忒拜人猜这道谜语,猜不出,忒拜城将遭灾难。俄狄浦斯经过此地,猜出谜吾,解救了忒拜城,于是忒拜人拥立他为国王。
③ 福巴斯:即前文所说"拉伊俄斯的随从"。
④ 提瑞西亚斯:忒拜城的先知,他最后说出(其实他早知道)俄狄浦斯是杀死前国王拉伊俄斯(即其生父)的凶手。

福巴斯终于在第四幕出场。不熟悉索福克勒斯的人一定以为：俄狄浦斯当时急于弄清谁杀害了拉伊俄斯，并想使忒拜人绝处逢生，因此会急着问福巴斯先王遇害的经过。事实却不然。索福克勒斯早忘了全剧的主题是为拉伊俄斯复仇，谁也未向福巴斯稍稍提及那次遇险。直至全剧终场，福巴斯还未开口说及先王如何遇难。且让我们来探究一下索福克勒斯的整部作品吧。

克瑞翁来报告俄狄浦斯说，拉伊俄斯是被一群人多势众的、而不是一小股的盗贼杀害的。依照好几位注释家的解释，俄狄浦斯的反应是："盗贼怎会下手杀他呢？拉伊俄斯身无分文啊！"还有一些注释家对此段的理解不同，而认定俄狄浦斯的意思是："强盗怎会下手杀他呢？他并没有将钱送上去啊！"可这种含意不见得较前者更在理。谁都知道，盗贼不需要别人答应给钱才下狠心作案的！既然要靠注释家的一己之意使作者"达意"，那么使作者变得稍稍通情达理又有何妨？

第二幕一开场，俄狄浦斯不召见福巴斯，却把提瑞西亚斯叫来。国王与这位预言家彼此大动肝火。提瑞西亚斯终于说出：

> 杀死拉伊俄斯的正是您。您自以为是科林斯国王波吕玻斯之子，其实不是。您是忒拜人呀！当初您生身父母的咒语令你远离故土；现在您重返旧里，却弑父娶母，犯下了乱伦和弑父的大罪！您若认为我在撒谎，即等于说我不配做先知！

这番话和通常模棱两可的神谕大不相同，把事情说得再明白不过了。要是对提瑞西亚斯这段台词聊作补充，说某醉汉曾责怪俄狄浦斯，指其并非波吕玻斯之子；阿波罗的神谕又曾预言他会弑父娶母；那您便会察觉，从第二幕一开场时起全剧即已告终。

这进一步表明，索福克勒斯并未将悲剧艺术推到完美境界，因为他既不懂为情节作铺垫，又不善以一屋轻纱来遮掩各剧的终局。

让我们往下看：俄狄浦斯说提瑞西亚斯是疯子、是老巫师。实际上，除非他的头脑发昏，否则就应将提瑞西亚斯看成名副其实的先知。真的，当他从提瑞西亚斯口中获悉阿波罗的全部预言时，该有多么惊讶和害怕啊！从前曾有人在科任托斯说他是该地的冒名儿女；而忒拜的神谕又明示他是忒拜人。阿波罗早就预言他将娶母弑父；后来提瑞西亚斯又告诉他，他可怕的命运业已实现！当他弄清前后的必然联系时,他怎能不回首往事呢?然而他似已将这些可怕的事一笔勾销,竟只会怀疑他那位"忠实的老友"(他这样称呼克瑞翁)杀害了拉伊俄斯!而这是毫无道理、毫无根据,也毫无凭借的。实在说,此种态度简直荒唐古怪,在现代以至古人中均属颇为罕见。

"怎么,"俄狄浦斯对克瑞翁说,"你竟敢在我眼皮下露面?你胆大包天,混进这座王宫,你这名副其实杀害了拉伊俄斯的凶手!你显然还曾密谋叛乱、想篡夺我的王冠!"

"喂,看在诸神分上,难道你把我当成懦夫或疯子,竟敢如此胡来?既无一兵一卒又无人支持,就想夺取王位,这岂不是狂举?没有这些作后盾,就那么容易登上宝座?"

克瑞翁答:"你若让我说话,就会改变看法。难道你认为世上真有这样的人,不愿过普通人太平宁静的生活却偏要想当国王,并因此承担种种风险吗?要知道普通人在不同的名分下,也可享受同样的权威啊!"

一位王公被指控谋叛王上,却除了像克瑞翁这样废话连篇而外,竟提不出证据来洗雪自己,那就必然需要主子宽容。克瑞翁说了那么多毫不相干的豪言壮语之后,却反问俄狄浦斯:

你是要将我赶出王国吗?

俄狄浦斯:我想的不是将你放逐:我想要你的命!

克 瑞 翁:你先得证明我有罪。

俄狄浦斯:你的语气像是要顽抗到底!

克 瑞 翁:因为您实在是冤枉好人。

俄狄浦斯:这乃是万全之计。

克 瑞 翁:我也该有一套万全之计。

俄狄浦斯:啊呀呀,忒拜呀忒拜!

克 瑞 翁:我也有权高叫:忒拜呀忒拜!

正在这场妙不可言的舌战之中,伊俄卡斯特出场。合唱队请她将国王带走。这倒是个好主意:在俄狄浦斯的一派胡言之后,将他关起来不失为上策。

伊俄卡斯特:我要先弄清这混乱局面是怎样造成的,然后再把我的丈夫带走。

合唱队：俄狄浦斯和克瑞翁听信了一些很不确实的报告就舌战起来。人们常根据极不公正的怀疑而发火生气。

伊俄卡斯特：是彼此生对方的气吗？

合唱队：是呀，娘娘。

伊俄卡斯特：他们是怎样舌战的呢？

合唱队：别问啦，娘娘。两位大人都还算是克制，这就蛮不错啦。

果然，伊俄卡斯特似乎真觉得蛮不错，也就不向合唱队深究了。

正是在这场戏中，俄狄浦斯向伊俄卡斯特提到，某日在餐桌上有个醉汉责怪他不是科林斯的真传；他又道：

于是我去找了父王和母后询问自己的身世；他俩对此种指责都很生气。我虽很爱他们，但对这种已公之于众的侮辱却不免牢记而且因此心中生疑。于是我瞒着他俩去了戎尔菲。阿波罗不屑明确回答我，但对我说了一些令人毛骨悚然的怪事，真可说是闻所未闻：他说我必娶生身之母；说我将制造一个倒霉的宗族、令人大吃一惊；还说我必将手刃生身之父！

剧本到此又该收场啦。有人向伊俄卡斯特预言过：她儿子双手将沾满拉伊俄斯的鲜血，并会将罪恶带到母亲的眠床上。于是她将儿子送上西泰隆山①示众，还叫人刺破孩子脚踵（她在这场戏里供认不讳）。俄狄浦斯身上还残留那次的伤痕。他也明知人家非难他并不是波吕玻斯之子。这一切对俄狄浦斯和伊俄卡斯特难道不就是遭大祸的铁证吗？若对此仍存疑，那不是又糊涂、又可笑吗？

我知道，在这场戏里伊俄卡斯特并未说她有一天将下嫁亲生之子。但这本身便是又一荒唐。俄狄浦斯对伊俄卡斯特说过：

有人预言过，我将玷污生母的眠床并手刃生父。

伊俄卡斯特应当立刻接话道：

---

① 西泰隆山位于希腊中部偏东，相传古代许多神话，尤其是关于酒神的故事发生于此。

> 有人对我的儿子也作过同样的预言。

或者她至少应让观众感到：此时此刻，她对自己亲历的灾祸业已完全了然。

把俄狄浦斯和伊俄卡斯特写得这样麻木是由于诗人用了一种并不高明的手段：为使剧本拥有相当的篇幅，他不惜将在第二幕已呼之欲出的相互认同拖到第五幕；这样表面上看来不致违背戏剧规则，实际上却违反了常理。

同样的错误贯穿于剧本的始终。

这位善破谜语的俄狄浦斯却连最明显的道理也不懂。科林斯的牧人将波吕玻斯之死的消息告诉他，并向他透露波吕玻斯并非其生父，他曾被忒拜人带到西泰隆山上示众，他的双脚被刺破后用马鞭捆绑；直至此时，俄狄浦斯还未起任何疑心。他只担心自己是否出身于寒微之家。合唱队在全剧上演过程中一直在场，但对会向俄狄浦斯暗示其身世的种种情况却概不关心。有人说合唱队是智者的集合，但它却同俄狄浦斯一样毫无洞察力。他们目睹忒拜的灾难，而忒拜人也本应唤起怜悯和惊诧，但这支合唱队却唱道：

> 我若能未卜先知，我若没有猜错，那么西泰隆山啊，你在明日到来之前即会告诉我们俄狄浦斯的家乡在哪里，他的生母是谁。我们定会为你起舞，以一谢你为王上带来的快乐。而您大王啊，请告诉我，您是哪位神明的子孙？您是山神大潘同哪位水仙相好结下的果实？您或许是阿波罗做爱的结果？因为他也常到山巅波谷嬉戏。或者您便是墨丘利、巴克科斯的成绩，他们也常到崇山峻岭小驻暂息……

最后，过去曾将俄狄浦斯送上山示众的人物也出场了。俄狄浦斯向他探询身世；这种好奇心在古代受到过普鲁塔克的责备，如今达西埃先生也不以为然；其实我觉得以全剧观之，这倒是俄狄浦斯所做的唯一合乎理性之事，只可惜这种探本求源的正当愿望伴随着对自己可笑的无知。

所以到第四幕，俄狄浦斯对自己的命运终已弄清。剧本又该收场啦。

作为索福克勒斯《俄狄浦斯王》的译者，达西埃先生认为观众正亟待伊俄卡斯特拿定主意，并看明白俄狄浦斯如何在自己身上应验他对杀害拉伊俄斯的凶手之诅咒。我在此被对这位博学多识之士的崇敬所迷惑，在读他的译文时不免与他抱着同感。乃至笔者自己的剧本搬演时，我方如梦初醒：人们可对希腊人赞不绝口而并无风险,但步其后尘却是很危险的。

　　我从索福克勒斯那里吸收了部分叙事段落,即伊俄卡斯特之死和俄狄浦斯的结局。我觉得,在此结局的叙事过程中,观众的乐趣随注意力的下降而逐渐减弱;在彼此认同的一节中,观众的脑子里充满了恐怖感,当他们听到结局时,就只有不胜厌恶之感了。或许这是由于诗句写得太平庸,或许是因为观众事先已知这一结局,便对了无新意而感到遗憾;还有可能是因为恐怖已推到极限,其他部分就必然显得拖沓。无论如何,我感到只好删去这段叙述,总计约四十行诗而已。但在索福克勒斯的本子里,那却是整个第五幕了。显而易见,既对一位现代作家的四十行无用之诗不能轻轻放过,对一位古人的二三百行废诗就更不可视若无睹了。

　　达西埃先生在注释里预告,说索福克勒斯的本子并不在第四幕告终。不得不出面论证剧本尚未完结,不就等于承认它已经完了吗?对拉辛和高乃依的悲剧,我们不觉得有必要作此解释。需要此类注释的或只有《贺拉斯》。即如此,《贺拉斯》的第五幕仍显得不无缺陷。

　　我在这里不能不提及索福克勒斯剧本第五幕的一处,朗吉努斯①非常赏识它,戴普莱奥将它译做了法文②:

> 婚姻啊,不幸的婚姻,你给我以生命;
> 我曾经在那胎腹里独处幽禁,
> 你却将育我之血引回源头;
> 由此你再造出儿女与父亲,
> 手足与夫君,妻室与娘亲,
> 以及由于命运的恶作剧
> 不时制造的耻辱与不幸。

　　第一,应说明这里的"娘亲"与"夫君"是指同一些人,因为任何婚姻都会有此等结果。第二,若在今天,就不会让俄狄浦斯对其罪恶的环境作如此古怪的追究,也不会允许他将内中的丑恶如此汇集在一起。把自己的乱伦罪行数说得如

---

① 朗吉努斯(约213—约276),古希腊修辞学家,著有《评柏拉图》《论崇高》等。布瓦洛在1674年翻译了后者。
② 见《论崇高》第19章。

此精确,不但无助于增强剧情的严酷性,反而会削弱它。

高乃依的两行诗道出的内容要丰富得多:

> 是他们使我犯下杀害生父的凶行,
> 是他们让我变成生身之母的夫君。①

索福克勒斯的诗句是用于诵读之作,而高乃依的诗句则不愧出自诗人的手笔。

读者当注意到:我在批评索福克勒斯的《俄狄浦斯王》时仅限于指出无论何时何地皆可能有的毛病。自相矛盾、荒诞无稽、徒劳无益的诵读,这都是处处可见的通病。尽管有这许多不足,索福克勒斯仍令同代人喜出望外,我以为这不足为怪。他的诗句和谐悦耳,他的笔调楚楚动人,都足令雅典人神往;雅典人虽很有才智且彬彬有礼,却不可能对悲剧艺术的完美性有正确认识,因为此种艺术还处在孩提时代。

索福克勒斯离悲剧刚问世的时代不远。他的同代人埃斯库罗斯首先想到要让几个人物同时登台。艺术早期发现中的简单构思也能令我们感动,其程度也不亚于我们在掌握艺术的绝技之后,对精到之笔的赞叹。因此,索福克勒斯和欧里庇得斯虽有美中不足,但在雅典人中却深孚众望,犹若高乃依和拉辛在法国之备受欢迎。我们批评希腊悲剧仍应尊重其作者的天才:他们的毛病应归之于那个时代,而他们的妙笔却完全属于他们本人。可以想象,若他们生在今日,便定会使艺术克臻其美,而当年他们却几乎是白手起家的。

确实,他们与过去受到的莫大敬重相比,如今已是一落千丈。他们的作品如今或被贬为下品或者无人问津。但我以为,此种忽视和轻蔑或正是当代的不公正行为之一。他们的作品无疑值得一读。要说它们的毛病不少而不可点头称是,其中却也不乏美妙之笔,因此也绝不可视若敝屣。

特别要提到欧里庇得斯,我以为他比索福克勒斯高明得多。如果他生逢其时、处于更开明的时代,他必会成为最伟大的诗人。他留下的作品显示出很高的天分,虽然他的悲剧也有若干不足。

唉,这位诗人对拉辛都曾产生过启示,我们又当给予怎样充分的评价啊!伟

---

① 高乃依《俄狄浦斯王》第五幕第五场。

大的拉辛在刻画无法企及的人物费德尔时曾直接从欧里庇得斯处译过一些段落，那在拉辛的这部作品中也堪称妙笔：

> 众神啊，为何我此刻不坐在林荫中？
> 战车正消逝于远道，我何时方能目送、
> 望穿那在车身之后扬起的仆仆征尘？
> ……我复又何痴，而今身在何方、
> 口吐着什么狂言？又让思想、
> 心头的夙愿，飘摇往什么地方？
> 我失却理智，众神已剥除我理智之光。
> 欧诺娜，我脸上泛起赤云飞霞，
> 我向你披露过多的羞辱与痛苦，
> 两眼浸透泪水，自己也无力阻挡。①

这场戏几乎完全逐句译自欧里庇得斯。读者却不可上译文的当，把欧里庇得斯的原著想象成佳作。这是他剧中唯一美好，甚至唯一合乎理性之处，因为拉辛只效法了这一处。虽然拉辛从塞涅卡那里照录了费德尔表白私情的一整段台词，大家却并不赞成塞涅卡的《希波吕托斯》。同样，虽然法国最伟大的诗人认为欧里庇得斯的三四十行诗值得效法，大家却不会去赞美欧里庇得斯的《希波吕托斯》。

莫里哀有时从西哈诺·德·贝尔热拉克②那里抄袭整场戏文，还自我解嘲："这场戏写得蛮不错。它自应当属于我。我不论在哪里发现了我的财产，就定要将它收归己有。"③

拉辛对欧里庇得斯也差不多可以说同一番话。

至于我，在说了索福克勒斯那么多坏话之后，似乎有责任尽我所知将他的一切长处也告诉大家。在这方面我与专事逸言的人截然不同：他们总是开始予以吹捧，然后又拿人家当笑料。

---

① 《费德尔》第一幕第三场。
② 西哈诺·德·贝尔热拉克(1619—1655)，法国作家，代表作为悲剧《阿格里皮娜之死》和喜剧《被捉弄的学究》。
③ 莫里哀这段话流传虽很广，却全属讹传。——原编者注

我得承认：如果没有索福克勒斯，或许我就永远无法完成我的《俄狄浦斯王》，甚至根本不会动笔去写。起初我是为自己的剧本照译了第四幕第一场；大祭司怒责国君的一幕完全属于索福克勒斯；两位老人登台的一幕也是如此。我将来还会借鉴他的作品，届时也会老实承认的。确实，正如我借鉴了他的优美笔触一样，自也不免染上他的某些弊病。我将在探讨自己的剧本时再详谈，我是会向各位数说自己的种种不是的。

丁世忠　译

《俄狄浦斯王》与《哈姆雷特》①

[奥地利] 西格蒙德·弗洛伊德②

根据我累积的经验,在所有后来变为精神神经病患者的儿童的精神生活中,他们的父母亲起了主要作用。爱双亲中的一个而恨另一个,这是精神冲动的基本因素之一,精神冲动形成于那个时候,并且在决定日后神经病症状中起十分重要的作用。但是我不相信,在这个方面,精神神经病患者和其他正常人之间有明显的区别,也就是说,我不相信他们能够创造出某些对他们自己来说完全新鲜和独特的东西来。最有可能的是,由于他们夸大地表现了对父母亲的爱和恨的感情,他们才被区别开来。这种感情在大多数孩子的心理中却不那么明显,不那么强烈,对正常的儿童的偶然观察证实了这一点。

古典作品遗留给我们的一个传说证实了这一发现:只有我所提出的有关儿童心理的假设具有普遍的有效性,这个传说——它的深刻而普遍的力量令人感动——才能被理解。我所要论及的是关于俄狄浦斯王的传说和索福克勒斯的同名剧《俄狄浦斯王》。

俄狄浦斯是忒拜国王拉伊俄斯和王后伊俄卡斯特的儿子,由于神警告拉伊俄斯说,这个尚未出生的孩子将是杀死他父亲的凶手,因此俄狄浦斯刚刚出生就被遗弃了。后来,这个孩子得救了,并作为邻国的王子长大了。由

---

① 本文选自《弗洛伊德论美文选》,题目系该文选编者所加(按该书选编者说明,此文是《释梦》第五章第四节的节选)。本文要点:(1)以精神分析学观点看来,《俄狄浦斯王》令人震撼是因为它写的是弑父娶母;为什么杀父娶母令人震撼?因为它触动了观众内心深处的"恋母情结"——恋母,即意味着仇父。(2)同样,哈姆雷特优柔寡断,迟迟不报杀父之仇,原因也是"恋母情结",因为那个仇人娶了他母亲——这正代表了他内心深处被压抑的童年时代的愿望。
② 西格蒙德·弗洛伊德(Sigmund Freud 1856—1939),奥地利精神病医师、心理学家、评论家,精神分析学派创始人,重要著作有论著《梦的解析》《精神分析学导论》《文明的缺憾》等。

于他怀疑自己的出身,他去求助神谕,神警告他说,他必须离乡背井,因为他注定要弑父娶母。就在他离开他误以为是自己的家乡的道路上,他遇到了拉伊俄斯王,并在一场突发的争吵中杀死了他。然后他来到忒拜,并且解答了阻挡道路的斯芬克斯向他提出的谜语。忒拜人出于感激,拥戴他为国王,让他娶了伊俄卡斯特为妻。他在位的一个长时期里,国家安宁,君主荣耀,不为他所知的他的母亲为他生下了两个儿子和两个女儿。终于,瘟疫流行起来,忒拜人再一次求助神谕。正是在这个时候,索福克勒斯笔下的悲剧开场了。使者带回了神谕,神谕说,杀死拉伊俄斯的凶手被逐出忒拜以后,瘟疫就会停止。

但是他,他在哪儿? 在哪儿才能找到以前的罪犯消失了的踪迹?①

戏剧的情节就这样忽而山穷水尽,忽而柳暗花明——这个过程正好与精神分析工作过程相类似——从而逐步揭示俄狄浦斯本人正是杀死拉伊俄斯的凶手,且还是被害人和伊俄卡斯特的儿子。俄狄浦斯被他无意犯下的罪恶所震惊,他弄瞎了自己的双眼,离开了家乡。神谕应验了。

《俄狄浦斯王》作为一出命运悲剧为世人所称道。它的悲剧效果被说成是至高无上的神的意志和人类逃避即将来临的不幸时毫无结果的努力之间的冲突。他们说,深受感动的观众从这出悲剧中所得到的教训是,人必得屈服于神的意志,并且承认他自己的渺小。因此,现代剧作家们就靠着把同样的冲突写进他们自己发明的情节中去的方法,试图获得一个同样的悲剧效果。但是,当咒语或神谕不顾那些可怜的人的所有努力而应验了的时候,观众们看来并不感动;就后来的命运悲剧的效果而言,它们是失败了。

如果《俄狄浦斯王》感动一位现代观众不亚于感动当时的一位希腊观众,那么唯一的解释只能是这样:它的效果并不在于命运与人类意志的冲突,而在于表现这一冲突的题材的特性。在我们内心一定有某种能引起震动的东西,与《俄狄浦斯王》中的命运——那使人确信的力量,是一拍即合的;而我们对于只不过是主观随意的处理——如(格里尔·帕泽写的)《女祖先》或其他一些现代命运悲剧所设计的那样——就不为所动了。实际上,一个这类的因素

---

① 引文根据莱维斯·卡姆贝尔的《俄狄浦斯王》英译本(1883)。——英译注

包含在俄狄浦斯王的故事中:他的命运打动了我们,只是由于它有可能成为我们的命运——因为在我们诞生之前,神谕把同样的咒语加在了我们的头上,正如加在他的头上一样。也许我们所有的人都命中注定要把我们的第一个性冲动指向母亲,而把我们第一个仇恨和屠杀的愿望指向父亲。我们的梦使我们确信事情就是这样。俄狄浦斯王杀了自己的父亲拉伊俄斯,娶了自己的母亲伊俄卡斯忒,他只不过向我们显示出我们自己童年时代的愿望实现了。但是,我们比他幸运,我们没有变成精神神经病患者,就这一点来说我们成功了,我们从母亲身上收回了性冲动,并且忘记了对父亲的嫉妒。正是在俄狄浦斯王身上,我们童年时代的最初愿望实现了。这时,我们靠着全部压抑力在罪恶面前退缩了,靠着全部压抑力,我们的愿望被压抑下去。当诗人解释过去的时候,他同时也暴露了俄狄浦斯的罪恶,并且激发我们去认识我们自己的内在精神,在那里,我们可以发现一些虽被压抑,却与它完全一样的冲动。《俄狄浦斯王》结尾的合唱使用了一个对照:

> 请看,这就是俄狄浦斯,他道破了隐秘的谜,
> 他是最显贵最聪明的胜利者。
> 他那令人嫉妒的命运像一颗星,光芒四射。
> 现在,他沉入苦海,淹没在狂怒的潮水之下……①

它给了我们当头一棒:对我们和我们的骄傲发出了警告,对从童年时代起就自以为变得如此聪明和无所不能的我们发出了警告。像俄狄浦斯一样,我们活着,却对这些愿望毫无觉察,敌视自然对我们的教训;而一旦它们应验了,我们又全都企图闭上眼睛,对我们童年时代的情景不敢正视。②

---

① 引文根据莱维斯·卡姆贝尔的《俄狄浦斯王》英译本(1883)。——英译注
② [作者1914年增加的注释:]没有一项精神分析的研究结果像这个说法——童年时代的冲动指向乱伦持续在无意识之中一样,在某些批评家那里引起了如此激烈的否认和反对,或者说如此引人发笑的歪曲。甚至最近还有人不顾所有的经验而企图说明乱伦只能用来作为"象征意义上的"。费伦茨根据叔本华书信中的一段文字提出了一个对俄狄浦斯神话的天真的"多种的解释"(1912)。——[1919年增加的注释:]后来的研究显示出,俄狄浦斯情结是在《释梦》中的上面一段文字里第一次谈到,它对研究人类历史和宗教、道德的演变具有意想不到的重要性(见我的《图腾与禁忌》〔第四篇〕1912—1913)。——[实际上俄狄浦斯情结和关于《俄狄浦斯王》的讨论要点,以及接下去的关于《哈姆雷特》的主题的讨论要点,弗洛伊德早在1897年10月15日致弗莱斯的信中就提出来了。俄狄浦斯情结这一发现的更早的迹象可以在他的1897年5月31日的信中找到。——弗洛伊德第一次使用"俄狄浦斯情结"这一现已被采纳的术语,好像是他在"对爱情心理学的贡献"专辑里发表的作品(1910中)。]——英译注

在索福克勒斯的悲剧剧本中有一个十分清楚的迹象说明俄狄浦斯的传说起源于某个原始的梦的材料,这个材料的内容表明孩子与双亲关系中令人苦恼的障碍是由于第一个性冲动引起的。当俄狄浦斯开始因他对神谕的回忆而感到苦恼时——虽然他还不知道其中的意义——伊俄卡斯特讲了一个梦来安慰他,她认为这个梦没什么意义,但是许多人都梦到过它:

> 过去有许多人梦见娶了自己的生母。
> 谁对这种预兆置之不理,
> 他就能过得快活。①

今天像过去一样,许多人都梦见和他们的母亲发生了性关系,并且在讲述这事时,既愤恨又惊讶。这一现象显然是解释悲剧的关键,也是做梦的人的父亲被杀这类梦的补充说明。俄狄浦斯的故事正是这两种典型的梦(杀父和娶母)的想象的反映。正如这些梦在被成年人梦见时伴随着厌恶感一样,这个传说也必然包含着恐怖与自我惩罚。对传说过多的修饰,出现在《俄狄浦斯王》的令人误解的"修改本"②中,"修改本"企图利用这个传说为神学服务(参见《释梦》中关于阐述梦展现过程中的梦的材料的部分)。当然,调和至高无上的神力与人类的责任感的企图,肯定是同《俄狄浦斯王》的这个题材无关的。

另外一部伟大的诗体悲剧:莎士比亚的《哈姆雷特》,与《俄狄浦斯王》来自同一根源③。但是,同一材料的不同处理表现出两个相距甚远的文明时代的精神生活的全然不同,表明了人类感情生活中的压抑的漫长历程。在《俄狄浦斯王》中,作为基础的儿童充满愿望的幻想正如在梦中那样展现出来,并且得到实现。在《哈姆雷特》中,幻想被压抑着;正如在神经病症状中一样,我们只能从幻想被抑制的情况中得知它的存在。特别奇怪的是,许多现代的悲剧所产生的主要效果原来与人们对主角的性格一无所知相一致。戏剧的基础是哈姆雷特在完成指定由他完成的复仇任务时的犹豫不决,但是剧本并没有提到犹豫的原因或动机,五花八门的企图解释它们的尝试,也不能产生一个结果。根据歌德提出来

---

① 引文根据莱维斯·卡姆贝尔的《俄狄浦斯王》英译本(1883)。——英译注
② "修改本"系指后人所称的《俄狄浦斯王》的摹拟品。——中译注
③ 论《哈姆雷特》的这一段在本文初版时(1900)是作为注释印出的,从1914年起收入正文。——英译注

的,目前仍流行的一个观点,哈姆雷特代表一种人的典型,他们的行动力量被过分发达的智力麻痹了(思想苍白使他们病入膏肓)。另一种观点认为:剧作家试图描绘出一个病理学上的优柔寡断的性格,它可能属于神经衰弱一类。但是,戏剧的情节告诉我们,哈姆雷特根本不是代表一个没有任何行动能力的人。我们在两个场合看到了他的行动:第一次是一怒之下,用剑刺穿了挂毯后面的窃听者;另一次,他怀着文艺复兴时期王子的全部冷酷,在预谋甚至使用诡计的情况下,让两个设计谋害他的朝臣去送死。那么,是什么阻碍着他去完成他父亲的鬼魂吩咐给他的任务呢?答案再一次说明,这个任务有一个特殊的性质。哈姆雷特可以做任何事情,就是不能对杀死他父亲、篡夺王位并娶了他母亲的人进行报复,这个人向他展示了他自己童年时代被压抑的愿望的实现。这样,在他心里驱使他复仇的敌意,就被自我谴责和良心的顾虑所代替了,它们告诉他,他实在并不比他要惩罚的罪犯好多少。这里,我把哈姆雷特心理中无意识的东西演绎成了意识的东西;如果有人愿意把他看作歇斯底里症患者,那我只好承认我的解释暗含着这样一个事实。哈姆雷特与奥菲丽雅谈话时所表现出的性冷淡,正好符合于这一情况:同样的性冷淡命中注定在此后的年月里越来越强地侵蚀了诗人莎士比亚的精神,而在《雅典的泰门》中,它得到了最充分的表达。当然,哈姆雷特向我们展现的只能是诗人自己的心理。我在乔治·勃兰兑斯评论莎士比亚的著作中看到这样的话(1896),《哈姆雷特》写于莎士比亚的父亲死后不久(1601),也就是说,在他居丧的直接影响之下写成的,正如我们可以确信的那样,当时,他童年时代对父亲的感情复苏了。大家也知道,莎士比亚那早夭的儿子被取名为"哈姆奈特"(Hamnet),与"哈姆雷特"(Hamlet)读音十分相近。正如《哈姆雷特》处理的是儿子与他的双亲的关系,《麦克白》(写于几乎同时期)与无子的主题有关。但是,像所有的神经病症状(同理,也像所有的梦)能有"多种的解释",也确实需要有"多种的解释"一样——假如它们被充分理解了——所有真正的创造性作品同样也不是诗人的大脑中单一的动机和单一的冲动的产物,并且这些作品同样也面对着多种多样的解释。在我所写的文字中,我只想说明创造性作家的心理冲动的最深层。①

张唤民 译

---

① [作者1919年增加的注释:]以上这些对《哈姆雷特》进行的精神分析的解释(后来为厄尼斯[转下页]

[接上页]特·琼斯所发挥),驳斥了主题文学中提出的各种观点(见琼斯1910年以及1949年以完整的形式出现的著作)。——[1930年增加的注释:]顺便提一句,我当时不再相信莎士比亚是斯特拉哧福德人[见弗洛伊德1930年的著作]。——[1919年增加的注释:]对《麦克白》进行分析的进一步尝试可以在我1916年的论文和杰克斯1917年的一篇论文中见到。——[下面这个注释的前一部分,以不同的形式收在1911年的版本中,但是从1914年开始被删去了:]上文中对《哈姆雷特》问题的观点后来被多伦多的厄尼斯特·琼斯博士在更广泛的研究中以新的理由加以支持和进一步证实了(1910)。他还指出了《哈姆雷特》的材料与兰克1909年提出讨论的"英雄诞生的神话"之间的关系。——[弗洛伊德对《哈姆雷特》的进一步讨论,在他逝世后1942年发表的探讨"戏剧中的精神变态人物"问题的手稿中可以见到[注],这份手稿大概写于1905年或1906年。]——英译注

[注]在手稿中,关于《哈姆雷特》,弗洛伊德写道:"《哈姆雷特》有三个特征,这些特征与我们现在的讨论似乎有重要关系:一、主角并不是精神变态者,而只是在情节发展的过程中变成了精神变态者。二、哈姆雷特的被压抑的冲动也是我们大家身上同样具有的,对这个冲动的压抑是我们个人发展的基础的组成部分。正是这个压抑,被剧中的紧张场面动摇了。根据上述这两个特征,我们很容易在主角身上认出我们自己:我们像哈姆雷特一样容易受到同样的冲突的影响,因为'在某种情况下一个没有失去理智的人就没有什么理智可以失去'。三、对观众来说,作为戏剧艺术的第三个必需的先决条件似乎是一种理解的冲动(进入意识的努力),但是,无论这种冲动是怎样明确,却从来没获得过一个确切的名称,所以,随着观众的注意力的转移,观众的心中也经历了与戏剧人物同样的过程,而不是简单地看一看有什么事情发生了,并且观众还牢牢控制着他自己的感情,这样,阻碍感情发泄的一定数量的阻力无疑就免去了,就像在精神分析治疗中,我们发现,随着对压抑的即使是一个较弱的抵抗,被压抑的经验的衍生物变成了意识,而被压抑的经验本身却不能变成意识。《哈姆雷特》中如此严密地隐藏着的冲突毕竟是留给我去揭露的东西。"——编者注

3
《神曲》

简介:

【意大利文名】*Divina Commedia*
【作　　者】［意大利］但丁·阿利基耶里(Dante Alighieri, 1265—1321)
【年　　代】14世纪。
【体　　裁】长诗。
【主　　题】灵魂的自我救赎,即通过理性的反思而确立真正的信仰。
【人　　物】主要有:"我"、维吉尔、贝阿特丽切。
【情　　节】此诗总框架是游历"三界"(即地狱、炼狱、天堂),故全诗分为三个部分,题名为《地狱》《炼狱》《天堂》。在此三部分前,有一篇《序曲》。《序曲》的主要情节是:"我"做了个梦,梦见"我"在昏暗的森林里迷了路,又有三只野兽——豹、狮、狼——挡在"我"面前。此时,维吉尔出现了。他赶走三只野兽,并对"我"说,他奉圣女贝阿特丽切之命,前来搭救"我"。于是,他带领"我"去游历地狱。(按:此情节是象征性的。"昏暗的森林"象征人生,"迷路"象征人生困惑;"豹、狮、狼"分别象征色欲、权欲、贪欲;"维吉尔"——古罗马诗人——象征理性;"贝阿特丽切"——"我"少年时代仰慕的少女——象征信仰;"地狱"象征历史与现实,后面的"炼狱""天堂"同是。)《地狱》的主要情节是:"我"随维吉尔到了地狱。地狱共九层,上面宽下面窄,像一个大漏斗。阴森恐怖,凄惨万分,凡生前行过恶的人,其灵魂都在此受刑,并按罪孽大小置于不同层次,罪孽越重,越在下层,所受的刑也越重。譬如,在地狱的第八层,"我"看到了已死的教皇尼古拉三世,以及当时还活在世上的,迫害过"我"的教皇卜尼法斯八世。他们头朝下地被埋在地洞中,两条腿在外面剧烈扭动。"我"见后说:"真是罪有应得!他们在世上把善良的人踩在脚下,而把凶恶的人捧在头上。现在让他们永远受罪吧!"(按:游历"三界",即审视历史与现实,而"地狱""炼狱""天堂",即对历史与现实所作的三种评判。)《炼狱》的主要情节是:"我"随维吉尔到了炼狱,那里分为七层,分别住有犯过"骄、妒、怒、惰、贪、食、欲"七种罪孽的亡魂,有历史人物,有传说中的人物,也有现实中的人物。他们罪孽较轻,可以得到宽恕,只是要经过烈火的焚烧,断除孽根后,方可升入天堂。《天堂》的主要情节是:维吉尔带"我"到了天堂门口,便对"我"说,他只能带"我"到这里,因为他也进不了天堂。这时,贝阿特丽切出现了,并带领"我"游历天堂。天堂庄严而明亮,充满欢乐和爱,那里分为九层,凡生前行善慈爱的人,其灵魂就在那里得到奖励,并按行善大小而置于不同层次。最后,在天堂的最高层,"我"见到了圣父耶和华、圣母玛利亚和圣子耶稣。至此,"我"的灵魂得到了救赎。(按:此情节是象征性的。维吉尔说他不能进天堂,象征仅靠理性还不能拯救人的灵魂;由贝阿特丽切接替维吉尔,象征唯有信仰,即对圣父、圣母、圣子的信仰,才能使灵魂得到真正的救赎。)

论《神曲》①

[英] 托马斯·卡莱尔

　　但丁的《神曲》,一开始采用梦幻文学的形式,但随着写作的深入,不久便突破了这一形式。实际上,虽然他的开头很突兀,好像是一个梦幻,但他并没有清楚地说出来这是一个梦幻。诗的主题是永恒的三界:地狱,这是最后赎罪的地方,一个严厉、无情的判官毫不留情地统治着这里,处罚那些触犯了最高刑律的人;炼狱,这是一个在某些情形下涤荡人类罪孽的地方;天堂,这是灵魂享受永恒幸福的场所。这是迄今为止我们所拥有的最伟大的思想——深入人类灵魂的体验。这种体验比其他一切体验都更加惊心动魄,将它表达出来的重任落在那个生活经历非常适合这项工作的人身上。但丁本性严肃,是一个非常不幸、多灾多难的人,他的生活两倍、三倍地加重了这种严肃性。因而我认为,当天主教的所有资料记载都已失去,当梵蒂冈化为尘土,当圣·彼得和斯特拉斯堡(Strasburg)的牧师不在人世的时候,在将来的一千年,天主教将会在这一卓越的古代文学遗产中幸存下来!

　　要找出但丁《神曲》的特征,我们首先佩服他对自然和道德的深度挖掘,那种心灵的高贵,那种灵魂的博大,那一切使他卓尔不群。但丁的一切,他的愤怒、他的蔑视一切、他的同情心,尤其是他的悲哀,使他成为一代伟人。他在绝望的心境下说得很好:"他们没有死的希望!"但丁对于死有着多么不同寻常的看法!对多数人来说,死是可怕的,是最恐惧的事情,但对但丁来说,在悲惨的情形下终身监禁,没有获释的希望,才是最可怕的事情!说实话,在我看来,尽管有着死的恐惧,除了那些认为死亡是一种可怕的宿命的人,没有人会认为终身囚禁比死亡更

---

① 本文节选自卡莱尔《文学史演讲集》,题目系本书编者所加。本文要点:(1)《神曲》是卓越的宗教诗篇;(2)《神曲》表现了但丁心灵的高贵、灵魂的博大和诗艺的高超;(3)《神曲》的三个部分,即《地狱篇》《炼狱篇》和《天堂篇》,"体现了基督教道德中最本质的东西"。

痛苦,虽然他能享受到永恒的青春和美丽!因为那样心中仍然有一种无限的向往,一种不灭的渴望,它会激起人们对另一个世界的追求!

　　同样,那也是一个他描述某些被上帝痛恨,同时也为上帝的敌人所痛恨的人的精彩片段。但丁对那种道德败坏的罪恶有一种深深的厌恶,这种厌恶以前还没有走进过任何人的心田。但丁所说的那些人是见风使舵的人,他们甚至没有和魔鬼结盟的资格。但丁补充道:"我们不要讲他们,看一眼就走吧!"但丁最重要的品质是胸襟博大,它就像源泉一样,引发出但丁其他的品质。这一点是一切伟人都具备的,如果缺了它,一个伟人不可能有所作为,透过他的成功,我们可以在每一位作家身上追踪他的宽宏和怯懦。但丁身上首先有一种朴实的美德,从他对道德的崇高见解中可以推断一切。其次,但丁有非常好的理解力,对一切事物都有着惊人的见解,举个例子来说,他对未来、对自由意志、对罪孽的本质,都有独到的认识。他是一个有创造性、思维敏捷、有远见的人,对一切事物都有深刻的洞察,这些和我们已经注意到的他的其他品质,像胸襟博大,共同构成但丁的主要魅力所在。第三,他的诗富有音乐性,达到了吟唱的程度,他把自己的灵魂融在了里面,我们在诵读《神曲》的时候,有一种乐感匆匆滑过。这些特征,一颗博大的心、洞察力和音乐性是一切时代真正诗篇的标志,它们不是某一个时代所特有的,而是一切时代自然而然都会有的,因为就我的观察,它们是生活本身的表达,所有诚挚之士,不管年龄大小,将会像在镜子中一样,看到他们自己的映像,并且会感激诗人像兄弟一样和他站在一起。就质朴而言,在《神曲》中,除了那个高贵的作者之外,读者几乎看不出它的高贵之处。因为作者专注于描绘他的主题,没有虚饰浮夸,而且似乎没有意识到他在做一件了不起的事情。在这一点上,但丁与弥尔顿截然不同,弥尔顿虽然不乏才华,但明显比但丁逊色。他把他的天使塑造成高大、庞然、失真的形象,他非常生动地描绘了他的天堂和地狱景象,他的才能的确不同凡响。但我要说但丁所做的更了不起,他开辟了描写人类灵魂中那深不可测的悲哀之洲,他打开了希望和忏悔的活水源头!而我要说这比特内里费岛①还要高大,甚至比它高两倍!

　　但丁的描绘中有一种非常优美的高雅,他思维敏捷,条理清楚,这一点从他

---

① 特内里费岛(Tenerife):加那利群岛中最大的岛。

处理主题时的坦诚上可以看出来。例如描写他和维吉尔看到怪兽吉里昂①的场面,但丁描绘了他和维吉尔如何降落在地狱第八层的情景。他说吉里昂像一只猎鹰在搜寻猎物,既不看猎物,也不看下面的一切,在空中盘旋。当猎鹰者大叫一声"下来!"时,它降落下来,一圈一圈地盘旋,然后远远地坐在一旁,带着轻蔑和不驯服的神情,这就是吉里昂。然后它像一支离弦的箭,叉住猎物。描写这个场景只不过用了十几个单词,但它会永远留在人们的记忆里!

  但丁对冥府的描写也同样简洁、坦诚。维吉尔带着他来到冥府,"光线如此之暗,人几乎什么也看不见,这里的鬼魂对他眨眼睛,就像人们在新月下眨眼睛一样",或者像老裁缝在视力不好而又需要穿针引线时所做的那样。这个比喻蕴含着丰富的真实性,诗的主题和作者这种产生独特效果的奇异比喻形成对比,它使人对这个主题有深刻的认识。但丁对他们置身其中的这个场景的描写同样令人难忘,片片地狱之火像雪花一样飘下,落在鬼魂们的身上,把他们烧得焦黑。在这群鬼魂中,但丁看到了他以前的中学老师,他曾教过他语法课,老师用我们刚才描述的方式向他眨眼睛,但由于被烧得面目全非,但丁几乎认不出他来了。

  但丁的才华在对弗朗西斯卡的精彩描写中,表现得更加充分。但丁在地狱里关押犯了淫邪罪的人那儿发现了她。我不止一次地说过,我不知道哪儿还有比这更出色的段落,如果有人要挑选伟大作家的精彩片段,那么选这段好了。这段话语像母亲般的温柔,尽管是一个严肃的悲剧,但充满最温柔的同情,非常感人。在一个没有光线、像大海一样翻滚的地方,但丁看到两个人影,他想和他们说话,他们来到跟前。但丁把他们比作张开翅膀的鸽子,但无法飞翔。其中的一个,弗朗西斯卡诉说了她的不幸,她的诉说只有二十行,尽管一个作家可以写上上千行而不嫌累赘。弗朗西斯卡的诉说里包含着对人类弱点的生动描绘,她感到给她的严厉判决令她窒息。"宽宏的活人啊,"她说,"心地如此善良,来看望我们,假如宇宙之王(可怜的弗朗西斯卡,她知道自己触犯了他那无情的戒律)是我们的友人,我们要为你的平安向他祈祷!"爱,不久就走进了一颗温柔的心,感染了她所爱的人保罗。(像女性一样细腻地感受到了它)"爱不需要对方的回报",因此,她爱上了保罗。"'该隐狱'②在等待着那个残害我们生命的人。"弗朗西斯卡以女性的冲动接着说。然后,她用三行讲述了他们如何相爱的故事:"有一天我们一起阅

---

① 吉里昂(Geryon):被赫拉克勒斯杀死的有三个身体的怪兽。
② 该隐狱(Caina):是杀死亲属的罪人在地狱中受罚的地方。

读兰斯洛特①怎样为爱所掳获的故事,只有我们两人单独在一起,我们彼此看着对方,当读到那个面带微笑的接吻时,他颤抖着吻了我!"她接着说,"那一天,我们再也无法读下去了!"

整个故事优美动人,就像在旋风中听到清晰美妙的笛声,如此地甜美、温柔、令人愉快!

下面一圈是关押饕餮者的地方,这里比弗朗西斯卡受的惩罚要残忍得多。但弗朗西斯卡的故事是真实的,但丁说他认识弗朗西斯卡的父亲,她的故事一直萦绕在但丁心间。当听到她的述说之后,他像死人一样倒在地上。这也是他对那些批评他的人的回答,尽管那些批评不足为道。一些人认为《神曲》是对他的敌人的讽刺,他把他们投入地狱来报复。现在看来,这么说但丁是再可耻不过的了,如果他有这种卑鄙的心理,可能永远写不出《神曲》。它是用最纯洁的正义之魂写出来的,因此,但丁同情可怜的弗朗西斯卡,而且不想把她放在地狱里受罪,但上帝的公正注定她要在那里遭受折磨!

接下来对黄昏的描写令人拍案叫绝。这段写的是离开陆地的船员面对死亡的困境,悲伤涌满心间。任何一个曾经离开家园、离开挚爱的人,都不能不在内心引起强烈的共鸣!

我们一定不要漏掉法利那塔(Farinata),他是但丁在《神曲》中极为出色的性格塑造。他被囚禁在黑暗的圆形地狱中关押异教徒的地方,这儿还关押着卡瓦尔坎丁·德·卡瓦尔坎蒂(Cavalcante de Cavalcanti),但丁一个最要好的朋友的父亲。对囚禁这些人的石棺的描写触目惊心,"被不同程度地蒸煮着"(特内里费岛也不像这样),石棺的盖子一直敞到最后一天,然后就永远地盖上了。法利那塔听到但丁说托斯卡纳方言②,便和但丁搭话。他带着高傲的神情,这种对苦难的挑战态度在埃斯库罗斯的作品中十分突出,在但丁这儿出现了两三次。法利那塔问但丁佛罗伦萨有什么新鲜事。因为但丁在长期流放时,一直想念着佛罗伦萨,他对佛罗伦萨充满了感情,甚至在佛罗伦萨遭受耻辱后,还是痛苦地关切着它。然后,卡瓦尔坎蒂问但丁为什么是但丁,而不是他的儿子来到这儿,他的儿子在哪儿?但丁回答说或许他的儿子曾经瞧不起维吉尔。曾经?卡瓦尔坎蒂问道,难道他已经不在人世了吗?然后,但丁停了一下没有回答,卡瓦尔坎蒂倒了下

---

① 兰斯洛特(l.auncelot):英国亚瑟王传奇中以最勇武著称的图桌骑士,是王后的情人。
② 托斯卡纳方言(Tuscan):被视为意大利标准语。

去,但丁再也不见他的踪影!

这种突然的、出乎意料的行动在但丁的作品中比比皆是,在我看来,他是充满军事行动色彩的人,他的许多肢体语言都有重大意义。作品的另外一处,三个人"彼此注视着,就像对对方充满了信任一样"。在这些话语中,你能完全看到这一点,就像对但丁来说一样!这一特征我不知道用什么词汇来更好地描述它,但在但丁的作品中确实非常突出。这些段落非常感人,让人想到他那不幸的遭遇,这些段落里面熔铸着一种压倒一切的忧伤、一种残酷的真理、一颗破碎的心、一种对佛罗伦萨的恨,还有一种对佛罗伦萨的爱!有一处是这样写的:"哦,佛罗伦萨,欢呼吧,你的艺术在地狱里如此辉煌!"在另一处他说佛罗伦萨是一个藏污纳垢的所在。他以前的中学老师告诉他:"如果紧跟着自己的星星,你就不会错过任何一个幸福的港湾。"他说得对极了。那颗星星从浩瀚的蓝色苍穹中不断地照耀着他时,他感到自己在做有意义的事情。但当他滑落到深海槽中时,他不久就再次迷失了,不得不像以前那样继续寻找它。当他的先人预言他将被放逐时,预言里再次蕴含着残酷的真理。他必须离开一切令人愉悦的东西,他必须学会栖息在别人的屋檐下,痛苦啊,痛苦!可恶的流放,只能和一些流氓无赖交往!在《神曲》中随处可以看到你希望在人类身上看到的那颗心,然而,但丁不是一个像莎士比亚那样在创作时完全忘我的人,而是一个相对来说病态和狭隘的人,虽然他没有试着把这一点表达出来,但他似乎感受到了信念和卑微的希望,感到自己最后一定会上天堂!

一个著名的精彩片段!没有人能为自己赢得永恒的荣誉!即使他是亚历山大大帝,即使他是但丁,即使他是所有的人合在一起!他也感觉到了这一点,他不看重名誉。他博大的心胸和他对佛罗伦萨近乎卑下的亲近,二者之间的矛盾很难清楚地表达出来,而且看起来似乎是这个世界赋予他的语言不足以让他把人类的精神全部表达出来。

《地狱篇》[①]后来成为《神曲》的三个部分中最受读者喜爱的一部分,它与最

---

① 对但丁的引述——要理解这些引文,我们必须记住地狱实际上包括三个不同的部分,第一部分除了但丁讲的地狱外围,被阿刻隆河隔开,关押的是一些放纵的人。这些怯懦冷漠的灵魂既不冷酷,也不热情。第一圈也叫候判所,是没受洗礼的无罪之人居住的地方,包括善良的异教徒、许多婴儿和其他人。其余八圈里都是不悔悟的有罪之人。无节制的人占据了第二圈到第五圈,依罪行的轻重往下排;腐败之人在第六圈到第九圈,或曰狄司城受罚。把邪恶之人分成两类依据的是亚里士多德的《道德篇》,但丁本人对这一点解释得很清楚(第六歌和第十一歌)。像一位专业的技师,但丁对这些不同的圈层和它们的进一步细分描述得十分精确。

第一圈的灵魂并没受到惩罚,他们在不停地叹息,因为永远被关在了天堂门外。放纵的(转下页)

近三四十年的时代氛围很吻合，这一时期的欧洲似乎更渴望一种激烈的情感，一种力量的震撼，而不是其他的东西。"地狱篇"无疑是非常出色的，但在我看来，《炼狱篇》①同样精彩，我甚至还产生这样的疑问：总体上来看它是不是更出色，更伟大？看到他们②攀上西部海洋中那个黑黝黝的险峻山峦，很是壮观，这个地方连哥伦布也没有来过。一轮一轮下来，灵魂被净化得越来越美好，犯罪者的忏悔，卑微的希望，宁静与欢乐盈满心间。

没有比《神曲》更讲道德的书了，它体现了基督教道德中最本质的东西！当然，人们今天已经不相信山脉会从大洋中拔起，也不相信那个"净界"山和它的黑色海湾之类的东西了。但任何一个有知识的人一定要相信有一个公正无私的上帝存在着，要相信悔罪是人类重要的事情，因为生活只不过是一系列的迷误，通

（接上页）人只是被刺痛、肉体受蚊虫的叮咬、内心受无望的折磨，但他们是在地狱里面，因此，即使没有痛苦，但永无希望是地狱里每一个灵魂最显著的特征，就像炼狱里的灵魂在悔罪、天堂里的灵魂在进行精神的交流一样。

这种无望在第三歌中非常明显，而且不无必要地暗示了三次：第一次是地狱大门上令人沮丧的题字，是对地狱里的每一个灵魂说的；第二次（正如卡莱尔所引用的）是维吉尔对但丁讲述的放纵之人的情形；第三次是冥府渡神卡戎（Choran）在把那些有罪的人摆渡过黑水河之前告诉他们的，"不要希望再看到天堂"。

但丁在无人能比的第三歌里，展示出他最阴郁的文学描写才能，这是唯一一次把地狱里所有的人都介绍到了。柯勒律治注意到了这段描写"精彩的深刻"，诗人最阴郁的一面在他描写放纵之人的情形时有力地凸显出来，那些人的性格和他本人的截然不同，但丁并没有透露他们的职位。我们听不见他们说话，只听见他们哀鸣。这里只指出一个人，而且还是拐弯抹角地指出来的。关于他们，但丁本人几乎没有说一句话，他是怀着极端的鄙视离开他们的："这些怯懦之人既遭上帝讨厌，也为对手憎恨，这些卑鄙的人从来没有生活过。"但丁观察仔细，看到他们不停地受到鞭子的抽打。这种多余的精力，以一种奇特的矛盾方式，通常借助黄蜂表达出来。（我们每天在大街上都可以看到黄蜂，它们不知疲倦地寻找快乐；我们也可从那些轻狂的婴儿看护者身上看到这一点，她们推着婴儿车疾步快走，但对婴儿一点也不用心。）维吉尔向但丁解释了这些人的悲惨情形——"这是那些一生既无恶名又无美名的凄惨的灵魂。他们中间还混杂着一些卑劣的天使，这些天使即使不背叛，也不忠于上帝，而是只顾自己，各层天使都驱逐他们，以免自己的美为之逊色。而地狱的深层也不接受他们，因为他们和作恶者相比还有点自豪。"但丁于是问道："老师，什么使他们这样痛苦呢？使他们的哀鸣、叹息如此沉痛呢？"维吉尔回答道："我简单地告诉你，他们没有死的希望。他们盲目地过一生，如此微不足道，以至于对于任何别种命运，他们都嫉妒。世人不允许他们的名字留下来，慈悲和正义都鄙视他们。我们不要讲他们，你看一看就走吧。"

最后一句话（卡莱尔的第二处引用）是我们英语中按照原文的风格，完整地传达出其原初含义的少数几个段落之一，单音节词使我们想到莎士比亚语气最强的几句话，这样的话最适合严肃的话题，像在《一报还一报》中"是的，可是死了，到我们不知道的地方去"。

虔诚而又温和的圣-西兰（Sainte-Cyran）神父在死前写道："有缺点的人有时更害怕恶魔。"他为表现但丁坚强的一面提供了一个无力但是精确的对比。（圣勃夫《17世纪法国文化史》，第2册，第13页）——英文版编者注

① 《炼狱篇》——卡莱尔在别的地方一再表明他更喜欢炼狱，但他对地狱着墨太多，"就像我们通常对拜伦的欣赏"。但丁首先描写的是地狱，读者首先读到的也是《地狱篇》，否则的话读者难以理解《神曲》。只想懒散地或悠闲地阅读《神曲》的人，除了得到第一篇是关于堕落者的印象之外，达不到自己的研究目的。（《地狱篇》，第20歌，第3行）——英文版编者注

② 指但丁和维吉尔。

过悔过改正错误。但丁是以一种比任何其他方式更道德的方式,来表达那一信条的神圣性的,对他来说,任何其他信条相对而言都不值得他去肯定或否定。那种平和的耐心,那些灵魂期待千百年之后能够获得自由的不能用语言来表达的感激,所有这些都十分感人。加图守候着大门,那是一个美丽的黎明,黎明把黑暗驱赶到西边,大海在地平线上喘息。

> 它在黎明前逃逸,所以
> 我看见远处海浪的震颤。①

他似乎抓住了描绘日出的那个词,任何一位在海边看过日出的人都会辨认出这个词,《炼狱篇》的内在感情和它异曲同工。一个人这样说:"告诉我的吉奥瓦娜,我觉得她的母亲现在不再爱我了"——她已经把黑纱摘掉了!但丁用来描写自己忧伤的比喻是所能找到的最好比喻。

还有但丁同维吉尔、贝阿特丽切的关系。他的忠诚、信仰以及他对维吉尔高贵品质的好感,我们说忠诚是中世纪的精髓。维吉尔从没有生过但丁的气,除了一次因为但丁过分注意两个伪善者争吵而生了气。"再过分一点,"维吉尔说,"我就要和你吵架了。"在这件事上,但丁自己有错,然后,维吉尔告诉他听这样的争吵是不合适的。贝阿特丽切实际上是一个美丽的小姑娘,但丁孩提时代在一个舞会上见到她,那时她很小,只有九岁,但丁十岁。除了一次他在街角听到她跟别人说话之外,但丁几乎没有听她说过话。她头上戴着一个橄榄枝花环,显得非常可爱。但丁说那是她的外貌带给他的一种美感,当晚睡着之后,他梦见了她。但丁见到她的时候是上午九点,虽然过去了很多年,他依然记忆犹新。此后他们见面并不多,但他似乎知道她在爱着他,就像他爱着她一样。贝阿特丽切后来嫁给了别人,但非她所愿。当但丁的生活充满苦难阴郁时,这是唯一美好的回忆,因为这个美好的形象在他心中定格了,他以整个身心去拥抱它。在最坏的厄运到来时,上天总会送一个天使来帮忙。在《天堂篇》②里,维吉尔消失之后,但

---

① 《炼狱篇》,第一歌,第 115—117 行。
② 《天堂篇》——《天堂篇》比《地狱篇》《炼狱篇》都要难解读一些,不是难在风格上,而是难在主题上。从主题表达来说,这一篇在本质上是空灵的(aethenial)、难以阐释的、非尘世的,而《地狱篇》和《炼狱篇》都属于我们这个世界,但丁自己在一封信中说:"我是在现实生活中找到《地狱篇》的原型的。"(参见艾萨克·迪斯雷尔的论文《但丁地狱的原型》)。但是《天堂篇》也不是没有热心的英语读者,因此我们看到《悼念》中年轻的主人公哈勒姆说:"像所有真心崇拜这位伟大的佛罗伦萨诗人的人一样,他(转下页)

丁遇到了贝阿特丽切,这时他的心灵已经很圣洁,他的快乐给人带来多么深刻的印象!他对她的爱在他心底又是多么的深沉!贝阿特丽切的母亲很严厉地对待但丁,但丁的生活也在这种严厉中消磨过去。但是贝阿特丽切完全明白,如果她说出对但丁的爱,这可能会杀了他,但丁难以承受她的爱。但他在贝阿特丽切眼里始终看到她深沉的爱,她看到他时脸上那快乐的红晕,他的成功、他的善良之举,都使她快乐。从这一点上来看,人们会真正理解德国人对《神曲》三个部分的理解:第一部分是建筑、雕塑型,就像雕像一样;第二部分是图画式的;第三部分是音乐性的,它化为了一首歌。

姜智芹　译

（接上页）认为《神曲》中的《地狱篇》赶不上其他两篇,在经院神学和天堂的神秘幻境中,我们不是反对他的趣味,而是要捕捉这种趣味。"

《天堂篇》从头到尾如此优美,以至于从中摘引出任何一句都会因为脱离上下文而使之逊色,它是完美艺术的典范(就像莫扎特的歌剧与其他作曲家的作品相比一样)。我们可以以第27歌的开头为例。当但丁听到整个天堂都在为三位一体的荣光唱赞歌时,他写道:"那甜美的歌声使我陶醉,我看到整个宇宙在对我微笑。"他先前已经使用了含有陶醉意义的词汇,来暗示与《地狱篇》第29歌头几行截然相对的情感,柯勒律治将它作为精心挑选的"但丁说不尽的微妙之美"的描写个案。这儿,我们奇怪地联想到拜伦的话:"人,因具有理性而会喝醉,最好的生活就是陶醉其中。"读者应该研究富有启发意义的"但丁和彼特拉克之间的相似性",在乌戈·福斯科洛的《论文集》中能够找到这方面的材料。——英文版编者注

关于《神曲》①

[德] 阿尔图尔·叔本华②

我坦率承认,《神曲》所享有的盛名在我看来是夸大了,原因肯定主要在于《神曲》里面的过分荒谬的基本思想;其结果就是到了《地狱篇》,基督教神话最让人反感的一面就马上刺眼地呈现在我们的眼前。作品风格和隐喻的晦涩难懂也是原因之一:

> 傻瓜最喜欢也最赞叹
> 别人用花哨的语言和刁钻、古怪的字眼
> 向他们讲述的东西。
>
> ——卢克莱修

尽管如此,《神曲》中简洁并几近精练的风格,表达的力度,更重要的是,但丁那无与伦比的想象力——这些都确实让人叹为观止。正因为这样,但丁就让他所描绘的那些不可能的事情带上了某种具体可见的真实性,也就是类似于睡梦的真实性:这是因为但丁不可能经历过那些事情,所以,看起来他肯定是在梦里面见到了这些东西,以至能够以如此清楚、精确和生动的笔墨把具体所见描绘下来。否则,我们如何解释:在第十一节的末尾,维吉尔描述了破晓时分、星星下沉的情景,但他忘记了自己正在地底下的地狱里面;而只有到了这主要部分的结尾处,他才"从里面出来,重又见到了星辰"(《地狱篇》,34 节,最后一行)? 在第二十

---

① 本文节选自《叔本华思想随笔·论美》,题目系本书编者所加。本文要点:(1)《神曲》名不副实;(2)《神曲》描写幻景固然很有力度,但也不免有错误;(3)《神曲》描绘的确实是上帝眼中的一幕喜剧,尤其是《炼狱篇》,写得令人发笑;(4) 但丁对基督教信仰其实"抱着讽刺、挖苦的态度"。
② 阿尔图尔·叔本华(Arthur Schopenhauer, 1788—1860),德国哲学家、散文家,唯意志论哲学创始人,重要著作有哲学论著《作为意志和表象的世界》《论意志的自由》、散文集《附录与补遗》等。

节的结尾处,我们再一次看到同样的错误。难道我们可以认为维吉尔揣着怀表,所以,他知道此时此刻在天上发生的事情吗?在我看来,这由记性所致的笔误,其糟糕程度比起塞万提斯那闻名的关于桑丘·潘萨的驴子的笔误有过之而无不及。

但丁这一作品的题目相当准确、独特,并且毫无疑问是带有讽刺意味的①。喜剧,就是嘛!对于这样的上帝来说,这一世界的确就是一出喜剧:在最后一幕,这个上帝永无满足的报复欲望和匠心独运的残忍折磨,使他从那些生命忍受没完没了、漫无目的的痛苦的情景中得到幸灾乐祸的快感。这些生命是上帝自己在百无聊赖当中,漫不经心地创造出来的;他们只是因为自身发展不合上帝的旨意,并且,在其短暂的一生中做出了和相信了一些不讨上帝欢心的东西。此外,与上帝那些闻所未闻的残忍相比,所有在《地狱篇》里受到如此惩罚的罪行都变得不值一提。的确,上帝本人比起我们在《地狱篇》里所碰到的所有魔鬼还要凶恶得多,这是因为这些魔鬼的确只是秉承上帝的旨意、依仗他的权威行事。所以,宙斯不会对被笼统视为与上帝一体感激不尽,在诗中几处地方却奇怪地出现了这样的情形(例如 14 节 70 行;1311 节 92 行)。事实上,在《炼狱篇》里,这样的描写简直就是到了可笑的地步(6 节 118 行"高贵的朱庇特,他为了我们在地球上被钉上了十字架")。宙斯对此到底会有何话说?"哎呀,惨呀!"维吉尔、但丁和服从上帝命令的每一位所表现出来的奴性的卑躬屈膝,以及接领上帝的圣旨时那种战战兢兢和毕恭毕敬着实让人感到恶心。在但丁引以为自豪的一个例子里,他在诗中的本人就把这种奴性心理发挥到了极致(33 节,109—150 行),甚至荣誉、良心都已丧失殆尽了。也就是说,一旦荣誉、良心与上帝的残忍旨意有所抵触,那它们就不再起任何作用。为了得到一份口供、证词,他郑重、严肃地向被施以精心设计、惨不忍睹的酷刑的受苦者许下诺言:给他一小滴的止痛水以缓解其痛苦。当受刑人履行了被强加于自己的条件以后,但丁却丝毫不顾及荣誉、良心,赤裸裸和不知羞耻地违反自己的承诺以"赞颂上帝的荣耀"。这是因为但丁认为缓解上帝施加的痛苦——哪怕是那么一点点——都是绝对不允许的;虽然这种缓解在此只不过是揩去一滴冷凝了的泪水,而上帝也不曾明确禁止他这样做。因此,无论在此之前的一刻他如何信誓旦旦地做出承诺,他都不会履行的了。在天上,这些行为可能是家常便饭、值得称道——这我不知道;但在人世间,谁要是做出了这样

---

① 《神曲》,原文 *Divina Commedia*,直译是《神圣的喜剧》。

的行为，那他就是一个无赖、恶棍。顺便说上一句，由此例子可以清楚看出，道德如果除了上帝的意志以外，没有任何别的基础，那该是多么糟糕和尴尬的事情：因为好的可以变成坏的，坏的可以变为好的，速度之快就像电磁铁的两极弄颠倒了一样。但丁的整部《地狱篇》其实就是对残忍的礼赞……在倒数第二节，寡廉鲜耻和丧失良心也以上面提过的方式被大加颂扬。

> 我会大胆无畏地说出
> 通行天下的真理。
>
> ——歌德

另外，对于被创造者而言，这一切都是神圣的悲剧……并且是永无尽头。虽然这部作品的序曲在个别之处让人感到有趣和愉快，但与没完没了的悲惨部分相比，这些地方却是少得可怜。我们会不由自主地认为：但丁其实在内心深处对于这一整洁的世界秩序抱着讽刺、挖苦的态度，否则，津津有味地描画那些令人反胃的荒谬之处和持续不断的行刑场面，如果没有一种古怪的趣味是不行的。

韦启昌　译

《神曲》鉴赏①

[英] T.S.艾略特②

一、《地狱篇》

根据我自己鉴赏诗的经验,我总是感到在读一首诗之前,关于诗人及作品的辅导愈少愈好。一句引语、一段评论或者一篇洋洋洒洒的论文很可能是人们开始阅读某一特定作家的起因,但是对我来说,细致地准备历史及生平方面的知识,常常会妨碍阅读。我并不是为学识浅薄辩解。我也承认,把这种经验固定成箴言,运用于拉丁文和希腊文研究是非常困难的。但是,对于使用相同语言,甚至使用一些其他现代语言的作家来说,这种做法是可行的。至少,出于欣赏诗的需要而想获得学识,胜于因为获得了学识而欣赏诗。我还根本不能正确地译两行法文诗的时候,我就已经非常喜欢某些法国诗了。对于但丁的诗来说,这种欣赏和理解之间的差距就更大了。

我并不是劝人先读但丁的诗,后学意大利文法,但是在我们以极大的愉快——也就是说,以我们能够从别的诗中得到的同样强烈的愉快——阅读他的一些诗之前,有大量的知识确确实实是不必要的。我这样说是想避免可能出现的两种极端的批评意见。有人可能会说对但丁诗作的构想、哲学、隐含的意义加

---

① 本文选自《艾略特诗学文集》,题目系原书所有。本文要点:(1)《地狱篇》鉴赏:但丁的诗其实是明白易懂的,只是由于语言不同的缘故,他的诗好像很艰涩;譬如《地狱篇》,其实写得明明白白,即便是其中的隐喻和寓言,也是不难理解的;关键是你只要照字面理解,不要想得太多,就明白了:这是对有悖天主教道德的各种行为的谴责。(2)《炼狱篇》与《天堂篇》鉴赏:这两篇必须放在一起理解,《炼狱篇》是对天主教哲学的陈述,《天堂篇》则是对天主教理想的展示。(3)结束语:鉴赏《神曲》其实很简单,只要你接受它,就能理解它。
② T.S.艾略特(Thomas Stearns Eliot,1888—1965),出生于美国的英国诗人、剧作家、评论家,现代派诗歌运动领袖人物,曾获 1948 年诺贝尔文学奖,重要作品有长诗《荒原》《四个四重奏》、评论集《现代文学的传统和尝试》等。

以了解,是鉴赏但丁的诗所**不可缺少的**,而另一些人可能会说这些都是不相干的,他的诗作中的诗是独立的,欣赏诗不需要研究构造,后者能够帮助作者写作,但是不能帮助读者欣赏诗。第二种错误更为普遍流行,也许这就是为什么许多人对《神曲》的了解只局限于《地狱篇》,甚至只局限于其中几节的缘故。对《神曲》的欣赏是一个持续的过程。假如你从一开始就一无所得,那么,你可能在读完全篇之后也不会有什么收获。但是如果在你最初对它进行评价的过程中,不时有某种诗的强烈的激情使你直接受到震动,那么除了懒惰外什么也无法熄灭你心中想要更深、更深地了解的欲望。

在某种意义上,但丁的诗非常明白易懂,这是他的诗使人感到意外的地方。这证实了(这是一种正确的证实,我不是说它的逆证也总成立),真正的诗在被理解之前确实能够传达某些东西。这种印象能够随着了解的知识越来越多而得到验证。在阅读但丁以及其他一些使用我不熟谙的语言写作的诗人时,我发现这样的印象绝不是凭空想出来的。换句话说,它们的产生不是由于误解,或者捕风捉影,或者诗句恰好唤起了我对往昔情感的回忆。这种印象是新产生的,我相信,它是"诗的情感"客观地产生出来的印象。还有更详细的理由可以解释为什么初读但丁诗时会有这样的经验,以及为什么我说他的作品比较容易读懂。我并不是说他写的意大利语非常简单,因为事实并非如此,我也不是说他的诗的内容简单或者总以简单的方法表达出来。他的表达形式常常是极为浓缩的,因而三行诗句的意思需要一大段话才能解释清楚,一个典故需要一页文字才能阐明。我心里想的是,在某种下面我要解释的意义上(因为下面这个字本身不能告诉我们什么),但丁是所有现代语言中最具**普遍性**的诗人。这并不是说他是"最伟大的",或者他是最广博的——莎士比亚的作品更丰富、更细腻。但丁的普遍性并不单是他个人的事。意大利语言,尤其是但丁生活的那个时代的意大利语言,由于直接产生于具有普遍性的拉丁语而获得了许多优势。莎士比亚和拉辛所能使用的语言具有更大的**区域性**。这也不是说英语和法语当作写诗的媒介不如意大利语。然而中世纪后期的意大利方言在文学表现上还非常接近于拉丁语,这是因为使用这种语言的人,例如但丁,都使用拉丁语接受过哲学和其他抽象学科的训练。中世纪的拉丁语是一种非常优美的语言,人们用它写出了优美的散文和诗歌;它具有高度发达的、富于文学性的世界语的特质。如果你阅读用英语、法语、德语或者意大利语写的现代哲学,那么不同民族和种族的思维差异会给你留下深刻的印象:现代语言**往往**割裂抽象的思维(数学是现在唯一具有普遍性的语言);但是,中世纪的拉丁语往往强调不同种族、不同国度的人民思维上一致的地方。在我看来，但丁所使用的佛罗伦萨语言中就存在这种普遍的语言所具有的某些性质，如果（佛罗伦萨语）有区域性的话，那似乎是强调普遍性的区域性，因为它不受现代种种民族性的影响。如果我们希望欣赏法国诗或德国诗，我想我们需要与法国人或者德国人的心智具有同感，但丁确实是一个意大利人和一个爱国者，但是他首先是一个欧洲人。

这种语言之间的差别是但丁的诗之所以"明白易懂"的原因之一。我们能够用更具体的表达形式来讨论这种差别。但丁的文体具有一种特殊的明晰——一种不同于**智性**明晰的诗的明晰。思想可能是隐晦的，但是文字是明晰的，或者更准确地说，是透明的。英国诗的文字只有一种模糊性，这是英国诗的美的一部分。我并不是说英国诗的美仅仅是所谓的文字的美而已。实际上是因为文字能引起联想，相互关联的文字群又会引起联想，这种联想是一种地方性自我意识，因为它们是某一**特定**文明的产物；其他现代语言的情况也一样。尽管但丁所使用的意大利语在本质上和今天的意大利语是相同的，但是在这种意义上，它不是一种现代语言。但丁的文化不是哪个欧洲国家的文化，而是欧洲的文化。当然，对于但丁同宗教改革前和文艺复兴前的其他伟大诗人，著名的有乔叟和维庸，所共有的那种语言上的直接性我也意识到了。毫无疑问，这三人之间有某种共同的东西，我相信崇拜其中一位诗人的人也一定会崇拜另外两位诗人；毫无疑问，文艺复兴之后整个欧洲的诗风都倾向于模糊或浓缩。但是但丁的明晰性和普遍性远远超过了维庸和乔叟所具有的这些品质，尽管它们是相似的。

对于一个意大利语不太好的人来说，但丁之所以"明白易懂"还有其他的原因；但是都同下面这个核心原因有关，即在但丁生活的时代，尽管欧洲有其种种纷争和丑恶，但是在精神上要比我们现在所能想象的统一得多。使国家和国家相分离的并不只是凡尔赛条约；民族主义早在这之前就已诞生，对我们这一代人来说，分裂的过程在那个条约中达到了高潮，但在但丁生活的时代之后不久就开始了。但丁之所以"易懂"，原因之一将在下面加以阐述——但是我得先谈一下别的问题。

我必须解释我之所以说但丁"明白易懂"的理由，而不是谈论他的"普遍性"。后一个词使用起来要容易得多。但是我不希望别人认为我声称但丁具有莎士比亚、莫里哀或者索福克勒斯所不具有的普遍性。但丁并不比莎士比亚更普遍；尽管我感到我们能更正确地理解但丁，而比较之下，一个外国人理解其他那几位作家的正确程度就要差一些了。莎士比亚,或甚至索福克勒斯,或甚至拉辛和莫里哀,处理的材料和但丁的材料具有同样普遍的人性,但是他们只能用更具区域性的方式来处理它。正像我所说过的那样,但丁的意大利语在感觉上非常接近于中世纪的拉丁语;但丁和他那个时代其他学者所读过的中世纪哲学家中包括圣托马斯①(意大利人),圣托马斯的前辈阿尔贝特斯(德国人),阿比拉德(法国人),以及住在圣·维克多的休和理查德(他们是苏格兰人)。为了了解但丁不得不使用的**媒介**,我们来看一下《地狱篇》的前几句诗:

> 在我们人生之旅的中途,
> 我迷失在幽暗的树林里,
> 再也找不到笔直的道路。

试将这几行诗同描写引导邓肯进入麦克白的城堡的那几行诗相比较:

> 这座城堡的位置很好,
> 一阵阵和煦的微风
> 轻轻沁入我们微妙的感官
>   这夏天的客人
> 巡视庙堂的燕子,也在这里
> 筑下温暖的巢居,足以证明
> 空中正飘着一种诱人的香味;
> 檐下梁间、墙头屋角,鸟儿把它们变成
> 自己栖身的吊床和生育的摇篮:
> 它们生息繁殖的地方,我感到
> 空气非常鲜美。②

我并不是认为我们能够理解但丁诗中的一切,甚至理解每一行诗的一切,就像一个有教养的意大利人那样。但是我坚持认为把莎士比亚译成意大利语要比

---

① 圣托马斯·阿奎那,13世纪罗马天主教圣徒、中世纪经院哲学家。
② 引自莎士比亚悲剧《麦克白》。

把但丁译成英语遭受更大的损失。一个外国人怎么能在他自己的语言中找到恰当的文字来传达我们常常在莎士比亚的诗句中感到的那种明晰性和模糊性的组合呢？

我并不是在讨论但丁的语言和莎士比亚的语言到底哪个更优越，因为我认为这个问题是不存在的，我只是说语言上的差别使外国读者更容易读懂但丁。但丁的长处不是由于他有更大的天才，而是由于他进行创作的时候欧洲多少还是一个整体。即使乔叟或维庸恰好和但丁处于同一个时代，他们无论在语言上还是在地理上也不会比但丁更接近于欧洲的中心。

但是但丁之所以简单还有另外一个具体的原因。他不仅在思维方法上与当时整个欧洲和他有同样文化的人相同，而且他所采用的表达方式在当时整个欧洲也是共同的，大家都能理解的。在这篇论文中，我不想探入探讨如何阐释但丁作品中的寓象①问题，这方面人们众说纷纭。对于我要达到的目的来说，重要的是寓象这种明确的方法并不是只局限于意大利，另外，表面上似非而是的是，这种方法会使作品简洁流畅。我们往往把寓象看作是一种令人烦倦的文字游戏。我们往往把它同乏味的诗作（最多也只是《玫瑰之歌》之类）联系在一起，而在伟大的诗作中又把它看作是不相干的。就但丁这样的诗人来说，我们所忽略的正好是使诗体趋于明晰的特定功能。

我并不是提倡读者在初读《地狱篇》第一章时，就要弄清"豹子""狮子"和"母狼"指的是谁。事实上，一开始不知道或不关心它们意味着什么可能更好些。我们不应该特别考虑意象②的含义，而应该考虑那种使人想用意象表达自己思想的反向过程。我们必须考虑那种出于天性和**习性**往往使用寓象表达自己的心灵：而对于一位名副其实的诗人来说，寓象意味着**清晰的视觉意象**。如果清晰的视觉意象再被赋予某种含义，那么它的强度就会大大加强——我们不需要知道这种含义是什么，但是在我们意识到意象存在的同时，我们必须意识到这种含义也是存在的。寓象只是写诗的一种方法，但是它是一种具有极大优点的方法。

但丁的想象是**视觉性**想象。它不同于现代静物画家的视觉性想象：但丁生活在一个人们还能够看到幻象的时代，在这种意义上，他的想象力是视觉性的。它是当时的一种心理习惯，我们已经不记得它的诀窍了，但是那一定是和我们的

---

① 寓象：寓意与象征。
② 意象：寓"意"之"象"。

一样灵验的诀窍。我们除了梦幻之外一无所有,我们已经忘了看见幻象——人们今天认为只有反常的和没有教养的人才会看见幻象——曾经是一种更有意义、更有趣味和更有修养的梦想。我们想当然地认为梦从下方跃出;也许正因为如此,我们的梦的质量受到了损害。

此刻,我只要求读者——如果他能够做到的话——把一切关于寓象的偏见都从他的思想中清理出去,并且至少承认寓象不是一个能使没有灵性的人写出诗来的技巧,而其实是一种精神习惯。天才地利用这种精神习惯能造就伟大的诗人、伟大的神秘主义者或者伟大的圣人。而正是这种寓象使得甚至意大利语都不太好的读者也能欣赏但丁。语言各不相同,但是我们的眼睛是一样的。寓象并不是意大利所特有的风习,而是欧洲各国普遍采用的方法。

但丁的用意是想让我们看见他所看见的东西。因而他使用了非常简单的语言,很少用隐喻,因为寓象和隐喻在一起很少有谐调的时候。顺便说一下,他的比拟具有一种独特性,非常值得注意。

《地狱篇》杰出的第十五章中有一个非常著名的比拟或者明喻。马修·阿诺德曾经提到过这个比拟,并予以高度的赞扬。它具有但丁运用这些修饰方法的特点。但丁正在讲述那些地狱中的人群,他们在昏暗的光线下盯视着他和他的向导:

他们都(皱起眉头)盯着我们
像老缝工端视针眼一样。

这种明喻只是为了让我们**更加清楚地看到**但丁在前几行中所写的情景。

她好像睡着了,
仿佛要用魅力坚牢的罗网
捕捉又一个安东尼。

莎士比亚的意象要比但丁的意象复杂得多,也比表面上看起来的更加复杂。莎士比亚的明喻总带有一种文法形式(例如"仿佛"),不过"用罗网捕捉"当然是隐喻。但丁的明喻只是为了让你看清那群人的模样,是解释性的,而莎士比亚的意象与其说是收缩性的,还不如说是扩展性的;它的目的是要在你所看到的东西

(不管是在舞台上的或者是在你的想象中的)之外,再使你想起克莉奥佩特拉的那种主宰了她自己以及世界历史的魅力,使你想起她的那种魅力是多么强大,甚至在她死后还能使你感到它无处不在。莎士比亚的意象变化不定,如果对英语没有深悟的了解,的确不太容易体会。在能够创造出这样的意象的人之间,不存在谁更伟大的问题。但丁的整首诗,我们不妨说就是一个庞大的隐喻,因此在他的诗中也就没有必要使用太多的隐喻了。

我们有更加充分的理由认为,读者应该首先一部分一部分地熟悉但丁的诗作,甚至仔细品味他自己在一开始时就特别喜欢的那些部分,因为假如我们对整首诗没有一定的了解,那我们就不可能完全理解每一部分的重要意义。除非我们上升到至高的天堂,并且再从那里返回来,否则我们是不能理解地狱门上的那些话的:

> 正义感动了我的创造者;
> 创造我的是神的力量,
> 至上的智慧和原始的爱。

但是和大多数读者一样,我们一开始就能够充分地理解关于巴奥罗和弗兰西斯加的那段最初的插曲,我们因而被深深地感动,就像我们读某些其他的诗一样。这个插曲是由两个明喻引出的。这两个明喻和我刚才引用的那个一样,是解释性的:

> 好像在寒冷的季节里,
> 大群的欧椋鸟,
> 密集地飘浮在空中;
> ……
> 又像天空中的鹤群,
> 唱着哀歌,排成长长的一线;
> 我看到哀幼的阴魂
> 恸哭着被狂风吹刮而来。

虽然我们并不理解但丁所赋予的意义是什么,但是我们能够看到并感觉到那对迷失的情人所处的境况。如果我们只读这样的一段插曲，我们从中得到的收获不会亚于阅读莎士比亚的一整部剧所得到的收获。我们不能期望通过一次阅读——当然也不能通过阅读某一部剧本——就能理解莎士比亚。如果按照顺序来看莎士比亚的剧作，它们之间有某种联系；莎士比亚的剧作像块带图案的大地毯；甚至想对此图案作出自己个人的阐释也得花好几年工夫。莎士比亚本人也不一定知道那是什么。也许那个图案比但丁的更大，但是没有但丁的清晰。我们能够完全读懂下面这些诗句：

> 有一天，为了消闲，我们一起读
> 兰斯洛特苦恋的故事；
> 只有我们两个人，毫无疑惧。
> 好几次这书使我们不禁
> 默默相视，脸色都变了；
> 但使我们屈从的只是一瞬间。
> 当我们读到那微笑的嘴唇
> 怎样被她的情人亲吻的时候，
> 他，永远不会离开我的他
> 战栗着吻了我的嘴唇。

如果我们把这段插曲放到整个《神曲》中，再看看这两位情人所受到的惩罚是怎样同所有其他的惩罚以及洗罪和奖赏联系在一起的，我们就能更好地理解弗兰西斯加那句话中所蕴含的微妙心理。

> 要是宇宙之王是我们的朋友……

或者这一句：

> 爱，永远不会为被爱的人提供爱的理由……

或者已经引用过的那一句：

> 他，永远不会离开我的他……

在第一次阅读《地狱篇》的过程中，我们看到一系列幻觉的、但又是清晰的意象，这些意象首尾一致，每一个都进一步加强了前一个，以及一些一闪而过的人物由于完美的语句而使人难忘，例如骄矜的法利那太·德格列·乌勃提：

> 他昂首挺脚站立起来，
> 似乎对地狱极端轻蔑。

另外还有某些较长的插曲，它们各自都令人难忘。我认为初次阅读时给我们印象最深的包括下列这几段插曲：关于勃鲁内托·拉铁尼的那段（第十五章），关于尤利西斯①的那段（第二十六章），伯特朗·德·博恩（第二十八章），亚当漠·特·伯伦西亚（第三十章），以及关于乌哥利诺的那段（第三十三章）。

虽然我认为跳读是不对的，而且我发现在通读的过程中依次读到这些插曲要好得多，但是这些插曲毫无疑问是我记忆所及的《地狱篇》中最先使我叹服的部分。尤其是关于勃鲁内托和关于尤利西斯的那两段，我读它们时并不了解其中的引语或者典故。而且我们很可以将这两段放在一起：因为在第一段中但丁描绘了一个受人敬爱的艺术大师，在第二段中他重造了一个古代史诗中的传奇人物，然而两者都具有意外这种特质，坡认为这种特质是诗所不可缺少的。这种意外的特质在第十五章的最后几行诗中得到了最高的体现；这几行诗写但丁挥别他所敬爱的、但受到诅咒的先师：

> 然后他转过身来，宛若
> 为了争夺维洛那的绿布
> 而跑过田野的赛跑者，而他
> 似乎是得胜者，而不是失败者

人们不需要知道这场为了赢得一块绿布而进行的赛跑是怎么一回事，就能

---

① 尤利西斯：即《荷马史诗》中的奥德修斯，古希腊传说中的英雄，在特洛伊战争中设木马计打败特洛伊人。

被这些诗句所打动,勃鲁内托这样深深地堕落在地狱中,而但丁却使他"像得胜者那样奔跑",惩罚因而被赋予一个唯有最伟大的诗作才具备的特质。尤利西斯被卷入火海,火舌像猛兽的巨角:

> 那团古火中较大的尖角
> 开始摇晃起来,喃喃说着,
> 正像和逆风争斗的烈焰。
> 然后那火尖儿忽前忽后,
> 就像说着话的舌头,
> 吐出一个声音,说:"在靠近
> 加厄太的地方,瑟西把我幽禁了一年多,
> 当我离开她时⋯⋯"

因此,尤利西斯纯粹是诗的想象力所创造出来的人物,我们不需要借助于地点、时间和《神曲》的结构就能理解他。我们最初可能感到关于尤利西斯的这一段插曲只是暂停基督教任务的但丁所做的一次远足、一次无关的行动、一次自我忘情。但是当我们读完全诗后,我们才知道但丁是多么巧妙而令人信服地用过去不久的历史人物、传奇和《圣经》中的人物,以及古代传说中的人物来恰当地表现现实生活中的人物,如他的同代人、朋友,以及敌人。人们一直指责或者嗤笑但丁,说他为了发泄个人的怨恨,把他所知道并憎恨的人打入地狱。但是这些人,正像尤利西斯那样,在整体上是经过变形了的,因为无论是现实中的人还是非现实中的人都是代表罪孽、受苦、过失和美德的类型,并且都成了同样现实的同时代人。尤利西斯这一节特别"易读",我想,这是因为其中的叙述是连续而直截了当的,又因为对一个英国读者来说,把这一段插曲同丁尼生[①]写尤利西斯的那首诗——一首写得很完美的诗——相比较是有益的。值得一提的是,但丁的诗在简朴方面远远超过了丁尼生的诗。像大多数诗人一样,甚至像大多数我们称之为伟大的诗人一样,丁尼生不得不使用一定量的强制力才能达到他的效果。

> 呻吟着,翻滚着,发出许多声音,

---

① 丁尼生,19世纪英国桂冠诗人。

这行描写大海的诗,是货真价实的丁尼生和维吉尔①式的作品,和但丁的作品相比未免显得太"诗意盎然"了,算不上是优秀的作品。(只有莎士比亚才能如此"诗意盎然"而不产生任何堆砌的效果,或者分散我们对主要问题的注意力:"收起你们明晃晃的剑,否则露水会使它们生锈。")

尤利西斯和他的同船伙伴们穿过赫拉克勒斯的两根石柱,那个"狭窄的关口":

> 那里赫拉克勒斯刻下标记
> 因此人们不敢再向前进。
> ……
> "兄弟们,"他说,"你们历尽了
> 千难万险才抵达西方,
> 在你们残存的五官
> 还清醒的时刻,别放弃啊
> 追寻太阳背后
> 那绝无人迹的世界。
> 想想你们的天性,
> 你们生出来不是为了像走兽般活着,
> 而是为了追求美德和知识。"

他们继续前行,突然间

> 远处出现了一座
> 褐色朦胧的山,我生平似乎
> 还没有见过这样高的山。
> 我们欢欣,可是转瞬
> 欢欣就化为悲哀:
> 从新陆地吹来了风暴,
> 打击着我们的船头,

---

① 维吉尔,古罗马三大诗人之一,著有古罗马史诗《埃涅阿斯记》。

> 风暴三次将我们的船旋卷在海水中；
> 第四次使船尾翘了起来，船头没入水里，
> 另一端非常高兴；海水完全将我们淹没了。

在但丁的笔下，尤利西斯的故事读起来像一篇明白晓畅的浪漫作品，一篇引人入胜的海客奇谈，而丁尼生笔下的尤利西斯首先是一个自我意识极强的诗人。但是丁尼生的诗写得很平淡，它只具有两个维度；其中包含的东西不会多于一个对文字美有所感觉的普通英国人所能看到的一切。我们并不需要一开始就知道诗中的山是什么山，或者"另一端非常高兴"这些字的含义是什么，就能感觉到但丁的作品具有更深一层的意义。

值得再次指出的是，但丁在他的历史人物中至少引入一个甚至对他来说也仅仅是虚构的人物，这样做是非常正确的。因为，在但丁选择受诅咒的人物这一方面，《地狱篇》是不存在气量狭小或者主观固执等问题的。这使我们注意到地狱不是一个地方，而是一种境界，人类受着他想象出来的人物的诅咒或者祝福，就像他受到现实中的人的诅咒和祝福一样。虽然地狱是一种境界，但是我们必须通过感觉意象的具体化才能想象到，或许才能体验到这种境界，以及尸体的复活也许具有一种比我们所能理解到的更深的意义。但是这些都是在读了许多遍之后才能获得的感想；首次欣赏某一首诗时，是不需要这些的。

对于一首诗的体验既是瞬间的，又是终生的。这就像我们同其他人之间比较深刻的交往一样。最初，或者早期有这样一个独特的时刻，我们会感到颤栗和惊讶，甚至恐怖（我是你的上帝），这是一个永远不会忘却的时刻。但是这时刻也永远不可能完整地再现；然而，如果这一时刻不能在一个更大的经验整体中保持活力，那么它就会变得毫无意义，这一时刻在一种更深沉、更宁静的感情中幸存下来。大部分诗不能使人终生不忘，就像人的大部分激情不能使人终生不忘一样：但丁的诗篇是那些使人终生难以忘怀的诗中的一部分。

《神曲》的最后一章（第三十四章）也许是初读时最难理解的一章。撒旦的形象看起来似乎非常古怪，尤其当我们想着密尔顿笔下的头发卷曲的拜伦式英雄时，这个撒旦太像思耶纳壁画上的撒旦了。毫无疑问，**恶魔**也和**圣灵**一样是不可能被囚禁在一种形式中和一个地方上的。我承认但丁的作品往往给我这样一种印象：魔鬼像受诅咒的人类灵魂一样受苦，然而我感到应该用完全不同的方式来表现**恶灵**所经受的**那种**苦难。我只能说但丁已经尽最大可能从事了一项棘手

的工作。但丁把高尚的勃鲁托斯和凯歇斯同犹大、伊斯喀寮放在一起,这样做最初会激怒英国读者,对于英国读者来说,勃鲁托斯和凯歇斯永远是莎士比亚笔下的勃鲁托斯和凯歇斯;但是如果我为尤利西斯所作的辩解是有效的话,那么勃鲁托斯和凯歇斯出现在这里也是一样。如果有人对《地狱篇》的最后一章感到反感,我只能请他再花几年工夫通读一下《天堂篇》。

在我看来,《天堂篇》达到了诗迄今为止所达到的最高峰,将来也不会有人超过这一高度,在这一篇中,但丁充分地弥补了《地狱篇》第三十四章中所有的不足之处。但是,在我们初读《地狱篇》时,先不读最后一章而回过去读一下第三章的开头几行,也许会更好些:

> 从我这里走进苦恼之城,
> 从我这里走进罪恶之渊;
> 从我这里走进幽灵的队伍里。
> 正义感动了我的创造者,
> 创造我的是神的力量
> 至上的智慧和原始的爱。

二、《炼狱篇》与《天堂篇》

关于写诗的技巧或者艺术,我们通过阅读《地狱篇》知道最伟大的诗可以用最经济的文字写成,并且隐喻、明喻、文字美以及典雅等也可尽量避免。当我说我们可以从但丁那里学到更多关于写诗的知识时,我绝不是说但丁的写诗方法是唯一正确的方法,也不是说但丁因而比莎士比亚或任何其他英国诗人更伟大。换言之,但丁对学诗的人可能造成的危害比莎士比亚可能造成的要小。大多数伟大的英国诗人在某种意义上是**无法模仿的**,而但丁则不然。如果你试图模仿莎士比亚,你的语言肯定会变得矫揉造作、极不自然,而且会极大地扭伤语言。每一个伟大的英国诗人的语言都是他自己的语言,而但丁的语言则是一种最完善的共同语言。从某种意义上说,它比德莱顿或者蒲柏的语言更平凡。如果你没有才华而去仿效但丁,那最糟也不过是平淡乏味而已,如果你没有才华却仿效莎士比亚或者蒲柏,那你简直会使自己变成一个十足的傻瓜。

假如说我们可以从《地狱篇》中学到这么多东西，那么我们也可以从这首诗的后两部分中学到其他的东西。读了《炼狱篇》之后，我们会知道对哲学思想的直接陈述也能成为伟大的诗，而读了《天堂篇》之后我们可以知道越来越稀少而遥远的**至福的境界**也可能成为写作伟大诗作的材料。我们会逐渐承认这样一个事实：莎士比亚对人生的理解要比但丁对人生的理解更为广阔，更为丰富；但是但丁对堕落以及崇高的理解更为深刻。当我们清楚地看到上述事实表明两位诗人享有平等的地位时，我们就达到了一种更深邃的智慧。

　　一方面《炼狱篇》和《天堂篇》在理解上是不可分开的。在诅咒、净炼、至福三者之间，人们显然更易于接受用诅咒来做写诗的素材；因为现代人对它更加熟悉些。我仍然认为，我们只有在鉴赏了后两部分之后，才能完全理解《地狱篇》的意义，而《地狱篇》则在最初几次阅读时就能独立地产生相当的意义。我认为事实上《炼狱篇》是三个部分中最难理解的一部分。我们不能像欣赏《地狱篇》那样单独地欣赏它，也不能把它仅仅当作《地狱篇》的续篇来欣赏；我们还需要了解《天堂篇》，所有这些都意味着首次读它是一件吃力而无大收获的工作。只是在我们一直读到《天堂篇》的结尾，并且回头重读《地狱篇》的时候，我们才会感觉到《炼狱篇》所释放出来的美。

　　作为补偿，《炼狱篇》中的某些插曲更易于这样说吧，"让我们"从**地狱**中"升起"（与让我们下坠相对）。我们务必不要停下来考虑我们在**净炼山**新天体中的位置。我们必须先和被屠杀的卡塞拉和曼夫累德的阴魂，尤其是在最后一刻才被免于堕入地狱的勃鸿孔德和比婀的阴灵待上一会儿。

　　　　"我是蒙德脱禄人，我是勃鸿孔德，
　　　　焦凡娜或任何人都不关心我；
　　　　我才垂头丧气和这些人走在一起。"
　　　　我对他说："是什么暴力或什么机运，
　　　　把你引到这远离冈巴地的地方，
　　　　使人们一直不知道你葬身何处了"
　　　　"哦，"他说，"在那伽生丁诺山脚下，
　　　　有一条名叫亚却诺的溪流，
　　　　它发源于修道院旁的亚平宁山上。
　　　　那里，名字已经失传。

> 我的咽喉被刺穿，
> 双脚飞快的奔跑，鲜血洒在原野上。
> 我在那儿失去了视觉，我最后呼唤着(喊叫着)
> 玛丽亚的名字就再也说不出话，
> 我倒下，只有我的肉体遗留在那里。"

当勃鸿孔德讲完了他的往事，第二个灵魂说：

> "哦，当你回到人间
> 从漫长的旅途恢复过来时。"
> 第三个灵魂接着第二个说，
> "请不要把我忘记，我是比婀！
> 西埃那造就了我，马累玛毁了我，
> 这是那个先和我订婚，再同我结婚，
> 给我戴上金戒指的人所知道的。"

刚读完《地狱篇》的读者会为之感动的下一个插曲是但丁同诗人索得罗的相会(第六章)。那个灵魂显得

> 孤傲而轻蔑，
> 眼睛庄严地缓缓转动着！
> 　和蔼的向导(维吉尔)开始说：
> "孟都亚"……那阴魂突然狂喜地，
> 从他所在的地方向他跑来，
> 口中说："哦，孟都亚人啊，我是索得罗，
> 我来自你的家乡。"于是他们互相拥抱。

与"好像蹲在地上的狮子"的索得罗的相会并不比但丁和诗人史泰修斯的相会(第二十一章)更能感人。当史泰修斯认出他的导师维吉尔时，他便俯身去搂抱他的双脚，但是维吉尔回答道——迷失的灵魂对被拯救的灵魂说：

> "兄弟啊,不要这样,
> 你只是个阴影,你看到的也只是个阴影。"
> 于是他站起来说:"如今你
> 能够理解到,我心中对你的爱
> 是多么地炽热,我竟然忘了我们的虚幻,
> 把阴影看作实物了。"

多少可以和《地狱篇》中的那些插曲相比的最后一段插曲是但丁的前辈基多·圭尼切利和阿诺·丹尼尔的相会(第二十六章)。在这一章中,贪欲者在烈焰中洗练,然而我们可以清楚地看出炼狱的烈焰和地狱的烈焰之间的不同之处。在地狱里折磨来自被诅咒者自身的特性,表现了他们的本质,他们在自己永远堕落的特性的折磨中翻滚。在炼狱中,悔过者是自觉地、有意识地接受烈焰的折磨。当但丁跟着维吉尔走近这些在炼狱烈焰中的灵魂时,他们向他拥来:

> 于是有几个向我走近来,
> 靠得尽可能地近,但时时留意着,
> 不走到火焰烧不到的地方。

炼狱中的灵魂之所以受难是因为他们为了洗罪**希望受难**。和维吉尔在永恒的地狱边缘受难相比,这些灵魂更加主动、愉快地接受苦难,因为他们是即将受到祝福的灵魂。在他们的受难中存在着希望,在维吉尔的麻木状态中却没有希望,这便是其中的差别。在这一章的结尾处,阿诺·丹尼尔用普罗旺斯方言说了一段优美的诗:

> "我是阿诺,恸哭流涕,一面走一面唱。
> 我在回忆中看到过去都是痴愚,
> 我怀着喜悦盼望着未来的日子。
> 现在我祈求你
> 以引导你攀上那阶梯顶端的美德的名义,
> 请千万及时记起我的痛苦。"
> 于是他又隐入修炼他们的火焰中。

这些是写得最精彩的插曲。从《地狱篇》开始阅读的读者在抵达忘川、遇到玛蒂达、第一次见到贝阿特丽切之前，必须首先牢牢地抓住这些插曲。在《炼狱篇》的最后几章中，我们已经是置身于《天堂篇》的世界中了。

插在这些插曲之间的是对攀登炼狱山的叙述，包括途中的那些相遇、幻想，以及对哲学思想的表述，这些都很重要，而对于没有受过指导的读者来说，又很难理解。这些读者可能感到《地狱篇》中的那些连续不断、变幻无穷的幻影更为刺激。《地狱篇》中的寓象很容易被囫囵吞下或者忽略不顾。因为我们可以说总能把握住它的具体目的，它固化成意象的过程；但是当我们从地狱升向天堂时，我们越来越需要把握住从观念到意象的整体了。

在我着手讨论《炼狱篇》中那段哲理性插曲以前，我必须先谈一下**信仰**的本质问题。我只是想提出我自己某些试探性的结论，或许对阅读《炼狱篇》有点帮助。

人们很容易夸大圣托马斯·阿奎那对但丁的影响，就像夸大维吉尔①对但丁的影响(本身要小得多)一样；我们一定不要忘记，但丁也读过并引用过其他中世纪大哲学家的著作。然而，关于但丁受阿奎那的影响到底有多大，受别人的影响又有多大的问题，已经有人解决了，而且这与我现在这篇论文毫不相干。可是，关于但丁"相信"什么的问题永远是相干的。如果世界上人可以被分成能单独地把诗看作诗的人和完全不能读诗的人，这就没关系了；如果真能这样，就没有必要同前者谈论这个问题，同后者谈也毫无用处。但是我们中的大多数人都并不那么纯，往往把事情搞混：为了把事情理清楚，所以人们要写关于书的书。

我的意思是我们不能**忽略**但丁的哲学和神学信仰，不能跳过那些最清楚地表达了这些信仰的字节；但是，另一方面，你自己却并没有必要相信这些信仰，认为《神曲》中的某些部分只能引起天主教徒或者中世纪学者的兴趣，这样的看法是错误的。因为在哲学信仰和诗性赞同之间存在着差别(我在这里只是指出这一差别而已)。我不敢肯定在哲学信仰和科学信仰之间不存在同样大的差别，但是这个差别只是在最近才开始出现，当然把它和十三世纪联系起来并不相称。在阅读但丁的作品时，你必须进入到十三世纪天主教的世界中，那不是现代天主教的世界，就像但丁所处的物质世界不是现代的物质世界一样。你并不必要相信但丁所相信的东西，因为即使你相信，你的理解和鉴赏的价值丝毫也不会有所提

---

① 维吉尔，古罗马三大诗人之一。

高;但是你有必要不断地加深你对但丁的信仰的理解。如果你能把诗当作诗来阅读,你就会"相信"但丁的神学,正像你相信他的游历具有物理真实一样;也就是说,你暂时把自己的信与不信悬置起来。我不想否定,在许多方面,一个天主教徒事实上要比一个普通的不可知论者更容易抓住《神曲》的含义,但是这并不是因为他们的天主教信仰,而是因为他们有这方面的知识。这只是一个知或不知的问题,而不是一个相信或怀疑的问题。关键在于但丁的诗作是一个整体,如果你想理解其中任何一部分,你必须理解每一部分。

另外,我们可以看到在但丁作为诗人和但丁作为一个人所持的信仰之间存在着差别。实际上,即使是但丁这样伟大的诗人要想仅仅依靠理解而不信仰就能创作出《神曲》这样的作品,这几乎是不可能的,但是他个人的信仰在变成诗的同时变成了另外一种东西。冒昧提出下面这个看法是挺有趣的,即但丁比别的哲理诗人更像我们在上面所说的那样。例如,对于歌德,我常常很清楚地感到"这是歌德作为一个人所信仰的东西",而不是仅仅进入歌德所创造的那个世界。卢克莱修也是一样;《圣婆伽梵歌》就要好些,就我的经验而言,它是仅次于《神曲》的最伟大的哲理诗。这是在信条和道德上具有一贯传统体系的长处,就像天主教那样,它和使用它的个人是不同的,甚至不信仰也可以理解和赞同。歌德总在我心中唤起一种极端怀疑其信仰的情绪,但丁则不是这样。我相信这是因为但丁是一个更纯的诗人,而不是因为我赞同但丁这个人,或不太赞同歌德这个人。

我们不能把但丁当作阿奎那,也不能把阿奎那当作但丁。否则将是心理学上的一个重大错误。《神学大全》的读者所持的**信仰态度**一定不同于但丁作品的读者所持的**信仰态度**,即使是同一个读者,或者是一个信天主教的读者。

为了能读懂但丁的作品并不必要先读《神曲大全》(实际上,这通常是指读某种手册)。但是在我们读但丁那些带哲理性的章节时,我们有必要像一个游历新世界的人那样,怀着谦恭的心情,并且承认每一部分对整体都是必不可少的。鉴赏《炼狱篇》所需要的并不是信仰,而是信仰的暂时悬置。正像现代人需要经过相当大的努力才能接受但丁的寓象方法一样,不可知论者也要作出同样大的努力才能接受他的神学思想。

当我言及理解时,我并不只是指对书籍或是对文学的了解,正如我不是指信仰一样:我指的是一种心灵状态,在这种心灵状态中我们看到某些信仰,它们尽可能地按七大天罪的秩序排列,欺诈和傲慢比色欲的罪更大,绝望的罪最大,因此我们得完全悬置自己的评判。

在《炼狱篇》的第十六章中,我们遇到了马可·隆巴杜,他说了许多关于意志的和灵魂自由的话:

> 她生前上帝就爱她,上帝用自己的手,
> 造出了一个单纯的灵魂,
> 像小孩似的又哭又笑地玩耍。
> 国为是上帝快活时造的她,
> 她只知道快乐地寻欢,
> 寻找那些让她喜欢的东西。
> 最初她尝到平凡的欢乐,
> 如果没有向导或马勒去节制她,
> 她便会沉迷于追求。
> 因此就需要法律作为马勒,
> 需要一个统治者,他至少
> 能预见天国的崇楼高塔。

后来(第十七章)是维吉尔指导但丁理解爱的本质:

> 他开始说:"我的孩子,无论是造物主
> 还是造物都永远不会没有
> 或自然或理性的爱心:这你知道。
> 自然的爱永远没有错误;
> 但是另一种爱,由于弄错了对象
> 或者由于力量过大或不足,而犯错误。
> 只要它目标向着主要的财物,
> 而不贪图次要的财物,
> 它就不会成为乐于犯罪的原因,
> 但是当它转而去为恶做坏,
> 或者怀着过多或过少的热情,
> 追求善良,那么他就违抗了造物主。

>　　因此你可以理解为什么
>　　爱必须是你身上一切美德
>　　和一切应受罚的行为的种子。"

　　我引的这两节诗都很长,因为它们是那种读者容易忽视的诗;读者可能会认为它们只适合于学者,而不适合于诗的读者,或者认为有必要先对它们背后的哲学思想进行一番研究。为了把它当作诗来欣赏,没有必要先追根溯源,找到这种灵魂说的发端,即亚里士多德的《灵魂论》。事实上,如果我们一开始就把它当作哲学而且在这上面花费许多心思,也许我们会妨碍自己领略其中的诗歌之美。因为我们进入的是诗的哲学世界。

　　但是到了第二十七章,我们已经走完了惩罚阶段和辩证阶段,开始接近天堂。最后的几章具有《天堂篇》的特点,为我们进入天堂作好准备。这几章中没有任何周折或者延搁,写得比较平顺。三位诗人,维吉尔、史泰修斯和但丁,穿过分隔炼狱和地上乐园的火墙。维吉尔辞别了但丁;从这里开始将由一个地位更高的向导来陪伴他,维吉尔说:

>　　再别期望我的言语或指示。
>　　你的意志从此便是自由、正直又健全的
>　　不听从它的指引就是罪过:
>　　所以我替你戴上冠冕让你主宰自己

　　也就是说,但丁现在已经到了一种境界,那是一种受祝福者的境界,他要在这种境界中走完他余下的旅程:因为,政治和宗教组织之所以必要只是由于人类意志的不完善。在地上乐园中,但丁遇着了一位名叫玛蒂达的贵妇人,至于她的身世我们起先大可不必费心去了解,

>　　一个孤寂的女子,一面唱歌
>　　一面采花,一朵又一朵,
>　　芳径上落满了五色斑斓的花朵。

　　他们谈了一会儿话,玛蒂达又向但丁解释了那个地方的由来和性质,接着便

是"圣典"。对于那些不喜欢庆典的人来说——不是一般所说的庆典,而是为皇家、教会或者军葬举行的肃穆的庆典——我们在这里以及在《天堂篇》中看到的壮丽的"圣典"肯定没有多大意思;对于那些甚至不为圣·约翰的《启示录》中的壮观所打动的人——如果真有这种人——就更没味了。它属于我称之为**高级梦**的世界,而现代世界只能做**低级梦**。我自己也只是在克服了一定的困难之后,才逐渐接受它的。曾经有过至少两种偏见,其一针对的是前拉斐尔派的意象,这一派的意象在我这一代人看来是很自然的。或许对我们之后的几代人也会具有影响。另一个偏见——它对《炼狱篇》的这一结尾以及整个《天堂篇》都是有影响的——认为,不仅仅只有**通过**受难才能发现诗,而且也只有**在**受难中才能发现诗的材料。别的一切都是愉快、乐观和充满希望,这些词代表了十九世纪人们所厌恶的大部分内容。我花了许多年工夫才认识到,但丁所描述的改进和至福的状态比他的受诅咒的状态离开现代世界所能想象的愉快更加遥远。很小的事情就能把人耽搁了:先使我陶醉,而后令我反感的罗塞蒂的《幸福的少女》,好多年来一直妨碍着我对贝阿特丽切的欣赏。

  我们不可能完全理解《炼狱篇》的第三十章,除非我们对《新生》有所了解。在我看来,我们应该在读完《神曲》之后,再读《新生》。但是,至少我们现在开始能够体会但丁是多么巧妙地用新的情感、新的场面来表现古代激情的复萌。这种表现包含、扩大而且给予古代激情以意义。

> 一个女郎突然在我面前出现,
> 橄榄叶花冠下面披着白色的面纱。
> 绿色的斗篷隔着火红的衣裳。
> 多年前我的灵魂只要一见到她
> 便会敬畏地战栗而崩溃,
> 现在当我的眼睛还没有认出她是谁,
> 我的灵魂已通过她身上隐藏的力量,
> 感受到往昔恋情的威力。
> 那崇高的力量在青春期以前
> 就贯透了我整个身心,
> 当它再次令我心荡神驰时,
> 我满怀信赖向左转去,

> 就像受惊或恸哭的孩子奔向母亲,
> 对维吉尔说:"我周身的血液
> 几乎没有一滴不在颤抖,
> 我知道这是昔日情火的反应。"

接下去在两人对话中,我们可以看到新旧感情之间的激烈冲突,重新努力并成功地断绝了情念,这比临死前的断情更痛苦,因为它将一直持续到死亡之后。在某种意义上,这几章是全诗中**个人**感情最强烈的诗章。除了关于卡嘉归达的那一节,在整个《天堂篇》中,但丁本人完全是非个性化或超个性化的,并且正是在《炼狱篇》的这些最后的诗章中,而不是在《天堂篇》中,贝阿特丽切的形象最为清晰。但是,贝阿特丽切主题之所以对理解全诗必不可少,**不是**因为我们需要了解但丁的生平——比方说,并不像玮森冬克情史被认为能帮助理解《特里斯丹》那样——而是因为但丁关于这个主题的**哲学**。在这点上,我们更有必要了解《新生》了。

《炼狱篇》最难,因为它是全诗的过渡:《地狱篇》是一回事儿,相对来说要容易些,《天堂篇》是另一回事儿,作为整体来说它比《炼狱篇》更难,因为它的整体性更强。一旦我们把握了其中那种感情的关键,一切便会迎刃而解。《炼狱篇》有许多地方可以说是"枯燥的";《天堂篇》却不枯燥,它不是高深莫测,就是强烈地激动人心。除了写卡嘉归达的那一段——这一段表现了家族和个人的骄傲,但是可以原谅,因为它提供了非常美的诗——《天堂篇》不是偶发式的。其他所有人物的出现都有合理的根据,最初,这些人物似乎不像早先那些未受祝福的人物那样清晰可辨。他们看来巧妙地富有变化,但是在根本上只是至福状态索然寡味的单调变化而已。这是逐渐调整我们的视角的问题。我们对把至福作为写诗的材料(无论有意无意)总抱有偏见。十八世纪和十九世纪根本不了解至福,甚至是非常了解但丁,并且在临去世前已开始意识到至福的好处的雪莱,这样一位十九世纪的英国诗人,他本来可以效法但丁,竟也宣称我们最甜美的歌是那些表现最悲伤的思想的歌。但丁的早期作品或许能证明雪莱的主张;《天堂篇》提供了一个对立物,尽管不是像勃朗宁的哲学那样的对立物。

《天堂篇》并不单调。它和任何别的诗作一样富于变化。把《神曲》当作一个整体来看,你只能把它同莎士比亚的全部剧作相比较。把《新生》和莎士比亚的《十四行诗》相比是另一件有趣的工作。但丁和莎士比亚两人平分了现代世界,再也没有第三者。

我们应该首先想到但丁凝视着贝阿特丽切：

> 注视着她，我的内心起了变化，
> 好像格拉卡斯吃了仙草，
> 变成诸位海神的同伴一样。
> 超越人性的豪情无法用语言述说，
> 还要蒙受神思才有这经验的人们
> 就以我举的这个例子为满足吧。

就像贝阿特丽切对但丁说的："你被自己错误的迷恋而弄得黯然失色。"她告诫他说，这里有种种不同的祝福，全都由神意决定。

如果这还不够，毕加达（第三章）以甚至不知道但丁的那些人也知道的话告诉但丁：

> 神的意志是我们的安宁。

这是一个关于受祝福者受祝福不平等以及他们对这一不平等漠不关心的秘密。他们都一样，只在程度上不同而已。

莎士比亚对人类情感的表现具有最大的**广度**，但丁的表现则具有最大的高度和深度，他们相互补充。根本没必要问谁从事的工作更为艰难。但《天堂篇》中的"难懂的段落"毫无疑问是但丁的困难，而不是我们的困难，他要使我们感受到至福的各种状态和阶段的困难。因此，贝阿特丽切关于神的意志的长篇大论实际上就是要使**我们**感受到毕加达境况的真实性，但丁必须一路走一路培养我们的感觉能力。但丁自始至终所强调的是种种不同的感觉状态，推理作为达到这些状态的手段才有它适当的位置。我们不断地读到这样的诗句：

> 贝阿特丽切望着我，两眼
> 那样神圣，充满了爱的光芒，
> 我被征服的目光只好移开，
> 我茫茫然，我低垂着眼睛。

全部的困难就在于承认这就是我们被希望能感受到的东西,而不仅仅是矫饰的辞藻。但丁用了各种意象来帮助我们,如:

> 像是在平静清澈的鱼池里,
> 鱼儿游向自外界落下的东西,
> 以为是什么可以吃的食物。
> 我看见成千种光辉向我游近,
> 似乎都在说:"瞧!这里
> 有个人会增加我们的爱。"

至于但丁在几个不同的地方遇见的人物,我们只需要考虑但丁为什么对他们进行这样的安排就够了。

当我们严格地把握了次要意象的**效用**,例如上面提到的那个意象,或者甚至兰多①所钦佩的那种单纯的比拟:

> 像天上翱翔的云雀。
> 先鸣啭不停,而后寂然无声,
> 陶醉于心爱的最后的甜美,

我们就可以怀着尊敬的心情研究那些更具苦心的意象了,例如在第十八章之后相当长的篇幅中都出现的那些由正义的精灵组成**鹰**的形象。这种形象并不仅仅是陈腐的修辞技巧,而是使精神变成可见的严肃而实际的手段。理解这种意象的合理性是领会最后一章的预备条件,最后一章也是最伟大、最精细、最强烈的一章。再也没有别的诗能够像它那样,通过巧妙地利用**光**这一以某种神秘经验的形式出现的意象,如此实在地表现出离日常经验如此遥远的经验了。

> 我看见宇宙的四散的书页,
> 完全收集在那光明的深处,
> 由仁爱装订成一卷完整的书,

---

① 兰多:18世纪英国诗人。

> 实质和偶然的以及它们的关系,
> 仿佛糅合融化成一体,
> 竟使我所说的仅仅是一个单纯的火焰。
> 我相信我在这儿看见了
> 这个情结的普遍形式,因为
> 我在这样说的时候心中感到了更大的快乐。
> 只一瞬间就使我陷于麻木状态中,
> 更甚于二十五个世纪使人淡忘了
> 那使海神见了亚谷船影(越过他头上)而吃惊的壮举。

对于大师的这种在每一时刻都能用视觉意象表现艰深事物的能力,我们只能感到敬畏。我不知道还有什么比这种联想力更真切的伟大诗作的标记,在最后一行中当诗人正谈着神圣的幻觉时,它竟能联想到越过漫游中的海神的亚谷船。这样的联想完全不同于马里诺一口气说出马格达伦的美和克莉奥佩特拉的丰满(因此,你根本不敢肯定哪个形容词修饰哪个名词)的那种联想。这种联想是真正适当的联想,它是一种在最不相同的美之间建立关系的力量,它是诗人的最大的能力。

> 哦,我的语言同我的构思相比
> 是多么贫乏、多么无力!

三、结 束 语

在写这篇关于《神曲》的论文时,我尽量只论及一些我自己有把握的非常简单的观点。首先,但丁的诗是一种带普遍性的诗风流派,适合于任何一种语言写的诗。但丁的作品中有很大一部分只能帮助那些用但丁自己使用的托斯卡纳方言写作的诗人,这很自然,但是,无论是在哪种语言中——甚至在拉丁或者希腊语中——都没有一个诗人能像但丁那样成为所有诗人确切无疑的典范。我试图说明他对具有普遍性的意象的把握。事实上,我甚至说即使对于我们,师法他都要比师法包括莎士比亚在内的任何英国诗人更安全。我的第二个观点是,但丁的"寓象"方法对写诗有很大的好处:这种方法能使措辞单纯,意象清晰、明确。

在好的寓象中,像但丁的那种,我们不需要先理解寓象的含义就能欣赏诗,但我们对诗的欣赏又使我们想进一步理解寓象的含义。第三点是《神曲》表现的人类情感在深度和高度上达到了极限,我们应该把《炼狱篇》和《天堂篇》当作普通人类极其有限的知识领域的扩展来阅读。此外,人类感情具有不同的层次,从最低俗的到最高尚的每一种层次上的感情都和紧挨着的其他层次上的感情密切地关联着,都按照感受性的逻辑结合在一起。

许多论述但丁的书使人觉得似乎读关于他的书比读他的作品更有必要。但是,在一遍又一遍地阅读了但丁的作品之后,下一步应该读一些他曾经读过的书,而不是现代人写的关于他的作品、生平和时代的书,不管这些书写得有多好,我们很容易因为要弄清皇帝们和教皇们的历史而分散自己的注意力。对莎士比亚那样的诗人,我们就不太可能因为评论而忽视文本。对于但丁我们同样需要集中考察文本,尤其是因为但丁的思维方式离我们自己养成的思想和感觉方式更为遥远,我们所需要的不是信息而是知识:获取知识的第一步就是认识在他的思想和感觉形式和我们的之间存在着什么样的差异,甚至太强调托马斯主义和天主教教义也可能使我们迷误,因为这样做会使我们过分注意那些完全能够用理智加以系统解释的差异。英国的读者应该记得,即使但丁不是一个虔诚的天主教徒,即使他是以怀疑、冷漠的态度来对待亚里士多德或托马斯的,他的思想仍然不容易理解,他的想象、幻想,以及感受形式对于我们还会是同样的陌生。我们必须**学着**接受这些形式:这种**接受**比任何可以称为信仰的东西更加重要。几乎有一个不确切的接受的瞬间,在这一瞬间"新的人生"开始了。

像我先前说过的那样,我所写的并不是研究但丁的"导言",而是对我自己是如何开始阅读但丁的一个简述。酌情而论,用这种方式来论但丁或者莎士比亚这样的大诗人事实上可说比论述较小的诗人更少唐突之处。题材的广阔性本身使人可能说出一些值得说的东西,然而对于那些较小的诗人,只能对他们进行精细和专门的研究。

王恩衷　译

4
《哈姆雷特》

简介：

【英文名】*Hamlet*
【作　者】［英］威廉·莎士比亚（William Shakespeare，1564—1616）
【年　代】16 世纪。
【体　裁】悲剧，据 12 世纪《丹麦史》改编。
【主　题】性格悲剧：多思多虑、犹犹豫豫者，终遭厄运。
【人　物】主要有：哈姆雷特、克劳狄斯、乔特鲁德、雷欧提斯。
【情　节】主要是：丹麦王子哈姆雷特在德国留学，忽闻父亲死讯，回国奔丧。这时，叔叔克劳狄斯已继承了王位。一个月后，克劳狄斯又与哈姆雷特的母亲乔特鲁德结婚。不久后的一天夜里，父亲的亡魂对哈姆雷特说，他是被克劳狄斯有意谋害的，要为他报仇。哈姆雷特万分惊异，又很疑惑。一是亡魂所说，可信吗？二是克劳狄斯的妻子是他母亲，为何母亲不知此事？再说，他也不敢相信，天下真有这种事情！于是，他反反复复地思考，生怕一时冲动，铸成大错。为了证实此事，他假装发疯，叫来一个剧团，在王宫里演一出杀兄娶嫂的戏，还要克劳狄斯来观看。他在演戏过程中暗察克劳狄斯的表情，以此来判断他是不是杀人凶手。但他最终还是无法决断，仍没有动手报仇，而此时的另一件事又扰了他：他的未婚妻奥菲莉娅的父亲波洛涅斯，忽然取消了他与奥菲莉娅所订的婚约。为此，他愤怒之极，且因愤怒而误杀了波洛涅斯。奥菲莉娅得知父亲竟被未婚夫哈姆雷特所杀，悲痛之余，投河自尽。奥菲莉娅的哥哥雷欧提斯为此要与哈姆雷特决斗，哈姆雷特不得不接受。克劳狄斯得知此事，在决斗前给了雷欧提斯一把毒剑。他还准备了毒酒，万一雷欧提斯一次也没有刺中哈姆雷特，反被哈姆雷特所杀，他就当场用毒酒去向哈姆雷特祝贺。然而，在决斗中，当雷欧提斯刺中哈姆雷特一剑时，他的剑与哈姆雷特的剑同时失手掉落。重新捡起时，双方又误拿了对方的剑。随即，哈姆雷特刺中雷欧提斯一剑。与此同时，克劳狄斯一时疏忽，竟让坐在他旁边的乔特鲁德随手拿起他准备的那杯毒酒喝了一口。这样，三个人同时中毒，必死无疑。然而就在毒性发作之际，已知真相的哈姆雷特用最后一点力气，一剑刺死了克劳狄斯。

哈姆雷特的性格和遭遇①

[德] 约翰·沃尔夫冈·冯·歌德②

我寻思着哈姆雷特在他父亲死前早年性格里留下的痕迹;我抛开那悲惨的事件,抛开后来发生的恐怖变故,体味这个有趣的年轻人曾经是什么样子。他若是没有遇到这些事,会成为怎样的人?

这个王族的花朵,本来是娇嫩而高贵的,在国王直接的庇荫下成长起来,正义与皇室尊严的概念、善良与纯正的情感,以及他贵族出身的意识在他身内同时发展着。他是一个王子,一个天生的王子,他希望统治,只是为了善良的人不受任何阻碍,永远善良。他仪表非凡,天性淳厚,心地诚恳,他本应成为年轻人的模范,给人世以快乐。

他没有任何显著的激情,他对奥菲利娅的爱情只是静静地预感到一些甜美的需要,他对于骑士训练的热心不完全是出自本意,必须有人称赞第三者,才能激发而提高他的兴趣;他感觉纯洁,他结识正直的人物,他懂得尊重一个诚实的人在一个朋友坦白的胸怀前所享受的安宁。他在一定程度上善于认识和评价艺术与科学里的善和美;他反对庸俗,若是在他柔弱的心灵里有憎恨萌芽,那么也不会十分过火,他只限于蔑视那些狡猾而虚伪的廷臣,怀着嘲讽的心情和他们开玩笑。他这个人本性是平静的,品行是单纯的,既不在闲散中感到舒适,也不过于贪求事业。他好像在宫廷里也要继续一种学院式的生活习惯;他的快乐多半是一时兴会,很少是发自深心,他是一个良好的社交家,退让、谦虚、小心,有人得

---

① 本文节选自歌德《威廉·麦斯特的学习时代》,题目系本书编者所加。本文要点:(1)哈姆雷特是个天性善良的人;(2)他悲观消沉是他对周围的一切感到失望;(3)他在为父报仇这件事上迟疑不决是因为他不能胜任这一使命;(4)所以,"莎士比亚要描写的是:一件伟大的事业担负在一个不能胜任的人的身上"。

② 约翰·沃尔夫冈·冯·歌德(Johann Wolfgang von Goethe, 1749—1832),德国大诗人,著有《少年维特之烦恼》《浮士德》等不朽名著。

罪他,他能够原谅,不记在心上;但是他从来不能和违背正义、违背善良与纯正的人结交。

……你们想一想,像我所形容的这个王子,他的父亲出乎意外地死了。虚荣心和统治欲并不是使他兴奋的热望;他满足于是一个国王的儿子;但是如今他不得不比较注意到国王和臣属之间的距离。继承王冠的权利并不是世袭的,但如果他父亲享寿长久一些,也许会加强他唯一的爱子的要求,而实现他继承王冠的希望。可是现在他的叔父篡夺了王位,虽然有些虚伪的诺言,他却觉得自己也许永远不能继位了,他如今得不到恩宠,得不到财富,对于从年轻时起一向视为己有的事物,都感到生疏了。这时他的心情才起始有悲哀的倾向。他觉得,他并不比每一个贵族强,甚至还不如他们,他说他是每个人的仆人,他不是客气,不是谦虚,不是的,他只是颓丧、困乏。

他回顾他从前的情况,有如一个消逝了的梦境。他的叔父要鼓励他,要从另一个观点叫他认识他的处境,都归无效。他的虚无之感再也离不开他了。

他受到的第二个打击把他伤害得更深,折磨得更重。那是他母亲的结婚。父亲既然死了,对于这个忠实而敏感的儿子,还剩有一个母亲,他希望和他未亡的高贵的母亲相伴,来崇敬那伟大的死去的英雄。但是他的母亲他也失去了,这比死亡把他的母亲夺去还坏。一个幸福的孩子常从他的父母那里得来的可靠的图像,如今是消逝了,在死人那里得不到帮助,在活人身上得不到依靠。她也是一个女人,她也被理解在一般的女性名称"脆弱"的含义里。

现在他真感到意气消沉,现在才真感到孤独,世界上没有一种幸福能够补偿他的损失。他的天性不是悲哀的,不是沉思的,所以悲哀和沉思成为他沉重的负担。我们看着他这样登场。我不想在这出戏里添上一些枝叶,或是有一点夸张。……

你们设身处地想一想,这个年轻人,这个王子,你们设想一下他的处境,当他听说他父亲的形体出现时,你们仔细观察他;在恐怖的夜里当那尊贵的鬼魂在他的面前登场时,你们要站在他的身边。他感到一种非常的恐惧;他向这奇异的形体谈话,看见它招手,他跟随着它,他听——他耳中听到那最可怕的对于他叔父的控诉、报仇的要求和迫切的一再重复的请求:"你要记着我!"

鬼魂消逝了,我们看见什么样的一个人在我们面前呢?是一个迫切要报仇雪恨的年轻英雄呢?还是一个天生的王子,他为了要和篡取他的王冠的叔父决斗而感到幸福呢?都不是。惊愕和忧郁袭击这个寂寞的人;他痛恨那些微笑的坏蛋,立誓不忘记死者,最后说出这样意味深长的慨叹的话:"时代整个儿脱节了。啊,真糟,天生我偏要我把它重新整好!"

  我以为这句话是哈姆雷特全部行动的关键。我觉得这很明显,莎士比亚要描写的是:一件伟大的事业担负在一个不能胜任的人的身上。这出戏完全是在这个意义里写成的。这是一棵橡树栽种在一个宝贵的花盆里,而这花盆只能种植可爱的花卉,树根伸长,花盆就破碎了。

  一个漂亮、纯洁、高贵而道德高尚的人,他没有坚强的精力使他成为英雄,却在一个重担下毁灭了,这重担他既不能挑起,也不能放下,每个责任对他都是神圣的,这个责任却是太沉重了。他被要求去做不可能的事,这事的本身不是不可能的,对于他却是不可能的。他是怎样地徘徊、辗转、恐惧,进退维谷,总是触景生情,总是回忆过去,最后几乎失却他的目标,从此再也不能变得快乐了。

冯　至　译

论《哈姆雷特》①

[法] 维克多·雨果②

一

第一等天才的特点,便是每一位天才都创造一种典型的人。他们都向人类赠送自己创作的肖像画:有的含笑、有的含泪、有的一边沉思一边赠送。最后这一类尤其伟大。普劳图斯含笑送给人类昂菲垂永③,拉伯雷含笑送给人类卡冈都亚④,塞万提斯含笑送给人类堂吉诃德,博马舍含笑送给人类费加罗⑤,莫里哀含泪送给人类阿尔赛斯特⑥,莎士比亚沉思着送给人类哈姆雷特,埃斯库罗斯沉思着送给人类普罗米修斯。

这些"过路者"给人类留下人类自己的肖像画,是作为一种告别礼物。这些画像没有溢美之处,而始终是准确的,其逼真是深层次的逼真。从灵魂深处挖掘出了弊病、疯狂或德行,并将它表现在容颜上。凝固的泪水像粒粒珍珠;留驻的微笑竟像是威吓;皱纹是智慧的"领地";愁眉苦脸是悲剧所特有。这一系列典型人物是对千秋万代的永恒教育;每个世纪都增加几个形象,有时光彩流溢,有时

---

① 本文节选自雨果著《威廉·莎士比亚》第二部第二章,题目系本书编者所加。本文要点:(1) 文学中的典型人物,是天才诗人的创造;(2) 典型人物是有血有肉的人,但不是个别人的再现,而是一类人的浓缩;(3) 在历代天才诗人创造的典型人物中,有两个最奇妙:一个是普罗米修斯,一个就是哈姆雷特——"普罗米修斯是行动,哈姆雷特是踌躇不决";(4) 普罗米修斯是巨人的悲剧,哈姆雷特不是巨人,而是"完人",因而他的悲剧是"完人"的悲剧;(5) 哈姆雷特智力非凡,却又命中注定他无法统治一个国家,因而他的悲剧也是命运悲剧。
② 维克多·雨果(Victor Hugo, 1802—1885),法国诗人、剧作家、小说家,有"法兰西的莎士比亚"之称,重要作品有剧作《欧那尼》、长篇小说《巴黎圣母院》《悲惨世界》等。
③ 昂菲垂永:古罗马剧作家普劳图斯笔下的愤世嫉俗者。
④ 卡冈都亚:拉伯雷《巨人传》中的巨人。
⑤ 费加罗:博马舍名剧《费加罗的婚姻》中的主人公。
⑥ 阿尔赛斯特:莫里哀《恨世者》中的主人公。

是圆雕,像答尔丢夫①,等等;有时也仅仅是留下单纯的侧影,如吉尔·布拉斯②、天真汉③,等等。

上帝凭本能创造;人凭灵感创造,配之以观察。这"第二次创造"实际上是人为上天采取的行动,亦即所谓"天才"之举。

诗人将自己置于命运的位置。诗人发现许多人物和情节,显得如此怪异、逼真和"自行其是",以致某些教派对此产生反感,认为是对天意的侵犯,于是称诗人为"说谎者"。当场记录的人的意识,再将它放到一定的环境中,它在那里斗争、统治或改革,这便是戏剧。这里有一些较高一级的东西。这样操纵人的灵魂,似乎平分了上帝的权力。这种"平等"并不奇怪:因为上帝也存在于人的内心。这种平等就是等同。谁是我们的良知?上帝。他建议我们行善。谁是我们的智慧?上帝。他给创作优秀作品提供灵感。

上帝在场也徒然。我们看到:这一点也不能减缓尖锐的批评;最伟大的才智最引起争议。甚至有时就是才智之士站出来攻击天才。奇怪的是,得到了灵感的人却不承认灵感。伏尔泰、许许多多的神父、成群结队的哲学家、柏拉图、毕达哥拉斯,都曾激烈地批评过荷马。我们没有提到那些全盘否定者。否定者不是批评家。仇恨不是智慧。辱骂绝非探讨。否定者的名声不可能得到洗刷。这些人伤害天才就是伤害了人类;这些可悲的手抓起一把淤泥扔了出去,他们将永远留下那淤泥的斑痕。

何况这些人甚至未能保住他们的臭名声,也没有得到他们本可指望的全部羞辱。不太有人知道他们曾经存在过。除去其中两三个,早已不齿于万世,并因此而被载入格言成语;其他那些倒霉的名字已无人知晓。有些家伙竟把自己与被其侮辱的伟人联结,企图沽名钓誉。这也不行。这些人始终默默无闻。这些可怜的辱骂者没有得到奖赏。他们连蔑视也得不到。实在可悲啊!

二

让我们补充一句:诬蔑是徒劳无益的。那么它起什么作用呢?甚至作不了

---

① 答尔丢夫:莫里哀《伪君子》中的主人公。
② 吉尔·布拉斯:18世纪法国作家勒萨日同名小说的主人公。
③ 天真汉:伏尔泰同名小说的主人公。

恶。有害的东西却害不了人,还有比这更枉费心机的吗?

不仅如此。这有害的东西不无好处。在特定的时候,诬蔑、忌妒和仇恨自以为在发挥反对作用,实际上却在起维护作用。他们的辱骂变成颂扬,他们的诋毁变成传播佳名。它们只是使荣誉的名声更响亮罢了。

我们继续说下去。

这样,这伟大的人类面具,每位天才都轮流试一试。他们通过那灵魂之窗的两眼,产生了如此巨大的心灵力量,将这面具完全变了样:从可怕变为滑稽,变为沉思、忧伤;又变得青春年少、笑容可掬;然后衰老,或者贪图肉欲、喜爱酒足饭饱;或者虔诚敬神;或者血口喷人、毒汁四溅。这样产生的便有埃阿斯、普里安、理查三世、麦克白夫人、苔丝德梦娜、朱丽叶、罗密欧、李尔、桑丘·潘沙、庞大固埃、巴汝奇……

从上帝创世直接诞生的有亚当,他是"原型"人物。上帝创世的间接产物,即人所创造的是另一些亚当,即"典型"。

一个典型并不重新再现任何个别的人。他不会完全与某个个人相重叠。他是在人的形态下概括和集中一群性格和一群人物。一个典型不会去"缩写"别的人物,它是在浓缩。它不是一个,而是全体。把各有特色的人物放入磨里磨碾,就铸造出一个幽灵,比他们还更实在的幽灵,那便是堂璜。如果一一审视那些高利贷者,哪一个也不是这"威尼斯商人"。如果把所有的高利贷者集合起来看,他们这一群产生一个总和,就是夏洛克。高利贷的"总和",即夏洛克。夏洛克就是犹太人,他也是犹太教;他代表了整个民族,上层下层、信念与欺骗;正因为他概括了被压迫出来的整个一族人,所以夏洛克是伟大的。犹太人,甚至于中世纪的犹太人,不无道理地说:他们没有一个是夏洛克;寻欢作乐的人也不无道理地说:他们谁都不是堂璜。细嚼任何一片桔树叶子,都得不到橘子的味道。但是仍然有着深沉的亲和力、有根茎的紧密相连、从一个来源产生的汁液,以及在获得生命之前分享同一块土地。水果包含了果树的秘密;典型人物包含了人的秘密。因此就有典型人物奇特的生命。

因为奇迹正在于此:典型人物在生活。如果他只是一种抽象的概括,人们就不认得他,而让这个"影子"自己走自己的路。所谓"古典"悲剧只产生一些幼虫;戏剧却产生典型人物。一个人提供的教训、一个具有人面的神话仿佛在凝视着你,他的目光如同一面镜子,一则比喻仿佛推了你一把,一种象征物朝着你大呼"当心",一种如神经般敏锐的思想,又如肌腱、皮肉一般有实感,能爱能恨的心灵,能受苦受难的五脏六腑,以及可以哭泣的眼睛、能够吞噬或显露笑容的洁齿,一种充满突出情节的心理观念,而且如果流血就是流淌着实实在在的鲜血,如此等等便是典型人物。哦,你整个诗歌的力量!典型人物是活着的人。他们呼吸、他们跳动,我们听得见他们踏在地板上的足音:他们的确存在。他们存在的方式比任何人都密集,仿佛就在那里、就在这条街上生活。这些幽灵比凡人还更实实在在。他们的本质之中就有许许多多永恒的东西,那都属于杰作之所有。

典型人物是上帝预见到的情况;天才予以实现。上帝似乎更愿意让人给人以教训,以便唤起信任。诗人就住在这活人的街道上。他凑近耳边对他们说话。因此典型人物务实有效。人是前提,典型人物做结论。上帝创造现象,天才挂起招牌。上帝只创造了吝啬鬼,天才创造出阿巴贡。上帝只创造了奸贼,天才创造出伊阿古①……有时,在特定情况下,典型人物带出任何情节,都是整个民族与一位伟大演员合作的自发产物。群众是接生婆,一个时代的两端和中间,都涌现出活生生的典型。

典型人物行走自如地出入于艺术和大自然之间。他们属于实实在在的理想。人类的善恶寓于这些形象。在思想家看来,他们每一个都产生出全人类。

我们已指出:有多少个典型,就有多少个亚当。荷马的阿喀琉斯是一个亚当,从而产生冲杀者;埃斯库罗斯的普罗米修斯是一个亚当,从而产生斗士;莎士比亚的哈姆雷特是一个亚当,与他相连的是梦想者的群体。诗人创造的其他亚当,有的体现情欲、有的体现责任、有的体现理智、有的体现良知;还有的体现堕落或是上升。

谨慎反映在老者身上。爱情、美都有寄托。典型始自《创世记》,后来形成一条链子。抒情适用于它们;下层语言亦无不当。他们说土话,但也用神灵的词语。

但丁是个例外。但丁的人物就是但丁。但丁可以说在自己的诗歌里进行了自我再造。他就是他的典型。他的亚当就是他自身。为了诗歌的情节,他没有去找任何人。他不过请了维吉尔充当配角。而且他以史诗诗人自居,甚至连名字也不改。他要做的其实很简单:先下地狱、再登天堂。这么点儿事,有何为难?他郑重其事地去敲"无垠"的大门,喊道:"快开门,我是但丁!"

---

① 《奥赛罗》中的人物。

三

有两位奇妙的亚当：一是埃斯库罗斯笔下的普罗米修斯；一是莎士比亚的人物哈姆雷特。

普罗米修斯是行动，哈姆雷特是踌躇不决。

在普罗米修斯身上，障碍来自外界；在哈姆雷特，障碍出自内心。

在普罗米修斯，通过四肢，人的意志被青铜钉子钉死，它已不能动弹；何况它身旁有两个看守：暴力和权力。在哈姆雷特，意志被奴役得更厉害；它被事先的思考束缚，那是犹豫不决者的永恒锁链。请自己解救自己！我们的梦幻是何等的死结！内心的奴役是真正的奴役。请爬上这围墙：请想一想！如果有可能，何不逃出这所监狱！爱吧！唯一的牢房是禁锢良知的牢房。普罗米修斯要获得自由只需战胜一个上帝；哈姆雷特则须打破自己的枷锁，进而自己战胜自己。普罗米修斯可以站立起来，无非是举起一座大山；而为了使哈姆雷特重新站立，他就必须移动自己的思想。普罗米修斯必须驱赶胸口的鹰隼；哈姆雷特必须赶走自己胸臆中的哈姆雷特。普罗米修斯与哈姆雷特，这是两个裸露的心肝：一个流淌着鲜血，一个溢出的是怀疑。

人们比较埃斯库罗斯与莎士比亚，通常是借助奥瑞斯忒斯和哈姆雷特。这两部悲剧剧情相似。的确，题材没有更相近的了。学究们说彼此雷同。无能者也是无知者。忌妒者也是白痴，他们以为发现了"抄袭"而沾沾自喜。的确，这是一块田地，或许可以开发比较性研究和进行严肃的评论。哈姆雷特跟在奥瑞斯忒斯后面，奥瑞斯忒斯是因孝子之心而弑父。这是一种浅显的、流于表面而非实质的比较；更能打动我们的是两位被捆缚者普罗米修斯与哈姆雷特的神秘对照。

不要忘记：人的智慧虽然有一半来自天国，却不时创造出超人的作品。此类超人作品比想象的要多，因为它们充满了整个艺术。除了奇迹层出不穷的诗歌之外，音乐中有贝多芬、雕塑中有菲迪亚斯、绘画中有伦勃朗；而在绘画、建筑和雕塑三者当中，则有米开朗基罗。我们不一一列举。略去的并非二流。

《普罗米修斯》和《哈姆雷特》列入了这类超乎人力之上的作品。

一种巨大无比的"成见"，超过通常的分寸，处处显出伟大，这会使庸才们惊恐不已。真实必要时以"不似"来证明，对命运、社会、法律、宗教一概质疑，用的是"未知"的名义,这"未知"乃是神秘平衡的深渊;情节被当作一个"角色"来处理,在这里是责难命运或上苍;情欲,这可怕的人物,在人们当中自由往返;勇敢,以及某些时候大胆的理智,在一切极端情况下运笔自如;同时有着深邃的智慧、巨人的温柔、动情的丑怪表现出的善良;难以言传的黎明景色,还未及理解、它已将光明撒向万物,如此等等,便是这些顶峰之作的特色。某些诗歌中有星辰照耀。

这微光出现在埃斯库罗斯和莎士比亚的作品中。

四

普罗米修斯躺在高加索山上,没有比这更可怕的了。这是巨人的悲剧。这古老的肉刑,被我们的酷刑通则称为"陈放",现在普罗米修斯正在经历它。迈过"支架"是一座大山。他有什么罪?争取权利之罪。把权利称为罪过、把行动称为叛乱,这正是暴君们的高明之处。普罗米修斯在奥林帕斯山所做,也就是夏娃在伊甸园所为。不过他在学问上有长进。朱比特(相当于耶和华)①惩罚了此种胆大妄为:竟想过正常的日子!朱比特是希腊人,是一个坏父亲的坏儿子,自己也造过反,现在却成了爬了上去的人。巨人族是某种"长子裔族",也有它的"正统派",包括埃斯库罗斯,这位普罗米修斯的复仇者。普罗米修斯象征着被战胜了的权利。如古往今来一样,朱比特正是通过让"权利"受刑,来完成篡夺权力。奥林帕斯山要求高加索山执法。普罗米修斯在那里被戴上了铁颈圈。巨人被带到那里、被摁倒、被钉住。杰作的博大精深就在于始终反映人类行为。普罗米修斯在高加索山上,这使人想起一七七二年后的波兰、一八一五年后的法国,也就是雾月②之后的革命。普罗米修斯不听说客的劝告。"大赦"的礼物遭到拒绝,因为有权"赦免"的倒是受刑者。朱比特身后是"命运"。普罗米修斯嘲笑那只正在吞食他的鹰。他在锁链许可的范围内耸耸肩膀。他并不在乎朱比特。实在无法对付这高傲的囚犯。雷霆留下了斑斑烙印,每一下都重新唤起他的高傲。但是,他周围的人们正在痛哭,大地陷于绝望。代表妇女的云霭跑过来向巨人表示崇拜。只听见森林在呼啸、野兽在嚎叫、狂风在怒吼。海浪为之号啕,雷电雨雪都

---

① 朱比特:古罗马神话中的主神,相当于古希腊神话中的宙斯。耶和华:犹太教和基督教信奉的上帝。
② 雾月:法国共和历,即 10 月 22 日—11 月 20 日。

在悲鸣。全世界都与普罗米修斯一同受苦受难。全世界的生命都被他的铁颈圈所禁锢。人们普遍分担这半神遭受的酷刑,这乃是整个大自然的悲剧。对未来的焦虑也渗透其间。现在该怎么办啊?怎样行动?我们会变成什么样子?被创造的生物、无生命的物件、男人们、各种动植物、山上的巨石,一切都转向高加索山。大家都感受到这无名的焦虑:解放者遭到捆缚!

哈姆雷特不太像巨人、更接近凡人,但同样伟大。

哈姆雷特,人们知道,在不完备之中,这是一个多么可怕的完人!他是一切,为了什么也不是。他是君王兼鼓动者,他聪明而荒唐,他深沉又轻浮,他是男人而又不阴不阳。他不信权杖、蔑视王位,以一位学生为伙伴。他同过路者对话、跟偶尔碰到的人争论,他理解人民,不重视群众;他仇恨暴力、怀疑成就,他质询黑夜,跟"神秘"称兄道弟。他将自己未染上的疾病传给他人;他自己装疯卖傻,却将疯病传给了自己的情人。他跟幽灵和演员都很亲热。他手持奥瑞斯忒斯之斧,却说着滑稽话。他谈论文学、背诵诗句、写了连载剧本、在坟场玩弄死人骨头,他怒斥生母、为亲父复仇。在结束这可怕的生与死之剧时,他留下了一个巨大无比的问号。他令人惊骇,复又使人不知所措。从来还没有人想象出过更令人透不过气来的戏剧。正是弑父者提出疑问:我知道什么啊!

弑父者?让我们对这个用词稍加思考。哈姆雷特是弑父者么?又是又不是。他仅仅在威胁生母。但威胁得如此逼真,以致母亲战栗了:"你的话是利刃!……你想干什么?想杀我吗?救命啊,救命!快呀!"当她死去时,哈姆雷特一点也不怜悯,仍痛击克劳狄斯,凄声大喊:"跟着我母亲去罢!"哈姆雷特代表这件不祥的事:可能弑父。

如果他脑子里不是"向北",而是如奥瑞斯忒斯一样"向南",他就会杀死母亲。

这剧情是严峻的。"真实"在怀疑。"真诚"在说谎。没有更广阔、更细腻的东西了。人在这里就是世界,世界在这里等于零。哈姆雷特即使在生命旺盛之时,也不相信自己"存在"。这悲剧就是哲学,其中一切都在飘浮、怀疑、拖延、动摇、分解、分散、丢失。思想如云如雾,意志如蒸气,革命是暮景,行动时时刻刻向着反方向"吹拂",风向主宰着人。这是一部令人头昏脑胀的作品,其中一切都能见"底",思想的波折来自老国王被杀、被埋,真实的事仅仅是鬼魂"代表"王权、欢乐由一个死人的头骨"表现"。

《哈姆雷特》是梦幻悲剧的杰作。

五

哈姆雷特装疯有一个原因,迄今批评家们还没有予以指出。有人说:这是为了掩盖他的思想。的确,为了酝酿一个重大的图谋,表面的疯傻可带来从从容容的环境;被假定为"白痴"的人可以不慌不忙地向着"目标"前进。不过哈姆雷特装疯是为了自身安全。哈姆雷特通过幽灵的暗示,知道了克劳狄斯的罪行,从此就处境危险。诗人兼有高级历史学家的气质,在这里有所反映。从莎士比亚身上可以感到:他对古老深沉的王室秘密有深刻的了解。在中世纪或更古老的时期,谁要是发现国王犯下的谋杀或下毒罪,谁就一定会倒霉。知道国王是杀人犯,这本身就是冒犯王上的弥天大罪。谁要是自诩"目光锐利",谁就不懂权术。被看出正在"怀疑"王上的人,注定要完蛋。他只有一条出路:装疯。装成"清白无辜"的样子。大家不当他一回事,于是一切妥当。历史上有许多类似的实例。

《李尔王》中有相同的暗示。伯爵之子也以装疯为藏身之地;弄清莎士比亚的思想是有一把"钥匙"的。

莎士比亚笔下的哈姆雷特是一位哲学家。这典型人物是一个突出的例证。哈姆雷特一点不是抽象的说教,他上过大学堂。他具有丹麦人的粗犷①,又因得之于意大利人的礼貌而不露锋芒。他身材矮小、肥胖、有点儿神经质。他击剑技术不错,但很容易气喘吁吁。他不愿多喝水,可能是怕在比武时汗流浃背。诗人先使人物充满了生活的实感,接着便可将他推入"理想"的境界。

别的精神作品可以与《哈姆雷特》媲美,但没有超过它的。"阴暗的庄严"在《哈姆雷特》中表现充分。从打开一座坟墓引出一本戏。这太了不起了。笔者认为:《哈姆雷特》是莎士比亚最主要的作品。

在众多诗人创造的各种形象中,没有比哈姆雷特更令人痛心、更令人焦虑的了。一个幽灵提出的怀疑,这就是哈姆雷特。哈姆雷特见到了已死的父亲,并且对他说了话。他被说服了吗?没有。他摇了摇头。他将怎么办?一点也不知道。他的双手抽搐着,然后重新放下。在他的内心深处,是猜测、是整套的思想、是骇人听闻的表面现象、是血淋淋的回忆、是对幽灵的崇敬、是仇恨、是温情,是行动还是不行动的焦虑;还想到父亲、母亲、他那彼此相反的义务,总之,是含义

---

① 哈姆雷特是丹麦王子,《哈姆雷特》取材于丹麦史。

深沉的暴风雨。他脑子里浮现的是犹豫，犹豫又表现为铁青的脸色。莎士比亚是神奇的造型诗人，他几乎让人清楚地看见这灵魂苍白的色调。哈姆雷特几乎可以将自己命名为"忧郁"。他的头顶上几乎也在飞旋着受了伤的蝙蝠。在他的脚下有科学、有地球、有圆规、有沙时计、有小爱神；在他身后，天际升起巨大而可怕的太阳，似乎"照"得天空格外黑暗了。

但是，哈姆雷特有整整半个人体现着愤怒、激动、怒气冲天、飓风、对母亲的诅咒、对自己的辱骂。他同坟场的人谈话、几乎大笑，然后怒不可遏地践踏棺材。他东一下、西一下地击着剑。有时，他的慵懒流露出来，从罅缝里逸出的是雷鸣电击。

他被这"可能"的生命所折磨，其中夹杂着现实和梦幻，我们大家都为之焦虑。他的一切行动都有表现出来的"梦游症"。我们几乎可以把他的大脑看成一种特殊结构：其中一层是苦难、一层是思想，再有一层是梦幻。他是通过梦幻层来感觉的，并且借以学习、察觉、饮水、进食、发怒、嘲笑、哭泣和说理。在他与生活之间有一个透明体，那是梦幻之墙，可以瞥见墙内，却无法跨过这堵墙。一种云雾式的障碍从四面八方围绕着哈姆雷特。您在睡眠中做过奔跑或逃逸的恶梦吗？您拼命加快速度，自己感觉得到双臂和两膝的运作，甚至厌恶瘫痪的双手、没有能力采取任何姿势。这噩梦，哈姆雷特是醒着在承受。哈姆雷特并没有待在他生活的那个地方。他始终像一个从大河对岸跟您讲话的人。他一面叫唤着您、一面向您提出问题。他远离那灾难、却又在其中运动；他远离自己询问的过路人、远离自己的思想，也远离自己从事的行动。他似乎碰也不碰自己正在碾碎的东西。那是最大强度的自我孤立。那是思想的旁白，而不是君主的暴躁。的确，踌躇就是一种孤独。您甚至没有自己的意志相伴随。似乎您的"自我"缺了席，将您抛弃在这里。哈姆雷特的负担不像奥瑞斯忒斯①的负担那么重，却更有起伏。奥瑞斯忒斯承担着必然的命运；哈姆雷特承担着自身的命运。

这样，哈姆雷特离群索居，但其身上却有代表着他们所有人的什么东西。在某些时刻，如果我们摸一下自己的脉搏，我们会感到它在发烧。不管怎样，他那奇特的现实也就是我们的现实。在某些情况下，他就是那个阴暗的人，我们大家也都是。哈姆雷特虽然多病，却表现了人的一种经常状态。他代表着灵魂的不舒适，因为生活未能完全适应他的需要。鞋不合脚、又要走路，他体现的就是这

---

① 奥瑞斯忒斯：古希腊神话中希腊统帅阿加门农的儿子，阿加门农遇害后，奥瑞斯忒斯为父报仇。

个。鞋就是躯体。莎士比亚让他摆脱了躯体。并且做得对。哈姆雷特当王子可以,当国王则不行。哈姆雷特没有能力统治一国民众,他生存在一切事物之外。何况他做得比"称王"要更多;他存在着。可以去掉他的家庭、国家、权杖……甚至成为无所事事的闲人,他仍然可怕得出奇。这是因为在他身上有许多人性,也有许多神秘的成分。哈姆雷特很了不起,但这并不妨碍他冷嘲热讽。他拥有命运的双重侧影。

　　让我们收回上文说过的一句话。莎士比亚的主要作品不是《哈姆雷特》。莎士比亚的主要作品就是整个莎士比亚。而且,这对所有这样水平的才智之士都是如此。他们是一大片、一整块,体现着庄严、神圣;他们的庄严性就在于他们这个整体。

　　您有时注意到云彩下的一个海岬吗？它无穷无尽地向着深沉的海水延伸。它上面的每一个山丘都是一个组成部分。任何波涛起伏,都不会因其大小而白费。它那雄伟的身影衬映着蓝天,并且尽其所能地伸向波涛;没有毫无用处的岩石。因为有了这海岬,您就可以走到无垠的海水当中,可以在海风中行走,仔细地观看雄鹰展翅飞翔、观看"鬼怪"在海浪里游泳,将您的人道精神灌输到这永恒的声浪中去,弄懂那无法弄懂的东西。诗人为您的思想提供这样的帮助。天才就是伸向无垠的一个海岬。

丁世忠　译

哈姆雷特与堂吉诃德①

[俄] 伊凡·屠格涅夫②

一

先生们,莎士比亚的悲剧《哈姆雷特》第一版与塞万提斯的《堂吉诃德》第一卷是在同一年问世的,同在十七世纪初叶。

我觉得这偶然的巧合是有重要意义的,把我所说的这两部作品放在一起,使我产生了一系列想法。请允许我和你们谈谈这些想法,但我事先声明,有不当之处,务请原谅。歌德说过:"谁想要理解诗人,就应当进入他的领域。"散文家没有任何权利提出类似的要求,但是他可以期望他的读者或听众会愿意伴随他进行漫游——伴随他进行探索。

先生们,我的某些观点比较特殊,这也许会使你们感到惊讶,但是伟大的诗歌作品的特别优越之处正在于它们的作者给它们注入了永生不死的生命,在于对它们的看法,如同一般对人生的看法一样,可以是无限多样的,甚至是相互矛盾的同时又都是同样正确的。给哈姆雷特不知已写了多少注释,并且不知还将写出多少!这个真正取之不尽的典型的研究已得出多么不同的结论!《堂吉诃德》所提问题的性质本身有所不同,它那好像受南国太阳照耀的叙述确实极为清晰,因此进行解释的借口就少了。但是,遗憾的是,我们俄罗斯人没有《堂吉诃

---

① 本文选自《屠格涅夫全集》第11卷,原载彼得堡《现代人》1860年第1期,为1860年1月10日的讲演稿。(1)堂吉诃德和哈姆雷特,体现了人的天性的两种根本的、对立的特点;(2)堂吉诃德是热心的理想主义者,哈姆雷特则是淡漠的怀疑主义者;(3)堂吉诃德很可笑,但有爱心;哈姆雷特很严肃,但无爱心;(4)当然,哈姆雷特的怀疑主义也有其合理的一面,它代表了人性双重性中的离心力。如果只有堂吉诃德所代表的向心力,没有哈姆雷特所代表的离心力,人性双重性就不能获得平衡;(5)堂吉诃德性格的人通常是平易近人的,但不免浅薄;哈姆雷特性格的人往往很深刻,但又不免苛责于人。
② 伊凡·屠格涅夫(Иван Сергеевич Тургенев, 1818—1883),俄国小说家,与陀思妥耶夫斯基、托尔斯泰合称"俄罗斯三大小说家",重要作品有长篇小说《猎人笔记》《父与子》《罗亭》《前夜》等。

德》的好译本；我们大部分人对它只有一个相当模糊的印象，我们在说"堂吉诃德"这个词时经常指的是一个小丑。在我们脑子里，"堂吉诃德精神"这个词与"荒唐"一词意思是相同的；然而我们应当承认堂吉诃德精神里有崇高的自我牺牲的因素，只不过表现了它的滑稽的一面罢了。如果有人提供《堂吉诃德》的一个好译本，那么这对读者来说是真正做了一件好事；如果一位作家把这部独一无二的作品的全部的美传达给我们，那么所有的人全都会感激他。现在让我们回到正题上来。

我在上面说过，我觉得堂吉诃德和哈姆雷特的同时出现具有重要意义。我觉得在这两个典型中体现了人的天性的两种根本的、对立的特点——人的天性赖以转动的轴的两端。我觉得所有的人都或多或少地属于这两种类型中的一种，我们每一个人或是与堂吉诃德相像，或是与哈姆雷特相像。不错，现在哈姆雷特要比堂吉诃德多得多，但是堂吉诃德没有绝迹。

现在让我来作一些说明。

所有的人——自觉地或不自觉地——都为自己的原则、自己的理想，即为他们认为是真善美的东西而活着。许多人接受的理想完全是现成的，具有确定的、历史地形成的形式。他们生活着并把自己的生活与这个理想进行对照，有时在情欲或偶然事件的影响下偏离这个理想，但是他们不议论它，不怀疑它；另一些人则相反，他们用自己的思想来分析它。不管怎么样，如果我断言说，对所有人来说，这个理想、他们生存的这个基础和目的要么处于他们自身之外，要么处于他们自身之中，换句话说，对我们每个人来说，要么自身的我居于首位，要么他认为是最高的另一种东西居于首位，这样说是不大会错的。有人可能会反对我的说法，认为现实生活不会有如此明显的区分，在同一个人身上两种观点可能交替出现，甚至在某种程度上相融合；但是我根本没有想要肯定在人的天性中不可能发生变化和矛盾，我只是想指出人对自己的理想的两种不同的态度。现在我想根据我的理解说明这两种不同的态度是如何体现在上述两个典型里的。

二

先从堂吉诃德讲起。

堂吉诃德表明什么呢？让我们不要对他匆匆地一瞥，不要把目光停留在表面上和琐事上；让我们不要把堂吉诃德看作只是一个可悲的骑士，看作是一个为了嘲笑古代骑士小说而创造的人物。大家知道,这个人物的意义在其不朽的作者的笔下扩大了,第二卷里的那个成为公爵和公爵夫人们的亲热的交谈者、当总督的侍从的英明导师的堂吉诃德,已不是在小说第一卷里,尤其是小说开头出现在我们面前的那个堂吉诃德,已不是那个古怪、可笑、到处挨打的怪物,因此我想探究一下问题的实质。再重复一遍:堂吉诃德究竟表明什么呢?首先表明信仰,对某种永恒的、不可动摇的东西的信仰,对真理的信仰,一句话,对那种处于个人之外的真理的信仰。这种真理不大容易把握,要求为它服务和做出牺牲,但是只要为它服务时持之以恒并且做出大的牺牲,它也是可以掌握的。堂吉诃德整个人充满着对理想的忠诚,为了理想,他准备经受各种艰难困苦,牺牲生命;他珍视自己的生命的程度,视其能否成为体现理想、在世界上确立真理和正义的手段而定。有人会说,这个理想是他精神失常后从骑士小说的幻想世界里汲取来的,我同意这种说法,堂吉诃德的可笑的一面就在于此,但是理想本身仍然是完全纯洁的。为自己而生活,只关心自己——堂吉诃德认为这是可耻的。他整个人,如果可以这样说的话,生活在自己之外,活着是为了别人,为了自己的兄弟,为了根除邪恶,为了反对敌视人类的力量——魔法师、巨人,即压迫者。他身上连一点利己主义的痕迹也没有,他不关心自己,他整个人都充满自我牺牲精神——请珍视这个词!——他有信仰而且坚信不疑,义无反顾。因此他无所畏惧,不屈不挠,满足于吃最粗劣的饭食和穿最寒酸的衣服,因为他顾不上这些。他心地温顺,但精神上伟大而勇敢;他息事宁人的虔诚没有对他的自由形成限制;他虽无虚荣心,但他不怀疑自己和自己的使命,甚至不怀疑自己的体力;他的意志是百折不回的意志。一心追求同一个目标,使得他的思想有些单调,思维方式有些片面;他知道得很少,而且他也不需要知道得很多;他知道他的事业是什么,他为了什么活在世上,这就是主要的知识。堂吉诃德有时可以使人觉得完全是一个疯子,因为事物的最明显的实体性会在他眼前消失,如同蜡碰到他热情之火熔化了一样(他确实认为木偶是活的摩尔人,把山羊看成了骑士)。有时可以使人觉得他是一个智力有限的人,因为他不大容易产生共鸣,也不大会进行欣赏;但是他像一棵千年的古树,把根深深地扎在土壤里,既不能改变自己的信念,又不能把思想从一件事情转移到另一件事情上;他的道德观念的坚固性(请注意,这个发疯的游侠骑士是世界上最有道德的人)使得他的所有见解和言论,使得他整个人具有一种特殊的力量,显得特别有气魄,虽然他不断地陷入滑稽可笑和受屈辱的境况之中……堂吉诃德是一个热心人,一个效忠于思想的人,因此他闪耀着思想的光辉。

那么哈姆雷特具有什么特点呢？

首先是偏好分析和具有利己主义倾向，因而缺乏信仰。他整个人都是为自己而活的，他是一个利己主义者。但是要相信自己，即便是一个利己主义者也是无法做到的；只能相信处于我们之外和我们之上的事物。可是哈姆雷特不相信的这个我，对他来说却是很宝贵的。这是出发点，他不断回到这个点上来，因为在整个世界上他找不到他的灵魂可以依附的任何东西；他是一个怀疑主义者，总是为自己忙忙碌碌，要求别人重视自己；他经常关心的不是自己的责任，而是自己的地位。哈姆雷特怀疑一切，当然也怀疑自己；他的头脑过于发达，以至不能满足于他在自己身上发现的东西；他意识到自己的弱点，但是任何自我意识都是一种力量，由此而产生了他的冷嘲，这是堂吉诃德的热情的对立物。哈姆雷特怀着喜悦的心情夸大其词地责骂自己；他经常观察自己，随时察看自己的内心深处，因此他非常清楚地了解自己的所有缺点并且蔑视它们，蔑视自己——与此同时，可以说，他靠这种蔑视而生活，靠这种蔑视为生。他不相信自己，同时虚荣心很强；他不知道他希望得到什么，为什么而活着，同时又眷恋生活……他在第一幕第二场大声说道:"上帝啊！上帝啊！或者那永生的真神未曾制定禁止的律法！……人世间的一切在我看来是多么可厌、陈腐、乏味而无聊！"但是他并不放弃乏味而陈腐的生活，他还在父亲的鬼魂出现之前，还在接受那项把意志消沉的他彻底压垮的可怕任务之前，他就想要自杀，但是他并不杀死自己。对生活的爱就在这些想要结束生命的愿望中表现出来，所有十八岁的青年都熟悉这样的感情:"那是热血沸腾，精力过剩。"①

但是让我们不要对哈姆雷特过于苛求：他很痛苦，而且他的痛苦比堂吉诃德的痛苦更厉害，更伤人。堂吉诃德挨粗野的牧羊人、被他释放出来的犯人的毒打，哈姆雷特自己伤害自己，自己折磨自己。他手里也有一把剑，一把双刃锋利的分析的剑。

我们应当承认，堂吉诃德确实很可笑。他的形象几乎是诗人所能描绘出的最可笑的形象。他的名字甚至在俄国农夫嘴里也成了一个可笑的绰号。我们可以根据亲耳所闻确信这一点。一想起他，头脑里就会出现一个瘦骨嶙峋、长着鹰钩鼻子的人，他身披漫画式的铠甲，骑着一匹骨瘦如柴的可怜的驽马，这就是那

---

① 引自莱蒙托夫的诗《不要相信自己》。

可怜的、老是挨饿挨打的洛西南德①，不能不承认它有某种值得半认真地同情和令人感动之处。堂吉诃德是可笑的……但是在笑声中有一种使人和解和弥补过错的力量，如果"你们嘲笑的事，就是你为之效力的事"这句话说得有道理，那么可以加上一句：你所嘲笑的人，就是你已宽恕的人，你甚至准备爱他。相反，哈姆雷特的外表很漂亮。他神情忧郁，脸色苍白，虽然并不显得消瘦（他的母亲说他长得很丰满，"our son is fat"），穿着黑天鹅绒衣服，戴着插羽毛的帽子，风度优雅，说的话无疑带有诗意，对别人总是有一种优越感，同时又将自卑自贱作为一种刺激性的娱乐；他身上的一切都讨人喜欢，一切都使人迷恋。任何人都以被视为哈姆雷特为荣，谁也不愿意得到堂吉诃德这一绰号，普希金在给自己的朋友写信时称他为"哈姆雷特·巴拉丁斯基"。谁也不会想到要嘲笑哈姆雷特，而这正好是对他的谴责；爱他几乎是不可能的，只有像霍拉旭那样的人，才会依恋哈姆雷特。我将在下面谈到他们。任何人都同情他，这是可以理解的，因为几乎每个人都在他身上找到自己的特点；但是，再说一遍，爱他是不可能的，因为他自己不爱任何人。

三

让我们继续进行比较吧。哈姆雷特是被篡夺王位的亲兄弟谋杀的国王的儿子。他的父亲走出坟墓，走出"坟墓张开的两颔"前来告诉他，要他为自己报仇，而他犹豫不决，欺骗自己，以责骂自己而自慰，最后偶然地杀死了他的继父。心理特点揭示得很深刻，许多聪明但短视的人居然胆敢为此而责备莎士比亚！而堂吉诃德很穷，几乎家无长物，没有任何钱财和关系，年老，孤独，却担当起铲除邪恶和保护全世界受欺压者（他完全不认识这些人）的重任！他第一次想要解救无辜遭受欺压的人的尝试失败了，反而给无辜者带来加倍的灾难（我指的是堂吉诃德把一个孩子从主人的毒打下解救出来的那个场面，而主人在这位解救者离开后，更加厉害地惩罚可怜的孩子），这又何妨；堂吉诃德认为他面对的是凶恶的巨人，便向有用的风车发起攻击，这又有何妨？……这些形象的滑稽可笑的外壳，不应使我们不去注意隐藏在其中的涵义。谁要是在准备牺牲自己时想到先盘算和权衡一下所有的后果和自己行为可能带来的全部益处，谁就未必能够做出自我牺牲。哈姆雷特

---

① 洛西南德：堂吉诃德的马名。

不会发生任何类似的事,难道他这个具有聪明机灵的头脑和爱好怀疑的人会犯这样不应该犯的错误吗?不,他不会去同风车作战,他不相信那是巨人……而且即使他们真的存在,他也不会去进攻他们。哈姆雷特不会像堂吉诃德那样,在给大家看理发师的盆儿时说这是真正的神奇的曼布利诺头盔;但是我们可以设想,如果真理本身具体地呈现在哈姆雷特眼前,他也不敢担保说这就是真理……因为谁也不知道,也许真理如同巨人一样也是没有的?我们嘲笑堂吉诃德……但是,先生们,请扪心自问,想一想自己过去的和现在的信念,我们之中有谁能够、有谁敢于肯定地说,他任何时候和在任何情况下都能分清理发师的锡盆和神奇的金盔呢?……因此我觉得主要问题在于信念本身的真诚和有力……而结果则掌握在命运手里。只有命运能告诉我们,我们是与幻影还是与真正的敌人作斗争,我们用什么装备来保护我们的脑袋……我们应做的事是武装起来,进行斗争。

人群,即所谓的民众,对待哈姆雷特和堂吉诃德的态度值得注意。

在哈姆雷特面前,波洛涅斯是民众的代表,而在堂吉诃德面前则是桑丘·潘沙。

波洛涅斯是一个能干、讲求实际、思维健全的人,虽然同时又是一个目光短浅、爱唠叨的老头。他是一个出色的行政长官,模范的父亲。请回想一下他对将要出国的儿子雷欧提斯的谆谆教导——这番教导的聪明通达,可以与桑丘·潘沙在布拉它琮①当总督时的著名政令媲美。对波洛涅斯来说,哈姆雷特与其说是一个疯子,不如说是一个孩子,假如他不是国王的儿子,波洛涅斯完全会因为他毫不中用、不能积极有效地运用他的思想而蔑视他。在哈姆雷特和波洛涅斯之间关于白云的谈话的著名场面中,哈姆雷特以为他是在愚弄老头,这场戏具有能证明我的看法的明显意思……现斗胆提醒大家注意这个场面:

  波洛涅斯:殿下,娘娘请您立刻就去见她谈话。
  哈姆雷特:你看见那片像骆驼一样的云吗?
  波洛涅斯:嗳哟,它真的像一头骆驼。
  哈姆雷特:我想它还是像一头鼬鼠。
  波洛涅斯:它拱起了背,正像是一头鼬鼠。

---

① 布拉它琮:《堂吉诃德》中一地名。

哈姆雷特：还是像一条鲸鱼吧？

波洛涅斯：很像一条鲸鱼。

哈姆雷特：那么等一会儿我就去见我的母亲。

在这个场面里，波洛涅斯同时既是一个讨王子欢心的朝臣，又是一个不愿违拗那个有病的和任性的孩子的成年人，这难道不明显吗？波洛涅斯一点也不相信哈姆雷特，他这样做是对的。他生来目光短浅，过分自信，于是认为哈姆雷特胡闹是由于爱他的女儿奥菲利娅的缘故，在这一点上他当然是错的，但是他对哈姆雷特的性格的看法并没有错。哈姆雷特之类的人确实对民众是无益的，他们给不了民众任何东西，他们不能把民众引到任何地方去，因为他们自己哪里也不去。再说，当一个人不知道是否脚踏实地时，怎么能够引导呢？同时，哈姆雷特蔑视民众。不尊重自己的人，还能尊重谁呢？而且值得关心民众吗？他们是那样的粗鲁和肮脏！而哈姆雷特不单根据出身来说是一个贵族。

从桑丘·潘沙身上我们可以看到完全不同的景象。他正好相反，嘲笑堂吉诃德，清楚地知道堂吉诃德是一个疯子，但是他三次背井离乡，离开自己的妻子和女儿去跟随这个疯子，跟他到各地去，遇到各种各样不愉快的事而大吃苦头，忠诚于他而至死不渝，相信他，为他而感到自豪，并在老主人临终时跪在他的病榻前放声痛哭。这种忠诚不可能用希望得到利益、获得个人的好处来解释。桑丘·潘沙富有健全的理智，他非常清楚地知道，当这位游侠骑士的侍从除了挨打，几乎不能期望得到任何东西。他的忠诚的原因，应到更深的地方去找。这种忠诚，如果可以这样说的话，植根于民众的几乎是最好的品质中，其根源在于民众能够心甘情愿地和老老实实地受迷惑（唉！他们还可能受另一些迷惑），在于能够表现出无私的热情和蔑视直接的个人利益，而对穷人来说，这种蔑视几乎等于蔑视不可缺少的生活必需品。这是伟大的、具有世界历史意义的品质！民众的结局往往是这样的：他们完全相信他们自己嘲笑过、甚至咒骂过和压迫过的人，跟着他们走，那些人既不害怕他们的压迫，也不害怕他们的咒骂，甚至不害怕他们的嘲笑，不断地向前进，全神贯注地注视着只有他们能够看到的目标，探索着，跌倒了再爬起来，最后终于找到了……并且有权利找到。只有受心灵指引的人才能找到，沃夫纳格说过，"伟大的思想来自心灵"[①]。而哈姆雷特之类的人什么也

---

① 原文为法文。

没有找到,什么也没有发明,他们身后除了本人个性的痕迹外没有留下任何痕迹,没有留下事业。他们不爱也不相信他人,他们能找到什么呢? 甚至在化学里(更不必说在有机界了),为了使第三种物质出现,应当把两种物质结合起来;而哈姆雷特们只关心自己,他们是孤独的,因此是一事无成的。

但是有人会反驳我说:"那么奥菲利娅呢? 难道哈姆雷特不爱她吗?"

我们现在就来谈她,顺便也谈谈杜尔西内娅。

上面谈到的两个典型人物对待女人的态度上也有许多值得注意的地方。

堂吉诃德爱杜尔西内娅,爱这个实际上不存在的女人,准备为她而死(请回想一下,他在被战败、被彻底摧垮时对举起长矛要刺他的胜利者说:"杜尔西内娅是天下第一美人,我是世上最倒霉的骑士,我不能因为自己无能而抹杀了真理。骑士啊,你一枪刺下来杀了我吧。"),他的爱情高尚、纯洁。他爱得那么高尚,甚至没有想到他所爱的人根本不存在;他爱得那么纯洁,以至于当杜尔西内娅作为一个粗鲁的和肮脏的村姑出现在他面前时,他不相信自己的眼睛,认为这是凶恶的魔法师把她变成这样的。我们自己在一生当中,在我们的漫游中见过这样的人,他们为同样不大可能存在的杜尔西内娅而死,或为某种粗鲁的、经常是肮脏的东西而死,因为他们认为这是他们的理想的实现,他们把它的变形同样归咎于凶恶的——我差一点要说是魔法师了——人和倒霉的偶然性的捉弄。我们见过他们,当这样的人绝迹时,就让历史这本书永远合上吧! 其中就没有什么可读的了。堂吉诃德身上没有丝毫肉欲的痕迹,他的所有幻想是羞怯的和纯洁的,他内心深处未必会希望最后与杜尔西内娅结合,他甚至可能对这种结合感到可怕!

至于说到哈姆雷特,难道他能够爱吗? 难道他的持讥讽态度的创造者、洞察人的心灵的行家敢于赋予这个浸透着自我分析的具有腐蚀作用的毒汁的利己主义者和怀疑论者一颗爱慕的、忠诚的心吗? 莎士比亚没有陷入这样的矛盾之中,细心的读者不费多大力气就会相信,哈姆雷特是一个追求肉欲、甚至暗中好色的人(朝臣罗森格兰兹在听到哈姆雷特说他对女人不发生兴趣时默默地笑了起来,这并不是没有原因的),就会相信我所说的话,即哈姆雷特不爱任何人,只是假装成爱的样子,而且是漫不经心地假装。我这样说,可由莎士比亚本人的话来证明。在第三幕的第一场里哈姆雷特对奥菲利娅说:

哈姆雷特:我的确曾经爱过你。

奥菲利娅:真的,殿下,您曾经使我相信您爱我。

哈姆雷特：您当初就不应该相信我……我没有爱过你。

哈姆雷特所说的最后这句话，要比他自认为的看法接近于真实得多。他对奥菲利娅这个天真无邪和达到圣洁程度的人的感情要么是厚颜无耻的(请回想一下他在看戏的那个场面里请求奥菲利娅允许他头枕在她膝上躺一会儿时说的话和所做的一语双关的暗示)，要么只是漂亮的空话(请注意他与罗欧提斯之间的那场戏，当时他跳入奥菲利娅的墓中，用勃拉马尔巴斯①和毕斯托尔旗官的语气说："四万个兄弟的爱合起来还抵不过我对她的爱！让几百万亩的泥土堆在我们身上！"等等)。他对奥菲利娅的整个态度，仍然无非是关心自己，在他的"啊，女神，在你神圣的祷告中不要忘了我"的呼喊中，我们看到的只是他完全意识到自己本身的虚弱无力——无力去爱，这是一种几乎迷信地拜倒在"圣洁之物"面前的无力。

四

但是，关于哈姆雷特这个典型的缺点已经讲得够多了，这些缺点之所以更容易使我们生气，正是因为它们与我们比较接近和易于理解。下面设法评判一下这个人物身上合理的、因此也是永恒的东西。他体现了否定的因素，也就是另一位伟大的诗人②将其与纯人性的东西分开后通过靡非斯特③的形象表现出来的那种因素。哈姆雷特就是靡非斯特，不过是人的天性的实际范围内的靡非斯特，因此他的否定不是邪恶，它本身是反对邪恶的。哈姆雷特的否定是对善有所怀疑，但不怀疑恶，并与恶进行激烈的战斗。它怀疑善，也就是说，它怀疑善的真实和真诚，并对它进行攻击，不过不是攻击善，而是攻击伪装的善，攻击披着善的外衣、但依然是善的老对头的恶和谎言。哈姆雷特不像靡非斯特那样恶魔般地、毫无同情心地大笑，在他的苦笑中有一种能说明他的痛苦、因此使得人们不与他计较的忧郁。哈姆雷特的怀疑主义也不是一种冷漠，它的意义和优点就在于此。善与恶、真理与谎言、美与丑在他面前不融合成某种偶然的、无声息的、呆滞的东西。哈姆雷特的怀疑主义不相信真理现在可以实现，它是与谎言不可调和地敌对的，因此成了它不能完全相信的真理的主要捍卫者之一。但是否定也像火一

---

① 勃拉马尔巴斯：丹麦作家霍尔堡的剧本《雅可布 封 蒂波》中的一个爱打架和说大话的人物。
② 另一位伟大的诗人：指歌德。
③ 靡非斯特：歌德《浮士德》中的魔鬼。

样,有一种毁灭的力量,如何把这种力量控制在一定范围内?如何向它指出,在应当消灭的东西和应当宽恕的东西不可分割地融合和联系在一起的时候,它应当在何处止步?就在这里出现经常可以看到的人的生活的悲剧性的一面:事业需要意志,事业需要思想,但是思想和意志分离了,而且一天天地越来越……分离。

> 决心的赤热的光彩,
> 被审慎的思维盖上了一层灰色。①

　　莎士比亚通过哈姆雷特的嘴这样说……于是一方面是善于思考的、自觉的、常常是通晓一切的、但常常也是无用的和注定是游手好闲的哈姆雷特们,而另一方面则是半疯癫的堂吉诃德们,他们之所以带来益处并推动人们前进,只是因为他们看到了和认清了一点,这一点甚至不以他们看到的样子存在。这里不由地产生这样的问题:为了相信真理,难道应当成为疯子吗?难道支配自己的智慧也因此而失去它的全部力量吗?

　　对这些问题哪怕只作泛泛的讨论,也会使我们离题太远的。我只想指出,我们应当承认,在我们提到的这种分离和这种二重性中有着整个人类生活的根本规律,这整个生活无非是两种不断分离和不断融合的因素的永不停息的调和与斗争。如果我不怕用哲学术语说话而使你们听起来感到可怕的话,那么我就敢于说,哈姆雷特们是自然界基本的向心力的表现,根据这种向心力,所有生物都认为自己是造物的中心,把其余的一切都看作只是为它而存在的(例如落在亚历山大大帝前额上的蚊子心安理得地吸他的血作为它应有的食物,哈姆雷特也是这样,虽然也蔑视自己,而蚊子不这样做,因为它还没有上升到这一步。我说哈姆雷特也是这样,他常把一切归到自己名下)。没有这种向心力(利己主义的力量),自然界就不能存在,同样,没有另一种力量即离心力,自然界也不能存在。根据离心力的规律,所有存在的东西只是为其他东西而存在的(这种力量,这个奉献和做出牺牲的原则,我在上面已经说过,带有滑稽可笑的色彩——为的是不刺激人——其代表就是堂吉诃德)。这两种力量,因循守旧和变化运动、保守和进步的力量,是整个存在的基本力量。这两种力量可给我们说明花开花落的原因,它们也向我们提供各强大民族的发展的线索。

---

① 原文为英文(引自《哈姆雷特》第3幕第1场)。

现在让我们赶紧结束这些也许是不切题的议论,谈谈另一些我们比较习惯的想法。

我们知道,在莎士比亚的所有作品中,《哈姆雷特》几乎是最受欢迎的作品。这个悲剧属于那种每次上演上座率无疑都很高的剧目。根据我们的观众现在的状况,在他们力求认识自己和进行思考的情况下,在他们怀疑自己和他们还年轻的情况下,这种现象是可以理解的。但是,暂且撇开充满这部也许是表现了现代精神的最出色的作品的美不谈,我们不能不为作者的天才而惊叹,他本身与他所创造的哈姆雷特有许多相近之处,但是通过创造力的自由发挥把他与自己区分开来,并把他的形象交给后代去进行永世不绝的研究。创造了这个形象的精神,是北方人的精神,反省和分析的精神,这种精神低沉、阴郁、缺乏和谐、明亮的色彩,没有优美的、经常是庸俗的形式,但是它深刻、有力、多种多样,具有独立性和起指导作用。它从自身内部取出了哈姆雷特的典型并以此表明,在艺术创作领域,如同在人民生活的其他领域一样,它高于自己的产儿,因为完全理解它。南方人的精神安身于堂吉诃德这个人物的创造中,这是一种光明的、快乐的、天真的、敏感的精神,它不深入生活底蕴,不拥抱所有生活现象,但是反映它们。我在这里无法打消自己的愿望,不能不对莎士比亚和塞万提斯作一番比较,不过只打算提出他们之间某些差别和相似的地方。有人会这样想,莎士比亚和塞万提斯——这里能作什么样的比较呢?莎士比亚是巨人,是神化的人物……说得对;但是塞万提斯在创作了《李尔王》的巨人面前也不是侏儒,而是一个人,一个完完全全的人,而人有权稳稳当当地站在甚至是神化人物的面前。毫无疑问,莎士比亚以其丰富有力的想象、达到最高境界的卓越诗才和既深且广的巨大智慧胜过塞万提斯——而且不只是胜过他一个人。但是,你们在塞万提斯的小说里既找不到牵强的俏皮话,也找不到生硬的比喻和腻人的奇想;你们在他的书里同样看不到那些砍下的头颅、挖出的眼睛,所有那些流血的场面,那种凶狠、愚蠢的残酷行为。上述中世纪和野蛮时期的可怕遗产在北方的偏执的性格中消失得要慢一些。同时,塞万提斯和莎士比亚一样,是巴托罗缪之夜①时代的人,在他们之后的很长时间内还处异教徒以火刑,还在流血;到什么时候血才会不流呢?在《堂吉诃德》里,中世纪通过普罗旺斯诗歌的余辉和塞万提斯善意嘲笑过的小说的童话般的优美表现出来,而塞万提斯本人在《贝雪莱斯和西吉斯蒙达历险记》里最

---

① 1572年8月24日夜间巴黎天主教徒对新教徒进行大屠杀,史称"巴托罗缪之夜"。

后也采用这些小说的写法①。莎士比亚从各处——从天上、从地上——择取自己的形象,对他来说,没有禁区,任何东西都躲不过他洞察一切的目光,他以一种不可抗拒的力量,像一只扑向猎物的有力的鹰那样把它们夺取过来。塞万提斯亲切地把他为数不多的形象带到读者面前,如同父亲带领自己的孩子一样,他择取的只是他感到亲近的东西,但是这亲近的东西他是那么熟悉!一切与人有关的东西似乎都听从那位英国诗人的巨大天才的支配。而塞万提斯则只从自己的心灵里取得丰富的材料,他的心灵开朗、温柔,富有生活经验,但是并不因此而变得冷酷。塞万提斯在七年的俘虏生活中,如同他自己所说的那样,一直学习着忍耐的学问,这不是没有益处的。他所能支配的范围要比莎士比亚狭小,但是在他身上,如同在每一个单独的活人身上一样,反映出了所有与人有关的东西。塞万提斯不用闪电式的体会照耀你们,他不用所向披靡的灵感的巨大力量使你们震惊;他的艺术创作不是莎士比亚式的、有时显得浑浊的大海,这是一条在不同景色的河岸之间平静地流动的水深的河;读者逐渐受它的清澈的波浪所吸引被它团团围住,快乐地沉浸在它的流水的真正 史诗般的寂静和平稳之中。人们的想象里自然地出现了两位同时代诗人的形象,他们死于同一天,即一六一六年四月二十六日②。塞万提斯大概根本不知道莎士比亚;但是伟大的悲剧作者在他去世前三年隐居在斯特拉特福家里时,有可能读到那部当时已译成英文的著名小说……这是一幅应该由画家兼思想家来画的图画:读《堂吉诃德》的莎士比亚!产生这样的人、产生同时代人和后代的教师的国家是幸福的!伟大人物所戴的永不变旧的桂冠也应戴到他的民族的头上。

五

在结束这篇很不全面的文章时,请允许我再向大家讲几点意见。

一位英国的勋爵(他在这方面是一个很好的评判者)曾在我面前称堂吉诃德是真正绅士的模范。确实,如果把平易近人和对人心平气和作为所谓的上等人的特征的话,那么堂吉诃德完全有权利称得上是绅士。他是一个西班牙贵族,甚至在公爵的那些爱捉弄人的使女责骂他时,他仍然是贵族。他平易近人是由于他缺

---

① 大家知道,骑士小说《贝雪莱斯和西吉斯蒙达历险记》是在《堂吉诃德》第一卷之后出现的。——作者注
② 确切地说,应为4月23日。

乏我称之为自负而不是自尊的那种东西。堂吉诃德不考虑自己。他在尊重自己和别人时,并不想炫耀自己;而哈姆雷特尽管有他优雅的环境,但是我觉得他,恕我用法国话来形容:像一个暴发户①。他焦急不安,有时甚至很粗鲁,装模作样,嘲笑挖苦。不过他的独特的和一针见血的话很有力量,这种力量为任何进行思考和分析自己的人所特有,因此是堂吉诃德根本不能具备的。哈姆雷特的那种深刻而细致的分析,他所受的多方面的教育(不应忘记,他曾在维滕贝格大学上过学)使他养成一种几乎是正确无误的鉴赏力。他是一个卓越的批评家;他给伶人提的建议惊人地正确而有道理;他的美感几乎同堂吉诃德的责任感同样的强烈。

堂吉诃德非常尊重现存的规章制度,尊重宗教、僧侣和公爵,与此同时,他不受拘束,并承认别人的自由。哈姆雷特责骂国王和朝臣们,实际上,他爱压制人,不容异见。

堂吉诃德勉强识字,哈姆雷特大概记日记。堂吉诃德尽管自己无知,但是对国家大事,对行政当局有明确的想法;哈姆雷特没有时间,而且也没有必要来做这些事。

人们过多地起来反对塞万提斯那种让堂吉诃德无休止地挨打的写法。我在上面曾经指出,在小说的第二卷里,这位可怜的骑士几乎不挨打了。不过我要补充一句,没有这些挨打的事,贪婪地读着他的历险记的孩子们以及我们成年人就会不大喜欢他,他会让人觉得好像不是他的本来面目,而会显得冷漠和傲慢,这是与他的性格相矛盾的。我刚才说过,在第二卷里他已不挨打了;但是在这一卷的末尾,在堂吉诃德被那位由学士装扮的白月骑士彻底打败后,在他停止骑士游侠活动后,在他去世前不久,一群猪踩了他。我不止一次地听见有人责备塞万提斯——他干吗要写这个,这似乎是在重复旧有的、已经抛弃的恶作剧;但是这里塞万提斯也是受天才的本能指引的——这件不成体统的事情本身有着深刻的含义,遭到猪踩的事,堂吉诃德之类的人在其一生中任何时候都可能碰到——而且正好是在生命结束之前;这是他们最后一次顺应不近人情的偶然性、听任冷漠和明目张胆的不理解的一种表现……这是法利赛人的一记耳光……然后他们可以死了。他们经受了熔炉里烈火的考验,为自己求得了永生——现在永生就展现在他们面前。

哈姆雷特在必要时是狡诈的,甚至是残酷的,请回忆一下他设计害死国王派

---

① 原文为法文。

到英国去的两位朝臣,请回忆一下他杀死波洛涅斯后所说的那些话。不过如同我已说过的那样,我认为这是不久前才过去的中世纪的反映。另一方面,我们在正直和诚实的堂吉诃德身上应当看到他爱好进行半自觉、半无恶意的欺骗,爱好自欺自慰,这种爱好几乎常常是喜欢幻想的热心人所固有的。他说他在地洞里看见了蒙德西诺斯,这显然是他虚构的,没有能骗过头脑简单却又狡猾的桑丘·潘沙。

哈姆雷特碰到小小的挫折就垂头丧气,抱怨不已;而堂吉诃德被海船上的犯人揍得不能动弹,一点也不怀疑他做的事取得了成功。据说傅立叶多年来每天都去会见他登报招请、要求为实现他的计划提供一百万法郎的英国人,自然,这英国人从来没有来过。这无疑是很可笑的,但是我却想到:古代人把自己的神看作是很忌妒的,在需要的时候认为自愿给他们上供以笼络他们是有益的(请回想一下波利克拉特斯投入海里的指环①);为什么我们就不能认为,负有开创伟大的新事业使命的人的行为和性格不可避免地掺杂着某些可笑的成分,作为对忌妒的神的贡品和笼络他们的供物呢?无论如何,没有这些可笑的堂吉诃德们,没有这些古怪的发明者们,人类就不能前进——哈姆雷特们也就没有什么可思考的了。

是的,我再说一遍:堂吉诃德们往往寻找什么——哈姆雷特们则进行分析。人们会问我:既然哈姆雷特们什么都怀疑,什么都不相信,他们怎么能进行分析呢?对此我回答说,根据大自然的巧妙安排,完完全全的哈姆雷特们以及完完全全的堂吉诃德们是没有的,这只是两种倾向的极端表现,是诗人们在两条不同的路上树立的路标。生活力求达到它,同时又永远达不到。不应忘记,在哈姆雷特身上分析的原则最后导致了悲剧,同样,在堂吉诃德身上热情的原则导致了喜剧,而在生活当中,完全的喜剧和完全的悲剧很少能够碰到。

哈姆雷特由于受到霍拉旭爱戴而在我们眼里提高了地位。这种人物很可爱,现在相当常见,这给时代增了光。我认为霍拉旭是最好意义上的追随者和学生的典型。他淡泊寡欲,性情直爽,有一颗炽热的心,智力比较有限,他感觉到自己的缺点,所以比较谦虚,这种情况在智力有限的人身上很少能够见到;他渴望有人教导和接受训诫,因此崇敬聪明的哈姆雷特,把自己的正直的心全部交给了他,并不要求回报。他听命于哈姆雷特不是因为后者是王子,而是把他当作首领

---

① 波利克拉特斯为爱琴海萨摩斯岛的僭主。据说有人劝他扔掉一些东西以免遭到神的忌妒,于是他扔了一个指环到海里。

来服从。哈姆雷特们的最重要功绩之一,在于他们造就了培养了像霍拉旭之类的人,这些人从他们那里接受思想的种子,在自己心里加以培育,然后把这些变得富有创造力的思想传播到全世界。哈姆雷特在承认霍拉旭的重要性时所说的话,也给自己增添了光彩。这些话表达了他自己关于人的崇高品质的理解以及他的那种不能为任何怀疑主义所削弱的高尚追求。他对他说:

> 听着,自从我能够辨别是非、辨别贤愚以后,你就是我灵魂里选中的一个人,因为你虽然经历一切的颠沛,却不曾受到一点伤害;命运的虐待和恩宠,你都是受之泰然。能够把感情和理智调整得那么适当,命运不能把他玩弄于股掌之间,那样的人是有福的。给我一个不为感情奴役的人,我愿意把他珍藏在我的心坎,我的灵魂的深处,正像我对你一样。

正直的怀疑主义者任何时候都尊重禁欲主义者。当古代世界崩溃时——在类似那个时代的每一个时代——优秀人物都像躲进还可能保持人的尊严的唯一避难所那样躲进了禁欲主义。怀疑主义者们,如果他们没有一死的勇气——没有"到那个没有一个旅行者回来过的国度去"的勇气,就会变成享乐主义者。这种现象是可以理解的,令人悲哀的,我们对它太熟悉了。

无论是哈姆雷特还是堂吉诃德,他们死的情景都很感动人,但是他们的死又是多么不同啊!哈姆雷特最后的话说得非常好。他和好了,平静下来了,命令霍拉旭活下去,临死前说了有利于洁白无瑕的年轻人福丁布拉斯继承王位的话……但是哈姆雷特的目光并不朝前看。这个快要死的怀疑主义者说,"此外仅余沉默而已"——确实永远沉默了。堂吉诃德之死使人受到一种说不出的感动。在这一瞬间,这个人物的全部伟大意义成为每个人都能理解的了。当他过去的侍从想要安慰他,对他说他们很快就要再去从事骑士的游侠活动时,快要死的堂吉诃德回答说:"不,这一切都过去了,我请求大家宽恕,我已不是堂吉诃德,我仍是善人阿隆索,过去大家都这样叫我——善人阿隆索。"[①]

这个词用得非常好;第一次和最后一次提到这个外号,给读者以深刻印象。是的,在死亡面前,只有这个词还有意义。一切都将过去,一切都会消失,显赫的高位、权力、通晓一切的天才,都将化为飞灰……

---

① 原文为法文。

人世间一切伟大的东西都像轻烟似的飞散……

但是好事不会化为轻烟,它们要比最光辉夺目的美存在得更久;一个使徒说过:"一切都将过去,唯有爱永存。"

引了这些话后,我再也没有什么可补充的了。如果我指出了上面所说的人的精神的两个基本方面能使你们产生某些想法,也许甚至是不同意我的意见的想法,如果我至少能大致地完成我的任务并且没有辜负你们的厚意而使你们感到厌倦的话,那么我将感到非常荣幸。

方鸣之　译

关于《哈姆雷特》①

[英] T.S.艾略特

只有极少数的批评家认为,《哈姆雷特》作为一部戏剧是首要问题,而哈姆雷特作为一个人物,是次要问题。作为人物的哈姆雷特,对那类最危险的批评家具有特别的诱惑力:这类批评家生来就具备创造性的心智,但又由于他们的创造力具有某种缺陷,所以转而从事批评。这类批评家常在哈姆雷特身上寻找他们自己的艺术实现的替代性存在。歌德便有这样的心智,他把哈姆雷特变作一个维特;柯勒律治②也一样,他把哈姆雷特变为一个柯勒律治。也许在论述哈姆雷特的时候,这些人忘记了他们的首要任务是研究一部艺术作品。歌德和柯勒律治对哈姆雷特进行的那种批评最容易使人误入歧途。因为他们都具有不容怀疑的批评洞察力,并且凭着他们的创造才能,用他们自己的哈姆雷特替代了莎士比亚的哈姆雷特,从而使他们的批评误差显得娓娓动听。我们感到万幸的是沃尔特·佩特③没有专注地研究过《哈姆雷特》。

我们时代的两位学者——罗伯逊④和明尼苏达大学的斯托尔教授——出版了几本薄薄的论著,很值得赞扬,因为他们改变了研究方向。斯托尔先生使我们重新注意起十七、十八世纪批评家的成果。他说:

---

① 本文选自《艾略特诗学文集》,题目系原书所有。本文要点:(1)过去有些大诗人对哈姆雷特这个人物作了过多阐释,他们不是把哈姆雷特说得像他自己笔下的人物,就是把哈姆雷特说得就像他自己;(2)现在有人重新关注《哈姆雷特》这个剧本,是个好现象;(3)但是,艺术作品是无法阐释的,只能进行比较,才能看出其优劣;(4)比较的结果,只能说,《哈姆雷特》"远非莎士比亚的杰作,而确确实实是一部在艺术上失败的作品";(5)为什么?因为艺术要表现人的情感,需要有"客观对应物",也就是说,艺术作品中表现的情感,应该和现实生活中人的情感是相对应的,而《哈姆雷特》所缺乏的正是这种对应。
② 柯勒律治,19世纪初英国大诗人,"湖畔派"三诗人之一。
③ 沃尔特·佩特,19世纪末英国唯美主义理论家。
④ 罗伯逊,即罗伯逊爵士,20世纪初英国莎学专家。

比起更晚的哈姆雷特批评家们来说,他们在心理学方面的知识当然是欠缺一些,但在精神上他们更接近莎士比亚的艺术,由于他们注重效果或整体的重要性,而不是主角的重要性,所以尽管方法过时了,他们还是更接近于一般戏剧艺术的奥秘。

艺术作品作为艺术作品,是无法阐释的,没有什么可阐释,我们只能在同其他艺术作品的比较中,按照某些标准对它进行批评,而"阐释"首先要向读者提供他不一定知道的有关历史事实。罗伯逊先生一针见血地指出,"阐释"《哈姆雷特》的批评家们之所以失败,是由于他们忽略了这一明显的事实:《哈姆雷特》是一个多层体,它代表了好几位作家的努力,其中每一位都尽力利用前人的成果,来完成自己的任务。如果我们不是按照莎士比亚的结构来讨论《哈姆雷特》这部剧的全部活动,而是把他的《哈姆雷特》看作是由那些甚至在最后形式中仍然存在的原材料叠加而成的,那么莎士比亚的《哈姆雷特》在我们眼里就会大不相同。

我们知道托马斯·基德[①]在更早以前也曾写过一部《哈姆雷特》,这位非凡的天才剧作家(如果不是天才诗人)很可能也是《西班牙悲剧》和《菲弗沙姆的阿登》这两部迥然不同的剧作的作者。我们可以从三条线索来推测他的《哈姆雷特》是怎样的一部剧作:《西班牙悲剧》本身[②],关于贝尔弗斯特的传说——基德一定是根据这一传说写成他的《哈姆雷特》的,另外就是莎士比亚在世时在德国公演过的那个剧本——有充分的证据表明,它是从更早的、而不是从后来的剧本改编而成的。根据这三方面的资料,可以清楚地看出前一个剧作的动机[③]仅仅是复仇,和《西班牙悲剧》的情况一样,行动或者拖延的原因只是难以刺杀被卫兵们簇拥着的君王而已;哈姆雷特为了避免怀疑而佯装"疯癫",他装得非常成功。另一方面,莎士比亚最后完成的剧作则具有比复仇动机更重大的动机,明显"冲淡"了前者,复仇的拖延也由于必要或者方便等原因而未加解释,"疯癫"的结果不是消除而是引起了国王的怀疑。不过,对原剧作的改动并不完善,不足以令人信服。另外,有些语句与《西班牙悲剧》的语言极为相似,这使我们确信在好多地方莎士比

[①] 托马斯·基德:与莎士比亚同时代的英国"大学才子派"剧作家。
[②] 《西班牙悲剧》的剧情大致是:西班牙贵族堂·安德利在格斗中被葡萄牙王子巴塞拉杀死,之后与其未婚妻相爱的贺拉旭也被巴塞拉杀害。贺拉旭的父亲赫罗尼莫因丧子而近乎疯狂,后来借演戏之机杀了凶手,随后也自杀。堂·安德利的鬼魂借复仇精灵在序幕中就已出现,此时见大仇已报,便返回了冥界。
[③] 动机:即主题。

亚只不过是在修改基德的剧作而已。最后,还有一些无法解释、几乎没有什么理由出现的场次,例如,波洛涅斯和雷欧提斯、波洛涅斯和雷奈尔多两场,这些场次没有基德的诗剧风格,而且毫无疑问也没有莎士比亚的风格。罗伯逊先生认为,它们最初出现在基德的剧作中,而后在莎士比亚借用之前由一个第三者——也许是查普曼——改写过。罗伯逊先生非常合理地推断,和其他一些复仇剧一样,基德的原剧由两部分组成,每部分各五幕。我们认为罗伯逊先生的研究结论是无可辩驳的:莎士比亚的《哈姆雷特》——只要真是莎士比亚的作品——是一部关于母亲的罪过对儿子的影响的剧作,而莎士比亚没能把这一动机成功地融进原先剧作的那些"难以驾驭的"材料中去。

至于材料"难以驾驭",这不容置疑。这部剧远非莎士比亚的杰作,而确确实实是一部在艺术上失败的作品。和其他剧作不同,这部剧在好几个方面令人迷惑不解。它是所有剧作中最长,可能也是莎士比亚费心血最多的一部作品,但他却在这部作品中留下了甚至最草率的校正也会注意到的一些多余的、不连贯的场次。诗风变化不定。例如:

> 看哪,早晨披着枯叶色的斗差,
> 远远漫步在东边线巍山岭的露珠上,

这样的诗句属于创作《罗密欧和朱丽叶》时期的莎士比亚。下面这几句出自这部剧的第五幕第二场:

> 先生,我心里有一种争斗
> 使我不能入眠……
> 起身走出船室,
> 我披上大氅,黑暗中
> 摸索着寻找它们:我如愿了,
> 手指摸到了它们的纸袋,

这些是莎士比亚成熟时期的诗句,技巧和思想都处于一种不安定的状态中。我们有确切的理由认为,这部剧以及另一部用"难以驾驭的"材料和出人意料的作诗法写成的非常有趣的剧作——《一报还一报》——都是某个危机时期的作品。在这以后,莎士比亚写了几部成功的悲剧,其中以《科利奥兰纳斯》最为杰出。这部剧也许不像《哈姆雷特》那样有趣,但是它和《安东尼与克莉奥佩特拉》是莎士比亚最令人折服、艺术上最为成功的作品。或许大多数人是因为他们感到《哈姆雷特》有趣才认为它是一部艺术作品,而只有少数人是因为它是一部艺术作品才感到它有趣。它是文学中的"蒙娜丽莎"。

哈姆雷特失败的原因并不是可以一目了然的。罗伯特先生断言,这部剧的基本情绪是儿子对有罪过的母亲的情绪,这无疑是正确的:

> (哈姆雷特的)情调是因为母亲的堕落而倍受折磨的人的情调……母亲的罪过作为戏剧的动机几乎是无法容忍的,但是为了提供一个心理上的解决,或者更准确地说是暗示一个解决,就必须保持并强调这样一个动机。

然而,这绝不是这部剧的一切。不只是因为莎士比亚不能像他处理奥赛罗的猜疑、安东尼的迷恋或者科利奥兰纳斯的傲慢那样,处理"一个母亲的罪过"。在人们的想象中,这一主题很容易像上面的这些一样被扩展成一部明白易懂、独立自主、充满阳光的悲剧。《哈姆雷特》就像那些十四行诗,充满了作者无法说清、想透或者塑造成艺术的东西。当我们力求找到这种心情时,我们发现它就像十四行诗中的心情一样很难捕捉,你无法在对话中找到它。事实上,如果你研究一下那两段著名的独白,你会发现它们的技法是莎士比亚的,但内容则可能属于另外一个人,也许属于《布西·德·昂布阿的复仇》第五幕第一场的作者。我们不是在行动中,不是在任何我们可能会引用的句子中,而是在一种确确实实的情调中发现莎士比亚的《哈姆雷特》的,而基德早先的剧作确实不具有这种情调。

用艺术形式表现情感的唯一方法是寻找一个"客观对应物",换句话说,是用一系列实物、场景,一连串事件来表现某种特定的情感;要做到最终形式,必然是感觉经验的外部事实一旦出现,便能立刻唤起那种情感。如果你研究一下莎士比亚比较成功的悲剧作品,你会发现一种十分准确的对应,你会发现麦克白夫人梦游时的心境是通过巧妙地堆积一系列想象出来的感觉印象传达给你的,麦克白在听到他妻子的死讯时说的那番话使我们觉得它们好像是由一系列特定事件中的最后一个自动释放出来的。艺术上的"不可避免性"在于外界事物和情感之间的完全对应,而《哈姆雷特》所缺乏的正是这种对应。哈姆雷特(这个人)受一种无从表达的情感的支配,因为这种情感超出了出现的事实。有人认为哈姆雷特和作者是同一的,这种观点在下面这种意义上可以成立,哈姆雷特在没有客观对应物时的困惑是其创造者面临自己的艺术难题时的困惑的延续。哈姆雷特面对的困难是:他的厌恶感是由他的母亲引起的,但他的母亲并不是这种厌恶感的恰当对应物;他的厌恶感包含并超出了她。因而这就成了一种他无法理解的感情,他无法使它客观化,于是只好毒害生命、阻延行动。不可能有什么行动可以满足这种感情;莎士比亚也不能改变情节来帮助哈姆雷特表达自己。我们必须注意,正是这个问题的主题性质使客观对应关系成为不可能。加重格特鲁德罪过的性质,就是为哈姆雷特提供一种完全不同的情感的表达形式;正是因为她的性格如此消极和平凡,她才在哈姆雷特心中激起了那种她自己无法替代的感情。

哈姆雷特的"疯癫"摆到了莎士比亚手里;在基德早先的一部剧作中,疯癫只是一个计谋,我们可以推想,观众到剧终时也只会把它理解为一个计谋。对莎士比亚来说,它够不上疯癫,但又不只是佯装。哈姆雷特的轻率、他重复的言语、他的双关语等并不是蓄意的佯装计划的组成部分,而是一种排泄情感的方式。对于剧中人物哈姆雷特来说,这种戏谑代表了在行动中得不到发泄的情感,而对剧作家来说,它代表了一种无法用艺术形式表达出来的情感。这种无法用实物加以表达,或者超过了实物的强烈感情,疯狂而暴烈,是每一个有感性的人都经历过的,毫无疑问,它是病理学家研究的课题。它常常发生在青春期:普通人让这样的感情睡去,或者调整他的感情以适应现实世界,艺术家则通过强化世界以达到自己情感水准的能力,使它们始终富有生机。拉法格的哈姆雷特是一个青年,莎士比亚的哈姆雷特则不是,因而我们不能用这种办法来解释和原谅他。我们只能承认这一事实,即莎士比亚处理的是一个并非他力所能及的难题。他为什么要做这样的尝试是一个不可解的谜,我们也无法知道他是在什么经历的促使下,试图表达这种无法表达的可怕情感的。我们希望知道,他是否读过蒙田的《为雷蒙·瑟朋一辩》(第二卷第十二章),如果他读过,又是在什么时候?在他经历了哪种个人经验之后,还是同时?最后,我们还必须知道某些原先假设为无法知道的东西,因为就像上面所说的那样,我们认定它是一个超过了事实的经历。我们得理解某些莎士比亚本人都无法理解的事情。

王恩衷 译

5
《李尔王》

简介：

【英文名】*The King Lear*
【作　者】[英]威廉·莎士比亚(William Shakespeare,1564—1616)
【年　代】16世纪。
【体　裁】悲剧，据英国民间传说改编。
【主　题】性格悲剧：昏聩偏信、不谙常理者，终遭厄运。
【人　物】主要有：李尔、高纳里尔、里根、考狄利娅。
【情　节】主要是：年迈的李尔王决心退位，把王国分给三个女儿。于是他把她们叫到跟前，问她们谁最爱他。大女儿高纳里尔和二女儿里根花言巧语，讨得李尔王的欢心，各分得了三分之一的国土。小女儿考狄利娅对此非常反感，她认为，内心的爱比口头上的爱更为珍贵，她只是说她爱父王是按照为人子女的责任，一分不多，一分不少。李尔王听完勃然大怒，一气之下把国土都分给了大女儿和二女儿，并当众将王冠交给了她们，自己只保留国王的封号和一百名侍从，以后每月轮流让她们供养。宫廷的大臣们都很吃惊，忠臣肯特伯爵立刻直言力谏，请求国王三思，但李尔王决心已定，并把肯特伯爵赶出国境。不会取悦父王的小女儿没有一分嫁妆，嫁到法国去了，临走时预言：总有一天，深藏不露的狡诈会现原形。果然，不到一个月，大女儿开始嫌弃李尔王，视他为累赘，硬是把他的侍从减少了一半。李尔王迫不得已投奔二女儿。被流放的肯特伯爵也装扮成他的仆人，跟随他前往二女儿处。大女儿事先派人通知了二女儿，二女儿非但不出门迎接，反而将肯特伯爵戴上了枷锁，以报劝谏之仇。后来在李尔王的再三央求下，她才同意接见。听完他的哭诉，她非但没有丝毫同情之心，还说这是个误会，要他回到姐姐那里去，轮到她供养时再来并且只准带二十五个士兵。此时，无家可归的老国王和侍从只好逃亡荒野，在暴风雨的侵袭下，李尔王开始神经错乱。肯特伯爵挣脱了枷锁，在荒野中找到了老国王。后来，他又孤身一人赶到法国，向考狄利娅诉说她两个姐姐的恶行。考狄利娅亲自带领大军去声讨。考狄利娅看到父亲窘迫的境地非常伤心，后来在众人的协助下，李尔王才逐渐清醒，见到考狄利娅时，他心中悲喜交集，跪下请她宽恕，考狄利娅也跪下亲吻父亲。但不幸的是，考狄利娅在交战中被俘而后被杀，李尔王闻讯后，在极度的悲伤中死去。

关于《李尔王》[①]

[比利时] 莫里斯·梅特林克[②]

一

不难断言,近年来,即从伟大的浪漫主义时期[③]结束以来,继丧失广阔而又荒芜的叙事诗领域之后,诗歌王国的地盘日渐缩小,现在竟退避到群山环抱中的几个与世隔绝的小城去了。显然,它将继续在那儿生存,充满生命活力,不可战胜,以纯净和紧凑弥补它在规模和数量方面的损失。它将在那儿逐渐抛弃说教、描绘和叙事等多余的装饰,以便尽快地恢复自我,成为唯一能向我们揭示静默对我们隐蔽、人类语言无法表达而音乐也不能表现的东西。

抒情诗将与世长存。它之所以不朽,是因为它必不可少。可是,将来乃至于目前,戏剧诗人会面临什么样的命运呢?我这儿所说的不是戏剧家或者剧本作者,而是货真价实的戏剧诗人,即那种在其作品中保持相当的抒情性,将事物描绘得比现实中的更加伟大、更加美丽的人。

毫无疑问,希腊人的抒情性悲剧,即高乃依和莱辛[④]所理解的那种古典悲剧,以及德国人和维克多·雨果的浪漫主义悲剧吸取诗意的源泉,如今已完全枯竭了。满心希望发现从未见过的永不枯竭泉水的大量大众化悲剧,迄今成果甚

[①] 本文选自《梅特林克散文选》,题目系原书所有。本文要点:(1) 抒情诗将与世长存。古希腊悲剧是抒情性的,因而也将与世长存。但把古希腊悲剧当作创作源泉,这个源泉已经枯竭了;(2)《李尔王》并不以古希腊悲剧为源泉,却三百年来充满生命力,因为这部悲剧"更具有普遍性、正常性与人类性";(3)《李尔王》的独特之处,就在于它"没有任何真正超自然的东西",所以可说是"一切伟大悲剧作品中最年轻的一部";(4) 在戏剧中,美感和真实总是相矛盾的:渲染了美,就会不真实;追求了真实,就会不美。这种矛盾,连莎士比亚的许多作品也没能克服;只有《李尔王》,既是真实的,又是惊心动魄的(即美的)。

[②] 莫里斯·梅特林克(Maurice Maeterlinck,1862—1949),比利时剧作家、诗人、散文家,曾获 1911 年诺贝尔文学奖,重要作品有剧作《青鸟》《盲人》《蒙娜·凡娜》等。

[③] 伟大的浪漫主义时期:即指 18 世纪末至 19 世纪中叶。

[④] 高乃依和莱辛,均为 17 世纪法国古典主义悲剧作家。

微。我们当代生活的秘密虽说取代了其他一切秘密,易卜生也打了几口探井试图去寻找它们,但由于与人直接接触的时间太少,尚不能以明显而有效的方式使戏剧人物的言行升华到超越这些人物。而且,毋庸讳言——人类的诗意直觉从来都能预感到这一点——悲剧只有高于现实,美于现实,才能成为真正的悲剧。

二

不过,在期待诗人们懂得该迈向何方之时,我们且来观看一部扩展真实而不予以歪曲的悲剧,一部最著名的典范之作,一部罕见的戏剧:它已经存在了三百年,但依然保持青春,各部分都充满生命力。我说的是莎士比亚的《李尔王》。不久之前我谈到这部作品时未免有夸大之辞,因为莎士比亚的崇拜者面临其杰作从而进入欢快而又甜蜜的狂热状态时,难免会说一些夸张的话。我说,可以断言,纵观古往今来世界各国的文学,有关这位老国王的悲剧乃是天下最有力、最博大、最激动人心和最紧张的诗剧。若是从另一个星球的高度问我们,哪部剧本应被视为能够代表我们的天才的作品,综合性最强的人类戏剧的典范,最充分地体现了最高级的戏剧诗歌的理想,那么,我觉得,在征求了我们星球上所有诗人的意见之后,最优秀的专家们无疑会异口同声地回答说是《李尔王》。由于还存在两三部希腊戏剧杰作,还存在莎士比亚天才的另一奇迹——关于丹麦王子哈姆雷特的悲剧故事(实际上,任何人的作品都无法与莎士比亚的相比),对这一答案才可能产生某种疑问。

如果说《普罗米修斯》《奥瑞斯忒斯》和《俄狄浦斯王》[①]是几株绝世独立的参天大树,《李尔王》则是奇妙的森林。我们同意,莎士比亚的诗不那么精细,外观不那么和谐,描绘不那么纯净,或许也不那么完美。我们同意,它的缺点跟它的优点一样大,然而就其所蕴涵的悲剧之美的数量、感动力、紧凑、不寻常性与动感而言,它超过了其他任何的诗。我非常清楚,作品极终的美是不能按重量和体积来衡量的,雕像的大小与它的审美价值之间没有必然的内在联系。然而,不容否认,内涵丰富、多姿多彩和气势恢宏会赋予美以生命力与奇特性的因素;创作体量较小、动作也较平静的单一雕像,比创作处于激动而又和谐的由二十个远比真

[①] 《普罗米修斯》与《奥瑞斯忒斯》系古希腊剧作家埃斯库罗斯的作品。《俄狄浦斯王》系古希腊剧作家索福克勒斯的作品。

人大的雕像组成的群像更易达到美;写只有两三个人物参与的带有强烈悲剧色彩的独幕戏,比写由众多富于激情的人物出场的五幕戏——这五幕戏不仅时间比前者多四倍,并且自始至终保持同样高的悲剧性与力量——要容易得多。与《李尔王》相比较,最长的希腊悲剧也不过是独幕戏。

另一方面,若将此剧与《哈姆雷特》相比较,其思想可能不那么活跃,不那么尖锐,不那么激动,预言性也不那么强;可是,这部作品的气势却显得更加强劲,更加宏大,更加狂放。艾尔西诺广场上的几次闪烁和几束光,如同冥界发出的光辉一样,能照亮无底深渊,令一切无所遁形;然而,《李尔王》中的烟火组成的柱子却平稳而又持久地照亮了漫漫夜色。此剧的故事较为简单,但更具有普遍性、正常性与人类性;它的色彩较为单调,可是更为和谐壮丽,情节发展的紧张性也更为持久和宏大;它的抒情性更有分寸,穿透力更强,也更易使人产生幻觉,同时也更自然,更接近日常生活,感染力也更强,因为它所包容的状况绝对可能存在;它不需要哈姆雷特那种富于玄想的人物,而是直接触动人类灵魂的种种几乎不会变化的原始方面。

三

《哈姆雷特》《麦克白》《普罗米修斯》《奥瑞斯忒斯》和《俄狄浦斯王》所属的档次,比其他作品更为庄严雄伟,因为它们似乎是在为某种秘密所笼罩的圣山顶上演出。这就是为什么就杰作的等级而言,《哈姆雷特》无可争议地占据着比《奥赛罗》更高的地位,尽管奥赛罗这个人物更富于激情,人性更深刻,无疑也更正常。这些作品阴森恐怖的雄伟力量最大和最美的一部分都归功于这座矗立于天地之间的圣山。然而,如果研究此山是由何物构成,那么,你就会相信,它的构成因素乃是取自随心所欲、变幻无常的超自然的世界。这便是由宗教或迷信的形象和特征所构成的"彼岸"世界,而这些形象和特征或许是有争议的、易逝的和地区性的。然而在《李尔王》中,这却使它在世界上的四五部伟大悲剧中占据了特殊的地位——没有任何真正超自然的东西。作为伟大的想象世界的居民,神灵们并不干预事件;在这部作品中,命运表现为一种内在的力量,这不是别的什么东西,只不过是一种令人疯狂的激情。与此同时,这部博大精深的悲剧的五幕戏都是在如此崇高,如此充满奇迹、诗意和异乎寻常的惊恐的山巅之上展开,天堂和地狱的传统力量似乎在这儿互相较量,以便加强这悲剧的尖锐性。基本传闻的荒诞(在描绘典型或非同寻常的场景时,几乎所有的杰作都以或多或少显得荒唐的传闻为基础),在它所展示的高山之巅的宏伟壮丽中消失了。你不妨就近考察一下这山巅的结构:它纯粹是由巨大的人性特点,由激情和思想的巨石,由普遍性的乃至日常的感情的巨石所构成。这些感情被可怕的风暴所震惊、堆积和伤害,实际上又与人类本质中最富于人性的东西形成对比。

正因为如此,《李尔王》依然是一切伟大悲剧作品中最年轻的一部,唯一不使任何事物显得恐怖的一部。我们必须做出某些意志上的努力,忘却自己的处境和当今的许多知识,才能真正完全地被《哈姆雷特》《麦克白》和《俄狄浦斯王》的场景所感动。与此相反,受到凌辱的老父亲李尔王的愤怒和悲伤的呼叫与令人惊奇的诅咒,却似乎使人觉得是发生在今天,是发自我们自己的内心和我们自己的思想,产生于我们自己的天空之下,因为从形成我们地球的精神和情感氛围的一切深刻真理的角度来看,它们都无须再增加什么重要的东西,也无须再减少什么。若是莎士比亚能回到人间,置身我们中间,无论是《哈姆雷特》还是《麦克白》,他都不会去写。他会觉得,作为这些作品基础的阴森恐怖而又宏伟的基本思想,再也承受不起它们的重量;可是他却不会去改动《李尔王》中人物的任何一个动作,任何一句诗。

四

最年轻而又最悠久的悲剧同时又是古往今来一切此类作品中最富于内在抒情意味者,是世界上唯一不以语言之美对逻辑的真实和自然带来任何伤害者。每位诗人都知道,在戏剧中,形象之美与表现之自然几乎是不共戴天的。这一点无法否定。任何场景,无论是在最高雅的悲剧中,还是在最庸俗的喜剧中,如同阿尔弗雷德·德·维尼[①]所指出的那样,总是有两三个人在谈话;而他们聚在一起,只是为了谈论自己的事情。他们必须说话,而为了使戏剧产生必不可少的幻觉,即真实生活的幻觉,要求他们尽可能少用脱离日常生活的语言。然而在日常生活中,我们从来不用语言来表达隐藏在我们内心世界中的鲜明而又深刻的东西。即使我们寻常的思想能够参与伟大而又美好的情景,参与大自然的崇高秘密,这些思想在我们心中依然处于封闭状态,梦幻、思索和无声的情感状态;它们

[①] 阿尔弗雷德·德·维尼(1797—1863),法国作家。

顶多也只是偶尔迸发出来，形成比日常真心谈话更加确切和高尚的词语。由于戏剧无法表现剧场外也不能表现的东西，因此，我们生活中的一切崇高的领域，都会由于担心被扯掉必要幻想的幕布而依然不说出来。于是，诗人就面临这样的选择：要么成为抒情诗人，亦即夸夸其谈，不着边际(我们的古典剧作，维克多·雨果的剧作，以及除歌德少数场景之外的法德两国所有浪漫主义者的剧作，都犯有这一错误)；要么成为自然诗人，但却枯燥乏味，过于散文化。莎士比亚未能逃脱这种二者必居其一的危险。比如，在《罗密欧与朱丽叶》以及大多数历史戏剧中，他变成了演说家，为了追求辞藻华丽和隐喻众多而牺牲了谈话与对白必不可少的通俗性。

与此相反，在其伟大杰作中，他从不犯错误。他用来战胜困难的种种手段表明了问题的全部严肃性。他只是由于一再采用巧妙的手法，才得以达到自己的目的。人们往往认为，表达自己全部辉煌内心世界的人物要在舞台上显得真实和富有人情味，就必须有一个前提：他在现实生活中被视为疯子(因为人们断定，只有疯子才会真正说出自己的隐秘生活)；而莎士比亚系统地让其人物的理智发昏，以此来揭示真理，使之牢牢地控制抒情独白的巨大洪流。从此之后，他伟大作品的抒情性或深或浅，或高或低，皆与其中心人物的疯狂相吻合。比如，《奥赛罗》和《麦克白》中的这种抒情性比较克制而又连续不断，因为苏格兰大将的梦幻和威尼斯摩尔人的狂怒都只不过是激情的危机。而《哈姆雷特》的抒情性则显得平静和富于幻想色彩，因为艾尔西诺王子的疯狂带有静止性与幻想性。可是，这种抒情性无论在什么地方都不像在《李尔王》中这么狂放，无论在什么地方都不像这样汹涌澎湃，犹如滔滔滚滚的洪流，让海洋、森林、风景和星辰的种种奇妙形象互相碰撞，互相融合，因为这位破产而又绝望的老国王令人惊心动魄的疯狂从第一场一直持续到最后一场。

陈训明　译

《李尔王》是尽美尽善的杰作吗?①

[俄] 列夫·托尔斯泰

一

我还记得初读莎士比亚作品时,我所感到的惊异心情。我曾预期获得很大的审美享受。可是当我一本接一本地阅读人所公认的他的杰作《李尔王》《罗密欧与朱丽叶》《哈姆雷特》和《麦克白》之后,我不仅没有体味到快感,反而感到一种难以抑制的厌恶和无聊;我还困惑不解:我把整个知识界公认的尽美尽善的杰作看成渺不足道、简直是很糟的作品,是我疯了,还是这个知识界所妄加于莎士比亚的作品的意义是荒谬绝伦的呢?我的困惑还由于我向来能够生动地感受各种诗歌的美而加深了。为什么举世公认为天才的艺术品的莎士比亚的剧作,非但不使我喜欢,反而令我厌恶呢?我久久不能自信。五十年来,为了检验自己的看法,我曾多次听人劝告,以一切可能的方式:从俄译本、英文本,从施莱格尔的德译本②来读莎士比亚的作品。我把悲剧、喜剧、历史剧读了好几遍,可是依然确切无疑地得到同样的感受:厌恶、无聊和困惑不解。现在,在撰写本文之前,我,一个七十五岁的老人,希望再一次检验自己的看法,重读了莎士比亚的全部作品:从《李尔王》《哈姆雷特》《奥赛罗》到关于亨利的几个历史剧、《特洛伊罗

---

① 本文节选自托尔斯泰《论莎士比亚和戏剧》(载《托尔斯泰全集》第十四卷),题目系本书编者所加。本文要点:(1)《李尔王》备受批评家赞赏,被认为是尽善尽美的杰作,其实根本不是这样;(2)《李尔王》的开场白就写得不恰当,第一幕里的对话又写得太长,令人厌烦;(3) 第二幕里,有许多地方写得极不自然,非常别扭;(4) 第三幕里,人物对话写得实在太夸张,简直就像胡言乱语;(5) 第四幕原本可以写得令人感动,但由于前面三幕里"李尔的枯燥单调的胡话",这一幕的效果也大打折扣;(6) 第五幕里,"李尔又重复以前说过的夸张、冷漠而又是随意想出来的胡话",而全剧却就此告终;(7) 从《李尔王》可以看出,莎士比亚的戏剧不但不是尽善尽美的,甚至可以说是荒唐可笑的。
② 奥古斯特·施莱格尔(1767—1895),德国文学评论家、语言学家、翻译家,所译莎士比亚作品(九卷)被誉为名译。

斯与克瑞西达》《暴风雨》和《辛白林》,却更强烈地体验到那同样的感觉,不过已经不再是困惑不解,而是坚定无疑地确信,莎士比亚所享有的无可争辩的天才的伟大作家的声望,以及它迫使当代作家向他效颦,迫使读者和观众歪曲了自己的审美的和伦理的见解,在他的作品中寻找本不存在的优点,像所有的谎言一样,是巨大的祸害。

我固然知道,大多数人是那么相信莎士比亚伟大,以致在读了我的这篇议论以后,是不会认为它有可能是公允的,甚至会全然置之不理,而我仍然尽力之所逮,指出我为什么认为,不仅不能把莎士比亚看作伟大的、天才的作家,甚至不能看作最平常的文人。

因此,我选定《李尔王》作例子。这是最受赞扬的莎士比亚的悲剧之一,批评家大多众口一词激赏它。

约翰逊[①]博士说:"悲剧《李尔王》在莎士比亚的戏剧中是值得充分赞赏的。也许再没有一部剧作能这样强烈地引人注意,这样强烈地激发我们的热情,唤起我们的好奇心。"

哈兹里特[②]说:"我们真想避开这部剧作,绝口不去谈它。因为关于它我们所能说的一切,不仅不够充分,而且远不及我们已经形成的对它的看法。企图描述这部戏剧或它动人心弦的印象,那真是鲁莽(mere impertinence)。尽管如此,我们还得谈几句。我们要说,这是莎士比亚的杰作,与他的其他剧作比较,是他最关切的一部作品。"(he was the most in earnest.)

哈勒姆[③]说:"如果说虚构上的独创性不是莎士比亚全部剧作的共同特色,因而承认某部作品最富于独创性便是否定其他作品的话,那么,我们可以说,莎士比亚的天才的最光辉的各个方面,在《李尔王》中表现得最为鲜明。较之《麦克白》《奥赛罗》,甚至《哈姆雷特》,这部悲剧是最违反悲剧的规范的,但它的情节安排得更为巧妙,而且像这些剧作一样,显示了同样的几乎超人的灵感。"

雪莱说:"《李尔王》可以被认为是全世界戏剧艺术最完美的典范。"[④]

---

① 塞缪尔·约翰逊(1709—1784),英国文学评论家、文学史家、诗人,曾主编八卷本的《莎士比亚集》(1765),撰写总序及各剧引言。
② 威廉·哈兹里特(1778—1830),英国文学评论家、散文家、莎士比亚研究者。
③ 亨利·哈勒姆(1777—1859),英国史学家。
④ 引自雪莱的悲剧《钦契》序(1819)。——俄文版编者注

斯温伯恩①说:"我真不想谈莎士比亚的《亚瑟》②。在莎士比亚的作品世界里,有一两个人物是任何言辞都不足以形容的。考狄利娅就是这样的人物。这类人物在我们的内心和生活里占有一个难以言喻的位置。我们划归他们的心灵深处的一角,是日常生活的光亮和喧嚷所不能进入的。在人类高级艺术的庙堂里,正如在人类的内心生活里,有一些不为肉眼凡踪开放而建立的小龛。爱情、死亡和回忆默默地给我们保留了某些心爱的名字。当然,这是天才的最高荣誉,诗歌的奇迹和最伟大的才华,它能在我们铭记内心的记忆里,增添新的诗作的名字。"③

维克多·雨果说:"在《李尔王》中主要的是考狄利娅。女儿对父亲的母性的爱——这是含义深刻的主题。这种母爱是最值得崇敬的。它在关于一个罗马少女的迷人传说中曾流传过。她在狱中以乳汁喂养老父。这个救活快要饿死的白发老人的少女的乳房是无比神圣的景象。考狄利娅就是这个少女的化身。当莎士比亚刚一找到他所萦思的形象时,他就创作了这部戏剧……莎士比亚构思了考狄利娅的形象,就写出了这个悲剧,正像上帝为了有地方让朝霞升起,特地创造了整个世界。"④

勃兰兑斯⑤说:"在《李尔王》里,莎士比亚一览无遗地测量了恐怖的深渊。面对这种景象,他的心灵既没有感到战栗眩晕,也没有感到虚弱无力。站在这个悲剧面前,你会有一种近乎崇拜的情感,正像你站在装饰着米开朗琪罗的天顶画的西斯廷教堂门口所体验到的那种情感。区别只在于,在这里,情感要痛苦得多,哀号要响亮得多,美的和谐也更剧烈地为绝望的不和谐所破坏。"⑥

评论家们关于这部剧作的意见就是这样。因此,我认为,选取该剧作为莎士比亚的优秀剧作的范本,是不会错的。我将尽可能公允地叙述这部剧作的内容,然后指出,为什么这部剧作并不像学识渊博的评论家们所断言的那样,是尽美尽善的杰作,而完全是另一种东西。

---

① 查尔斯·斯温伯恩(1837—1909),英国诗人、文学批评家。
② "亚瑟"是莎士比亚的历史剧《约翰王》中的人物。按:莎士比亚没有以"亚瑟"命名的作品。
③ 引自斯温伯恩的《在莎士比亚的创作室里》。——俄文版编者注
④ 引自雨果的《威廉·莎士比亚》(1860)一书。——俄文版编者注
⑤ 勃兰兑斯(1842—1927),丹麦文学评论家、文学史家。
⑥ 引自勃兰兑斯的《莎士比亚,他的生平和作品》一书。——俄文版编者注

二

《李尔王》一剧以肯特和葛罗斯特两位廷臣谈话的场面开始。肯特指着在场的那个年轻人问葛罗斯特,这是不是他的儿子。葛罗斯特说,他曾多次为承认他是自己的儿子而脸红,现在他不再脸红了。肯特说不明白他的意思。于是葛罗斯特就当着自己儿子的面说:"您不明白,这个儿子的母亲可明白,她肚子大了,在床上没有丈夫之前,在摇篮里却先有了儿子。""我还有一个合法的儿子,"葛罗斯特接着说,"这个畜生虽然过早地闯到世上,可他的母亲是个美人儿,there was good sport at his making,①因此,这孽种我不能不承认他。"②

这就是开场白。且不说葛罗斯特的这些话很下流,它们出之于这位应该显示其高尚品质的人之口也不恰当。不能赞同某些评论家的意见,他们认为葛罗斯特的这些话是为了道出使私生子爱德蒙深以为苦的那种人的蔑视。如果真是这样,那么,首先,人们的这种蔑视不必由当父亲的来说;其次,爱德蒙在自己的独白中诉说人们因他是私生子而蔑视他时,应该提到他父亲的这些话。但却没有。因此,显然,葛罗斯特在剧本开头说的这些话,目的只是在于以插科打诨的方式告诉观众,葛罗斯特有一个合法的儿子,还有一个私生子。

在这之后,喇叭吹响了,李尔王同他的女儿和女婿们上场,李尔王说,他年老倦勤,要摆脱事务,把他的王国分给女儿们。为了要知道该给哪个女儿多少,他宣布,哪个女儿对他说爱他胜过别的女儿,他就给她最大的一份。大女儿高纳里尔说,没有语言能表达她的爱心,她爱父亲胜过自己的眼睛,胜过空间和自由,她爱他爱得呼吸都很困难。李尔王立即在地图上划给这个女儿她的一份带有田野、森林、河流和牧场的土地,再问第二个女儿。二女儿里根说,她的姐姐真实地表达了她自己的感情,却还不够充分。她里根是那样地爱父亲,以至除了这种爱,一切都使她厌恶。李尔王也赏赐了这个女儿,又问他心爱的小女儿,用他的话来说,这女儿很使法兰西的葡萄酒和勃艮第的乳酪对她发生兴趣,也就是说,

---

① 英文:我们在制造他时,曾经有过一场销魂的游戏。(据朱生豪译本)
② 莎士比亚的剧作有许多版本,虽无重大歧异,却也不无出入。托尔斯泰所据的《李尔王》等剧的版本,与我国朱生豪和卞之琳二位先生的译本(均人民文学出版社版)都有出入之处。为求译文忠于托尔斯泰的原著,对于其中涉及莎士比亚的剧本的引文及有关情节、道白、细节等,一概以托尔斯泰的论文为主,参照上述两个译本译出,有时直接借用两个译本的译文。除个别地方外,下文不再一一注明。——中译者注

法兰西国王和勃艮第公爵正在向她求婚。他问小女儿考狄利娅,她是怎样地爱他。考狄利娅是一切美德的化身,正如她的两个姐姐是万恶的化身一样。她完全不合时宜地、仿佛是故意要激怒她父亲似的,说她虽然爱他,尊敬他,感激他,但要是她出了嫁,她的爱就不会整个地属于父亲,她还要爱她丈夫。听了这些话,国王勃然大怒,立时用各种最可怕和最古怪的诅咒骂自己心爱的女儿,例如说,从此他将像爱他原先的小女儿一样地爱那啖食自己子女的生番。"The barbarous Schythian, or he that makes his generation messes to gorge his appetite, shall to my bosom be as well neighboured, pitied, and relieved as thou, my sometime daughter."

廷臣肯特为考狄利娅辩护。为了使国王恢复理智,他责备他不公正,并以合情合理的语言谴责阿谀奉承的危害。李尔王不听肯特的忠告,以死亡相威胁,把他赶走,并叫来那两位求婚者:法兰西国王和勃艮第公爵,先后请他们不要嫁妆娶走考狄利娅。勃艮第公爵直截了当地说,没有嫁妆就不娶考狄利娅。法兰西国王娶了没有嫁妆的考狄利娅,把她带走了。此后两个姐姐当场商量,准备欺负刚刚赐给她们疆土的父亲。第一场就此结束。

且不谈李尔王的语言和莎士比亚笔下所有国王说的一样,夸张而缺乏个性,读者或观众不会相信,国王再老再呆,竟会听信与他一起度过一生的两个狠毒的女儿的话,而不信他心爱的小女儿的话,反而诅咒她并把她撵走;因此,观众或读者不可能同这个不自然的场面里的人物的感情产生共鸣。

《李尔王》第二场开始时,葛罗斯特的私生子爱德蒙正在自言自语,议论人世间的不公平,把权益和尊敬都给了合法的孩子,而剥夺私生子的这一切,他决计害死艾德加以取得他的地位。为此他伪造了一封艾德加给他的信,在信中艾德加似乎有意要杀害父亲。等父亲来到时,爱德蒙又仿佛是违背自己意愿,把信给他看,而父亲又马上相信他所钟爱的儿子艾德加会想杀害他。父亲走后,来了艾德加,爱德蒙向他暗示父亲由于某种原因要杀死他,艾德加也马上信以为真,躲避着父亲。

葛罗斯特和他两个儿子间的关系以及这些人物的感情同李尔和他女儿们之间的关系一样不自然,甚至更不自然,因此,比起对李尔和他女儿们的关系,观众更难以设身处地去体会葛罗斯特和他儿子们的心境,更难与他们发生同感。

在第四场中,李尔已经住在高纳里尔府邸,见逐于他的肯特来见他。肯特乔装打扮,李尔竟认不得他。李尔问:"你是谁?"不知怎的肯特用全然不符合他身份的弄人的口吻回答说:"我是一个正直汉子,而且像国王一样穷。"李尔说:"要是你做臣民的也像做国王的一样穷,那么你也可算得是真穷了。"国王问:"你多大年纪了?"肯特答道:"说年轻也不算年轻,不会为了女人害相思;说年老也不算年老,不会听凭女人摆布。"对此国王说:"要是我在午饭以后还是这么喜欢你,那我就让你服侍我。"

这些道白既非源自李尔的处境,也非源自国王和肯特的关系,其所以让李尔和肯特说这些话,显然只是由于作家认为这些话既俏皮又好玩。

来了高纳里尔的管家,对李尔很不礼貌,于是肯特把他绊倒在地。国王始终未认出肯特,为此赏给他钱,还留下他侍候自己。这以后弄臣来了,他和国王之间便开始了全然不符合当时情况、毫无意义、无非是玩笑逗乐的长时间的谈话。例如,弄人说:"给我一个蛋,我给你两顶冠(crowns)。"国王就问:"两顶什么冠(crowns)?"弄人说:"一个鸡蛋分两半。我把鸡蛋切开,吃掉蛋黄。你把自己的王冠(crown)从中间剖成两半,把两半全都送给人家,你这是背着驴子过泥潭;当你把自己的金冠(crown)送人时,你这光秃秃的脑盖(crown)里面就是没有一点脑子。我说的是自己的话,谁要是这么想,就让他挨一顿鞭子。"

如此这般地进行着长时间的对话,使得观众和读者在听到并不可笑的笑话时感到十分别扭。

这些对话因高纳里尔到来而打断了。她要求父亲减少自己的侍从,不要原来的一百名内侍而改为五十名内侍。听了这建议后,李尔爆发了一阵古怪的、不自然的愤怒,他问:谁认得他?"这不是李尔,"他说,"难道李尔是这样走路,这样说话的?他的眼睛在哪儿?我是在睡梦中还是醒着?谁能告诉我:我是什么人?我是李尔的影子,等等。"

同时,弄臣不断地用他那并不可笑的笑话插嘴。来了高纳里尔的丈夫,想安慰李尔,而李尔则诅咒高纳里尔,呼吁神灵使她终生不育,或是让她生个忤逆的孩子,用冷笑和蔑视报答她当母亲的辛劳,让她看看忘恩负义的孩子所带来的全部凄惨和苦痛。

这些话表达了真实感情,假如只说这些,是很感动人的。可这些话被李尔说个不停的一长串全然不恰当的、夸张的言辞所淹没了。他不知道为什么一会儿呼唤云雾和风暴降落到他女儿头上,一会儿希望诅咒能穿透她的五官百窍,一会儿又对自己的眼睛说,要是它们流泪,他就要把它们挖出来用带咸味的泪水和泥土拌在一起,等等。

此后李尔又派肯特——他依然没有认出他——去给另一个女儿送信,同时,尽管他刚刚表示那样的绝望,却还和弄人闲聊,逗引他说笑话。这些笑话仍然毫不可笑,除了使人因听见蹩脚的俏皮话而体验到近乎羞愧的不快之感外,还以其冗长而令人无聊。譬如,弄臣问国王说:你知不知道,为什么一个人的鼻子长在脸的中间?李尔说不知道。"因为中间放了鼻子,两旁就可以安放眼睛;鼻子嗅不出来的,眼睛可以看个仔细。"

"你能说出来,牡蛎是怎样造它的壳吗?"弄臣又问。

"不能。"

"我也不能,可我知道,牡蛎为什么背着一个屋子。"

"为什么?"

"为了藏它的头。当然不是为了把它的房子送给自己的女儿,害得自己连犄角都没地儿安顿。"

"我的马备好了没有?"李尔说。

"你的驴子正为它们奔忙呢。为什么北斗七星只有七颗?"

"因为它们不是八颗。"李尔说。

"你会成为一个出色的丑角。"弄臣说,以及如此等等。

继这一冗长的场面之后来了一个侍臣,报告马已备好。弄臣说:

"She that is a maid now, and laughs at my departure, shall not be a maid long, unless things be cut shorter,"①说罢就下场了。

三

第二幕第一场开始时,恶棍爱德蒙正劝说哥哥,要他当父亲来到时佯装和他用剑决斗。艾德加答应了,虽然他丝毫不明白为什么非这么做不可。父亲来时发现两个儿子正在搏斗,艾德加逃走,爱德蒙把自己的手臂划出血来,让父亲相信,艾德加念咒语要咒死父亲,还劝说爱德蒙帮助他,而他爱德蒙拒绝了,于是艾德加就向他扑了过来,刺伤了他的手。葛罗斯特全都信以为真,咒骂艾德加,并把合法长子的所有权益都转给了私生子爱德蒙。公爵知道了此事也给爱德蒙

---

① 这一段朱生豪译本译为:"哪一个姑娘笑我走这一遭,只要没有什么变化,她的贞操眼看就保不牢。"与此略有出入。——中译者注

奖赏。

在第二场里,在葛罗斯特堡邸前,李尔的新仆人肯特(仍然没被李尔认出来)毫无理由地辱骂奥斯华德(高纳里尔的管事),并对他说:"你是奴才、骗子、走狗;下贱的、傲慢的、浅薄的、叫花的,一年领三套衣服的①、全部家私不到一百镑的、卑鄙龌龊的、穿粗毛线袜子的奴才,一条杂种老母狗的患子。"并拔出剑来,要奥斯华德同他决斗,还扬言要把他制成 a sop o'the moon-shine,②——这些词儿是任何注释者所无法解释的。当别人阻止他时,他继续骂出各种极其稀奇古怪的话,例如,说他奥斯华德是一个裁缝做出来的,因为无论石匠或是画匠都不会把他做得这么糟,即使这门手艺他们才干过两个钟头。还说,要是允许他的话,他要把奥斯华德这个流氓捣成一堆泥浆,用它来刷茅厕的墙。

就这样,这个谁也没有认出来的肯特(虽然国王、康华尔公爵和当时在场的葛罗斯特都应该跟他很熟)以李尔的新仆人的身份一直胡闹到被人抓住,套入足枷③为止。

第三场发生在森林中。艾德加逃避父亲的迫害,躲藏在那里。他向观众诉说,有这样一些疯子、傻子,他们赤身裸体,到处行走,用刺用针往自己身上乱戳,怪喊怪叫,乞求布施;又说,为了躲避迫害,他要装成这么个疯子。对观众说罢这些话,他就下场了。

第四场的地点还是在葛罗斯特的城堡前。李尔和弄臣上场。李尔见肯特锁在足枷上(依旧没有认出他是肯特),勃然大怒,因为他们胆敢这样侮辱他所派遣的人,他要公爵和里根出来见他。弄臣在一旁说自己的俏皮话。李尔好不容易压下自己的怒气。公爵和里根来了。李尔诉说高纳里尔的不是,里根却为姐姐辩护,李尔咒骂高纳里尔。当里根对他说,他还是回到姐姐那里去为好时,他发怒说:"什么话,我得求她饶恕吗?"于是跪到地上,表示如果他卑躬屈膝地恳求女儿赐给他衣食,那会是怎样有失体统。他又用各种极其稀奇古怪的诅咒咒骂高纳里尔,并且问,是谁敢把他所派遣的人锁进足枷?里根还没来得及答话,高纳里尔来了。李尔更加恼怒,重又咒骂高纳里尔。当他听说是公爵命令给肯特上的足枷时,他什么话也没说,因为就在这时里根告诉他,她现在不能接待他,要他回

---

① 仆人每年领三套衣服(据卞之琳先生译本)。——中译者注
② 朱生豪译《李尔王》把此句译为:"把他在月光底下剁得稀烂。"卞之琳译本为"搞成个月光泡'卧果儿'"。——中译者注
③ 当时的足枷大约是很笨重的刑具,所以卞之琳译本先是说"抬出"脚枷,随后说"纳入"脚枷;朱生豪译本说"套入"足枷。——中译者注

到高纳里尔那儿去,一个月以后她再接待他,不过他不能带一百名侍从,只能带五十名。李尔又咒骂高纳里尔,不愿意去她那儿,还是希望里根接纳他,让他带全部一百名侍从,但是里根说,要她接纳,只许带二十五名侍从。于是李尔决定回到高纳里尔那里去,因为她允许带五十名侍从。当高纳里尔说即使二十五名也多了的时候,李尔就发了一通议论,认为所谓多余、足够都是相对的概念,人如果除了必需品之外什么也没有,他就和畜生没有区别了。这时的李尔,还不如说是那个扮演李尔的演员,就对观众中一位衣着华丽的太太说,她的盛装艳饰也并不是必需的,因为它们并不能让她温暖。接着他又大发雷霆,说他将要干出一些令人害怕的事情来向女儿们复仇,但他是不会哭泣的,于是就下场了。可以听见正在来临的暴风雨声。

第二幕就是这样,它充满了不自然的事件和更不自然的、并非本乎人物处境的道白,而以李尔和他女儿们的一场结束,这一场要不是夹杂了许多出自李尔之口的夸张到十分荒唐、极不自然,尤其是毫不相干的道白,那么也许会是感人至深的。李尔在傲慢、愤怒和希望女儿让步之间犹豫不决的情景本来是令人感动的,但却被下文他说的许多不合情理的话所破坏了。他说什么要是里根不高兴看见他,他就要跟她已故的母亲离婚,还说他要呼唤毒雾降临到他女儿头上,还说既然天神也是老人,他们就应该庇护老人,以及许多诸如此类的话。

四

第三幕一开场就是雷电、暴风雨,据出场人物说,这是一场从未有过的特大的暴风雨。在荒原上,一个侍臣对肯特说,被女儿们赶出家门的李尔一个人在荒原上奔跑,拽下自己的一丝丝白发往狂风里抛。只有弄人一路跟随着他。肯特则告诉侍臣,两个公爵之间发生了争吵,法兰西军队已从多佛登陆。说罢,他把这个侍臣派到多佛去见考狄利娅。

第三幕第二场也发生在荒原上,不过不是在肯特遇见侍臣的地方,而是在另一处。李尔在荒原上一面行走,一面说些应该是表示他的绝望心情的话。他要风猛烈地吹,吹裂自己的(风的)脸颊;他要雨倾注下来淹没一切,要闪电烧焦他白发的头颅,要霹雳劈碎大地,把繁殖忘恩负义的人类的全部种子消灭干净。弄人也在一旁推波助澜,说些更加荒唐的话。肯特来到了。李尔说,在这场暴风雨中会找到所有的罪人,并将揭露他们。依然没有被李尔认出来的肯特,劝李尔去茅屋避雨。这时弄人说了些对这境况很不合适的预言,于是他们一起下场。

第三场又转到了葛罗斯特的城堡里。葛罗斯特告诉爱德蒙,法兰西国王已经带着军队登陆,他自己要去帮助李尔。爱德蒙得知这一消息后,就决定控告自己的父亲阴谋叛变,为的是取得他的遗产。

第四场又是在荒原上,在茅屋前面。肯特请李尔进茅屋去,李尔却回答说,他用不着躲避暴风雨,他没有感觉到它,因为女儿们忘恩负义在他心中激起的暴风雨压倒了一切。这种又是以朴素的语言来表达的真实情感本来是能引起人们同情的,可是它掺杂在无休无止的夸张的胡话中间就难以为人注意,因此便失去了自己的意义。

要让李尔进去的茅屋,原来就是乔装疯子、赤身裸体的艾德加在其中躲藏的那一座。艾德加正从屋里出来,虽然所有人都认识他,却没有一个人认出他,正如人人都没有认出肯特一样。于是艾德加、李尔和弄臣开始说毫无意义的话,说说停停,占了六页。在这一场中又来了葛罗斯特,同样既没有认出肯特,也没有认出自己的儿子艾德加,他向他们说,他儿子艾德加想杀害他。

这个场面为葛罗斯特城堡里的另一场面打断了。爱德蒙正在告发自己的父亲,公爵则答应给葛罗斯特以惩罚。情节又转到了李尔那里。肯特、艾德加、葛罗斯特、李尔和弄臣正在农舍里交谈。艾德加说:"弗拉特累多①在叫我,告诉我尼禄②在冥湖里钓鱼。"……弄臣说:"伯伯,告诉我,谁是疯子,是贵族还是农民?"失去理智的李尔说,疯子是国王。弄人说:"不,疯子是农民,他让儿子成为贵族。"李尔喊道:"让一千支火热的矛头刺到她们身上。"艾德加则嚷着,恶魔正在啃他的背。对此弄臣却说着俏皮话,说什么不该相信豺狼的温驯,马儿的健康,孩子的爱情,娼妓的盟誓。随后,李尔在幻想着他审问两个女儿。"渊博的法官,"他对赤身裸体的艾德加说,"请坐在这儿,而你、贤明的官长,坐在那边。来,你们两头母狐狸!"对此艾德加说:"瞧,他站着,两只眼那样炯炯发光。夫人,难道您觉得这儿法庭上的眼睛还不够多吗?游到我这边来吧,蓓西,美人儿。"弄臣则唱着:"美人儿蓓西的船底有洞儿,她又不能说,为什么没法过来跟你在一起。"艾德加又在说自己的话。肯特劝李尔睡下,而李尔却继续自己想象中的审判。

"带证人上来!"他喊。"坐在这边,"他(对艾德加)说,"你这位披法衣的审判

---

① 弗拉特累多是小鬼的名字。
② 尼禄(37—68),古罗马皇帝。

官请升座。还有你(对弄人)……要知道他和你都承担同样的司法的重任;请跟他一起坐到审判席上去。你是陪审官,你也坐下。"他对肯特说。

"噗儿,这是只灰猫!"艾德加喊着。

"先带她,带她到庭上来。这是高纳里尔!"李尔大声喊着说。"在这儿,对着这尊严的法庭我起誓,她殴打过自己的父亲,那可怜的国王。"

"上前来,夫人,你名叫高纳里尔吗?"弄臣朝着板凳说。

"这儿还有一个。"李尔喊道。"拦住她。拔出剑!点起火!举起兵器!这儿是营私舞弊,枉法的法官。为什么你放她走?",等等。

这场疯疯癫癫的话因李尔入睡而中止了。葛罗斯特劝肯特(仍然没有认出他)送国王到多佛去,于是肯特和弄臣陪同着国王走了。

场面转到葛罗斯特的城堡里。大家要定葛罗斯特叛国罪,把他押上场绑起来。里根扯他的胡子。康瓦尔公爵挖出他的一颗眼珠踩在脚下。里根说他还有一只眼是完好的,这只好眼睛会取笑另一只,叫把它也挖掉。公爵正要这么做,可是一个仆人不知怎的突然站出来为葛罗斯特打抱不平,并且刺伤了公爵。里根杀死了仆人。濒死时仆人对葛罗斯特说,他还有一只眼睛,会看得见恶人怎样受惩罚。公爵说:"要让他看不见,我们把它也挖掉。"他随即挖出葛罗斯特的第二只眼珠,把它扔在地上。这时里根说是爱德蒙告发了父亲,于是葛罗斯特一下子明白他上了当,艾德加并没有要谋害他。

第三幕就此结束。

五

第四幕又是在荒原上。艾德加依然装疯卖傻,用矫揉造作的语言谈命运的无常和贱命的好处。接着,他的父亲、瞎了眼的葛罗斯特,由一个老人领着,来到了这荒原上,不知怎地刚好就是他所在的那个地方。葛罗斯特也谈论命运无常,他用的是莎士比亚的独特的语言,这种语言的主要特点是,思想是从字眼的协韵或对比而派生出来的。葛罗斯特叫老人离开他;老人说,没有眼睛是不能单身走路的,因为看不见路。葛罗斯特说他走投无路,因此用不着眼睛。他还说,当他有眼睛时,他摔了跤,缺陷往往是我们的救星。"啊!亲爱的艾德加,"他接着说,"你那受骗发怒的父亲的牺牲品,只要我能够摸到了你,我就要说,我又有眼睛了。"假装疯癫而赤身裸体的艾德加听到这些话,却不把实情告诉父亲,而是接替了领路的老人,并跟父亲闲聊起来;他父亲不能从口音辨认出他,只当他是傻子。葛罗斯特乘机说俏皮话,说现在是疯子领着瞎子走路,同时竭力把老人打发走,显然,这并非出于这时葛罗斯特所应有的动机,而只是为了同艾德加单独在一起,以便演出假想的从峭壁上跳下的一场罢了。艾德加虽然刚刚遇见失明的父亲,又知道父亲因驱逐他而感到后悔,却说着全然多余的俏皮话,这些俏皮话莎士比亚固然会知道,因为他在赫列涅特①的书里读到过,而艾德加却是无从知道的,重要的是,在他所处的那种境况下,是决不会这么说的。他说:

"五个魔鬼一起附在可怜的汤姆身上:一个是色鬼奥别狄克特,一个是哑鬼霍别狄丹斯,一个是窃贼玛呼,一个是杀人犯魔陀,还有装鬼脸和全身痉挛的弗力勃铁捷贝特。现在他们都附在丫头和各色各样的侍女身上。"

听见这些话后,葛罗斯特把一个钱包给了艾德加,同时说:他葛罗斯特的不幸造就了这个穷汉的幸运。"天神向来是这样安排的,"他说,"如果执迷不悟和穷奢极侈的人因知觉麻木而不愿看见天神的威力,那就让他们马上感觉到吧。因此,分配应该消灭过分的享受,人人都应有足够的一份。"

失明的葛罗斯特说了这些话后,要求艾德加领他到他所知道的海滨悬崖上去,他们就下场了。

第四幕第二场在奥本尼公爵府邸前。高纳里尔不仅是个恶女人,而且是个荡妇。她藐视丈夫,并且公然表示自己爱上了那个承袭父亲葛罗斯特爵位的恶棍爱德蒙。爱德蒙离开后,高纳里尔跟丈夫进行了一场谈话。奥本尼公爵是唯一具有人的感情的人,以前他就不满于妻子对她父亲的态度,现在则坚决地为李尔鸣不平。可是,他用以表达自己感情的语言,却有碍于人们相信他的感情。他说:就是野熊也会对李尔俯首致敬;如果上天不差遣自己的有形的精灵下凡来遏止这些欺侮人的卑鄙勾当,那么人们将会像海怪那样互相吞食云云。

高纳里尔不听他的话,于是他开始辱骂她。"魔鬼,瞧瞧你自己吧,"他说,"恶魔的可怕嘴脸,还没有女人的那样可怕。""没有头脑的蠢货,"高纳里尔回嘴说。公爵接着说:"如果你自己要变成魔鬼,那么至少为了羞耻,不要让自己的嘴脸装出恶魔的怪相。啊,要是我认为得体的话,我会让我的双手完全自由,听凭我血管里沸腾的血液的指使,把你的躯体整个撕得粉碎,把你的骨头一根根折

---

① 赫列涅特应为塞缪尔·赫斯涅特(生卒年不详),他的《揭露教皇主义者各种巧妙骗局》一书于1603年在英国出版。——中译者注

断。可你虽然是个魔鬼,外貌却是女人。"此后,一个信使进来报告说,康瓦尔公爵在挖葛罗斯特的眼珠时被仆人刺伤,已经死去了。高纳里尔很高兴,可又担心里根(现在是寡妇)会从她那里夺走爱德蒙。第二场就此告终。

第四幕第三场呈现出法兰西的军营。从肯特和侍臣的谈话里读者或观众了解到,法兰西国王不在军中,考狄利娅收到肯特来信,因为获悉父亲的消息而异常悲伤。侍臣说,她的脸庞使人想起雨珠和阳光。Her smiles and tears were like a better day; those happy smiles that played on her ripe lip seemed not to know what guests were in her eyes; which parted thence as pearls from diamonds dropped.① 侍臣说,考狄利娅希望见到父亲,但是肯特说,李尔羞于同女儿见面,因为他曾经那么欺侮过她。

在第四场里,考狄利娅在跟医生谈话。她说,有人见到李尔,他完全疯了,不知怎地头上戴着各种野草编成的草冠,在一个地方来回走着,她已派兵士去找他。她还说,让大地上医药的一切神效都在她的泪珠里奔涌到他身上。等等。

人们告诉她,两位公爵的军队向他们这里开过来了,但是她一心惦念父亲,就下场了。

在第四幕第五场里,里根在葛罗斯特的城堡里同高纳里尔的管事奥斯华德谈话,他是为了送高纳里尔给爱德蒙的信而来的。里根告诉他,她也爱上了爱德蒙,因为她是寡妇,她嫁他比高纳里尔更合适些,她要求奥斯华德向姐姐提醒这一点。她还对他说,把葛罗斯特弄瞎而又让他活下来是很不明智的,因此建议他万一遇见葛罗斯特就杀掉他,并答应为此给以重赏。

在第六场里,葛罗斯特同没有被他认出来的儿子艾德加又出现了。艾德加扮成一个农民,领着失明的父亲到峭壁上去。葛罗斯特在平地上走着,艾德加却使他相信,他们正吃力地攀登陡险的山峰。葛罗斯特信以为真。艾德加对父亲说,听见了海中的波涛声,葛罗斯特连这也相信了。艾德加在平地站住,并且使他父亲相信自己已爬上峭壁,在他的脚下就是惊险的悬崖,并让他单独留了下来。葛罗斯特向天神祷告说:他要摆脱他的苦痛,因为他再也不能忍受下去而不怨尤他们天神。说完这些话,就在平地上跳起来,他摔倒了,却以为自己从峭

---

① 托尔斯泰所据的不知是什么版本,其中疑有错误。这段文字在牛津版中是这样的: her smiles and tears were like, a better way. Those happy smiles that play'd on her ripe lip seem'd not to know what guests were in her eyes, which parted thence as pearls from diamonds dropp'd. (她的微笑和流泪正相似,只是更美些;自在的笑纹游戏在圆熟的小嘴上,似乎不知道眼里有什么过客正离开那里,像珍珠从钻石上掉下来。)(据卞之琳译《里尔王》)——中译者注

壁上跳下来。这时,艾德加自言自语,说出一段更加紊乱的话:I know not how conceit may rob the treasury of life, when life itself yields to the theft, Had he been where he thought, by this had thought been past.①他又装作另一个人走近葛罗斯特,惊奇地说,他从这么可怕的高处摔下来,怎么会没有受伤。葛罗斯特相信自己是摔了下来,等待死去,可是感到自己还活着,就怀疑他没有从那么高的地方摔下来。于是艾德加说服他,使他确信自己真的曾从那可怕的高处跳下来;艾德加还告诉他,跟他一起站在峭壁上的是个魔鬼,因为他的眼睛像两轮满月,长着一百只鼻子和波涛般卷起的犄角。葛罗斯特相信这一切,而且深信不疑地认为,他的悲观失望是魔鬼唆使的,因此决定今后不再悲观失望,而是安然等待死亡了。这时李尔来了,不知为什么他全身缀满野花。他疯了,说的话比以前更加荒唐,他说到铸造钱币,说到弓,说要给谁一码尺②,随后喊着说,看见一只耗子,他要用一块乳酪引诱它,抓住它,接着又突然向走过的艾德加问口令,艾德加也应声答道:香麦荞兰。李尔说:过去!那个既没有认出儿子、又没有认出肯特的葛罗斯特却听出了国王的口音。

　　至于国王,则在自己没头没脑地说了一阵之后,突然说起讽刺话来。开头他说谄媚之徒像神学者,对一切都随声附和说是或不是,并使他确信,他是无所不能的,可是当他碰上暴风雨而无处容身时,他才感到这是假话;接着他说,因为万物淫乱,葛罗斯特的私生子对父亲比他女儿对他还孝顺些(虽然在戏剧发展中他根本无法得知爱德蒙对他父亲的所作所为),所以就让淫风炽盛吧,尤其是他作为一个国王,需要多制造出几个兵士来。此时他还对想象中的一位假正经的夫人说,她装作冷若冰霜,同时却像发情的畜生那样沉缅淫欲。所有女人只有腰带以上像天神,腰带以下却是魔鬼。在说这些话时,李尔因害怕喊了起来,并吐了几口唾沫。显然,这段独白是让演员对观众说的,它可能产生舞台效果,然而李尔说这些话是毫无来由的,正像葛罗斯特要吻他的手时,他擦着手说:it smells of mortality.③也是毫无来由的。接着话头转到葛罗斯特的瞎眼上来,这是为了有可能玩弄语言游戏,如关于视力,关于盲目的丘比特,以及李尔说的,他头上没有眼睛,钱袋里没有钱,所以眼睛沉重,而钱袋轻松。接着李尔自言自语地说到

---

① 这段话下之琳中译本为:"然而当生命自愿受劫的时候,幻觉不会把宝贵的生命劫走吗?如果他真到了他想要到的地方,现在该不能思想了。"与此略有出入,但似更符合剧中思想。——中译者注
② 这三句话在剧中是这样的:"他们不能控告我私铸钱币""那个家伙弯弓的姿势""给我射一枝一码长的标准箭"。(据下之琳译本)——中译者注
③ 英语:它闻起来有死人的气味。

法官的不公正;这段话让发了疯的他来说是很不恰当的。这以后考狄利娅派来寻找李尔的侍臣和兵士到了。李尔依然发疯,并且跑开了。派来找李尔的侍臣并不去追赶,却长时间地向艾德加叙说法兰西和不列颠的军情。

奥斯华德来了,瞧见了葛罗斯特,指望获得里根所许诺的杀他的奖赏,就扑向他,可是艾德加用自己的棍子打死了奥斯华德。奥斯华德垂死时把高纳里尔给爱德蒙的信交给杀自己的凶手艾德加,为了让他受赏。在信里高纳里尔答应杀死丈夫而嫁给爱德蒙。艾德加抓着奥斯华德的双脚把他的尸体拖开,回来带走了父亲。

第四幕第七场是在法国军营中一个小病房里进行的。李尔睡在床上,考狄利娅和仍然乔装的肯特进来了。大家用乐声唤醒李尔,他醒过来看见考狄利娅时,不相信她是活人,认为是在梦中,也不相信自己是醒着的。考狄利娅让他相信她是他女儿,还请求给她祝福。他向她跪下,求她原谅,承认自己年老糊涂,说自己甘愿喝下毒药,大概她已为他准备好了,因为他深信她痛恨他。如果他为之做过好事的两个姐姐都痛恨他,那么,他对她做过坏事,她怎能不痛恨他呢。随后他渐渐苏醒过来,不再胡说了。女儿请他到里边去。他同意了,并说:"请你宽厚些;请你忘怀和宽恕,我是个老迈糊涂的人。"他们下场了。留在舞台上的侍臣正在和艾德加交谈,为了向观众说明,爱德蒙正统率着军队,李尔的捍卫者和敌人之间的战争马上要开始了。于是第四幕结束。

在这第四幕里,李尔和女儿的一场将是很令人感动的,如果在它之前的三幕里没有李尔的枯燥单调的胡话,再则如果这是表达他的情感的最后一场就好了;可这却不是最后的一场。

六

在第五幕里,李尔又重复以前说过的夸张、冷漠而又是随意想出来的胡话,以致破坏了前一场可能产生的那种印象。

第五幕第一场先是爱德蒙和里根出现,里根因爱德蒙爱上她姐姐而吃醋,并向他自媒。接着高纳里尔、她丈夫和兵士们上场。奥本尼公爵虽则怜悯李尔,却认为同入侵祖国的法兰西人作战是自己的义务,正在准备战斗。艾德加来了,他仍然乔装,把一封信交给奥本尼公爵,并说,如果公爵得胜,那就吹起喇叭,那时候(在基督诞生八百年前)会有一个骑士出现,来证明这封信的内容是真实的。

在第二场里，艾德加同父亲上场，他让父亲坐在树荫底下，自己走开了。传来了厮杀声，艾德加跑来说，战争失败了，李尔和考狄利娅被俘。葛罗斯特又感到绝望。仍然没有让父亲认出自己的艾德加告诉他，不应该悲观绝望，葛罗斯特也马上同意了。

第三场是以战胜者爱德蒙的凯旋开端的。李尔和考狄利娅成为俘虏。虽然李尔此时不再是疯人，说的话依然同样疯疯癫癫，文不对题，例如说他将在监牢里跟考狄利娅一起唱歌，她请他祝福时，他将要跪下（下跪重复了三次）请她宽恕。他还说，当他们待在监牢中时，将冷眼看大人物们的阴谋、党派活动和骚乱，说对他和她这样的牺牲，天神也要焚香致敬，说就是天火要烧他们，像从森林里把狐狸熏出去，那他也不会哭泣，说他与其迫使眼睛哭泣，宁愿让它们因麻风病而连皮带骨一并烂掉，等等。

爱德蒙吩咐把李尔父女押到囚牢中去，委派一个队长对他们下毒手，问他能否照办？队长说，他不会拉大车，也不会吃干麦，但是别人能做的，他都干得了。奥本尼公爵、高纳里尔和里根来到。奥本尼公爵要庇护李尔，可是爱德蒙不允许。两姐妹也插了进来，彼此为爱德蒙争风吃醋，并且对骂起来。这儿的一切是那样的乱糟糟，以致难于注视情节的发展。奥本尼公爵要逮捕爱德蒙，并对里根说，爱德蒙早已同他妻子勾搭上了，所以里根必须放弃占有爱德蒙的野心，假如她要嫁人，那就嫁给他奥本尼公爵好了。

说完这些话后，奥本尼公爵向爱德蒙挑战，下令吹起喇叭，如果没有人出来，自己要跟他决斗。

这时，里根因疼痛而痉挛起来，显然是高纳里尔给她下了毒。喇叭吹响时，艾德加带着蒙脸的面甲上来，并不通报姓名，向爱德蒙挑战。艾德加斥骂爱德蒙，爱德蒙把他所有的詈骂扔回艾德加头上。他们交锋，爱德蒙倒地，高纳里尔陷入了绝望。

奥本尼公爵把高纳里尔的信给她自己看，高纳里尔走开了。

爱德蒙垂死时才知道他的敌手是他哥哥。艾德加掀起脸甲，说起教来。他说，他父亲因为养了私生子爱德蒙而落得失明的下场。随后，艾德加向奥本尼公爵叙说了自己的经历，说他只在刚才进行决斗前，才把一切告诉父亲，而父亲因为承受不住激动就死了。爱德蒙还没有死去，他问起过去发生过的别的事。

于是艾德加讲，当他坐在父亲遗体旁边时，来了一个人，紧紧地抱住他，叫喊得几乎要冲破天穹，这人扑向父亲遗体，还告诉他关于李尔和他自己无比哀苦的故事。在陈述时,他的生命的弦索开始断了,但这时喇叭已经吹过两次,艾德加便离开了他。此人就是肯特。艾德加还没来得及讲完这故事,一个侍臣手持血刀跑来,口喊救命!人们问是谁被杀,侍臣回答说,死的是毒死妹妹的高纳里尔。她自己承认了这件事。肯特来了,高纳里尔和里根的尸体也同时抬到。这时爱德蒙说,两姐妹显然都十分爱他,因为一个被毒死,另一个跟着自杀,全都为了他,同时他还招认他曾下令在监牢中杀死李尔,并且勒死考狄利娅而说她是自尽的,但是现在想制止这件事。说完时已经奄奄一息,大家把他抬走了。

这以后,李尔抱着考狄利娅的尸体上场,虽然他年逾八旬,又是个病人。他又异常笨拙地胡言乱语,这些话听来,正像不能逗笑的俏皮话一样,是会令人感到不好意思的。李尔要大家齐声号哭,他忽而认为考狄利娅死了,忽而认为她还活着。"要是我有你们所有人的舌头和眼睛,"他说,"我将用眼泪和哭声震撼穹苍。"接着他讲,是他杀了那个勒死考狄利娅的奴才,接着又说,他的眼睛昏花了,可就在这时却认出了一直没有认出来的肯特。

奥本尼公爵说,当李尔尚健在时,他要让位,还将奖赏艾德加、肯特和所有忠诚于他的人。这时传来了消息,说爱德蒙死了,李尔继续发疯,要求解开他的纽扣,他早在荒原上奔跑时曾这样要求过,他为此道谢,又叫大家瞧着某个地方,就在说话间死去了。最后,奥本尼公爵说:"我们应当顺从地承担悲惨时代的重负,应该说的是我们的感受而不是该说的话。最老的经受得最多;我们年轻人不会有如许阅历,如许长寿。"①全体在丧礼进行曲中下场。第五幕和全剧就此告终。

七

这部名剧就是这样。不管在我力求公允的转述里它显得如何荒唐,我敢说,原著还要荒唐得多。任何一个现代人,要是没有人提示说,这是尽善尽美的杰作,因而受到影响,那他只消从头至尾读它一遍(假定他对此有足够的耐心),就足以确信,这非但不是尽善尽美的杰作,而且是糟透了的粗制滥造之作,如果过去还能让某个人或者某些公众发生兴趣,那么在我们中间,除了厌恶和无聊,它再也不会唤起别的感觉了。任何一个不为别人的提示所影响的当代读者,从莎士比

---

① 这段话在下之琳译本中是艾德加说的,与这里说的"我们年轻人"是吻合的。在朱生豪译本中这段话虽然也是奥本尼说的,但没有"我们年轻人"等字样。托尔斯泰根据的当为另一版本。——中译者注

亚所有受人赞赏的其他戏剧里,会得到同样的印象,更无论戏剧化的荒唐故事《配力克里斯》《第十二夜》《暴风雨》《辛白林》《特洛伊罗斯与克瑞西达》了。

但是,在当代我们基督教社会里,再没有这么清醒的、不愿崇拜莎士比亚的人了。我们社会和我们时代的任何人,从他过自觉的生活之初,便听到人们提示说,莎士比亚是无比的天才诗人和剧作家,他的全部作品是尽善尽美的杰作。因此,不管我怎样感到这是多余的事,我将尽力以我选定的《李尔王》一剧为例,指出莎士比亚的所有其他戏剧①和喜剧也存在的所有缺点,由于这些缺点,它们非但不是戏剧艺术的典范,而且还不符合人们公认的艺术的起码要求。

根据称誉莎士比亚的评论家们自己制定的规则,任何戏剧的条件是:登场人物,由于他们的性格所特有的行为和事件的自然进程,要使他们处于这样一种环境,在这环境里,这些人物因为跟周围世界对立,与它斗争,并在这种斗争里表现出他们所禀赋的本性。

《李尔王》剧中的登场人物,表面看来真的被安排在跟周围世界的矛盾之中,并与周围世界作斗争。然而他们的斗争不是本乎事件的自然进程,不是本乎性格,而是出于作者十分任意的安排,因此不能让读者产生构成艺术主要条件的那种幻觉。李尔没有任何必要和理由要退位。同样地,他跟女儿们生活了一辈子,也没有理由听信两个大女儿的言辞而不相信幼女的真情实话。然而他的境遇的全部悲剧性却是由此造成的。

次要的开端——葛罗斯特与他两个儿子的关系,与这毫无二致,而又同样的不自然。葛罗斯特和艾德加的境遇之所以造成是由于葛罗斯特像李尔一样,轻信最笨拙的骗局,甚至不想问一问被骗的儿子,所加于他的罪名是否真实,就诅咒他并驱逐了他。

李尔与女儿们的关系同葛罗斯特与儿子的关系全然雷同这一点,令人更强烈地感到,前者与后者都是特地臆造出来的,而不是本乎性格和事件的自然进程。李尔在全剧里没有认出旧日随从肯特,这也同样牵强而显然出于臆造,因此,李尔和肯特的关系,也不能唤起读者或观众的同情。关于那个没有被人识破的艾德加的境况,也是如此,甚至更有过之:他领着失明的父亲,当父亲在平地上跳跃时,他却能令他相信是从峭壁上跳下来。

登场人物被十分任意安排进去的处境是这样的不自然,以至读者或观众不

---

① 戏剧(俄文 Драма,英文 drama),亦可译为正剧,或悲剧,但这里的"戏剧"是指喜剧以外的一切剧作。

仅不能同情他们的痛苦,甚至对于所读的和所见的都不能产生兴趣。这是第一点。

其次,不论这部戏剧也好,莎士比亚的所有其他戏剧也好,其中一切人物的生活方式、思想、言论和行为,同他们所生活的时间和地点全不符合。《李尔王》的情节发生于基督诞生前八百年,而登场人物却处于中世纪才可能有的条件下,在剧中活动的有国王、公爵、军队、私生子、侍臣、廷臣、医生、农夫、军官、士兵、戴脸甲的骑士,等等。

也许,在莎士比亚的全部戏剧里随处遇到的时代错误,在十六世纪和十七世纪初,并不损害可能有的戏剧效果,而在现代,在作者所详尽描写的那些境况下不会发生的事件,要人怀着兴趣去注意它们的进程,已经是不可能的了。

不本乎自然进程和人物本性的情势之出于臆造,以及这些情势同时间和地点的不相符合,由于一些拙劣的点缀而更加突出了。在那些应该显得特别悲惨的地方,莎士比亚是经常使用这些点缀的。李尔奔驰于荒原时的罕有的暴风雨,他像《哈姆雷特》中的奥菲利娅一样,莫名其妙地披在头上的杂草,艾德加的打扮,弄人的话,以及艾德加以戴脸甲的骑士出现——这一切效果不但没有加强印象,而且起了反作用。正如歌德说的:Mansicht die Absicht land man wird verstimmt[①]。甚至常常是这样,面对着这些显然是故意制造出来的效果,例如莎士比亚一切戏剧都用以结尾的、被人拉着两腿拖下场的五六个死人,人们感到的不是恐惧和怜悯,而是可笑。

陈 燊 译

[①] 德语:如果看到预谋,就会使你扫兴。

李尔王、托尔斯泰与弄臣[①]

[英]乔治·奥威尔[②]

一

托尔斯泰的评论文章是他的作品中最不为人所知的,他攻击莎士比亚的那篇文章[③]甚至不易找到,反正英译本是如此。因此,在我讨论这篇文章之前,先扼要介绍它一下,也许是有益的。

托尔斯泰一开始就说,在他一生之中,莎士比亚始终在他心中激起了"一和无法抗拒的反感和厌倦"。他意识到文明世界的舆论是与他背道而驰的,因此一而再,再而三地对莎士比亚的作品作了尝试,把它们的俄文本、英文本、德文本读了又读;但是,"我都毫无例外地有着同样的感觉:憎恶、厌烦和困惑"。如今,到了七十五岁高龄,他又重读了一遍莎士比亚的全部作品,包括历史剧,然而

> 我甚至更加强烈地有着同样的感觉——但是,这一次,不是感到困惑,而是坚定不移地深信,莎士比亚所享有的不容置疑的伟大天才的荣耀,也就是说我们时代的作家竞相模仿他,使读者和观众在他身上去发现并不存

[①] 本文选自《乔治·奥威尔文集》,题目系原书所有。本文要点:(1)托尔斯泰晚年写了一本叫《莎士比亚和戏剧》的小册子。在这本小册子中,他以《李尔王》为例,攻击莎士比亚,称莎士比亚名不副实,其名气是人为吹捧出来的;(2)但是,托尔斯泰对莎士比亚的攻击却是不中肯的:首先,他歪曲了莎士比亚,复述莎剧情节时,常常是断章取义的;其次,他没有把莎士比亚当作诗人,而是简单地把他看作一个"剧作家",继而又以近代戏剧的观点"嘲笑"古代诗人莎士比亚"不懂"戏剧技巧;再次,他没有把莎士比亚当作诗人,而是硬把他当作哲学家、思想家,继而又以近代人的思想"嘲笑"古代诗人莎士比亚没有"系统思想",如此等等;(3)总之,托尔斯泰对莎士比亚的攻击是不中肯的、有失偏颇的。他为何要攻击莎士比亚,是因为"他尽了极大努力要使自己成为圣人",而实际上,他并非圣人。

[②] 乔治·奥威尔(George Orwell, 1903—1950),笔名,本名埃里克·布莱尔(Eric Blair),英国小说家、评论家,有"反专制主义智者"之称,重要作品有小说《一九八四》《动物庄园》、论集《我为什么写作》等。

[③] 即《莎士比亚和戏剧》,1903年作为恩纳斯特·克劳斯贝《莎士比亚和工人阶级》一书的序言而写。——作者原注

的优点——从而扭曲了他们的审美和伦理观念的那种荣耀,是一件极坏的事,同样也是极为虚妄的事。

托尔斯泰接着说,莎士比亚不仅不是天才,而且甚至够不上是"一个普通作家"。为了说明这一点,他要拿《李尔王》来分析一下,因为他能够引用赫兹里特、布兰兑斯①等人的话,证明这部作品受到了过分的赞誉,可以把它当作莎士比亚最优秀作品的一个例子。

托尔斯泰接着对《李尔王》的情节作了一种类似评述的分析,发现它每一步都是愚蠢、啰唆、不自然、不明白、浮夸、庸俗、乏味,充斥着不可信的事情、"狂言乱语""不好笑的笑话"、时代的错误、无关的枝节、下流的脏话、舞台的俗套以及道德上和审美上的其他毛病。不管怎么样,反正《李尔王》是剽窃早先一位没有名气的作家的一部好得多的剧本《雷尔王》,莎士比亚把它偷了过来又毁了它。为了说明托尔斯泰是怎么进行工作的,有一段话值得在这里引用作为例子。第三幕第二场(李尔·肯特和弄臣都出现在狂风暴雨中)概括如下:

李尔在荒野上到处乱走,嘴里喃喃地说些意在表示他的绝望的话:他希望狂风猛吹,吹裂他们的脸颊,大雨滂沱,淹没一切,闪电烧灼他的白发苍苍的脑袋,惊雷夷平这个世界,毁灭掉一切"产生忘恩负义的人"的种子!这时那个弄臣不断地在说着一些更加没有意义的话。肯特上场:李尔说在这次暴风雨中所有罪犯总会被查出来而定罪。李尔仍没有认出肯特,后者竭力劝他到一个洞里躲一躲。这时弄臣说了一句与当时情况毫不相干的预言,他们三人都下了场。

托尔斯泰对《李尔王》的最后评语是,任何一个头脑没有发昏的观察者——如果确有这样一个观察者的话——除了感到"嫌恶和厌倦"以外,是不能怀着任何其他感觉把它读完的。"莎士比亚受到赞扬的其他所有剧本,更不用说《配力克里斯》《第十二夜》《暴风雨》《辛白林》《特洛伊罗斯和克瑞西达》等毫无意义的戏剧化故事",都完全是这样。

---

① 威廉·赫兹里特(1778—1830),英国散文家。格奥尔格·布兰兑斯(1842—1927),丹麦文学批评家,著有《19世纪文学主流》。

在处理掉《李尔王》以后,托尔斯泰对莎士比亚起草出一份比较全面的指控。他发现莎士比亚有一定的技巧,这一部分可以归因于他是个演员,但除此之外就一无优点了。他没有刻画人物性格的能力,也没有根据情景自然创造对白和动作的能力,他的语言都是清一色夸张可笑的,他经常把自己的兴之所至的胡思乱想搔到正好手头在写的任何一个人物的嘴里,他显示出"完全缺乏审美感情",他的语言"与艺术和诗没有任何共同之处"。托尔斯泰最后说,"不管你把莎士比亚当作是什么,他绝不是一个艺术家"。此外,他的看法都没有创新或令人感兴趣之处,他的倾向是"最低级的和最不道德的"。奇怪的是,托尔斯泰的这最后的评语并不是以莎士比亚自己的言论为基础,而是根据两个批评家的话:格尔维努斯①和布兰兑斯。据格尔维努斯的意见(至少是托尔斯泰对格尔维努斯的理解),"莎士比亚教导人家……人可能太好了",而据布兰兑斯的意见,"莎士比亚的基本原则……是只要目的正当可以不择手段"。托尔斯泰则添上自己的看法;莎士比亚是个最糟糕的侵略性的爱国主义者。但是除此以外,他认为格维努斯和布兰兑斯都真实地和充分地阐明了莎士比亚的人生观。

托尔斯泰然后又重述了几段他在别的地方比较详尽地表达过的艺术理论。说得再简短一些,这就是要求保持题材的尊严、用意的真诚和写作的技巧。一件伟大的艺术作品必须采用"对人类生活有重要意义的"题材,它必须表达作者的真正感受,它必须使用会产生预期效果的技巧。由于莎士比亚观点鄙俗,手法马虎,在态度上连片刻也不能做到真诚,显然理该遭到谴责。

但是这里产生了一个困难的问题。如果莎士比亚真的如托尔斯泰所说的那样,他怎么会受到那么普遍的钦佩呢?显然,答案只能从一种可以说是群众性催眠状态中去找,这也可以说是"传染性暗示"。整个文明世界多少都给骗得相信莎士比亚是个好作家,甚至最简单明白地表示相反看法的话都无人理睬,因为这已不是理性的意见、而是一种近乎宗教信仰的东西了。托尔斯泰说,在人类的全部历史上都没完没了地发生过这样"传染性暗示"的事情,比如,十字军东征、寻找炼金术、横扫荷兰全境的种植郁金香热,等等。他作为当代例子所举的,很有意义的,是德雷福斯案件②,认为全世界没有必要为之情绪激昂。此外还有一些对新的政治和哲学理论发生短暂狂热的事,或者对某个作家、艺术家或科学

---

① 格尔维努斯(1805—1871),德国文学史家。
② 德雷福斯案件发生于1894年。德雷福斯为法国犹太裔军官,被诬告通敌,判处终身监禁,此事轰动法国各界,左拉写《我控诉》为他鸣不平,在社会压力下,他终于1906年经重审宣布无罪释放。

家——例如达尔文,他(在一九〇三年)就"开始为人遗忘了"。在有些情况下,一个完全没有价值的群众偶像很可能在好几个世纪中仍旧吃香,因为"也发生这样的情况:偶然有利于这种狂热的确立的特殊原因而产生的这种狂热,在一定程度上符合社会上流行的人生观,特别是文学界流行的人生观,以至它们能保持很长时间"。莎士比亚的剧本之所以能够长期得到欣赏,是因为"它们符合他的时代和我们的时代的上层阶级的不讲宗教和不讲道德的精神状态"。

至于莎士比亚的名气是怎样兴起的,托尔斯泰认为这是十八世纪末德国的一些教授们所"制造出来"的。他的名气"起源于德国,然后再从那里转到英国"。德国人愿意抬高莎士比亚是因为当时没有值得一提的德国戏剧,而法国的古典文学已开始僵化和做作,德国人遂被莎士比亚的"聪明的场景发展"所迷,并且发现他能很好地表达他们自己的对生活的态度。歌德宣称莎士比亚是个伟大诗人,而所有其他批评家都鹦鹉学舌,群相效尤,于是这种普遍的痴迷就一直延续至今,其结果是造成戏剧的进一步贬损——托尔斯泰在批评当代戏剧时小心翼翼地把自己的剧本也包括在内——和现在普遍流行的道德观的进一步腐化。因此,顺理成章,莎士比亚的虚名是一件很坏的事,托尔斯泰认为他有责任与之斗争。

二

以上便是托尔斯泰这篇文章的主要内容。你读了之后的第一个感觉是,他说莎士比亚是个蹩脚作家,显然是不对的。但问题不在这里。实际上,是没有任何哪种证据或者论点你可以举出来证明莎士比亚或者任何其他作家是"优秀"作家的。而且也没有任何方法可以肯定地证明,举例来说,瓦里克·狄平[①]是个"蹩脚"作家。归根结底来说,除了是否能流传长久以外,并无测试文学优劣的标准,而流传本身又只能当作多数人意见的索引而已。像托尔斯泰的那种艺术理论,是完全没有价值的,因为这种理论不仅从随意的假定出发,而且所依赖的又是可以由你随心所欲作解释的模糊词语(如"真诚""重要"等诸如此类)。正确地来说,你无法反驳托尔斯泰的攻击。但有趣的问题是:他为什么作此攻击?不过,应该附带提一句——他使用了不少软弱无力和有失诚实的论据。有些值得指

---

① 瓦里克·狄平(1877—1950),英国通俗小说家。

出,不是因为它们否定了他的重要指责,而是因为它们可以说恰好证明他心有恶意。

首先,他对《李尔王》的分析,并不是像他两次申明的那样是"不偏不倚"的。恰巧相反,这是连续不断地进行歪曲。显然,当你为一个没有读过《李尔王》的人扼要介绍它时,如果你用以下这样的方式介绍一段重要的话(就是考狄利娅倒死在李尔王怀中时他说的一段话),你就不可能真正是不偏不倚的:"接着李尔王又开始了他的胡言乱语,使你感到不自在,就像听到不能引人发笑的笑话一样。"托尔斯泰有数也数不尽的例子,在作批评的时候,把原文略作改动或者渲染,使得情节显得更加有些复杂和不合情理,或者语言显得更加有些夸张。例如,他告诉我们,李尔王"没有必要或者动机要逊位",虽然他要逊位的理由(他已年老,希望不理朝政)已在第一场戏中明确地表示过了。我们可以看到,就在上面引的段落里,托尔斯泰也有意误解一句话,另外又略微改变了另外一句话的意思,使得本来按其上下文来读的一句相当合乎情理的话成了没有意义的胡说八道。这些误读本身都没有什么了不起,但是它们综合起来的积累效果却夸张了这个剧本的心理上的一贯性。此外,托尔斯泰不能够解释莎士比亚的剧本在他死后两百年(那就是说在所谓的"传染性暗示"开始以前)仍在印行,仍在舞台上演出。而且他对莎士比亚名声四起的整个介绍也是充满了明显的错误言论的猜想。再有一点,他的许多攻击都自相矛盾:例如,他说莎士比亚不过是个艺人,"一点也不认真",但一边又说他不断地把自己的想法放在他的人物的嘴里。整个来说,很难觉得托尔斯泰的批评是出诸真心实意。反正,他不可能充分相信自己的主要论点,那就是说相信他说的有一个多世纪之久整个文明世界被一个弥天大谎所欺骗,而只有他一个人能够看穿。当然,他对莎士比亚的憎厌是相当真实的,但其原因却可能不同于或者一部分不同于他所声言的原因;他的文章所以不令人感兴趣恰恰就在这里。

至此,你就不得不开始揣测了。但是,有一个可能的线索,或者至少说有一个问题可以指引通向那个线索的道路。那就是:托尔斯泰有三十多个剧本可选,为什么选了《李尔王》当作他的特定目标呢?不错,《李尔王》这么有名而且受到这么多的赞扬,完全有理由可以用来代表莎士比亚的最佳作品,但是,为了作敌意分析,托尔斯泰大概选了这个他最不喜欢的剧本。他对这个剧本怀有特殊的敌意,有没有可能因为他有意无意觉得李尔王的故事与他自己的故事有相似之处?但是,最好还是从相反的一个方向来看这一线索——那就是,考察《李尔王》本身,以及托尔斯泰没有提到的它所包含的品质。

英国读者在托尔斯泰的文章中首先会注意到的几件事情之一,是它很少把莎士比亚当作一个诗人来看待。莎士比亚给当作一个戏剧家,他的受人欢迎虽然不是假造出来的,但只是由于舞台技巧所玩的花样,使得聪明的演员有了很好的机会。现在必须指出,就英语国家而言,这一点是不确实的。莎士比亚的爱好者所最重视的好几个剧本(例如《雅典的泰门》)很少或者从来没有上演过,而最适宜于上演的一些剧本,像《仲夏夜之梦》,却最不受重视。最钦慕莎士比亚的人首先重视他对语言的使用,也就是所谓"语言的音乐",甚至另一个敌意的批评家萧伯纳也承认是"不可抗拒的"。托尔斯泰无视这一点,他似乎没有认识到,一首诗在有些人读来有着特殊的价值,因为那首诗是用他们本国语言写的。但是,即使你自己处身于托尔斯泰的地位,把莎士比亚看作一个外国诗人,事情仍旧很清楚,托尔斯泰忽略了某种东西。诗,看来不仅是声音和联想,在它自己的语言群体之外毫无价值。否则,为什么有些诗,包括一些用已死去的语言写的诗仍能跨越国界呢?显然,像《明天是情人节》之类的一首抒情诗,是无法令人满意地翻译的,但是在莎士比亚的重要作品中确有一些可以称为诗的东西,可以与语词分开的。托尔斯泰说,《李尔王》作为一个剧本来看,并不是一个好剧本,这话说得并不错。它拉得太长,人物和枝节太多。有一个坏女儿已经足够了,艾德加是个多余的角色;的确,如果把格罗斯特和他的两个儿子都删掉,也许这个剧本就会好一些。不过,有一种什么东西,有一种可以说是格局的东西,或者仅仅是一种气氛,却不受情节的复杂和拖拉而保存了下来。可以把《李尔王》想象成为一场木偶戏、一场哑剧、一场芭蕾舞、一系列画片;它的诗意,也许就是它最重要的成分,是它的故事所必然带来的,既不依赖任何哪一组词语,也不依赖具体的表演。

闭上你的眼睛,想象一下《李尔王》,如果可能的话,不去想什么对白。你看到的是什么?至少我看到的是:一个身穿黑色长袍的神态庄严的老人,白发苍髯,随风飘拂,仿若布莱克[①]画中的人物(不过也奇怪很像托尔斯泰本人),带着一个弄臣和疯子,在暴风雨中游荡,咒骂上苍。接着场景转换。那个老人嘴上仍在咒骂,仍旧神志不清,手上却抱着一个死去的姑娘,那个弄臣却吊在背景处的一座绞架上。这就是这个剧本的基本梗概,甚至在这里,托尔斯泰也要删去大部分基本的成分。他反对暴风雨,认为这无必要,他反对弄臣这个角色,在他的眼里这

---

① 威廉·布莱克(1757—1827),英国诗人、画家。

干脆是乏味的累赘,说些不可笑的笑话的借口,而且他反对考狄利娅之死,他认为这失去了剧本的道德寓意。照托尔斯泰看来,莎士比亚用来改编的原先那个剧本《李尔王》,比莎士比亚的剧本结尾更加自然,更加符合观众的道德要求:那就是高卢人的国王征服了两个姐姐的丈夫,而考狄利娅不但没有死,反而帮助李尔王恢复原来王位。换句话说,这部悲剧应该是一部喜剧,或者,也许一部情节剧。悲剧意识是否与信奉上帝相容,这是可以怀疑的,不过反正,这是与不信人类尊严不相容的,与那种美德不能获胜而感到受骗的"道德要求"不相容的。正是美德不能获胜而仍感到人类比那摧毁他的势力更加高贵的时候,悲剧的情况才会出现。也许更加有意思的是,托尔斯泰认为弄臣的出现并无必要。其实,弄臣是剧本的组成部分。他的作用不仅是充当一种合唱队,他对主要情节发表比其他角色能做到得更加明白的评论,而使得这主要情节更加清楚,而且也用来衬托李尔王的疯狂。他的笑话、谜语和顺口溜,以及他没完没了地对李尔王的高尚愚行的讽刺,从简单的嘲笑到一种忧郁的诗句("你抛弃了所有其他的头衔;你与生俱来的东西"),好像一股头脑清醒的涓涓细流,贯彻全剧始终,提醒人们,尽管这里有不公正、残暴、阴谋、欺骗和误解的事发生,在世界上什么地方,生活还是在照常进行。从托尔斯泰对弄臣的不耐烦态度,你可以窥见他与莎士比亚的更深刻的不合。他不无理由,反对莎士比亚剧本的参差不齐,无关枝节,情节不可信,语言夸张,但是归根结底,他最不喜欢的大概是那种生气勃勃,一种对实际生活过程感到谈不上愉快而只是兴趣的倾向。如果把托尔斯泰仅仅看作是一个道学家在攻击一个艺术家,而不屑一理,那就大错特错了。他从来没有说过艺术本身是不好的或者没有意义的,他甚至也没有说技巧上的多才多艺是不重要的。但是在他的晚年他的主要目的是收缩人类意识的范围。一个人的兴趣,一个人对物质世界和日常斗争的关心点,应该越少越好,而不是越多越好。文学必须以说教寓言来组成,去掉细枝末节,几乎独立于语言。关于说教性寓言,托尔斯泰有别于普通的庸俗的清教徒,认为本身应该是艺术品,但必须从中排除享乐和好奇。科学也必须与好奇脱离。他认为,科学的任务不是发现发生了什么,而是教导人们应该如何生活。历史和政治也是如此。许多问题(例如,德雷福斯案件)根本不值得为它们伤脑筋去解决,他宁可让它们听之任之。说实话,他的整个"狂热"或"传染性暗示"的理论(他把十字军东征和荷兰人种植郁金香的狂热等等这种事情都归于这一类)说明,他愿意把人类的许多活动看成不过是蚂蚁一般来往忙碌,不可解释,缺乏兴趣。显然,他对于像莎士比亚那么一个结构混乱、细节烦琐、东拉西扯的作家没有耐心。他的反应是一个被爱吵闹的孩子打扰的脾气容易生气的老人的反应。"你为什么老是这样跳上跳下？你为什么不能像我这样安静地坐着？"在某种意义上来说，这个老人是对的，但问题是，孩子的四肢好动，这种感觉老人早已消失。如果老人知道有这种感觉存在，结果只有使他更加生气，要是办得到，他会让孩子也马上年老体衰。也许，托尔斯泰不知道他在莎士比亚作品里没有看到的是什么，但是他知道他没有看到什么，他下决心要让别人也看不到。他不仅以自我为中心，而且生性专横。他在成人以后，生起气来有时还揍仆人，据他的英文传记作家德里克·莱昂说，后来他还"常常感到有一种欲望，稍有不遂就想打与他意见相左的人的耳光"。虽然经过了宗教上的皈依，你不一定就能够改掉这种脾气，确实很显然，再生的幻觉可能使你的本性邪恶比以前更得到了自由的发展，也许方式微妙一些而已。托尔斯泰是能够摒弃肉体暴力的，而且明白这意味着什么，但是他不能够保持容忍或谦恭，即使你没有读过他的其他著作，仅从这一篇文章你也可以看出他的进行精神恫吓的倾向。

　　但是，托尔斯泰不仅仅是要剥夺别人的他所并不享有的乐趣。没有疑问，他是这么做的，但是他同莎士比亚的分歧还要更进一步。这是对待生活的宗教态度和人道态度的分歧。这里，我们又回到了《李尔王》的中心主题，对此，托尔斯泰没有提到，但是他相当详细地介绍了剧情。

　　《李尔王》是莎士比亚剧本中少数令人毫不怀疑地含有寓意的剧本之一。托尔斯泰抱怨得有理，把莎士比亚说成是个哲学家、心理学家、"伟大的道学家"等等的胡说八道文章已经写得很多了。莎士比亚不是个系统思想家，他的最认真的思想是随便或者间接说出来的，我们不知道他在多大程度上是有"目的"写作的，甚至不知道一般说是他写的作品，有多少实际上是他写的。他在他的十四行诗中甚至没有提到他所写的剧本，虽然他的确有些难为情地提到了他的演员生涯。十分可能，他至少把他的一半剧本看作不过是混饭吃的手段，很少操心什么目的或者可能性，只要他能把什么东西——通常是偷来的材料——拼凑在一起，能够在舞台上多少站得住脚。但是，这还不是全部情况。首先，正如托尔斯泰自己所指出的，莎士比亚有一种习惯，喜欢把无关宏旨的一般想法插到他的人物的嘴里。在戏剧家身上，这是一个严重的缺点，但是这并不符合托尔斯泰对莎士比亚的印象，莎士比亚并非托尔斯泰所认为的是一个庸俗的文丐，没有自己的看法，仅仅希望花最小力气产生最大效果。不仅如此，他有十多个剧本大部分写于一六〇〇年之后，都毫无疑问有一定的意义，甚至道德寓意。它们都围绕着一个中心主题,在某些情况下可以归纳为一个词。例如,《麦克白》是写野心;《奥赛罗》是写妒忌;《雅典的泰门》是写金钱;《李尔王》的主题是写权力的放弃,只有你有意视而不见,你才会不了解莎士比亚在说些什么。

李尔王放弃了王位,但是希望大家继续把他当作国王看待。他没有看到,如果他放弃了权力,别人就会利用他的弱点,而且谁最阿谀奉承他,即里根和高纳里尔,谁正好就是会反对他的人。他一旦发现不能使别人像以前一样服从他,他就大发脾气,托尔斯泰把这种脾气说成是"奇怪和不自然的",但事实上却完全符合性格。李尔王在疯狂和绝望中,有过两种情绪变化,这在他的具体情况下也是自然不过的,虽然其中一个情绪,大概是被莎士比亚用来发表他自己的看法的。这两种情绪中,一个是厌恶,李尔深悔做了国王,第一次了解到官场司法和庸俗道德的腐败。另一个情绪是枉然的狂怒,他借此泄恨,幻想对于那些对不起他的人进行报复。"一千条血红的火舌,吱啦啦卷到她们身上!"又说:

> 用毡呢钉在一队马儿的蹄上,
> 倒是一条妙计;我要把它实行一下,
> 悄悄地溜进我那两个女婿的营里,
> 然后我就杀呀,杀呀,杀呀,杀呀!

只有到最后,他神志清醒时才明白,权力、复仇和胜利是不值得的:

> 不,不,不,不,让我们到监牢去……
> ……我们将在那儿了此残生,
> 在囚牢的四壁内,我们将冷眼一看那班奸党
> 随着月亮的回缺而升沉。

但他的这一发现已为时过晚,因为他的死和考狄利娅之死已经注定。故事就是如此,除了有些地方讲得有些笨拙,这是个很好的故事。

不过,这不是很奇怪地和托尔斯泰本人的历史很相像吗?你不可能不看到有大致雷同之处,因为托尔斯泰一生之中令人印象最深刻的事,就像李尔王一生之中一样,是他所采取的一桩无偿放弃巨额产权的行动。他到了老年以后,放弃了他的庄园、爵位、版权,他而且要尝试脱离他的特权地位而过农民的生活。这

是一次真诚的尝试,尽管没有成功。但是更深一层的相似还在于,托尔斯泰像李尔王一样,是出乎错误的动机行事的,因此没有取得他预期的结果。根据托尔斯泰的看法,每个人的人生目标都是幸福,而幸福只有靠执行上帝的意志来获得。但是执行上帝的意志意味着摒弃一切世俗的享乐和野心。一心为别人而活着。因此,托尔斯泰最终放弃了世界上的荣华利禄,满心希望这会使他快活一些。但是,如果说他的晚年之中有一件事是可以肯定的话,那就是他过得并不快活。相反,他周围的人正因为他放弃一切而把他几乎逼得发狂。像李尔王一样,托尔斯泰不是个谦卑的人,他对人品没有很好的判断力。他有时常常倾向于回到作为一个贵族的态度上去,尽管他穿农民衬衣,他甚至有两个他信任的孩子最终与他作对。不过,当然,方式不若里根和高纳里尔那样令人吃惊。他的过于厌恶性生活也同李尔王非常相像。托尔斯泰说,婚姻是"奴役、餍足、厌恶",而且需要容忍紧挨着"丑恶、肮脏、臭味、伤痛",这话与李尔王的那段著名的话很相配:

> 腰带以上是属于天神的,
> 腰带以下都属于魔鬼;
> 那儿是地狱,是黑暗,是硫黄坑,
> 大火熊熊地烧灼着,发出恶臭,消耗殆尽……

虽然托尔斯泰在写他的那篇关于莎士比亚的文章时并不能预见及此,甚至他的生命的结束——突然出逃,仅有一个忠实的女儿相伴,最后死在一个陌生村子里的农舍里——也似乎与《李尔王》有一种幻影似的相同之处。

当然,你不能假定托尔斯泰是意识到这相似之处的,或者如果向他指出,他会承认的。但是他对这个剧本的态度一定受到了它的主题的影响。放弃权力、送掉土地是一个他有理由深有体会的事。因此,他对于莎士比亚由此引出的道德寓言一定比他在其他剧本上更加感到愤怒和不安,例如《麦克白》,这一剧本没有这么贴近他自己的生活。但是《李尔王》的道德寓意究竟是什么?显然寓意有两个:一个是明言的,另一个是故事所暗示的。

莎士比亚一开始就假定,放弃你的权力就是招致攻击。这并不是说人人都会同你作对(肯特和弄臣始终站在李尔王一边),但极可能有人会这样。如果你抛弃你的武器,不怎么讲规矩的人就会捡起来。如果你凑上另一面颊,你会比前一面颊挨更重的一记耳光。这事不一定总会发生,但是可以预料到的,真的发生时,你不应该抱怨。第二记耳光可以说是你凑上另一面颊这个行动的组成部分。因此,首先为弄臣得出的庸俗的、常识性的寓意:"别放弃权力,别送掉你的土地。"但是,还有另外一个寓意,莎士比亚并没有明言——他是否充分意识到这一点并不十分重要。它包含在故事之中,而故事毕竟是他自己编的,或者是改编来适合于自己的目的的。这就是:"如果你愿意,尽可以送掉你的土地,但是你别指望会因此得到幸福。十之八九你不会得到幸福。如果你为别人活着,你就必须以为别人活为目的,而不是为自己谋好处的迂回手段。"

显然,这两个结论都不能使托尔斯泰高兴。其中第一个结论表达了那种他真心想回避的普通、实际的自私心态。另一个结论与他的"既要吃蛋糕又要保留它"的愿望相冲突,所谓"既要吃蛋糕又要保留它"的意思指的是,摧毁自己的自我中心观念同时又借此获得永生。当然,《李尔王》不是主张利他主义的讲道说教;它只是指出为了自私原因而实行自我克制的结果。莎士比亚身上有相当明显的入世气质,要是他在自己的剧本中非得偏袒一方的话,他的同情很可能会在弄臣的一方。但至少他可以看到整个问题之所在,而在悲剧的层面上处理它。邪恶受到了惩罚,但美德没有得到报偿。莎士比亚后来的剧本中的道德寓意不是一般意义上的宗教性的,而且肯定不是基督教的。只有两个剧本,《哈姆雷特》和《奥赛罗》,是在基督教时期发生的;甚至在这两个剧本里,除了《哈姆雷特》中鬼魂的出现,没有任何迹象表明存在着万事皆得报应的"来世"。所有这些悲剧都是以人道主义的前提出发:人生虽然充满悲伤,仍是值得的,人类是高尚的动物——这一信念是托尔斯泰在晚年所没有的。

三

托尔斯泰不是一个圣人,但是他尽了极大努力要使自己成为圣人;他对文学提出的标准是理想世界的标准。我们必须明白,一个圣人与一个普通人之间的不同,是种类的不同,而不是程度的不同。这就是说,不能把一个看成是另一个的不完美形式。圣人,至少是托尔斯泰心目中的那种圣人,并不想在人间生活中谋求改善,而是想结束它,用别的来代替它。这种想法的一种明显的表现是,他声称独身"高于"婚姻。托尔斯泰事实上是在说,如果我们停止繁殖、打仗、斗争和享受,如果我们能够去掉我们的罪过,而且去掉把我们困在地球表面的一切联系——包括爱,就是在普通意义上对一个人比对另一个人更喜欢——那么,整个痛苦过程就会结束,天国就会降临。但是正常的人并不要天国,他要的是在人世间继续活下去。这不完全是因为他"软弱""有罪"和急于要"享受"。大多数人在自己的生活中得到了相当的乐趣,但总的来说,生活是受苦,只有很年轻的人或者很蠢的人才不是这样想的。最后,自私的和享乐的态度是基督教的态度,因为目的总是脱离人世的痛苦斗争,在某种天堂或极乐世界中找到永恒的和平。人道主义的态度是,斗争必须继续,死亡是生命的代价。"人必须承受自己的死亡就像他们承受出生;成熟就是一切"——这是一种非基督教的感情。在人道主义和宗教信徒之间常常似乎出现一种休战状态,但事实上,他们两者的态度是不可调和的:你必须在今世和来世之间作一选择。大多数人如果了解这个问题,就会选择今世。他们继续工作、生育、死亡,而不是摧残他们的官能而希望在别的什么地方重获新生,他们就是作了这一选择。

对莎士比亚的宗教信仰,我们不甚知晓。从他的作品来看,很难证明他有什么宗教信仰。但无论如何,他不是个圣人,也不是个候补圣人;他是个人,而且在某些方面,不是个很好的人。例如,很明显,他喜欢结交有钱有势的人,而且能够以最巴结的方式阿谀奉承他们,他在表示不受欢迎的意见的时候也特别小心谨慎,且不谈胆小怕事。他几乎从来没有在有可能被别人认为就是他自己的角色的嘴中,吐露过一句离经叛道或怀疑宗教的话。在他的全部剧本中,敏锐的社会批评家——也就是不轻信那些被普遍接受的谬说的人——都是小丑、坏蛋、疯子,或者装疯卖傻的人,或者处于歇斯底里大发作的人。《李尔王》这个剧本里,这一倾向特别明显。它包含了大量隐藏的社会批评——这一点托尔斯泰却忽视了——但都是由弄臣或者艾德加假装疯癫时说的,或者是李尔王发疯时说的。李尔王在头脑清醒时很少说过一句明白的话。但是,莎士比亚必须用这种花招;这一事实说明他的思想的广度有多大。他几乎无法控制自己,对什么事情都要发表高见,尽管他是戴上一系列假面具来这么做的。如果你用心读过莎士比亚,你很难一天也不引用他的话的,因为没有多少重大的问题他不发表意见或者至少在什么地方提一下的,尽管不是有系统地,但很说明问题。甚至他的每一剧本中俯拾即是的一些无关枝节——双关语、谜语、名单、报道片段(像《亨利五世》中脚夫的谈话)、粗俗的笑话、失传的民谣,等等——都不过是精力过分旺盛的产物。莎士比亚不是个哲学家或科学家,但他的确有好奇心:他爱地球的表面和生活的进程——应该再次指出,这与要过享乐的日子和尽可能长命不是一回事。当然,不是由于莎士比亚的思想品质才使他的名声流传下来的;如果他不同时是个诗人,很可能连戏剧家的名声也不会流传。他对我们的主要吸引力是通过语言。莎士比亚深深地受到语言的音乐的迷醉,这大概可以从毕斯托尔①的道白中看出。毕斯托尔说的话大多是没有意义的废话,但是你如分行来看,它们都是精彩万分的好诗。显然,那些铿锵有力的废话("让洪水泛滥,让魔鬼因为没吃的而嘶号",等等)不断地自动出现在莎士比亚的心中,他必须创造一个半疯的角色来把这些废话说出来。托尔斯泰的母语不是英语,你不能怪他不为莎士比亚的诗句所感动,甚至不愿相信莎士比亚的遣词造句的技巧非同一般。但是他却竟然反对因为诗歌的神韵而珍视诗歌的想法——所谓珍视诗歌,就是说,珍视它为一种音乐。但愿有人能够向托尔斯泰证明——他对莎士比亚声誉鹊起的整个解释都是错的,至少在英语世界里,莎士比亚的受欢迎是真的;单是他把一个音节放在另一个音节之旁的技巧,就能使说英语的人世世代代得到高度的快感——所有这一切都不能算是莎士比亚的优点,而是相反,只不过是又一证据,证明莎士比亚和他的崇拜者的不信宗教的、入世的本性。托尔斯泰会说,诗歌要由它的意义来评判,动人的声音只会造成虚假的意义。在每一层面上,都是同一个问题——今世对来世,而音乐肯定是属于今世的东西。

托尔斯泰性格总是使人感到一种怀疑,就像甘地的性格一样。他不是个庸俗的伪君子,像有些人说他那样,而且,如果他没有每走一步就受到身边的人的干涉,特别是他妻子的干涉,他大概会让自己作出更大的牺牲。但在另一方面,按照他们的门徒的判定来看托尔斯泰那样的人是很危险的。总是有这样的可能性——甚至是或然性——他们不过是以一种形式的自我中心换另一种形式的自我中心。托尔斯泰放弃了财产、名誉和特权,他摒弃一切形式的暴力,而且准备为此而受苦,但是我们不容易相信,他摒弃胁迫的原则,或者至少是胁迫别人的愿望。在有些家庭里,做父亲的会对他的孩子说"你再这样我就揍你",而做母亲的则是含着眼泪把孩子搂在怀里,爱护地低声说:"宝贝,你这么做对得起妈妈吗?"谁能说,第二种方法不如第一种专制?真正的区别并不在于暴力和非暴力,而是在于有没有权力欲。有人相信,军队和警察都是坏的,但是比起那些相信在一定情况下有必要使用暴力的人来,他们自己却更加不宽容和追究别人。他们不会对别人说"你要这样做,否则就把你送进监狱",但是,只要他们可能,就会钻到别人的脑子里,指使他这样想、那样想,直至最细微的程度。像和平主义和无

---

① 毕斯托尔是《亨利五世》中一个角色,伦敦小店主,靠巴结福斯塔夫为生。

政府主义那样的信条,在表面上似乎意味着放弃权力,实际上却鼓励这种思想习惯。因为,如果你相信自己似乎已经摆脱了肮脏的政治——而且相信自己并不是为了得到什么物质好处——那就一定证明你是正确的吗?你越是相信自己正确,就越容易胁迫别人,要别人也抱有和你一样的想法。

如果我们相信托尔斯泰在他文章中所说的话,那么看来,托尔斯泰从未发现莎士比亚有什么优点;但是他的同胞,如作家屠格涅夫等人,他们的看法却和他大不一样。由此我们可以有把握地说,在托尔斯泰还没有"激变"[1]之前,他可能会说:"你们喜欢莎士比亚——我不喜欢。事情就是这样,随它去吧。"但后来,他不再认为世上的事物是多种多样的,于是便开始把莎士比亚看作为一种危险事物。然而人们越是从莎士比亚那里得到乐趣,就越是不会听托尔斯泰在说什么。确实,不允许有人欣赏莎士比亚,就像不允许有人喝酒、吸烟一样。托尔斯泰当然不会用武力来阻止他们,也不会叫来警察没收莎士比亚的作品。但是,只要有可能,他就会指控莎士比亚。他会钻入莎士比亚崇拜者的心中,想方设法——包括使用一些自相矛盾甚至其是否诚实也令人怀疑的论点——使他们不再欣赏莎士比亚。

然而,说到最后,有意思的是,托尔斯泰所说的这一切其实没有多大作用。我在前面已经说过,对托尔斯泰的那篇文章,至少对它的主要论点,你无法反驳。因为你不可能有什么论据来为一首诗辩护。一首诗的流传,就是它为自己所作的辩护;否则,它是无法辩护的。如果这一说法有理,那么我想,在莎士比亚这起案件上,判决应该是"无罪"。莎士比亚像所有其他作家一样,迟早也会被人遗忘,但不大会有人像托尔斯泰那样再来严厉指控他了。托尔斯泰也许是他那个时代最令人钦佩的作家,而且他也肯定不是很差的评论家。他倾全力攻击莎士比亚,像一艘战舰一样大炮齐鸣,而结果呢?四十年后,莎士比亚仍是莎士比亚,毫发无伤,想要诋毁他的意图一无所获。要不是托尔斯泰是《战争与和平》和《安娜·卡列尼娜》的作者,那本发了黄的小册子[2]恐怕早已被人忘得一干二净了。

董乐山　译

---

[1] 托尔斯泰晚年思想"激变",以俄罗斯农民为典范,宣扬禁欲主义,为此他把自己的作品如《战争与和平》《安娜·卡列尼娜》等也称作"老爷式的消遣"。
[2] 那本发了黄的小册子:即指托尔斯泰的长篇论文《莎士比亚与戏剧》,该文最初是为一部关于莎士比亚的专著而写的序言,后以单行本出版。

6
《堂吉诃德》

简介：

【西班牙文名】*Don Quijote de la Mancha*

【作　者】［西班牙］米盖尔·德·塞万提斯·萨维德拉（Miguel de Cervantes Saavedra，1547—1616）

【年　代】16世纪。

【体　裁】骑士传奇，或"反骑士传奇"。

【主　题】不合时宜者，即便出于善意，其所作所为也成笑柄。

【人　物】主要有：堂吉诃德、桑丘·潘沙。

【情　节】主要是：乡村小绅士堂吉诃德，将近五十岁，喜欢读骑士传奇到了痴迷程度，渐渐他丧失理性，居然突发奇想要做一名游侠骑士。他穿上一套生锈的铠甲，骑上家里拉车的瘦马，拿着一根木棍充当长矛，出去行侠。但在一个现实的世界里，他的侠义可笑之至，被人当作疯子。但他执迷不悟，继而又让村里一个叫桑丘·潘沙的傻乎乎的农夫充当他的侍从，骑一头驴子，跟着他去行侠。结果可想而知，他们不是被人愚弄，就是被人痛打。最后，在严酷的现实面前，他渐渐醒悟，发现自己在做一件荒唐可笑的事情。因为不仅骑士时代早已过去，就算在骑士时代，真实的骑士也不是骑士传奇里所写的那种骑士，后者是胡编乱造的。于是，他回到家里，把那些骑士传奇统统拿出来，一把火烧掉了。然而，他已身心疲惫，不久便与世长辞。

塞万提斯与《堂吉诃德》①

[英] 托马斯·卡莱尔

一

塞万提斯几乎可以说是西班牙文学的创始人。像维瑞特斯、熙德②，等等，都默默无闻，而令人惊奇的是，一个贫穷的、出身低微的人，竟是唯一一个透过西班牙漫长的历史，把声音传递到我们这儿的人。而没有他，我们将永远不会这么准确地了解西班牙人的灵魂。塞万提斯的生活，一点也不像一个学者的生活，而是一个心碎的、积极的、坚强的人的经历。他一五四七年出生于靠近马德里的阿斯卡隆(Ascalon)的一个没落贵族之家。由于有机会进学校受教育，他不久就表现得非常优秀，因此，他有幸在红衣主教阿奎维瓦(Aquaviva)那里得到一份工作。红衣主教阿奎维瓦那时正要去罗马，但其时罗马、西班牙和威尼斯联合起来，反对土耳其，塞万提斯便辞去工作，当了一名士兵。像当时的许多年轻人和贵族一样，塞万提斯自愿参加了堂胡安(Don John)和奥地利人科罗纳(Colonna)率领的舰队。勒班多(Lepanto)之战是他悲剧人生的开始，在那儿，他的左臂被一把土耳其弯刀砍掉。在返回西班牙故土的途中，虽然身负重伤，他仍然没有离开军队。后来被巴巴利③的海盗俘虏，带到阿尔及利亚，被迫给那些粗鲁、野蛮的海盗——他的主人挖地。塞万提斯过了七年的奴隶生活，遭受了最不堪忍受的苦难，但他那乐观和高贵的心灵使他坚持下来，所有这七年时间他都在想方设法逃离那个地方。

---

① 本文节选自卡莱尔《文学史演讲集》，题目系本书编者所加。本文要点：(1) 塞万提斯一生坎坷，五十四岁写《堂吉诃德》第一部，他的其他一些作品都不甚出名；(2)《堂吉诃德》是"人类和自然心灵的自由倾诉"，他在这部作品中"描绘了自己的性格，用善意的讽刺表达了自我"。
② 维瑞特斯、熙德，均为传说中的西班牙民族英雄。
③ 巴巴利(Babary)：埃及以西的北非伊斯兰教地区。——译者注

在《堂吉诃德》中，塞万提斯给我们讲述了一个俘虏的冒险经历，和他自己的非常相似。除此之外，西班牙牧师作家海多(Haydo)在同一时期写了一本关于巴巴利的书，书中讲述了塞万提斯的囚禁和冒险经历，以及他的逃跑计划；讲到他和另外一些人在山洞里住了六个月之久，希望寻机逃走；讲到他好多次死里逃生，特别是他逃到山洞被发现的事；讲到他在那儿差一点被处死，要不是阿尔及尔的总督同意，如果他有能力的话，拿五百零四克朗把自己赎回，他可能就被处死了。塞万提斯的母亲和妹妹及其他亲友开始筹措这笔钱，因为这个数目他们之中任何一个人都难以承担。看到一个人能拿出五百零四克朗，另一个可能拿不出这么多，那一幕一幕是很感人的。那时的慈善团体很热心于赎回基督徒奴隶，还有其他人因受感动也加入到赎回塞万提斯的行动中来。被赎回的那一年塞万提斯三十四岁，回来后不久即成家，但那时他在文学创作上并没有多少建树。塞万提斯被一些商人亲友带到塞维利亚，给他们打工。他游遍了整个西班牙，对西班牙有了一个详尽的了解，除游历之外再没有别的方式会让他获得这些认识。

塞万提斯最后定居在巴利阿多里德①，但至于他为什么选择这儿定居，我们不得而知。在巴利阿多里德的档案中有一份奇怪的资料，记载了他窘迫的生活境况和当时不太受人尊重的事实。从这份资料中，我们看到一天晚上，有一个人被谋杀，死在塞万提斯的寓所前。塞万提斯听到惨叫后跑出来帮助他，但由于他和死人在一起，而被警察拘留。在地方官在场的情况下，他被人从家里带走。他的住所非常简陋，他和家人住在四楼，他们面容憔悴，衣冠不洁。塞万提斯被怀疑是那个地方最坏的人之一。当然他洗清了这次冤情，但这是他当时生活穷困不堪的重要记录。尽管如此，他总是比任何一个人都要快乐，最好的证明是就在那一年，他创作了《堂吉诃德》的第一部，有人说是在那之前。那时他已经五十四岁，进入老年了。第二部在十年之后出版，即他去世的前一年，人们一般认为他和莎士比亚是同一天去世的。有几个贵族和另外一些人在他晚年给了他一点微薄的资助，其中有勒茂斯(Lernos)公爵，塞万提斯对他们充满感激。但他从来没有挣脱贫困和依赖的处境，而且如他所言，他一直是"西班牙最贫穷的诗人"。在去世前三四天，也可能是前两周，塞万提斯写信给他的赞助人勒茂斯公爵，用热烈的言辞感谢他对他的帮助，用他自己的话说，他是"脚登马镫"离开勒茂斯公爵

---

① 巴利阿多里德(Valladolid)：西班牙北部城市。——译者注

的。塞万提斯一直过着拮据的生活,穷困、不幸,不时缺乏生活必需品,困难重重。除《堂吉诃德》以外,他的其他作品都不甚出名。《堂吉诃德》的确不同凡响,令人羡慕,看起来确实是命运之神为了弥补自己的诸多不公,而赐予他的最高禀赋————种使他跻身于世界伟人之列的方式,说出其内在精神的能力。

二

《堂吉诃德》与但丁的《神曲》虽然完全不同,但在一个方面有相同之处,像《神曲》一样,《堂吉诃德》也是人类和自然心灵的自由倾诉。在小说的开头,塞万提斯与其说是在思考,不如说是在讽刺骑士制度———一种滑稽可笑的现象。但随着写作的深入,他自己也喜欢上了这种精神。可以说在他的《堂吉诃德》里面,他描绘了自己的性格,用善意的讽刺表达了自我,即把内心的幻想当作现实,但他写得越来越和谐。他第一次深入他的主题是牧羊人那一幕,堂吉诃德热烈歌颂黄金时代,虽然在中间奇怪地插入了以前出现过的嘲讽,但仍然充满了诗意。在对堂吉诃德的性格描绘和对故事的处理中,有一种嘲笑、滑稽模仿的痕迹,但从头到尾都闪烁着诗性的光芒。而且最重要的是,我们在作者的不幸命运中,看到了他那种幽默、快乐的品质,从不为不幸的命运所激怒,沉闷、苦恼也从没有在他心里占据一席之地!塞万提斯写作《堂吉诃德》是为了讽刺浪漫的骑士文学,但它是唯一幸存下来的浪漫骑士文学作品。而且如果那时没有注意到《堂吉诃德》的话,浪漫骑士文学的任何作品能否保存到现在还值得怀疑。我们没有时间详细分析《堂吉诃德》的优点,但有一点我们必须指出——似乎整个世界都在谈论它的价值,它是所有书籍中,《圣经》除外,拥有读者最多的一部书。

除骑士精神以外,作为人类心灵永恒挣扎的反映,它也有其价值。我们看到了这个世界残酷的一面,也看到了《堂吉诃德》以高度的热情,描绘了理想蓝图与残酷现实的斗争。没有比讽刺更有利于人类心智健康的了,讽刺是表达这些思想的最好方式。如果塞万提斯只是向我们称颂那个黄金时代,他可能会找不到读者,而正是他作品中的自我嘲讽感染了读者,才使我们迸发出高度的热情。而且,只要有人读这部作品,这种热情就会在他心中燃烧!它是一首富有喜剧性的诗!

姜智芹　译

关于《堂吉诃德》①

[美] 弗拉基米尔·纳博科夫②

有一位西班牙评论家,迪戈·克莱门辛,评论说,塞万提斯"以似乎无法解释的粗心大意地写下了他的寓言③;他的写作毫无计划,他的想象、他的丰富与有力的想象叫他写什么他就写什么。而且他对于写完之后的修改还有无法克服的厌恶——于是书中就出现了多得惊人的错误,情节的遗忘或者张冠李戴,不相一致的细节譬如名字与发生的事情在回顾与重复时发生种种令人讨厌的变动,以及遍布全书的其他瑕疵"。评论还用更加激烈的言辞指出,除了堂吉诃德与桑丘的生动活泼的对话以及构成堂吉诃德的主要历险的精彩幻觉之外,整部小说就是预先编排的事件、已经使用过的情节、平庸的诗行、陈腐的评语、不真实的伪装,以及难以置信的巧合等等混合而成的大杂烩;但是,不管怎么说,塞万提斯的天赋才能,他作为一个艺术家的直觉,成功地将这些不连贯的组成部分组合在一起,并且用来给他这部关于一个高尚的疯人与他的粗俗的仆从的书提供了动力与统一性。

在过去,《堂吉诃德》的一个读者读了小说的每一章都会笑痛肚子,可是,这个现象对于现代的读者来说似乎是很难相信的,因为他们觉得这部书的幽默所蕴含的意义是非常残酷的。笑话连同它的所有俗套的笑料,往往堕落到不文明

---

① 本文是弗拉基米尔·纳博科夫《〈堂吉诃德〉讲稿》的结论部分,题目系本书编者所加。本文要点:(1)尽管有评论家认为《堂吉诃德》是粗俗的"大杂烩",但不可否认,《堂吉诃德》体现了塞万提斯的天赋才能,即作为一个艺术家的直觉;(2)堂吉诃德的形象经历了一个身影不断增大的过程,最后读者见到的是有七种色彩的"堂吉诃德幻象";(3)经过三百五十多年,堂吉诃德形象比塞万提斯构思的时候要伟大得多。
② 弗拉基米尔·纳博科夫(Vladimir Nabokov, 1899—1977),出生于俄罗斯的美国学者、作家,曾在美国多所大学任客座教授,因其小说引起极大争议而闻名,重要作品有小说《洛丽塔》《普宁》《微暗的火》、论集《文学讲稿》等。
③ 这里的"寓言"即指《堂吉诃德》。

的闹剧的低劣程度。倘若一个作家认为有些东西——蠢驴、贪心的人、受折磨的动物、流血的鼻子,等等,即老套笑话中的常见之物——本身就是滑稽可笑的,那就十分悲哀了。假如塞万提斯也用了这些手法而最终并没有不妥,那只是因为塞万提斯艺术家的这一面占了上风。作为一个思想家,塞万提斯漫不经心地沾染了他那个时代的大多数的错误与偏见——他容忍宗教法庭,庄严地赞同他的国家对于摩尔人和其他异教徒的残酷态度,认为所有的贵族都是上帝创造的,所有的修道士都是受上帝启示的。①

但是他具有一个艺术家的眼力和韧性,于是,他在创作他的令人哀怜的主人公的时候,他的艺术超越了他的偏见。一部书的艺术不一定会受到书的道德伦理标准的影响。作为一个思想家,塞万提斯的思想既受到他那个时代的正统与学术的思想的指导,又受到这个思想的束缚。但作为一个创作者,他享有天才人物的自由。②

那么,我们的最后的意见是什么呢?

有些书也许在非常奇怪的传播方面,比它们的本身的价值更为重要,《堂吉诃德》就是其中之一。这部书一出,立即就在国外翻译出版,这一点是很重要的;实际上,这部小说第一部的英译本早在一六一二年——第二部西班牙语原著还没有出版的时候——就出版了,而第一个法文译本虽然出版于一六一四年,但是,从那一年之后直至我们这个时代,仅法文译本就有五十个不同版本。(想起来真是非常有趣,最著名的法国剧作家和演员莫里哀于一六六〇年在这部著作搬上法国舞台时演过堂吉诃德这个角色。)继英国和法国树立的榜样之后,就有了下面的一系列的译本:一六二二年意大利文译本,一六五七年荷兰文译本,一六七六年丹麦文译本,一七九四年德文译本,以及后来的俄文译本出版。我这里列出的都是原著的全译本,并不包括从法文转译的节选本或改写本,譬如分别于一六二一年和一六八二年在德国出版的那两种译本。

关于桑丘就没有什么可说了。他是因他的主子的存在而存在的。任何一个身材矮胖类型的演员都可以很容易地扮演这个角色,都可以制造喜剧效果。但是,说到堂吉诃德,情况就不同了。他的形象比较复杂,很难捉摸。

在小说原著中,从一开始,堂吉诃德的形象就经历了一个身影不断增大的过

---

① 在旁注中纳博科夫写道,这句话是格鲁萨克评论的意思。"他容忍宗教法庭"开头的后半句话画了一条斜线删除了。——原编者注
② 纳博科夫在旁注中写道,这句话(经过多次修改)是马达里亚加评论的意思。——原编者注

程。(一) 先是最初的一个令人厌烦的乡绅,吉贾纳老爷;(二) 最后则是一个善良的人吉贾诺,他仿佛既有狂人堂吉诃德的荒唐又有悔恨的乡绅的无奈;(三) 是假定的"本来的"与"历史上的"堂吉诃德,他被塞万提斯偷偷地藏在书后,以便让小说具有"真实故事"的特点;(四) 是想象的记述者阿拉伯人锡德·哈米特·贝尼盖利笔下的堂吉诃德,也许是贝尼盖利——人们有趣地认为——把这个西班牙骑士的英勇淡化了;(五) 是第二部里的狮子骑士堂吉诃德,他与第一部里的愁容骑士并列;(六) 是卡拉斯科眼里的堂吉诃德;(七) 是阿维兰尼达伪作续书里的粗鲁的堂吉诃德,他被隐藏在原作第二部的背景里。于是,在一部书中我们至少见到了堂吉诃德幻象的七种色彩,这七种色彩融合、分裂、再融合。① 而在这部小说原著之外,则有一大批的堂吉诃德,他们或者是在不诚实的译本的污水池里产生的,或者是在用心良苦的译本的温室里培养的。毫无疑义,这个善良的骑士在世界各国茁壮生长,繁衍生息,而且最终到处都一样能适应:在玻利维亚,是狂欢节上的喜庆人物,而在旧俄国则是高尚但又无骨气的政治抱负之抽象象征。

我们的面前摆着一个有意思的现象:一个文学作品人物渐渐地与产生这个人物的书脱离了关系;离开了他的祖国,离开了他的创作者的书案,在游历西班牙之后又来游历世界。因此,堂吉诃德比塞万提斯构思的时候要伟大得多。三百五十年以来,他穿越了人类思想的丛林与冻原——而他的活力更充沛,他的形象更高大。我们已不再笑话他。他的徽章是怜悯,他的口号是美。他代表了一切温和、可怜、纯洁、无私,以及豪侠。这诙谐的模仿已经变成杰出的典范。

金绍禹　译

---

① 纳博科夫在这句话后面还有这样的字句,"随着几支移动的光线从不同的角度在墙上照出一件东西的影子的变化而变化",后又删去。——原编者注

7
《蒙田随笔》

简介：

【法文名】*Les Essais*
【作　者】［法］米歇尔·德·蒙田（Michel de Montaigne，1533—1592）
【年　代】16世纪。
【体　裁】散文集。
【主　题】思考人生，首先要问问自己："我知道什么？"
【内　容】主要有三方面：（一）我的自我感觉；（二）我所体会的生活方式和思想感情；（三）我所理解的现实世界。
　　【篇　目】总共93篇，分为三卷：第一卷57篇；第二卷26篇；第三卷10篇。题目所涉，大多是谈生活感受，如"论悲伤""论懒散""论撒谎""论害怕""论节制""论发怒""论友爱""论睡眠""论寿命"等；有些题目看似学术性的，如"论儿童教育""论学究式教育""论罗马的强盛""论信仰自由""论西塞罗""论十四行诗"等，但文中所谈，仍是他对此类事物的感受，而非他对此类事物的研究。（按：在欧洲文学史上，法文所称 essai 或英文所称 essay，即随笔，为蒙田所开创。随笔与论文的区别，简单说来就是：随笔谈主观感受，论文谈客观研究；所以，随笔属文学创作，论文则不是，属理论探讨。）

MARIE DE GOURNAY
et
L'ÉDITION DE 1595
DES *ESSAIS* DE MONTAIGNE

Acte du Colloque
organisé par
La Société Internationale des
Amis de Montaigne
les 9 et 10 juin 1995, en Sorbonne

Réunis par Jean-Claude Arnould

PARIS
HONORÉ CHAMPION ÉDITEUR
7, QUAI MALAQUAIS (VIᵉ)

蒙　　田[①]

[法]安德烈·纪德[②]

在蒙田看来,按照道德和礼仪的规定,按照情理、习俗和偏见,硬要人为地形成某种人品(应该说是无人品),是世上最令人厌恶不过的事情。据说,所有这些限制,使他很不自在,迫使他伪装自己,改变自己;但这位诚实的人也为自己保留了一点神秘,并指望人们从中悟出点什么来。我当然知道,人们很容易在蒙田作品的字面上做文章,说他宣扬的不外乎是听从天性的驱使盲目按本能的冲动行事,说他偏袒卑鄙小人,觉得他们总是那么真诚、朴实,犹如厚实的泥块,任由圣洁的水流的冲击,永远沉积在河底……我认为,这是对蒙田作品的错误的理解。尽管他相当多的一些作品都涉及人类与动物共同具有的本能,但他有很大的克制力,绝不当本能的奴隶或牺牲品。他重视的是每一个人的特点,首先是他自己的特点。如果他确实像他说的:"当我偶尔犯了错误,我为之懊恼,并会主动纠正它……但是我身上生来就有的那些普普通通的缺点,如果硬要我改掉,那无异于要我背叛自己。"如果他真是这样诚实的话,他就是我所想象的那种追求物质享受的人,与其说他是犬儒主义者,享乐主义者,不如说他是个人主义者,特殊神宠主义者[③](请原谅我用这个词),他希望每个人都有自己的特性。他同意将自己的一些品质称为缺点,但他内心深处未必没有想过,这些在他那个时代被视为缺点的品质,在另一个时代,另一个国家,很可能会显示出连他自己也说不清的某种价值。他身上最重要的品质,他知道,也感觉到,那就是他与众不同。……

如果有人说我过分渲染了蒙田的思想的话,我将回答,有许多研究他的理论

[①] 本文选自《法国散文精选》,题目系原书所有。本文要点:(1)与其说蒙田是享乐主义,不如说他是个人主义,即"希望每个人都有自己的特性";(2)蒙田的有些想法在当时确实是惊世骇俗的,但在今天看来,就如"一把刀用惯了,就不怕它会伤着自己的手指了"。

[②] 安德烈·纪德(Andre Gide, 1869—1951),法国作家,曾获1947年诺贝尔文学奖。

[③] 特殊神宠主义者:即持"特殊神宠论"的人,持这种论点的人认为神的恩典只赐给神所拣选的人。

家下了相当大的功夫调和他的思想。我所做的,不过是拨开迷雾,理清缠绕在《随笔》①上的乱麻,发现书中的精髓。编教科书的人,如果遇到思想大胆,而且颇有名气的作家,他们总是千方百计将这位作家的作品变成无害读物。在这个问题上,我很欣赏岁月所起的作用。一切新的思想犹如刀刃,时间长了就会变钝。再说,一把刀用惯了,就不怕它会伤着自己的手指了。

蒙田在意大利旅行时惊讶地发现,罗马最雄伟的古建筑半截被埋在瓦砾中。他说他好像是在房顶上走。是的,地球表面逐渐增高,今天我们之所以觉得古建筑不如古时高,是因为我们立足的地面就比古时高。

何三雅　译

---

① 《随笔》:即指《蒙田随笔》。

读《蒙田随笔》①

[英] 弗吉尼亚·伍尔夫②

  有一天,蒙田在巴勒杜克看到一幅西西里国王勒内的自画像,便自问:"既然他可以用蜡笔为自己画像,我们为什么不可以用鹅毛笔来写写自己呢?"对这个问题,我们或许马上会回答:"完全可以,而且再容易不过了,我们对别人不太了解,对自己实在是太熟悉了。"那就开始吧!然而,我们一动手,那支笔就从手指间掉了下来——没想到,这原来是一件难而又难、玄而又玄、简直没法做的事情!

  确实,在各国文学史上,有几个人是因为写了自己而获成功的呢?大概也只有蒙田、佩普斯③和卢梭④那么几个人吧。当然,还有《医生的宗教》⑤那本书,像一块色彩斑斓的玻璃,透过它既可看到天上永恒不变的日月星辰,也可看到一个人骚动不安的灵魂;还有那部大名鼎鼎的传记⑥,像一面晶莹明亮的镜子一样映照出鲍斯威尔自己的面容,尽管他喜欢躲在别人背后窥视世界。不过,能兴之所至地讲述自己,能把自己灵魂中的不安、骚乱,乃至缺陷,不管什么都和盘托出的人只有一个——那就是蒙田。

---

① 本文选自《伍尔夫读书随笔》,原载伍尔夫散文集《普通读者》,原名《我知道什么?》,此题目为译者所加。本文要点:(1)《蒙田随笔》是蒙田的自画像;(2) 蒙田很坦率,把自己和盘托出;(3) 蒙田很自信,总是保持自己的独立性;(4) 蒙田并不以导师自居,他只是想说出自己的想法,并不要求别人去模仿他;(5) 蒙田认为,做人最重要的是要自由,但自由总是有限度的,所以只能最大限度地使自己行动自由;(6) 蒙田认为,人活着就应该享受人生旅途之美,而且希望死亡能突然降临,免得悲悲戚戚;(7) 关于"人活着到底为了什么"这样的问题,他并不回答,因为他写随笔的目的,只是要回答自己的一个问题:"我知道什么?"
② 弗吉尼亚·伍尔夫(Virginia Woolf,1882—1941),英国小说家、散文家、评论家,有"20世纪最佳女作家"之称,重要作品有小说《达洛维夫人》《到灯塔去》,散文集《普通读者》《存在的瞬间》等。
③ 佩普斯,17世纪英国日记作家。
④ 卢梭,18世纪法国哲学家,著有《忏悔录》。
⑤《医生的宗教》,17世纪英国作家布朗爵士的自传体著作。
⑥ 指18世纪英国传记作家鲍斯威尔所著《约翰逊博士传》。

一个世纪又一个世纪过去了,在蒙田的这幅自画像①前却始终聚集着成群成群的人。他们凝神观望,仿佛看到了自己的面容,而且越看越有趣,越看越有名堂,最后连自己也说不清究竟看到了什么。《蒙田随笔》一版再版,这是其魅力无限的明证。眼下,在英国就有纳佛尔出版社重印的考登译本,共五卷,非常精美;在法国,科纳尔出版公司正在发行的新版《蒙田随笔》,收入了阿曼古博士用毕生精力搜集到的各种异文,弥足珍贵。

然而,更为难能可贵的,还是蒙田最初所做的。要把自己的真情实况统统说出来,要从身边的小事着手让自己暴露无遗,确非易事。蒙田自己也曾说:"据我们所知,仅有两三个古人走过这条路,后来就不见有人前往了。因为人的灵魂漫无边际、变化不定,要追随它的脚步,把握它细微而复杂的活动,揭示它内部的迂回曲折——这条路非常难走,比人们想象的还要难。这件事新鲜而奇特,真想做的话,就得把那些常人喜欢的凡俗之事统统抛开。"

首先,表述就是个难题。虽然我们都时常会陷入沉思,而且还会觉得沉思很奇妙,但是,倘若有人要求我们把沉思的东西表述出来的话,我们就会发现,哪怕是随便谈谈,可谈的东西也少得可怜!思想就像幽灵,刚在床边显现,没等我们看清它的样子,它就飘出窗口,消失得无影无踪了;或者说,思想就像一道游移不定的光,往往在我们眼前一闪而过,随即就复归于永恒的黑暗了。我们说话时,可以用表情、语气、音调来帮助我们表述,这样既弥补了语言的不足,也可使我们的言谈具有一定的个性特点;然而,我们的笔却是一种硬邦邦的工具,用它来表述,不仅表述的东西很有限,还要顺从它的许多旧习惯,遵守各种各样的所谓"规则"。此外,笔还喜欢摆架子:明明是普通人,一拿起笔就好像不可一世了;我们平时说话总是随随便便、想想说说、断断续续的,可一用笔来写,就马上变得一本正经、有条有理、冠冕堂皇了。所以说,在无数古代作家中,蒙田显得格外突出,因为他尽管拿着笔,却从不摆架子,从不装得一本正经。我们也从不怀疑,他写的就是他自己。他从不训人,从不说教,倒是一再表示他和别人没有什么两样。他所做的,就是把他自己写出来,让别人知道他的真实情况,如此而已,只是"这条路非常难走,比人们想象的还要难"。

除了自我表述的难题,还有一个大难题就是如何保持个人灵魂的独立性。我们的灵魂,或者说我们的内在生命,常常是和我们的外在生活格格不入的。假

---

① 指《蒙田随笔》。

如我们有勇气问问自己的灵魂究竟在想什么,我们得到的回答肯定和人们所说的截然不同。譬如,自古以来人们就认为,有德之人到了晚年就应该深居简出,夫妻厮守,这样才能得到后人的尊敬;但蒙田的灵魂却对蒙田说:一个人正因为到了晚年,就更应该出去走走,至于夫妻,本来就很少有什么爱情,到了晚年就更是徒有其表了,所以即使拆散了也不妨(我觉得,这话说得倒也没错)。再譬如,人们说到政治,尤其是政治家,总认为应该使自己的国家强大,要帮助落后民族摆脱野蛮生活;但蒙田的灵魂却愤怒地说:看看西班牙人在墨西哥干了些什么!"多少城镇被夷为平地,多少民族被灭绝……世上最富饶、最美丽的地方,就因为珍珠和胡椒买卖,被搞得一团糟!这倒是真正的野蛮!"再譬如,有些农民对蒙田说,他们看见有人受了伤而且快死了,但他们害怕法院会把罪名加到他们头上,所以不得不掉头走开;对此,蒙田的灵魂说:"对这些人,我有什么可说呢?他们的好心肠确实会给他们带来麻烦。……法律往往是不公正的,常常颠倒黑白。"

这里,蒙田的灵魂是愤激的,对传统与法律大声斥责。然而,当他住在自己的那座塔楼里(从那座塔楼上可以俯瞰他的大片领地)对着炉火陷入沉思时,他的灵魂又是怎样的呢?这时,他的灵魂真可谓奇妙之极——不再那么大义凛然,倒是像风信鸡一样变幻无常了,用他自己的话来说,"时而畏畏缩缩,时而傲慢无礼;时而端庄自守,时而耽于声色;时而唠唠叨叨,时而沉默寡言;时而勤奋,时而懒惰;时而敏捷,时而呆笨;时而虚伪,时而诚实;时而闷闷不乐,时而兴高采烈;时而聪明绝顶,时而愚昧之极;时而大方,时而小气;时而贪得无厌,时而挥霍无度"。总之,和履行公务时那位可敬的蒙田先生的灵魂截然不同,这时他的灵魂是极其复杂的,复杂得几乎难明究竟。所以,一个人要把自己灵魂弄个水落石出,非得用毕生的精力才行。这种自我探寻,也许有损个人的世俗功名,但其乐无穷,足以补偿那一点点损失。因为一个人一旦有了自我认识,也就有了独立人格;而一旦有了独立人格,也就不再浑浑噩噩、虚度年华了。换言之,他一生都会有一种适度的充实感和幸福感。我觉得,世上只有这种人才真正地在生活,至于其他人,我认为他们只是做了一辈子习俗的奴隶而已——他们的生命、他们的灵魂,全都像幻影一样似有实无。因为他们习惯于随波逐流,遇事总无主见,人云亦云;他们的灵魂早已为怠惰、萎靡之气所充塞,早已变得徒有其表,而实质上是麻木不仁、冥顽不灵的。

那么,假如我们要蒙田这位生活大师来谈谈生活的诀窍,他又会说什么呢?他不外乎会劝我们:把世间种种杂事都抛在一边,隐退到自己的居所里去,在那里读书、沉思。隐退和沉思——这便是他为我们开的药方中的两种主药。不过,蒙田并没有直接对我们这么说。这位先生眼袋下垂,神情像是在做梦似的叫人难以捉摸,时而微微一笑,时而郁郁不乐,所以要他直截了当地说出什么话来,显然是不可能的。实际上,他住在乡间,每天和他作伴的只有书籍、菜园和花木,生活过得很单调。他种的豌豆也不见得比别人的好。他最喜欢的地方却是巴黎,"甚至包括它的赘疣和污斑",他也喜欢。至于读书,他很少一次读上一个小时,而且记忆力也不太好,只要从一个房间走到另一个房间,就把刚才读到的东西给忘了。他并不觉得从书本上得到的学问有什么可骄傲的;至于在科学上有所成就,那也算不了什么。他年轻时曾与一些才智之士交游,尽管连他父亲对这些人都很崇拜,他却不以为然。他觉得,这些人虽非平庸之辈,意气风发之时还不乏真知灼见,但再聪明的人,也不免有愚蠢之嫌。就说你自己吧:这一刻你还洋洋得意,下一刻只要打碎一块玻璃,你就会变得惶惶不安。任何极端的东西都很危险,最好还是走中庸之道这条老路,尽管这条路有点泥泞,不太好走。写东西也一样,任意挥洒和刻意求工都不可取,最好还是写得平平常常——当然,诗歌还是很美妙的;散文,只有充满诗意的散文,才是最好的。

　　蒙田说,我们表面上都希望过朴素的平民生活,于是把自己的房间粉刷一下,放上一大排书橱,就乐滋滋地自以为平民化了。可是,就在楼下的院子里,那个掘土的男人才是真正的平民,他一大早起来,正在埋葬他死去的父亲——像他这种人的生活,才是真正的生活;他们所说的话,才是真正的生活语言。这话说得确实很有道理,老百姓的谈话让人觉得特别有味,那些没受过什么教育的人,往往比有学问的人更富有同情心。然而,他也会反过来说,平民社会的生活真是令人厌恶!那里"愚昧无知、出尔反尔之事层出不穷。倘若要有识之士承认那些粗俗之人的价值观,并且像他们一样生活,难道这是合理的吗"?平民既愚钝又懦弱,毫无自为能力。他们既不了解事物的真相,也不懂得知识有什么好处;只有靠"教养良好的灵魂"指点,他们才能了解事物的真相,才能知道什么是真理。那么,我们不禁要问,"教养良好的灵魂"究竟是怎样的呢?我们希望蒙田告诉我们,好让我们加以仿效。

　　然而——他没有。他说:"我只是讲述一些事情给你们听罢了,并不想指导你们。"说到底,他怎么说得清别人的灵魂呢?就是他自己的灵魂,他也没法"简单、准确、有条有理、毫不含混地用一句话说出来"——恰恰相反,实际上他越是想把自己的灵魂说出来,他的灵魂就变得越隐秘而难言。所以,也许只有这样一种品质,或者说,只是这样一种原则,才是至关重要的——那就是,没有任何先入为主的原则。你们若要仿效的,就应该仿效那些思想极其灵活人,如艾狄恩·德·拉·波阿狄厄[①];反之,"假如为了原则而被捆在一辆车上,那就变成一种没有生命的货物了"。原则只不过是一些陈规而已,而人的思想、情感是错综复杂、千变万化的,往往和那些陈规格格不入;人们设计原则,只是为了供那些胆小的人来遵循,因为他们自己的灵魂不会自由飞翔。我们则不然。我们过的是自由自在的独立生活,而且又非常珍视这种生活,所以对任何束缚人的东西都觉得反感。我们要是发表什么郑重声明、摆出一副架势去制定什么原则的话,那就等于宣布我们自己的不复存在——我们已成了为他人、而不是为自己活着的人了。诚然,对那些为公共事业而作出自我牺牲的人,我们不无尊敬和赞美之意,对他们不得不做出自我损害的事情,我们深表同情;但是,我们自己并不想追求这样的名声和荣誉,也不想为他人承担什么义务或者职责。我们所关注的,只是我们自己的灵魂,那充满情欲、变幻莫测的灵魂旋涡,它混沌、神秘而令人着迷,它纷扰不息而又神奇之极——确实,我们的灵魂每时每刻都在产生奇迹。人生之精髓,乃是动与变。不动,无异于死亡;不变,也无异于死亡。所以,凡是我们脑子里想到的东西,都应该说出来,而且不要怕一说再说,不要怕自己否定自己,不要怕说傻话,要让自己的思想自由奔放、汪洋恣肆,不必担心别人会怎么想、怎么说、怎么做。因为人活着,就是为了活着——当然,是正常地活着——此外的一切,都是无关紧要的。

确实,自由是人生的精髓,但仍有限度。我们的问题是:人究竟应该求助于何种力量来获得自由呢?蒙田对任何一种个人见解和社会法律都予以嘲笑,并不断奚落人性的软弱、虚妄与可悲;既然如此,那么是不是说,我们或许只能求助于宗教了?"或许"一词是他经常使用的——他经常说"或许"或者"我认为",就是为了避免给人以轻率或者武断的印象;有时,他用"或许"之类的词则是为了自我掩饰,因为有些观点,他觉得直接说出来似乎不太好。并不是什么话都要直通通地说出来的,有些话只需暗示一下就行了;文章往往是写给志同道合的人看的,而志同道合的人通常不会很多。固然,我们要千方百计地寻求上帝的指引,但对于一个过着独立生活的人来说,除了上帝的指引,还有一个无形的监督者和检察官,即"作为仲裁者的良心"。良心的谴责比什么都可怕,良心的赞许比什么

---

① 艾狄恩·德·拉·波阿狄厄,蒙田的好友,也是作家。

都可喜,因为最了解一个人底细的,莫过于他自己的良心。"教养良好的灵魂"所能达到的崇高境界,就是向自己的良心检察官坦白一切,并绝对服从良心仲裁者的裁决,因为唯有如此,他才能"在超群独立之时,生活得井然有序,至善至美"。与此同时,他还要依靠自己的智慧和内心的均衡感,努力使生活保持平静——虽然生活总会变动,但只要把它维持在一定的限度内,灵魂的自由探寻和自我实验就不会受影响。最重要的是上帝的指引和良心的监督,倘若没有这两者,要过超群独立的生活是难而又难的,至少比一般生活要难得多。这是一种艺术,需要苦心经营,虽然成功的范例为数不多,却仍能给我们莫大的启迪,如古代的荷马、亚力山大大帝、伊巴米南达斯①和近代的艾狄恩·德·拉·波阿狄厄。困难的是这种艺术所用的材料——人性——复杂多变而难以捉摸,所以必须始终接触人性,"要活在活人中间"。为了避免远离同类,做人就不可太孤僻,或者太高雅。随和的人总是有福的,他们可以轻松地和邻居聊聊天,谈谈高兴的事,谈谈各人的房子,也可以谈谈和别人吵架之类的事;他们还会认真而愉快地和木匠、园丁之类的人交谈。和别人交流思想、参加社交活动、建立友谊,这些事不仅重要,而且也有很大的乐趣;读书并不仅仅为了求知或者为了谋生,同时也是一种交流,只是交流范围扩大到了不同的时代和不同的国家。世上有许多奇妙的东西,如翠鸟,还有许多我们不知道的地方。或许,真有眼睛长在胸前的狗头人也说不定;或许,真有比我们发达的社会,那里的法律和习俗都要比我们高明得多。或许,我们现在活着只是一场梦,一旦梦醒,我们或许会发现自己到了另一世界,而那里的一切却是那样陌生,和我们这个世界截然不同……

尽管蒙田所说的东西不免有含糊甚至矛盾之处,但他的想法还是很明确的。他写这些随笔,只是一种尝试,只是想把一个人的灵魂显露出来。他至少在这一点上已经把自己的想法说清楚了。他写作不是为了名利,既不想要同时代人为他树碑立传,也不想要后人把他的文章奉为经典,只是想把自己的灵魂显露出来。显露自己的灵魂,不管怎么说总是件好事,因为它既可以揭示灵魂的真相,还可以为自己找到乐趣。我们自己即便十分无知,但就是为了爱我们的朋友,我们也要让他们了解我们的灵魂。所以,不管我们的灵魂多么隐晦,甚至是病态的,我们仍将毫不掩饰地把它显露出来。"因为,我就是这样做了之后才真正明白,当我失去朋友时,我感到的最大慰藉就是我曾让他了解了我——也正因为这

---

① 伊巴米南达斯,古希腊底比斯城邦主将、军事家,曾以高超战略击败斯巴达军队。

样,我现在还有话要说,还能继续和别人交往。"

　　有些人出门旅行,总是疑虑重重,默默无语,"为了防止风尘侵袭"还要用衣服把自己紧紧地裹起来;途中吃饭,一定要和在家里一样;看到的景物和风土人情,只要和他们本地的稍有不同,便统统斥为不好。这种人出门,为的只是能匆匆回家。这样的旅行方式当然是大错特错的。其实,当我们出发去旅行时,毫无必要预先定好当晚在何处投宿,何时一定要返回——旅程本身就是一切。最要紧的,也是最难得的,倒是在启程前能找到一个和我们合得来的人。这个人不仅要乐意和我们同行,一路上还要能和我们谈谈各自的感想。欢乐需要有人分享,否则再大的欢乐也会变得索然无味。当然,旅途中也可能会身体不适,譬如着凉啦、感冒啦、头痛啦,等等。但为了旅行之乐,冒一点害小病的风险是值得的。"欢乐,也属人生一大得益。"凡是你自己高兴去做的事情,对你一定是有益无害的。当然,道德家和学者们不会同意这样的看法。他们不同意,那就让他们去和阴沉沉的哲学打交道吧!我们既然是凡夫俗子,就只想充分利用自己的各种感官来领受大自然的美意,只想尽可能地改变改变自己的生活。我们向往温暖的阳光,所以我们时而跑到这里,时而跑到那里。让我们尽情歌唱,尽情享受情人的亲吻吧,趁太阳还没下山!无论哪个季节,无论是晴天还是雨天,都一样迷人!无论是红酒还是白酒,无论是几人同饮还是一人独酌,都各有乐趣!即便我们睡着了,那也是生活之乐暂停,况且睡眠中我们还会做好梦。就是一些最平常的事情——散散步、说说话、独自在果园里坐坐——也一样会使我们浮想联翩、兴致勃勃。美是无处不在的;美和善相互毗邻,紧紧相连。所以,尽情享受人生旅途之美吧!不必老想着旅行何时结束。如果死亡突然降临,最好是在我们种白菜的时候,或者在我们骑马的时候;要不然,就在一家农舍里,让陌生人悄无声息地合上我们的眼睛。千万不要让我们死在仆人的痛哭声中,死在亲人怀里,因为这会使我们更加痛苦。当然,最好的情况是,我们死的时候正好和一群风流女郎在一起,正值寻欢之际——她们可不会悲悲戚戚,更不会号啕大哭。反正,当我们死的时候,最好是"正在嬉戏、正在痛饮、正在聊天、正在演讲、正在听音乐、正在朗诵爱情诗"——好了,关于死亡谈得够多了,最要紧的是,我们还活着。

　　蒙田的随笔往往没有结尾,往往会在笔墨酣畅之际戛然而止。他这么做,也许就是要把人生的真面目凸显出来。面对突然降临的死亡,一个人的本性、灵魂和身边的每一件琐事,都会显得更加美妙而动人。他写到,自己无论冬夏总喜欢穿长筒袜,喝酒喜欢用玻璃杯而且总爱掺点水,习惯在午饭后去理发,从来没有戴过眼镜,说话时声音很响,骑马出去马鞭子总不离手,吃饭时偶尔会咬伤自己的舌头,坐着时两只脚也要动来动去,有时喜欢掏掏耳朵,喜欢吃有点变味的肉,喜欢用餐巾擦牙齿(感谢上帝,他的牙齿倒没出毛病!),床上一定要挂帐子,等等。此外,他还写到一件"不寻常的事":他原先喜欢吃萝卜,后来不喜欢了,后来又喜欢了。总之,不管多么琐碎的小事,都没有从他的指缝间漏掉,而这些琐事,经他一写,不仅本身很有趣,还被赋予了一种奇异的力量,每每使我们联想到其他种种事物。此外,由于他投下了灵魂之光,本来很具体的东西,在他笔下会显得很玄虚,而本来很玄虚的东西,又会显得很具体;在他笔下,白天似乎也充满了梦幻,而真正的梦幻,又像在白天一样被看得清清楚楚。他的灵魂还很幽默,即使对于死亡也要开上一点小小的玩笑。我们来看看他灵魂的双重性和复杂性吧!有个朋友死了,他感到很悲痛,但同时又觉得,看到别人倒霉,心里总有点乐滋滋的,不免有一种幸灾乐祸之感。他有时很轻信,有时又很多疑。在童年时代,他的灵魂就特别敏感:由于他父亲不给他钱,他就产生了偷窃的念头;然而,他自己曾砌过一堵墙,目的却纯粹是为了讨他父亲的欢心,因为他父亲对建筑情有独钟。总之,人的灵魂由无数神经和神经交感所组成,并受它们的支配,而世上的胆小鬼们呢,由于死抱着他们那套陈旧的看法,只知道灵魂是一切事物中最神秘的,于是便认定人是世上最大的怪物和奇迹;所以,直到一五八〇年[①],他们仍不知灵魂为何物,更不知灵魂是如何运作的。蒙田说:"我越是自我反省,就越了解自己;越了解自己,就越是发现自己有缺陷;而越是发现自己有缺陷,便越是觉得并不了解自己。"他就这样,只要手里还握着那支笔,就不断地审视着自己,正如他自己所说,"不知疲倦,不知尽头"。

不过,我们最后还有一个问题。这个问题,倘若我们能使这位生活艺术大师放下笔、抬起头来的话,我们是要向他本人提出来的。现在,我们已经读了他的这部奇书,读了其中所有的文章。这些文章有长有短,有时旁征博引,有时思路敏捷,有时也会自相矛盾;但不管怎么说,我们从中感受到了一个人的灵魂律动。它日复一日、年复一年地律动着,起初像隔了一层纱,我们的感觉并不明显,但随着岁月的流逝,那层纱变得越来越薄、越来越透明了。于是,我们便得知:他这个人一生过得很充实,也很顺利;他曾担任过公职,后来年老退休;他曾拥有一座庄园,有妻室,也有子女;他曾和国王有过交往,也曾爱过许多女人;他喜欢读古

[①] 即《蒙田随笔》最初出版的年代。

书,还时常掩卷遐想。他持之以恒地审视着日常生活琐事,最后竟奇迹般的把人类灵魂的种种难以捉摸的细枝末节都勾勒了出来,而且还有意加以调整,使其显得更为和谐。他一生致力于发掘人生之美。他成功了,他感到无比幸福。他曾说:要是再让他活一次的话,他还会选择这样的生活。然而,当我们兴致勃勃地看着这幅美景、看着蒙田把自己的灵魂展示在我们面前时,我们心里不禁会问:"人生的目的,难道就是为了寻求欢乐?"要是这样的话,为什么我们仍有极大的兴趣,想探知灵魂的本性?为什么我们仍有迫切的愿望,想和他人交流思想?我们活着,是否仅有现世人生之美?我们死后又怎么样呢?或许,真有另一个世界存在,我们只有到了那里,才能最后知道我们现在活着的意义何在?这样的问题,有没有人来回答我们呢?没有。所以,只好再问问自己:"我知道什么?"[①]

刘文荣　译

[①] "我知道什么?"是蒙田的名言,也是他之所以写下一系列随笔的出发点。

中卷

近代名著

1
《少年维特之烦恼》

简介：

【德文名】*Die Leiden des jungen Werther*
【作　者】［德］约翰·沃尔夫冈·冯·歌德（Johann Wolfgang von Goethe，1749—1832）
【年　代】18世纪。
【体　裁】日记体小说。
【主　题】人生最大的烦恼，莫过于爱而无望。
【人　物】主要有：维特、绿蒂、阿尔贝特。
【情　节】年轻的维特来到一个小镇，这里的自然风光、淳朴的民风、天真快乐的儿童给予他极大的快乐。一次舞会上，他认识了一个叫绿蒂的少女，她的一颦一笑、一举一动让他倾倒；绿蒂也喜欢他，却不能予以回报，因为她已与同镇的阿尔贝特订了婚。维特陷入了尴尬和痛苦的境地，他毅然离开此地，希望在事业上有所成就，以便得到解脱。然而这不可能。任何事情都无法使他忘记绿蒂。于是他又重返绿蒂身边。此时绿蒂已经和阿尔贝特结了婚。他彻底绝望，生无可恋，遂用一支手枪结束了自己的生命。（按：维特的自杀是因为他陷入了极度困惑的境地：他爱绿蒂是因为绿蒂纯洁无瑕，因而，绿蒂若忠于婚约，证明她纯洁无瑕，即意味着她不可能和他相爱；反之，绿蒂若背叛婚约，和他相爱，那她还纯洁无瑕吗？还值得他爱吗？——一个解不开的死结。）

论少年维特式的多愁善感①

[英] 托马斯·卡莱尔

我们首先来看看少年维特式的多愁善感的核心内容,看看维特这个人。《少年维特之烦恼》是第一部真实地反映了欧洲人心理状态的书。《少年维特之烦恼》是歌德的作品,写于一七七五年。那是一个脆弱的时代,人们心中没有真正的希望。一切外在的事物都是虚假的:持续的战争,比如说七年战争,是最荒谬的战争,它不是人民公意的体现,而是法国和德国的一场争夺战。弗雷德里克大帝想要西里西亚地区,而路易十四想让蓬巴杜夫人在欧洲事务上有些影响,五万名将士为此献出了生命!在这种情形下,二十五岁的歌德在梅茵河畔的法兰克福(Frankfort-on-Maine)写出了这部作品。

歌德是一个极富想象力的人,他深受当时发生的一切重大事件的影响,在怀疑论的环境中长大。事实上,他从年轻时候起就和信仰宗教的人们有密切接触,其中有一位名叫冯·克莱顿伯格(von Klettenberg)的年轻女士,钦岑道夫②学说的信奉者,歌德一直非常尊敬这位女士,据说后来他在《威廉·迈斯特》中以她为原型塑造了一位圣洁的女性。但实际上,他研究一切事情,这只是其中的一件。长大成人后,他观察周围的一切,心中充满了难以言状的悲哀,顾影自怜,他感到没有人同情他的感受,他的热情被视为怪物,没有实现的可能,从此以后很长时间他一直闷闷不乐。歌德用清晰、优美、温婉的方式叙述这一切。

他注定要有一个职业,要做一名律师,虽然极不情愿,他还是来到莱比锡大学。他在这儿学习了一段时间,直到这里的一位学者狂热地爱上了另一个男人的新娘,最后在绝望中自杀,这给了他塑造维特的灵感。他自己和其他许多人忧

---

① 本文节选自卡莱尔《文学史演讲集》,题目系本书编者所加。本文要点:(1)"少年维特"身上有歌德自己的影子——多愁善感;(2) 好在,歌德后来认识到这种态度是错误的。
② 钦岑道夫(Zinzendorf),德国神学家。——译者注

郁的心理状态,比以前更加强烈地冲击着他,促使了这部小说的诞生。

它说出了那个时代一切人都想说的话,说出了压迫着人们头脑的东西。特别是压迫着这个年轻人的东西,因此,《少年维特之烦恼》一问世就引起了广泛的关注,被译成英语等许多种语言。六十年前,这儿的年轻女孩儿在穿着打扮上都极力模仿绿蒂和维特等人,歌德本人拥有一套画有绿蒂肖像的茶具①。我想在座的各位都知道这个故事,但这部作品的英文版不太忠实于原著,据我所知,它是从法文版转译过来的,和原著有一定的差距。小说用的是一种尖刻的语气,字里行间流露出一种无情的嘲讽。

现在的年轻人普遍感到这部小说很乏味,但那时可不是这样。可以说维特身上有歌德自己的影子,他是一个充满热忱的人,很容易受感动,永远都在思索这个世界上的事情,但总是找不到答案,直到最后他变得多愁善感,对一切事情都容易伤感。他对令人窒息的社会越来越绝望,对周围的邪恶越来越愤怒,最后精神崩溃,小说也就此刹住。这是随后不久就席卷整个欧洲的一切的开端。德国直到后来才认识到这一点,即世界不仅仅是混乱和幻觉。他们是正确的,如果这个世界真的并不比歌德想象的好,那么,除了自杀就没有别的事情可做了。

如果除了可怜的伤感、外出游历和生活琐事之外没有别的追求,那么这个世界确实不适合人类居住。但最后歌德认识到他对世界的这种看法是错误的,这不仅对他自己有好处,对整个世界来说也是幸运的。

姜智芹　译

---

① 画有绿蒂肖像的茶具——歌德的《罗马哀歌》中有一首向一位魏玛公爵、他善良的朋友、仁慈的资助人表达感激的诗,诗中这样写道:"然而,真正令我获益的也是中国人,他们用纤巧的手把维特和夏绿蒂绘在玻璃杯上。"这种翻译是直译,但在奥斯汀夫人三卷本的《歌德面面观》(伦敦,1833)中,可看到整首诗中其他令人愉悦的东西。——英文版编者注

歌德与《少年维特之烦恼》①

[英] W.S.毛姆②

一

在读者开始阅读本文之际,我觉得有必要先说明一下:关于歌德的评论已如此之多,该说的早就有人说过,为什么我还要撰文来谈他的小说呢?实际上,我只是为了自得其乐——这大概是我所知道的最好的理由了。我从小就能说英语和法语,幼年时法语还比英语说得好。少年时,我到德国留学一年,在大学里学习德语。此前,我在学校里读过德国诗歌,虽然只是为了应付功课,却使我最初读到了歌德的诗,而且读得如醉如痴。也许正是这个缘故,我现在读他的诗仍然和半个世纪前一样如醉如痴,而且我读他的诗不仅仅是读诗,还借此回忆我年轻时代的情景:海德堡小城古老的街道、中世纪的城堡、沿着木栈道登上王座山③峰顶、遥望内卡河④平原的美景、冬天在湖面滑冰、夏天在湖中划船、有关文学与艺术的谈话、有关自由意志与宿命论的争论,还有第一次怦然心跳⑤,尽管——上帝作证——我从来都很被动。

大概就在那时,我读了歌德的小说。时隔多年后,我又读了一次,那是前几年我打算去德国故地重游的时候。歌德共写过三部小说:第一部是《少年维特

---

① 本文选自《毛姆读书随笔》,原载毛姆散文集《观点》。本文要点:(1)《少年维特之烦恼》中的人物和故事,都源自歌德自己的感情生活;(2) 在《少年维特之烦恼》的上篇中,主人公维特就是歌德自己的写照;(3) 但是在下篇中,维特不再是歌德的自我写照,而是他的艺术想象力的产物;(4)《少年维特之烦恼》问世后引起轰动,与当时欧洲浪漫主义盛行有关。
② W.S.毛姆(William Somerset Maugham, 1874—1965),英国小说家、剧作家、散文家,曾获英女王所授"荣誉侍从"(即爵士)称号,重要作品有小说《人性的枷锁》《月亮与六便士》、散文集《总结》《回顾》等。
③ 王座山,位于德国小城海德堡附近。
④ 内卡河,主要流经德国巴登-符腾堡州西南部。
⑤ 怦然心跳:暗指恋爱。

之烦恼》；第二部是《威廉·迈斯特的学习时代》及其续篇①，第三部是《亲和力》。这三部小说中最重要、也最有趣的是《威廉·迈斯特的学习时代》。我想，如今在英国已经不大有人会读这部小说了，除非出于研究的目的。我也想不出理由为什么要去读它——尽管它写得生动有趣，既浪漫又现实；其中人物个性独特、形象鲜明；场景描写变化有致、引人入胜；还至少含有两出高雅喜剧②，这在歌德的作品中是很少见的；还有点缀其间的诗歌，也像他诗集里的诗歌一样优美感人；此外还含有一篇关于哈姆雷特的论文，许多有名的评论家都认为这篇论文把丹麦人的暧昧性格分析得相当透彻；而最为重要的是，小说的主题既深刻、又不乏趣味。然而，尽管具有这么多优点，从总体上说，这部小说终究是一部失败之作。失败的原因就在歌德自身。歌德固然天资不凡、才华出众，还富有人生阅历，但他终究只是天才诗人，不是天才小说家。

如果有人问我，天才小说家到底要有怎样的禀赋？我回答不出。浅显地说，小说家应该是外向型的，否则他就无法充分表达自己。小说家的智力要求并不高，大概和一名律师或者一个医生差不多；但是，他必须善于讲故事，否则就无法吸引读者。他不需要热爱他的同胞（这要求太高），但他必须对世人深感兴趣。他必须具有感同身受、换位思考的能力，这样才能感人所感，想人所想。也许，像歌德这样内向而关注自我的人，就是因为缺乏这种能力而成不了天才小说家。

二

下面我并不想多谈歌德的生平，只是因为他自己说他写的东西（科学类著作除外）或多或少都在讲他自己，所以我不得不说说他生活中的事情。

歌德二十岁刚出头就进了斯特拉斯堡大学攻读法律。他自己其实并不情愿，但这是他父亲的意思，他无法违抗。那时，他青春年少、风流倜傥，见到他的人都说他一表人才。他身材挺拔，看上去比实际稍高一点；他肤色红润，有一头天生的卷发；他鼻梁挺直，双唇饱满，而他脸上最为突出的是一双明亮的棕色眼睛，瞳仁特别大。他浑身充满活力，不论男女，都觉得他很有魅力。孩子们也喜欢他；他也乐于陪他们玩，甚至花几个小时给他们讲故事。

---

① 即《威廉·迈斯特的漫游时代》。
② 高雅喜剧：即内容复杂、诙谐幽默的喜剧，剧中出现的通常是上层社会的人物。

歌德到了斯特拉斯堡几个月后,有个同学邀请他一起骑马到二十英里外萨森海姆镇上的一个朋友家去玩几天。那个朋友是个牧师,叫布莱翁,已结了婚,还有几个女儿。歌德答应了,于是就去了,而且在牧师家受到了热情款待。牧师的几个女儿中有一个叫弗丽德里克,她一见到歌德就爱上了他。她怎么能不爱上他呢?她从来没见过这么清秀标致、风度翩翩、舞步轻盈的美少年。那时,华尔兹舞传入斯特拉斯堡只有十年,但已经把米努埃舞和加伏特舞彻底淘汰了。眼前这位美少年,舞步居然那么娴熟,还手把手教她怎么跳,这使她更加倾心。歌德对弗丽德里克也是一见钟情:她的金发碧眼、她的天真活泼、她的一举一动、她那条贴合着身体的素色长裙,无不使他倾倒。据说,歌德四十多年后口述自传,讲到这段恋情时仍心情激动,声音颤抖。这对恋人在接下来的几个月里爱得如醉如痴;歌德还写了好多情诗题赠给弗丽德里克。这些情诗中的大部分现在已散失,但从仅存的几首中仍可以看出他当年的爱之激情。不过,他们当时究竟爱到什么地步,别人还是无从得知。有人断定,歌德根本就没有考虑过要娶弗丽德里克为妻。这很有可能。歌德在这个年纪就已经有门当户对的观念,后来年纪越大,这一观念就越牢固。他出生在令人羡慕的富有家庭,当然知道像他父亲那样严苛高傲的人是绝对不会同意他娶一个乡村穷苦牧师的女儿为妻的;再说,他自己在经济上还完全依赖父亲。但他当时青春年少,一时冲动便坠入了爱河。谁都知道,热恋中的男人常常会昏头昏脑地许诺,热情一消退,便会全然忘记。然而,他们往往会吃惊地发现,那女人竟然把他们的许诺当真了。歌德那时很可能也对弗丽德里克说了什么,使她误以为他会娶她为妻。

最后,有一件事终于使歌德幡然醒悟:弗丽德里克固然美貌动人,但她终究是个普通的乡村少女。布莱翁牧师一家在斯特拉斯堡有个亲戚,用歌德稍稍夸张的话来说,那一家人"地位显赫,家境富裕"。弗丽德里克和妹妹奥莉维亚曾到那个亲戚家去住过一段时间。在此期间,姐妹俩都觉得很尴尬,甚至很屈辱。她们身上穿着普通的农家长裙,和那家女仆穿的裙子差不多,而她们的表姐表妹和时常来拜访的女士穿的都是昂贵的法国时装。这使姐妹俩很自然地对那里的生活感到抵触,而她们的表亲全都不想在朋友面前提起她们这两个穷亲戚,这又使她们感到愤怒。对于这种情况,弗丽德里克选择了沉默,但奥莉维亚沉不住气,终日愤愤不平。歌德到那里去拜访她们,显然感到气氛很压抑,姐妹俩对他的态度也似乎变了。他回来后这样写道:"我最终发现她们俩离我越来越远,心里也好像有块石头落了地,因为我理解弗丽德里克和奥莉维亚的内心感受。当然,我不在乎奥莉维亚的情绪激动和愤愤不平,但我理解弗丽德里克的内心矛盾。"就这样,这段恋情以不美满的结局结束了,但却是我们可以理解的。确实,即便歌德考虑过要娶弗丽德里克为妻,现实情况也向他表明,那是不可能的。

他下决心和弗丽德里克分手。那时他正忙于准备毕业考试,有冠冕堂皇的借口减少到塞森海姆镇去的次数。他拿到学位后的第三周就离开斯特拉斯堡回家去了。其间,他无法抑制自己的思念之情,骑马去看了弗丽德里克最后一眼。离别是极其痛苦的。"我坐在马背上伸出手去,只见她眼睛里满含着泪水,我的心情也格外沉重。"他后来说。他离她而去,她悲痛欲绝;但他那时好像没有勇气告诉她这次告别就是永远的分离。他在稍后写给她的一封信里才正式告诉她实情。后来,他在自传中告诉读者,弗丽德里克的回信使他悲伤得几乎心碎。"这时,我才第一次感觉到分手对她的打击和折磨,然而我却无能为力,无法减轻她的痛苦。"他还颇为内疚地说:在这种情况下,如果是女的提出分手也就算了,现在是男的提出,那是始乱终弃,实在太不应该。"我深深地伤害了一颗美丽的心灵;我在深切的悔恨中想到她为我牺牲的青春和爱情,这真的让人痛苦之极,不堪忍受。可是生活总还得继续,于是我就全身心地投入了其他事务。"年轻人总是比较坚毅,不会因为他人的苦难而精神崩溃;而在这方面,歌德又特别幸运,当他因为抛弃弗丽德里而受到良心谴责时,他可以在诗歌创作中寻求安慰。"我又开始写诗来忏悔。这种自我折磨的苦修应该看作是我内心的赎罪。《铁手骑士葛兹·冯·伯利欣根》和《克拉维戈》①中的两个玛丽和其他抱憾终生的情人,都是我内心悔过的写照。"

歌德到底有没有引诱弗丽德里克上过床?我们无处查证。有人认为,如果他们仅仅是调调情,恐怕他是不会承受那么持久的良心折磨的;所以,他写那些动人的歌词②——第一行是"我心里乱作一团,我心里沉重不堪"——很可能,不仅是因为他回想起弗丽德里克所承受的痛苦,同时也因为他回想起了她曾给过他的温情。说不定,正因为歌德是个多愁善感的人,又因为他内心悔恨交加,这才使他写出了经典的格雷岑③悲剧。

不过,这只是有人对《浮士德》的成因予以考证时的一种推测而已。或许,很

---

① 《铁手骑士葛兹·冯·伯利欣根》和《克拉维戈》,歌德最早的两个剧本,分别出版于1773年和1774年。
② 指歌德诗剧《浮士德》的一段歌词,后由舒伯特谱曲命名为《纺车旁的格雷岑》。
③ 格雷岑,即玛格丽特,《浮士德》中女主人公,她因浮士德引诱而生下私生子,后来浮士德将她抛弃,她在悲愤中杀死了他们的私生子,终判死刑。

快就有人说,歌德未曾动过心,弗丽德里克也未曾被他占有过。

三

《少年维特之烦恼》是歌德另一段恋情的产物。在歌德和弗丽德里克分手并离开斯特拉斯堡后的半年左右,他到韦茨拉尔①去参加培训,以期获得律师从业资格。在魏玛②的一次舞会上,歌德偶尔遇到一个名叫夏洛特·布芙的少女,她已经和一个名叫约翰·克里斯蒂安·科斯特纳的年轻人订了婚。歌德对她一见倾心,第二天就到她家里去拜访。很快,拜访就变成了天天都有的常事。他们一起散步,而夏洛特的未婚夫科斯特纳只要有空也会陪他们一起散步。科斯特纳是个讲究实际的正派人,平淡而老实,特别能包容;但是,尽管他和善容忍,歌德对他的未婚妻的倾慕,显然也使他觉得不舒服。他曾在日记里这样写道:"我每次做完事去见我的未婚妻,歌德博士总是在她那儿。很明显,他是爱上了她。他是个哲学博士,又是我的好友,但他每次看见我到了我未婚妻那儿就马上显得很不高兴。我是他的好友,但我真的不愿意看到他单独和我未婚妻在一起,还对她大献殷勤。"

几星期后,科斯特纳这么写道:"洛岑③找歌德认真谈了。她告诉歌德,他们之间只能是朋友关系,想要超出这种关系是不可能的。歌德听了立刻脸色发白,一句话也没说就转身走了。"

那一年夏天,歌德一直留在韦茨拉尔。他想下决心离开夏洛特,但又迟迟做不到;直到秋天来临,他才终于下定决心。他和夏洛特,还有科斯特纳,一起度了最后一晚,但他仍没有直接表露心迹,第二天一早就离开了韦茨拉尔。临行前,他留下一封伤心绝望的信,使夏洛特读后泪流满面。

回到法兰克福后几个星期,歌德从报纸上看到,他的一个名叫耶路撒冷的年轻朋友人因为失恋在韦茨拉尔自杀身亡。他随即写信给科斯特纳,把这件事告诉他,还把那份报纸保存起来。后来,他在自传里这么说:

> 那时,小说《少年维特之烦恼》的构想就有了,来自各个方面的素材汇集

---

① 韦茨拉尔,城市名,位于德国黑森州。
② 魏玛,城市名,位于德国图林根州。
③ 夏洛特的昵称。

在一起，非常丰富，其中好像有什么东西呼之欲出，就像接近冰点的水只要稍稍一动就会结成冰。我想我应该好好把握这个契机；所以，要从这些杂乱无章而又非常难得的素材中理出头绪并把它完整表现出来的想法变得越来越迫切，因为我深陷在痛苦中，感到前所未有的绝望，前途一片昏暗。

这段话说明，歌德确实又一次坠入了爱河。但在几页后，他又说：

有一种感觉很美妙，旧的激情还未完全消退，新的激情已开始让我们满怀希望，就如夕阳刚刚西下，我们就已看到月亮在对面的天空中遥遥升起。像这样同时沐浴在日光和月光中，真是可喜可贺啊！

这一比喻富有诗意，而使歌德说出这一比喻的人，是一个名叫马克西米莲的少女。歌德写信给马克西米莲的母亲，其中说："只要我活着，就无法忍受我的生活中没有您的爱女马克西米莲，请允许我战战兢兢地、时时刻刻地爱慕她。"可惜，马克西米莲也已经订了婚，未婚夫是在法兰克福做鲜鱼、油脂和奶酪生意的、比她年长许多的彼得·布伦塔诺。后来，这两个极不般配的人结了婚，歌德还是天天去看望马克西米莲，而且一去就是几个小时。不过，彼得·布伦塔诺可不像约翰·科斯特纳那么容忍，他很快就勒令歌德永远不得跨进他的家门。

正如歌德自己所说，耶路撒冷的自杀就如一根火柴点燃了他的想象力，最终使他写出了《少年维特之烦恼》。他当时理应马上想到，把他自己对夏洛特·布芙的那种不幸的恋情和耶路撒冷的自杀组合到一起，可以构成一部小说。他自己也时常"琢磨"自杀的念头。"琢磨"这个词是乔治·亨利·路易斯①在《歌德传》中使用的，我觉得很恰当。歌德在五十年后的自传中说，他当时的痛苦在于，当他受自杀念头的诱惑而想结束自己的生命时，却没有人理解他是怎样抵抗这个念头的。我冒昧说一句，人在回忆过去时往往会夸大其词，就是声名显赫的伟人也是如此。少年歌德给人的印象总是兴致勃勃的、有说有笑的，殊不知他为此付出的代价是周期性的压抑，就像很多人那样。有一次，他上床时把一把匕首放在枕头边，脑子里不断地想着要不要拿起这把匕首，插入自己的胸膛。当然，这不过是一时的幻想，我觉得很多年轻人在情绪极度低落时都会这样。歌德的生

---

① 乔治·亨利·路易斯，19 世纪英国哲学家、文学批评家、戏剧家。

之欲望其实非常强烈,真要他下决心结束自己颇为得意的生命,确实不太可能。但他确有可能在描写小说主人公的内心世界时把经常困扰他自己的种种情绪移植到主人公身上。最终,他决定采用书信体①写这部小说。当时受理查生②的小说和卢梭的《新爱洛绮丝》③的影响,书信体小说风靡一时。这种形式现在已然没落,不大有人采用了;但说实话,它有不少优点,其中之一就是可以增加小说的可信度和真实感。

《少年维特之烦恼》中的故事很简单,几行字就能讲完。一个年轻人,来到一个无名小镇(当然是指韦茨拉尔),在乡村舞会上认识了一位魅力非凡的少女。他爱上了她,却发现她早已订婚,但他却更加爱她。后来,他强迫自己离开了小镇。但过了不久,他对她的深爱又把引回了小镇,这次他发现她已经结了婚而且很幸福。然而,他对她的爱却丝毫不减——哦,不是,是更加炽热,甚至忘却了自我,仿佛觉得这个世界除了她已一无所有。最后,他的爱陷于绝望,而他无法想象没有她的生活,于是便开枪自杀了。这部小说其实篇幅很短(几个小时就可读完),却分为上下两篇。上篇写到维特离开小镇;下篇从他回小镇写到他自杀。

在上篇中,读者会看到我刚才叙述过的歌德在韦茨拉尔逗留期间发生的各种事情。歌德把他自己的性格魅力——如乐观、幽默、温和——以及善于社交和酷爱自然等特点全都移植到了主人公维特身上。他描绘的其实是一幅很有吸引力的自画像。全篇就是一首歌咏长长的夏日、皎洁的月光和宁静的乡村生活的田园诗。小说中的人物全都单纯而友善、耿直而正派,而那个年代的德国人的生活又是那么安宁而从容,读来令人舒心。女主人公绿蒂(歌德给她取的名字正是夏洛特·布芙的教名)是那么善良、那么温柔、那么美丽,又是那么忠贞的未婚妻,读来令人动心。绿蒂的父亲和性格沉稳的未婚夫(歌德给他取名阿尔贝特)令人感动。当然,还有维特毫无希望的一片深情,令人叹息。总的说来,上篇读起来令人愉悦,是当时典型的自传体小说。现在的自传体小说则不然,不论是第一人称的,还是第三人称的,读起来都很虚假,真是令人垂头丧气。其实,问题不在于这些小说家怎么自夸,说自己怎么聪明、怎么勇敢、怎么英俊、怎么能干,或者怎么妖艳——他们这么写是他们的权利,因为这毕竟是写小说,不是写历史;问题在于

---

① 《少年维特之烦恼》主要由维特写的书信组成。
② 塞缪尔·理查生,18世纪英国小说家,其三部重要作品均为书信体小说。
③ 卢梭,18世纪法国启蒙哲学家、文学家,被视为欧洲浪漫主义先驱,《新爱洛绮丝》为其著名书信体小说。

他们忽略了最关键的一点:自己有没有写小说的天赋。是的,大卫·科波菲尔①是个小说家,还是个著名小说家,但这一点在他讲述自己的故事时并不重要;重要的是他怎么讲述的。如果没有他讲故事的天赋,如果这个故事不是由他来讲的,那么这个大卫·科波菲尔还是去做公务员或者做教师为好,不要做什么小说家。我们已经知道,歌德一旦烦恼,一旦情绪恶劣或者良心不安,就会写诗寻求安慰。他这个人其实只要一见到美貌女人就会控制不住,就会单方面地爱得死去活来;但到绝望之际,他脑子里想到的永远是写一个剧本或者写一些诗。我认为,他在这种情况下的文学创作在他自己看来其实也比他的那些来得快、去得也快的单相思恋爱本身来得重要。我甚至可以说,他都有点怨恨这样的恋爱干扰了他想正常进行的文学创作。而在《少年维特之烦恼》上篇中,我们却看不出维特有这样的创作冲动。他友善合群、令人愉快,但没有多少艺术才能。当他下决心离开韦茨拉尔和绿蒂后,他应该找朋友谈谈心,写诗安抚安抚自己,然后当遇见另一个少女时,再次坠入爱河。但他没有这么做,而如读者所知,歌德本人正是这么做的。

这部小说的下篇纯属虚构。维特已不再是我们在上篇中看到的那个人。他变得面目全非。我最初发现这一点时,还颇为得意,认为自己从经典作品中发现了有趣的缺陷。后来我偶然读到克莱布·罗宾逊②采访歌德的母亲阿娅女士③的记录,其中阿娅女士就已经说了,这部小说上篇中的维特就是歌德,而下篇中的维特则不是。从那时起到现在,关于这部著名小说的评论数不胜数,这个明摆着的事实肯定被反复提起,简直就明摆在眼皮底下。如果这样,问题就来了。毫无疑问,从小说一开始,歌德就有意要让维特以自杀告终。为此,他还作了铺垫,早早地插入一个场景,让维特、绿蒂和阿尔贝特一起讨论自杀是否合理。绿蒂和阿尔贝特认为自杀很可怕,但维特反驳说,当一个人无法忍受生活时,自杀是唯一出路。他认为在某些情况下自杀不仅必要,而且是壮举;所以,世人不仅不该鄙视自杀者,还应为他喝彩。歌德就是凭本能也应该知道,他在上篇中是把他自己的性格种植到维特身上的,其中就包括对生命的珍惜,因而不管维特有怎样的烦恼,都应该和他自己一样不至于会自杀。但到了下篇,他又必须使这个人物无

---

① 大卫·科波菲尔:狄更斯同名自传体小说的主人公,即狄更斯本人,所以,这里的大卫·科波菲尔是指狄更斯。
② 克莱布·罗宾逊,19世纪英国作家,以日记闻名。
③ 阿娅女士,歌德母亲卡塔琳娜·伊丽莎白·特克斯托的昵称。

法抑制自己内心的自杀念头。实际上,歌德就是这么做的。这样一来,下篇中的维特当然也就不再是上篇中的维特了。

维特离开韦茨拉尔不久,就在朋友劝说下接受了某宫廷外交代表的秘书一职。这时的维特变得易怒、狭隘、倨傲而且还很好斗。上司当然希望秘书仿效他本人的风格草拟文件,而维特却自行其是,因而他草拟的文件常常被退回。这使他非常恼火。当时,受过教育的年轻人似乎都发疯似的喜欢写倒装句,认为这样更有文采。而维特的上司是个通达世故的外交官,知道在官方文件中是不能滥用倒装句的。他需要的是"中规中矩"的文件,而不是"花里胡哨"的东西。这也有道理。于是,上司和下属很快就起了争执。

接着发生的一件事为日后的不幸埋下了伏笔。维特和该宫廷的一位高官是朋友。有一天,维特到这位高官家里去做客。那天晚上,主人正好要举行一场舞会,城里的贵族名流都将应邀到场。晚饭后,主人就让维特陪同他一起在客厅迎接客人。维特既不是贵族名流,也不在正式受邀之列,所以当贵族名流带着家眷陆续来到时,他发现他们一看见他都吃了一惊。他马上意识到自己不应该出现在这种场合,但又不能拔腿就走,所以只好佯装不知。一会儿,就有一个地位显赫的贵妇人走到主人面前表示不满。主人随即叫来维特,非常有礼貌地请他离开那里。现在看来,这简直就是侮辱。但不要忘记,在那个年代,德国的贵族和平民之间仍有一条不可逾越的鸿沟。这件事很快在小城里传得沸沸扬扬,还被说成是维特在舞会上粗鲁无礼,被主人赶了出来。这使他苦恼之极,一周后就辞掉了秘书职务。

大概是为了不使这个年轻人过于难堪,有位对他颇有好感的王公邀请他到府上去小住。维特欣然前往,但只过了几个星期,他就得出结论:他和这位王公不是一路人。"他是个善解人意的好人,"他写道,"只可惜他也是个凡人;我和他相处时的感觉也只是像读一本写得还可以的小说差不多。"真是个目空一切的年轻人!他于是离开那里,回到了原来的那个地方,也就是绿蒂和阿尔贝特结婚后的安居之处。阿尔贝特见维特回来,显然很不高兴,因为他经常有事要去外地。尽管他并未公开反对,他也不喜欢看到维特总是来拜访他妻子。这时绿蒂的心理,歌德描写得很微妙。她知道阿尔贝特讨厌维特来访,她自己也希望维特不要来打扰她和丈夫的两人世界,但她又下不下逐客令。她爱丈夫,尊重丈夫,但她对维特其实也是有爱意的,还不止一点点。圣诞节前,阿尔贝特又去了外地。绿蒂曾要维特保证,在她丈夫外出期间不来看她,但维特还是来了。她严厉指责他这背诺言,况且时间已是晚上,照规矩她是不可以和他单独相处的。她叫仆人去请几个朋友过来,但朋友们正好都有事,一个也没有过来。她见维特随身带了几本书,就让他念给她听。维特翻开一本莪相①的诗集,念了几首。没想到,这几首诗深深地打动了他们,绿蒂甚至流下了眼泪。绿蒂的眼泪使维特再也坚持不住了。他也抽泣起来,接着一把抱住绿蒂,发疯似的吻她。对此,绿蒂又是惊喜又是愤怒,不知怎么办才好。最后,她把他推开,大声对他说:"这是最后一次!你绝不能再来了!"接着,书中原话是:"她深情地看了一眼这个不幸的男人,便快步走进隔壁的房间,把自己反锁在里面。"第二天,维特给绿蒂写了一封痛不欲生的信,但没有送出去。信中说他已准备离开人世,还说他终于知道她是爱他的:"你是我的,绿蒂,永永远远都是我的。"不久,维特听仆人说阿尔贝特回来了,就叫仆人去向阿尔贝特借一把手枪,理由是他要独自到野外去旅行。可想而知,阿尔贝特听到这个消息后如释重负,马上就把枪借给了他。第二天清晨,维特就用这把枪自杀了。人们在他的遗物中发现了他写给绿蒂的那封信。

四

以上几段不太连贯的叙述就是《少年维特之烦恼》的故事梗概。小说的最后几页②就是在今天读来仍令人感动。这本书问世后的反响可能是世上少有的,它被翻译成几十种外国文字广泛流传,有那么多人在讨论它,有那么多人在模仿它,可谓盛况空前。唯一对这本书大为恼火的,大概就是科斯特纳和夏洛特了。因为读者很快就得知,他们是小说中阿尔贝特和绿蒂的原型。科斯特纳还愤怒地发现自己被写成了一个呆头呆脑的、根本配不上他妻子的傻瓜,而且小说还暗示,他妻子曾和歌德关系暧昧。很多人都在猜测,这部小说到底有多少是真实的,多少是虚构的。科斯特纳为此写文章表示抗议。歌德的回答简直使他目瞪口呆:"难道你没有意识到一千个人心目中有一千个维特吗?你所损失的仅仅是你没能意识到这一点而已。"

时至今日,每个人读过《少年维特之烦恼》之后都会问自己:这本书到底神奇在哪里,为什么会引起那么大的轰动?我想,用我们现在的话来说,是因为它

---

① 莪相(Ossian),苏格兰高地及爱尔兰传说中的游吟诗人。
② 《少年维特之烦恼》的最后一小部分不是书信体的,而是作者的客观叙述。

"时尚"。那时,浪漫主义盛行于欧洲,卢梭的著作被翻译成德文后,人们争相传阅,其影响之大可能是我们今天难以想象的。尤其是当时的年轻人,他们不满于启蒙时代的理性束缚,而传统的宗教已经式微,难以满足他们的精神需求。卢梭的著作正好迎合他们的期盼。他们不假思索地全盘接受了卢梭的观点:个人的情感比人类的理性更加宝贵;恒常的感觉比无常的思考更为重要。他们把多愁善感视为灵魂的美丽标志。他们把理智和常识视为感情匮乏。他们的感情时常不受控制:一点点小事,男男女女都会声泪俱下。他们写的信更是矫揉造作、感情泛滥,即便是年长而成熟的人也是如此。当时已经五十岁的诗人兼教授维兰德[①]写信给拉瓦特[②],信中称拉瓦特是"上帝的使者",最后还这样写道:"如能和你朝夕相处真是我的万幸!就是短短三个星期也是我的福气!只是,我担心我会和你相处得太亲密,因为到头来我们总要分离,那样恐怕我会太想念你而一病不起。"这样的感情表达,今天看来实在太做作了,而当时的德国评论家却习以为常,还补充说,维兰德经常拜访好友,每次告别都要说"我会太想念你而一病不起"。既然这是当时的"时尚",《少年维特之烦恼》问世后有千千万万人为之倾倒也就不足为奇了。年轻人激情澎湃而又痛苦绝望的爱情总使人为之动容。维特身陷爱情的囹圄,最后以死而求解脱,读者对此感到同情和惋惜,甚至有赞赏和崇敬之意,也是人之常情。

不管怎样,《少年维特之烦恼》使歌德一举成名;不管歌德还写过什么书,这本书是最出名的。歌德享有高寿,但他后来的作品都没有像《少年维特之烦恼》那样成功,那样震惊世界。

刘文荣　译

[①] 克里斯托夫·维兰德,18世纪末、19世纪初德国诗人、作家。
[②] 约翰·拉瓦特,18世纪瑞士诗人、面相学家。

2
《浮士德》

简介：

【德文名】*Faust: Eine Tragdie*
【作　者】［德］约翰·沃尔夫冈·冯·歌德（Johann Wolfgang von Goethe，1749—1832）
【年　代】18世纪末、19世纪初。
【体　裁】诗剧，据民间传说改编。
【主　题】人生最大的满足，莫过于造福人类。
【人　物】主要有：靡非斯特、浮士德。
【情　节】魔鬼靡非斯特和上帝打赌，称人的欲望不会满足；上帝则说，人会对他自己感到满足。于是，靡非斯特找到浮士德博士，想用他来证明人的欲望不会满足。他问浮士德，你会感到满足吗？浮士德说，不会。于是，靡非斯特就和浮士德打赌，称："你要什么，我给你什么，但是你不能说'够了，我满足了'，否则就是你输，我将送走你的灵魂。"浮士德答应了。于是，浮士德提出种种欲望：他先要成为世上最博学的人，靡非斯特满足了他；他觉得不满足，继而要成为世上最幸福的情人，靡非斯特满足了他；他仍不满足，要成为世上最有艺术修养的人，靡非斯特满足了他；他还是不满足，要成为造福于全世界的人，靡非斯特满足了他，而这时，浮士德却情不自禁地说："够了，我满足了！"对此，靡非斯特大吃一惊，因为他赢了浮士德，也就意味着他输给了上帝。最后，当浮士德要将灵魂交给靡非斯特时，上帝派天使接走了浮士德，并用天堂里的爱之火惩罚了靡非斯特。

论《浮士德》①

[俄] 伊凡·屠格涅夫

分析像《浮士德》这样的**传世**之作,要么很容易,要么很难……在第一种情况下,只需要"烧香叩头"、热情地大声赞扬就行了;因为作品很伟大,没有什么可解释的!我们的大部分批评家先生都这样做。但是,这些先生忘记了,没有一部伟大的作品是像石块从天上掉下来那样落到地上的。每一部伟大的作品都来自有艺术才能的人的心灵深处,这个人之所以得到这样的荣幸,是因为当代生活的全部内容不是只通过一时的反响,而是通过性格和才华的整个的、有时是相当痛苦的发展而在他身上反映出来的;作品水平愈高、愈朴实和愈不可分割,它**产生**的条件和过程就愈复杂和多样。但另一方面,为了读伟大作品时得到充分的享受,完全不需要了解这个过程,如同为了欣赏一朵美丽的花不需要知道它的化学成分一样;天然纯朴的、毫无疑义的和人们都理解的美,是任何艺术作品必须具备的属性。但是,如果一个人决心要理解他不由自主地迷恋的东西并认清其价值,弄清自己赏心悦目的原因,那么对他来说半途而废是不可宽恕的失策;无所畏惧地认真探究下去,彻底地搞清楚——这是广义批评的主要优点,尽管这种批评的敌人大喊大叫,但是它还没有做过危害任何人的事……我所说的不是人们的过于自尊的、怯懦的或眼光狭小的批评,这些人不愿意简单地成为天性率直的人,同时要让他们得出自己思考的结果他们又觉得可怕和困难——这些人一辈子老是反复地说二加二,但永远不会说四,或者最后说是五,并且将挖空心思地和啰啰唆唆地证明,事情只能是这样……我要讲的是认真务实的批评。由于上面讲

---

① 本文节选自屠格涅夫长篇论文《评歌德的〈浮士德〉及其俄译本》(载《屠格涅夫全集》第11卷),题目系本书编者所加。本文要点:(1)《浮士德》是欧洲浪漫主义时代的产物;(2)《浮士德》是纯粹写个人主义的作品,浮士德是好钻研理论的个人主义者、好幻想的个人主义者;(3)《浮士德》是欧洲浪漫主义时代的充分表现。

到了我国读者的特性,我希望满足他们的要求,先简短地做一番历史研究,讲一讲在歌德心中关于写《浮士德》的想法是在何时、如何和因为什么而产生和酝酿成熟的,然后才讲我个人对《浮士德》的看法。历史研究有时可以成功地替代纯逻辑推理,因为没有任何东西能够比清楚地和实事求是地描述的历史发展更合逻辑。毫无疑问,我作的结论可能会有错误,但是拉封丹①已经说过:"我至少能荣幸地着手进行。"

一

歌德在他的笔记②(可惜,他很晚才开始记笔记)里给我们描绘了十八世纪七十年代前(他本人生于一七四九年)德国文学状况的一幅相当正确和详细的图画。作为这个时代的伟大人物的是克洛卜施托克③、维兰德④和莱辛⑤,尤其是克洛卜施托克。法国古典主义派(戈特舍德⑥)和瑞士派(博德默⑦等)——这两派很快就过去了,并且一去不复返了。克洛卜施托克首先讲到文学中的民族性,讲到弹唱诗人、阿米尼乌斯⑧、北方神话,取消了押韵。维兰德是一位具有多种多样的才能、善于讽刺、文笔优美的作家,他的大量著作以及译自希腊文、英文、意大利文和法文的译作引起了他的同胞们的兴趣并吸引住了他们。莱辛主要是德国的一位具有健全的头脑和才思敏捷的智者,他创立了批评和戏剧——也许比克洛卜施托克更有权利称为德国文学的创造者,他天生有异常突出的论战才能和健全的理智(不过这两种品质几乎总是结合在一起的),他反对类似克洛茨⑨之流的人所取得的胜利,使得正在产生的德国文学不至于受错误倾向的影响而夭折。这三位作家的功绩非常之大,但是其中没有一个人能够真正地表达出自己民族和时代的本质。每一个民族都有其纯粹的文学时代,它逐步地为人的精神其他方面更为广泛的发展做准备;对德国来说,这样的时代是在大约七十年代来到的。当时在法

---

① 拉封丹(1621—1695),法国诗人,写有《寓言诗》等。
② 指歌德的自传作品《诗与真》,第1—3卷于1811—1814年出版,第4卷则于1832年问世。
③ 克洛卜施托克(1724—1803),德国诗人。
④ 维兰德(1733—1813),德国作家。
⑤ 莱辛〔1729—1781〕,德国剧作家、评论家。
⑥ 戈特舍德(1700—1766),德国文学理论家、作家。
⑦ 博德默(1698—1783),德国批评家、诗人。
⑧ 阿米尼乌斯,公元前日耳曼部族切鲁西人的首领。
⑨ 克洛茨(1738—1771),德国语言学家、批评家和记者。

国,社会已衰老了,已经受了外部和内部斗争的考验,没有留下一个未解决的问题,同时对任何一种解决方法都不满意——正当这个社会迅速地走向自身的毁灭时,更加正确地说,正当它走向自身的复兴时,德国刚刚意识到自己的民族性,意识到自己本身——不是作为社会,而是作为说同一种语言和没有一篇用这种语言写成的文献的民族。在十七世纪之前,所有德国学者像莱布尼兹①一样用拉丁文或用法文写作;诗人作为丑角受宫廷供养,为各种庆典写颂诗,但也有少数例外,例如汉斯·萨克斯②派的幽默作家——菲沙尔特③、格吕菲乌斯④等人,他们虽然证明德国社会思想中和善的讽刺倾向的存在,但是不起特别的作用:德国的君主们,甚至其中的佼佼者(请回想一下腓特烈二世)都轻视本国语言:只有路德时代以后的神学家才讲德语和用德语写作。接着进入了十八世纪前半期,哲学家沃尔夫⑤放弃了拉丁文,还比较年轻和并无独特性的德国文学,踏着法国文学的足迹迅速前进。作家一个接一个很快地出现,这些人已经不能像戈特舍德那样被归入平庸的模仿者之列了。柏林出现了拉姆勒⑥和格莱姆⑦,对语言本身开始进行批判性研究,不错,这些研究还相当肤浅,但是对当时来说异常重要。最后出现了我在上面讲过的优秀人物。但是真正的转折,歌德称之为德国文学的革命的事情,完成于十八世纪七十和八十年代之间,完成于德国批评家们(更正确地说,是文学史学家们)称之为"狂飙突击运动时期"的时代。

每个民族的生命活动可以和一个人的生命活动相比拟,区别只在于民族像大自然一样,永远能够更新。每个人在其年轻时代都经历以"天才"自居、忘乎所以地过于自信、喜欢结交朋友和聚会结社的时代。他挣脱陈规旧习、烦琐哲学和任何权威以及一切外来的东西的束缚,只期望自己救自己;他相信直接来自自己天性的力量,并且把大自然作为天然的美的理想来崇拜。他成为周围世界的中心;他有着丰富的内心生活,但是他的心是孤独的,想的是自己而不是别人,甚至在他非常渴望的爱情方面也是如此:他是浪漫主义者,而浪漫主义无非是对个性的颂扬;他随时都可能谈论社会,谈论社会问题,谈论科学,但是社会以及科学

---

① 莱布尼兹(1646—1716),德国科学家和哲学家。
② 萨克斯(1494—1576),德国诗人、作曲家。
③ 菲沙尔特(1546 或 1547—1590),德国讽刺作家。
④ 格吕菲乌斯(1616—1664),德国诗人、剧作家。
⑤ 沃尔夫(1679—1754),德国哲学家、莱布尼兹的学生。
⑥ 拉姆勒(1725—1788),德国诗人。
⑦ 格莱姆(1719—1803),德国诗人。

等等都是为他而存在的,而不是他为社会和科学而存在的。各种理论不由现实决定,因此也不希望实行,心中充满着幻想的和模糊不清的激情,空有充沛的可以移山填海的精力,而暂时却不愿意或不能翻动一根稻草——这样的时代必然在每个人的发展中重复出现;但是在我们当中,只有那些走出这个怪圈、继续前进、奔向自己的目标的人,才配得上人的称号。对德国来说,这样的浪漫主义时代是在歌德的少年时代来到的。出现了许多所谓有天才的年轻人,青春、率真、天性、独特这些词挂在每个人的嘴上:当时谁也不会想到要写《强盗》,因为任何人所关心的只是自己的欢乐和痛苦。但是许多人希望直接成为莎士比亚,那时维兰德和埃申堡①已把他的作品介绍到了德国,读者贪婪地阅读他们的译本。对莎士比亚的爱激发了对中世纪的爱,而对中世纪的爱好,只有在人民实际上已脱离它之后才可以感觉到;而这种脱离在德国实现得相当晚。法国思想家的活动,伏尔泰、卢梭、百科全书派——后来在全世界引起如此深刻、如此强烈的震动的一切,当时在德国只得到很少的人的赞同,诸侯们仍不动声色地继续把自己的居民卖给与不听话的美国人打仗的英国人。歌德在他的自传的第三部分里是这样写的:

> 当我们有时翻开百科辞典(狄德罗②和达朗贝尔③主编的著名版本)的一个部分时,我们觉得我们到了一个大工厂,那里四面八方轮子在轧轧响着和转动着,机器以不可思议的方式运转着,我们不理解所有这些运动的目的,完全不知所措了……法国哲学家与僧侣们的热烈争论,没有引起我们的注意。关于那些被禁的、决定焚毁的书籍,当时人们曾议论纷纷,但是对我们没有任何影响……天性是我们的上帝……

不错,歌德的这些话是说他的斯特拉斯堡的朋友们的,而他当时最有权利代表年轻一代说话;他的那些走另一条道路的同时代人,后来没有留下痕迹,就是说他们走错了路;同时歌德的头几部作品立刻震撼了大批读者,吸引住了他们。

整个德国如果说不是专门只关心文学问题,那也是主要地关心文学问题。

---

① 埃申堡(1743—1820),德国翻译家。
② 狄德罗(1713—1784),法国哲学家、作家,《百科全书》的主编之一。
③ 达朗贝尔(1717—1783),法国哲学家、数学家、作家,《百科全书》的主编之一。

尤斯图斯·默泽尔①是他那个时代的优秀政论家,他可作为单独的例外。大地还没有在人们脚下颤抖,整个欧洲还沿着原先的方向前进,拥有原先的观点和信仰。除此之外,根据德国人民的特性,哲学上的转折应该先于德国社会生活的任何进一步的发展,于是正是在这个"狂飙突进"时代,在北方的一个遥远的城市,康德教授毫不张扬地和不知疲倦地创立着批判哲学。这种哲学逐步地渗入我们的整个现实,并且甚至将对我们以后的各代人起最后决定的作用。

正是在那时候,大约在七十年代,在莱茵河畔有一个年轻人,他时而住在斯特拉斯堡,时而住在法兰克福,他注定能表达出自己的民族和自己的时代的实质——这个人就是沃尔夫冈·歌德。对他的生平,所有读书的人都非常熟悉,我认为有理由完全不讲,尤其是因为它已是我们的杂志上一篇相当长的文章的题目②。但是我想花少许笔墨描绘一下他的个性。他主要是一个诗人,而且只是诗人,此外再没有别的了。我认为他的全部伟大之处和全部弱点均在于此。他天生有洞察一切的观察力,所有尘世的事都很简便地、容易地和正确地反映在他的心灵之中。在他身上,对自己的激情进行经常不断的观察和情不自禁的、感情丰富的内省的才能,与热烈地、发狂似的迷恋某事某物的能力结合在一起;健全的理智、正确的艺术分寸感和对完整性的追求,与无限多样的和敏捷的幻想结合在一起。他自己整个人是完整的,正如常说的那样,浑然一体:在他那里,生活和诗歌并不分为两个独立的世界;他的生活就是他的诗歌,他的诗歌就是他的生活……他在给施托尔贝格伯爵夫人的信中说:"我让自己的感觉变为能力,让能力发展成为才华。"他一生就按这种自然的、合乎规律的必然性发展;他几乎从小就意识到这种内在的和谐以及自己性格的刚强有力,若无其事地允许人们崇拜自己。只要读一下拉法特③在《相面术》一书中在他肖像下写的那些热情洋溢的话就可想见……像所有诗人一样,他生活中首要的和决定性的东西,其中的主要内容,是他的**自我**;但是在这个**自我**中您可以找到整个世界,认识到这个人物的博大,您会受到强烈的感染,以至于克莱尔辛④所唱的只讲没有爱世上就没有幸福(请注意,这个思想很不新颖)的一支歌会使您倾倒,似乎您本人和其他的人脑子里根本没有出现过任何类似的想法一样。可以理解,为什么歌德能在垂暮之年

---

① 尤斯图斯·默泽尔(1720—1794),德国政论家、诗人。
② 指《祖国纪事》1842年第20、21、22卷上利彼尔特的文章《歌德》。
③ 拉法特(1741—1801),瑞士作家。
④ 歌德的五幕剧《格蒙特》中的女主人公。

认真地认为自己是奥林匹斯山上的宙斯,他知道他掌握了自然和人:他比他之前的任何人都更好地掌握艺术;而人们需要的只是那些,因为被歌颂的欢乐和被歌颂的眼泪比真正的欢乐和眼泪更能感动他们。

但是,歌德是一个德国人,一个十八世纪的德国人,宗教改革运动的产儿;他的伟大正在于他身上不无成果地实现了他的民族的所有要求和愿望。他作为一位伟大的德国诗人创作了《浮士德》。并不是他第一个想到要利用这个典型:莎士比亚的前辈之一马洛①写过剧本《浮士德》——这是一部异常出色的作品,在适当时候我还要同读者谈到它。除歌德之外,他的同时代人和朋友(如果歌德能有朋友的话)克林格②和伦茨③都写了《浮士德》。他们两人都属于当时聚集在歌德周围的优秀人物的团体,歌德在其《笔记》中曾用生花妙笔写过他们……奇怪的是,这两个人都死在俄国:克林格死在彼得堡,死时是将军;伦茨死在莫斯科的一个鞋匠那里,贫困而且精神失常。但是,那个有独创性的、富于幻想的和爱嘲弄人的伦茨如此热烈地和徒劳无益地幻想过的事情,那个健康强壮、但无诗人气质的克林格力所不及的事情,歌德一个人做到了。深入了解一下《浮士德》的内容就可确信,事情只能是这样,正如不是奥什④和马尔梭⑤、而只是拿破仑一个人有权称为他自己所说的"运气好的人"一样。

二

在这里我不认为有必要叙述《浮士德》的内容,每一位读者大概都知道了。现在就直接开始评价歌德的这部悲剧。

《浮士德》是一部纯粹写人的,更正确地说,纯粹写个人主义的作品。当时整个德国分裂成为一个个小的部分,每个人都为一般的人操心,也就是说,实质上为自己个人操心。浮士德从悲剧的开头直到末尾,都只关心自己。对歌德来说(同时也对康德和费希特来说),人的自我是最后决定人世间的一切的东西……这个自我,这个主体,这个现存一切的基石心里没有感到满足,既没有得到知识,也没有树立信念,甚至没有得到普通的、一般的幸福。(浮士德说:"就是狗也不能这样贪

---

① 马洛(1564—1593),英国剧作家。
② 克林格(1752—1831),德国作家。
③ 伦茨(1751—1792),德国作家。
④ 奥什(1768—1797),法国将军。
⑤ 马尔梭(1769—1796),法国将军。

生。")他往哪里,找什么发泄呢？对浮士德来说,社会是不存在的,人类是不存在的:他整个人沉浸在自己个人之中,他只期望自己救自己。根据这个观点,歌德的悲剧是浪漫主义的最明显和最突出的表现,尽管这个名词开始流行的时间要晚得多。在《浮士德》里,如同在拜伦的作品里一样,我们找不到调和,找不到真正的调和,找不到那种能解决在这之前的不谐和音的最后的和弦;歌德老人想出来的解决悲剧的讽喻的、冷淡的、牵强的办法,大概没有使任何一个活人感到满意,而且也不会使他满意。同时读完《浮士德》时,我们没有感觉到那位傲慢、惹人喜爱、有局限性和天才的拜伦勋爵的每部作品在我们心中激起的那种痛苦的和模糊的不安,因为所有矛盾都在歌德那标准的平静心灵中**先验地**调和了,他的心可以在不破碎、甚至不觉痛苦的情况下忍受靡非斯特这个魔鬼。不错,歌德没有达到完全调和的地步,不过他也不需要这样做,他意识到自己的力量就满足了……第二部中浮士德的那种傲慢的冷漠,是所有未解决的问题和疑问的真正的、彻底的调和的表现。歌德没有给天生不能达到先验的宁静的人以任何回答。歌德不承认纯属于人的领域之外的任何东西,然而使浮士德不安的是那些不是这个领域产生的问题,歌德不能找到这些问题的满意的解决办法。用康德的语言来说,这些先验的问题,是在这之前整个欧洲而不只是德国人民的整个发展留给他的;整个人类对于自己的尘世生活之外的东西的这种追求,在各个方面,既在社会的组成本身之中,也在历史、诗歌、艺术(我们可回想一下哥特式教堂)之中表现出来的中世纪的基本原则,在浮士德的心中引起了巨大的和强烈的反响。浮士德是自己的过去的产儿。但是在他身上同样有力地表现出了矛盾的因素,现代的因素——人的理智和批判的自主的因素。在人的意识的发展史上,可以认为《浮士德》是把中世纪和近代分隔开的那个时代(在文学上的)最充分的表现。由于任何原则,甚至包括肯定的原则在内,在刚开始出现时应当带有否定的性质(否则它永远不能为自己争得一席之地),因此很可以理解,为什么在伏尔泰的同时代人歌德那里,这个原则通过靡非斯特的形象表现出来。靡非斯特是近代的象征,他代表的是那个受到头脑糊涂、眼光狭小的人幼稚而起劲地咒骂的18世纪。不管这个否定和批判的精灵躲藏在什么名字下面,他到处受到自私自利的或眼光狭小的人们的追逐,甚至在这个否定的原则最后得到公认,逐步失去它的纯粹破坏的、讽刺的力量,充满新的、肯定的内容,变成一种合乎情理的和并非偶然的进步时,也是如此。但是我准备同意批判原则的反对者的下列意见:确实,它在进入(不是进入人的活动的领域,因为它一直是这一活动的组成部分之一)欧洲社会发展的领域时,的确是片面的、冷酷无情的和带有破坏性的;确实,靡非斯特并不是什么可喜的现象……但是浮士德本人这个中世纪的不太健康的产儿——难道他能站稳脚跟吗?难道我们不能在他的身上看到破坏的所有特征吗?由于徒劳无益地和过分自尊地钻研那些根本弄不明白的空洞学问而把自己关在沉闷的书斋里的浮士德本人,不是想走出书斋到现实的、健全的世界中去吗?而他由于是一个幻想家,只会幻想这个世界,不是希望通过与活人的交往过上健全的生活,而求助于……月光。

> 我何时能够……
> 在那里沐浴你的光辉,
> 用你的露水治愈知识的迷误!

浮士德从他讲头几句话起,不就是个怀疑主义者吗?他的"对这尘世的亲切的太阳,要毅然地把它撇在脑后"的企图本身不是向往自由与和谐的最后的、不顾一切的和虚假的冲动吗?浮士德在与瓦格纳这个德国人和这个"庸人"的谈话中,他本人难道不同样是靡非斯特吗?再说,靡非斯特难道不是对浮士德的必要的、自然的、必不可少的补充吗?……在他的言谈话语中难道不是讲出了歌德本人内心的意向和信念吗?而且靡非斯特本人在很多情况下难道不是大胆地和盘托出的浮士德吗?

歌德的这部悲剧动笔得非常早,早于《铁手骑士葛兹·冯·伯利欣根》和《少年维特之烦恼》。如同他自己承认的那样,他开始写这部悲剧时没有任何明确的计划:不过《浮士德》作为一部悲剧,照它现在的样子,不能要求它具有完整性和外在的统一性。歌德从早年起就非常爱好思考和分类,这种爱好几乎总是与他天生就富有的艺术再现的质朴才能不相容的……不过需要补充一点,即歌德作为一个诗人,完全不珍视自己的观点和体系,他轻易地和随随便便地放弃它们……实质上,他感兴趣的只是上升为诗歌的理想的生活(如同他所说的"提高美的表象的真实性"),只是有着各种表现的生活。他认真地、热情地研究它……但是,再说一遍,使他感兴趣和吸引住他的心的不是作为生活的生活,而是作为艺术创作对象的生活。歌德最后达到这样的地步,他不害怕痛苦,甚至不回避痛苦:痛苦使他的诗歌发出极为新奇、极为美妙的声音……再说,哪一位诗人曾经真正地、无言地暗中痛苦过?他们所有的人随时都可以重复塔索的话：

> 而最主要的是——
> 大自然在我的痛苦中给我留下了音调和话语，
> 我可以用它们来诉说我的深沉的悲伤。
> 而当人们受折磨而默默无言时，
> 上帝使得我有可能说出我经受的痛苦。①

他们利用这个优势——蹩脚的诗人只有想象中的优势，好诗人才有真正的优势——歌颂自己的痛苦，使得我们极为厌烦，不由地甚至想对其中最优秀的诗人说：

> 你曾痛苦过或不曾痛苦，与我们何干？②

但是诗歌是无法摆脱的，上面所说的话也是诗，也是诗人说的。

总之，歌德写他的《浮士德》时没有任何计划，他随手把一行行诗写在纸上，如同写下一个有思想的和热情的个人主义诗人的自白一样。在他的时代，在那个过渡的、不明朗的时代，诗人可以只是一个一般的人。当时在德国，旧社会尚未崩溃，但是在这社会里已感到沉闷和不舒服；新社会还刚开始形成，但是其中对一个喜欢只靠幻想生活的人还没有相当坚实的根基：每个德国人各自走自己的路，或者出于自私或者毫无意义地屈服于现存的秩序。请看，平民百姓在《浮士德》里扮演何等微不足道的角色！这些人物（请回想一下浮士德与瓦格纳散步的场面和奥艾尔巴赫地下酒室的场面）类似特尼尔斯③和奥斯塔德④画上的平民百姓；靡非斯特想要让浮士德了解群众快乐的生活，给他看了许多相当愚蠢的学生，他们两人像"大贵人"取笑了这些学生。在歌德作品里，平民百姓不作为古典悲剧中的古老歌舞团，而作为最新歌剧中的合唱团员在我们眼前经过。群众照例是客观地、甚至象征性地呈现的（在上面提到的浮士德与瓦格纳散步的场面，各个阶层的代表

---

① 引自歌德的《托夸多·塔索》。
② 引自莱蒙托夫的诗《不要相信自己》。
③ 特尼尔斯（1610—1690），佛兰德斯画家。
④ 奥斯塔德（1610—1685），荷兰画家。

一个接一个在读者面前出现),他们为人们所理解,他们得到了应该给予他们的东西,"给了他们位置"——他们还要求什么呢?他们这些愚蠢的群氓有什么权利打破某一天才人物的庄严的平静,或者干扰这个人物单独一个人的欢乐,或者他的单独一个人的痛苦呢?而对那个可怜的年幼的孩子,那个恭顺地来向浮士德求教的学生——歌德是如何以一种贵族式的、漫不经心的讽刺态度拿他取乐,拿整个不能上升到天才的高度、居于眼光狭小的群氓之上的整个年轻一代取乐的啊!靡非斯特的所有嘲笑、所有辛辣的讽刺落到作为单个的人的浮士德头上,他了解他的弱点……上面不止一次地说过,浮士德是一个个人主义者,只关心他自己一个人。此外,靡非斯特远不是一个"大恶魔",他更像"最没有头衔的小鬼"。靡非斯特是每个人身上的魔鬼,反省就是从中产生的:他是那种在完全充满怀疑和困惑的心中出现的否定的体现;他是孤独的和远离现实的人的魔鬼,这些人碰到自己本身生活中的一个小小的矛盾就惊恐不安,却在看到靠手艺生活的一家人快要饿死时会以一种貌似达观的冷漠而无动于衷。靡非斯特不是他本身使人觉得可怕:他可怕之处在于他平常的活动,在于他对许多少年的影响。这些少年由于他,或者直截了当地说,由于自己胆怯的和个人主义的反省,走不出自己可爱的**我**的狭窄圈子。他好挖苦人,恶毒,喜欢嘲笑人,用普希金的话来说,碰到这个恶魔的人就会感到痛苦:但是他们的病态的痛苦没有引起我们的深刻的同情。同时,有多少这样的受苦人,他们谈论一阵痛苦像谈论一件"无谓的事"之后,突然变成了和善而健康的庸人!……就是他们之中的终其一生都像折断的树枝那样萎蔫干枯的人,也只能引起我们一时的惋惜……再说一遍,靡非斯特之所以可怕,是因为至今认为他是可怕的……他对那些认为自己的幸福比世上的一切都宝贵同时想要弄清为什么正是他们享有幸福的人来说是非常吓人的……而这些人任何时候都很多,多得使我们想起他们的人数时,又想承认歌德笔下的恶魔的伟大,而在这之前我们对他是相当没有礼貌的。但是我们仍然应该承认,我们不止一次地提到"另一个巨大的形象",在它面前靡非斯特显得苍白无力,不再存在——这就是个人的有限领域内的批判因素的化身。

就这样,我讲过,浮士德是个人主义者,是好钻研理论的个人主义者,自尊心很强的、有学问的、好幻想的个人主义者。他想要得到的不是科学知识,他想要通过科学实现自我,得到自己的安宁和自己的幸福。他的脱离现实的偏执的性格贯穿于整个悲剧,除了第一场开头大地精灵神气十足地出场的场面之外。在大地精灵厉声厉色的话语中,我们可以听到泛神论者歌德的声音,他在充满激情的多样化的人类世界之外只承认斯宾诺莎①的冷漠的、平静的"实体",当他感到自己个人的可厌时,便像躲进"避难所"一样躲入这个实体之中。浮士德的个人主义特别表现在他与格蕾辛的关系中。浮士德厌倦了毫无益处和毫无欢乐的孤独生活后,想要:

> 在肉体的快乐中
> 把热烈的愿望压制……他渴望:
> 骚动和不安、最痛苦的欢快,
> 敌对的爱情,甜蜜的烦恼。
> 凡是赋予整个人类的一切
> 我都要一一体验……

于是在魔女帮助下返老还童后,浮士德碰到格蕾辛。对格蕾辛这个人我不准备多费笔墨:她像鲜花一样可爱,像一杯水那样清澈,像二加二等于四那样容易理解;她是一个恬淡的、善良的德国姑娘;她腼腆,天真无邪,具有青春的魅力;顺便说一句,她有点傻。但是浮士德也不要求他心爱的姑娘有特殊的智力,因此我现在不能不向翻译先生②指出,他在浮士德和格蕾辛第一次见面时就毫无根据地要浮士德这样说她:

> 她是这样端庄谦恭,
> 看来人很聪明。

原文是这样说的:"Und etwas schnippisch doch zugleich."其中"schnippisch"这个词不好译,它的意思倒像在好的意思上的"骄矜"……但无论如何不是"聪明"。

浮士德像所有天才人物一样,果断而大胆地向她作自我介绍;格蕾辛立刻爱上了他。浮士德来到她的房间,兴奋地和热情地想起她,深受感动地走了,然而没有忘记给她留下礼物;后来在玛尔太家相逢,但是浮士德在这次见面前给自己

---

① 斯宾诺莎(1632—1677),荷兰哲学家。
② 指《浮士德》俄文译者弗隆钦科。

提出了这样的问题:

> 我自己感到,
> 对这种混乱,这种情思,
> 要找个名称,却搜索不到,
> 于是一心一意神游全世界,
> 想猎取一切高超的词汇,
> 把我发出的这种情焰
> 称为无限,永远,永远,
> 这岂是恶魔的撒谎把戏?

在玛尔太家,格蕾辛向他表白了爱情(不用说,所有这些场面写得尽善尽美)……浮士德,幸福的浮士德,您想,他急忙去寻欢作乐吗?不,他急忙到森林里去进行新的幻想,感谢崇高的大地精灵给了他像透视朋友的内心一样观察自然的胸膛的能力……顺便说一下,我应提请读者注意译者先生的一个非常重要的错误。他在《〈浮士德〉第一、第二两部简评》中讲了以下一段话:

> 玛格蕾特失身了……在这之后,清醒过来的浮士德离开受他欺骗的人,到无人的地方,在那里去观察大自然和进行反省。

弗隆钦科先生关于玛格蕾特失身的时间的推测,第一,从心理上说是不对的;第二,从事实上说也是不对的。歌德明确地说,玛格蕾特的失身是在浮士德回来之后。请看浮士德的那段由弗隆钦科先生自己翻译的话:

> 浮士德:
> 唉,莫非我永远不能
> 在你怀里偎依一个小时,
> 让胸和胸、心和心紧贴在一起?
>
> 玛格蕾特:
> 唉,但愿我只是一人独寝!

接下去说道：

> 好人啊，我只要一看见你，
> 不知何故，总是顺着你的心，
> 我已为你做到了一切，
> 几乎再没有剩下可做的事情……

这个姑娘确实像弗隆钦科先生所说的那样，"未必懂得'女人的失身'是什么意思"，她的这些非常感人的话，可以在浮士德在林中一场**之后的**那一场里找到。在这场之后有格蕾辛的歌，这是热情而又羞怯的苦闷的吐露；这种苦闷尽管其内容简单幼稚，然而大概任何时候都不会有人能够令人满意地表达出来……在浮士德与格蕾辛谈论宗教之后格蕾辛失身了……于是一切都完了……格蕾辛被这不幸压得痛不欲生，而浮士德则到布罗肯山去，在那里他将与各种寓意的人物谈话。当他从靡非斯特那里得知格蕾辛处于死亡的边缘时，他的诅咒简直令人厌恶：他责备别人，而过错首先在他自己；或者说，也许他没有过错，但是当时他用不着发火。而最后在监狱里的那个场面……谁没有读过它，谁不记得它呢？……您说，读者，这个场面里格蕾辛这个被骗的可怜的傻孩子不是要比聪明的浮士德高一千倍吗？浮士德在匆忙慌乱中求她和他一起逃走，虽然他清楚地知道，与格蕾辛的那场喜剧演完了，用歌德的表达方法来说，全部爱情已成为他的过去。是的，"他完成了他应该完成的事"（was er gesollt, hat ervollendet），但他没有预料到会有流血的结局；他吓坏了，想要救她，但是如果他真的救了她，使她免于一死，她也会是不幸的！……然而这一次庸俗没有占上风：格蕾辛得到了一个悲惨的结局，整个悲剧以她最后的一声可怕的叫喊结束。

很多人说过而且至今还在说，歌德恰恰**这样**结束他的《浮士德》，说明他并非没有经过深思熟虑的意图；但是我觉得，《浮士德》的整个第一部是直接从歌德的心里涌出来的，他在着手写第二部时，才开始"考虑""整体设计"和以高超的技术"结束"自己的作品。《浮士德》的整个第一部是达到最高水平的天才作品，它通篇在有意无意之间反映了真实，整个悲剧浑然一体。确实，您在分析思考《浮士德》时会感觉到其中的一切都是必需的，没有任何多余的东西；但是歌德是否清楚地意识到自己作品的和谐呢？——这个问题就留给别人从心理上来进行分析吧。

《浮士德》(我讲的是第一部)在我们眼里可分为两半：前半部描写个人精神上的永恒的内部斗争的场面；在后半部里，我们面前演出了一场爱情悲喜剧。在这两部分里，我们都看到一个不相信幸福而又追求幸福的人。这有什么办法呢？无论是个人的信念还是另一个人的亲近，无论是知识还是爱情，都不能迫使他对某一瞬间说："停一停吧！你真美好！"唉！比浮士德低得多的人不止一次地想象自己最后能在比玛格蕾特高得多的女人的爱情里找到幸福——亲爱的读者，您自己知道，所有这些变奏曲是以什么样的和弦结束的……格蕾辛可以与奥菲利娅①相比，但是哈姆雷特毁了她后，自己也毁了；与此同时，在歌德的悲剧第二部的开头，我们看见浮士德在春天的草地上，在妖精的歌唱声中安安静静地休息，完全忘记了自己过去的一切。他现在顾不上像格蕾辛那样的贫穷的普通姑娘……他幻想见到海伦……

三

《浮士德》是一部伟大的作品，它是在欧洲不会再次出现的那个时代的最充分的表现。在那个时代，社会已达到了否定自身的地步，每一个公民都变成了人，新旧时代之间的斗争终于开始了，于是人们除了承认人的理智和大自然之外，不承认有任何不可动摇的东西。法国人在实际的事情中实现了人的理智的自主，德国人则在理论、哲学和诗歌方面。一般说来，德国人主要不是一个公民，而是一个人；在他那里，纯粹的人的问题先于社会问题。上面所说的时代完全符合日耳曼民族的基本倾向，于是出现了一位诗人，人们不无原因地责备他完全缺乏任何社会观点并称他为多神教徒；这位诗人之所以是一个德国人，是因为只有一个德国人可以成为一个地道的人，他从他那包罗万象的、但极其个人主义的天性深处取出了《浮士德》。《浮士德》的大部分是他在一七七六年以前写的，即写于他移居魏玛之前，后来他在那里有八年时间纵情于声色犬马，过着豪放不羁的生活，拿所有的事和所有的人取乐(然而这并不妨碍他成为枢密大臣)，如同常言所说的那样，生活一般过得很完美。伯蒂格尔等人给我们留下了一些关于他当时的生活的描写，坦白地说，我完全理解当时的魏玛公民为什么对所谓的"大天才"(Kraftgenies)即歌德及其朋友们提出愤怒的苛责。大家知道，这一切是如何结束

---

① 奥菲利娅：哈姆雷特的未婚妻。

的——完成"意大利之行",达到"古典式的宁静",写出许多经过深思熟虑的、完整的杰作,不过我仍然更喜欢他青年时代凭一时的灵感写的那些热情而单纯的、显得有些杂乱的作品。

我曾把《浮士德》称为个人主义的作品……但是它能是另一个样子吗?歌德是人的、尘世的一切的捍卫者,是所有假的理想和超自然的东西的敌人,他第一个出来维护人的权利,不过不是一般的人的权利,而是单个的、热情的、眼光狭小的人的权利。他指出,在这样的人身上隐藏着坚不可摧的力量,这样的人能够在没有任何外部的支撑的情况下生活;他指出,一个人尽管他的疑问完全无法解决,尽管十分缺乏信仰和信念,仍有权利和可能成为一个幸福的人并不以自己的幸福为耻。浮士德并没有死。我们知道,人类的发展不能停留在这样的结果上;我们知道,人的基石不是作为一个不可分的个体的他本人,而是人类和具有永久的、固定的规律的社会。人对艺术中的超自然性提出的第一次抗议,必定带有局限性和片面的个人主义的明显特征。歌德在他的笔记里说:

我们既没有愿望也没有要求去学习神学或哲学的课程……

但是人们要求表现出调和,《浮士德》的第一部没有向我们展示任何类似的东西。而且,一个人如果没有越出个人的范围,如何能使自己的存在达到完美呢?这个问题我们现在也无力解决,那么怎么办呢?但是歌德一生活得很长很长。在第一个八年的放荡不羁的魏玛生活后,对他来说,一个"宁静"与"和谐"的时期来临了……《浮士德》这部他第一个青春的热情的、然而不甚完美的作品使他不得安宁,他着手想要结束这个悲剧,构思了第二部。歌德心中的那种任何时候都非常发达的接受和再现的艺术能力,对他来说最后要比内容本身、生活本身更加珍贵;他想象自己站在观察的高空,其实是从自己冷漠的、过时的个人主义的高处来看尘世的一切。他感到自豪的是,在他周围发生的所有伟大的社会变革,都没有一时一刻搅乱他内心的宁静;他像悬岩一样,不让滚滚波涛把自己带走——结果落在自己时代的后面;虽然他善于观察的头脑力图认清和理解所有当代引人注目的现象,但是要知道光有头脑还不能理解所有活生生的东西。他在自己面前是正确的,他没有背叛自己。他的同胞,甚至包括年轻的德国人,对他很欣赏,聚集在他周围,谄媚地重复着这位老人的咬文嚼字的话。对他来说人类的整个生活是一个寓意故事,于是他写了他的很大的(更正确地说,是很长的)寓意作品——《浮士德》第二部。现在对这个第二部的评判已最后做出了,所有这些象征,这些人物,这些经过周密考虑的集团,这些神秘莫测的讲话,浮士德在古代世界的旅行,所有这些寓意人物和寓意事件经过巧妙安排的错综复杂的联系,这些费了很多心思才找到的解决悲剧的毫无意义的简陋方法——这整个第二部只引起今天一代人中(不太老或很老的)老头的同情;说实话,弗隆钦科先生可以让自己不白费收效不大的、尽管是有益的劳动,甚至可以只作第二部的摘要。但是,看来人们不"调和生活矛盾"就无法生活,倘若他们不"满足"于讲一些……废话,他们的要求是应该得到尊重的。在这种满足于不能令人满意的事情的能力里面,隐藏着《浮士德》第二部获得成功(虽然是一时的成功)的秘密。有哪个认真的读者会相信,浮士德由于其实用主义的活动获得了成功,真正享受到了"瞬间最大的快乐",后来却根据与魔鬼签订的契约而被迫告别人生呢?歌德只在一个方面是始终如一的,他没有迫使浮士德在人的范围之外去寻找幸福……但是他想出来的"调和"是多么简单和庸俗啊!弗隆钦科先生责备歌德第二部的结尾写得不好,但是我不能同意他的责备。歌德说(第403页):

> 浮士德在生命即将结束时感觉到,他与妖术魔法(?!)搅在一起,从而诅咒了自己本人和他周围的一切;他害怕一切,同时认为不应该把目光转向这里的世界以外的地方;他希望通过实用主义的方法获得自由,在临死时还幻想达到自己的实用主义目的。死后浮士德得到了宽恕:什么时候他才停止卖弄聪明呢?(请读者注意这个词,我在下面还要谈到它)什么时候能找到真正的道路呢?这里无须夸夸其谈,剧本明显不过地和显而易见地没有以应当结束的方式结束(即浮士德对他与妖术魔法搅在一起没有表示后悔)……

作者看到了这一点,他为了进行补救在最后一场说:宽恕只有通过"不断努力"才能得到……对这一点,弗隆钦科先生不能同意。我也对"悲剧的解决方法"不满意,但不是因为这个解决方法是错误的,而是因为浮士德的任何解决方法都是错误的,因为能知道我们自己不知道的事的,不是刚从旧社会内部产生出来的浪漫主义;因为浮士德在人的实际生活之外的任何"调和"都是不自然的,而对另一种调和我们现在还只能想望……有人会对我们说,这样的结尾未免有些凄惨,但是,第一,我们所关注的不是愉悦,而是我们观点的正确性;第二,那些谈论没有解决的疑问会给人的心灵留下可怕的空虚的人,从来不会真诚而热情地投入秘密的自我斗争,他们应该知道,在各种体系和理论的废墟上只留下破坏不了的和消灭不了的东西:我们的人的自我,这个自我之所以不朽,只是因为它自己不能消灭自己……那么就让《浮士德》如同它所表现的时代一样仍保持未完成和不完整的样子了吧,对这个时代来说,浮士德的痛苦和欢乐是最高的痛苦和欢乐,而靡非斯特的讽刺则是最无情的讽刺! 在这部悲剧的未完成性之中,包含着它的伟大。在我们每个人的一生中都有这样的时期,那时我们觉得《浮士德》是人类智慧所创造的最优秀的作品,那时它完全能满足我们的所有要求;但是到了另一个时期,在仍旧承认《浮士德》是一部雄伟的和非常好的作品的同时,我们向前走了,跟着另一些可能少一些才华、但是有极其坚强性格的人走向另一个目标……再说一遍,歌德作为一个诗人是无与伦比的,但是我们现在需要的不只是诗人……我们开始变得(遗憾的是,还不完全)像这样的人,这些人在看到一幅描绘乞丐的出色的图画时,不会去欣赏"作品的艺术性",而是想到我们时代还可能出现乞丐而感到忧愁和不安。

　　我在本文开头时曾向读者提到莱蒙托夫的诗句:"你曾痛苦过或不曾痛苦,与我们何干?……"现在分析弗隆钦科先生的译文时,不能不承认,任何真正伟大的诗人都有权对我们这些门外汉说:"你们喜欢不喜欢我,与我何干?"我们责备他片面,责备他不符合现在的要求;但是有才华的人不是世界主义者:他属于自己的人民和自己的时代。他有权存在,而不必等待别人的结论。那个能把目己偶然的作品(单个人的任何作品都是偶然的)提到历史必然性的高度、用它来标志社会发展的一个时代的人是幸福的;但是成为伟大人物的,却是那个像歌德一样用自己的作品表现整个现代生活,通过作品和形象在本国人民眼前展示存在于每个人胸中、但是常常甚至不能用言语表达的东西的人……只有通过典型人物或通过有才能的人表现出来的现在,才成为永生不死的过去……

高　原　译

3
《鲁滨孙漂流记》

简介：

【英文名】*The adventures of Robinson Crusoe*
【作　者】[英]丹尼尔·笛福（Daniel Defoe，1660—1731）
【年　代】18世纪。
【体　裁】长篇小说。
【主　题】身临绝境而努力求生者，终得拯救。
【人　物】主要有：鲁滨孙、"星期五"。
【情　节】主要是：鲁滨孙是个不甘寂寞、充满冒险精神的人，他厌恶平凡的生活，执意要到海外去。父母的竭力反对都无法让他放弃当海员的梦想。他曾经被海盗掳去，脱险后在巴西置了庄园。但最终仍抵挡不住大海的诱惑，又一次与人合伙远航。结果，船在西印度群岛触礁，他成了唯一的幸存者，只身漂流到一座荒岛上。他自力更生，居然在岛上创造了一种自给自足的文明生活。直到有一天，鲁滨孙意外地发现，沙滩上有脚印和白骨。这时，这种宁静才被彻底地打破了。这些脚印原来是邻岛的野人留下的，他们不时会来岛上吞食被捉获的土著人。鲁滨孙用猎枪救下了一名即将被杀害的土著人，给他起名叫"星期五"（Friday），作为自己的仆人。后来一艘英国船上的水手发动叛乱，把船长和大副遗弃在这座荒岛上。鲁滨孙帮助船长制服了叛乱的水手，带着"星期五"登上了这艘船，经过漫长的航行，回到了英国。

读《鲁滨孙漂流记》[①]

[英]弗吉尼亚·伍尔夫

《鲁滨孙漂流记》是一部杰作。说它是一部杰作，是因为：笛福在其中始终保持着他所特有的那种透视力和平衡感。也正因为这样，他在书里处处使我们感到意外，受到嘲笑。现在，就让我们大体看一下此书的主题，并把它和我们的先入之见作一比较。

我们知道，此书讲述的是一个人被抛到了一个荒岛上——他孤独地在那里生活，并经受了种种考验。荒岛、孤独、考验，就这几个词便足以使我们想象：书里写到的一定是在某个遥远得犹如天尽头的地方，那里除了日出日落什么也没有，主人公因为与世隔绝，便借此独自沉思，思考着诸如人类社会的本质和世代相传的习俗之类的问题。也就是说，我们在读此书之前，很可能已期待着此书一定会给我们怎样的乐趣。于是，我们就开始读了。然而，没想到我们每读一页，原先的那种期待心情就受到一次无情的打击。书里根本就没有什么日出日落，也没有什么孤寂中的沉思。相反，我们看到的只是一只用泥土做的大罐子，换句话说，此书告诉我们的是很具体的事情：时间很具体，一六五一年九月一日；主人公很具体，叫鲁滨孙·克罗索，他父亲有痛风病，等等。显然，我们必须放弃原先的那种期待，因为此书后面所写到的，也几乎全是一些非常现实的事物。我们还必须尽快放弃原先那些崇高的观念：大自然在这里毫无崇高可言，她慷慨给予的，只是干旱和水灾；人也不那么崇高了，变成了一种苦苦求生的动物；甚至上帝也不再崇高，已被降职为一个小小的土地神；上帝的宝座虽然还算坚固，但也不过是一个高出海平面没多少公尺的小岛罢了。上帝、人类、自然——这是我们

[①] 本文选自《伍尔夫读书随笔》，原载伍尔夫散文集《普通读者》，原名《一只土罐子》，此题目为译者所加。本文要点：(1)《鲁滨孙漂流记》讲的是历险故事，却是用写实手法讲述的，平铺直叙，毫不玄虚，就如一只实实在在的土罐子；(2) 就是这只土罐子，体现了人类的大无畏精神。

心目中最崇高的三大事物。然而,每当我们想在此书中寻找这三大事物的崇高信息时,每次都被一些既不崇高、也无热情可言的生活常识顶了回来。譬如,鲁滨孙是这样思考上帝的:"有时,我暗暗自问:上帝为什么要这样毁灭他自己的创造物?……不过,每当我这样想的时候,总有什么东西立刻来阻止我,不许我想下去。"上帝不存在了。于是,他想到了大自然,想到原野上"五彩缤纷的花草,还有那茂密而华美的树林",但比这更重要的是,他想到树林里有一群鹦鹉也许可以驯养,教它们说话。他也想到了人类,但只是那些他亲手杀死的土人,而且最重要的是必须把他们埋掉,否则"晒在阳光下,他们很快就会发臭"。这样,连死亡也不存在了。什么都不存在,只有那只泥土做的大罐子。这就是说,当我们读完笛福所讲述的一切之后,我们的先入之见——我们的期待——全都化为泡影了。

让我们回过头再读一下此书开头的那句话:"一六三二年,我出生在约克郡一个有教养的家庭里。"这样的开头,可以说是再普通、再平常不过了。如果说有什么可吸引我们的,那就是我们或许会由此而联想到市民阶层的那种小康生活。我们都相信,英国市民阶层的生活是最幸运的;贵族和贫民都很可怜,因为他们都生活在焦虑不安中;只有处于高贵与低贱之间才最为安稳;此外,市民阶层的种种优点,如节制、稳健、温和,也是我们大加赞赏的。所以,一个出生于市民阶层的人,倘若他既不幸又愚蠢地迷上了航海历险,那实在是太令人遗憾了。

我们的主人公就这样平铺直叙地讲述着,一点一点地为我们描绘出他自己的一幅令人难忘的画像——他从不忘记使我们留下深刻印象,使我们记住他的精明和谨慎,以及他对舒适和体面的重视;但后来,不知怎么回事,我们发现自己竟然随他一起到了海上,遇到了风暴,而且我们竟然也用他那种目光观察海上的景象。海浪、水手、天空、船只——所有这一切,都是通过他那双敏锐的、现实的、市民阶级的眼睛来观察的。没有什么东西能逃过他的目光。但任何事物都是以他那种精明谨慎、循规蹈矩和讲究实际的原则来加以理解的,并且以同样的原则向我们展示。他从不热情洋溢。面对巍巍壮观的大自然,他生来就觉得它有点讨厌;面对万能的上帝,他甚至有所怀疑。他只关心他自身的利益。对于周围发生的一切,他至多关心其中的十分之一。他相信任何事物都可以得到合理解释——如果他有时间去解释的话。当读到有一群"躯体庞大的动物"在黑夜中把他的小木屋团团围住时,我们都紧张起来了,而他自己却一点也不惊慌,只是朝它们开了一枪,把它们吓跑就完了——至于它们是狮子呢,还是别的什么野兽,他根本就不想知道。我们就这样一次一次地被他惊得目瞪口呆。所以,用不了多久,那里不管什么怪事,我们全都会信以为真;而这样的怪事,倘若是由一个富有想象力、又能说会道的旅行家讲给我们听的,我们反倒会将信将疑,不会全信他的。但对于这么一个注重实际的市民阶级人物,我们却很容易相信,他所讲述的每一件事都是真的,而且是实实在在的。譬如,他总是反反复复详细讲述自己到底有几只木桶,为的就是要最合理地使用储存在桶里的淡水。在这方面,我们甚至都很难发现他在细节上会出什么差错。譬如,他在船上留下一大块蜂蜡,我们都很想知道,他后来是不是忘记了这件事?没有,绝对没有忘记。不但没有忘记,而且这块蜂蜡在三十八页上出现时还比在二十三页上小了许多,因为他曾用它做过好几支蜡烛。当然,他有时也会有疏忽,有些事讲得不那么可信——譬如,荒岛上的野猫真像他所说,很容易驯服?还有那些野山羊,真的会那么温顺?——但是,我们并不会计较这些,因为我们相信:只要他有时间向我们稍作解释,其中一定是有道理的,而且还是非常的有道理。

  不管怎么说,一个人赤手空拳在荒岛上谋生,总不是件好玩的事情。无论你是哭,还是笑,肯定都无济于事。你必须一个人去面对一切。天上电光闪闪、雷声隆隆——这对鲁滨孙来说可不是欣赏大自然壮丽景象的时候;闪电很可能会引爆他的火药,所以他这时最需要做的事情,就是设法把火药转移到某个安全的地方去。就这样,他总是坚持着,只说那些真实的、具体的情况——他是这样一个了不起的艺术家,完全知道自己该舍弃什么,该正视什么;他完全知道自己最擅长的是真实而具体地表现生活——而正是凭着这一点,他才得以把一些平凡的举动讲述得那么令人肃然起敬,把一些琐碎的事物描绘得那么美妙而动听。翻掘土地、种植庄稼、烘烤食物、建造住所——所有这些乏味的事情,被他讲述得何等庄严!短斧、大斧、剪刀、圆木——所有这些不起眼的工具,又被他描绘得何等美好!他从不停下来发议论,而是以宏大的气魄和质朴的风格,毫不间断地叙述着他的故事。他的故事已经够惊心动魄了,还需要发什么议论?正确地说来,他的做法正好和心理学家的做法相反——他并不注意情绪对心理的影响,而是强调情绪在肉体上的反映。当他说到痛苦袭来时,他只说他紧紧地握着双手,紧得简直能把任何东西挤得粉碎,"上牙齿咬住下牙齿,牢牢地咬在一起,仿佛它们再也没法分开了"。这种描述,就像心理分析记录一样,使人印象深刻。在这方面,他只凭直觉,但同样准确。他说:"解释事物、分析现象、说明道理,那是博物学家做的事,而我所能做的,只不过是把事情原原本本地讲出来。"确实,仅仅是把事情原原本本地讲出来；但是，假如你是笛福的话，你也会觉得这样做已经足够了，因为你所讲的都是事实——准确无误的事实。

　　就描写的真实性而言，除了那些散文大师，大概没有哪个人能和笛福相比。他只需寥寥几笔，就能写出"拂晓时灰蒙蒙的天色"，就能把黎明时起风的景象生动地描绘出来。许多人死了，他只是平平淡淡地说："从此以后，我再也没有见过他们，只见过他们的三顶礼帽、一顶便帽和两只不成对的鞋子。"然而，在这平平淡淡的句子中却充满了孤独、凄凉之感。鲁滨孙后来不无自豪地说："我用餐时就像一个国王，有一群仆役侍奉左右。"——所谓"仆役"，就是他的那只鹦鹉、那只狗和那两只猫。读到这里，我们不由得会想象，那荒岛上住着的好像不是他一个人，而是全人类——但随即，笛福便对我们的想象泼下了一盆冷水，他详详细细地告诉我们：那两只猫不是从船上带下来的，船上的两只猫早就死了，现在的两只猫是他驯养的野猫；又说：猫很会繁殖，很快就成了岛上一害，而狗却非常奇怪，竟然一只小狗也不生，等等。

　　就这样，笛福时时都把一只土罐子放在最突出的位置上，从而为我们描述了那些遥远的岛屿，描述了栖息着人类灵魂的荒凉之地。由于他坚信，他的这个罐子是实实在在地用泥土做成的，其他一切不那么实在的东西都必须以这只罐子为核心——就像用一根实实在在的绳子把虚无缥缈的宇宙连在一起；所以，当合上这本书时，我们不禁会想：倘若我们能真正领会这只土罐子的含义，那么它一定会给我们以莫大的启示。这种启示，就像我们遥望星光灿烂的天穹、连绵起伏的群山和波涛汹涌的大海时所得到的启示一样，也能激发人心，也同样能让我们领略到人类大无畏的雄伟气魄——既然如此，那么还有什么理由说这本书不能完全使我们满意？

刘文荣　译

4
《傲慢与偏见》

简介：

【英文名】*Pride and Prejudice*
【作　者】［英］简·奥斯丁（Jane Austen，1775—1817）
【年　代】18世纪末。
【体　裁】长篇小说。
【主　题】爱情或许能排除社会等级间的傲慢与偏见。
【人　物】主要有：达西、伊丽莎白。
【情　节】主要是：贝内特一家的日常琐事。贝内特太太膝下无子，因怕百年后遗产按法律规定归远亲所有，成天张罗着五个女儿的婚事，希望她们嫁入豪门。此时，年轻富裕的单身汉宾利和他的朋友达西成为贝内特夫妇的邻居。宾利爱上了他们家的大女儿——美貌善良的简；达西爱上了二女儿——聪明活泼的伊丽莎白。但达西对伊丽莎白的态度有点傲慢，因为伊丽莎白是小家女，他是富家子；而伊丽莎白呢，则对达西抱有偏见，因为她认为富家子不懂爱情。双方误会不断，趣事连连。最后，他们冰释前嫌：达西放下富家子的傲慢架子，伊丽莎白也消除了对富家子的偏见。一对有情人，终成眷属。

'He looked surprised, displeased, alarmed.'

简·奥斯汀和《傲慢与偏见》[①]

[英] W.S.毛姆

一

简·奥斯汀的一生,三言两语就能说完。她出生于古老世家。就像英国许多名门望族一样,奥斯汀家也是靠羊毛业致富的,羊毛业一度是英国的主要工业。他们发迹后,也像其他家族一样买进土地,最后成了一户乡绅人家。

简一七七五年生于汉普郡斯蒂汶顿村,父亲乔治·奥斯汀牧师是当地的教区长。简是七个孩子中最小的一个。她十六岁时,父亲退休,带着她母亲、姐姐和她一起去了巴斯,此时她的几个哥哥已长大成人。她父亲于一八〇五年去世,她们姐妹几个和母亲一起移居到南安普顿。不久,哥哥爱德华继承了肯特和汉普郡的地产,他愿意为母亲买一座庄园。母亲选择了汉普郡乔顿的一座庄园——此时是一八〇九年——简后来就一直住在那里,偶尔才出去探亲访友,直到后来病重不得不去温彻斯特,因为那里有比较好的医生。她于一八一七年在温彻斯特去世,葬于当地的大教堂。

据说,简·奥斯汀长得很讨人喜欢:"身材苗条,亭亭玉立,步履轻快而稳重,时时给人一种朝气蓬勃的感觉。她肤色浅黑,脸颊丰满,嘴和鼻子小而匀称,淡褐色的眼睛很明亮,还有一头天然的棕色卷发。"但我看到过她唯一的一幅肖像,那上面她是个胖胖的年轻女人,有一双圆而大的眼睛和高耸的胸部,相貌很一般;也许,这是因为画家画得不好的缘故。她生来就有一种罕见的幽默感。据她

[①] 本文选自毛姆散文集《十大长篇及其作者》,题目系原书所有。本文要点:(1)简·奥斯汀的一生,平平常常;(2)简·奥斯汀的个性和才能,非同寻常;(3)简·奥斯汀的书,大多是她抽空偷偷写的,她从未以写作为生;(4)简·奥斯汀以《傲慢与偏见》《曼斯菲尔德庄园》《爱玛》和《劝导》四部小说赢得声誉;(5)《傲慢与偏见》中虽然没有什么浪漫故事,但却以结构精巧、人物真实见长,故而仍有很强的可读性。

自己说,她平时说话和她所写的书信是一样的,而我们知道,她的书信写得情趣横溢、诙谐有趣,可谓妙语连珠。由此推想,她的言谈也一定是才华横溢的。

她留存下来的大多数信件是写给姐姐卡桑德拉的。她非常喜欢她姐姐,在她生前只要和姐姐在一起,两人就同住一间卧室。小时候,姐姐去上学,她也跟着去。那时她年纪还小,到女子学校去根本就听不懂什么东西,但她不能离开姐姐,一离开就会觉得伤心。她母亲曾说:"要是卡桑德拉被人拉出去砍头,简也会跟着她去的。"卡珊德拉比她长得漂亮,性格也更为文静,甚至有点忧郁;但她有个"优点,就是能控制自己的脾气,而简呢,她很幸运,生来就有着一种不需要加以控制的好脾气"。

许多狂热崇拜简·奥斯汀的人对她的书信感到很失望,觉得从这些书信中似乎看不出有什么高尚情操,她感兴趣的好像只是些日常琐事。这种看法使我甚为惊讶。她的书信是一点也不矫揉造作的。再说,简·奥斯汀大概连做梦也不会想到,这些写给姐姐的书信到她死后还要公开发表,她在书信中谈到的当然只是她认为姐姐卡桑德拉会感兴趣的事情:社交界正流行什么服饰、她买印花薄纱花了多少钱、她结识了哪些新朋友、她遇到了哪些老朋友,以及她听到了怎样的流言蜚语,等等。

近年来出版了不少名作家的书信集,当我读这些书信时,心里总感到很疑惑。我想,这些名作家在写这些书信时,是否已经想到自己的书信总有一天要大批印刷出来,因为他们给我的印象是,他们的书信是完全可以一字不改地在文学杂志的专栏里发表的。为了不使最近才去世的名作家的崇拜者难堪,我不想提到他们的名字,但狄更斯已去世多年,对他说几句闲话大概是不至于得罪人的。狄更斯每次外出旅行,总要给他的朋友写长长的书信,洋洋洒洒地描绘他所见到的景色。正如他的传记作者所说的,这些书信用不着动一个字就可以付印。我想,大概在那个时代人们都很有耐心,要是在今天,你收到一封朋友写来的信,信里若一味地给你描绘他所见到的山岭如何如何、他所拜谒的纪念碑如何如何,那你一定会觉得大失所望,因为你想知道的是:他有没有遇到有趣的人、参加了什么聚会,托他买的书、领带或者手帕买到了没有,如此等等。

二

简·奥斯汀写的每封信几乎都很风趣,常使人哑然失笑。为了和读者分享这种乐趣,我想摘录几段最具她个人风格的文字,只是篇幅有限,我不能摘录得太多。

独身女子对于受穷有一种可怕的癖好,这是她不赞成婚姻生活的一个强有力的理由。

请想想,霍尔特夫人死了！可怜的女人,这是她在这个世界上能做的唯一的一件不受人攻击的事。

谢勃恩的霍尔夫人昨天生了个死婴。由于受了惊吓,比她预料的早了几个星期。我猜想,这是因为她在无意中瞧了她丈夫一眼。

我们出席了 W.K.夫人的葬礼。我不知道有没有人喜欢她,所以对那些活人也就漠不关心了,但我现在对她丈夫倒很同情,觉得他最好娶夏普小姐为妻。

我佩服恰普林夫人,她的头发做得好,此外就没什么新感觉了。莱莉小姐和别的矮个子女孩一样,长着大嘴巴、大鼻子,衣服时髦,胸口袒露。斯坦波尔将军倒像个绅士,只是腿短了点,燕尾服长了点。

简·奥斯汀喜欢跳舞,下面是她说到舞会时的一些妙语：

只有十二圈舞,我跳了九圈,还有几圈因为没有舞伴而没跳成。

有人告诉我,有位先生,柴郡的一个军官,一个很漂亮的年轻人,很想经人介绍和我认识;但是他的愿望没有强烈到足以使他采取行动,我们也就无缘相识了。

美人不多,仅有的几个也不漂亮。伊勒蒙格小姐脸色不太好,布伦特夫人是唯一受大家奉承的人。她还是九月份时的老样子,同样是宽脸蛋、钻石头带、白鞋,还有一个同样是穿着时髦、头颈肥粗的丈夫。

查尔斯·勃勒特星期四举行了一次舞会。这自然使他的邻居们大为不安,你知道他们对他的经济状况非常感兴趣,希望他快点破产。他的妻子很愚蠢,又很奢侈,而且脾气坏,这倒是他的邻居们所希望的。

理查德·哈维夫人快要结婚了,但这是大秘密,只有半数的邻居知道,请你千万不要泄密!

霍尔博士一身重孝,一定是他母亲,或者他妻子,或者他本人去世了。

简·奥斯汀小姐和母亲一起住在南安普顿时,曾去拜访过一户人家。关于这件事,她在给卡珊德拉的信中是这样说的:

我们发现只有兰斯夫人在家,除了一架大钢琴,不知道她有没有也值得夸耀一番的子女……他们生活很豪华,看来她喜欢富有,而我们让她明白了我们一点也不富有,所以她不久就会觉得和我们交往是不值得的。

奥斯汀家有个女亲戚和某个曼特博士有了私情,致使博士的妻子一怒之下回了娘家,于是人们便议论纷纷。对此,简在信中写道:

由于曼特博士是个牧师,他们的私情不管多么不道德,总有一点一本正经的味道。

她有一张利嘴,有着不寻常的幽默感。她自己喜欢笑,也喜欢逗别人笑。一个幽默家想起一件可笑的事,如果你要他把这件事藏在心里不说出来,那是强人所难。爱开玩笑而又要人不觉得刻薄,天知道是件多么不容易的事。天生善良的人往往是不太有趣的。简·奥斯汀敏锐地观察到了人们的荒唐愚蠢、自命不凡、装模作样和虚情假意,但她并不为此感到苦恼,反而觉得有趣,这实在令人钦佩。她虽然由于良好的教养而不忍心公开说出伤人的话来,但在给姐姐的信里取笑一下周围的人,她认为是无伤大雅的。实际上,即使在她最具讽意的言辞中,我也看不出任何恶意;她的幽默是真正的幽默,是以精细的观察和坦率的心态为基础的。

曾有人指出,她一生经历了历史上许多轰轰烈烈的事件,如法国革命、恐怖时期、拿破仑的兴起和溃败等,但在她的小说里却一点也没有写到。她为此受到责难,有人说她过于超然物外。然而,应该记住,在她那个时代妇女参政是有伤风化的。那是男人的事。那时的妇女甚至都不读报纸。由于她没有写到那些事件,就以为她没受到它们的影响,这毫无道理。她热爱自己的家庭,她的两个哥哥都在海军服役而且经常身处险境,她给他们的书信表明,她对他们一直是魂牵梦萦、日夜惦记着的。至于她在小说中不写那些事件,那不是正好说明她见识不凡吗?她生性谦虚,从未想使自己青史留名。反之,如果她那样想的话,也就不可能这样明智了。她在自己的作品中拒不涉及那些事件,原因就在于,从文学的观点来看,那些事件不过是昙花一现的小事。譬如,关于第二次世界大战的小说过去几年出版了许多,现在却早已无人问津了,它们就像每天发行的报纸一样,只是过眼云烟而已。

奥斯汀·李在《简·奥斯汀传》里有一段话,我们只要稍加想象就能知道,简·奥斯汀在那漫长而宁静的岁月里过着怎样一种乡间生活:

> 一般说来,由仆人去做的事情很少,更多的是由主人或女主人亲自照料。我相信,女主人往往还要亲手配制家酿的酒,用药草制成家用的药和烹煮一些上等的菜肴……夫人们并不轻视纺纱织布,有些夫人还喜欢在早餐或茶点后亲自洗涤碗具。"奥斯汀小姐对衣帽、围巾很感兴趣,还擅长针黹刺绣。她喜欢漂亮的年轻男子,有时也和他们调调情。她不仅喜欢跳舞,还喜欢看戏、打牌和其他一些轻松的娱乐。她擅长于玩那些需要手指灵活的游戏。譬如,她撒游戏棒撒得比谁都好,而且能十拿九稳地一根根取走。她玩杯球也很出色,听说在乔顿玩这种游戏时,她能轻而易举地连续接一百个球。所以,毫不奇怪,孩子们都特别喜欢她;他们喜欢和她一起玩耍,也喜欢听她讲那些永远讲不完的故事。

虽然没有人会把简·奥斯汀说成女才子(对女才子,她本人也不屑一顾),但她显然是个很有教养的女人。研究简·奥斯汀小说的权威杰波明,曾开出一张长长的书单来列举简·奥斯汀读过的书。毫无疑问,她读过芬妮·伯奈、玛丽亚·艾奇沃斯和瑞克里弗夫人[①]的小说;她也读过法国小说和德国小说的英文译本

[①] 芬妮·伯奈、玛丽亚·艾奇沃斯和瑞克里弗夫人,均为18世纪末、19世纪初英国著名女作家。

(其中有歌德的《少年维特之烦恼》);其实,只要能从巴斯和南安普顿的流动图书馆借到的书,她都读。她很熟悉莎士比亚的作品。和她同时代的作家中,她读过司各特①和拜伦②的作品,但她最喜爱的诗人好像是柯帕③。这不难理解,因为柯帕那种冷峭、绮丽、睿智的诗风对她特别有吸引力。她还读过约翰逊博士和包斯韦尔的著作,读过大量的历史书和为数不少的宗教文献。

三

当然,最重要的还是她自己写的书,这就是我下面要谈的。她年纪很小就开始写作。后来在她临终前,她曾托人从温彻斯特带过口信给她的一个喜欢写作的侄女,意思是说:如果她愿意接受她的忠告,那么她最好到十六岁之后再搞创作,因为她一直觉得,在这之前(十二到十六岁之间)应该多读,少写。当时,女人舞文弄墨是被认为不合体统的,孟克·路易斯就曾这么说过:"我厌恶、可怜和蔑视一切女文人。她们手里应该拿着针,而不是笔,只有针才是她们运用自如的工具。"

小说在当时还是一种受人轻视的文学样式,简·奥斯汀本人就曾对作为诗人的司各特爵士表示过惊讶,因为他竟然会热衷于写小说。她自己呢,总是"小心翼翼地不让仆人、客人以及除家里人之外的任何人知道她在写小说。为了不让人发现,她使用很小的纸片,因为小纸片容易收藏,或者可以临时用一张吸墨纸盖住。在她的房门和仆人住的下房之间有一扇门,一推就会嘎嘎作响;但她一直没有让人把它修好,因为她觉得门会发出声响对她有用:当她躲在屋里写小说时,只要有人一推门,她便会知道,这样她就有时间把稿子迅速藏起来"。她的哥哥詹姆斯甚至都没有告诉他当时还是小学生的儿子,他正津津有味地在读的书,就是他姑妈简写的。另一个哥哥亨利则在回忆录里这样写道:"要是她还在世,不管会给她带来多大的名声,她也不会把自己的名字署在作品上。"正因为这样,她发表第一部作品《理智与情感》时,扉页上仅署名为"一位女士"。

其实,《理智与情感》并不是她最初写的作品。最初的一部小说名为《第一次印象》。为这部小说,她哥哥乔治·奥斯汀曾代她写信给一个出版商,希望以自

---

① 司各特,18世纪末、19世纪初英国历史小说家。
② 拜伦,19世纪初英国浪漫主义诗人。
③ 柯帕,18世纪英国诗人。

费或者其他方式出版"一部和芬妮·伯奈①小姐的《伊沃林娜》篇幅相近的小说，总共三卷"，但遭到了出版商的拒绝。《第一次印象》是她在一七六九年的冬天开始写的，到一七九七年八月完成；一般认为，它其实就是十六年之后才出版的《傲慢与偏见》。其后，她持续不断地写出了《理智与情感》和《诺桑觉寺》。这两部作品运气不佳，虽然五年后有个叫理查德·克劳斯贝的先生以十英镑的价钱买下了后一部作品(当时书名为《苏珊》)，但他并没有拿去出版，最后又以同样的价钱卖掉了。由于简·奥斯汀从不署真名，所以这位先生一直不知道自己以如此低廉的价钱卖掉的手稿，就是后来备受欢迎的《傲慢与偏见》的作者所写的。

一七九八年完成《诺桑觉寺》后直至一八〇九年，这期间她似乎辍笔不写了，仅写了一部名为《沃森一家》的小说的部分章节。一个才华横溢的作家辍笔时间如此之长，当然要引起人们的多方猜测。有人猜测她是由于坠入情网而无暇顾及写作了，不过这也仅仅是猜测而已。一七九八年她才二十三岁，正值青春妙龄，很可能不止一次地坠入情网。她是个很奇特的女人，很可能一次次的恋爱，结果虽然都是不欢而散，但在精神上却没有给她蒙上阴影。对她长时间辍笔的最可信的解释是，由于出版商都不愿意出版她的小说，她觉得灰心丧气了。她只好把自己的小说朗诵给亲朋好友听。虽然他们听得心醉神迷，但她颇有自知之明，而且很可能自己得出过这样的结论：她的小说只在那些喜欢她的熟人眼里才有魅力，因为他们一眼就能看出，小说中的那些人物是以生活中的哪些人为模特儿的。

四

总之，在一八〇九年她和母亲及姐姐一起定居于宁静的乔顿小镇之后，她就开始修改原先写的旧手稿。一八一一年，《理智与情感》终于正式出版。那时，女人写作已成天经地义之事。当时的情况，斯贝琼教授曾在皇家文学协会的一次有关简·奥斯汀的讲演中引用艾丽莎·费恩②的《印度来信》中的序言来加以说明。在一七八二年，曾有人劝艾丽莎·费恩发表她的书信，由于当时社会舆论十分厌恶"女士作品"，她只好拒绝。然而，到一八一六年，她却这样写道："从那时

---

① 芬妮·伯奈，比简·奥斯汀稍年长、在简·奥斯汀之前最有名的英国女作家。
② 艾丽莎·费恩，18世纪末、19世纪初英国贵族夫人，长期旅居海外，其书信出版后被视为文学作品。

起,在公众情感方面已逐渐发生了很大的变化。现在,我们不仅已有许多可为女性争光的女作家,而且还有更多谦逊质朴的女性毫不畏惧种种批评,敢于把自己的小船直驶浩淼的大海,把娱乐或者教育带给读者。"

一八一三年,《傲慢与偏见》出版,简·奥斯汀以一百十英镑的价格出让了版权。

除上述三部小说,她还写有另外三部,即《曼斯菲尔德庄园》《爱玛》和《劝导》。她以这几部小说为自己赢得了稳固的声誉。她总是要等很长时间才能找到一个出版商,但是一旦找到后,她的才华便立刻得到公认。后来,连最有声望的人也开始赞扬她了。我在此不妨引用一下司各特爵士的一段话,因为他对她推崇备至:"这位年轻的小姐在描写人们的日常生活、内心感情和许多错综复杂的琐事方面确实很有才能,这种才能极其可贵,是我从未见到过的。虽说我也能像一般人那样写些平平常常的文章;但是要我用这样细腻的笔触,把这样平凡无奇的事情和人物,描写得这样惟妙惟肖,那我实在很难做到。"奇怪的是,司各特竟然忘了提到这位小姐最宝贵的才能——幽默感。她虽然具有深邃的观察力和丰富的情感,但使她的观察显得那么深邃而中肯、使她的情感变得那么丰富而感人的,却是她的幽默感。她的生活经验很有限,她的每部作品中的故事都大同小异,她笔下的人物也无甚变化,都是从不同角度加以观察的相同的人物。不过,她很有自知之明,比谁都了解自己的弱点。她的生活既然被局限于外省社会的一个小圈子里,她就以此为满足,以此为题材。她只写自己熟悉的事情。人们已注意到,她从来不写男人们单独在一起时的谈话,因为这样的谈话从根本上说是她无法听到的。

她和她的同时代的人有相同的看法,这从她的小说和书信中都可看出。她对当时的社会状况十分满意。她毫不怀疑社会等级的重要性,认为社会有穷富之分是很自然的;绅士的儿子可以去当牧师或者继承一大笔遗产为生;年轻人可以靠有权势的亲戚在为国王服务中得到提拔;女大当嫁,这是女人的本分;结婚当然为了爱情,但也要考虑经济状况是否令人满意。所有这些,都是理所当然的,没有迹象表明她对此有任何反感。她的家庭只跟牧师和乡绅有关系,她的小说也就从不写其他阶层的生活。

五

在简·奥斯汀的小说中,很难断定哪一部最好,因为它们都是上乘之作,而且每一部都有忠实的甚至狂热的崇拜者。麦考莱①认为《曼斯菲尔德庄园》是她的峰巅之作;另一些同样著名的批评家则更喜欢《爱玛》;狄斯累利②把《傲慢与偏见》读了十七遍;今天则有许多人说《劝导》是她最成熟的作品。我却相信,普通读者大多把《傲慢与偏见》看作她的杰作是很有见地的。因为一部作品之所以能成为经典,并不在于批评家的一致称誉,也不在于教授们的分析讲解或者大学课堂里的悉心研究,而在于历代读者能从中获得乐趣和教益。

以我个人之见,《傲慢与偏见》从总体上说是她所有小说中最令人满意的。我讨厌《爱玛》女主人公的那种势利习气,因为她对社会地位比她低下的人总摆出一副屈尊俯就的样子,而对佛朗科·邱切尔和简·凡凡可斯之间的风流韵事,我也不觉得特别有趣。在简·奥斯汀的所有小说中,唯一使我感到冗长的就是这部作品。《曼斯菲尔德庄园》中的男女主人公爱迪芒特和范妮,则是令人难以容忍的道学家,而对不拘小节、生气勃勃的亨利和玛丽·克劳福德,我却非常同情。《劝导》有一种罕见的魅力,要是没有柯伯在兰姆雷吉斯的那件事,我会把它看作为最完美的作品。简·奥斯汀在虚构不寻常事件方面并无多大天分。在我看来,下面这件事就有弄巧成拙之嫌:露易莎奔上几级陡峭的阶梯,"往下一跳",扑向爱慕她的温迪华斯上尉,但他没接住她,她一头撞到地上昏了过去。其实,只要他伸出手接她,就像他平时帮她"跳下"篱笆旁的阶梯那样,她是绝不可能一头撞到地面上的,因为她跳下来的地方离地面还不到六英尺。她可能会撞在高大健壮的温达华斯上尉身上,可能会吓得半死,但决不会受伤。不管怎样,她昏过去了,接着便是一片忙乱。对此的描写也不可信,人人心慌意乱,连身经百战、屡获赏金的温迪华斯上尉也吓得手足无措。接下来,所有人的行为举止都很荒谬,简直使我难以相信,对亲朋好友的疾病和死亡都能安之若素的奥斯汀小姐,怎么会在小说中写出了这么一种笑话百出的慌乱景象。

学识渊博、文风诙谐的批评家加洛特教授曾说,简·奥斯汀没有写故事的才能;不过,他解释说,他说的"故事"是指一连串富有浪漫色彩的、或者说不同寻常的事件。简·奥斯汀确实不具备这方面的才能,也不打算在这方面努力。她的出色的观察力和生动的幽默感使她从不耽于幻想;她感兴趣的不是不寻常的事件,而是平凡的日常生活。只要凭借自己敏锐的观察力、生动的幽默感和巧妙的

---

① 麦考莱,19世纪英国历史学家、作家、评论家。
② 狄斯累利,19世纪英国政治家、作家,曾两度出任英国首相。

措辞,她便足以使最平凡的生活也变得不平凡了。至于故事,大多数人是指一种连贯而清晰的陈述,其中有开始、发展和结局。《傲慢与偏见》以两位年轻人的到来作为开始,以他们对伊丽莎白和她姐姐的爱情作为主题并加以发展,最后以他们喜结良缘作为结局。这种传统的大团圆结局使那些深谙世故的人嗤之以鼻。确实,大多数婚姻,也许是绝大多数的婚姻,是不幸福的。再说,结婚也不是生活的终结,只是进入另一个生活阶段而已。有许多作家把结婚作为小说的开始,一直叙述到它的结尾。这是他们的权利。我倒是觉得,普通人喜欢小说以男女主人公喜结良缘作为结局,还是有一定的道理的。我认为,他们持这种观点是因为他们有一种深切的、本能的感觉,觉得男人和女人通过婚姻完成了生物学上的职责;他们很自然地感觉到,听人叙述一对男女之间如何产生爱情,后来如何经过曲折变化、相互误解,最后又如何海誓山盟、传宗接代,这是一件非常有趣的事。对大自然来说,每一对夫妇只是长长的生命锁链中的一环,这一环的唯一重要性就在于它能衍生出另一环来。这就是小说家为什么常常要以男女主人公喜结良缘作为小说结局的理由。在简·奥斯汀的这部小说中,新郎最后得到一大笔地产收入,并将把新娘带到一所漂亮的住宅,那里有花园,还有精美华贵的家具。这样的结局,普通读者是非常满意的。

我认为,《傲慢与偏见》的情节结构也很精巧。前后情节的衔接极为自然,没有任何会使读者感到迷惑不解的地方。也许,有人会觉得奇怪,为什么伊丽莎白和吉英这么有教养,这么彬彬有礼,而她们的母亲和三个妹妹竟会如此平庸。这确实有点唐突,但这种安排对奥斯汀小姐要叙述的故事来说又是必不可少的。我心里想,她为什么不把伊丽莎白和吉英写成是班纳特先生前妻的女儿,小说中的班纳特夫人只是他的续弦,也就是三个小女儿的母亲,这样一来,问题不就避开了吗?

在简·奥斯汀的所有女主人公中间,她自己最喜欢的就是伊丽莎白。她曾写道:

> 我必须承认,我把她看作是在我的小说中出现的最令人愉快的人物。

按某些人的看法,伊丽莎白的原型就是简·奥斯汀本人——她确实把自己的欢乐、勇气、机敏和见识都赋予了伊丽莎白这个人物——也许,还可以进一步作出推测:在她描绘温柔、善良、美丽的吉英·班纳特时,她心里想到的很可能就是她的姐姐卡珊德拉。一般人总把小说中的达西看作无耻之徒。他的第一个过错就是在舞会上拒绝和不相识的、也不想结识的人跳舞。但这并不是什么大错。确实,他在向伊丽莎白求婚时表现出一种不可饶恕的傲慢态度,但他对自己的出身、财产的自豪是他性格的主要特征,缺了它就没有什么可讲了。再说,他的这种求婚态度也给了简·奥斯汀机会,借此可以展现最精彩的戏剧性场面。我想,简·奥斯汀如果是在有了一定写作经验的情况下写这部小说的话,那她就会把达西的态度表现得更恰如其分一点,也就是把他写得足以引起伊丽莎白的反感,而不至于非要让他说出那些使人难以置信的话来。对卡特琳夫人和柯林斯先生的描写可能也略嫌夸张,但我觉得稍有喜剧因素是完全可以的。喜剧因素可以使生活显得更加绚丽多彩,也更加冷峭严峻。在小说中即使用一点笑剧式的夸张手法也无伤大雅,因为有分寸地掺和点笑料,就像在草莓上撒些白糖,可以使生活的喜剧味变得更加浓郁。不过,谈到卡特琳夫人,有一点倒是要记住的,那就是在简·奥斯汀时代,当一个人和地位比自己低的人在一起时,他或者她总会表现出一种优越感来的,对此,地位低的人也不会心怀不满。如果说,卡特琳夫人把伊丽莎白看作是出身低微的年轻姑娘而在她面前有点趾高气扬的话,那么请不要忘记,伊丽莎白自己对她姨母菲利普夫人的态度也好不了多少,原因也就是她只是个地位不高的律师的妻子。在我年轻时,那时虽然已经和简·奥斯汀所写的那个时代相隔一百年,我还是能经常看到一些贵妇人。她们那种自高自大的样子尽管不再像过去那样荒唐可笑,但和卡特琳夫人也不相上下。至于柯林斯先生这种集拍马奉承和傲慢无理于一身的人,即使在今天,又有谁没见过?

没有人把简·奥斯汀看成是伟大的文体家。她的用词很奇特,而且经常不顾语法,但是她的听觉肯定很灵敏。从她的句子结构中,我觉得可以看出约翰逊博士的影响。她喜欢使用来自拉丁文的英语词汇①,而不常用普通英语词汇,喜欢用抽象的而不是具体的词汇。这使她的措辞稍稍带上一点悦目惬意的庄重感;确实,也常常给她诙谐的语言增添了分量,使她本来辛辣尖刻的语言中又有一种一本正经的味道。她的对话写得非常自然。写对话并不是把人物要说的话原封不动地记录在纸上,而是要加以组织整理的,否则就会使人觉得沉闷。在她的小说中,有许多对话简直就像现在的书面语,今天读来显得矫揉造作,但是在

---

① 拉丁词根的英语词大多用于书面语,比较庄重。

十八世纪末,年轻小姐确实就是那样说话的。譬如,吉英在谈到她情人的几个妹妹时说:"对于我和他的关系,她们当然不会表示赞成,对此我并不觉得奇怪,因为他完全可以选择一个多方面比我强的人。"我相信,她就是这样说的,但我也得承认,听她这样说话真有点吃力。

  至此,我还没有谈到这本书的一个最大的优点,那就是它有很强的可读性——比一些更杰出、更著名的小说更有可读性。正如司各特所说,奥斯汀小姐描写的是人们的日常生活、内心感情和许多错综复杂的琐事;虽然小说中并没有发生什么了不起的事,但是每当你读完一页后总会情不自禁地翻过去,迫切地想知道下文如何;但那里仍然没有什么大事,于是你又迫不及待地翻动书页。能叫你这样做的小说家是最有才能的小说家。我时常想,这样的才能是从哪儿来的呢?为什么你把这部小说读了一遍又一遍,却依然像第一次读它时一样兴味盎然?我想,原因就在于,简·奥斯汀不仅对她的人物及其命运深感兴趣,而且对发生在他们身上的一切都深信不疑。

刘文荣 译

5
《巴黎圣母院》

简介：

【法文名】*Notre-Dame de Paris*
【作　者】［法］维克多·雨果（Victor Hugo，1802—1885）
【年　代】19世纪。
【体　裁】长篇小说。
【主　题】美与善，终将战胜丑与恶。
【人　物】主要有：卡西莫多、埃斯梅拉达、克洛德。
【情　节】主要是：弃儿卡西莫多，在一个偶然的场合被副主教克洛德收养为义子，长大后又让他当上了巴黎圣母院的敲钟人。他虽然十分丑陋而且有多种残疾，心灵却异常高尚纯洁。长年流浪街头的波希米亚姑娘埃斯梅拉达，能歌善舞，天真貌美而心地淳厚。很有名望的副教主本来一向专心于"圣职"，忽然有一天欣赏到埃斯梅拉达的歌舞，就千方百计要把她据为己有，对她进行了种种威胁甚至陷害，同时还为此不惜玩弄卑鄙手段，去欺骗利用他的义子卡西莫多。眼看无论如何也实现不了占有埃斯梅拉达的罪恶企图，最后竟亲手把她送上了绞刑架。其实，卡西莫多私下也爱慕埃斯梅拉达。他曾千方百计想救埃斯梅拉达，但都没有成功。现在，当他看到克洛德狞笑着远望着高挂在绞刑架上的埃斯梅拉达时，他怒不可遏，突然冲过去把克洛德从塔上推了下去。其后，他把埃斯梅拉达的尸体藏在地下室里，并陪伴在尸体旁边，不吃不喝，直到死去。

雨果小说《巴黎圣母院》译文前言[①]

[俄]费奥多尔·陀思妥耶夫斯基

"Le laid, c'est le beau"[②]这个公式,三十年前自鸣得意的墨守成规者[③],想用它来概括对维克多·雨果才赋的倾向性的看法。其实这是错误地理解,并错误地转述雨果本人为解释自己思想所说的话。不过,应该承认,他招来自己敌人的讥笑,也怪他本人,因为辩解得非常含混而且傲慢,解释自己思想时又相当凌乱。然而,攻击和讥笑早已销声匿迹,维克多·雨果的名字却没有湮没无闻。而且不久前,在他的小说 Notre-Dame de Paris[④] 问世三十多年后,出版了 Les Misérables[⑤]。在这部长篇小说中,这位伟大的诗人兼公民展现出如此巨大的才华,用如此完美的艺术表现了自己诗思的基本内涵,使得作品传遍了世界,人人传阅。小说那摄魂夺魄的影响,是充分而普遍的。人们早就想到,维克多·雨果的思想,不是我们在前面引述的那个笨拙可笑的公式所能概括的。他的思想,是十九世纪全部艺术的基本思想,而维克多·雨果作为艺术家,几乎是第一个宣示了这一思想。这是基督教的思想,是包含崇高精神的思想。它的公式就是:因受环境、世世代代的停滞、社会的偏见等不公正的重压而被毁了的人能得到新生。这一思想是为社会上受屈辱者和被所有人遗弃而毫无权利者伸张正义。当然,像 Notre-Dame de Paris 这样的文学作品,不可设想是一种讽喻。但又有谁

[①] 本文选自《费·陀思妥耶夫斯基全集》第十八卷,题目系原书所有。本文要点:(1)雨果的思想是"为社会上受屈辱者和被所有人遗弃而毫无权利者伸张正义";(2)《巴黎圣母院》的俄译本虽然至今才出版,但即使读过法文原版的读者,再读一遍俄译本也不会厌烦,因为这是一部当代法国文学中的杰作。
[②] "Le laid, c'est le beau.":(法文)"丑,就是美。"(引自雨果剧本《克伦威尔》序言)
[③] 陀思妥耶夫斯基这里可能不仅指法国和俄国浪漫派批评家的代表人物,而且还涉及别林斯基。后者于1864年关于雨果一个剧作的书评里也谈到,雨果在出现于文坛时,就提出"丑就是美"的口号……
[④] Notre-Dame de Paris:(法文)《巴黎圣母院》。
[⑤] Les Misérables:(法文)直译为《苦难者》(中译本易名为《悲惨世界》)。

不会想到，卡西莫多①就是遭受压制和鄙视的中世纪法国民众的化身呢？他又聋又丑，只是蛮力过人，但最后，爱情和对公正的渴求在他心中苏醒，同时他也开始意识到真理在自己一边，意识到自己还潜藏着无尽的力量。

维克多·雨果几乎是主要的预言者，宣告我们这个世纪的文学中"新生"思想的出现。至少他是第一人以如此巨大的艺术力量，在艺术领域展示了这个思想。当然，这一思想并非维克多·雨果一个人的发明，我们坚信这思想属于十九世纪不可分割的部分，也许是十九世纪的历史必然。虽然人们一般习惯于责难我们这个世纪，说它在过去时代的伟大典范之后没有给文学艺术带来任何新东西。这么说是极不公道的。你们考察一下我们世纪的欧洲各国文学，就会在所有文学中看到这一思想的痕迹。也许到世纪末时这一思想最终会全面完整、清晰有力地在某一个伟大的艺术作品中得到体现，从而充分而永恒地表现出自己时代的追求和特色，就好像《神曲》表现了自己中世纪天主教信仰和理想的时代。

维克多·雨果无疑是十九世纪出现在法国的最杰出的天才。他的思想广泛传播，甚至现代法国小说的形式几乎全都属他一人。甚至他的重大缺点，都几乎重现于所有后来的法国小说家的创作中。如今，当 *Les Misérables* 获得普遍的、几乎是全球性的成功时，我们不禁想到小说 *Notre-Dame de Paris* 由于某些原因至今未有俄译本，虽然已有很多很多欧洲作品译成了俄语。毫无疑问，在我国，人们过去就用法语读了这本书。但是第一，依我们想，读过的只是懂法语的人；第二，懂法语的人未必都读过；第三，是很早以前读的；第四，即使从前，三十年以前，能读法语的人数也不很多，而想读却不会法语的人要多得多。如今的读者群，可能比三十年前要增加十倍。最后，也是最主要的一点，所有这一切都是很早以前的事了。时下的一代人未必再去重读旧书。我们甚至认为，如今这一代读者很少知道雨果的这部小说。所以我们才决定在我们的杂志上译出这天才的力作，以便将当代法国文学最杰出的作品介绍给我们的读者。我们甚至还想，三十年是不小的距离，那时读过的人即使重读一遍，大概也不会厌烦。

总之，我们希望读者不至于责备我们把书名早已尽人皆知的作品再次奉献出来。

白春仁　译

---

① 卡西莫多：《巴黎圣母院》的主人公，面貌丑陋而心地善良。

命运:《巴黎圣母院》①

[法]安德烈·莫洛亚

一八三一年一月初,雨果写完了《巴黎圣母院》。他写这部长篇小说用了六个月的时间,在出版商戈斯林指定的期限眼看快到的时候,拿出了手稿。实际上,他需要的仅只是记录和编写而已,因为他收集、构思材料已有三年之久了。他读过许多历史著作、编年史、目录索引和文献资料,研究了路易十一时代的巴黎,考察过那个时代的古老建筑上所保留下来的遗迹;总之,他谙熟这座大教堂及其螺旋形楼梯、神秘的石砌斗室和所有古代和现代的文物。他希望这部小说在各方面——背景、人物和语言——都能精确地合乎历史的真实。然而在书中这还不是主要的。要说这部著作之所以优美,那就是因为它是想象、奇异和幻觉的结果……实际上,虽然作者的渊博知识完全是合乎现实的,可是小说的人物却是非现实的。副主教克洛德·孚罗洛是一个恶魔;大脑袋的畸形侏儒卡西莫多是雨果想象中的一个怪诞形象;埃斯梅拉达与其说是一个女人,不如说是一个奇美的幻影。

但是,这些人物都曾活生生地出现在世界各国和各民族人民的脑海中,因为他们具有史诗神话般无可争辩的伟大,以及他们与作者内心世界的那种神秘联系赋予他们的深刻的真实性。在因肉欲和禁欲之冲突而备受煎熬的克洛德·孚罗洛的形象中,隐藏着雨果本人的某些东西;在像安达卢西亚美女似的皮肤黝黑、长着一双黑汪汪的大眼睛的苗条秀美的吉卜赛女郎埃斯梅拉达的形象中,有一些东西是来自蓓比达和年轻时的安黛儿②;在这里,对于雨果来说,最重要的

---

① 本文节选自莫洛亚《雨果传》,题目系本书编者所加。本文要点:(1)这部小说"之所以优美,就是因为它是想象、奇异和幻觉的结果";(2)但是,这部小说仍具有"深刻的真实性";(3)这部小说的生命力主要来自它所描写的事物(而非人物);(4)这部小说所要表达的不是基督教义,而是命运——可怕的命运。
② 蓓比达:雨果早年追求过的年轻女子。安黛儿:雨果夫人。

是围绕着埃斯梅拉达的三角竞争(副主教、瘸腿敲钟人和卫队长弗比斯)的主题。三男一女。最后,在克洛德·孚罗洛所遭受的无可幸免的可怕劫难中,隐藏着雨果在一八三〇年体验到的某种惶恐不安。但是,其中没有任何坦率的忏悔。脐带被剪断了,而作品还是孕育成熟了,作者一直在用血和肉哺育着它。读者隐约地觉察到了这种隐秘的联系,无形而有力,它使小说生机盎然。

但这部长篇小说主要是靠所描写的事物获得生命力的。它的真正的主人公是圣母院的大教堂,它那两座钟楼的黑森森的轮廓映现在星空中,石制的躯体、巨大的基座,仿佛是一尊蹲在市内打盹的双头斯芬克司①……像在自己的素描中那样,雨果善于在他的描述中用鲜明的笔触表现自然,把奇特的黑色剪影投射到明快的背景上。在他的想象中,时代就是光的闪烁。在屋顶上,工事上,峭壁上,平原上,水面上,万头攒动的广场上,军队密集的战场上——到处都是令人眼花缭乱的光。这儿是耀眼的白帆,那儿是斑斓的衣饰,到处是彩绘的玻璃。对无生命的东西,雨果既能爱也能恨,他能赋予某座教堂、某个城市甚至一个绞架以惊人的生命。他的这部作品对法国建筑学产生了深远的影响。在他之前,文艺复兴前的建筑②被人们认为是野蛮的。他的小说出版后,它们才受到尊重,被当作是石制的《圣经》。研究历史文物的委员会成立了;雨果在一八三一年引起了法国艺术审美的革命。

《巴黎圣母院》既不是天主教的辩护词,也不是一般的基督教义。那个因对吉卜赛女郎燃烧着性爱的欲火而被毁灭了的圣徒(指克洛德·孚罗洛——译者)的故事,激怒了许多人。雨果已经摆脱了他不久前的那种并不牢靠的信仰。他在小说的卷首写着:命运——这意思是劫数,而不是天命……"劫数有如暴戾的鹰鸢,它在人类的头顶翱翔,难道不是这样吗?"被仇恨追逐着的雨果,在朋友们中间感到了绝望的痛苦,早就准备好了他的回答:"就是这样!"残暴的力量主宰着世界。劫数,这是被蜘蛛捕住的苍蝇的悲剧,是一个没有任何过错的纯洁的少女落入教会法庭的罗网的悲剧。而最可怕的命运是主宰着人的心灵、毁灭他的精神的劫数。……也许,雨果——他所属的那个时代的嘹亮回音——已经预感到了他自身周围的反对教权扩张运动。"这一个杀死那一个。印刷品杀死教

---

① 斯芬克司:带翼的狮身人面女怪,缪斯传授给她各种隐谜,她让过往行人猜,猜不出的当场被她杀死。现常暗喻谜一样的可怕事物。——译者
② 文艺复兴前的建筑:指哥特式建筑,巴黎圣母院即属此类建筑。

会……任何文明都始于神权政治,终于民主运动……"①这是很有那个时代特点的格言。

拉摩耐②读过这部长篇小说后,指责他的小说中缺乏天主教精神,但是夸奖它的生动和作者想象力的丰富。戈蒂埃③盛赞他的风格是"花岗岩般的风格",有如中世纪教堂一样不可摧毁。拉马丁④在给他的信中写道:"这是一部宏伟的创作,史前大洪水时代的巨石,这是长篇小说中的莎士比亚、中世纪的史诗……但这又是一部不道德的著作,因为可以非常清楚地感觉到对天道的背叛。在你的神殿中有讨人喜爱的一切,唯独没有丝毫宗教感。……"

陈 伉 译

---

① 雨果:《巴黎圣母院》,全集第 2 卷。——原注
② 拉摩耐:生平不详,可能是当时的一位主教。
③ 戈蒂埃:第奥菲尔·戈蒂埃,19 世纪法国诗人。
④ 拉马丁:阿尔封斯·德·拉马丁,19 世纪法国诗人。

6
《悲惨世界》

简介：

【法文名】*Les Misérables*
【作　者】［法］维克多·雨果（Victor Hugo，1802—1885）
【年　代】19世纪。
【体　裁】长篇小说。
【主　题】悲惨世界，唯有善与仁慈的感召力，给人一线希望。
【人　物】主要有：冉阿让（即马德兰）、芳汀、柯赛特、沙威、马里尤斯。
【情　节】主要是：苦役犯冉阿让获假释后的第一个晚上，投宿在米利埃主教家里。米利埃主教一眼看出他是囚犯，但仍热情接待他，免费为他提供食宿。然而，冉阿让的偷窃本性不改，那天夜里他偷了米利埃主教的一对银烛台，天不亮就不辞而别。不料，他在路上被巡警拦住。巡警得知他携带的银烛台是米利埃主教的，便把他带回米利埃主教的住所。然而，当巡警对米利埃主教说"这个人偷了主教阁下的银烛台"时，米利埃主教却说："不，不，你们误会了。这是我送给他的。你们快放了他吧。"这使冉阿让深受感动，于是他便决心痛改前非，做一个好人。他到了滨海蒙特勒依市，在那里找到一份工作，勤勤恳恳，埋头干活。不久，他便用积攒起来的钱开了一家小作坊。他改名马德兰，成了一个守法的市民。他的生意很成功，十年后就已拥有一个大企业，成为当地数一数二的大富翁。由于他乐善好施，兴办福利，救助孤寡，不久又被市民选为市长。再说有一个姑娘，年轻美貌，名叫芳汀。她和一个大学生恋爱，怀孕后却被抛弃。她羞于再见家人。生下女儿柯赛特后，便把她寄养在开小旅馆的泰纳迪埃夫妇那里，自己只身来到滨海蒙特勒依市，在一家工厂里当女工，而这家工厂的主人，就是马德兰先生，滨海蒙特勒依市的市长。芳汀勤奋工作，每月把女儿的寄养费寄给泰纳迪埃夫妇。然而泰纳迪埃夫妇却是贪婪、恶毒之人，他们不仅一次次增加柯赛特的寄养费，还虐待年纪小小的柯赛特。更不幸的是，有人揭发芳汀有私生女，为此她被工厂经理解雇（此事马德兰先生并不知晓）。被解雇后的芳汀没有了收入，而她还要抚养女儿。无奈之下，她只能卖淫，而作为一名妓女，她又饱受恶少的凌辱。有一次她和他们打了起来，被警察抓进牢里。马德兰市长得知此事，出面干预，要警方释放芳汀。没想到，芳汀获释了，他自己却被曾经看管过苦役犯的警长沙威认出是假释的苦役犯。于是，警方开始通缉市长。市长马德兰不得不四处躲避，同时还要照顾出狱后的芳汀，为她的女儿柯赛特寄去寄养费。在一次探望病中的芳汀时，他被带着一队警察的沙威逮捕。病中的芳汀深受惊吓，痛苦地死去。马德兰被投入大牢，但不久后，他逃了出来。他得知芳汀已死，随即动身到泰纳迪埃夫妇那里去。他要把芳汀的女儿柯赛特救出来，而此时，警长沙威正在追捕他。但他历尽千难万险,还是把小女孩柯赛特从狠毒的泰纳迪埃夫妇手中救了出来。他带着小女孩逃到巴黎,躲进郊外的一个修道院。他称小女孩是他女儿,并为修道院打工来抚养她。这样,生活还算平静。小女孩柯赛特渐渐长大,成了一个亭亭玉立的漂亮姑娘。马德兰此时年纪已大,在别人眼里,他和柯赛特就是一对父女,甚至连柯赛特也不知真相,只知道马德兰就是她父亲。然而,姑娘要恋爱,柯赛特爱上了一个名叫马里尤斯的年轻人。马德兰虽然心中不舍,但他还是泰然处之。1832年6月,巴黎爆发革命,共和派和保皇派在街头巷战。马里尤斯是共和派,当然要参加战斗,柯赛特随他一起前往。马德兰喜欢这对年轻人,虽然年纪已大,也毅然投身街垒。在战斗中,马德兰意外抓获保皇派的沙威警长。但他却放了沙威,还把自己的住址告诉他,说"你现在可以来抓我了,我已经无所谓了"。对此,沙威羞愧万分、无地自容,投河自尽。马里尤斯身负重伤,马德兰背着他,走下水道把他救了出来。等马里尤斯伤愈之后,他和柯赛特成婚。婚后第二天,马德兰把自己的身世告诉了这对新婚夫妇。他们听了大吃一惊,非常尴尬。此后,他们便疏远他了。看到自己冒死救出的这对年轻人对自己也抱有成见,他伤心之极,倍感孤独,整天闷闷不乐。而当柯赛特和马里尤斯后来回心转意去接他同住时,他已经抑郁成疾,危在旦夕了。不久,他便在柯赛特和马里尤斯的抽泣声中离开了人世。

评《悲惨世界》①

[法] 夏尔·波德莱尔②

一

几个月之前,关于法国最有活力、最知名的伟大诗人,我写过下述一些话③,不久之后,较之《静观集》和《历代传说》④,这番话就有了一个更为明显的针对性:

> 如果篇幅允许的话,这里无疑可以分析一下笼罩和贯穿着他的诗的、明显地属于作者本人性情的道德氛围。在我看来,这种道德氛围具有一种明显的特征,即对很强大的东西和很弱小的东西的同等的爱,这两个极端对诗人所产生的吸引力来自一个唯一的根源,即力量本身,他所拥有的原初的活力。力量使他欢悦,使他陶醉;他走向它如同走向一位亲人,这是手足的吸引力。因此,他不可抗拒地被引向无限的各种象征,海洋、天空;被引向力量的各种古老的代表,荷马史诗或《圣经》中的巨人,勇士,骑士;被引向巨大而可怕的动物。他一边玩耍一边抚摸着那使一双软弱的手害怕的东西,他在无限之中活动而不感到眩晕。同时,由于一种出自同一根源的不同的倾向,

---

① 本文选自波德莱尔《浪漫派的艺术》一书,最初发表于1862年4月20日。本文要点:(1)法国最有活力、最知名的伟大诗人——雨果,总是关注"社会苦难的巨大深渊";(2)"从他的辉煌的文学生涯开始的时候起","就表现出"那种对弱者、被遗弃者和不幸者的关心";(3)《悲惨世界》是"一本关于慈善的书",是"一本发问的书,提出了复杂的社会问题,其性质是可怕的、令人伤心的";(4)"尽管书中存在着有意的弄虚作假,以及从严格的哲学观点看,问题的解决方式也有着无意识的偏颇",但这本书仍然非常有价值。
② 夏尔·波德莱尔(Charles Baudelaire,1821—1867),法国诗人、评论家,象征派诗歌鼻祖,重要作品有诗集《恶之花》、散文诗集《巴黎的忧郁》、评论集《美学珍玩》等。
③ 见1861年6月15日发表的"维克多·雨果"一文。
④ 《静观集》和《历代传说》,雨果的两部诗集。

诗人又总是表现出他是一切软弱的、孤独的、悲伤的、一切具有孤儿性质的东西的温柔朋友,这是父子的吸引力。强者在一切强大的东西中找到了兄弟,而在一切需要保护和安慰的东西中看见了他的孩子。正是从给予强者的力量本身和信心之中产生出公正和仁慈的精神。因此,在维克多·雨果的诗中不断地对堕落的女人、对被我们社会的齿轮碾碎的穷人、成为我们的贪婪和专制的牺牲品的动物发出爱的声音。很少有人注意到善良带给力量的魅力和愉快,而这在我们的诗人的作品中屡见不鲜。一个巨人的脸上出现了一丝微笑和一滴眼泪,这是一种近乎神圣的独创。就是在他那些写感官之爱的小诗中,在那些写充满快感和旋律的忧郁的诗节中,人们也听见了仁慈而深沉的声音,仿佛是一个乐队的不间断的伴奏。在情人的外表下,人们感觉到那是一个父亲,一个保护人。这不是那种喜欢训诫的道德,那种因其学究的神气、教训的口吻能够败坏最美的诗的道德,而是一种受神灵启示的道德,它无形地潜入诗的材料中,就像不可称量的大气潜入世界的一切机关之中。道德并不作为目的进入这种艺术,它介入其中,并与之混合,如同融进生活本身之中。诗人因其丰富而饱满的天性而成为不自愿的道德家。

这里只有一句话要更动,因为道德是作为目的直接进入《悲惨世界》的,这也是诗人的自白,作为序言的形式出现在书的开头:

只要因法律和习俗所造成的社会压迫还存在,在文明鼎盛时期人为地把人间变成地狱,并且使人类与生俱来的幸运遭受不可避免的灾祸;只要本世纪的三个问题——贫穷使男子潦倒、饥饿使妇女堕落、黑暗使儿童羸弱——还得不到解决……那么,和本书同一性质的作品都不会是无用的。

"只要……"唉!等于是说永远!但是,这里不是分析此类问题的地方。我们只想公正地评价诗人据以引起公众注意的绝妙的天才以及他像一个懒惰的小学生一样倔强,把脑袋顽固地伸向社会苦难的巨大深渊。

二

诗人在他热情洋溢的青年时代更多的是乐于歌唱生活的壮丽,因为生活所包含的辉煌和丰富特别吸引青年人的目光。相反,到了中年他则怀着不安和好奇的心情转向了问题和神秘。贫穷在财富这个太阳上所形成的黑子中,或者说财富在苦难的巨大黑夜中形成的亮点上有某种绝对怪异的东西。一位诗人、一位哲学家、一位文学家,除非丑恶到了极点,否则是不能不对此感到激动、惊讶,甚至焦虑的。肯定,这样的文学家是不存在的,也不能够存在。所以,区别这一位和那一位的唯一的分歧,在于弄清楚艺术品是否应该只以艺术为目的,艺术是否应该只表现对自身的崇拜,或者,是否能让它必须追求一种高尚或不那么高尚、低级或高级的目的。

我说,诗人们只有在正值盛年的时候才能感到他们的头脑爱上了某些不祥的、难以理解的问题,这些问题是吸引他们的怪异的深渊。然而,要把维克多·雨果置于那种等待如此之久才向世界良心最感兴趣的这些问题投去讯问的目光的创造者之列,那就大错特错了。可以说,从一开始,从他的辉煌的文学生涯开始的时候起,我们就在他身上发现了那种对弱者、被遗弃者和不幸者的关心;在他的作品中,正义的概念很早就通过对昭雪的兴趣透露出来。《啊,永远不要辱骂一个堕落的女人》《在市政厅的舞会上》《玛丽蓉·德洛尔莫》《吕伊·布拉斯》《国王取乐》,这些诗足以证明这种为时已久的倾向,甚至我们几乎可以这样说,这些诗足以证明占据他心灵的思想。

三

有必要具体地分析《悲惨世界》,更确切地说,《悲惨世界》的第一部吗?这部作品现在是人手一册,大家都知道它的含义和结构。我觉得更重要的是看看作者为阐明他为之服务的真理所使用的方法。

这本书是一本关于慈善的书,也就是说,是为了引起、激起慈善精神而写的一本书,这是一本发问的书,提出了复杂的社会问题,其性质是可怕的、令人伤心的;它对读者的良心问道:"怎么样?您作何感想?您得出什么结论?"

至于书的文学形式,与其说是小说,还不如说是诗,我们在《玛丽·都铎尔》的序言中已经发现了先兆,这向我们提供了新的证据,说明这位杰出的作者的道德和文学观念的牢固:

真实面临的暗礁是渺小,崇高面临的暗礁是虚假……诗人的可钦佩的全能！他制造了比我们还要高大的东西,它们跟我们一样有生命。例如,哈姆雷特,他像我们每个人一样真实,但更高大。哈姆雷特是巨人,然而是真实的。因为哈姆雷特不是您,不是我,而是我们大家。哈姆雷特,他不是某一个人,而是人。

不断地从真实中分离出崇高,从崇高中分离出真实,据这出戏的作者看,这就是戏剧诗人的目的。这两个词,崇高和真实,包含了一切。真实包含着道德,崇高包含着美。

很明显,作者想要在《悲惨世界》中创造有血有肉的抽象概念,创造理想的形象,每一个都代表着为展开他的论点所必须的一种基本典型,从而被提到一种史诗的高度。这是一部以诗的方式构筑起来的小说,其中每一个人物都因他用以代表一种普遍性的夸张方式而成为一个例外。维克多·雨果用以构思和写作这部小说的方式,他为得到一种科林斯式①的新金属而将一般地说用于各种不同作品的丰富成分熔于一炉的方式,再一次证实了在他年轻时引导他高唱颂歌的旧悲剧为我们所认识的诗和正剧的那种命运。

所以,卞福汝主教②是夸大了的仁慈,是对于自我牺牲的永久信念,是对于被当作最完善的教育方式的仁慈的绝对信任。在这一典型的描绘中,有些色调和笔触的细腻是令人惊叹的。可以看出,作者是乐于把这个天使般的模特儿写得尽善尽美的。卞福汝主教把一切都给了别人,自己则一无所取,他唯一的乐趣就是一贯地、不断地、心甘情愿地为穷人、为弱者,甚至为罪人牺牲自己。他谦卑地服从教条,并不费神去理解它,只是一心一意地按着福音书的话去做。"宁作拥护法国教会自主的人,不作教皇绝对权力主义者",他是个上流社会中人,像苏格拉底一样具有讥讽和诙谐的力量。我听说过去某朝有位圣罗克,对穷人肯于倾囊相助,有一天他受窘于新的要求,立刻把他的所有家具、名画和银器送往拍卖行。这一点正符合卞福汝主教的性格。不过,圣罗克神甫的故事还没有完,这一行动,在上帝的人看来,是很普通的,可根据人世间的道德,却是过于高尚了,于是议论纷纷,直传到国王那里,最后,这位惹麻烦的神甫被传到总主教府,受到委婉的斥责,因为此类英雄行为可以被看作是对无力达到那种高度的所有神甫

---

① 科林斯:古希腊城市名。这里的意思即"希腊式的"。
② 卞福汝主教:《悲惨世界》中的人物,是他感化冉阿让,使他改邪归正。

的一种间接的谴责。

  冉阿让是个天真无邪的粗人,是个无知的无产者,他犯了一个毫无疑问我们大家都会加以原谅的错误(偷了一块面包),但是,这个错误受到法律的惩罚,把他投入恶的学校,即苦役监牢。在那里,他的思想形成了,并通过对于苦役的沉重思考而变得成熟起来。最后,他出来了,变得狡猾、可怕和危险。他对主教的款待报之以新的偷窃,但是后者用善意的谎言救了他,坚信宽恕和仁慈是能够驱散一切黑暗的唯一光明。果然,这颗灵魂受到感悟,当然还没有那么快,习惯的野兽还在他心中,他又堕落了一次。冉阿让(现在是马德兰先生了)成为一个正派、富裕、强有力的人。他当了一个穷镇的镇长,使它富裕起来,差不多文明化了。他披上了一件令人钦佩和尊敬的外衣,他用慈善事业来遮盖并保护自己。但是,不祥的一天到来了,他获知一个假冉阿让,一个愚蠢卑鄙活像他的人将代他受到判决。怎么办?他若自首,那么他将自己亲手毁掉他艰苦而又光荣地建造的新生活的构架,他能肯定,他的良心,这内心的法律,会强迫他这样做吗?"人生来就带给这世界的光明"足以照亮这复杂的黑夜吗?马德兰先生胜利了,但是经过了怎样可怕的斗争啊!他走出了焦虑之海,因为热爱真理和正义而重新成为冉阿让。人与其自身的斗争以及他的犹豫、迟疑、矛盾、虚假的安慰和绝望的欺骗在一部分(《头盖骨下的风暴》)中受到细腻、缓慢、有分析地描述,这一部分包含着一些不仅可以使法国文学甚至可以使思想着的人类的文学永远感到骄傲的篇章。写出这样的篇章,对理性的人是一大光荣!必须进行大量的、长久的、很长久的搜寻,才能在另一本书中找到可以与之媲美的篇章。这些篇章以如此悲壮的方式展示了一个普遍的人心中所进行的有史以来最骇人的决定。

  在这个痛苦和惨剧的画廊里,有一个可怕的、讨厌的形象,那就是警察、苦役犯看守,严厉的、无情的、不会作解释的法院,未经解释的法律、从不理解何谓从轻处理的野蛮的智力(这还能叫作智力吗?),一句话,即徒有其表;而这就是可憎的沙威。我听见几个还算得明白事理的人谈到沙威时说:"说到底,这还是个正派人;他有他的崇高之处。"这里正用得上德·迈斯特①的一句话:"我不知道正派人为何物!"至于我,我认为,虽然有被打成罪犯的危险("那些发抖的人感到了自己有罪。"罗伯斯庇尔那疯子说),沙威在我眼里是个不可救药的怪物,他渴望法律就如同一头猛兽渴望带血的肉,总之,我认为他是一个绝对的敌人。

---

① 德·迈斯特(Joseph de Maistre 1753—1821),法国政治家、哲学家、作家。

此外,我想在这里提出一个小小的批评。无论一首诗的理想形象具有何等不凡和果决的轮廓和动作,我们都应该设想它们与生活中的真实形象一样,具有一个开端。我知道人可以在所有的职业中表现出超出热情的东西。他在所有的职务中都变成了猎犬和斗犬。这肯定是一种美,来源于激情。因此,一个人可以怀着热情当一名警察,然而,他是在热情的驱使下进入警察局的吗?相反,这不是那种人们只能迫于某种情势的压力、为了一些与狂热无缘的理由而从事的职业吗?

我想,没有必要讲述和解释维克多·雨果加给芳汀这个人物的所有那些温柔的、悲惨的美,她是一个堕落的女工,现代的妇女,身处没有成果的劳动和合法的卖淫两种命运之间。我们早就知道他是多么善于表现处于深渊之中的激情的呼喊以及被夺去幼仔的母狮愤怒的呻吟和哭泣!这里,通过一种完全自然的联系,我们又一次看到这位强有力的画家、这位巨人般的创造者是多么准确,多么轻巧地给孩子的双颊涂上颜色、画好了眼睛、描绘了活泼而天真的动作,真好像是以与劳伦斯和委拉斯开兹较量为乐的米开朗琪罗[①]。

四

因此,《悲惨世界》是一本关于慈善的书,是要一个过于钟爱自己、过于不关心永恒的博爱精神的社会恢复秩序的一声震耳的呼唤,是一篇出自当代最雄辩的口中的给悲惨的人们(那些经受苦难并因此而蒙受耻辱的人们)的辩护词。尽管书中存在着有意的弄虚作假,以及从严格的哲学观点看,问题的解决方式也有着无意识的偏颇,我们仍然和作者的想法完全一致:"和本书同一性质的作品都不会是无用的。"

维克多·雨果是为人的,然而他并不反对上帝。他信任上帝,但他并不反对人。

他拒绝造反的无神论的狂热,但他并不赞成摩洛们[②]和特塔泰斯们[③]的血腥的饕餮。

他相信人性是善的,但是,即便面对着人类不断的灾难,他也不谴责上帝的

[①] 米开朗琪罗(Michelangelo Buonarroti 1475—1564),意大利著名画家、雕塑家。
[②] 摩洛是《圣经》中提到的恶神。
[③] 特塔泰斯是古代高卢人(即法国人)崇拜的神。

残暴和狡黠。

  有些人在正统理论、在纯粹的天主教教义中找到了对生活的各种令人不安的神秘的解释,这一解释即使不完整,至少是更能令人接受的,即便对这些人来说,维克多·雨果的这本新作也是应该受到欢迎的(像主教一样,他讲述了他们战无不胜的仁慈),这是一本值得称赞的书,一本值得感谢的书。诗人和哲学家不是应该时不时地揪住自私的幸福之神的头发,一边把它的弃子按进血和粪中,一边对它说"看看你的作品吧,喝了你的作品"吗?

  唉!经过了这么多许诺了如此之久的进步,原罪依然留下了足够的痕迹,让人们看到了它数不清的现实!

郭宏安 译

关于《悲惨世界》[①]

[法]安德烈·莫洛亚[②]

一

三十年来,维克多·雨果一直在构思、创作一部大型社会小说。赏罚不明、赦免罪人、赤贫如洗的情景,一个真正的圣人对一个罪犯的影响——这些主题在他写中篇《死囚末日记》《克洛德·格》和《为了穷苦的人们》这类叙事诗时,就已经在他的脑海里萦回了。他收集了许多素材:苦役犯监禁、狄涅市的主教米奥里斯、苦役犯彼埃尔·莫莱、蒙莱修-麦尔玻璃厂、把一团雪塞进可怜的妓女脖子里的纨绔子弟,等等。一八四〇年前,他就草拟了这部长篇小说的大纲:"《不幸的人们》:一个圣徒的故事。一个男子的故事。一个女人的故事。一个小姑娘的故事……"这是当时的风气:乔治·桑、欧仁·苏,甚至大仲马和弗莱德里克·苏尔埃,都写过同情民众的长篇小说。《巴黎的秘密》[③]的成功大概影响了《悲惨世界》的内容。但是指导作者的是他本人的真诚动机。

> 对苦难人们的爱活在我的心中,
>
> 情同手足,我和他们心心相印,

[①] 本文节选自安德烈·莫洛亚《雨果传》一书,题目系本书编者所加。本文要点:(1)尽管写底层社会是当时的一种风气,但雨果写《悲惨世界》并非跟风,而有他自己的"真诚动机";(2)雨果写《悲惨世界》的依据:"现实生活中的真人真事"、他自己的"个人生活经验",以及第一手史料《从前一个圣马格德林修道院女寄宿生之手稿》等;(3)《悲惨世界》初版时大受读者欢迎,但评论界的反应却是对这本书大加指责,就是雨果的好友、诗人拉马丁也著文认为,这本书写得很好,但思想是有害的;(4) 如今,《悲惨世界》已被公认为杰出的名著,过去乃至后来的评论家对它的种种批评,也许有道理,但是并不妨碍它成为公众心目中的名著。

[②] 安德烈·莫洛亚(André Maurois, 1885—1967),法国传记作家、小说家,法兰西学院院士兼秘书长,重要作品有传记《雨果传》《巴尔扎克传》《雪莱传》《拜伦传》等。

[③] 《巴黎的秘密》:法国作家欧仁·苏的长篇小说。

可是啊,怎样捍卫穷人的权利?
怎样帮助彷徨漂泊的人们?
用什么语言安慰他们,使人平静?
痛苦、贫穷,还有繁重的劳动——
这一切问题使我永远忧心如焚。①

  这首诗表现了他的感情之坚贞和力量。从一八四五年到一八四八年,他几乎完全投身于长篇小说《悲惨世界》的写作,当时他给这部小说起名为《让·特莱让》。

  这一工作"由于革命②"中断了。《惩罚集》的急流把诗人给整个卷进去了,后来他又被难以遏制的神秘主义的狂想和《小史诗》所吞没。一八六〇年四月二十六日是他决定不再离开他那峭壁嶙峋的海岛的日子,他打开了保存着《悲惨世界》的札记和手稿的铁柜。流亡期间和在海上旅行时,这只铁柜有好几次险些沉入海底。"为了从整体上理解呈现在我想象中的这部作品,为了统一十二年前所写的各章和我预定要描写的主题,我用了整整七个月的时间。而且,一切都应当搞得坚实严整,应当'把目标预先研究清楚'。今天我重新开始了(我希望它不要再被中断)一八四八年二月二十一日中断的笔耕。"

二

  众所周知,现实生活中的真人真事是《悲惨世界》的无可争议的创作依据。用米利埃的名字描写的米奥里斯主教实有其人,而且实际上也和小说中所叙述的一样。这个圣洁的主教之清贫、禁欲、慈善和谈吐的纯朴伟大,使狄涅市的所有居民极为钦佩。有一个叫安若林的神甫是米奥里斯的秘书,他讲述了刑满释放苦役犯彼埃尔·莫莱的故事:一家旅馆不收留他,因为他让人家看了他的黑籍身份证、这个人去找主教,像冉阿让一样,他被盛情款待,住在了主教家。不过,彼埃尔·莫莱没有像冉阿让一样去偷银烛台。主教引他去见自己的兄弟米奥里斯将军,将军很乐意让过去的苦役犯当他的勤务员。现实生活为我们提供

---

① 雨果"致路易·布……"(载《百弦齐鸣》)。——作者原注
② 即1848年欧洲革命。

的是模棱两可的形象,艺术家根据自己的观察配上光和影,使他们有了立体感。

其次,小说家利用的是个人的生活经验。在《悲惨世界》中出现了修道院院长罗汉、出版商莱奥尔、萨盖妈妈、费扬提诺修道院的花园、青少年时代的维克多·雨果——他更名为马吕斯,和雨果将军——他更名为彭眉青。马吕斯和珂赛特一起散步,这正像当年维克多和安黛儿①那样。马吕斯有三天对珂赛特板着脸,只因为在卢森堡公园风把她神圣的衣裙吹得露出了膝盖。马吕斯的政治观点起了变化,也正如小说的作者一样。在一八六〇年的笔记中有这样一段话:"完成了马吕斯形象的转变,让他判断拿破仑的功过。三个时期:一、君主主义者。二、波拿巴主义者。三、共和主义者。"尤丽叶②为描写修道院中珂赛特的生活提供了有价值的素材。她保存着一本名为《从前一个圣马格德林修道院女寄宿生之手稿》的笔记。其中一部分原封不动被意味深长地剪贴在《悲惨世界》的草稿中。雨果在格恩济给这部小说增补了许多章节:大学生们与风流女郎,关于滑铁卢的特写——他的朋友夏拉斯上校的一本相当出色的书帮助他完成了这一段历史的描述;在战后旷野上的死人堆里行窃的德纳第;小比克布斯女修道院,用棺材来逃亡;一八一七年,"穷朋友协会"③;路易·菲力普,等等。

在整个漫长的创作过程中,尤丽叶帮助了他。她非常喜欢这本书,怀着一种满足的快感誊抄它。阔别十二年后,她又与自己的故友珂赛特见面了。"我又急不可耐地望着这个可怜的小姑娘,打听她那个美丽的洋娃娃的命运。我因想尽快知道沙威这个恶魔跟踪不幸而高尚的苦役犯市长先生的线索是否断了而心急如焚。"一八六一年五月,尤丽叶得到一份特殊的荣幸:她被带到蒙马让山,下榻"圆柱旅馆",整整待了两个月。维克多·雨果想在当年鏖战的地方写几章滑铁卢战役。她形影不离地跟着他,采摘矢车菊、雏菊花和罂粟花,而且因为她是一个沙文主义者,所以就用这些野花做了一个三色帽徽。有时雨果为了和家人会面,就把她单独留下,自己去布鲁塞尔。这时她就"抄写他的手稿,这一剂灵丹妙药会使我忘却种种烦恼……除了你,这是我今世最喜爱、最称心的工作"。在雨果返回来后,他们一起继续观察那座令人惊骇的花园,那里的每一株苹果树不是被子弹就是被炮弹打得遍体鳞伤。"英国近卫军被歼灭,莱伊尔军团的四十个营中有二十个营的官兵全被刀砍,在这所只剩下一堆断壁残垣的乌戈蒙城堡里,三

---

① 安黛儿,雨果夫人。
② 尤丽叶,雨果的女友。
③ 在《悲惨世界》中,叫作"ABC 朋友们",法语中 ABC 与 abaissé 一词发音相同,后者意为"受屈辱的"。

千人有的被剁碎,有的身首异处,有的被扼死,有的被枪杀,有的被烧死——所有这一切,仅仅是为了今天的一个农民可以对游人说:'先生,给我三法郎,只要您愿意,我就给您讲讲滑铁卢激战是怎么回事。'"①

三

这部小说终于完成了。维克多·雨果致奥古斯特·瓦凯利:

今天,一八六一年六月三十日,早晨八点半,旭日临窗,我写完了《悲惨世界》。我知道这部新作对你会有一些价值,而且我想让你从我本人手里直接了解它。我认为用这一短简把这事通知你是我的义务。你会喜欢这一作品的,你在你的杰作《侧影与丑态》中也定会评论到它的。总之,你将会知道,这个新生命一定会觉得自己很好。我是用最后的几滴墨水给你写这几行的,因为墨水都被我用来写了书了。

维克多·雨果意识到他写了一部杰作,将会有无数读者争相阅读,所以他想得到一笔可以使他的家庭生活永远有保障的稿酬。可小说该交给哪个出版商呢?他喜欢自己的朋友艾特策尔,但不认为他是一个好商人。年轻的比利时出版商阿尔贝尔·拉克鲁亚"短小精悍,热爱文学,甚有教养,精力过人。他长着一副表情生动的面孔,满脸浓重的络腮红胡子,一双狡黠的眼睛从夹鼻眼镜后望着人,并不断地把眼镜往他那鹰钩长鼻上托托"。他表示愿意效劳,而且接受了作者的条件:付三十万法郎买十二年的版权。雨果第一次得到这样一笔巨款;在这之前,拉马丁、斯克里勃、大仲马、欧仁·苏都曾捞到了比他更多的稿酬。拉克鲁亚很有胆量,但没有钱,银行家奥本海默给他提供了二十万法郎的贷款。许多报纸争先恐后想在"小品文栏"转载长篇小说,雨果一一拒绝了他们,他只愿意把全部好处送给出版商。况且他认为,一部艺术作品不应该被割裂得支离破碎。拉克鲁亚建议删去有哲学议论的几章。这也遭到了拒绝:"一部迅速展开情节的轻松喜剧成功的寿命只有十二个月,而一部思想深刻的戏剧的寿命却是十二年。"

---

① 雨果《悲惨世界》,全集 6 卷 351 页。——作者原注

忠实的朋友保尔·麦利斯一如既往,站在指挥席上,准备在巴黎大造舆论。雨果夫人、奥古斯特·瓦凯利和查理·雨果为他摇旗呐喊。保尔·麦利斯致维克多·雨果,一八六二年七月六日:

> 已经六天了,巴黎发狂地阅读着《悲惨世界》。一开始的口头议论和报纸简讯就预示着巨大的成功,这是很容易料到的。人们赞赏、着迷。再也听不到叽叽喳喳的非议和支支吾吾的搪塞了。这部完整的创作以其伟大恢宏和高尚仁爱的正义思想使人们震惊不已。它超过了所有创作,势不可当地征服着许多读者。

真是凯歌高奏!为小说付出三十万法郎的拉克鲁亚却在一八六二至一八六八年靠小说的出版发行得到了五十一万七千法郎的纯收入,在布鲁塞尔为庆贺《悲惨世界》大开华宴。

评论家们对这部长篇小说可没有那么狂热。强烈的政治倾向给评论的性质打上了烙印。居维尼埃·弗列利大骂雨果是"法兰西的头号蛊惑家"。巴尔贝·道莱维伊谈到"令人厌烦的诡辩术",称雨果是"百无聊赖、畸形丑恶的保尔·德·科克"[①]。这是可以预料到的,这也正如作家中的朋友们——茹尔·让南、保尔·德·圣-维克多、涅夫策尔、路易·威尔巴哈、舍莱尔、茹尔·克拉莱蒂——对小说必然特别热情一样。拉马丁表现得十分谨慎,他写信给维克多·雨果说:

> 我亲爱的、大名鼎鼎的朋友,我对你的天才变得比大自然本身更加伟大惊叹不已。这使我很想对你和你的书写几句话,可是随即我又犹豫起来——这乃是因为我们的观点不同,但绝不是因为我们的心性不同。严厉谴责平均财产的社会主义这种反自然法则的产物吧,我怕有辱于你,因此我就决定什么也不说了。但我要告诉你:只要你不明确对我说:"抛开个人感情,我准备让拉马丁粉碎我的体系。"我就不打算在我的《文学座谈》中论述到你。我不要求你的什么彬彬有礼的回答……我只请你考虑考虑自己……

雨果给了他充分自由,于是拉马丁写了一篇非常刻薄的文章。他对文学家

[①] 保尔·德·科克(1794—1871),法国三流小说家。

雨果大加赞赏,而对哲学家雨果进行了粗暴的攻击。"这是一本危险的书……它会在广大读者心中播下最凶暴、最残忍的种子——奢求一种无法实现的幻想。"受了伤害的雨果指出:"这个天鹅星想吃人了。"波德莱尔在《林荫道》上发表了一篇关于这部长篇小说的虚伪的论文,他称它是"一部足资垂训的、亦即有益的小说",可是他转身向他的母亲坦白,他赞扬这本"卑劣荒唐的书……"是假话,"雨果一家和他的门徒叫我恐惧之至"①。"进步的宗教"激怒了波德莱尔。他赞赏诗人雨果,但当他收到雨果的一封信,信中说"前进!——进步的本质就在这里,这也同样是艺术的口号。这一口号中也包括诗歌的全部本质"时,这种老生常谈"时而引他冷笑,时而引他烦恼——这要看他当时的心绪如何了"。

四

今天,时间已经作出了判决:全世界都公认《悲惨世界》是人类智慧的伟大创造之一。冉阿让、米利埃主教、沙威、芳汀、德纳第太太、马吕斯、珂赛特这些形象,在世界长篇小说屈指可数的主人公群中,与葛朗台、包法利夫人、奥列佛·逗斯特、娜达莎·罗斯托娃②、卡拉马佐夫兄弟和斯万③等并肩媲美,占据着自己的席位。小说被搬上了银幕,于是雨果的主人公已经几乎举世皆知。为什么会发生这种事呢?难道这本书就没有缺点?难道福楼拜和波德莱尔的话——"这里没有人性的本质。"——说错了?

诚然,在这部小说中,呈现在我们面前的是一些天性奇特的人物形象,有的以其慈悲或仁爱而高于普通人性,有的以其残忍或卑贱而低于普通人性。然而在艺术中畸形具有顽强的生命力,只要它们是美的畸形。雨果对奇特的、戏剧性的、巨人般的东西有一种先天的嗜好。为了创造一部杰作,光有这一点还不够。但是他的夸张手法被证明是正确的,他把主人公分成情感高尚的和卑鄙的两类。雨果真诚地赞颂米利埃,真诚地热爱冉阿让。沙威使他恐惧,但他又十分真诚地尊重沙威。作者的真挚诚恳,形象的规模宏大,被浪漫主义艺术卓越地结合起来了。《悲惨世界》有着足够的生活真实,使得这部小说必然显得合情合理。小说不仅有着丰富的现实生活的内容,而且历史材料在其中起着重要作用。维克

---

① 本文作者所称波德莱尔的这篇"虚伪的论文",即本书前文《评〈悲惨世界〉》,可参阅。
② 娜达莎·罗斯托娃是托尔斯泰长篇小说《战争与和平》中的主人公。
③ 斯万是普鲁斯特长篇巨著《追忆逝水年华》中的主人公。

多·雨果经历过帝国时代、复辟王朝、一八三〇年的革命。他以一个现实主义者的敏锐目光,发现了主宰人世沧桑的隐秘动机。请读读描写一八一七年或一八三〇年革命——"几页历史"——的有关章节吧,在那里,思想和风格是价值相当的。雨果说得很公正,复辟王朝"自以为它很强大,因为帝国在它眼前像舞台上的一块布景似的给搬走了,可是它却没有想到,它自己也正像布景似的是给搬上来的。它没有看到,它是被捏在推翻拿破仑的同一只手心里的"①。被描写成不偏不倚,甚至很有同情心的路易·菲力普的肖像非常出色,有似莱兹或圣西门②的散文。

现代的批评家们正如出版家们所预见的,责备作者在小说中离开情节的插话太多。"大量的哲学议论拖延了故事情节的发展。"他们说。抱有敌意的巴尔贝·道莱维伊虽然承认他不由自主要赞美对滑铁卢厮杀场面的描写:"充满抒情色彩,这是热情澎湃的诗人雨果先生的固有特点。炮弹横飞,号角呜咽,迂回包抄的运动,闪闪发亮的军装——我承认,这场鏖战会激起人们生动活泼的兴致";但是他认为这是特写,譬如对比克布斯修道院和金钱一章的赘述,与整个小说毫不相干。我们要顺便指出,人们对巴尔扎克和托尔斯泰也有过类似的非难,只有对梅里美没有这类指责。但是巴尔扎克和托尔斯泰是比梅里美更伟大的作家。在《贝娅特丽丝》③的开头对盖拉德的描述不也很冗长吗?是有些冗长,然而长篇巨著没有这些冗长的描写只怕难得丰满。延宕、暗示、停顿、时间,有时这些都是必要的。《悲惨世界》的富于哲理性的序言开首第一句话就是:"这是一本宗教性的著作……"秘密就在这里。具有足够的鉴赏力的圣伯夫④为了不去透彻地阐述这部杰作,躲躲闪闪不写一篇文章,但他在自己的秘密笔记中指出:当时他那一辈的所有代表人物都变成了老头,好像坐在荣军院的长凳上晒太阳的风湿病患者,只有维克多·雨果仍然是青春焕发的榜样。

陈 伉 译

---

① 雨果《悲惨世界》,全集 7 卷 279 页。——作者原注
② 莱兹(1613—1679),法国散文家,著有《回忆录》等。圣西门(1675—1755),法国散文家,其作品《回忆录》与莱兹的一样,有重要的史料价值。
③ 《贝娅特丽丝》:巴尔扎克的作品,写于 1839 年。
④ 圣伯夫(1804—1869),法国文学评论家。

7
《红与黑》

简介：

【法文名】*Le Rouge et le Noir*
【作　者】[法]司汤达（Stendhal，笔名，本名 Henri Beyle，亨利·贝尔，1783—1842）
【年　代】19 世纪。
【体　裁】长篇小说。
【主　题】等级社会既孕育了下层青年的野心，又亲手予以扼杀。
【人　物】主要有：于连、德·瑞那夫人、玛特尔。
【情　节】主要是：于连是个出身贫寒、相貌英俊、工于心计的年轻人，一心想往上爬，进入上流社会。他跟随村里的神父学会了拉丁文，经人介绍，到小城维立叶尔市的德·瑞那市长家里当家庭教师。在教三个孩子期间，于连见他们的母亲德·瑞那夫人年纪尚轻，便勾引她，想通过她让她丈夫提携他。德·瑞那夫人见于连年轻英俊、文质彬彬，也动了心，爱上了这个年轻人。但他们的暧昧关系很快被人察觉，有人给德·瑞那市长写了揭发信。德·瑞那市长碍于夫人将要继承娘家的一大笔遗产，不想离婚，只是把于连逐出了维立叶尔市。于连离开维立叶尔市后，设法进入了古城贝尚松一座神学院，因为他知道，单靠拉丁文还不足以使他接近上流社会。他在神学院苦读了几年之后，又经人介绍，到巴黎的德·莫尔侯爵家里当秘书。德·莫尔侯爵的女儿玛特尔年轻美貌、清高傲慢，然而工于心计的于连还是让玛特尔爱上了他。这样，他很容易就让玛特尔到她父亲那里去为他美言。结果，在女儿要求下，德·莫尔侯爵任命于连为骠骑兵中尉，还设法为他取得了贵族称号。然而，当于连正要和玛特尔结婚时，德·莫尔侯爵收到一封匿名信，揭露于连在德·瑞那市长家里的行径。信是德·瑞那夫人听到于连要结婚的风声后写的。于连得知此事，知道一切都完了，一怒之下去找德·瑞那夫人，并拔枪打伤了德·瑞那夫人。于是，他被捕。在法庭审判他时，他为自己辩护，称一切都源于出身下层的年轻人没有正当出路。然而，法庭仍以谋杀罪判处他死刑。德·瑞那夫人得知他被判死刑，很内疚，前来探监，但两人见面，其实已无话可说。最后，于连被斩首。此时，玛特尔仍爱着他。她买通行刑人，得到他的头颅，并隆重地安葬。德·瑞那夫人则在三天后，因悲伤过度而离开了人世。

司汤达和《红与黑》①

[英] W.S.毛姆

一

　　我想,要在有限的篇幅里恰当而清晰地讲述亨利·贝尔(他以笔名司汤达而出名)的一生,是不可能的。要讲述他的一生,需要写一本书,而且为了使人理解,还必须深入探究他那个时代的社会和政治状况。好在这样的书已经有人写了。如果《红与黑》的读者对司汤达本人很感兴趣,而且想要知道比我在这有限的篇幅里所能说的更多的情况,那他最好去读一下马修·约瑟夫森先生最近出版的那本材料翔实、文笔生动的传记,它的书名是《司汤达:对幸福的追求》。既然如此,我在这里只需稍微介绍一点司汤达的生平就可以了。

　　司汤达于一七八三年出生在格勒诺布尔②,父亲是一个颇有地位也颇有钱财的经纪人,母亲是当地一位名医的女儿;不过,司汤达七岁时,她就死了。一七八九年,法国大革命爆发。一七九二年,路易十六和玛丽·安托内万特③被送上断头台。司汤达曾详细描述过自己的童年和少年生活,对此我们有必要予以了解,因为就在那一时期,他形成了某些影响他一生的偏见。在他所爱的母亲——用他自己的话说,他是怀着情人般的爱去爱她的——去世后,他就由父亲和姨妈照管。他的父亲是个严肃而拘谨的人;姨妈则既严厉又虔诚。他很讨厌他们。

---

① 本文选自毛姆散文集《十大长篇及其作者》,题目系原书所有。本文要点:(1)司汤达从小就对他父亲抱有成见,但在生活和前途方面都要依靠父亲;(2)司汤达喜欢女人,但又不善于和女人交际,甚至还有一些古怪的想法;(3)司汤达始终是个"业余作家",从未靠写作谋生,而他写的书,生前也不被人看好;(4)他的名声,是在他去世多年后由评论界确立起来的;(5)司汤达小说中的主人公,往往就是他自己,而《红与黑》中的于连,则是他想成为而成为不了的那种人——这部小说尽管有缺陷,但仍是一部杰出的小说。
② 格勒诺布尔,法国东南部城市,伊泽尔省首府。
③ 路易十六和玛丽·安托内万特,当时的法国国王和王后。

他们属于中产阶级,却一心想成为贵族,后来大革命使他们的希望落空。司汤达说他的童年很不幸,但从他自己的描述的情形来看,好像并没有多少事情值得抱怨。他聪明、好辩,是个很难管教的孩子。在格勒诺布尔实行恐怖统治①时,他的父亲被列入可疑分子名单,他自己把这归咎于一个叫亚马的律师,因为他想抢走他的主顾。"但是,"他聪明伶俐的儿子却说,"就算是亚马使你列入了反对共和国的可疑分子名单,可你确实是反对共和国的。"这当然是实话,但是一个有掉脑袋危险的中年人从自己的独生儿子嘴里听到这样的话,肯定是不会高兴的。司汤达说他父亲是个叫人厌恶的小气鬼,但是当他需要的时候,却似乎总能从父亲手里弄到钱。父亲禁止他读某些书,但他还是有办法读到。这大概是从世上有了书籍以后,许许多多孩子都曾遇到过的事情。他还抱怨父亲不允许他和其他孩子一起玩,但是他有两个姐姐,还有和他一起听课的其他男孩(他们都是一个耶稣会教师的学生),想来也不会像他所说的那样孤独。事实上,他的童年生活和当时许多富有的中产阶级家庭的孩子并没有什么两样。像所有的孩子一样,他把一般的家庭约束看作是专制,只要有人逼他去读书,只要有人不允许他想做什么就做什么,他就认为自己受到了不寻常的虐待。

虽然他的童年和大多数孩子一样,但有一点他和大多数孩子不一样,那就是大多数孩子长大后会忘记自己曾受到的管制,司汤达却直到五十三岁还对此耿耿于怀。因为憎恨那个耶稣会教师,他成了一个激烈的反教权主义者,到死都不相信教会中会有一个人是真诚的。因为他父亲和姨妈都是保皇派,他就热烈地拥护共和派。但是,在他十一岁时,他有一天从家里溜出去参加一个革命者的集会,却意外地受到了震动。他发现无产者不仅衣衫褴褛、浑身臭气,而且粗俗不堪、满嘴脏话。"总之,我那时就像我现在一样,"他后来写道,"热爱民众,憎恶压迫他们的人,但是如果要我和民众生活在一起,那我觉得简直是一种不堪忍受的折磨……我过去——现在也依然——有许多贵族倾向;为了民众的幸福,我可以做任何事情,但我得承认,我宁愿每月在监狱里蹲两个星期,也不愿去和那些小店主一起生活。"司汤达的这些话很有意思,很容易使人联想到那种经常出现在豪华客厅里的、脸色红润的年轻叛逆者。

司汤达十六岁时才首次去巴黎。在那里,他父亲把他介绍给一个亲戚——达鲁先生,他有两个儿子在国防部任职。长子彼埃尔主管一个司,他不久就让他

---

① 法国大革命爆发后,掌权的共和党人用铁腕手段镇压保皇党人,被称为"恐怖统治"。

的表弟司汤达担任他的秘书。拿破仑发动第二次意大利战争时,达鲁兄弟便跟随他去了意大利,司汤达很快也到了米兰和他们会合。他在秘书处干了几个月后,彼埃尔要派他到一个龙骑兵团里去。可是,他喜欢米兰的快乐生活,不想到那个团里去。他趁彼埃尔不在米兰时,就去巴结一个叫米歇尔的将军,并当上了他的副官。彼埃尔回来后,下命令要他到那个团里去,但他找各种各样借口拖延了六个月,后来当他不得不动身时,发现自己实在厌恶到那里去,就干脆以身体有病为借口,放弃了那个职位。他其实连战场也没上过,但这并不妨碍他后来在各种场合吹嘘自己在战场上如何勇敢。一八〇四年,他为了得到某个职位,还真的写了一份证明书(由米歇尔将军签字),证明他在历次战斗中曾立下过许多赫赫战功。

二

他回到巴黎,靠父亲提供的一小笔只够日常开销的津贴维持生活。他想达到两个目标,其一是要成为出色的戏剧诗人。为此他大量研读剧本,还几乎每天都去剧院看戏,并在日记里记下自己的观感。人们后来发现,他在日记里反复谈到的是如何把他看过的戏改写成他自己的剧本。看来,他既缺乏构思剧情的才能,也肯定不是诗人。他的另一个目标是要成为伟大的情人,但在这方面,老天爷并没有给他很好的条件;他身材矮胖,其貌不扬,上身圆鼓鼓的,两腿粗而短,一颗大脑袋上长着一头黑发;嘴唇不厚,鼻子却过于肥大;不过,他的一双褐色眼睛炯炯有神,手和脚也不大,尤其是皮肤,像女人一样细嫩。为了显得有风度,他经常带着一把佩剑,摆出一副神气的样子,其实他是很怕羞的。经他的表兄马歇尔·达鲁——即彼埃尔的弟弟——介绍,他得以经常出入一些贵妇人的沙龙。这些贵妇人的丈夫都是趁大革命之机发了财的暴发户。可惜的是,他说话结结巴巴,很不善于交际。他虽然能想出不少妙语,却没有勇气说出来。这使他往往显得很尴尬,而他对自己的外省口音又觉得很恼火。也许就是为了矫正口音,他进了一所戏剧学校。在那里,他认识了一个叫美拉妮·居利贝尔的女演员。这个女演员比他大两三岁,但他经过一段时间的考虑,还是和她相爱了。之所以要考虑一段时间,一方面是因为他吃不准她是否真的爱他,另一方面是因为他怀疑她有花柳病。打消了这两方面的顾虑后,他和她一起去了马赛。她到那儿去是为了履行一份演出合同,而在这几个月的时间里,他就在一家杂货批发铺里做临时工。但是,他最后发现,她无论在气质上还是在智力上都不是他想要的那种女人,所以当她后来因为缺钱而不得不返回巴黎时,他求之不得地放她走了。

我没有篇幅来详谈他的多次恋爱事件,只能说两三件事,以期有助于你了解他的性格。他是有情欲的,但并不强烈;实际上,在他后期写给一个情妇的那些相当色情的信被发现之前,人们还一直怀疑他是个性冷漠的人。他的情欲是很理智的,也就是说,他寻找女人多半是为了满足虚荣心,而非完全出于性的需要。他虽然喜欢高谈阔论,但没有迹象表明他善于向女人献殷勤。他自己就曾坦率地承认,他的大多数恋爱是不幸的。原因很简单,他太优柔寡断。为此,他在意大利时还请教过一个同僚,问他怎样才能赢得女人的欢心,并一本正经地记下了他的忠告。他刻板地去讨女人的欢心,就像他当初写剧本一样按部就班,而当她们觉得他滑稽可笑时,他感到十分沮丧。他总是弄不明白,为什么她们老是认为他没有诚意。确实,他尽管聪明过人,却偏偏不知道女人只能理解感情的语言,任何理智的语言都会使她们退避三舍。他错误地以为,要赢得女人的欢心就要有策略和计谋,殊不知那只能靠感情才能赢得。

和美拉妮·居利贝尔分手后又过了几个月,司汤达也回到了巴黎。他靠表兄彼埃尔·达鲁的关系在军粮部谋到一个职位,并被派往布伦斯威克。这时他已放弃成为杰出剧作家的理想,决定开始仕途生涯。他以帝国的贵族和荣誉军团的骑士自居,一心想当上薪俸优厚的省长。他虽然热烈拥护共和派,还把拿破仑称帝看作是对自由法兰西的蹂躏,却又写信给父亲,要他为自己买一个爵衔。他还在自己的姓氏前加上贵族专用的"德",自称亨利·德·贝尔。他是个有头脑、有能力的官员;一八一〇年他得到提升,奉命回巴黎在残废军人宫任职。他获得两匹马和一辆双轮轻便马车,还有一个车夫和一个男仆。他随即找了歌剧院合唱队的一个女演员和他同居,但他并不满足;他觉得还应该有一个能真正为他所爱的情妇,一个有显赫身份因而会给他增添荣誉的情妇。他认定彼埃尔·达鲁的妻子亚历珊德拉·达鲁是最合适的人选,因为彼埃尔·达鲁现在已是伯爵,他的妻子就是伯爵夫人;再说,尽管她已有四个孩子,却比丈夫年轻许多,依然美貌动人。没有迹象表明他当时考虑过表兄达鲁对他的友善和长期的照顾,也没有迹象表明他考虑过勾引表兄的妻子是既不策略又不体面的,因为他只考虑自己的发迹和荣耀。他从来就没有想过,世上还有感恩这样一种美德。

于是,他拿出他在爱情方面的全套谋略发动进攻,但是他那倒霉的犹豫不决的性格始终妨碍着他。他时而活跃,时而忧伤,时而轻佻,时而冷静,时而激昂,时而淡漠;但无论怎样似乎都无济于事,他不知道女主人到底爱不爱他。他甚至怀疑她在背后嘲笑他忸怩作态,为此他觉得很羞辱。最后,他找一个老朋友诉说自己的苦恼,并请教他有何良策。他们一起商量这件事。由他的朋友提问,他回答,然后他的朋友把问答内容都记下来。下面的一问一答是马修·约瑟夫森写司汤达传时引用过的:

勾引 B 太太(他们用"B 太太"来称呼达鲁夫人)有什么好处?……好处如下:

勾引者的欲望将能得到发泄;他还能从中获利;他能进一步从事对人类情感的研究;他将满足自身的荣誉感。

司汤达还在那份问答记录上加了一条注释:

最好的建议。进攻!进攻!进攻!

这是个好主意,但是如果没法克服自己的羞怯心理,那也是很难行之有效的。几个星期后,他应邀去柏希维勒村达鲁的乡间庄园做客。临行前一天他彻夜未眠。第二天一早,他下定决心要实施最后的进攻计划。他穿上一条最好的条纹裤去了。达鲁夫人对他的裤子称赞了一番。他们两人在花园里散步,后面跟着达鲁夫人的一个朋友以及她的母亲和孩子们,大约离他们有二十米远。他们来回散着步,他浑身紧张,就是下不了决心。最后,他暗暗选定前面的一个地方,并把它称作 A,把自己正站着的地方称作 B,心里发誓,要是他们走到 A 的时候他还没有说出来,他就要自杀。他终于说了,一边说一边还抓住她的手臂想亲吻她的手。他对她说,他爱她已爱了整整十八个月,只是尽了最大努力没有说出来,甚至想从此不再见她,但实在忍受不了这爱的痛苦。对此,她却回答说——当然态度很友善——她对他的感情仅限于友谊,没有更进一步的感情,再说她不想对丈夫不忠。说完,她就转身招呼后面那些人来和他们一起散步。就这样,他的柏希维勒战役以失败而告终。他的感情深受伤害,但受伤害更深的却是他的虚荣心。

两个月后,依然沉浸在痛苦中的司汤达申请去米兰度假。他当初第一次去意大利时就特别喜欢米兰这座城市,因为在十年前,他在那儿迷上过一个叫吉娜·皮特拉鲁阿的女人,他的一个同僚的情妇。但那时他是个钱袋空空的副官,她几乎没有注意到他。他想,这次到米兰一定要去拜访她。她的父亲是开店铺的,她年纪很轻时父亲就把她嫁给了一个小公务员。现在她已三十四岁,儿子也有十六岁。他见到了她,发现她依然是一个"高大而美丽的女人,眼睛、表情、眉毛和鼻子依然显露出一种高雅的气质。我觉得她(他补充说)比以前更聪明,更高贵,只是那种娇艳十足的风姿不见了"。她的丈夫薪水微薄,但她却在米兰有一套房子,在乡间有一幢别墅,有仆人,在斯卡拉剧院订有包厢,还有一辆四轮马车。她确实是够聪明的。

司汤达心里明白,自己长得很难看,于是就决定用时髦而漂亮的服饰来加以弥补。他本来就是胖鼓鼓的,现在由于生活优裕,变得更加肥胖了;但他口袋里有钱,有漂亮的服饰支撑着他。他觉得,他现在已不再是个穷巴巴的龙骑兵了,要把那高贵的夫人弄到手,理应是有把握的。他于是决定在米兰逗留期间要让她成为他的情妇,但是她却不像他预料的那样顺从。他不得不大费一番周折,直到他将离开米兰去罗马之际,她才同意让他在一天的上午到她家里去。可以想象,他那天是怎样苦苦求爱的,而就在那天的日记里,他写道:

九月二十一日十一点半,我终于赢得盼望已久的胜利。

他还把那天的日期写在她的吊袜带上。和他当初向达鲁夫人求爱时一样,他那天也穿着条纹裤。

一八一二年,司汤达费了很大工夫才说服达鲁伯爵,把他从巴黎的那个闲职上调离,并给了他军粮部的现役军职。他随拿破仑的大军一起参加了远征俄国的灾难性战争。在从莫斯科撤退的途中,他表现得很沉着,很能干,也很勇敢。一八一四年,拿破仑退位,他的仕途生涯也就到此结束。据他自己说,他当时拒绝了好几个重要职务,说他宁愿流放也不愿为波旁王朝①效劳;但事实并非如此;他不仅宣誓效忠波旁王朝,还千方百计想到政府机构任职。只是这些努力没有成功,他才不得不去了米兰。他仍然有足够的钱住一套舒适的公寓,随意去歌剧院看看歌剧;但是他已失去以前的官位、声望和大笔大笔的钱。吉娜对他冷淡了。她对他说,她丈夫得知他又到了米兰之后一直妒性大发,她的其他爱慕者也

---

① 拿破仑退位后,被推翻的波旁王朝复辟,大革命暂告失败。

都对她疑心重重。她请求他,为了她的名誉离开米兰。他清楚地知道,她是想和他分手,但是她越是想分手,他却越是热情高涨。为了重新得到她的爱,他终于想出了一个办法:他筹集了三千法郎,并把这笔钱给了她。她这才同意和他一起去威尼斯,不过要她的母亲、儿子以及一个中年银行职员和他们同行。在威尼斯,她还坚持要司汤达住到另一家旅馆里去,说是要顾全一点面子,而使他更为恼火的是,尽管他一再表示讨厌,那个银行职员却老是跟着他们。他真是不明白,那家伙有什么权利跟着他们。下面的话摘自他当时的日记,是用英语写的:

她摆出一副样子,好像她到威尼斯来是给了我天大的面子。我真是愚蠢透了,用三千法郎来作这样的旅行。

但是十天以后,他却写道:

我得到了她……不过她还和我谈到了经济上的安排。那是在昨天上午,绝不可能是错觉。政治把我的情欲都搞光了,我的精液一定都被抽到脑子里去了。

一八一五年六月十六日,拿破仑在滑铁卢战败。这年秋天,司汤达和吉娜一行回到米兰。司汤达住在偏僻的郊区,这是吉娜的安排。他若想和她幽会,就得在深夜里换几次马车,在无人跟踪的情况下到她的住所,然后由一个侍女把他带进她的房间。但是不久之后,那个侍女可能是和女主人吵了架,也可能是被司汤达收买了,反正她向司汤达说明了事实真相,使司汤达大为恼怒。原来吉娜的丈夫根本没有妒忌,吉娜之所以要搞得那么神秘兮兮,只是为了防止司汤达遇到她的其他情人,说得准确一点,是遇到她的情人中的某一个,因为她有许多情人。那个侍女还让司汤达自己去证实她说的是真话:第二天,她就把他藏在紧挨着吉娜房间的一个壁橱里,他就在那里"透过一个钥匙孔,亲眼看见了她对他的背叛行为,就在离他只有三英尺的地方"。"你是不是以为,"司汤达后来说,"我会冲出壁橱,用匕首捅死那对男女?不,没有这回事……我只是像我进去时一样悄悄地溜出了壁橱,只想到这样的历险实在可笑。我嘲笑自己,鄙视那位夫人,但也为我能重新获得自由而觉得欣慰。"

三

一八二一年,司汤达由于和一些意大利爱国者①有联系而被奥匈帝国的警察当局逐出米兰。他到了巴黎,而且在以后的九年间大部分时间都住在那里。在这期间他又有过一两次乏味的恋爱。他时常在一些清谈家的沙龙里消磨时光。他不再笨嘴笨舌,而是变得既机敏又刻薄,特别喜欢和八个或者十个人一起高谈阔论。他像许多健谈者一样,喜欢垄断谈话,喜欢自说自话,对意见不合的人,就毫不掩饰表示轻蔑。为了语出惊人,他多少有点放肆,常会说些淫秽和亵渎的话,有些不喜欢他的人说,他为了取悦和刺激听他说话的人,还常常滥用幽默。接着便发生了一八三〇年革命②,查理十世流亡国外,路易·菲利普登上王位。这时,司汤达已经把父亲留给他的那点微薄的财产差不多全花光了,于是他又恢复了原先的志向,要当一个伟大的作家,然而他在文学上作出的努力既没有给他带来钱财,也没有给他带来名声。他的《论爱情》一书于一八二二年出版,十一年里只卖掉十七本。他曾想到政府部门谋个职位,但没有如愿。后来,随着政治形势的变化,他获得了到意大利的里雅斯特当领事的机会;但是由于他同情自由派,奥匈帝国拒绝他为领事。于是,他又被转派到教皇治下的奇维塔韦基亚城当领事。

领事工作相当轻松,他一有时间就外出旅行。他是个不知疲倦的旅游者。他在罗马找到不少知心朋友。对奇维塔韦基亚城,他反而觉得讨厌,因为他在那里孤身一人。在他五十一岁那年,他向一个年轻姑娘求婚。那个年轻姑娘的母亲是他的洗衣妇,父亲是受雇于领事馆的一个圣芳济派的修道士。然而,使他感到意外和屈辱的是,他的求婚竟被拒绝了。一八三六年,他说服外交大臣让别人来临时代理他的领事职务,他自己则到巴黎去任职三年。这时,他已是个肥胖的老人,脸很红,留着一把染过色的大胡子,头发也全脱光了,不得不戴上一顶紫褐色的大假发。他衣着仍然很时髦,就像他年轻时一样,不过对他外套和裤子式样人们总是议论纷纷,常使他很难堪。他仍然到处求爱,但几乎每次都被拒绝;他仍然去参加宴会,说起话来仍然那样滔滔不绝。最后,外交部责成他返回奇维塔

---

① "意大利爱国者"即指谋求意大利独立的革命党人,当时意大利受奥匈帝国统治。
② 一八三〇年"七月革命",复辟的波旁王朝被推翻,路易·菲利普登上王位,称为"七月王朝"。

韦基亚城续职,两年后,他在那里中风。恢复健康后,他要求休假,到日内瓦去求教一位著名医生。他从日内瓦到了巴黎,仍然像以前那样生活。一八四二年三月的一天,他出席了外交大臣的一个大型官方宴会。那天晚上,他沿着林荫道散步回住所,在路上再次中风。被送回住所后的第二天,他便去世了。

四

对于上述不加掩饰的事实,我们只要稍加思考就不难发现,由于司汤达一生都很动荡,他肯定拥有比其他作家都要丰富的人生经验。确实,他生活在一个社会和个人都发生巨大变化的历史时期,因而能获取广泛的人性知识,但他也只能在其个性所容的范围内获取,因为目光再敏锐的观察者,在观察同时代人时也要受自身个性的限制。他有许多局限,这是肯定的。当然,他有他的特点:他很机敏,容易动感情,有点怯懦,但富有天资,工作勤奋,而且具有卓越的创造力。他还是个很好相处的人。但是,他的性格缺陷也很严重:他抱有荒谬的偏见,而且常常想入非非;他很多疑(因而也容易受骗),也很褊狭、苛刻,但又极不谨慎,往往很自负,甚至极度虚荣;他耽于肉欲而且趣味粗俗,行为放荡却又缺乏激情。然而,我们之所以知道他有这些缺陷,又都是他自己告诉我们的。他不是职业作家,甚至连文人都算不上,但他不停地写,而且几乎一直在写他自己。他长年记日记,因而留下了大量的生活片段,而他记日记显然不是为了出版。他在五十多岁时写了一部自传(有五百页),但只写到他十七岁就不再往下写了。这部自传尽管到他去世时仍未改定,却是准备出版的。在那里,他往往自我拔高,还编造了许多他其实并未做过的事情,但整体上说,他还算诚实。他写到了许多细节,不少地方一再重复,冗长而沉闷,读起来味同嚼蜡,但我想,无论谁读完这部自传后都应该这样自问:如果要我像他一样率直地暴露自我,我能写得更好一点吗?

他去世时只有两家巴黎的报纸作了报道,看起来他是很快就会被人彻底遗忘的。好在他生前的两个老朋友努力促使一家大出版社出版了他的主要作品,否则的话,他很可能已经被人遗忘了。然而,尽管当时有影响的批评家圣·伯甫专门为他写了两篇评论,公众却仍然对他不感兴趣。直到后来,在下一代人中间,他的作品才得到广泛阅读。他自己从不怀疑他的作品是会流芳百世的,但他预计要到一八八〇年甚至一九九〇年,人们才会对他的作品作出应有的评价。凡被同时代人忽视的作家,大多是这样来自我安慰的,都说后人会承认他们的成就。遗憾的是,如果真有这样的事,那也是极为罕见的。后人都很忙,而且粗心大意,他们即便想关心过去的文学,也往往只关心那些当初就已取得成功的作品。只有极小的可能,一个默默无闻的已故作家才会被人重新发现。对司汤达来说,他的幸运来自一位教授。那位教授其实并不出名,关于他的情形,人们除了知道他在法国高等师范学校讲课时曾热情赞扬过司汤达的作品,其他便一无所知了。凑巧的是,当初听课的学生中有一些聪明的年轻人——他们日后都出了大名——他们听那位教授如此赞扬司汤达,就去读他的作品了,结果发现他的作品中有许多东西和他们自己的想法不谋而合,于是就成了他的狂热的崇拜者。这些年轻人中最有才华的是希普里特·泰纳,多年后当他成为一个有影响的著名理论家时,他著文盛赞司汤达,称他为古今最伟大的心理学家。自那以来,人们便写了大量评论他的文章,甚至到了今天,他被普遍认为是十九世纪法国三大小说家之一。

他的名声主要来自《论爱情》和两部长篇小说,其中《巴玛修道院》或许更有可读性,人物形象也富有魅力,尤其是对滑铁卢战役的那段描写,可谓脍炙人口。但是,《红与黑》却更加激动人心,更有独创性,也更具深刻意义。正是由于这部小说,左拉①称司汤达为自然主义之父,而布尔热②和安德烈·纪德③则(不正确地)称他为心理小说的创始人。《红与黑》确实是一本令人惊叹的书。

五

司汤达对自己比对别人更感兴趣,他的小说中的主人公往往就是他自己。《红与黑》中的于连,就是司汤达很想、然而又无法成为的那种人。他让于连具有吸引女性的魅力,女人一见他就会神魂颠倒,这正是他自己一直热衷想做而又做不到的事情。他让他一次次赢得女人的爱情,所用的正是那些他为自己设计、结果却总是失败的办法。他还说他是个口若悬河的健谈者,不过他很明智地从不具体写到他是如何健谈的,只是断定他有这种才华。他把自己的记性、勇气、羞怯、自卑、野心、敏感、心计、多疑、虚荣、易怒等性格特点,以及肆行无忌和不知感恩的行为特征,全都给了于连。我觉得,从来没有哪个作家会像司汤达这样,在

---

① 左拉,19世纪末、20世纪初法国小说家、自然主义倡导者。
② 布尔热,19世纪末、20世纪初法国小说家。
③ 安德烈·纪德,19世纪末、20世纪初法国作家。

把自己的性格赋予人物的同时又描绘出这样一幅可憎、可鄙、可恶的人物肖像。

有一点很奇怪,那就是除了滑铁卢战役(他其实并未参加),司汤达好像从不采用他为拿破仑效劳时的生活经验作为小说题材。人们本以为,他至少是那些历史事件的目击者,是完全可以从中提炼出某些重要主题来的。为什么他不这样做呢?我们记起来了,当初他想写剧本时也是从自己看过的戏里面去寻找题材的;看来,司汤达生来就没有虚构故事的才能。《红与黑》里的故事情节,就是他从当时引起全社会轰动的一个刑事案件的有关报道中获取的。我在评论小说时一般都不谈小说的故事来源,不过关于这部小说,我想还是有必要简单介绍一下这方面的情况。司汤达借用的是这样一个案件:一个名叫安东尼·伯尔岱的神学院学生,先是在一个叫 M. 米舒的人家里当家庭教师,后来又到另一个叫 M. 德·高尔东的人家里当牧师。在米舒家里,他企图勾引或者说确实勾引了米舒太太,而在高尔东家里,他又勾引了高尔东的女儿。为此他被主人辞退。他想回神学院,可是他名声太坏,没有一所神学院愿意接受他。他走投无路,就把怨恨发泄在米舒一家人身上,到教堂去向在那里做礼拜的米舒太太开了枪,然后自杀。但他的伤势并不致命,于是受到审判;在法庭上他还想把罪责推到不幸的米舒太太身上,以此为自己开脱,但最后还是被判处死刑。

就是这个既丑恶又卑劣的刑事犯吸引了司汤达;在他看来,伯尔岱的所作所为是一种"美好的罪恶",是一个具有反叛个性的人对社会所作的反抗。于是,他在小说中把那些受害者的身份拔高,以此使事件具有更重要的社会意义,同时他又把主人公于连写得比现实案件中的那个恶棍伯尔岱更聪明,更有个性,也更有勇气。当然,这个故事仍然是令人厌恶的,于连也仍然是个卑劣的家伙;但是,在司汤达笔下,他却显得非常生动,整部小说也富有深刻的含义。于连,一个出身于贫苦家庭的孩子,对那些出身于特权阶层的人充满嫉恨——他是个在各个时代都具有典型意义的人物。如果我们想对他有一个最初印象的话,那就只要看看司汤达对他的描写就行了:

> 他是一个十八岁到十九岁的少年,表面看来,文弱、清秀、面貌不同寻常。他的鼻子好像鹰嘴,两眼又大又黑。在宁静的时候,眼中射出火一般的光辉,又好像熟思和探寻的样子,但是在一转瞬间,他的眼睛又流露出可怕的仇恨的表情。他的头发是深栗色的,垂得很低,只看得见一点儿额头,在他生气的时候,更显得他有的是坏性情。……他那细长匀称的身材使人感

到的，与其说是活力，不如说是轻盈。

这不是一幅优美的画像，却是一幅出色的画像，因为它一开始就使读者对这个人物没有好感。小说家一般总希望读者能同情小说主人公，但司汤达由于是选择了一个恶棍作为小说主人公，就不得不从一开始起就留神，不能让读者过分同情他。另一方面，他又必须使读者对人物感兴趣，所以又不能让读者过分厌恶他。因此，他就不厌其烦地详细描写于连的漂亮的眼睛、优雅的身材和精巧的双手，以此作为对刚才那一番描写的补充。他时不时地告诉读者，于连确实长得很漂亮，但他也从不忘记提醒读者注意到于连周围的人对他的反感，注意到所有的人——除了那些从未相信过他的人——其实对他都很怀疑。

德·瑞那夫人，即于连所教的那几个孩子的母亲，则是一幅最难描绘的、优雅的性格画像。她是个好妻子、好母亲、好女人，她很迷人、有德行、为人真挚；小说中写到她对于连如何产生爱情，这爱情如何加强，她又如何感到恐惧和犹豫，以及她的爱情是如何变成炽热的激情的，所有这些描写都非常出色。她是小说中最动人的形象之一。出身高贵的玛蒂尔德·德·拉·莫勒却写得不可信。司汤达从来就没有对上流社会有过深入的了解，他并不知道受过良好教育的人会有怎样的行为举止。以为出身高贵的人总要摆出一副高贵的样子，那只是暴发户的理解。司汤达把德·拉·莫勒小姐的傲慢当作贵族气派来写，实在是粗俗不堪。她的许多行为都写得不合情理。

司汤达很讨厌那种由夏多布里昂①使之风行、后来又由数以百计的次等作家拼命加以模仿的华而不实的风格②。他只是尽可能朴素、准确地写下他非说不可的话，没有虚饰，没有华丽的辞藻，也没有那些形式化的赘语。他说(也许并不十分真实)，他每次动笔写作前都要读一页罗马法典，以此保持用语的纯正。他从不跟随当时的流行写法，矫揉造作地描写风景和其他装饰物。他出色地运用一种冷静、明晰、节制的文体来增强故事的感染力，使之更加引人入胜。我觉得，于连在德·瑞那家里和在神学院里的那些章节写得好得不可能再好了；不过，当场景改换成巴黎和德·拉·莫勒府邸时，我觉得，好像写得有点不可信。他要我接受那些不真实的描写，同时要我相信那些空洞无物的情节，而且超过了我所能

---

① 夏多布里昂，19世纪法国早期浪漫派作家。
② 即浪漫主义风格。

容忍的程度。司汤达虽以现实主义风格著称,但不管怎样,他毕竟不可能完全不受时代潮流的影响。当时浪漫主义还方兴未艾。司汤达尽管有纯正的鉴赏力,对十八世纪的写实文学也很欣赏,但还是受到了浪漫主义的影响。他很赞赏意大利文艺复兴时期的那种无视道德的人,他们为了实现自己的野心和满足自己的欲望,或者为了荣誉和复仇,可以无所不用其极,即使为此犯罪也在所不惜。他崇尚他们所谓的坚强意志,崇尚他们对习俗的蔑视和对灵魂自由的追求,而正是这种对传统浪漫倾向的崇尚,使《红与黑》的后半部写得有点荒诞不经。

  正当于连使用伪装、欺骗和自我克制等手段将要实现他蓄谋已久的野心时,司汤达却犯了一个错误,一个大大的错误(我只能这么说)。他在前面告诉我们,于连是绝顶聪明和极端狡猾的,而到了后面,他为了使德·莫勒侯爵同意于连娶他的女儿,竟然让于连到德·瑞那夫人那里去求取品行鉴定书。这可能吗?因为于连完全应该知道,德·瑞那夫人曾受到过他的伤害,很可能很恨他,因而她除了泄恨是不会为他做任何事的;当然,也可能她仍然爱着他,但这样的话,她就更加不会帮助他去和另一个女人结婚了。我们知道,德·瑞那夫人是个诚实的女人。于连也应该想到,她完全有可能如实地揭露他的种种丑行。实际上,她正是这样做的。她写了一封信,坦率地讲出了他的真实情况。他呢,既没有否认,也没有自我辩解(比如,说那完全是一个因被弃而愤怒的女人编造的),而是拿着手枪赶到她的住地,并向她开了枪。对此,司汤达没有作任何解释,所以我们只能把它理解为是于连的一时冲动。我们知道司汤达是很赞赏感情冲动的——他认为这是激情的表现——这没错;但问题是,我们从小说一开始就看到,于连的性格力量恰恰在于他有极强的自我克制能力。各种各样的感情如妒忌、仇恨、骄傲和虚荣,尽管他都有,但从来就没有支配过他,就连情欲——这种最强烈的感情——也从未胜过他一心想实现野心的阴谋。然而,在小说的紧要关头,于连却做出了一件使小说致命的事情;他的举动完全背离了他的性格。

  司汤达是紧跟安东尼·伯尔岱的案情来构思《红与黑》的,毫无疑问他是一跟到底了。但是,他却没有注意到:第一,他已经把于连写成了一个和原型伯尔岱完全不同的人;第二,伯尔岱是认为米舒太太毁了他的前程,这才满怀怨恨地朝她开了枪,而于连对德·瑞那夫人是不应该有这种怨恨的。如果说,德·瑞那夫人确实使他实现其勃勃野心的希望落了空,那也只能怪他自己的愚蠢举动,而按他的性格,这样愚蠢的举动原本是不可能做的;因为他完全可以用自己拿手的方法加以应付,根本就没有必要造成这样一种简直令人费解的错误后果的。然而,事实是,司汤达好像没有这方面的创造才能,他无法为这部小说设计出一个能使读者比较信服的结尾。

不过,话得说回来,世上毕竟没有一部小说是十全十美的,因为除小说家都有缺陷外,小说这一体裁本身也有缺陷。所以,不管怎么说,《红与黑》仍是一部非常出色的小说,你不妨一读,相信它一定会给你一种独特的享受。

刘文荣　译

8
《高老头》

简介：

【法文名】*Le Père Goriot*
【作　者】［法］奥纳瑞·德·巴尔扎克（Honoré de Balzac 1799—1850）
【年　代】19世纪。
【体　裁】长篇小说。
【主　题】虚荣与溺爱者，终将自食苦果。
【人　物】主要有：高里奥老头、拉斯蒂涅、阿娜斯塔齐、妲菲纳。
【情　节】主要是：在巴黎简陋的伏盖公寓，住着一群穷房客，其中有个高里奥老头，昔日的工厂主；还有一个来自外省的穷学生，名叫拉斯蒂涅。高里奥老头其实不是穷人，他曾在外省拥有一家面粉厂，但他很虚荣，一心想巴结贵族，并以与贵族沾亲带故为荣。所以，他设法让他的两个女儿都嫁给了巴黎的贵族。但由于妻子早亡，他溺爱女儿，于是就变卖了所有家产，跟着女儿搬到巴黎来住。然而他又觉得自己不配住在女儿家里，所以就住进了这个简陋的伏盖公寓，为的是省点钱。拉斯蒂涅则是个想出人头地的年轻人，因在巴黎有个远房姑妈，于是便到巴黎来闯荡。他也一心想结交贵族，以期混入上流社会。高里奥老头见此，似遇知己，便很自豪地把拉斯蒂涅介绍给了他的两个女儿——大女儿阿娜斯塔齐，罗斯托伯爵夫人；小女儿妲菲纳，纽沁根男爵夫人。为了巴结这两个贵夫人，拉斯蒂涅先后做了她们的情人。然而他在和她们厮混的过程中却发现，她们其实很穷——大女儿阿娜斯塔齐的丈夫罗斯托伯爵是个破落贵族，根本没钱；小女儿妲菲纳的丈夫纽沁根男爵是个银行家，很有钱，但是个吝啬鬼，几乎一文钱也不会落到妻子手——但她们又要摆贵族排场，于是就不得不一次次到高里奥老头这儿来要钱，而高里奥老头出于对她们的溺爱，也一次次地满足她们。就这样，高里奥老头的钱渐渐被两个女儿榨干了。从此，就再也不见两个女儿来看望父亲。高里奥老头仍满怀希望等着女儿出现，但等来的却是旧病复发。他躺在床上，仍指望女儿会来看他，但她们迟迟没来。他病情危重，快要死了，拉斯蒂涅去通知她们，她们都说有事，抽不出空。没过几天，高里奥老头死了，两个女儿还是没来，而他又一文钱没留下，怎么安葬他呢？最后，还是拉斯蒂涅和他的同学凑了点钱，把可怜的高里奥老头安葬在一个最便宜的公墓里。

巴尔扎克与《高老头》①

[英] W.S.毛姆

一

在所有为世界增添精神财富的伟大小说家中,我觉得最伟大的是巴尔扎克。他是个天才。有些作家是靠一两本书出名的,这或许是因为在他们的作品中有那么几本被证明具有持久的价值,或许是因为有那么几本书表现出了他们那种来自独特经历或者乖僻性格的灵感;但是,他们很快就智穷才尽了,即便再有作品,也是重复而已。伟大作家的特点就是作品丰富,而巴尔扎克的作品真可谓丰富得惊人。他表现了整整一个时代的生活,而他描写的领域则像他的祖国一样广阔。他具有极为渊博的人性知识,只有在少数几个方面才稍有欠缺,譬如他对贵族社会、城市工人和农民的了解,就不如对中产阶级如医生、律师、职员、记者、店主和乡村牧师来得熟悉。和所有小说家一样,他与其说善于表现德行,不如说更善于表现罪恶。他有精确细致的观察力,也有非同寻常的创造力。他创造的人物,其数量之多就令人惊叹。

不过,我可以肯定,他并不是一个很有趣的人。他的性格并不复杂,既没有令人困惑的矛盾,也没有难言的微妙之处。事实上,他是个极其单纯的人。我甚

---

① 本文选自毛姆散文集《十大长篇及其作者》,题目系原书所有。本文要点:(1)巴尔扎克是最伟大的小说家,他的小说"表现了整整一个时代的生活";(2)但是,巴尔扎克并不是正人君子,年轻时就有一桩令人尴尬的风流韵事;(3)他总想发家,曾去经商,结果是欠了一大笔债;(4)他还很自私,即使对母亲也不例外;(5)他不仅向往金钱,也向往女人,尤其是上流社会的女人,所以他接二连三地在上流社会寻找情妇,以此满足他的虚荣心;(6)他虽有好几个私生子,却一直未结婚,直到51岁时,才与他十几年前就结识的一个情妇结了婚,但当年他就去世了;(7)也许就是因为巴尔扎克总是负债,又总想在女人面前显摆,他拼命地写作,而他也确有写作才能;所以,他一生写了许许多多小说,尽管并非都很成功,但其中确实有好几部杰作,其中之一就是《高老头》。把这部小说称为他的代表作,是因为这部小说最为突出地显示了他的优点,而几乎没有暴露出他的缺点。

至都说不上他是否聪明；他的思想是平庸而肤浅的。然而，他却具有一种非凡的创造才能。他就像一种自然力，譬如，像一场汹涌的洪水冲垮堤岸，把所有的一切统统淹没；或者，像一阵咆哮的飓风，刮过宁静的乡村，也刮过喧哗的城市。作为一个为整个社会画肖像的画家，他的与众不同在于他不仅像所有小说家（除了纯粹写惊险故事的小说家）那样观察人与人的相互关系，还特别注重观察人与社会的相互关系。

　　大多数小说家往往只取一小批人——有时只有两三个人——加以描写，好像是用放大镜把他们放大了。这样做当然会产生较强烈的效果；不幸的是，也常常会有一种人为的虚假感。一个人不仅有个人生活，同时还要和别人一起生活；在个人生活中，他总是扮演主角，但和别人相处时，他的角色可能很重要，也可能微不足道。你去理发店理发，也许是小事一桩，但也可能成为你或者理发师一生中的一个转折点。对于万花筒般的生活，对于生活中的混乱、误解和产生重大后果的种种偶然因素，巴尔扎克不仅心领神会，而且有能力把它们生动而逼真地描绘出来。我想，他是第一个注意到人们的经济情况在生活中的重要性的小说家。他并不满足于说金钱是万恶之源；因为他发现，人类行为的主要动力恰恰来自对金钱的渴望和贪婪。在他的小说中，一个个人物都迷恋于金钱，永远是金钱。他们追求的目标，就是过骄奢淫逸的生活，拥有漂亮的住宅、漂亮的马匹和漂亮的情妇；为了获取他们希求的东西，一切有用的手段都被认为是正当的。这样的生活目标当然很庸俗无聊，遗憾的是，我们这个时代和巴尔扎克的时代相比，情况也差不多。

　　巴尔扎克年过三十就已成名，如果你在那时碰到他，你会看到这样一个人：矮个子，微微发胖，双肩很宽，胸脯很厚，因而看上去并不显得矮小；脖子像公牛一样粗而且很白，但脸是红红的，总是带着微笑的厚嘴唇也是红红的，和白白的脖子适成对照；笔挺的鼻子上有两个大大的鼻孔，额头很高；一头浓密的黑头发就像狮子的鬃毛，不过是往后梳的；有着金色瞳孔的棕色眼睛炯炯有神，很有一点魅力，因而也掩饰掉了一点他的粗俗相貌。他的表情愉快开朗，随和乐观。他精力充沛，如果你和他在一起，会觉得精神爽快。接下去，你可能会注意到他那双好看的手。这是他很引以为自豪的。它们就像主教的手，小小的，白皙而肥胖，指甲是玫瑰色的。如果你是在晚上碰到他的，那你会看到他穿着有金纽扣的蓝色上衣、白色细麻布内衣、黑裤子和白背心，脚上穿着黑色透孔丝袜和漆皮鞋，手上戴着黄手套。不过，要是你在白天碰到他，那一定会觉得很惊讶，因为他这时穿着一件皱巴巴的旧上衣,裤子上泥迹斑斑,皮鞋也没擦过,头上还戴着一顶破旧的帽子。

他的同时代人都认为,他在这一时期还十分天真稚气,招人喜爱。乔治·桑①曾说,他笃实得几近羞怯,自信得几近吹牛,很豪爽,也很温厚,但有点古怪,不喝酒,工作起来毫无节制,既容易动情感又很理智,既讲究实际又时常耽于幻想,既轻信又多疑,既平易近人又令人费解。

二

巴尔扎克的祖上是农民,原姓巴尔沙,但他父亲是个颇有手段的律师,在大革命后平步青云,于是便改姓巴尔扎克②。这个老巴尔扎克和一个女继承人③结了婚,他们四个孩子中最大的一个、即未来的小说家奥诺雷·巴尔扎克,于一七九九年出生在图尔,当时老巴尔扎克正在那里的一家医院里当管理员。奥诺雷·巴尔扎克在学校里调皮捣蛋了几年后,就被父亲送到巴黎,并在那里进了一家律师事务所;三年后,他通过了律师考试,父母建议他把律师作为终身职业,但他公然违抗。他的理想是当个作家。为此家里爆发了一场可怕的争吵。最后,虽然母亲继续反对(他后来一直不喜欢他母亲,因为她太严厉,也太讲求实际),父亲却作出了让步,答应给他一次机会。于是,他开始独自生活。父亲给他的津贴只够勉强糊口,但他决心要试试运气。

他做的第一件事是写了一部关于克伦威尔④的悲剧。他把剧本念给全家人听,他们一致认为这个剧本一钱不值。他于是就把剧本寄给一位教授。教授的评语是,写这个剧本的人可以做其他任何事情,就是不要去搞创作。他又气愤又失望,但他下定决心:既然当不成悲剧诗人,就当小说家。他写了两三本小说,显然是学着瓦尔特·司各特⑤、安·雷特克利夫⑥和拜伦⑦的作品写的。这时家里对他作出决定,认为他的写作尝试已告失败,要他马上搭乘公共马车回家。老

---

① 乔治·桑,笔名,原名阿曼蒂娜-奥萝尔-露茜·杜班,19世纪法国女作家、巴尔扎克的朋友。
② 巴尔沙是典型的平民姓氏,而巴尔扎克则是贵族姓氏,法国历史上曾有过巴尔扎克家族。
③ 女继承人,即有遗产继承的女人。
④ 克伦威尔,17世纪英国政治家、军事家、宗教领袖。17世纪英国清教革命迫使国王退位,建立共和国,克伦威尔任共和国"护国公",相当于现在的总统。
⑤ 瓦尔特·司各特,18世纪末、19世纪初英国历史小说家。
⑥ 安·雷特克利夫,18世纪末、19世纪初英国哥特小说家。
⑦ 拜伦,18世纪末、19世纪初英国浪漫派诗人。

巴尔扎克此时已经退休,全家正住在离巴黎不远的一个叫维巴利西的小镇上。

他有个朋友,一个三流作家,前来看他,并怂恿他继续写小说。于是,他又写了起来。这样,一连串粗制滥造的东西从他笔下源源而出,有的是他独自写的,有的是和人合写的,还用了各种各样的假名。没人知道他在一八二一年到一八二五年之间到底写了多少本书。有的权威人士声称有五十本之多。这些书大多是历史小说,因为在当时,司各特的名声正如日中天,他显然是想借此赶时髦。不过,尽管他写的这些东西价值甚微,对他自己却很有用处:它们使他懂得了写小说必须要迅速转换情节才能把读者吸引住,必须采用人们最关心的那些主题,即爱情、财富、荣誉和生命。也许,它们还使他懂得(他的性格也使他意识到这一点),要使读者喜欢他的作品,他自己必须要有激情,不管他的激情多么浅薄、多么轻浮、多么矫揉造作,但只要有足够强烈的激情,读者总不免会有所感动的。

当巴尔扎克和家里人一起住在维巴利西镇时,邻居伯尔尼夫人和他很熟。她四十五岁,父亲是一个曾为玛丽·安东纳特[①]服务过的德国音乐家,丈夫多病易怒。她和丈夫生有八个孩子,还有一个私生子。她和巴尔扎克不久就成了朋友,后来又一度成为他的情妇,不过直到她十四年后去世,她始终是他的朋友。这是一种很奇怪的关系:他像爱情妇一样爱她,同时也从她那里接受他没能从母亲那里得到的抚爱;她不仅是他的情妇,也是他的忠实朋友,只要他需要,她总是无私地给他以忠告、鼓励、帮助和钟爱。

这件风流韵事在镇上引起了流言蜚语,巴尔扎克夫人当然竭力反对自己的儿子去和一个跟他母亲差不多年纪的女人纠缠不清。再说,他写的书几乎没有收益,她还为他的前途担忧。这时,有个朋友建议他去经商,他觉得这想法不错。伯尔尼夫人慷慨相助,给了他四万五千法郎(当时约合九千美元,相当于现在的三万美元[②]),他找了两个合伙人,就搞起出版、印刷和铸字业务来了。但他毫无经商的才能,只会胡乱花钱,甚至把他个人付给裁缝、鞋匠、珠宝商乃至洗衣工的钱也记在公司账上。这样不出三年,公司就停业清理了,欠下的五万法郎的债,最后也只能由他母亲来偿还。不过,这段灾难性的经历却使他掌握了不少商业上的特殊知识,也懂得了不少人情世故。这对于他往后的小说创作来说是十分重要的。

---

① 玛丽·安东纳特,法国国王路易十六的王后。
② 相当于今天的80万美元。

三

经商失败后,巴尔扎克去了布列塔尼①的一个朋友那里。他的第一部严肃作品、也是他第一次署上真名的作品《舒昂党人》的素材,就是那里获得的。当时他正好三十岁,就从那时起一直到他去世为止,大约在二十一年间他几乎没有停止过创作。他写出的长、中、短篇小说数量惊人。每年,他都要写一至两部长篇小说、十几个中短篇小说。此外,他还写了许多剧本,这些剧本中的有一些从未被人接受,其余的也大多是可悲的失败之作。有一个时期,他还办了一份报纸,每周出两次,而且大部分稿件都由他自己撰写。

他非常喜欢记笔记,无论到哪里,身边总带着笔记本,只要遇上可能对他有用的事情,或者他自己头脑里产生了某种想法,或者听到别人的某种有趣的看法,他就把它记下来。他在故事中若要写到某种场景,只要有可能,他都要去作实地考察,有时不惜作长途旅行去看一看他要描绘的某条街道或者某所房子。我发现,他虽然像所有的小说家一样以自己熟悉的人作为模特儿,但总要在他们身上发挥自己的想象力,所以他的人物实际上是他的想象的产物。他对人物的名字十分讲究,常常为此绞尽脑汁,因为他觉得,人物的名字是和他们的性格及外貌息息相关的。

在写作时,他的生活很有规律,而且洁身自好。晚饭后不久,他就上床睡觉,到半夜一点由仆人把他叫醒。起床后,他穿上洁白的长袍(因为他相信,穿着干净的衣服对创作有利),然后就点起蜡烛,一边喝黑咖啡提神,一边用鹅毛笔疾书。到早晨七点,他放下笔去洗澡,然后躺下休息。大约在八点和九点之间,出版商把校样送来并从他那里取走部分手稿;这之后,他又开始工作,一直到中午。吃过一些煮鸡蛋、喝过一些水之后,他又喝大量的黑咖啡;接着,他继续工作到六点才吃晚饭。晚饭很简单,不过他总要喝一点伏芙列酒。若有朋友来访,大多也在这个时候,他和他们聊上一会后,就上床睡觉了。

他不是那种要把一切都考虑周全后才肯动笔的作家。他总是先写出粗略的草稿,然后在草稿上修改,往往增删得很多,甚至变换章节顺序,所以最后交给出版商的手稿总是涂改得难以辨认。等排出校样后,他仍然把它看作是未完成的

---

① 布列塔尼,法国西部的一个地区。

手稿,还要在上面修改,不仅会增删词语、句子和段落,甚至会增删某些章节。经他改动过的校样再次排出后,他又要在上面修改。这之后,他才同意付印,但仍有附加条件,就是等书出版后,他还有可能要作进一步的修订。由于他一再修改校样,出版商就得增加开支,因此他和出版商之间经常发生争吵。

  他长期和出版商或者编辑打交道,这方面的情况当然是很单调乏味的,不过我还是想尽量简短地谈几句,因为这和他的生活以及创作都有直接关系。他是不大讲商业信用的,经常为了预支稿费向某个出版商保证,在某某日期一定交出一部小说稿,然而当他把小说稿匆匆赶写出来之后,往往把自己作过的保证丢到一边,去找另一个出版商谈价钱了。由于他不信守合同,他经常受到起诉,结果是他必须加倍赔偿。为了筹集赔偿费,他不得不到处借债,因为预支给他的稿费早被他用得一干二净了。只要和出版商签订了出书合同(有时虽签了合同,但他根本就没动笔)并得到大笔的预支稿费,他就马上搬进宽敞的住宅,花钱装修,甚至还要买一辆轻便马车和两匹马。他很热衷于布置房间,往往把自己的住处布置得既富丽堂皇又庸俗不堪。他曾雇用了一个马夫、一个厨师和一个男仆,不仅为自己买了许多衣服,还要为马夫买号衣;他曾购入大批餐具,餐具上还要有贵族纹章,尽管这纹章根本不属于他,是属于历史上一个姓巴尔扎克的贵族世家的。他不仅僭取了这个贵族姓氏,自称有贵族血统,还在自己的姓氏前加上了贵族专用的冠词"德"。

  为了支付奢华生活的费用,他还向妹妹、朋友和出版商借钱,而他签署的借据总是不断地展期。他债台高筑,却仍然不停地购买瓷器、家具、绘画、雕像和珠宝;他要印刷商用昂贵的摩洛哥羊皮装订他的书;他买了许多手杖,其中有一支上还镶有绿宝石。有一次他要举行宴会,不惜叫人把整个餐厅重新布置一下。我顺便说一下,他在独自用餐时吃得并不多,但在宴会上,胃口却大得出奇。有一个出版商说,他曾在一次宴会上亲眼看见巴尔扎克吃了一百个牡蛎、十二块炸肉排、一只鸭、一对鹧鸪、一条箬鳎鱼、几道甜点心和十几只梨。所以,不足为怪,他很快就成了一个大腹便便的胖子。

  有时,由于债主逼债逼得太紧,他就只好把许多东西抵押出去;在他的住处,不时会有估价人进进出出——他们是奉债主之命来扣押、估价和拍卖他的家具的。他真是不可救药,借了钱还不知节制地、愚不可及地不断购进各种各样没用的东西。他是个不知耻的借债人,然而,出于对他的天才的钦佩,他的朋友都对他非常慷慨。通常,女人是不愿借钱给人的,但巴尔扎克自有办法从她们那儿借到钱。一个男子汉去向女人借钱总有失风度,巴尔扎克却不以为然,也从不为此感到丝毫内疚。

四

我们还记得,当初他经商失败后,是他母亲用自己为数不多的积蓄为他还清债务的;后来,由于给两个女儿办了嫁妆,他母亲剩下的唯一财产就是她买下的那幢房子了。最后,当她发现自己急需用钱而又一筹莫展时,就只好写信向她儿子求救。安德烈·比利在他的《巴尔扎克传》里曾引用过这封信,现在我把它翻译出来:

> 我收到你的最后一封信是一八三四年十一月。信中你同意从一八三五年四月一日起每季度给我两百法郎付房租和女仆的工资。你知道,我不能过穷困的生活;你声名显赫,生活豪华,和我们境况的相比,真有天壤之别。你作出过允诺,我想这是你自愿承担的。现在已经是一八三七年四月,就是说你欠了我两年。你本应给我一千六百法郎,可你只在去年十一月给了我五百法郎,样子就像是冷冰冰的慈善施舍。奥诺雷,我这两年的生活就像一场噩梦,我的钱都用完了。我知道你会说你没有能力支援我,但我用房子作抵押所借的钱贬值了,现在我再也无法筹款,我所有值钱的东西都已典当出去;我已到了这等田地,只好对你说:"给我面包,我的儿子。"我已经几个星期只吃面包了,那也是我那好女婿送给我的;但是,奥诺雷,不能老这样下去;既然你有能力作各种费钱的长途旅行,既花了钱又丢了面子——你回来后由于没能信守协议,你在这里的名声很不好——我一想到这些,心都要碎了!我的儿子,既然你能为自己付得起……情妇、镶嵌宝石的手杖、戒指、银器、家具,你母亲要求你遵守自己的诺言也不为过。我不到最后一刻是不会这样做的,现在这个时刻到了……

他对这封信的回答是:"我想,您最好来一次巴黎,让我们谈上个把小时。"

对此,我们有什么可说呢?他的传记作家说,天才有自己的权利,巴尔扎克的道德是不能用普通标准来衡量的。这是看法问题。我认为,最好承认他是个极端自私、不讲道德、同时又不够坦率的人。对他的大肆挥霍,人们的最好辩护是：他天生乐观，深信自己他的作品能赚到大钱（有一个时期他确实赚了不少）；此外，他对生活中的偶然机会充满幻想，相信自己一定会有这样的机会大发横财。然而，每当他真的去从事某种投机事业时，结果总是债上加债。说实话，他要是真的很有节制、很有心计而且很俭朴的话，也就成不了这样一个作家了。他是个爱炫耀的人，喜欢奢华，不可能不花钱。他像头牛似的苦干，拼命写作，想挣钱还清债务，不幸的是，还没等他还清旧债，他又借上了新债。

有一个有趣的事实很值得注意，那就是：他只有在债务的压力下才能专心致志地写作。他一直写到脸色发白，疲惫不堪，而在这种情况下写出来的恰恰是他最好的作品；反之，如果有人能创造奇迹，使他不再身陷困境——即估价人不再打扰他，出版商不再起诉他——那么，他的创作活力很可能就会枯竭，再也写不出什么东西来了。

五

和任何成功一样，巴尔扎克在文学上的成功也给他带来了新朋友；他充沛的精力和欢快的情绪使他在巴黎各大沙龙中成了受人欢迎的座上宾。卡斯特利侯爵夫人是为他的声望所吸引的一位贵妇人，她的父亲是公爵，她的舅舅也是公爵，而且还是英国国王的直系后裔。她用假名给他写信，他回了信；她再次写信时透露了自己的身份。他去拜访她；他们的关系日益密切，不久他就每天都去看她。她肤色白皙，金发，长得花容月貌。他对她爱慕之至。他洒上香水，每天戴上新的黄手套；但这无济于事。他变得急躁不安，开始怀疑她只是在逗弄他。确实，她需要的是一个崇拜者，而不是一个情人。有一个聪明而且声名显赫的年轻人拜倒在她脚下，她当然万分得意，但她并不想做他的情妇。

她由她叔父费茨·詹姆斯公爵陪同前往意大利，途中在日内瓦稍作逗留，这时发生了危机。到底发生了什么，其实谁也不知道。巴尔扎克是和侯爵夫人一起去作这次短途旅行的，回来时他神情沮丧。这不难料想，他向她提出最后要求，而她断然拒绝了。他深感屈辱，既痛苦又愤慨，觉得上了大当，便独自返回巴黎。然而，他的小说家不是白当的；他的每次经历，甚至最丢脸的经历，最后都会成为他磨子里的面粉：卡斯特利侯爵夫人从此以后就出现在他的小说中，而且成了那种最轻佻、最放荡、最恶毒的贵族女性的典型。

就在巴尔扎克徒劳地追求卡斯特利侯爵夫人的同时,他收到一封来自敖德萨①的信。信写得热情洋溢,署名却是"一个外国女人"。过了一段时间,第二封有着同样署名的信又寄来了。于是,巴尔扎克就在一份可发行到俄国去的法文报纸上登了这样一条启事:"巴尔扎克先生已收到寄给他的信件,但直至今日仍不知该往何处复信,对此他深表遗憾。"写信的人是艾芙琳娜·韩斯卡夫人,一个家财万贯的波兰贵妇人。她三十二岁,已婚,丈夫的年龄比她大得多。她生过五个孩子,活下来的却只有一个女儿。她看到巴尔扎克的启事后,就着手安排,然后写信告诉他,如果他想给她写信的话,可以写给敖德萨的一个书商,由他转交给她。

这封信激发了巴尔扎克一生中最大的热情。他们开始相互通信,而且信的内容日趋亲昵。巴尔扎克用当时流行的那种夸张的笔调向她披露自己内心的情感,她则报之以同情和爱怜。她住在乌克兰一座巨大的城堡里,周围有五万公顷良田,然而她生性富于幻想,对单调的家庭生活深感厌倦。她崇拜这位作家,对他本人也产生了兴趣。他们相互通信几年后,韩斯卡夫人和她年老的丈夫一起带着女儿、家庭教师和一大群仆人前往瑞士纽夏特尔旅行;事前巴尔扎克已受到邀请,要他去纽夏尔特和她会面。他们的第一次见面很有点浪漫色彩。他到了他们约好的那个公园,只见一位夫人坐在长椅上读着一本书。她的一块手帕卓落到地上,他过去帮她捡起来,这时他发现她手里拿着的书正是他写的。他和她说话,原来她就是他要见的女人。

她是个漂亮华贵的妇人,体态丰腴,容貌娇媚,眼睛里秋波荡漾,还有一头秀发和一张可爱的小嘴;他呢,身体肥胖,脸色通红,看上去简直像个屠夫。这使她不免吃了一惊:难道那些热情洋溢而富有诗意的信就是这个男人写的?好在他炯炯有神的眼神和充沛的精力使她十分喜欢。他很快就成了她的情人。过了几个星期,他必须返回巴黎,分手时他们约定,初冬时节再到日内瓦会面。他在圣诞节前抵达日内瓦,在那里和她一起度过了六个星期,在这期间他还写了《德·朗日公爵夫人》。在这部作品中,他把卡斯特利夫人作为模特儿,大大地发泄一通心中的怨气。

回到巴黎后,他和一个叫吉多蓬妮·维斯孔蒂的伯爵夫人邂逅相遇。她是个碧眼金发、妖娆妩媚的英国女人,丈夫懒散而无能,她对他的不忠已是出了名

---
① 敖德萨,乌克兰南部城市。

的。巴尔扎克一下子就被这个女人迷住了。在他眼里,她是那样的温柔可爱。不久之后,就有好事者把他们的风流韵事登上了小报的头版,所以此时正在维也纳的韩斯卡夫人很快得知巴尔扎克已另有新欢。她写信痛责他,并宣布准备回到乌克兰去,从此不再见他。这对他来说就如晴天霹雳,因为他一直算计着,等她丈夫一死,他就和她结婚,从而拥有她的百万家产。他借了两千法郎匆匆赶到维也纳去,想和她言归于好。他一路上自称是德·巴尔扎克侯爵,行李上印的是假纹章,还带了个贴身男仆,这就大大增加了旅途费用,因为他有此身份就不能讨价还价,给各种小费也得出手大方。所以,他到达维也纳时,已身无分文。韩斯卡夫人见了他更是大加责备,他只好百般辩解,想方设法消除她的怀疑,平息她的怒气。三个星期后,她回乌克兰去了。此后的八年间,他们一直没有见面。

六

　　巴尔扎克一回到巴黎,马上又投入了吉多蓬妮·维斯孔蒂伯爵夫人的怀抱。为了她,他比先前更加奢侈无度。他因欠债而被拘捕,她付了一大笔钱才使他免于入狱。从那时起,每当他手头拮据时,她就不时地资助他。一八三六年,他的第一个情妇伯尔尼夫人去世。他悲痛欲绝,说她是他爱过的唯一的女人;但别人却说,她是唯一爱过他的女人。同年,碧眼金发的维斯孔蒂伯爵夫人告诉他,她怀孕了,孩子是他的。当这个孩子出生时,她的老好人丈夫说:"嗯,我知道夫人想要个私生子,这回她总算如愿了。"

　　顺便说一句,这位风流成性的伟大小说家和他的几个情妇总共生过四个孩子,一个男孩和三个女孩。他对这些孩子看来都毫无兴趣。他的情妇,除了上述几个,当然还有很多,但我只想提一下其中的一个叫爱琳娜·德·弗莱特的寡妇,因为她和卡斯特利侯爵夫人以及韩斯卡夫人一样,开始也是他的崇拜者。说来有点奇怪,他的五次主要恋爱事件中有三次都是这样开始的。他的恋爱往往有始无终,原因大概也就在于此。因为当一个女人被一个男人的名气所吸引时,她更多的是想从他们的艳遇获得好处,而不大会有真正的爱情,也不会有任何无私、崇高的感情。爱琳娜就是这样一个受过挫折、却又好出风头的女人,她抓住这一机会满足了自己虚荣心。她和巴尔扎克风流一场,不久便不欢而散了,原因好像是巴尔扎克向她借了一万法郎,为此两人发生了争执。

　　巴尔扎克久久期盼着的时刻终于到了。韩斯卡先生于一八四二年去世。他的梦想终于要成真了!他终于要成为富翁了!他终于将摆脱那些还不清的债务了!艾芙琳娜通知他,她丈夫已经去世。然而,紧接着的一封信却告诉他,她不打算和他结婚,因为她不能宽恕他的不忠行为,也不能容忍他的挥霍习性和他的债务。他绝望了。他想到,在维也纳时她曾对他说,她并不期望他在肉体上对她忠实,只要占有他的心。是的,她一直占有着他的心。他对她的言而无信感到愤愤不平。最后,他得出结论,只有见到她,才能重新赢得她。于是,经过几次通信,尽管她仍很勉强,他还是动身到圣彼得堡去了——当时她正住在那里。那时他四十三岁,她四十二岁,都到了发福的中年。他的估计不错,和他在一起她就变得顺从得多了。他们重叙旧情,又成了一对情人。她又答应和他结婚了。

但是,直到七年后,她才真正履行诺言。传记作家对此都大惑不解,她为什么要犹豫那么长时间?其实,理由不难找到:她是位贵妇人,以自己的高贵门第而自豪;她可能觉得,当初做一个名作家的情妇是一回事,现在要做一个粗俗的暴发户的妻子则是另一回事。再说,她的家庭也一定会出于门户之见竭力阻止她去缔结这样一宗婚姻。她还有一个尚未出嫁的女儿,她不能不考虑女儿往后的社会地位和境况。还有,巴尔扎克的挥霍无度是出了名的,她当然要担心他在婚后会把她的财产挥霍一空。她完全知道,他一直在觊觎她的钱财,若和他结婚,他就不只是在她的钱包里掏一下,而是要把双手伸进来大把大把地抓取了。她非常富有,她自己也很奢侈,但为自己的享乐花钱和把钱给别人去挥霍,毕竟是不同的。

然而,真正使人奇怪的倒不是她拖了那么长时间才和巴尔扎克结婚,而是她最后还是和他结了婚。在这期间,他们经常会面,其结果是她怀孕了。他当然感到高兴,不是因为有了孩子,而是因为他觉得自己终于占了上风。于是,他要求她马上和他结婚;但她仍下不了决心,就写信告诉他,为了节省开支,她准备回乌克兰去生孩子,结婚的事等孩子生下来之后再说。但孩子生下来就死了。这事发生在一八四五年,也可能是一八四六年。反正到一八五〇年,她终于嫁给了他。他去乌克兰和她一起度过了冬天,婚礼也是在那里举行的。

为什么她最终同意了呢?也许是这样的:巴尔扎克因长期从事艰苦的写作工作,本来很健壮的身体渐渐变得虚弱,后来在很短的时间里,他的健康状况就恶化了。就在他去乌克兰的那年冬天,他病得非常厉害,虽然后来病情有所好转,但情况很明显,他活不长了。也许就是出于对一个垂死的人产生了怜悯之情,她才同意和他结婚的。尽管他不忠实,但他毕竟真心诚意地爱了她这么多年。再说，她是个虔诚的信徒，很可能她的忏悔神父曾劝过她，要她把这种有背习俗的状况合法化。总之，她和他结了婚，一起返回巴黎。他用她的钱买下一幢住宅，布置得非常豪华。她把巨大家产都给了她女儿，自己只留下一笔为数不多的年金。对此，巴尔扎克或许感到很失望，但他至少没有表现出来。

说来令人痛惜，经过这么多年的等待，巴尔扎克终于实现自己的梦想，然而婚姻却并不美满。艾芙琳娜没有使他得到幸福。他再次病倒，而且一病不起。他于一八五○年八月十七日去世。艾芙琳娜悲痛欲绝，在给朋友的信中说，她已无所留恋，只想到另一个世界去和丈夫会面。然而，她不久就有了情人，是一个叫桑·奇古的画家，此人长得丑陋，绰号叫"灰虱"，而且显然不是一个好画家。

七

乔治·桑曾不无道理地说过，巴尔扎克写的每一本书，实际上都是一部巨著里的一页，倘若去掉某一页，这部巨著就不再完美了。一八三三年，巴尔扎克萌发了一个想法，就是把自己所有的作品合为一部著作，取名《人间喜剧》。当这个念头闪过脑海时，他跑去见他的妹妹。"祝贺我吧，"他高喊道，"因为我显然已经踏上成为天才的道路了。"他是这样描述自己内心想法的：

> 法国的社会生活是属于史学家的，而我只要做一名书记员，通过列举大量的善恶、汇集重要的情感事实、刻画各色人物、选取社会生活中的主要事件、集相似之人的特点于一身创造类型，或许我就可以书写被众多史学家所遗忘的历史，也就是风俗史。

这一计划可谓雄心勃勃，他在世的时候并未完成。其遗著中的某些篇幅，虽说必不可少，却显然不如其他部分来得有趣。撰写如此一部皇皇巨著，这也在所难免。不过，在巴尔扎克几乎所有的小说当中，总有那么两三个为单纯而原始的欲念所左右的人物显得异常醒目突出。他的才能就体现在对这些人物的刻画上，而当他处理稍显复杂的人物时，就略逊一筹了。在他所有的小说中，几乎都有深刻有力的场景描写，其中几部还有引人入胜的故事情节。

巴尔扎克留下了大量作品，我们很难说哪一部是最具代表性的。不过，出于几方面的原因，我还是选择了《高老头》作为他的代表作。这部小说的故事，从头到尾都趣味盎然。巴尔扎克在有些小说中常常会中断故事去发各种各样的议论,但《高老头》总的来说没有这种缺陷。人物的思想是通过人物自身的言语和行动客观地表现出来的。此外,《高老头》的构思也相当巧妙,小说中的两条线索令人信服地相互交织在一起:一条是高老头的父爱线索,表现出他对两个忘恩负义的女儿的一片痴情;另一条是拉斯蒂涅的闯荡线索,表现出他想在灯红酒绿的巴黎一显身手的勃勃野心。

《高老头》的有趣之处还在于,巴尔扎克在这里首次使用了他那种独特的方法,就是让同一个人物在几部小说中反复出现。要这样做是很困难的,因为你必须把人物塑造得足以吸引读者,使他们渴望了解那个人物往后的经历。在这方面,巴尔扎克异乎寻常地获得了成功。就拿我来说吧,当我读着这部小说时,就非常想了解某些人物的将来,譬如拉斯蒂涅,由于我对他的将来深感兴趣,读的时候也就特别有味。这种方法很有用,可以节省作家的创造力。不过,我觉得巴尔扎克并不是出于这样的考虑才采用这种方法的,因为他无须节省创造力,他的创造力几乎是无穷无尽的。我认为,他是觉得这样可以使他的人物显得更为真实,因为在现实生活中就是这样的:我们熟悉的人,也就是我们反复见到的人。此外,更重要的是,他觉得这样有利于他把全部作品编织成一个包罗万象的整体,因为他想描写的不仅仅是一小批人或者某个阶层的人,甚至都不是一个社会,而是整整一个时代,或者说,一种文明。显然,他和他的同胞们一样,抱有一种错误观念,即认为:不管遇到怎样的灾难,法国永远是世界的中心。也许,就是出于这一观念,他很自信地认为自己有能力创造一个丰富多彩的世界,也有能力赋予这个世界以生命,使它活生生地展现出来。

不过,这就要涉及整个《人间喜剧》了,而我只想谈谈《高老头》。我相信,巴尔扎克是第一个用公寓作为故事背景的小说家。在他之后,人们就经常这样做了,因为这样可以使小说家很方便地把各样身世不同的人物放到一起来描写。但我不知道,还有谁曾在自己的作品中能像《高老头》那样成功地运用这种背景。

巴尔扎克的小说开始时总是进展得很慢。他一开始总要详细描写故事发生的那个地方。他显然偏爱这种环境描写,所以他告诉你的总比你想知道的要多;他好像从来没有学会只说必须说的话而不说不必要的话。接着,他还要把人物的外貌、脾气、出身、习惯和缺点都告诉你,在这之后,他才开始讲故事。他在人物身上置入了他自己的活跃个性,因而他们并不像现实生活的人那样真实;他们是用浓郁的色调描绘出来的,很显眼,但有时会显得过于花哨,而且紧张、兴奋得不同寻常；尽管如此，他们却是活生生的，很容易使人信以为真。我想，之所以会这样，是因为巴尔扎克自己对他们也是信以为真的。譬如，在他的好几部小说中都出现过一个叫皮尔训的聪明能干的医生，他在临终时就喊着这个人物的名字："快把皮尔训叫来！皮尔训会救我的！"

还有一点也值得注意，那就是我们在《高老头》中初次遇见了巴尔扎克笔下的一个最令人毛骨悚然的人物——伏脱冷。这种类型的人物虽然已成俗套，但从未有人把他写得如此生动、如此真实。伏脱冷老谋深算、精力过人而且坚韧不拔，但值得注意的是，巴尔扎克在这部作品中一直没有泄露这个人物的秘密，只是巧妙地暗示出，在他身上有某种阴险邪恶的东西。他看上去既温和又慷慨，既健壮又聪明，而且还很有耐心；你不仅会同情他，而且会佩服他，然而又不可思议地会觉得他有点可怕。像小说中那个出生于外省、却野心勃勃地想在巴黎闯荡的年轻人拉斯蒂涅一样，你会被他强烈地吸引住；同时，你也会像拉斯蒂涅一样本能地感觉到不自在。伏脱冷虽然像是个情节剧里的人物，却是巴尔扎克的一个了不起的创造。

一般认为，巴尔扎克的文笔并不高雅。他为人粗俗（其实粗俗也是他的天才的一部分，是不是?），文笔也很粗俗，往往写得冗长啰唆、矫揉造作而且经常用词不当。著名批评家埃米利·吉盖曾在一本专著中用整整一章的篇幅，专门讨论巴尔扎克在趣味、文笔和语法等方面的缺陷。确实，他的有些缺陷是相当明显的，即使没有高深的法语知识的人，也能一眼看出来。这实在令人惊讶。据说，查尔斯·狄更斯的英语文笔也不太好。有个很有语言修养的俄国人曾告诉我说，托尔斯泰和陀思妥耶夫斯基的俄语文笔也不怎么样，往往写得很随意，很粗糙。世界上迄今最伟大的四位小说家，竟然在使用各自的语言时文笔都很糟糕，真是叫人瞠目结舌。看来，文笔精美并不是小说家应有的基本素养；更为重要的是要有充沛的精力、丰富的想象力、大胆的创造力、敏锐的观察力，以及对人性的关注、认识和理解。但不管怎么说，文笔精美总比文笔糟糕要好。

刘文荣　译

9
《包法利夫人》

简介：

【法文名】*Madame Bovary*
【作　者】［法］古斯塔夫·福楼拜（Gustave Flaubert，1821—1880）
【年　代】19 世纪。
【体　裁】长篇小说。
【主　题】沉溺于幻想而无视现实者，可笑可悲。
【人　物】主要有：爱玛（即包法利夫人）、包法利医生、莱昂、罗多尔夫。
【情　节】爱玛是个喜欢读浪漫小说的乡村姑娘，还受过点贵族教育，所以当她嫁给乡村医生包法利后，对土头土脑的丈夫很不以为然，一心想学贵族夫人，奢华而浪漫。为了奢华，她到处找人借钱；为了浪漫，她先后找了两个情人：一个是见习律师莱昂，一个是小庄园主罗多尔夫。然而，爱玛幻想中这两个浪漫情人，其实是现实中的两个庸俗男人，结果使爱玛大失所望。更为要命的是，爱玛为了奢华，借了许多高利贷，时间一久，利上加利，她积债如山。她去找这两个情人，想让他们帮她还债，但他们根本不是浪漫故事里的救美英雄，而是两个怯弱而自私的男人：他们用各种借口推诿，不肯为她掏一文钱。最后，爱玛走投无路，服毒自尽。爱玛死后，为了还清她的债务，她丈夫包法利医生失去全部家产，痛苦不堪，而当他偶然还发现妻子生前曾和两个男人通奸时，终于承受不住打击，溘然去世。

论《包法利夫人》①

[法]夏尔·波德莱尔

就批评来说,后起的作家、晚来的作家的处境要比先知的作家优越,先知的作家预告成功,也可以说,他凭藉着勇敢和忠诚的权威预订成功。

假如古斯塔夫·福楼拜②先生确曾需要过忠诚的话,现在他却用不着了。许多艺术家,其中有几位还是那种最精细、最值得信赖的艺术家,已经阐明和赞扬了他这本极好的书。剩给批评的只是指出几点被忽略的观点,稍微更有力地强调一下某些特点和精彩之处,而我认为这些特点和精彩之处并未得到足够的称许和评论。此外,正如我试图暗示的那样,后起的作家落后于舆论,这种地位具有一种不寻常的魅力。因为他孤零零地拖在后面,所以更为自由,仿佛要由他来总结一场论战,他还必须避免攻守双方的火气,所以他要自辟新路,唯一激励他的是对美和正义的爱,别无其他。

一

既然我已经说出了"正义"这个光辉的、可怖的词,那就请允许我——我也乐

---

① 本文选自波德莱尔《浪漫派的艺术》一书,最初发表于1857年10月18日《艺术家》杂志。本文要点:(1)《包法利夫人》曾被人告上法庭,但这是一本光明正大的书,法庭也光明正大地判其无罪;(2)"自从巴尔扎克去世之后,对小说的一切好奇心都已经减弱和麻木了",此时《包法利夫人》奇迹般的出现——包法利夫人,一个拥有女人肉体和男人灵魂的奇特人物;(3)有人指责《包法利夫人》写的全是庸俗、卑劣之人而未加道德良心的评判——这真是荒谬,读者如有道德良心,自会分辨;(4)有人说包法利夫人是可笑的,其实她是高尚的(就如堂吉诃德),因为不管怎样,她有理想——她通奸是出于理想,并非出于性欲或其他目的;(5)《包法利夫人》写得比较隐晦,而福楼拜的另一部小说《圣安东尼的诱惑》,毫不隐讳地写出了真正的诱惑和疯狂。

② 福楼拜(Gustave Flavbert 1821—1880),法国小说家,重要作品有《包法利夫人》《圣安东尼的诱惑》《情感教育》和《萨朗波》等。

于这样做——感谢法国司法界在这个问题上作出了公正和高尚趣味的光辉榜样[1]。一种对于道德盲目而过于激烈的热情和一种不得其所的思想把司法界召唤到一部小说、一部昨夜还藉藉无名的作家的作品面前。这部小说,是怎样的一部小说呀!它最不偏不倚,最光明正大。它是一块田地,像所有的田地一样平常,像大自然本身一样,受到狂风暴雨的抽打和浇淋。而司法界毕竟显示出它像这本推到它面前任人宰割的书一样不偏不倚,一样光明正大。不仅如此,如果可以根据伴随着判决的评论来进行推测的话,我们还可以说,即便法官们在书中发现了某种的确可以指责的东西,他们也会因考虑和承认这种东西所包含的美而宽恕这本书。这个社会摈弃一切精神之爱,置旧时的感情于不顾,只关心自己的肚子,而这些人的权力只是用来维护正义和真理,但是,与这个社会的强烈的贪欲相比,表现在他们身上的对美的关心毕竟是一种最令人感动的现象。总之,可以说这个具有高度的诗的倾向的判决是最后的判决,胜诉给予了缪斯,所有作家,至少所有名副其实的作家都通过古斯塔夫·福楼拜先生一人而被宣告无罪。

不少人怀着一种不负责任的、无意识的不满说这本书从打官司和宣告无罪中占了大便宜,我们不要这样说了吧。即使不经磨难,这本书也会引起同样的兴趣,也会产生同样的惊奇和感动。当它初次在《巴黎评论》上发表的时候,虽有轻率的删削破坏了它的和谐,它已然激起了强烈的兴趣。古斯塔夫·福楼拜的这种骤然间显赫起来的处境是好坏参半的,对于这种已被他的正直的、卓越的才能所克服的模棱两可的处境,我将勉为其难地指出其各种不同的原因。

二

说它好,是因为自从巴尔扎克去世之后,对小说的一切好奇心都已经减弱和麻木了。这颗神奇的流星曾经以一片辉煌的云彩覆盖了我们的国家,发出怪异的、不同寻常的光彩,像极光一样以它美妙的光辉覆盖了冰冷的荒原。应该承认,也曾有人作过惊人的尝试。很久以来,在一个日渐狭小的世界中以《阿洛伊》《如此世界》和《艾黛尔》知名的德·居斯蒂纳先生就创造了丑姑娘这一使巴尔扎克不胜羡慕的典型(请看真正的《梅卡黛》[2]),又发表了《罗缪尔或圣召》,这是一部

---

[1] 《包法利夫人》出版后曾引起一场诉讼。
[2] 《梅卡黛》是巴尔扎克写的一个剧本。

既愚蠢又卓越的作品,其中有些不可模仿的篇章,人们既可指责其软弱和笨拙,又不能不对之宽恕。但是德·居斯蒂纳先生是一位亚天才,其浪荡作风导致了一种无以复加的粗枝大叶。这种绅士的真诚,浪漫的热情,光明正大的嘲讽,绝对的、焕散的人格,芸芸众生是感觉不到的,而这位矫揉造作的作家之不走运,也正与他的才能相符。

多尔维利①先生写了《老情妇》和《神魂颠倒的女人》而极为引人注目。那种以可怕的热情表现出来的对真实的崇拜不能讨大众的欢心。多尔维利是个真正的天主教徒,他呼唤情欲是为了战而胜之,他像紧紧抓住一块即将沉入海中的岩石的阿贾克斯②一样,在暴风雨中歌唱、哭泣和喊叫,总好像是对他的对手——人、雷、神或物质——说:"把我的命拿走吧,不然我就要你们的命!"因此,他也不能抓住那些昏昏沉沉的造物,他们对令人惊异的例外之物总是闭目不见。

尚弗勒里具有一种幼稚而迷人的才智,在秀丽别致方面游刃有余,他在家庭或街头或热闹或动人的事件之上架了一副诗(比他自己以为的更加富有诗意)的夹鼻眼镜;然而,或是出于独创或是出于观察的失误,或是自觉地或是不可避免地,他忽略了老生常谈,那是群众碰头的地方,那是雄辩的公共场所。

再近些,则有夏尔·巴尔巴拉③先生,他是个严谨的、有逻辑头脑的人,热衷于思想交锋,他也作出了某些努力,无疑是很出色的努力。他试图(真是不可抗拒的诱惑)描写和澄清非凡人物的处境,推断暧昧的立场的直接后果。如果说我在这里没有和盘托出我对《爱洛依丝》和《红桥谋杀案》的作者的全部好感,那是因为他进入我的主题纯属偶然,我在这里只是立此存照。

处于另一极端的保尔·费瓦尔,性喜冒险,对于怪诞和可怕的事物具有天生的描写才能,因此,他像一位迟到的英雄,跟在弗雷德里克·苏里埃④和欧仁·苏⑤后面亦步亦趋。但是,《伦敦的秘密》和《罗锅儿》的作者所具有的多方面的才能,也像许多出类拔萃之士所具有的才能一样,并没有能够使那个可怜的外省小妇人的轻佻的、突然的奇迹得以实现,组成她的全部故事的并不是什么复杂的情节,而是愁闷、厌恶、叹息和几次狂热的昏厥,最后是以自杀了结一生。

---

① 多尔维利(1808—1889),法国作家,全名儒勒-阿梅德·巴尔贝·多尔维利。
② 希腊神话中的人物,特洛伊战争中的希腊英雄。他于特洛伊城沦陷后在雅典娜神庙里奸污了女祭司卡珊德拉,并把她掠走。后来,雅典娜使他在归途中粉身碎骨。
③ 夏尔·巴尔巴拉(1822—1886),法国作家。
④ 弗雷德里克·苏里埃(1800—1847),法国小说家,剧作家。
⑤ 欧仁·苏(1804—1857),法国小说家,写有《巴黎的秘密》等。

这些作家有的倾向于狄更斯[①],有的则落入拜伦[②]或布尔沃[③]的窠臼,他们也许是禀赋过高,却也太目空一切,他们都没有能像那个单纯的保尔·德·考克[④]那样,强行进入名声摇摇晃晃的门槛,而名声却犹如一个主动送上门去的无耻女人。我并不因此而指责他们,也不因此而称赞他们,同样,我丝毫也不祝贺古斯塔夫·福楼拜先生一上来就获得了别人毕生追求的东西。充其量,我在其中看到的只是力量的一种多余的征兆,我将试图确定促使作者的思想朝一个方向而不是朝另一个方向运动的原因。

但是,我还说后来者这种处境是坏的,唉!理由是可悲地简单。若干年来,公众对于精神上的东西的兴趣明显地减少了,他们在热情方面的预算日渐缩减。在路易-菲力普的最后几年中,思想还能为想象力所动,有过最后几次爆发,而新近的小说家面对的却是一个绝对陈腐(更甚于陈腐)愚蠢和贪婪的社会,它厌恶的是想象,喜爱的只是占有。

在类似的情况下,一个思想充实、热爱美、习惯于艰苦努力、能够判断形势好的和坏的一面的人,应该对自己这样说:

动摇这些衰老的灵魂的最可靠的办法是什么?他们实际上并不知道他们的所爱,他们唯独对伟大的事物感到厌恶,天真的、热烈的激情,诗意的放纵,都使他们脸红,使他们不快。那就让我们在题材的选择方面通俗些吧,因为选择过于伟大的题材对于十九世纪的读者来说是很不得体的。我们也不要放纵我们的感情,不要说我们自己才听得懂的话。我们要无动于衷地讲述激情和大家都喜欢的奇特遭遇。我们要如时尚所言,客观和抹去个性。

还有,由于近来派别的无稽之谈不绝于耳,由于我们听到了一种叫作现实主义的所谓文学创作方法——这是对所有分析家的令人作呕的辱骂,这个含糊的、有伸缩性的词对一般人来说,并不意味着一种新的创作方法,而意味着对次要事物的琐细的描写——我们将会从思想的混乱和普遍的无知中获得好处。我们要在平凡的背景上发展一种有力的、生动的、敏锐的、准确的风格,我们要把最热烈、最激奋的情感包容在最平淡无奇的遭遇中。最

---

① 狄更斯(1812—1870),英国小说家。
② 拜伦(1788—1824),英国诗人。
③ 即布尔沃-李顿(1803—1873),英国小说家。
④ 保尔·德·考克(1794—1871),法国小说家。

庄严的、最果决的话语要出自最愚蠢的口中。

哪里是最愚蠢、最荒谬、最盛产偏执的笨蛋的愚昧的舞台?

外省。

什么人是最让人受不了的演员?

那些在小营生中挣扎的小人物,职业扭曲了他们的思想。

什么是最陈腐、用得最烂的素材和最为疲惫的手摇风琴?

通奸。

诗人心想,我不需要我的女主角是个英雄。只要她还算漂亮,精力充沛,野心勃勃,对一个更高的世界有一种不可遏止的向往,她就会使人感兴趣。这样的较量更为高尚,而我们的女罪人至少有这样的优点——比较来说是罕见的——即她不同于前一段时间的那些令人厌烦的饶舌妇。

我用不着担心风格、生动的安排及环境描写,我具有这些品质,而且绰绰有余;我依靠着分析和逻辑前进,这样我可以证明,一切题材都是一样的,是好是坏取决于如何运用,最庸俗的可以成为最美好的。

于是,《包法利夫人》——一个赌注,一个真正的赌注,像所有的艺术品一样——被创造出来。

为了结束这次较量,作者只须(尽可能地)抛掉他的性别,成为女人。奇迹产生了,尽管他热衷于演戏,他却不能不把男性的血注入他的创造物的血管中云,而尽管包法利夫人有其更刚强、更野心勃勃、更富于梦幻的东西,她仍然是个男人。如同全副武装的巴拉斯①,从宙斯的头中生出,这奇异的两性人在一副迷人的女性躯体中,保留着男性灵魂的一切魅力。

三

有好几位批评家说:就其描写的细腻和生动来说,这部作品的确是美的,但是它没有一个人物代表道德,说出作者的良心。那个家喻户晓的传奇式人物在哪里?他担负着解释寓言和指导读者的理解力的任务。换句话说,哪里是指控?

---

① 巴拉斯,即雅典娜,亦称巴拉斯·雅典娜,古希腊神话中的智慧女神,据传说她全副武装地从宙斯的头中生出来。

荒谬绝伦！这真是功能和种类的没完没了的、不可救药的混乱！——真正的艺术品不需要指控。作品的逻辑足以表达道德的要求，得出结论是读者的事。

至于说内在的、深刻的、寓言的人物，毋庸置疑，就是那个通奸的女人；她是声名狼藉的受害者，唯有她具有英雄的种种风度。我刚才说过，她差不多是男性的，作者(也许是无意识地)赋予她一切男子汉的品格。

请仔细地看看：

（1）想象力，这是一种至高无上的、专横的能力，它取代了感情，或人们称之为心的那种东西，而通常心是排斥理智的。一般地说，在女人身上如同在动物身上一样，心是占支配地位的。

（2）突然的行动力，迅速的决断，理智与激情的神秘融合，这些都是善于行动的男子汉的特征。

（3）过分地喜爱诱惑和支配以及各种各样庸俗的诱惑手段，直至用穿衣打扮和涂脂抹粉来诱人上钩，这一切归结为两个词：浪荡作风，对支配专一的爱。

然而，包法利夫人是自己送上门的，她被自己做作的幻想所裹挟，慷慨地、大方地委身于人，其方式完全是男性的，她委身于不是她的对手的一些坏蛋，恰似诗人向坏女人倾诉衷肠。

还有一个证据证明十足男性的品格在向她的血液提供养料，即说到底，她不大关心她丈夫外部的、可见的欠缺及其刺眼的外省习气，而更关心他的完全缺乏才能和由给瘸子动手术所表现出的精神上的低能。

关于这一点，请再读一读包含着这一插曲的那几页，这段插曲曾被错误地当作无关紧要的寄生物，实际上它把人物的性格显露得一清二楚——长久以来积聚在包法利夫人身上的极度的愤怒爆发了，门摔得巨响，丈夫惊呆了，他无法给予他这浪漫的妻子任何精神上的快乐，被丢在房中。他受到了惩罚，却不知道自己的罪过！包法利夫人绝望了，她呼喊着，就像是麦克白夫人①搞上了一个不称意的统帅："啊！哪怕我是个秃顶驼背的学者的妻子也好哇，他那绿色眼镜后面的一双眼睛总是盯着科学的材料！我会自豪地挂在他的胳膊上，我至少也是个精神之王的伴侣。可我却是一个笨蛋的老婆，他连治好一个残废人的脚都不会，噢！"

实际上，在她那一类人中，在她那个狭小的环境中，面对着她那个局促的视

---

① 莎士比亚戏剧《麦克白》中的人物。

野,她是一个很崇高的女人;

（4）甚至在她的修道院的教养中,我也发现了她的暧昧性格的证据。

修女们注意到这个姑娘惊人地善于生活,善于享受生活并从中得到乐趣——这正是一个善于行动的男子汉呀!

然而,这个姑娘对大玻璃窗的颜色、对长长的窗子投在她的祈祷书上的富有东方情调的色彩感到心醉神迷,乐趣无穷;她在晚祷时拼命地聆听庄严的音乐,而且出于一种完全由神经活动引起的奇特现象,她在头脑中用幻想的上帝、未来的偶然的上帝,一个画片上的、带着马刺和留着胡须的上帝取代了真正的上帝——这正是一个歇斯底里的诗人呀。

歇斯底里!为什么这种生理的秘密不能成为一部文学作品的根基呢?医学科学院还没有揭开这个秘密,它在女人身上表现为感到脑袋发胀,令人窒息(我说的只是基本症状),而在神经质的男人身上则表现为各式各样的无能,也表现为倾向于各式各样的过火行为。

四

总之,这个女人其实是高尚的,她尤其是值得怜悯的。尽管作者表现出一贯的冷酷无情,竭力从作品中脱身,只起木偶表演者的作用,所有的知识妇女还是要感谢他把女性提到这样高的地位上去,距离纯动物如此之远,距离理想的人如此之近,感谢他使女性具有完人所具备的那种集谋算与幻想于一身的双重性格。

有人说包法利夫人是可笑的。的确,她有时把某位先生——我甚至可以说是一位乡绅——某位穿着猎装坎肩和服饰鲜明的先生当成了瓦尔特·司各特[①]笔下的英雄好汉!而有时她又爱上了一个公证人的小书记(他甚至不会为他的情妇去干一件稍无把握的事),最后,这个筋疲力尽的可怜女人,这个奇特的帕西淮[②],被丢弃在一个狭小的村庄里,在省城的低级舞会和小酒馆中追求理想——这有什么关系?我们可以这样说,我们应该承认,她是加邦特拉[③]的恺撒,她追求理想!

据我不准确的记忆,那个变兽妄想患者[④],那个认输的反挑者说过:"面对着

---

① 瓦尔特·司各特(1771—1832),英国小说家。
② 希腊神话人物,她和海神波赛东送来的一头白毛公牛生了半人半牛怪物弥诺陶洛斯。
③ 法国东南部一地名。
④ 一种心理变态症患者,这里是指法国诗人贝特吕斯·鲍莱尔(1809—1859)。

当代的平庸和愚蠢,剩给我们的不是只有卷烟纸和通奸吗?"①我肯定不会这样说,但是我要说,无论如何,我们这个基督创造的世界是非常严酷的,它没有什么资格朝这个淫妇扔石头,多几个或少几个变成牛头怪物的人不会加快地球的转速,也不会使宇宙的最后毁灭提前一秒钟。——是结束这种越来越具有传染性的虚伪的时候了,让那些已堕落到庸俗地步的男人和女人觉得可笑吧,让他们大喊大叫地反对一个不幸的作家吧,他怀着一种讲究辞藻的作家的贞洁,竟肯在一些枕席间的故事上蒙了一层光荣的纱幕,而只要没有诗的乳白色的灯光的爱抚,这些故事就总是丑恶的、粗俗的。

如果这样分析下去,我永远也谈不完《包法利夫人》。这本书本质上是一本富于启发性的书,可以使人写出一大本评论的著作。我这里只想指出,有好几个最重要的插曲最初不是被批评家们忽略了,就是遭到了粗暴的指责。例如,矫治跛足遭到失败的那一段,还有那一段,未来的奸妇——因为这可怜的女人刚刚开始实施她的计划!——要去向教会求救,向圣母求救,向那个没有理由不随叫随应的圣母求救,向那个谁也没有权利打盹儿的药房求救!这一段是多么精彩,多么令人伤心,多么富于真正的现代性!善良的布尼西安神甫心思都在那些上教理课时在教堂的座席间打闹的顽童身上,天真地回答道:"既然您病了,夫人,包法利先生是医生,您何不去找您的丈夫呢?"

面对着这种不称职的教士,有哪一个女人在她的疯狂被原宥之后不会一头扎进通奸的旋涡中去呢?而我们中间,谁在更天真的年纪上,在内心骚乱的情况下,没有与不称职的教士打过交道呢?

五

最初,我手头上有同一位作者的两本书——《包法利夫人》和《圣安东尼的诱惑》②(那时,其片段尚未收集成书),我本打算以某种方式把两本书联系起来。我想在它们之间建立一种方程式和彼此呼应的关系。在《包法利夫人》的细密的经纬下找到那种彻底照亮了《圣安东尼的诱惑》的高度的反讽和抒情,这本来是很容

---

① 原话是:"幸亏我们还有聊以自慰的东西:通奸!马里兰烟草!西班牙卷烟纸!"
② 《圣安东尼的诱惑》:福楼拜的另一部小说,发表于1857年。

易的。在《诱惑》①中,诗人②不事伪装,他的包法利夫人受到了各种幻觉的、狂热的魔鬼的诱惑,受到了周围物质的各种淫乱表现的诱惑,而他的圣安东尼则是受到迷惑了我们的各种疯狂的包围,这要比他的资产者的小小的幻想容易对付。可惜的是,作者给予我们的还只是些片断。在这本书中,有一些美妙的篇章。我不仅要提到那布肖多诺索尔的盛宴,示巴女王③这个小疯子的奇妙的出现,这个在一位苦行者的视网膜上跳舞的小东西,以及阿波罗尼乌斯·德·蒂亚那的骗人的、夸张的登场,他后面跟着向导或者说他的供养者,那个他带着周游世界的愚蠢的百万富翁;我更想请读者注意那种受苦的、潜在的、反抗的能力,这条黑线——英国人称之为潜流——贯穿全书,照亮了孤独这个群魔乱舞的巢穴,并可充为向导。

我已经说过,我本来可以很容易地说明,在《诱惑》中显露无遗的那种高度的反讽和抒情,在《包法利夫人》中是被作者有意地蒙上了一层纱幕,而作为作者的思想密室的《诱惑》,显然是诗人和哲学家最感兴趣的一本书。

也许有朝一日我将有幸完成这件工作。

郭宏安　译

---

① 《诱惑》:《圣安东尼的诱惑》简称。
② 诗人:指福楼拜。
③ 《圣经》人物,见《旧约·列王纪》第十章"示巴女王觐所罗门"。

福楼拜与《包法利夫人》①

[英] W.S.毛姆

一

古斯塔夫·福楼拜是个极不寻常的人,法国人说他是天才。不过,"天才"一词现在常被滥用。《牛津词典》把这个词定义为一种天生的非凡能力,即有能力进行富有想象力的创造,或者具有独创性的思考、发明和发现;同时认为,和一般有才能的人相比,天才在更大程度上是靠天生的洞察力或者说直觉能力,而不是靠有意识的努力取得成就的。根据这一标准,任何时代都不大可能产生三到四个以上的天才。由于某个作曲家写出了悦耳动听的乐曲,某个剧作家写出了形象生动的喜剧,或者某个画家画出了富有魅力的图画,我们就说他是天才,那是在降低天才一词的标准。他们的作品当然很好,他们本人也可能具有不寻常的才能,但天才却要比他们高一层次。如果硬要我说二十世纪有没有天才,阿尔伯特·爱因斯坦大概是我唯一能想到的名字。十九世纪的天才可能要多一点,但福楼拜是否属于这样一个具有特殊才能的人,读者只要牢记《牛津词典》上的定义,等读完我这篇文章后便自会作出判断。

有一点是毫无疑问的,那就是福楼拜写出了典型的现实主义小说,并直接或者间接地影响了后来的小说创作。譬如,托马斯·曼②写《布登勃洛克一家》、阿

---

① 本文选自毛姆散文集《十大长篇及其作者》,题目系原书所有。本文要点:(1)福楼拜从小就有厌世情绪;(2)福楼拜19岁时疯狂地爱上了一个26岁的有夫之妇,但毫无结果;(3)福楼拜年轻时就患有癫痫症,到中年时可能已丧失性功能;(4)包法利夫人的原型是福楼拜父亲就职的那家医院里的一个实习医生的妻子,一个农夫的女儿;在小说中,福楼拜表现这个人物时力求客观(对其他人物也一样),不加任何评议,但他并未完全做到,或者说,小说家要做到完全客观是不可能的;(5)除了《包法利夫人》,福楼拜还写过其他一些小说,但都不怎么样。
② 托马斯·曼,20世纪德国小说家,曾获诺贝尔文学奖。

诺德·班内特①写《老妇人的故事》以及西奥多·德莱塞②写《嘉莉妹妹》,其实都是步福楼拜的后尘。福楼拜以几近狂热的勤奋献身于文学创作,像他这样的作家可谓绝无仅有。他不仅像大多数作家一样把文学当作头等大事,还把它看作是一件无所不包的事情,既可以修养身心,又可以充实阅历。对他来说,生命的目的不是活着,而是写作。他为了实现自己的创作抱负,不惜牺牲各方面的生活,和他相比,那些把自己关在小屋里侍奉上帝的修道士也算不上全心全意。

一个作家写出怎样的作品,取决于他是怎样一个人。我们之所以希望了解优秀作家的生平,原因也就在于此。就福楼拜而言,这一点尤为重要。他的父亲是一家医院的院长,和妻子一起住在里昂,福楼拜于一八二一年出生在那里。这是个幸福的、受人尊敬的富裕家庭。福楼拜像他那种家庭的法国孩子一样长大;他进了学校,和其他孩子交朋友;他做得少,读得却很多。他感情丰富,耽于幻想,而且像其他孩子一样常常感到孤独。这种孤独感,在有些敏感的人身上甚至会保持终生。

"我十岁就进了中学,"他后来写道,"而且很快就对所有的人都感到深深的厌恶。"这不是随便说说的,他确实有这样感觉。他从年轻的时候起就是个厌世者。那时,正是浪漫主义鼎盛时期,厌世情绪十分流行;他有一个同学开枪射穿了自己的头,另一个同学则用领带上吊自杀。但是,福楼拜有一个舒适的家庭,有慈爱而宽容的父母,有非常喜欢他的姐姐,还有许多亲密朋友,我们不明白他为什么会觉得生活无法忍受,还那么厌恶周围的人。他发育良好,身体健康而且强壮。他少年时代就写了一些故事,这些故事就像是一个浪漫主义的大杂烩,其中的厌世情绪当然只能看作是当时流行的一种文学装饰。不过,福楼拜的厌世情绪肯定不是装出来的,也不是因为受了外界的影响。他生来就是个悲观厌世的人,如果要问为什么,那就得深入研究他整个精神世界的变化情况了。

二

在他十五岁时,发生了一件后来影响他一生的事。他们全家到特鲁维尔去避暑,那时特鲁维尔还是一个偏僻的海边小镇,只有一家旅馆。在那里,他们遇

---

① 阿诺德·班内特,20世纪英国小说家。
② 西奥多·德莱塞,20世纪美国小说家。

到了一个叫莫里斯·施莱辛格的音乐出版商(他有时也做一点投机生意)和他的妻子。关于后者,福楼拜后来对她作了这样的描绘:"她是个高高的浅黑皮肤的女人,一头漂亮的黑发一缕缕地垂到肩头;鼻子是希腊式的,两眼燃烧着炽热的光;眉毛细长,美妙地弯成弓形;皮肤油亮,好像有一层金色的薄雾;身材苗条而优雅,在她浅黑而带紫色的脖子上曲折地分布着一条条浅蓝色的静脉血管。她的嘴唇上有一层细微难察的汗毛,给她脸带来一种刚毅的男性活力,从而使那些皮肤白皙的美人相形见绌。她说话很慢,声调抑扬顿挫,柔和而富有音乐感。"我在把其中的 pourpre 一词译成"紫色"时,觉得颇费踌躇,因为这颜色似乎并不好看,但也只能这么翻译。我估计,福楼拜想到的大概是龙沙①曾在那首最著名的诗里用过这个词,而没有想到用这个词来形容一位夫人的脖子到底会给人怎样的印象。

　　他发疯似的爱上这位夫人。她当时二十六岁,正在喂养一个婴儿。但他很羞怯,要不是她丈夫热情好客,喜欢交朋友,他甚至都不敢主动去和她说话。莫里斯·施莱辛格邀请十五岁的福楼拜一起去骑马。有一次,他还和施莱辛格夫妇一起乘船游玩。他和艾莉莎(这是她的名字)并排而坐,肩膀相触;她的裙摆还盖住了他的手。她用低沉悦耳的声音和他说话,而他却处在一片迷乱之中,根本就没听清她说了些什么。夏天过后,施莱辛格夫妇离开了特鲁维尔,福楼拜一家也回到了里昂。他继续去上学。但他已陷入他一生中最重要、也最持久的一场恋爱。两年后,他再访特鲁维尔,得知她也去了那里,但已经走了。这时他十七岁。他似乎觉得,他过去是因为太幼稚,所以不能真正爱她;现在则不同了,正怀着一个男人的渴求在爱着她。由于她不在眼前,他的爱欲变得更加强烈。他回到家里,继续写那本他已经开了头的书——《对一位夫人的回忆》,其中讲述的,就是他在那年夏天是如何爱上艾莉莎·施莱辛格的。

　　他十九岁从学校毕业时,父亲为了奖励他,让他和一个叫克洛盖尔的医生一起到比利牛斯山和科西嘉岛去旅游。他那时已完全成熟。据他的同时代人描述,他是个高个子,但他其实只有五英尺十英寸②高,若在加利福尼亚或者得克萨斯③,这样身高的男人可能还会被认为是矮个子。他身材削瘦,体形优美,黑睫毛下有一对像海水一样蓝的大眼睛,一头漂亮的长发披到肩膀。一个当时认

---

① 龙沙,16 世纪法国大诗人。
② 五英尺十英寸,约 1.78 米。
③ 加利福尼亚和得克萨斯在 19 世纪以放牧业为主,那里的牛仔大多身材高大。

识他的女人四十年后说,他那时英俊得就像一尊希腊神像。从科西嘉岛回来后,两个旅行者在马赛停留。一天早上,福楼拜外出洗澡回来,看见旅馆的院子里坐着一个年轻的夫人,神情慵懒性感,很吸引人。他便主动去和她交谈。她叫厄拉莉·福柯,丈夫是法属圭亚那的一个官员,她在马赛是等她丈夫来接她。她和福楼拜一起度过了那个夜晚。按福楼拜后来对这次艳遇的描绘,那个夜晚就像雪原上的日落一样妙不可言。他离开马赛后,再也没有看过她。这是他的初次性爱经验,他一生都铭记在心。

在这段插曲之后不久,他去巴黎学习法律,这不是因为他想当律师,而是因为他不得不选择某种职业。但是他讨厌巴黎,讨厌法律教科书,讨厌大学生活。他对同学们的平庸、装模作样和市侩气嗤之以鼻。就在这段时间里,他写了一部名为《十一月》的中篇小说,描述他和厄拉莉·福柯的那次艳遇,但他的女主人公却有点像艾莉莎·施莱辛格,有一双闪亮的眼睛和高高扬起的弯眉毛,嘴唇上也有一层淡淡的汗毛,只有脖子不一样,是雪白滚圆的。

他去了施莱辛格的办公处,又和他们夫妇俩联系上了。那个出版商还请他去参加每星期三在他家里举行的聚会。艾莉莎还是像以前一样迷人。她当初看见福楼拜时,他还是个笨拙的大孩子,现在他已是一个男子汉,殷勤、漂亮而且充满热情。不久,她就发现他在爱她。他呢,很快就成了他们夫妇俩的亲密朋友,每星期三都要和他们一起用餐。他们还一起去作短途旅行。但是,福楼拜还是像以前一样羞怯,久久没有勇气向艾莉莎表白他的爱情。当他终于向她表白时,她虽然没有像他担心的那样生气,但却拒绝做他的情妇。她的经历真是有点古怪,人人都以为她是莫里斯·施莱辛格的妻子,其实不然;她的丈夫是一个叫埃米尔·朱岱的人,几年前他在经济上陷入困境,面临别人的起诉,于是他们的朋友施莱辛格提出,他愿意出钱帮助他摆脱困境,条件是他必须离开法国并放弃妻子。他同意了,施莱辛格便开始和艾莉莎同居。当时法国还没有离婚法,所以在朱岱于一八四〇年去世之前,他们一直没有结婚。据说,尽管朱岱远在异国他乡,后来又死了,艾莉莎却始终爱着他。也许,正是这种昔日的夫妻感情,再加上她对那个不仅和她同居、还和她一起生儿育女的男人的忠诚感,才使她犹犹豫豫,不敢接受福楼拜的爱慕之情。然而,福楼拜却爱得很执着,他想方设法要她去他的寓所和他幽会。最后,她总算答应了,还和他约好了时间。那天,他焦躁不安地在寓所等她,等待着自己长期的爱慕之情最终得到报偿。但是,她没有来。

三

　　一八四四年,发生了一件后果严重的事情。那天晚上,福楼拜和哥哥一起离开他们的母亲拥有的一幢房子(他们已在那里住了一段时间),坐马车返回里昂。他哥哥比他年长九岁,选择了父亲的职业。忽然,没有任何预兆,福楼拜"只觉得眼前一片亮光,然后一阵晕眩,像一块石头一样滚到了马车的底板上"。等他恢复知觉时,发现自己浑身是血,原来他哥哥已经把他背进附近一幢房子,正在给他放血。他被送回里昂后,父亲又给他放了一次血。他开始服用缬草和槐蓝,脖子上还系着一根泄液线。他不能抽烟和喝酒,也不能吃肉。有一段时间,他经常会浑身痉挛。他的视觉和听觉出现异症,往往会在一阵惊厥后失去知觉。他身体虚弱不堪,神经却处于极度紧张的状态。他的病好像非常怪,不同的医生有不同的看法。有人直截了当地说他有癫痫症,他的朋友们也都这么认为。但是,他的侄女后来在她的《回忆录》中却对此避而不谈。勒内·杜麦斯尼尔先生——他是医生,曾写过一本关于福楼拜的重要著作——则认为,他得的不是癫痫症,而是一种他称之为"癔想性痉挛"的病。我想,他之所以这么说,大概是因为他觉得,如果承认一个杰出作家是癫痫症病人,他的作品价值多少是要受到影响的。

　　他家里人对他的病也许并不感到意外。据说,他自己就曾对莫泊桑①说,他在十二岁时就出现过视听上的幻觉。他十九岁那年外出旅行,就由一个医生陪同;此外,他父亲曾为他制订过一个特别治疗方案,其中有一条就是要经常改变环境,所以很可能他在十九岁时就已经患有某种精神疾病。从少年时代起,他就对自己周围的人感到厌恶。这种让人难以理解的厌世情绪,会不会就是他的怪病引起的呢?尽管在那时他的神经系统可能还没有受到明显影响,但会不会是一种预兆呢?不管怎样,他现在必须面对的事实是,他患上了一种可怕的疾病,这种病反复无常,何时发作根本不可预料。为此,他必须改变生活方式。于是,他决定放弃法律学业——我想,这是他求之不得的——同时决定,永远不结婚。

　　一八四五年,他父亲去世。两个月后,他亲爱的姐姐卡罗琳生下一个女儿后也不幸去世。他和他姐姐从小形影不离,她在婚前是他最亲密的伙伴。他父亲在去世前不久,曾在塞纳河畔购置了房产,那是一幢有两百年历史的名叫"克鲁

---

① 莫泊桑,法国小说家、福楼拜的学生。

瓦塞"的石结构楼房,前面有一个露天平台,还有一个面朝塞纳河的凉亭。他守寡的母亲和他弟弟古斯塔夫带着卡罗琳留下的小婴儿住在那里。他哥哥阿谢尔已经成家,和他父亲一样是个外科医生,而且就在里昂的那家医院里接替了父亲的职务。后来,他也住进了"克鲁瓦塞",而且一直把它当作自己的家。福楼拜很早就开始断断续续地从事写作,现在他既然有病在身,不能像大多数男人那样生活,便决心把自己的一生献给文学事业。他在底楼有一间很大的书房,窗子外面是一个花园,再往前就是塞纳河。他养成了一种井井有条的生活习惯:十点起床,读信,看报,十一点吃午饭,然后到平台上散步或者坐在凉亭里看书,一点开始写作,直到七点钟,接着到花园里散步,回去后继续写作到深夜。除了一两个朋友,他不和任何人交往。他时而邀请朋友到"克鲁瓦塞"来住几天,一起讨论他的作品。他没有任何娱乐活动。

但是,他也意识到,写作是需要有生活体验的,不能过十足的隐士生活。因此,他决定每年到巴黎去住上三四个月。他在那里不仅渐渐出了名,还结识许多才学之士。在我的印象中,人们好像更多的是佩服他,而不是喜欢他。朋友们发现他非常敏感,容易发怒,受不了别人的批评,所以他们都很注意,尽量不去冒犯他,因为无论谁这样做,他都会大光其火。但是,对别人的作品,他却是个苛刻的批评家,而且有一种作家的通病,那就是:凡是他自己做不到的事情,都被认为是不值得做的。而在另一方面,别人对他的作品所作的任何批评,他都愤怒地把它们归结为嫉妒、恶意或者愚蠢。在这一方面,他和许多杰出的作家差不多。对于靠卖文为生和花钱买名声的文人,他都无法容忍。他认为,钱对于艺术来说是无用的;艺术家一谈到钱,就降低了自己的身份。当然,他是很容易长期保持这种非功利的高雅姿态的,因为他生来就有一大笔财产,从来不缺钱。

下面这件事或许是预料之中的。一八四六年,他在巴黎逗留期间,在雕塑家普拉迪耶的工作室里遇见了一个名叫露易丝·高莱特的女诗人,她丈夫伊普里特·高莱特是音乐教授。她的情人是著名哲学家维克多·古赞。她属于文人圈子里常见的那种人,以为和名人拉拉扯扯足以代替自己的才能。实际上,她借助自己的美貌已经在文学界捞到了不少好处。她家里的沙龙经常有一些著名人物光临,而她则以缪斯[①]自居。她有一头秀丽的卷发,披挂她的圆脸蛋两边;她说起话来富有表情,声音清脆而甜蜜。不到一个月,福楼拜就成了她的情人,当然

---

① 缪斯,古希腊神话中的文艺女神。

并没有取代那位哲学家,那是她的正式情人。此外,我说福楼拜成了她的情人,也是指精神上的情人,因为福楼拜长期禁欲,加上他容易激动或者说羞怯,他那时已经丧失了性能力。他回到"克鲁瓦塞"后就给露易丝·高莱特写了一封情书。这样的情书他后来又写了许多,都写得非常奇怪,我看没有一个情人是会这样写情书的。尽管如此,那个"缪斯"倒是爱他的,但她既苛刻又忌妒。他呢,正好相反,既不苛刻也不忌妒。我想,我不说你也猜得出,他之所以要成为这个公众注目的漂亮女人的情人,只是为了满足自己的虚荣心而已。但是,就像许多做白日梦的人一样,他是生活在自己的幻想中的。他很快就觉得事情并不像他想象那样,便不由得感到悲哀。他发现自己在"克鲁瓦塞"比在巴黎更爱那个"缪斯",而且在情书中就这么对她说了。她要他住到巴黎去,他说他离不开母亲。她要求他经常去巴黎,或者去芒特,因为他们难得见面;但他说,他要有充足的理由才能离开"克鲁瓦塞"。她于是愤怒地问:"难道你受到的监护比一个姑娘还要多?"她要到"克鲁瓦塞"来和他相会,而这样的建议是他无论如何也不会同意的。

"你的爱不是爱,"她在信中对他说,"总之,爱在你的生活中没有什么地位。"对此,他回答说:"你想知道我是否爱你?好吧,我说,我爱你就像我能爱的那样多;也就是说,爱情对我而言不是第一位的,而是第二位的。"他确实有点傻乎乎,竟要求露易丝·高莱特通过一个住在卡耶纳的朋友帮他查明厄拉莉·福柯(即那个在马赛和他一夜风流的女人)的情况,甚至还要求她把一封信转交给她。她对他的这种要求表示愤怒,而他对她的愤怒觉得惊讶。他后来越来越离谱了,竟在情书中向她描述自己怎样和妓女交往,还说他对她们有一种嗜好,而且经常能在她们身上满足这种嗜好,等等。这毫不足怪,对于自己的性能力,男人总喜欢自吹,甚至不惜为此撒下弥天大谎。于是,我就问自己:他这样夸耀自己的性能力,是不是正好说明他在这方面有欠缺?我们虽然不知道他那种使身体虚弱、使精神沮丧的怪病究竟发作过几次,但我们知道他一直在服用镇静药物,所以我想,他之所以这样犹犹豫豫地不愿和露易丝·高莱特见面,很可能就是因为他觉得自己毫无性欲——请想想,他当时还不到三十岁!

这样的所谓恋爱持续了九个月。一八四九年,福楼拜和马克西姆·杜·冈一起到中东去旅游,两人游历了埃及、巴勒斯坦、叙利亚和希腊,到一八五一年春天才回法国。福楼拜仍和露易丝·高莱特有联系,和以前一样忙于写情书,但他们的语言却变得越来越尖刻。她继续施加压力,要他去巴黎或者让她来"克鲁瓦塞";他继续找各种理由,既不去巴黎,也不让她来"克鲁瓦塞"。最后,到一八五四年,他写信告诉她,他们最好还是分手算了。她性急慌忙地擅自赶到"克鲁瓦塞",又被他粗暴地赶了回去。这是福楼拜一生中的最后一次恋爱,其中文学多于生活,戏剧性的表演多于真正的男女激情。福楼拜唯一真心实意爱过的女人是艾莉莎·施莱辛格,而她由于丈夫的投机生意失败,已经随丈夫和孩子一起迁出了巴黎。福楼拜有二十年没和她见面。现在,两人都今非昔比了:她瘦了许多,皮肤枯黑,头发却花白了;他则胖了许多,留起了胡子,为了掩饰秃顶,还戴着一顶黑帽子。他们见过一次面,然后又各奔东西。一八七一年,莫里斯·施莱辛格去世。福楼拜——在爱了三十五年后——给艾莉莎写了第一封情书。他没有像通常那样称呼她"亲爱的夫人",而是称她为"我过去和将来永远爱的人"。她有事不得不去巴黎,他们在那里相会过一次。后来在"克鲁瓦塞"又见过一次面。那以后,据人们现在所知,他们再也没有见过面。

四

就在去中东旅游的途中,福楼拜开始构思一部小说,而且要把这部小说当作新的起点。那就是《包法利夫人》。他是怎么会想到写这部小说的,也有一个有趣的故事。当初他到意大利旅游,在热那亚买到一幅画,即布律盖勒的《圣安东尼的诱惑》。这幅画使他深受感动。回到法国后,他又买了一幅由卡洛制作的同一题材的版画,还读了许多有关圣安东尼的材料。然后,他便根据那两幅画给他的启发,开始写一部小说,题目也叫《圣安东尼的诱惑》。手稿完成后,他把两个亲密朋友请到"克鲁瓦塞",把小说读给他们听。他读了四天,每天下午读四小时,晚上读四小时。他们预先约好,在整部小说读完之前,谁也不发表意见。到第四天深夜,福楼拜读完结尾后,用拳头猛敲一下书桌,问:"怎么样?"一个朋友回答说:"我想你最好还是把它扔到火炉里去,从此不再提它。"真是个毁灭性的打击!第二天,那个朋友想缓和一下自己的批评方式,便对他说:"你为什么不写德拉马尔的故事呢?"福楼拜一听,跳了起来,满脸红光地说:"是啊,为什么不呢?"德拉马尔是里昂他父亲那家医院里的一个实习医生,关于他的故事,在当地可谓尽人皆知。德拉马尔在里昂附近的一个小镇上开了家私人诊所,后来他的妻子——一个比他大好几岁的寡妇——死了,他便娶了邻近一个农夫的女儿。那女人既年轻又漂亮,既奢侈又淫荡。她很快就对乏味的丈夫感到烦腻了,便接二连三地找男人通奸。由于爱打扮、滥花钱,她债台高筑而又毫无希望偿还,最后只好服毒自杀。福楼拜几乎全盘采用了这个不光彩的小故事。

他开始写《包法利夫人》时,年已三十,还没有出版过一部真正的作品。因为除了《圣安东尼的诱惑》,他早先写的东西严格地说都属于自传性质,也就是他自己的恋爱经历的小说化表现。而他现在的目标不仅是真实,还要客观。他决心客观地叙述真实的事物,不带任何倾向性或者先入之见,也就是他自己不以任何方式介入叙述。他决心阐明他必须阐明讲的事实,揭示他必须揭示的人物性格,而在这过程中,他不发表任何个人意见,对人物不褒也不贬。即使他同情某个人物,也不直接表露出来;即使某个人物的愚蠢使他恼怒,或者某个人物的卑劣使他愤慨,也决不让读者看出他的恼怒或者愤慨。他正是这么做的,而我想,有许多读者之所以会觉得这部小说有点冷冰冰,原因大概就在于此。因为他刻意追求客观,小说中没有任何让人觉得温馨的东西。想得到温馨也许是人性的一种弱点,但我总觉得,小说家在让读者产生某种感情的同时,若能让读者知道他本人也在和他们一起分享这种感情,这对于读者来说是一种莫大的安慰。

实际上,和任何小说家一样,福楼拜追求客观的努力同样不会完全成功,因为要使小说绝对客观是不可能的。小说家应该让人物自己解释自己,而且要尽可能地把人物的行为描写成人物性格的自然结果,这当然没错;如果小说家出面来指点你如何赞美主人公的魅力或者如何憎恨反面人物的恶行,如果他一味地说教或者不着边际地东拉西扯,如果他一边对你说故事,一边又在故事中充当某种角色,那你很可能会觉得讨厌。但是,不管怎样,这仍然不失为小说的一种叙述方式,而且是许多非常杰出的小说家都使用的方式;我们可以说这种方式有时会不合时宜,但不能说它是绝对行不通的。那些想避免这样做的小说家,其实也只能在表面上把自己的个性排除在小说之外,因为不管他是否愿意,他在选择主题、选择人物性格和选择叙述角度时,都不可避免地要显露出自己的个性。我们知道,福楼拜是个悲观主义者;他不能容忍愚蠢;他对市侩气、凡夫俗子和日常琐事恨之入骨;他没有怜悯心,也没有慈爱心;他成年以后一直过着病人的生活,同时又为自己的疾病觉得羞耻;他神经质,总是处于烦躁不安的状态中;他极端偏狭;他是个害怕成为浪漫主义者的浪漫主义者;他因为没有自己理想中的那种性能力,就着迷于包法利夫人的肮脏故事,就如有些人受了委屈便干脆到阴沟里去打滚。他其实并没有把他的个性完全排除在小说之外,当他决定写德拉马尔的故事而不是别的故事时,他已经显露了自己的个性;当他把故事中的那些人物设计成现在这个样子时,他又显露了自己的个性。在这部长达五百页的小说中,随着情节的发展,他向我们描述了许多人物,除了主要人物之一拉里耶尔博,其余的全都是不可救药的人。他们不是卑劣就是平庸,不是愚蠢就是粗暴。确实,世上有很多这样的人,但并非所有人都是如此。我们很难想象,在一个市镇上(尽管它很小),竟然一个明智、善良而乐于助人的人也找不到。

经过反复琢磨,福楼拜决定在这部小说中描写一群庸俗不堪的人物,决定根据他们的庸俗本性和庸俗环境设计出一连串相应事件。但是,他这样做势必会产生这样的后果,那就是读者很可能会对这样乏味的人物不感兴趣,因为他不得不讲述的那些事件,其本身都很沉闷。那么,他是如何解决这个问题的?我放到后面再谈。现在,我先来判断一下,他在哪些方面成功地实现了自己的意图。

我首先要指出的是,他以一种完美的技巧刻画了人物性格。他们的真实性令人信服。我们一见到他们就会接受他们,好像他们是这个世界上的活生生的人,就用自己的双脚站在我们面前。我们会觉得有关他们的一切都是理所当然的,就像我们在生活中遇到的管道修理工、杂货铺老板和医生一样。我们几乎会忘记,他们其实是小说中的人物。譬如,郝麦就是一个和米考伯先生①类似的幽默形象。法国人熟悉这个人物,就像英国人熟悉米考伯先生一样。他们相信他,就像我们不太相信米考伯先生一样。因为他和米考伯先生截然不同,始终表现得那样真挚,那样纯朴。

但是,我却怎么也没法使自己相信,爱玛·包法利是一个农夫的女儿。确实,她有某些世上的男男女女都会有的欲念。有人曾问福楼拜,爱玛的原型是谁。他回答说:"包法利夫人就是我。"确实,我们每个人都有可笑的幻想,幻想自己是富裕的、漂亮的、成功的,就像浪漫传奇中的男女主人公。但是,我们大多数人也许是因为太明智、太胆小或者太不善于冒险的缘故,总是幻想归幻想,行为却不会受太大影响。包法利夫人则是个例外,她不仅生活在幻想中,就连她的美貌也不是人间所能找到的。发生在她身上的事情,其实并不具有福楼拜所追求的那种必然性。当她对第一个情人感到失望后,她得了脑膜炎,这场病持续了四十三天,差一点把她带到死神面前。尽管长期以来小说家都喜欢用某种疾病把某个人物暂时搁置起来,但据我所知,脑膜炎在福楼拜那个时代是一种连医生都不太熟悉的疾病。所以,我想,福楼拜用这种疾病来折磨包法利夫人,如果是想让她生一场既痛苦又费钱的病以示训诫的话,那么他实际上并没有达到多少训

---

① 米考伯先生,狄更斯小说《大卫·科波菲尔》中的一个夸夸其谈而又非常风趣的人物。

诚效果。还有包法利医生的死,就其本身而言也没有达到这一目的。他的死仅仅表明,福楼拜想结束这本书了。

我们都知道,福楼拜和他的出版商曾受到过指控,因为《包法利夫人》被认为是一本不道德的书。我读过当时的检察官和辩护律师在法庭上的发言记录。检察官还当众读了小说中的一些他认为是色情的章节。这些章节在今天看来只会使人一笑置之,因为和当代小说中的那些习以为常的性描写相比,它们似乎是太规矩了。然而,在当时(一八五七年),检察官竟然会如此震惊,这实在让人难以置信。对此,辩护律师则辩解说,这些章节是小说所必须的,这部小说总的道德倾向是好的,因为包法利夫人尽管行为放荡,但她最后还是受到了惩罚。法官接受了辩护律师的看法,便宣判被告无罪。当时好像没有人想到,包法利夫人之所以倒霉,其实并不是因为她通奸,而是因为她无法偿还债务。当然,关于她的债务也是有问题的。法国农民天生具有经济头脑,福楼拜既然告诉我们说她是农民的女儿,那就没有理由不让她顺顺当当地在她的情人之间周旋,从而设法还清债务。

我希望你不要因为我说了上面这些话,就认为我在对一部不朽的杰作吹毛求疵。我只是想说,福楼拜没有完全做到他想做的事情,原因是他想做的事情本来就是不可能完全做到的。一部小说就是一连串事件的叙述,小说家通过叙述事件塑造出活生生的人物形象,以此吸引读者。小说不是现实生活的拷贝。譬如,小说中的人物对话就不能完全照搬现实生活中人们的交谈,它必须加以概括,或者说,提炼出某些基本要素,从而使它具有现实生活中所没有的明晰性和扼要性。也就是说,为了适应小说家的计划和吸引读者的注意,现实生活中的事物到了小说中必须加以变形。在现实生活中,有许多事情是毫不相干的,有许多事情是重复的,然而在小说中,不相干的事情必须舍去,重复的事情必须避免。还有那些在现实生活中是被时间隔开的、彼此没有直接联系的事情,那些兼有偶然性和必然性的事情,在小说中也必须重新加以组合。所以,没有一部小说能完全避免那种在现实生活中似乎不可能发生的事情,即使是那些比较平常的事情,读者以为它们是和现实生活中的平常事情一样的,便理所当然地接受了,其实它们也是小说家有意安排的。小说家从来就不可能提供现实生活的文学摹本,即便是现实主义小说家,也只能为你勾画一幅尽可能和现实生活相像的图画。你一旦相信了他,他就成功了。

在这方面,福楼拜确实成功了。《包法利夫人》给人极其真实的印象,之所以如此,我想不仅是因为其中的人物极其逼真,同时也因为福楼拜凭借其特别敏锐的观察力,以一种罕见的准确性使每一个细节都符合他的基本意图,而且使它显得必不可少。这部小说的结构也非常出色。小说的主人公是爱玛·包法利,但小说一开始却是写她的丈夫包法利医生的早年生活和第一次结婚,最后又以他的精神崩溃和死亡作为结尾。有些批评家认为这是缺点,我却认为这是福楼拜有意设计的,也就是把爱玛的故事镶嵌在她丈夫的故事里,就像把一幅画镶嵌在画框里一样。我相信,福楼拜一定觉得这样做不仅能使故事变得圆满,同时也能使作品具有艺术上的完整性。如果这真是他有意设计的,那么,要不是小说的结尾写得有点匆忙和武断的话,这种设计意图本会表现得更为明显。

小说中有一个地方,我发现批评家至今还未谈到过,现在我提请你注意一下,因为这是福楼拜写作技巧的一个极好例证。爱玛结婚后的最初几个月是在一个叫道特的村子里度过的,她非常讨厌那里的一切,但为了小说的平衡,福楼拜又必须以相当的篇幅和细节来描写她在那里的生活。这样的描写是很难的,因为你既要描写出使主人公觉得厌烦的事情,同时又不能使读者觉得厌烦。然而,福楼拜却做得非常成功,当你读那一大段描述时,你不但不会觉得厌烦,而且还会觉得兴味盎然。我曾好奇地想,他究竟是如何做到这一点的,于是就把那一大段描写重读了一遍。我发现,福楼拜在那里描写了一连串非常琐细的事情,但每一件事情都是新鲜的,没有一件重复;由于你读到的是始终都是新鲜的描写,你当然不会觉得讨厌;与此同时,由于每件事情又是那样琐细,描写得又是那样平淡,毫无令人激动的东西,你也确实会直观地甚至是不无震惊地体会到爱玛的厌烦情绪。包法利夫妇离开道特后,就住到了永镇。小说中对永镇的那段描写就有点游离于情节,不过也就这么一段,其他关于乡村或市镇的描写都写得既优美又和情节紧密相关。它们都服从于也应该服从于情节发展。福楼拜善于在人物的活动过程中介绍人物,因而我们是逐渐地了解他们的真实面目、生活方式和家庭背景的,就像我们在现实生活中了解人一样。

我在前面说过,福楼拜自己也知道,要写一部关于庸人的小说,很可能写出来之后会使人觉得枯燥乏味。但他决心要写出一部艺术作品。他觉得,只有用优美的文体才能克服由于题材的卑琐和人物的粗鄙而造成的种种困难。我不知道世上是否有天生的文体家,至少福楼拜不是。他那些在他去世后才出版的早期作品,显然都写得啰里啰唆;而在他写的那些信件中,不仅没有任何迹象表明他天生就有非凡的语言能力,倒有不少语法错误。然而,就是通过《包法利夫人》

的写作,他使自己成了法国最伟大的文体家之一。当然,像我这样的一个外国人,即使精通法语,充其量也只能对此作出一种不太精确的判断;如果想翻译这部作品,那十有八九要疏忽许多细微的地方,因为很明显,原作的音乐性、精妙贴切的用语和韵味从根本上说是翻不出来的。尽管如此,我觉得仍有必要把福楼拜所努力的目标以及他用以达到目标的方法告诉读者,因为从他的理论和实践中,任何国家的小说家都可以学到许多东西。

布封①有一句格言:要想写得好,就得感觉得好,思考得好,叙述得好。福楼拜以此自勉。他认为,要形容一件东西,只有一个词最贴切,不可能有两个同样贴切的词,所以用词就必须像手套一样要正正好好适合对象。他立志写出一种既畅达又精确、既简洁又多变的散文。他要把散文写得像诗歌一样有韵律、有节奏、有乐感,同时又不失散文的本色。只要有助于达到上述效果,他不仅随时准备使用日常用语,如有必要,甚至还使用粗俗的俚语。

所有这一切,他当然做得非常出色,有人甚至认为他做得太过分了。他曾说:"当我在一个句子里发现有地方读上去不上口或者有地方重复时,我就知道这个句子一定写错了。"他在同一页上避免使用同一个词。这未免有点可笑。如果一个词在两个地方都很贴切,那就应该用,另找同义词或者婉转说法未必就好。他尽量不使自己(像乔治·穆尔②在其后期作品中那样)被韵律束缚住,而是尽量使韵律多样化。他有一种特殊的才能,能在用词的同时考虑到语音效果,能使他写出来的句子给人以快速或者缓慢、倦怠或者紧张的感觉;事实上,他可以通过这种方法表达任何情绪状态。不过,即便我有足够的知识,也没有足够篇幅来详细谈论福楼拜文体的特殊性。我接着要想说的是,他是如何成为文体大师的。

主要是靠勤奋。每当他想写一部小说时,他总是先阅读可能找到的所有相关材料,并做大量札记。在开始写作前,他要大略地概括出小说的主要内容,然后拟出提纲,再照着提纲一边推敲一边写,写完一部分后就加以修改、删减,甚至重写,直到取得他预想的效果为止。这些做完后,他就走到外面的露天平台上,大声诵读他写定的那些词句,因为他确信,如果词句听上去不顺耳,或者句子读上去有点拗口,那一定是什么地方出了毛病。如果有这种情况,他就回到房间里重写,直到他自己觉得满意。他曾在一封给朋友的信里说:"整个星期一和星期

---

① 布封,18世纪法国博物学家、作家。
② 乔治·穆尔,19世纪末、20世纪初英国小说家。

二,我都在推敲两行文字。"这当然不是说他在两天里只写了两行字,很可能写了十几页;他的意思是,他用了两天时间,终于写出了两行他自己觉得很完美的文字。无怪乎,他用了四年又七个月的时间才完成《包法利夫人》。

五

好了,该说的我都说了。继《包法利夫人》之后,福楼拜写了《萨朗波》,但一般认为这是一部失败之作。然后,他把他多年前写的另一部小说即《情感教育》改写了一遍,因为他对这部小说一直觉得不满意。在这部小说中,他再次描写了他和艾莉莎·施莱辛格的爱情。这部作品尽管在法国被许多著名批评家认为是他的杰作,但外国人若去读它的话,肯定会觉得很乏味,因为其中写到的许多事情都是外国人不感兴趣的,尤其是在今天。这之后,他又第三次重写《圣安东尼的诱惑》。说来也真有点奇怪,像他这样一个才华出众的小说家,有那么高超的写作技巧,却那么缺少构思新作品的冲动。他总是一次次地重新捡起那些从他年轻时起就一直困扰着他的旧主题,好像只有当他用最明确的方式把它们表达出来之后,他的灵魂才能最终得到解脱似的。

随着时光的流逝,他的外甥女卡罗琳出嫁了。他仍和母亲一起住在"克鲁瓦塞"。后来,他母亲也去世了。一八七〇年,法国战败[①],卡罗琳的丈夫在经济上陷入困境。为了使这对年轻夫妇免于破产,福楼拜拿出了自己的全部财产,只留下那幢他无法舍弃的旧房子。当初在他富有之时,他对金钱总是抱着蔑视的态度,现在由于他的无私,他已使自己落到了贫困的边缘。他不能不为此担忧,于是已有十年未发的旧病又开始经常发作。他现在无论是去巴黎还是出去吃饭,都要莫泊桑[②]陪他去,然后再把他送回来。在他的一生中,虽然在情场上总是失意,但在社交场上,他总有几个忠实而热心的知交。随着这些知交一个个去世,他的晚年也就变得越来越孤独了。他很少离开"克鲁瓦塞",但烟抽得很多,酒也喝得不少。

他生前最后出版的是一部包括三个短篇小说的短篇集。与此同时,他正在写一部名叫《布法与白居谢》的长篇小说,打算最后再嘲笑一下人类的愚蠢。为

---

① 指普鲁士和法国的战争,即"普法战争"。
② 莫泊桑,法国小说家,福楼拜的学生。

写这部作品,他以他惯有的谨慎和勤奋翻阅了一千五百本书,从中获取他认为必要的材料。他计划写两部,而且第一部已行将完成。但是,到了一八八〇年五月八日,那天上午十一点钟,女仆把午餐送到他书房里去,发现他躺在沙发上,嘴里正说着胡话。女仆赶紧去把医生叫来,但医生也帮不了什么忙了。不到一小时,他便溘然去世了。

他去世后又过了一年,他的老朋友马克西姆·杜·冈独自到巴登去度假。一天,他外出打猎,不知不觉走到了一家叫"伊累诺"的疯人院门口。这时大门正开着,病人们在作每天的例行散步。他们排成两行,两个两个地并排从大门口走出来。其中有个女病人忽然走到杜·冈面前向他鞠躬。杜·冈这才看清,那个女病人原来是艾莉莎·施莱辛格——福楼拜生前爱得那么热烈、那么持久而又那么徒劳的女人。

刘文荣　译

《包法利夫人》解读

[美] 弗拉基米尔·纳博科夫

一

现在我们来欣赏另一部名作,也是一个童话故事。我们赏析的这一组童话故事中,福楼拜的《包法利夫人》是最富浪漫色彩的一篇。从文体上讲,这部小说以散文担当了诗歌的职责。

小孩子听你读故事的时候往往会问:这故事是真的吗?如果不是真的,他会缠着要你讲一个真故事。我们读书的时候最好不要采取孩童般执拗的态度。当然,如果有人告诉你,史密斯先生看见一个绿脸人驾着蓝色飞碟,嗖地从空中掠过,你一定会问:那是真的吗?因为这件事如果是真的,必会以某种方式对你的生活发生影响,必会产生一系列具体的后果。但是,对一首诗或是一部小说,请不要追究它是否真实。我们不要自欺欺人。请记住,文学没有任何实用价值。只有一种情况例外,那就是,如果有人不想干别的,偏偏要当开文学课的教授。世间从未有过爱玛·包法利这个女人,小说《包法利夫人》却将万古流芳。一本书的生命远远超过一个女子的寿命。

这部小说涉及通奸,书中某些情节和话语使庸俗浅陋却又假充正经的拿破

---

① 本文选自弗拉基米尔·纳博科夫《文学讲稿》,题目系本书编者所加。本文要点:(1)《包法利夫人》是一部写庸人的小说;(2)小说的背景是1830年到1848年国王路易·菲力普的庸政时代;(3)关于两位包法利夫人;(4)关于包法利夫人的丈夫查理·包法利;(5)小说对包法利夫人爱玛最初出场和最后下葬的描写;(6)对爱玛的浪漫幻想和她的性格的描写;(7)爱玛的恋爱经历;(8)关于这部小说是不是现实主义的问题;(9)福楼拜有一种特殊手法,可称作"多声部配合法"或"平行插入法";(10)《包法利夫人》没有什么情节,但福楼拜认为,人物形象就是情节;(11)《包法利夫人》的艺术构思;(12)小说中意味深长的描写;(13)小说中的"多声部配合法";(14)小说的悲剧性高潮——爱玛之死。

仑第三①政府大感震惊。事实上,这部小说的确曾被当作淫书拿到法庭上受审。多么离奇,好像一件艺术品也能诲淫似的。好在福楼拜打赢了官司。这件事发生在整整一百年以前。今天,在我们生活的时代……我还是不要扯得太远了。

我们对《包法利夫人》的分析应当与福楼拜本人的创作意图相符——从下面几个方面进行讨论:小说的结构(他本人称作动作、主题线索、风格、意境、人物)。小说共有三十五章,每章长度约为十页,全书分上中下三卷。三卷中故事发生的地点分别为卢昂、道特;永镇;永镇、卢昂、永镇。除了卢昂,所有地名都是虚构的。卢昂是法国北部一座有大教堂的城市。

小说里的故事主要发生在十九世纪三四十年代,路易·菲利浦国王②当政时期(1830—1848)。第一章始于一八二七年冬天。在小说的"尾声"部分,某些人物的故事已经进展到一八五六年拿破仑第三统治时期,实际上福楼拜这部小说就是那时完成的。作者于一八五一年九月十九日在卢昂附近的克瓦塞动手写《包法利夫人》,一八五六年四月完稿,六月付梓,同年年底开始在《巴黎杂志》上连载。在卢昂北边一百英里处的布洛涅,查尔斯·狄更斯于一八五三年夏天写完《荒凉山庄》,当时福楼拜刚写到《包法利夫人》第二卷;此前一年,在俄国,果戈理去世了,托尔斯泰则已经发表了他的第一部重要著作《童年》。

三种因素造就一个人:遗传因素、环境因素,还有未知因素 X。这三种因素相比,环境因素的影响力远远弱于另两种因素,而未知因素 X 的力量则大大超过其他因素。谈到小说中的各种人物,当然是作者在控制、指挥和运用这三种因素。像包法利夫人这个人物一样,包法利夫人所生活的社会环境也是福楼拜精心创造出来的。所以,说福楼拜式的社会影响了福楼拜式的人物,就是在作无意义的循环论证。小说中的每件事都发生在福楼拜的头脑中,不管最初那微小的动因是什么,也不管当时法国的社会环境或是福楼拜心目中的法国社会环境究竟如何。基于这一看法,我反对人们在女主角爱玛·包法利受到客观社会环境影响的论题上纠缠不休。福楼拜的小说表现的是人类命运的精妙的微积分,不是社会环境影响的加减乘除。

---

① 拿破仑第三:即路易·拿破仑·波拿巴,亦称"拿破仑三世",拿破仑一世的侄子,1848 年当选法兰西第二共和国总统,1852 年称帝,改国名为"法兰西第二帝国"。
② 路易·菲利浦国王:原为法国奥尔良公爵。1789 年法国大革命,他参加支持革命政府的贵族团体,次年参加雅各宾派俱乐部和国民自卫军,并任北路军少将指挥官。1830 年"七月革命"后,被自由派推举为国王。

据说《包法利夫人》中多数人物都属于布尔乔亚①。但我们首先应当弄清楚的是,福楼拜本人使用的"布尔乔亚"这个词具有什么含义。除了在法文中常见的"城镇居民"这个字面含义之外,福楼拜笔下的"布尔乔亚"这个词指的是"庸人",就是只关心物质生活,只相信传统道德的那些人。福楼拜使用的"布尔乔亚"这个词从来不具有政治经济学上的内涵。福楼拜的"布尔乔亚"指的是人的心灵状态,而不是经济状况。这部小说中有一个著名的场面:一个勤劳的老妇人由于像牛马般卖力地为农场主干活而获得一枚奖章。评判委员会由一伙怡然自得的布尔乔亚组成,他们笑容可掬地望着老妇人。请注意,在这里,笑容满面的政客和迷信的老农妇都是"庸人",也都是福楼拜所指的那种"布尔乔亚"。要想把握福楼拜赋予这个词的真正含义,市井小人郝麦先生的行为就是最好的注脚。

二

与十九世纪初拿破仑的礼花庆典时代和五彩斑斓的当代相比,路易·菲利浦这位"公民国王"(布尔乔亚国王)从一八三〇年到一八四八年的统治是一段平淡无奇的时期。十九世纪四十年代,"在基佐②内阁冷峻的治理下,法国经历了一段平静的历史时期"。然而"一八四七年初法国政府开始遇到各种棘手的问题;公众的不满情绪,贫困的问题,人们要求由一个更能代表民众,或者也更明智的政府来掌权……达官要员中似乎盛行着阴谋与欺诈"。一八四八年二月爆发了一场革命。路易·菲利浦"化名威廉·史密斯先生,乘一辆出租马车仓皇出逃,灰溜溜地结束了一个不光彩的王朝"(《大英百科全书》第九版,一八七九年)。我提到这段历史,是因为乘马车、带雨伞的路易·菲利浦是个十足的福楼拜式的人物。

小说中另一个人物查理·包法利,根据我的推算,生于一八一五年;一八二八年进学校;一八三五年当了"医士"(比医生低一级);同年娶了他的第一位太太——寡妇杜比克夫人,地点在道特,那也是他开始行医的地方。妻子死后,他于一八三八年娶了爱玛·卢欧(本书之女主角);一八四〇年迁往另一城市——永镇;第二个妻子死于一八四六年,他本人于一八四七年去世,死时三十二岁。

---

① 布尔乔亚:法文 bourgeois 的音译,原是指市镇居民,后在政治经济学中用以指"有产阶级"。
② 基佐:弗朗索瓦·基佐,法国政治家,1847—1848 年间任首相。

以上便是这部小说的简要大事年表。

三

在小说第一章,我们找到了第一条主题线:层次或千层饼主题。这是一八二八年秋天。查理十三岁,上学第一天,坐在教室里,帽子仍然放在两个膝盖上。

> 这是一种混合式的帽子,具有熊皮水獭皮帽、骑兵盔(一种平顶盔)、圆筒帽和布便帽的成分。总而言之,这是一种不三不四的寒碜东西,它那不声不响的丑样子,活像一个表情莫名其妙的傻子的脸。帽子外貌像鸡蛋,里面用鲸鱼骨支开,帽口有三道粗圆绲边;往上是交错的菱形丝绒和兔子皮,一条红带子在中间隔开;再往上,是口袋似的帽筒,和硬纸板剪成的多角形的帽顶;帽顶蒙着一幅图案复杂的彩绣,上面垂下一条过分细的长绳,末端系着一个金线结成十字形花纹的坠子。崭新的帽子,帽檐闪闪发光。①(我们可以对照果戈理《死魂灵》中对乞乞科夫的旅行提箱和科罗蟠契卡的马车的描述——也是千层饼主题!)

在上面这段描写及将要谈到的另外三个例子中,一层又一层,一级又一级,房套房,撑套棺,意象层次分明地展现出来。那顶帽子既寒碜又俗气,象征着查理未来的生活——同样寒碜而又庸碌。

查理失去了第一个妻子。一八三八年他二十三岁的时候和爱玛结婚,举行了盛大的农庄婚筵。点心师傅初次在当地献技,格外卖力。他做了一盘点心——一个多层蛋糕,也是既寒碜又俗气。

> 首先,底层是方方一块蓝硬纸板(似乎正好与硬纸板剪成的帽顶遥相呼应),剪成一座有门廊有柱子的庙宇,四周撒了金纸星宿,当中塑着小神像;其次,二层是一座萨伏依蛋糕望楼,周围是糖渍白芷屑、杏仁、葡萄干、四分之一瓣橘子做的玲珑碉堡;最后,上层平台,绿油油一片草地,有山石,有果酱湖泊,有棒子船只,就见一位小爱神在打秋千;巧克力秋千架,两边柱头一边放着

---

① 引文主要根据李健吾所译《包法利夫人》(人民文学出版社,一九七九年)。并参照纳博科夫之英译文。——译者注

一个真玫瑰花球。

这里的果酱湖泊是一种先兆,象征着富有浪漫情调的瑞士湖泊,崭露头角的风流妇人爱玛·包法利将伴着拉马丁①的流行抒情诗,怀着美妙的梦想在湖上漂流;在卢昂旅馆里爱玛与第二个情夫莱昂幽会的那个轻松可意的房间里,我们又会看到钢钟上小爱神的雕像。

时间仍在一八三八年六月,但地点已移至道特。从一八三五年底查理就一直住在那里。先是和第一个妻子相伴,一八三七年二月妻子去世,他便独居。在迁往永镇之前,他和新娶的妻子爱玛将在道特度过两个年头(直到一八四〇年三月)。

(第一层)房子前脸,一砖到顶,正好沿街,或者不如说是沿路。(第二层)门后挂一件小领斗篷、一副马笼头、一顶黑皮便帽。角落地上扔一双皮裹腿,上面还有干泥。(第三层)右手是厅房,就是说,饮食起居所在。金丝雀黄糊墙纸,高头滚一道暗花,由于帆布底子没有铺平,整个都在颤摆;红压边白布帘,错开挂在窗口;壁炉板架窄窄的,上面放着一只明光闪闪的座钟。样式是希波克拉特②的头,一边一枝椭圆形罩子扣着的包银蜡烛台。(第四层)过道对面是查理的诊室,六步来宽的小屋里有一张桌子、三张椅子和一张大靠背扶手椅。一个六格松木书橱,单是《医学辞典》差不多就占满了。辞典没有裁开③,但是一次一次出卖,几经转手,装订早已损坏。(第五层)看病时候,隔墙透过牛油融化的味道。人在厨房,同样听见病人在诊室咳嗽,讲说他们的病历。(第六层)再往里去(原著用 venalt ensulte,和描写帽子的一段采用完全相同的格式),正对院子和马棚,是一间有灶的破烂大屋,现在当柴房、堆房、库房用。

爱玛·包法利过了八年婚姻生活,其中包括两场如瘾似狂的风流韵事——她丈夫竟一无所知。最后,她负债如山,无力偿还,于一八四六年三月自杀。在

---

① 拉马丁,19 世纪法国浪漫主义诗人,著有"孤独""回忆""湖上""秋天"等诗篇。参见李健吾译本注。——译者注
② 希波克拉特,古希腊最有名的医生。见李健吾译本。——译者注
③ 欧洲早期出版的书一印张一印张折叠后并不切边,而是由读者自己裁开。

安排妻子的丧事时,可怜的查理一生中唯有这一次发挥了浪漫的想象力:如他把自己关在诊室,拿起笔来,呜咽了半晌,这才写道:

> 我希望她入殓时,身穿她的新嫁衣,脚着白鞋,头戴花冠。头发披在两肩。(下面开始出现层次)一棺两撑:一个用栎木,一个用桃花心木,一个用铅……拿一大幅绿丝绒盖在她身上。

全书所有的"层次"主题都汇聚在这里。我们会清晰地回想起查理上学第一天戴的那顶寒碜帽子的细节,回想起婚筵上的多层蛋糕。

第一位包法利夫人是一位法警的遗孀。可以说她是假包法利夫人。小说第二章,第一位夫人还健在,第二位夫人就出现了。正像查理作为继承人搬到老医生对门住下来一样,头一个包法利夫人没死,未来的夫人就出场了。福楼拜不能描写第一位夫人的婚礼,因为那会妨碍对第二位夫人的婚筵的描述。福楼拜对第一位夫人采用了如下称谓:杜比克夫人(她原夫的姓氏),然后是包法利夫人,小包法利夫人(以区别于查理的母亲),然后是艾劳伊丝。然而当她的财产保管人卷款逃走的时候,福楼拜又称她为杜比克寡妇。最后她又被称作杜比克夫人。

换言之,在头脑简单的查理看来,在他爱上爱玛·卢欧之后,他的第一个妻子便一步步倒退到原来的状况。她死之后查理·包法利娶了爱玛,于是可怜的艾劳伊丝完全返回最初的位置,又成了杜比克夫人。现在查理成了鳏夫,但他的孤苦寂寞都以某种方式转移给了受骗后死去的艾劳伊丝。爱玛似乎从未同情过艾劳伊丝·包法利的不幸遭遇。凑巧的是,导致两位太太死亡的原因之一都是一场经济变故。

四

浪漫这个词有好几层含义。讨论《包法利夫人》这本书和包法利夫人这个人物时,我将使用浪漫的下列含义:"一种梦幻式的,富于想象力的心态,主要由于受到文学作品的影响,时常沉湎于美妙的幻想之中。"(浪漫的,不是浪漫主义文学的)[①]一个浪漫的人,在精神上或感情上生活在一个非现实的世界之中。这个人

[①] 纳博科夫原文中,此处使用了"romanesque"和"romanticist"两个词。——译者注

是深沉还是浅薄,取决于他(或她)的心灵的素质。爱玛·包法利聪慧、机敏,受过比较良好的教育,但她的心灵却是浅陋的:她的魅力、美貌和教养都无法抵消她那致命的庸俗趣味。她对异国情调的向往无法驱除心灵中小市民的俗气。她墨守传统观念,有时以传统的方式触犯一下传统的清规戒律。通奸不过是逾越传统规范的一种最传统的方式。她一心向往荣华富贵,却也偶尔流露出福楼拜所说的那种村妇的愚顽和庄户人的粗俗。然而她那美丽出众的姿容和风韵,她那小鸟一般,像蜂鸟一般的轻盈活泼,迷住了书中的三个男子:她丈夫及两个接踵而至的情人——两人都是卑劣小人。与他曾经狎戏的妓女们相比,罗多尔夫尤其欣赏她那孩童般浪漫的稚气;莱昂这个庸才则因攀得一位真正有身份的太太作情妇而受宠若惊。

那么她的丈夫查理·包法利又怎么样呢?他愚钝、笨拙、迟缓、毫无魅力、没有头脑、缺乏教养,信守着一整套传统观念和习俗。他是个鄙俗之辈,可也是个令人怜悯的人。下面的两点极为重要。他迷恋爱玛、欣赏爱玛的,正是爱玛本人在浪漫的幻想中百般寻求却无法获得的那些东西。查理朦胧却又深沉地从爱玛的性格中体味到一种五彩缤纷的美,一种雍容华贵,一种梦幻般的冷峻高雅,一种诗意和浪漫情调。这是第一点,后边我会举出几个例证。第二点,查理几乎是不知不觉地爱上了爱玛,那是一种发自内心的真挚感情,完全不同于她那两个卑鄙、庸俗的情夫罗多尔夫和莱昂的那种肉欲、轻薄的感情。于是我们看到了福楼拜童话中的一个有趣的矛盾:书中唯有这个最迟钝笨拙的人物,通过对爱玛——不论生前还是死后——的宽宏大量、坚贞不渝、力量无穷的爱,得到了神灵的赎救。小说中还有第四个爱上了爱玛的人物,名叫玉斯旦。他还是个孩子,像狄更斯小说中描写的那种孩童。但我感到他是个令人同情的人物。

五

让我们回到查理还在和艾劳伊丝作夫妻的时候。小说第二章,包法利迷迷糊糊地骑着马——马在这部小说里扮演了重要的角色,成了一个独立的小主题——朝爱玛家中走去。爱玛是他的一个农夫病人的女儿。然而爱玛却不是一个普通的农家女,她是个窈窕淑女,一位"大家闺秀",和富贵人家的小姐们一道在一所体面的寄宿学校里长大。查理·包法利出场了,被人从冷冰冰的双人床上叫起来。(他从来不爱第一个妻子,这不幸的女人已经有了一把年纪,干瘦,像春季草木发芽一样长了一脸疙瘩——她是另一个男人的寡妻,福楼拜让查理这样看待她。)于是年轻的乡村医生查理被一个报信人从冰冷的卧榻上唤醒,然后出发去拜尔斗田庄,为一个庄户人医腿。快到田庄的时候,他那匹驯良的马忽然受惊,来了个大闪失。这是个微妙的先兆,预示这年轻人平静的生活将掀起波澜。

查理第一次去拜尔斗时,我们通过他的眼睛看到田庄,然后又看到爱玛。当时查理的妻子还是那不幸的寡妇。院子里的五六只孔雀似乎是一个隐约的征兆,以彩虹般的色彩暗示查理未来的生活。让我们看看这一章结尾处关于爱玛的阳伞的一段插曲。几天之后,时逢化冻。院里树木的皮在渗水,房顶的雪在融化。爱玛站在门槛边;她去找来阳伞,撑开了。阳伞是缎子做的,阳光透过来,闪闪烁烁,照亮脸上的白净皮肤。天气不冷不热,她在伞底下微笑。能够听见水点声,一滴又一滴,滴在紧绷绷的闪缎上。

通过包法利的眼睛我们看到爱玛外貌的美:她那镶了三道花边的"麦里漏斯"蓝袍,秀丽的指甲,还有她的发式。各种译本中描写爱玛发式的一段都译得很糟,必须加以纠正,否则会得出错误的印象:

> 一条中缝顺着脑壳的弧线,轻轻下去,分开头发(这是年轻医生的观察);头发乌黑乌黑的,光溜溜的,两半边都像一块整东西一样,几乎盖住了耳垂(各种译本都将"耳垂"译成了"耳朵尖"。她那乌黑的头发当然会盖住耳朵尖,那是不言而喻的)①,盘到后头,挽成一个大髻,又像波浪一样起伏,朝鬓角推了出去。她的脸蛋是玫瑰红颜色。

夏日房中的一段描写更强调了爱玛给予年轻医生的一种肉感的印象。这景象是从起居室中观察到的:

> 外头放下窗板,阳光穿过板缝,在石板地上,变成一道一道又长又亮的细线,碰到家具边角,一折为二,在天花板上颤抖。桌上放着用过的玻璃杯,有些苍蝇顺着杯壁往上走,反而淹入杯底残苹果酒,嘤嘤作响。亮光从烟囱下来,掠过壁炉铁板上的烟灰,烟灰变成天鹅绒,冷却的灰烬映成淡蓝颜色。爱玛在窗、灶之间缝东西,没有披肩巾,就见光肩膀冒小汗珠子。

---

① 李健吾中译本此处亦作"耳朵尖"。——译者注

请注意,阳光透过窗缝射进来,变成一道道又长又亮的细线,苍蝇顺着玻璃杯壁往上走(各种译本作"爬",不对。苍蝇不是爬,而是用脚走,边走边搓着手)①,反而淹入杯底残苹果酒。请注意,阳光阴险地溜进来,把壁炉铁板上的烟灰变成天鹅绒,冷却的灰烬变成淡蓝颜色。爱玛的裸肩上冒小汗珠子(她穿着敞领衫),这一点也请注意。这是最完美的意象。

在田野中穿行的迎亲行列可与小说结尾时穿行于另一片田野的为爱玛送葬的队伍相对照。迎亲时:

> 行列起初齐齐整整,走在绿油油小麦之间的狭窄阡陌上,曲曲折折,好似一条花披肩,在田野动荡起伏,不久拉长了,三三两两,放慢步子闲谈。前面走着提琴手,提琴的卷轴扎了彩带;新人跟在后头,亲友随便走动;孩子们待在末尾,掐荞麦秆子尖尖的花儿玩,要不然就瞒着大人,自己玩耍。爱玛的袍子太长,下摆有些拖来拖去,她不时停住往上拉拉,然后用戴手套的手指,灵巧敏捷,除去野草和蓟的小刺,而查理两手空空,等她完事。卢欧老爹戴一顶新缎帽,青燕尾服的硬袖连手指甲也盖住了,挽着包法利太太。至于包法利老爷,心下看不起这群人,来时只穿一件一排纽扣的军式大衣,对一个金黄色头发乡下姑娘,卖弄咖啡馆流行的情话。她行着礼,红着脸,不知如何回答才好。别的贺客谈自己的事,要不然就是兴致勃勃,彼此在背后捣乱;提琴手一直在田野拉琴,吱扭吱扭的声音〔像蟋蟀唱歌〕总在大家耳边响。

爱玛要下葬了。

> 六个杠夫,一边三个,迈开小步,微微气喘。教士、唱经队队员和两个唱经的小孩子,吟诵"我从深处"②,声音抑扬高低,散在田野。有时候他们走进小路拐弯处,看不见了,不过大银十字架总在树木之间举着。(比较迎亲时关于小提琴手的一段描写。)
>
> 妇女跟在后头,披着风帽朝下翻的黑斗篷,每人拿着一支点亮的大蜡

---

① 李健吾中译本此处作"往上爬"。——译者注
② 原文为 De Profundis,见于《旧约》《诗篇》一百三十。李健吾注。——译者注

烛。查理听见祷告翻来覆去,看见蜡烛络绎不绝,闻见蜡油和道袍的恶心气味,觉得自己软绵绵没有气力。一阵清风吹来。裸麦和菜籽(油菜籽)发绿;露珠在道旁荆棘篱笆上颤抖。天边是一片欢乐的声音:一辆大车在车辙上走动,远远传来鞭子啪啪的响声;一只公鸡啼个不住,要不然就见一匹马驹,跳跳蹦蹦,逃到苹果树底下。晴空飘着几点玫瑰色红云;淡蓝色浮光笼罩着蝴蝶花盖住的茅屋;查理走过,认出一所一所院落。他记得有些早晨如同今天一样,他看完病人,走出院落,回去看她。(奇怪的是,他居然不记得迎亲的那一天;读者比他记得更清楚。)

黑布棺罩绣了好些眼泪似的白点子,不时被风吹开,露出灵柩。杠夫走累了,放慢脚步。灵柩忽高忽低,仿佛一条小船,一个浪头打来,上下摆动。

另一段以含蓄笔调表现肉感美的文字描述了年轻的查理婚后的幸福生活。我们又不得不对拙劣的译文作一些修正:

早晨他躺在床上,枕着枕头,在她旁边,看阳光射过她可爱的脸蛋的汗毛,睡帽带子有齿形缀饰,遮住一半她的脸蛋。看的这样近,他觉得她的眼睛大了,特别是她醒过来,一连几次睁开眼睑的时候;阴影过来,眼睛是黑的,阳光过来,成了深蓝;仿佛具有层层叠叠的颜色,深处最浓,越近珐琅质表面越淡。(与"层次"主题的一次小小呼应。)

第六章中以追忆的形式描写了爱玛的童年,她如何受到浅薄的浪漫主义文化熏陶,读了些什么书,从书里学到了什么。爱玛读了许多传奇故事,许多带有异国情调的小说,许多浪漫派诗歌。她熟悉的作家中有些是第一流的,如瓦尔特·司各特和维克多·雨果;有的却不怎么高明,如贝纳尔丹[①]和拉马丁。作家好坏倒无关紧要,我要说的是,爱玛不是一个善于读书的人。她读书太动感情,以浅薄无知的孩子的方式,让自己去充当小说里某个女角色。福楼拜使用了十分微妙的手法。在好几个段落中福楼拜列举了爱玛十分喜爱的那些浪漫主义陈词滥调;然而他巧妙地选择了一些浅俗的意象,用声调铿锵的词汇和起伏跌宕的句式,写出一段段相当美妙和谐的文字。爱玛在修道院读的

---

① 贝纳尔丹·德·圣皮埃尔(1737—1814),法国作家。——译者注

书中写的

无非是恋爱、情男、情女、在冷清的亭子里晕倒的落难命妇,遇害的驿夫、倒毙的马匹,阴暗的森林、心乱、立誓、呜咽、眼泪与吻、月下小艇、林中夜莺,公子勇敢如狮,温柔如羔羊,人品无双,永远衣冠修整,哭起来泪如泉涌。爱玛就这样在十五岁上,有半年之久,一双手沾满了古老书报租阅处的灰尘。后来她读司各特,醉心历史事物,悬想大皮柜、警卫室和行吟诗人。她巴不得自己也住在一所古老庄园,如同那些腰身苗条的女庄主一样,整天在三叶形穹窿底下,胳膊肘支着石头,手托住下巴,遥望一位白羽骑士,胯下一匹黑马,从田野远处疾驰而来。

在描述郝麦的粗鄙言行时,福楼拜运用了同样的艺术手法。内容也许粗俗低下,作者却用悦耳而又和谐的文字表现出来。这就是风格。这就是艺术。唯有这一点才是一本书真正的价值。

六

爱玛浪漫的幻想与那条意大利种小猎犬有着某种关联。那条狗是一位猎警送的,她带着狗

去散步(在道特),因为她有时候出去走走,独自待上一时,避免老看日久生厌的花园和尘土飞扬的大路……她的思想起初漫无目的,忽来忽去,就像她的猎犬一样,在田野兜圈子,吠黄蝴蝶,迫助助,咬小麦地边的野罂粟。随后,思绪渐渐集中了,于是爱玛坐在草地,拿阳伞的小尖头轻轻刨土,向自己重复道:"我的上帝!我为什么结婚?"

她问自己,她有没有方法,在其他巧合的机会,邂逅另外一个男子。她试着想象那些可能发生的事件、那种不同的生活、那个她不相识的丈夫。人人一定不如他。他想必漂亮、聪明、英俊、夺目,不用说,就像他们一样,像她那些修道院的老同学嫁的那些人一样。她们如今在干什么?住在城里,市声喧杂,剧场一片音响,舞会灯火辉煌,她们过着心旷神怡的生活。可是她呀,生活好似天窗朝北的阁楼那样冷,而烦闷就像默不作声

的蜘蛛,在暗地结网,爬过她的心的每个角落。

在从道特去永镇的路上猎犬丢失了,这预示着她在道特的那种温和的浪漫情调和哀婉的空想时期已经结束,取而代之的是发生在永镇——那决定她命运的市镇——的那些热烈的恋爱经历。

然而早在去永镇之前,有一次从握毕萨尔沿着空旷的乡村土路回家,爱玛拾得一个丝绸面的雪茄匣,这匣子引起了她对巴黎的浪漫幻想。① 这很像普鲁斯特写的《追忆逝水年华》。在这部本世纪上半叶最伟大的小说中,一杯茶引起了对小城贡布雷及城中花园的一系列回忆。爱玛对巴黎的憧憬是贯穿全书的一系列幻想中的一个。有一个没多久就破灭了的梦,那就是,爱玛想通过查理使"包法利"这个姓闻名天下:

> 她怎么连那样一个人也嫁不到:勤奋寡言,夜晚埋头著述,最后熬到六十岁上,风湿病的年龄来了,可是不合身的青燕尾服挂着一串勋章。她巴不得包法利这个姓——她现在姓这个姓,赫赫有名,在书店公开陈列,在报上经常出现,全法兰西都知道。可是查理没有野心!

梦幻的主题自然地融入了欺骗的主题。爱玛将引起她无限遐想的那只雪茄匣藏了起来。她一开始就欺骗查理,好让丈夫带她去别的地方。她装病,于是他们迁到了永镇,据说那里气候更好:

> 这可怜的情形,真就永远下去?她有没有跳出的一日?其实,生活快乐的妇女,她哪一个比不上?她在握毕萨尔,也见过几个公爵夫人,腰身比她粗笨,举止比她伦俗;她恨上帝不公道,头顶住墙哭;她欲美动乱的生涯、戴假面具的晚会、闻所未闻的欢娱、一切她没有经见然而应当经见的疯狂爱情。
>
> 她脸色苍白,心跳也不正常。查理要她服败酱汤,洗棒脑澡,种种努力,似乎只是使她格外有气罢了……
>
> 因为她一直抱怨道特不好,查理心想,她生病一定是受了当地气候感应

---

① 查理停下来修理马鞍的时候,爱玛发现了雪茄匣。在她眼里,烟匣成了时髦的巴黎生活的象征。后来,罗多尔夫也曾修理断了的缰绳,那是在她与罗多尔夫发生恋爱关系之后。——作者原注

的缘故；他存了这种心思，当真想着换一个地方行医了。

她从这时候起，喝醋要自己瘦，得了干咳的小毛病，一点胃口也没有了。

到永镇之后，命运就要开始摆布她了。爱玛的婚礼花束的下场预示着几年后爱玛将自尽。爱玛发现了包法利第一个妻子的婚礼花束，便猜测别人会怎样处置她自己的花束。现在即将离开道特，她自己把花烧掉。这一段写得很精彩：

有一天，预备动身，她归理抽屉，有什么东西扎了手指。原来是一根铁丝，捆扎她的结婚的花用的。橘花已经在灰尘之中变黄了，银滚条缎带沿边也绽了线。她拿花扔进火里。它烧起来，比干草还快，随后在灰烬里，仿佛一堆小红树，慢慢销毁。她望着它燃烧。小纸果裂开，铜丝弯弯扭扭，金银花带溶解；纸花瓣烧硬了，好像一只一只黑蝴蝶，沿着壁炉，飘飘摇摇，最后，飞出烟囱去了。

福楼拜一八五二年七月二十二日前后写的一封信里的话可以为上面那段描写作注脚：

真正好的散文句子应当像好的诗句，好得不可易一字，而且像诗一样节奏分明，音调铿锵。

爱玛想为女儿取一个浪漫的名字——幻想的主题又出现了。

她最先考虑所有那些有意大利字尾的名字。例如克娜拉、路易莎、阿芒达、阿达娜；她相当喜欢嘉耳徐安德这个名字，尤其喜欢意色和莱奥卡狄这两个名字。

其他角色提出的建议忠实地反映了他们各自的性格。

查理愿意小孩子叫母亲的名字；爱玛不赞成。郝麦说："赖昂先生，弄不懂你们为什么不取玛德兰这个名字，眼下非常时髦。"

但是包法利老太太坚决反对用这有罪女人的名字。至于郝麦先生，凡足以纪念大人物、光荣事件或者高贵思想的，他都特别喜爱……

我们应当注意爱玛最后为什么选择了白尔特。

> 最后还是爱玛想起,她在握毕萨尔庄园听见侯爵夫人喊一个年轻女人白尔特,就选定了这个名字……

给孩子取一个浪漫的名字与孩子受人乳养的环境形成了对比。寄养孩子是当时流行的一种特殊的习俗。爱玛和赖昂一道步行着去看望孩子。

> 他们看见一棵老胡桃树,知道到了。老胡桃树荫下,有一所棕色瓦房,矮矮的,阁楼天窗底下挂着一串大葱。一捆一捆小树枝,竖直了,靠住荆棘篱笆,围着一畦生菜、一小片香草和架子支起、正在开花的豌豆。泼在草上的脏水,东一摊,西一摊,房子周围有几件叫不出名堂的破衣烂裤、编织的袜子、一件红印花布短袖女袄和一大幅晾在篱笆上的厚帆布。奶妈听见栅栏响,抱着一个吃奶的孩子出来,另一只手还牵着一个可怜的小瘦家伙,一脸凛疡:他是卢昂一个帽商的儿子,父母忙于做生意,把他撇在了乡下。

爱玛感情的波动——她的渴望、激情、挫折、情欲、失望——这兴衰无常的变化,最后以自杀告终,而且死得很惨。不过在结束对爱玛的分析之前,我们还要讨论一下她的性格本质中粗俗的一面。她肉体上的一个小缺陷象征着这种粗俗:她的双手线条欠柔,带着生硬的棱角。那双手很整洁、纤细、白净,也许算得上标致,却并不美。

她不诚实,说谎成了她的秉性:还没有与人发生奸情的时候。她就开始欺骗查理了。她生活在庸俗的人之中,自己也是个庸人。她在精神上的鄙俗表现得不像郝麦那样明显。郝麦那种陈腐不堪的伪科学的态度正好与爱玛那种女性的伪浪漫情调相匹配。这种说法也许对爱玛责之过严,但人们总会觉得,郝麦和爱玛两人不仅名字读音相近①,两人的性情也有相通之处——一种冷酷的粗俗。对于爱玛来说,她的风韵、聪颖、美貌,她那漫无目的的智慧,她的想象力、她偶尔流露的温柔体贴,以及她小鸟般短暂生命的悲剧式结束,这一切掩盖了她的鄙俗。

郝麦可不是这样。他是个成功的庸人。小说的末尾,可怜的爱玛躺在床上,

---

① 爱玛(Emma)和郝麦(Homais)在法语中发音近似。——译者注

已经死去。照料她的是好事之徒郝麦和索然无趣的教士布尔尼贤。这两人凑在一起,形成了有趣的一幕:医药的信徒和上帝的信徒守在爱玛的尸身旁边,俩人相对而坐,肚子鼓出,下巴低垂,鼾声大作,终于在人类同一弱点——睡眠之中携手了。郝麦找到的碑铭对于可怜的爱玛的命运简直是一种侮辱!他的脑子里装满了拉丁文的陈词滥调,但起初他竟找不到比"行人止步"更好的词句。止步,止在哪儿?这句拉丁文的末尾两个字是"英雄的骸骨"——你践踏了英雄的骸骨。郝麦则像往常一样轻率地把"英雄的骸骨"换成了"你爱妻的骸骨"。这句话就成了"止步,行人,你践踏了你爱妻的骸骨"①——可怜的查理断不会说这样的话。查理虽然蠢,却一往情深地爱着爱玛。她在死前不久确曾意识到查理的爱心。查理死在哪里?他正是死在罗道耳弗和爱玛常去调情的花棚之下。

(顺便说一下,在查理生命的最后一刻,花丛里是"浅绿色甲虫"在绕着百合花嗡嗡地飞,不是"大野蜂"。小说的这些译者多么无耻、卑劣、庸俗!让人觉得似乎郝麦——他懂一点英文——在充当福楼拜小说的英文翻译。)

郝麦这个人物在堂皇的外表下掩盖着如下的缺陷:

1. 他的科学知识来自各种小册子,他的文化修养来自报纸;他的文学趣味低劣得可怕,他所引用的作家的名字是最好的证明。有一次郝麦说,"'这是个问题',正像我最近读过的报纸所说的"。无知的郝麦竟不知道他引用的不是卢昂某个新闻记者的话,而是莎士比亚剧中的台词②——也许那篇政论文的作者也不知道自己引用了莎士比亚的话。

2. 有一次用错药造成的事故差点让他坐了监,从此他时常怀着一种恐惧。

3. 他是一个叛徒、无赖,一个惹人恨的人物,为了生意兴隆,为了获得勋章,他不在乎出卖自己的尊严。

4. 他是个懦夫,尽管他爱说大话,却怕血、怕死、怕尸体。

5. 他从不宽恕人,报复起来冷酷无情。

6. 他是个傲慢的蠢货,一个沾沾自喜的骗子,十足的市侩,也是社会的栋梁——像别的许多市侩们一样。

7. 在小说的末尾,他的确于一八五六年如愿以偿,得到了勋章。福楼拜认为他自己生活在"庸人时代",他使用了"muflisme"这个词来形容那个时代。然而这

---

① 这段碑文的拉丁文是"Sta, viator amabilem conjogen calcas."完全抄袭德国17世纪初麦尔席将军的碑铭"Sta, viator heroam calcas"(行人止步,勿践英雄)。见李健吾译本注。——译者注
② 此处谈到的是《哈姆雷特》中的台词:"To be or not to be, that is the question."——译者注

并不是某个政府或政权所独有的特征。可以说,庸人风气更盛行于革命时期和警察国家。闹乱子的庸人总比不声不响坐在电视机前消遣的庸人要危险得多。

七

现在我们来总结一下爱玛的恋爱经历,不管是柏拉图式的精神恋爱还是其他形式的恋爱:

1. 在小说倒叙过去生活的段落中,学生时期的爱玛也许爱上了她的音乐教师,那教师提着小提琴匣消失了。

2. 作为查理的年轻妻子(她一开始就不爱他),她的第一个情郎是莱昂·杜普伊,一个公证处职员。从定义上分析,这是一次典型的柏拉图式精神恋爱。

3. 她第一次"私通"是与当地乡绅罗多尔夫·布朗吉。

4. 在这场恋爱中,爱玛发现罗多尔夫比她幻想中的浪漫情人粗暴得多,于是她转而寄希望于她的丈夫。她希望丈夫成为名医。在这段短暂的时间里,她变得较为温柔、自信。

5. 查理为可怜的马夫医腿,手术完全失败——这是小说中写得最精彩的部分之一——之后,爱玛以更热烈的激情回到罗多尔夫的怀中。

6. 罗多尔夫毁掉了她最后一个美梦——和他私奔到意大利去过世外桃源的生活——在重病一场之后,她把上帝当作了她浪漫的崇拜对象。

7. 她曾对歌剧演员拉嘉尔狄想入非非,但这只延续了几分钟。

8. 她再遇胆怯、乏味的赖昂,他俩的恋爱以怪诞而又哀婉的方式实现了她所有的浪漫幻想。

9. 临死前她发现了查理身上人和神的一面,发现了他对自己深情的爱——她失去了这一切。

10. 临终前几分钟,她亲吻了十字架上基督洁白的身体。但对基督的爱也可以说得到了和先前一样悲剧式的结局,因为在死亡的一刹那她听见丑陋的乞丐唱起那首怪歌,歌声又将她带回到生活的苦难之中。

八

小说里谁是"好"人呢?勒乐显然是坏人,但除了查理之外,这本书里的正面人物还有谁呢？爱玛的父亲卢欧老爹应该算一个；男孩玉斯旦勉强算一个，我们看见他在爱玛坟头哭泣，那是凄凉的一幕；提到小说中狄更斯式的格调，我们不要忘记另外两个不幸的孩子：一个是爱玛的小女儿；另一个狄更斯式的女孩自然就是那个十三岁的驼背女孩，可怜的小女佣，衣衫褴褛的少女——她是勒乐的帮手，是个值得留意的人物。小说里还有好人吗？剩下的人物中最好的是那第三位大夫，声名赫赫的拉里维耶尔博士，尽管我很不喜欢他为垂死的爱玛流下的那滴清泪。有人也许会说，福楼拜的父亲是个医生，这里也许是老福楼拜在为儿子笔下人物的悲惨命运垂泪呢。

有一个问题：《包法利夫人》可以算作一部现实主义或是自然主义小说吗？我很怀疑。

在这部小说里，一个年轻健康的丈夫从未在夜间醒来发现妻子那一半床铺空着；从来听不见妻子的情夫往窗上掷沙石；从未收到好事者写来告发奸情的匿名信；

在这部小说里，最爱管闲事的一位好事之徒郝麦——郝麦先生，很可能会密切注视发生在他所热爱的永镇的一切通奸案，却从未发现，从未听说爱玛的风流韵事；

在这部小说里，小玉斯旦——那个十四岁的胆小男孩，看见血会晕倒，紧张的时候会把杯盘全摔到地上——居然敢在漆黑的夜里跑到(哪里？)一个女人的坟头去哭，也不怕那女人从坟里爬出来责怪他不曾拒绝向她提供死亡的钥匙；

在这部小说里，一个几年没骑过马的年轻妇女——如果她在父亲的农庄里的确骑过马的话——现在却能以完全正确的姿势骑马飞奔到树林中去，事后一点也不觉得关节酸痛；

这部小说里充满了其他令人难以置信的细节——那马车夫如此老实天真。就令人难以相信——这样一部小说居然被称作所谓现实主义的里程碑，我不知道这现实主义的含义究竟是什么。

其实，所有的小说都是虚构的。所有的艺术都是骗术。福楼拜创造的世界，像其他所有大作家创造的世界一样，是想象中的世界。这世界有自己的逻辑、自己的规律和自己的例外。我列举的那些疑点与小说的结构并不矛盾——只有缺乏想象力的教授或是耍小聪明的学生才会提出那样的问题。请记住，从《曼斯菲尔德庄园》往后，我们赏析过的所有童话故事都只是被它们的作者松懈地置入了某些历史背景的框架。所有的现实都只是相对的现实，因为某一特定的现实，例如你看见的窗户，嗅到的气味，听到的声音，不仅仅取决于感官接受到的原始讯号，还要取决于不同层次的信息。一百年前的读者熟悉的是描写爱玛所崇拜的那些伤感的绅士淑女的作品。在当时的读者看来,福楼拜的作品也许是现实主义或自然主义的。但现实主义,自然主义,都只是相对概念。某一代人认为一位作家的作品属于自然主义,前一代人也许会认为那位作家过于夸张了冗赘的细节,而更年轻的一代人或许会认为那细节描写还应当更细一些。主义过时了,主义者们去世了,艺术却永远存留。

请认真思考下面这个事实:一个具有福楼拜那种艺术才华的大师,构想出一个肮脏的世界,里边居住着骗子、市侩、庸人、恶棍和喜怒无常的太太们。这位大师将这样一个世界写成一部富有诗意的小说,一部最完美的作品。他靠的是艺术风格的内在力量,靠的是各种艺术形式和手法,包括从一个主题过渡到另一主题的多声部配合法[①],预示法和呼应法。他运用这些手法,将零星的部件结合成一个和谐的整体。没有福楼拜就不会有法国的普鲁斯特,不会有爱尔兰的詹姆斯·乔伊斯,俄国的契诃夫也不会成为真正的契诃夫。关于福楼拜的文学影响就先说到这里。

九

福楼拜有一种特殊手法,可以称作多声部配合法,也可称作平行插入法,或打断两个或多个对话或思路的手法。第一个例子是在莱昂·杜普伊出场之后。莱昂是个青年男子,是公证人手下的职员。作者通过描述他眼里见到的爱玛来将她介绍给读者。他看见壁炉的红色火光照着爱玛,似乎照透了她的身子。后来,当另一个男子罗多尔夫·布朗吉与爱玛相遇时,作者也是通过他的眼睛来描述爱玛。与莱昂看到的那个纯洁的形象相比,罗多尔夫眼里的爱玛要肉感得多。顺便说一句,书中后来把莱昂的头发写成棕色,这里却说他长着金黄色头发。或许在特地为爱玛设计的炉火光芒映照下,福楼拜眼里的莱昂生着金发。

爱玛和查理第一次来到永镇客店,这里我们听到一场平行交叉式谈话。在动笔写这部小说整整一年之后("一年写八九十页——这速度很合我的心意。"),福楼拜于一八五二年九月十九日写信给他所爱慕的路易丝·高莱特夫人说:

> 包法利真把我给害苦了……客店这一节也许得写三个月,真说不准。

[①] 原文为"counterpoint"系音乐术语。意为旋律配合法,多声部音乐,或对照法。——译者注

有时候我真急得想哭——简直觉得束手无策。不过我宁肯把脑汁绞尽也不愿放弃这段描写。在这场谈话中我必须同时写五六个人(参加谈话者),还有另一些人物(被谈及的人们),还要描写整个地区,既要写人又要写物。与此同时,我必须描写一对男女因为志趣相投而开始坠入情网。可篇幅有限,哪挤得进这么多内容!但是,这一幕必须进展迅速而又不枯燥,内容充实而又不臃肿。

于是,在客店宽敞的大厅里,一场谈话开始了。四个人参加谈话。爱玛在和初次见面的赖昂谈话,他们的谈话常被郝麦的独白和偶尔插言所打断。郝麦的主要谈话对象是查理·包法利,他很想赢得新来的这位医生的好感。

在这场戏中,第一个"动作"[①]是四人都参加的一场活跃的交叉对话:郝麦怕伤风,请大家许他戴他的希腊小帽,然后转向旁边的包法利夫人——

"夫人,不用说,有点累了吧?我们这辆'燕子'[②],真要把人颠死!"

"是呵,"爱玛答道,"不过我一向就喜欢走动。我喜欢出门。"

"老待在一个地方。"公证处办事员叹一口气说,"简直把人腻死!"

"你要是也像我,"查理说,"经常非马来马去不可……"

"不过,"莱昂转向包法利夫人,接下去道,"我觉得,(骑马)真是最有意思的事情——"他添上一句道:"只要办得到。"(马的主题潜入又潜出了。)

第二个动作包括郝麦的一大段发言,最后他向查理建议该买怎样一所房子。

药剂师讲:"其实,在我们这地方行医,并不怎么辛苦——因为人们宁可求救于九天敬礼、先圣骨头、教堂堂长,也不按照常情,来看医生或者药剂师。不过说实话,气候不坏,本乡就有几个九十岁的人。寒暑表(我观察过),冬季降到摄氏表四度,大夏天高到二十五度,顶多三十度,合成列氏表,最大限度也就是二十四度,或者华氏表(英国算法)五十四度,不会再高啦!而且实际上,我们一方面有阿尔格意森林,挡住北风,另一方面,又有圣约翰岭,

---

① 动作:原文是"movement"。——译者注
② 燕子:马车的名字。——译者注

挡住西风；不过河水蒸发，变成水汽，草原又有许多牲畜存在，你们知道，牲畜呼出大量阿蒙尼亚，就是说，呼出氮气、氢气和氧气(不对，只有氮气和氢气)，其所以热，就因为吸收了土地的腐烂植物，混合了所有这些不同种类的发散出来的东西，好比说，绑成一捆东西，遇到空气有电的时候，自动同电化合，时间久了，就像在热带一样，产生出来妨害卫生的瘴气；——这种热，我说，在来的那边，或者不如说是可能来的那边，就是说，南方，经东南风一吹，也就好受了；风过塞纳河，已经凉爽了，有时候冷不防自天而降，就像俄罗斯小风一样。"

说这番话当中，郝麦犯了个错误。市侩穿的盔甲上总会有小裂缝的。他的温度计上的读数应当是华氏八十六度，不是五十四度，在换算测量温度的单位制时，他忘了加三十二。谈到牲畜呼出的气体时，他差点又说错了，不过这次他自己救起了险球。他想把他了解的所有物理、化学知识都塞进一个冗长不堪的句子；从报纸和小册子上读到的一鳞半爪的零星知识，他倒是记得挺牢。不过他的学问就到此为止了。

正像郝麦的谈话是伪科学的胡诌和报章杂志上的滥调的杂烩一样，第三个动作中爱玛和莱昂的对话不过是故作风雅的无病呻吟。

包法利夫人继续问年轻人道："附近总该有散步的地方吧？"

他回答道："简直没有！有一个地方，叫作牧场，在山顶上，森林旁边。星期天，我有时候去，带了一本书，待在那边看日落。"

她接下去道："我以为世上就数落日好看了，尤其是海边。"

莱昂道："啊，我就爱海！"

包法利夫人回答道："汪洋一片，无边无涯，心游其上，你不觉得分外自由？同时一眼望去，精神高扬，不也引起你对无限、理想的憧憬？"

莱昂接下去道："山景也是一样。"

必须指出，莱昂和爱玛故作风雅，与自高自大而又不学无术的郝麦侈谈科学，两者同样浅薄、平庸、陈腐。假艺术与伪科学在这里会合了。一八五二年十月九日福楼拜写信给他的情妇说：

我正在写一对青年男女谈论文学、海、山、音乐和其他所谓富有诗意的题目。在一般读者看来,这像是一段严肃的描写,但我的真实意图是要画一幅漫画。我认为小说家拿女主角和她的情郎开玩笑,这是第一次。但讽刺并不妨碍同情——正相反,讽刺加强了故事哀戚的一面。

谈到钢琴家的时候,莱昂暴露了他的无知——这是他的盔甲上的裂缝:

我有一位表兄,去年在瑞士旅行,对我讲:湖泊的诗意、瀑布的瑰丽、冰河的巨观,人就不能想象得出。松树高大无比,挺立湍流当中;有些泥草房屋,挂在深谷之上;在你底下一千步的地方,层云微开,溪谷全部在望。这些景象一定使人感动、使人神往、使人想到祷告!所以那位出名的音乐家,为了激发想象,经常对着惊心动魄的景色弹琴,现在看来,也就不足为奇了。

瑞士的景色怎么能把人感动得欣喜若狂,想祈祷上苍!难怪一位著名音乐家要对着壮丽的景色弹琴,以激发想象力。真是妙笔!

我们马上就能看到坏读者是怎么读书的——好读者绝不会有那样的习惯。

查理道:"内人对这(园艺)不感兴趣。人家劝她活动活动,可是她就老爱待在房里看书。"

莱昂插话道:"我也是这样的,说实话,风吹打玻璃窗,灯点着,晚上在火旁一坐,拿起一本书……还有什么比这称心的?"

她睁大了她的大黑眼睛,看着他道:"可不是!"

他继续道:"你什么也不想,时间就过去了。你一步也不移,就在你恍惚看见的地方散步,你的思想和小说融成一体,不是玩味细节,就是探索奇遇的轮廓。思想化入人物,就像是你的心在他们的服装里面跳动一样。"

她说:"太对了!太对了!"

那些专好读催人泪下的诗歌的人,那些崇拜莱昂和爱玛认为高尚的小说人物的人,根本就不配读书。孩童们常将自己与书中的人物等同起来,这情有可原;他们爱读文笔拙劣的冒险故事,也是可以原谅的。但爱玛和莱昂也这样读书,则是另一码事了。

莱昂接着说："你有没有这种经验：有时候看书，模模糊糊，遇见你也有过的想法，或者人影幢幢，遇见一个来自远方的形象，就像陈列出来的，全是你的最入微的感情一样？"

她回答道："我有过这种体会。"

他说："所以我特别喜爱诗人。我觉得诗歌比散文温柔，更容易感人下泪。"

爱玛接下去道："可是读久了也起腻；如今我就爱一气呵成、惊心动魄的故事。我就恨人物庸俗、感情和缓，和日常见到的一样。"

公证处办事员说："的确也是。这些作品既然不感动人，依我看来，就离开了艺术的真正目的。人生每多失望，能把思想寄托在高贵的性格、纯洁的感情和幸福的境界上，也就大可自慰了。"

福楼拜决意为这部小说设计一种高度精巧的艺术结构。除了多声部配合法之外，他还运用了另一种技法，使叙述主题在同一章内以尽量自然、流畅的方式进行转换。在《荒凉山庄》中，大致说来叙述主题的转换是以小说的章节为分界的，比如从"大法官庭"一章转换到"德洛克爵士夫妇"一章。但在《包法利夫人》中，转换是在章节内连续进行的。我把这种手法称作结构式转换，下面将举几个例子来分析。如果把《荒凉山庄》中的叙述主题转换比作阶梯式运动，《包法利夫人》中的转换则是柔和的波浪式运动。

第一次转换很简单，发生在小说的开头。故事开始时假定作者是七岁的孩子，和十三岁的查理·包法利同学，地点在卢昂，时间是一八二八年。叙述方式是自述，使用第一人称"我们"。这当然只是一种文学手法，因为查理从头到脚都是福楼拜虚构出来的。这种假托的第一人称持续了三页之久，才从主观陈述转换到客观叙述，从对当时情景的直接印象的描写转换成对包法利过去身世的一般小说式客观叙述。叙述主题的转换由下面这句话引导出来：

> 他的拉丁文是本村堂长开的蒙。

接着便谈到他父母的过去，他本人的出世，又谈到他的幼年，一直到他上学的时候。随后的两个段落又回到第一人称，叙述他上三年级时的情形，这以后，讲述者的声音消失了，我们又继续读到包法利上大学和医学院的情景。

在永镇,就在莱昂赴巴黎前夕,作者运用更为复杂的结构式转换手法,从描述爱玛和她的心境转向描写莱昂和他的心境,又转向描写莱昂的离别。福楼拜在处理这一转换时,像在小说中其他几处一样,利用了结构式转换手法的便利,让另几个人物依次出场,似乎为了迅速查验一遍他们各自的性格特征。这一段从爱玛由教堂回家开始。她从堂长那里一无所获(她本想平息一下被莱昂激起的情欲),心绪异常不宁,而家中却如此平静,使她感到懊恼。幼小的女儿白尔特过来亲近她,却被她一把推开。白尔特摔倒,划破了脸。查理赶到药剂师郝麦那里取来橡皮膏,贴到小白尔特脸上。他告诉爱玛用不着担心,爱玛却决定不下楼吃晚饭,留在孩子身边,哄她睡着。晚饭后查理把橡皮膏送回药房,在那里待了一阵。郝麦和他妻子与查理谈论威胁儿童的危险。查理把赖昂叫到一边,请他到卢昂打听一下,用暗匣照相机照一张相得花多少钱。这可怜的人沾沾自喜地打算照这张相送给太太。郝麦疑心莱昂在卢昂拈花惹草,客店女主人勒福朗丝瓦太太向税务员毕耐打听底细。与毕耐的谈话也许使莱昂更清楚地意识到,他和爱玛的恋爱不过是一场徒劳,使他厌倦。对改变环境他感到畏惧,后来他终于下决心去巴黎。福楼拜的目的达到了。小说从描写爱玛的心绪不着痕迹地转向赖昂的心境,再转向他如何决心离开永镇。后面罗多尔夫·布朗吉出场的时候,我们还会看到同样精心设计的叙述转换。

十

一八五三年一月十五日,在着手写小说第二卷之前,福楼拜给路易丝·高莱特写信说:

> 我花五天时间才写了一页……写这本书的困难是缺乏所谓趣味性。这里没有什么情节。不过我坚持认为,人物形象就是情节。靠这种手法来保持一本书的趣味性就更不容易做到了,但如果失败了便是艺术风格的失败。第二卷一连五章,情节一点没有进展,只是连续地描写小镇的生活,描写一场没有多少行动的恋爱。这场恋爱特别难写,因为这爱情既胆怯,又深沉,可惜它缺乏那种蕴藏于心底的野性的激情。年轻的情郎赖昂是个性格沉稳的人。小说第一卷里我已经有过类似的描写:我的故事中那位丈夫爱他太太的方式和太太的情郎差不多。两人都是生活在同一环境中的庸才,不过

两人仍应当有区别。如果我能达到目的,这一段一定相当精彩,因为我是在色彩上添加色彩,而且没有使用人们熟知的色调。

福楼拜说,一切都可以归结于艺术风格;确切地说,一切都取决于作家赋予事物怎样的特性和风貌。

十一

爱玛心中隐约地企盼着她对赖昂的感情能为她带来幸福。怀着这种心情,她毫无戒备地遇上了勒乐。(这名字取得极妙,具有讽刺意味——把这位厄运煞神称作"幸运者"①)服装商兼放债者勒乐登场了,为幸福布下了陷阱。他先悄悄告诉爱玛可以向他借钱,接着又问起咖啡店老板泰里耶的健康状况。他猜测她丈夫正在为泰里耶治病。勒乐说,他后背有一个地方疼,哪天也要来找大夫看看。从艺术结构上讲,这些描写都带有预示性。福楼拜将这样处理故事的结构:勒乐借钱给爱玛,就像借钱给泰里耶一样;勒乐将使爱玛破产,就像他使老泰里耶在死前破产一样;另外,他将把自己精神上的不安转嫁给那位著名的医学博士——爱玛服毒后人们束手无策,便请来了博士。这就是艺术构思。

对赖昂的爱折磨着爱玛,"家庭生活的庸俗使她神往奢华,夫妇之间的恩爱使她缅想奸淫"。她恍惚忆起在修道院读书的日子,

> 觉得自己柔弱少力,四无着落,好像一根鸟毛一样,在狂风暴雨之中打转。她于是身不由己,不知不觉,去了教堂,准备虔心信教,什么方式也行,只求她的灵魂俯首帖耳,人间烦恼不再存在。

一八五三年四月中旬福楼拜写信给路易丝·高莱特,谈起关于教堂堂长的一幕:

> 与堂长谈话的该死的一幕总算有了眉目……我想表现这样一种情景:我那个年轻的妇人忽然动了信教的念头,便到了乡村教堂;在教堂门口她见

---

① 勒乐:法文为 Lheureux,意思是"幸福的人"。——译者注

到教堂堂长。尽管堂长既愚昧又庸俗,但他是一个好人,甚至可以说,是个极善良的人;但他脑子里只想着物质方面的东西(穷人的困难,缺乏食物、柴火之类),对精神痛苦和一些模糊、神秘的想法则麻木不仁,他为人廉洁,忠于职守。这一段将有六七页长,而且一点也不插入作者的感想和解释(全是直接对话)。

我们将会看到,这段描写采用了多声部配合法:堂长按自己的理解回答着爱玛的问题,或者说,他像是在和一些普通教区居民谈话一样,回答着他想象中的家常问题;爱玛在倾诉一种内心的哀怨,他却毫无觉察——这段时间里,孩子们一直在教堂里打闹,多次分散这善良教士的注意力,打断这场本无多少话好说的谈话。

爱玛表面的贞洁吓走了莱昂。他去巴黎之后,就为一个更率直胆大的情人扫清了道路。小说将从莱昂离去后爱玛生病转换到她与罗多尔夫见面,再转换到州农业展览会。爱玛与罗多尔夫的会面是结构式转换的绝好例子,福楼拜花了许多天才写出这一场面。他的目的是介绍罗多尔夫·布朗吉这位乡绅。像爱玛的前任情人一样,罗多尔夫也是个庸俗之辈,不过他另有一种果敢、鲁莽的魅力。转换是这样进行的:查理请母亲到永镇来商议对爱玛该怎么办——她的身体要垮了。母亲来了,认为爱玛读书太多,尽读坏小说。老太太答应路过卢昂回家时去租书店声明爱玛停止订阅。母亲星期三离去,那天永镇有集市。爱玛倚在窗旁观看赶集的人群,看见一位绅士,穿一件绿绒大衣(查理后来为爱玛选的棺罩也是绿绒的),同一个打算放血的庄稼汉一道来到包法利房前。在楼下厅房,病人晕倒,查理喊爱玛下楼来。(请注意,真像是受命运指使一样,查理总在帮助爱玛认识她的情人,并继续与他们会面。)罗多尔夫(与读者一道)观看着这引人入胜的一幕:

  包法利夫人解开他的领带。衬衫系带挽了一个死结;她的灵活的手指在年轻人的颈项上忙碌了几分钟。然后她拿醋倒在她的麻纱手绢上,轻轻拍湿他的太阳穴,还小心在意,嘘气过去。赶大车的乡下人醒过来了……
  包法利夫人拿起脸盆,放到桌子底下。她一弯腰,袍子(一件夏天袍子,滚了四道花边,黄颜色,腰身长,裙幅宽大)就在周围的方石板上摊开;同时,爱玛弯腰,伸开胳膊,有一点摇晃,衣服原来鼓鼓囊囊的,有些地方随着腰身的曲线,陷下去了。

357

州农业展览会的一段为罗多尔夫和爱玛的会面提供了机会。福楼拜在一八五三年七月十五日的一封信里写道:

> 今天晚上我为描写州农展会的盛况拟定了一个提纲。这段文字篇幅将很长——大约要写三十页稿纸。这就是我的意图。在写这乡村场面的同时(小说里所有主要的配角都将出场,发言,行动),我将在细节之间插入,或在前台正面描写一位妇人和一位绅士之间连续的谈话;那先生正在向妇人献殷勤呢。另外,我还要在州行政委员的一段庄严的讲演当中和末尾插进我即将写出的一段文字,也就是郝麦用他最富于哲理性、艺术性和进步性的文笔写出的一篇关于展览会的新闻报道。

这三十页的手稿福楼拜写了三个月。九月七日福楼拜在另一封信里说:

> 真难哪——相当棘手的一章。我把所有人物都摆进了这一章,他们在行动和对话中相互交往,发生各种联系,……我还要写出这些人物活动于其中的大环境。如果我预期的目的达到了,这一章将产生交响乐般的效果。

十月十二日福楼拜写道:

> 如果交响乐的艺术特性可以移植到文学中来,那么我的小说的这一章就是例证。那将是多种音响的综合。可以同时听见牛儿哞哞鸣叫,情人窃窃私语,政治家慷慨陈词。阳光明媚,一阵风吹来,掀动了妇女们头上宽松的白帽——我完全靠对话交流与性格对比的手段来取得戏剧性效果。

这像是专为年轻的恋人举行的一场演出。福楼拜把全体人物都聚集到展览会来,以便展示自己的艺术风格:这就是他写作这一章的真正意图。罗多尔夫(象征虚假的爱情)和爱玛(牺牲品)这一对情侣与郝麦(致爱玛于死命的毒药的虚假守护人)和勒乐(他的职责是让爱玛破产,受辱,然后服毒)发生了联系,此外还有查理这个人物(象征安怡的夫妇之爱)。

在展览会一幕的开头,为了交代各个角色间的相互关系,福楼拜对兼放高利贷的时装商勒乐和爱玛的关系作了十分重要的处理。我们还记得,在举办展览会前不久,勒乐主动提出愿为爱玛效劳——卖给她衣物,或者借给她钱,如果需要的话。与此同时,勒乐还关切地询问了泰里耶老爷的病况。泰里耶是旅店对面咖啡馆的老板。现在女店家不无欣喜地告诉郝麦,对门的咖啡馆要倒闭了。勒乐显然发现咖啡馆老板的身体每况愈下,应该去收回那笔巨额借款了。于是,可怜的泰里耶破了产。郝麦惊呼道:"有这等惊人的祸事!"福楼拜评论说,世上任何情况,郝麦都能想出词句来配合。然而在这具有讽刺意味的评论背后,隐藏着深刻的寓意。因为正当郝麦以他那愚劣、夸张、大惊小怪的语气呼喊"有这等惊人的祸事"时,女店家指着广场另一边说:

"你看,勒乐在那儿,冲包法利太太行礼呢。包法利太太挎着布朗皆先生的胳膊。"

这精彩的一句话在结构转换上的作用是:曾经使咖啡店主破产的勒乐现在又和爱玛发生了联系。对爱玛的死,勒乐当负的责任不下于她的那些情夫们,她的死也确将是一场"惊人的祸事"。福楼拜的小说将讽刺与悲悯相当精妙地融会在一起。

展览会一节再次使用了平行插入法或称多声部配合法。罗多尔夫找到三张凳子,排成一条长凳,和爱玛坐在市政厅阳台上观看主席台上各种人物的表演,边听人发言,边絮絮叨叨,情话绵绵。严格地讲,他俩还没有成为情侣。结构转换的头一个动作:州行政委员发言,他口才拙劣,用词草率,以致比喻前后不符,自相矛盾:

"诸位先生,首先允许我(在没有和你们谈起今天这场盛会的目的之前,我相信你们全有这种感情),我说,请允许我赞扬一下最高当局、政府、国君,诸位先生,赞扬一下我们的主上,万民爱戴的国王。大家知道,事关繁荣,不问公私,圣上一律关怀,即使是怒海狂涛,危险百出,圣上也坚定审慎,稳步行车。何况圣上讲求和平,就像他重视战争、工业、商业、农业与艺术一样。"

起初,罗多尔夫与爱玛的对话一直和官员的讲演交叉进行着。

罗多尔夫道:"我该退后一点坐。"

>爱玛道:"为什么?"
>
>不过州行政委员的声音分外高了,他朗诵道:"诸位先生:兄弟阋于墙,血染公众广场的时期,已经一去不复返了;业主、商人,甚至于工人夜晚安眠时听见万钟齐鸣而忽然惊醒的时期,已经一去不复返了;邪说横行,擅敢颠覆社稷的时期,已经一去不复返了……"
>
>罗多尔夫接下去道:"因为下面也许有人望见我;这样一来,我就要一连两个星期编造道歉的借口,像我这样的坏名声……"
>
>爱玛道:"哎呀!你成心糟蹋自己。"
>
>"不,不,你听我讲,坏极了。"
>
>州行政委员继续道:"可是,诸位先生,放下这些暗无天日的画面不去回想,转过眼睛,浏览一下我们美丽祖国的现状,我又看见了什么?"

福楼拜把报刊和政治演说中所有的陈词滥调都搜罗来了。不过最重要的是,如果官员的讲演是陈腐的"官腔",那么罗多尔夫和爱玛的情意绵绵的对话也只是陈腐的"浪漫腔"了。福楼拜的高明之处在于,这里写的不是善恶之争,而是一种丑恶与另一种丑恶纠结在了一起。正像福楼拜说的,他是在往色彩上添加色彩。

第二个动作是这样开始的:州行政委员廖万先生坐下,德洛日赖先生起来发言。

>他的讲演也许不像州行政委员的讲演那样富丽,不过他也有他的特征:风格切实,就是说,学识比较专门,议论比较高超,少了一些颂扬政府的话,宗教和农业分到更多的地位,二者息息相关,一向同心协力,促进文化。罗道耳弗和包法利夫人谈着梦、预感、催眠术。

与前一动作相比,第二动作中这对情侣的谈话及台上的发言一开始都是以间接叙述的方式写出,到了第三个动作,直接引语才重新出现。台上发奖的呼唤随风传来,与两人的谈话迅速交错,此时既无作者的评论,也无间接叙述了:

>罗多尔夫由催眠术一点一点谈到同感。主席引证:秦齐纳土斯掌犁,戴克里先种菜,中国皇帝立春播种。年轻人这期间向少妇解释:吸引之所

以难于抗拒,就是前生的缘故。他说:

"所以就拿你我来说,我们为什么相识?出于什么机缘?我们各自的天性,你朝我推,我朝你推,毫无疑问,像两条河一样,经过千山万水,合流为一。"

他握住她的手;她没有抽回手去。

主席喊道:"一般种植奖!"

"比如说,刚才我到府上……"

"甘冈普瓦的毕日先生。"

"你怎么晓得我会陪你?"

"七十法郎!"

"有许多回,我想走开,可是我跟着你,待了下来。"

"肥料奖。"

"既然今天黄昏会待了下来,明天、别的日子、我一辈子,也会待下来!"

"阿尔格意的卡隆先生,金质奖章一枚!"

"因为我和别人在一道,从来没有感到这样大的魅力。"

"伊如里·圣·马尔旦的班先生!"

"所以我呐,我要永远想念你的。"

"一只'麦里漏斯'种公牛……"

"不过你要忘记我的,我会像影子一样消失的。"

"圣母……的柏劳先生。"

"哎呀!不会的。我会不会成为你的思想、你的生命的一部分?"

"猪种奖两名:勒海里塞先生与居朗布尔先生;平分六十法郎!"

罗多尔夫捏住她的手,觉得又温暖,又颤抖,如同一只斑鸠,虽然被捉住了,还想飞走;但是不知道是她试着抽出手来,还是响应这种压抑,她动了动手指;他喊道:

"谢谢!你不拒绝我!你真好!你明白我是你的!让我看你,让我端详你!"

一阵风飘进窗户,吹皱了桌毯,同时底下广场中乡下女人的大帽子像白蝴蝶扇动翅膀一样,个个翘了起来。

主席继续说道:"豆饼的使用。"他加快了讲话的速度:"养粪池——种麻——排水,长期租赁——家庭服务。"

现在第四个动作开始了：两人沉默下来，只听见主席台上宣布颁发特别奖的声音——这回引用了整句话，还加入了作者的评述：

> 罗多尔夫不再说话。两个人你望我，我望你，欲火如焚，干嘴唇直打哆嗦，于是心旌摇曳，手指不用力，就揉在一道。
>
> "萨司陶·拉·盖里耶尔的卡特琳·妮开丝·艾莉萨白·勒鲁，在一家田庄连续服务五十四年，银质奖章一枚——值二十五法郎！"……
>
> 于是就见一个矮老妇人走上主席台，神色畏缩，好像和身上的破烂衣服皱成了一团一样……脸上的表情，如同一个修行的道姑那样呆滞。任何哀、乐事件也软化不了她那黯淡的视线。她和牲畜待在一起，也像它们一样喑哑、安详……这干了半世纪劳役的苦婆子，就这样站在这些喜笑颜开的布尔乔亚之前……
>
> "过来，过来！"
>
> 杜法赦从扶手椅上跳起来说："你聋了吗？"他朝她的耳朵喊道："五十四年服务！银质奖章一枚！二十五法郎！是给你的！"
>
> 她接过奖章，仔细打量，随即一脸幸福的微笑，径自走开，大家听见她咕哝道：
>
> "我拿这送给我们的教堂堂长，给我作弥撒！"
>
> 药剂师朝公证人俯过身子，喊道："信教信到这步田地！"

这多声部配合的一章写得很精彩，但最妙的一笔却是卢昂报纸上登载的郝麦关于展览会和宴会的一篇报道：

> "为什么张灯？为什么悬花？为什么结彩？一种热带的太阳光，直射我们的阡陌。这群人仿佛怒海巨涛，冒着头上的热流，朝什么地方跑？"……
>
> 他列举重要的评判委员，还说到自己；甚至于他在一个小注里，也提醒读者：药剂师郝麦先生，曾经给农学会送去一篇关于苹果酒的论文。他写到颁奖，形容得奖者的喜悦，文之以抒情笔调："父亲吻抱儿子，哥哥吻抱兄弟，丈夫吻抱妻子。许多人傲形于色，指着他们的小小奖章，不用说，回到家里，在贤内助身旁，边哭，边拿它挂到茅庐的缄默的墙头。"
>
> "六点钟左右，酒席摆在索艾加尔先生的牧场，参加大会的主要人物聚

在一道，自始至终，充满着发自衷心的最大热忱。宴会中间，不时举杯致敬：廖万先生提议，为国君的健康干杯！杜法赦先生提议，为州长的健康干杯！德洛日赖先生提议，为农业干杯！郝麦先生提议，为工业和艺术这一对姊妹干杯！勒普里谢先生提议，为改善干杯！到了夜晚，明光四射，烟火忽然照亮天空。这简直可以说成真正的万花筒、真实的歌剧布景。当时我们这小地方，还以为是处在《天方夜谭》的梦境。"

从某种意义上说，工业和艺术这一对孪生姊妹象征着牛郎猪倌们与这对情侣的荒谬混合。这一章写得极妙。这种写法对詹姆斯·乔伊斯产生了很大影响；依我看，尽管表面上乔伊斯有一些小的创新，从根本上讲，他并没有超越福楼拜。

十二

一八五三年十二月二十三日福楼拜写信给路易丝·高莱特夫人时这样谈到著名的第二卷第九章——罗多尔夫引诱爱玛：

"今天……我既是男人又是女人，既是情夫又是情妇(在想象中)。我骑着马，在秋日午后穿过一片树林，头顶上是金黄的树叶。我是马，是树叶，是风，是两人交谈的话语，是绯红的太阳……我是我那两个恋人。"

按照十九世纪小说的一般结构，这类场面从技术上说应称作一个女子的堕落①，贞操的沦丧。在这写得十分优美的一幕中，我们特别要留意爱玛的蓝面纱——它像蛇一般蜿蜒柔软，成了故事中一个独立的角色。下马之后，两人开始步行。

再走了百步来远。她又站住。她戴一顶男人帽子，面纱拖下来，斜搭在臀部，如同她在碧波底下游泳一样，隔着透明的浅蓝颜色，他依稀认出她的面容。

---

① 此处纳博科夫使用了"a woman's tall"，使人联想到"the fall of man"，即《圣经》中说的亚当偷食禁果后堕落人间，是"人类堕落"的起源。下文又用了蛇的譬喻，也是在暗示偷食禁果的故事。——译者注

他们从树林回家之后,她在房间里缅想这段幽会:

> 一照镜子,她惊异起来了。她从没有见过她的眼睛这样大,这样黑,这样深。她像服过什么仙方一样,人变美了。她三番两次自言自语道:"我有一个情人!一个情人!"她一想到这上头,就心花怒放,她像刹那之间,又变成了十几岁的姑娘。她想不到的那种神仙欢愉,那种风月乐趣,终于就要到手。她走进一个只有热情、销魂、酩酊的神奇世界,周围是一望无涯的碧空,感情的极峰在心头明光闪闪,而日常生活只在遥远、低洼、阴暗的山隙出现。

请不要忘记,后来那毒药是装在蓝罐里的;出殡的时候田野里也笼罩着蓝色雾霭。

对于使爱玛回味无穷的这次幽会,书中只作了简洁的描述,但其中一个细节却是意味深长的:

> 她的布袍贴牢他的丝绒燕尾服。她仰起白生生的颈项,颈项由于叹息,也胀圆了。她于是软弱无力,满脸眼泪,浑身打战,将脸藏起,依顺了他。
>
> 天已薄暮,落日穿过树枝,照花她的眼睛。周围或远或近,有些亮点子在树叶当中或者地面晃来晃去,好像蜂鸟①飞翔,抖落羽毛。一片幽静,树木像有香气散到外头。她觉得心又开始跳跃,血液仿佛一条河流,在皮肤底下流动。她听见一种模糊而又悠长的叫喊、一种拉长的声音,从树林外面、别的丘陵传出,她静静听来,就像音乐一样,配合她的神经的最后激动。断了一根绳子,罗多尔夫叼着雪茄,拿小刀修理。

请注意爱玛从幽会处返回时从静谧的树林另一端传到她耳中的一个遥远的声音——像是远方的音乐。这富有魅力的音乐只不过是一个丑陋乞丐的沙哑歌声引起的美化了的回声。爱玛和罗多尔夫骑马回家——作者含着微笑观望着他们。在这里和在卢昂听到的沙哑歌声,在将近五年之后将与爱玛临死的呓语发生恐怖的共鸣。

---

① "这是一个假定爱玛必定会想到的一个明喻。蜂鸟不会在欧洲出现。可能源自夏多布里昂的作品。"纳博科夫在他的评注本中写道。——原编者注

十三

　　正当爱玛期望罗多尔夫跟她私奔,一道逃入碧绿朦胧的浪漫幻境时,罗多尔夫抛弃了她。在爱玛与罗多尔夫的这段韵事结束之后,福楼拜紧接着又运用他喜爱的多声部配合结构写了两个互相关联的场面。第一个场面是,莱昂从巴黎返回之后,在看歌剧《吕席·德·拉麦尔穆尔》的夜晚爱玛又遇见了他。爱玛看到一些洋洋自得的美少年戴着手套,身上倚住金色手杖,在前厅炫耀他们的丰采。这便引出各种乐器的试奏——乐队的演奏要开始了。

　　这一场面的第一个动作是:爱玛陶醉在男高音的哀歌中,那歌声使她回想起许久以前与罗多尔夫的恋情。查理乏味的谈话打断了引起她强烈共鸣的音乐。在他看来这出歌剧不过是演员们在那里胡乱比画,但爱玛却懂得,她读过那部小说的法文译本①。在第二个动作中,她一边观赏舞台上的吕席的故事,一边回想着自己的命运。她将自己与舞台上的姑娘等同起来,随时准备献身于她认为可以与那男高音歌手等同的男子。然而在第三个动作中,情况发生了变化。歌剧、演唱,都成了不必要的干扰,她真正感兴趣的是与莱昂谈话。查理刚开始看得有趣,她却拉他去咖啡馆。第四个动作:莱昂建议星期天一道回来补看误掉的最后一幕。若干个等式勾画出结构的脉络:对爱玛来说,歌剧起初等于现实;歌手最初等于罗多尔夫,随后变成演员自己——拉嘉尔狄,是一名候选的恋人;这候选的恋人变成了莱昂;最后莱昂与现实等同起来,爱玛便对歌剧失去兴趣,打算和他一道去喝咖啡,逃出燥热难当的剧院。

　　多声部配合主题的另一个例子是礼拜堂的一幕。在爱玛与莱昂去礼拜堂约会之前,莱昂去旅店看她,两人发生了争论。这场谈话与在州展览会时与罗多尔夫的那次谈话遥相呼应,不过这时候的爱玛已经成熟得多了。礼拜堂一幕的第一个动作中,莱昂先去教堂等候爱玛。这场戏先在两个人之间进行:一个是穿守卫服装的教堂杂役(是观光客的永久性向导);另一个是莱昂,他不想参观教堂。莱昂眼里看到的只是彩虹般的光线给教堂地板铺上了一层花纹,因为他一心思念着爱玛。他想象爱玛是法国诗人缪塞咏唱的那种被好妒忌的丈夫严加看管的

---

① 这出歌剧是根据司各特的小说《拉麦尔·穆尔的新娘》(1819)改编的。——译者注

西班牙贵妇,她们跑到教堂去向爱慕者递情书①。守卫看到这观光客居然独自观赏教堂,感到义愤填膺。

第二个动作从爱玛进入教堂开始。她匆匆将一张纸(一封拒绝他的信)塞到他手里,然后走进圣母堂去祈祷。

> 她站起来。他们正要走出,就见守卫急忙凑近道:"太太想必不是本地人吧?太太有意观光教堂吗?"
> 公证处职员喊道:"不要!"
> 她回答道:"什么不?"因为眼看贞节要守不住,她只好求助于圣母、雕像、墓冢,任何机缘。

教堂守卫滔滔不绝地作介绍,莱昂烦躁难忍,胸中窝着一股无名火。莱昂拉着爱玛离开教堂的时候,守卫居然还要领他们参观宝塔。等到他们走出教堂,守卫又抱着一大堆书追出来向他们推销,那些书全是关于教堂的著述。最后,狂怒的莱昂想叫一辆马车,然后设法让爱玛坐上马车。她游移不决,他便说巴黎人就这么做。对爱玛来说,巴黎就是绿绸面雪茄匣所象征的那个城市。莱昂既然那么说,就是无可辩驳的证据。她信服了。

> 马车还不见来。莱昂真怕她再进教堂。马车终于来了。
> 守卫站在门口,朝他们喊道:"再怎么也该走北门出去,看看'复活''最后审判''天堂''大卫王'和'火焰地狱的罪人'。"
> 车夫问道:"先生去什么地方?"
> 莱昂推爱玛上车道:"随你!"
> 笨重的马车出发了。

展览会上讨论的农业问题(牲畜呀,肥料呀)预示着爱玛从情夫罗多尔夫住处步行回家后鞋上沾的泥土——男孩玉斯旦替她擦干净了;同样,教堂守卫最后鹦鹉学舌般喊的一段话预示着地狱的火焰——假若爱玛没有和莱昂一道坐进马

---

① 此处指缪塞(1810—1857)写的《安大路席女人》(1829),这首歌曾风行一时,安大路席是西班牙南部之通称。见李健吾原注。——译者注

车,她还来得及逃脱下地狱的厄运。

到这里,多声部配合中"礼拜堂"这一部就结束了。紧接着是与这一部相呼应的"马车"一幕①。像先前一样,头脑简单的车夫错把这一对男女当作了游客,首先打算送他们去参观卢昂的名胜,比如某诗人的雕像。随后,车夫又自作主张地放马跑到车站,后来又这样跑到另几个地点。但每次都从门窗紧闭的神秘的车厢中传出让他继续前进的命令。我不必细说关于马车的这一节十分有趣的描写,只需一段引文便可说明问题。然而,人们会说,现在是一辆形状怪异的出租马车,闭着窗帘,当着卢昂市民们的面在城里兜来兜去,而当初则是在金黄的树林里踏着石楠丛生的紫褐色荒地和罗多尔夫骑马散步。两相比较,相差太远。爱玛的风流韵事越来越粗俗了。

> 笨重的马车出发了。它下了大桥街,走过艺术广场、拿破仑码头、新桥,在彼耶·高乃依的雕像前面停住。
>
> 车里发出声音道:"走下去!"
>
> 马车又走动,穿过拉·法耶特十字路口,一直奔向车站。同一声音喊道:"不,照直走!"
>
> 马车走出栅栏门,不久就来到林荫道,走进大榆树。放慢速度。车夫揩揩额头,皮帽夹在腿当中,把车停到草地一旁水边横道外头……
>
> 但是它猛然加快速度,驰过四塘、扫特镇、大坝、艾耳玻夫街,在植物园前,第三次停了下来。
>
> 车里的声音越发暴躁了,喊道:"走啊!"
>
> 它立刻就又上路,走过圣·赛外尔……它走上布如乐意路,驰过苟马路,兜了一圈立布代岭,一直来到德镇岭。
>
> 它往回走,漫无目的,由着马走。有人在圣·波、莱斯居尔、嘉尔刚岭、红塘和快活林见到它,有人在癫病医院街、钢器街、圣罗曼教堂前面、圣维维言教堂前面、圣马克路教堂前面、圣尼该斯教堂前面——海关前面——下老三塔、三烟斗和纪念公墓见到它。车夫坐在车座上,不时望望小酒馆,懊恼万状。他不明白,这两位乘客犯了什么转运迷,不要车停。他有时候想停停

---

① "出租马车的这一段,从马车夫问'先生去什么地方?'至该章末尾,当《包法利夫人》在《巴黎杂志》上连载时,被编辑压住未发。而在一八五六年十二月一日,《包法利夫人》一书发行时,这一段出现在书中,并加了一个注告诉读者这一遗漏。"——作者原注

看,马上听见背后狂喊怒叫。于是他不管两匹驽马流不流汗,拼命抽打,也不管颠不颠,心不在焉,由着它东一撞、西一撞,垂头丧气,又渴,又倦,又愁,简直要哭出来了。

码头上,货车和大车之间,街头,拐角,市民睁大眼睛,望着这个内地罕见的怪物发愣;一辆马车,放下窗帘,一直这样行走,比坟墓还严密,像船一样摇晃。

有一回,时当中午,马车来到田野,太阳直射着包银的旧灯,就见黄布小帘里探出一只未戴手套的手,扔掉一些碎纸片,随风散开,远远飘下,好像白蝴蝶落在绚烂一片的红三叶田上一样。(这就是爱玛在教堂里递给莱昂的那封拒绝他求爱的信。)

最后,六点钟左右,马车停在保如瓦新区一条小巷,下来一位妇人,面纱下垂,头也不回,照直走了下去。

回到永镇之后,女佣正等着告诉爱玛一个消息——郝麦先生让她赶紧去他家一趟。走进药房,她感到那里有一种古怪的凶兆——例如,她头一眼看到的就是一把大扶手椅翻倒在地上——其实引起这混乱的原因是郝麦一家人正忙着做果酱。爱玛隐隐担心有什么祸事在等着她;然而郝麦全然想不起打算告诉爱玛什么消息。后来才知道,查理央求郝麦尽量婉转地告诉爱玛,她的公公去世了。郝麦在痛骂小玉斯旦之后,果然冒失地说出了这个消息,爱玛的反应却相当冷漠。玉斯旦奉命去另取一只锅来做酱,他从旧物堆藏室里拿出一只锅,那锅的旁边是一个危险的蓝玻璃瓶,里面盛着砒霜。这精彩的一幕的妙处在于,向爱玛传递的真正信息,她心里留下的真正印象是:有那么一瓶砒霜,存放砒霜瓶的地点,堆藏室的钥匙在小玉斯旦手里;尽管她这时还沉浸在偷情的欢愉之中,不会想到死,但这个信息与老包法利之死交织在一起,将长期留存在她的记忆之中。

十四

我不打算细说爱玛使用了一些什么手段骗得她可怜的丈夫同意她去卢昂会莱昂。他们在最合心意的一家旅馆的卧室中幽会。没有多久他们就感到那旅馆成了他们的家。这时爱玛与莱昂的恋爱已经处于幸福的最高峰:她那伤感的湖畔幽梦,少女时期对拉马丁诗句引起的遐想,所有这些都实现了——这里有水,有船,有恋人,还有船夫。船上发现一条丝绸带子。船夫提到一个人名——罗多尔夫,罗多尔夫——是个快活荒唐的青年,最近曾和一群男女游伴乘过这条船。爱玛哆嗦起来。

然而像用旧了的布景片一样,她的生活慢慢出现裂痕,开始破碎。从第三卷第四章起,命运——在福楼拜驱使下——开始以精确的步骤毁灭爱玛。从写作的技巧上讲,结构在这里收拢,艺术与科学相遇了。爱玛设法使她去卢昂学钢琴的谎话没有露出马脚;有一段时间,她也设法在扯别的债来抵欠勒乐的巨债,暂时没出纰漏。在另一个也可被称作"多声部配合"的场面中,忽然闯入了郝麦。他一定要莱昂带他在卢昂消遣。这时爱玛正在旅馆里等待莱昂。这是十分奇特有趣的一幕,令人回想起礼拜堂那场戏,不过现在郝麦扮演了教堂守卫的角色。对爱玛来说,卢昂那场放荡的化装舞会开得并不成功,她意识到一起参加舞会的都是末流社会的角色。最后,她自己的厄运到了。一天从城里回家,她发现一纸公文,通知她二十四小时内清偿全部八千法郎债务,否则将拍卖她的家具。从这里她开始了生命的最后旅程:逐一求人借贷。所有的角色都在这悲剧性高潮中出场了。

她的第一个步骤是争取时间:

"我求你了,勒乐先生,再宽限几天吧!"
她呜咽了。
"嘿!眼泪也使出来啦!"
"你是朝死路逼我!"
他关了门道:"关我屁事!"

离开勒乐之后她来到卢昂,可莱昂现在一心想甩掉她。爱玛居然鼓动他去事务所偷钱:

她的火热的瞳孔显出一种魔鬼似的胆量,眯缝着眼,模样又淫荡,又挑唆;这勾引他犯罪的女人的意志顽强无比,虽然喑哑无声,也有力量鼓动年轻人。

莱昂的许诺一文不值,当天下午也没有赴约会。他握她的手,觉得毫无生气。爱玛已经没有气力感受了。

钟打四点;她站起来,想回永镇,机器人一样,服从习惯的动力。

离开卢昂回家,她不得不为握毕萨尔子爵让路——也许不是子爵,是别的什么人,驾着一匹神气的黑马。她与郝麦同乘一辆车回家,路上遇到那个讨厌的瞎乞丐,使她心灰意懒。到了永镇,爱玛去找公证人居由曼,公证人向她求欢。

他不管便衣会不会脏,朝她跪着膝行过来。
"求求你,待下来!我爱你!"
他搂她的腰。爱玛立刻脸红了。她一面神情可怕,往后倒退,一面嚷道:"先生,你丧尽天良,欺负我这落难的人!我可怜,但是并不出卖自己!"
她出去了。

随后她去找毕耐,这时福楼拜改换了观察角度:我们和两位太太一道,从一扇窗户里观看这一幕,尽管什么也听不到。

税务员的样子仿佛在听,可是睁大眼睛,又像听不明白一样。她讲话的姿态又动人,又可怜。她走近了,胸脯忽上忽下。他们不言语了。
杜法赦太太道:"她是不是在勾搭他?"
毕耐连耳梢也红了。她抓住他的手。
"啊!太不像话!"
毫无疑问,她作出非礼的建议,因为税务员——可是人家勇敢,在保陈和吕陈打过仗,为法兰西而战,还列在"请奖名单"之中——忽然退得老远,好像看见一条蛇一样,喊道:
"夫人!你这是什么意思?"
杜法赦太太道:"这种女人就欠鞭子抽!"

她到罗莱嫂子那里休息了一阵。她幻想着莱昂带了钱来会她。"她猛打自己的额头,叫了起来,因为她想到了罗多尔夫:像一道大亮光闪过沉沉的黑夜。他那样好,那样体贴,那样慷慨!再说,即使他一时不想帮她这个忙,她也有法子逼他这么做的。她只要眼睛一瞟,他们的爱情就活过来了。这样一想,她就去了徐赦特。她看不出同样的事——方才她在公证人家,怒不可遏,现在却跑着送上门去,根本没有理会这是卖淫。"她向自负而又鄙俗的罗多尔夫撒了个谎,这谎言正好与本书开头提到的一件真事相吻合——一个真的公证人携款逃走,导致了爱玛之前的第一个包法利夫人的死亡。听到她提出借三千法郎的要求,罗多尔夫停止了爱抚。

罗多尔夫脸色变得十分苍白,寻思道:"啊!她来是为了这个!"他最后显出非常安详的神气道:

"亲爱的夫人,我没有钱。"

他不是说谎。他要是有钱的话,不用说,他会给的。虽然急人之难,一般说来,并不愉快:摧残爱情的方式很多,不过连根拔起的狂风暴雨,却是借钱。

她先是盯着他望了几分钟。

"你没有钱!"她重复了好几次。"你没有钱!早知道这样的话,我也不来受这场最后的羞辱了。你从来没有爱过我!你比别人好不了多少!"

罗多尔夫口气充分镇静——这种镇静就像盾牌一样,掩护抑制下去的愤怒,回答道:

"我没有钱!"

她出来了……脚底下的土比水还软;犁沟在她看来,成了掀天的棕色大浪。回忆、观念,大大小小,同时涌出,活跃在她的脑内,好像一道烟火放出无数的火花一样。她看见她的父亲、勒乐的小屋、他们的旅馆房间,一种不同的风景。她觉得自己要疯。她开始感到害怕,糊里糊涂地企图恢复神志,真的,她不记得她落到这般可怕的地步到底是为了什么,就是说:金钱问题。她只为爱情而感到痛苦,觉得这种回忆使她灵魂出窍,就像受伤的人临死时觉得生命从流血的伤口走掉一样。

她的心头接着涌起舍身的念头,她几乎喜不自胜了,跑下岭来,穿过牛走的便桥、小径、小巷、菜场,来到药房前面。

她从玉斯旦那里拿到堆藏间的钥匙。

钥匙在锁眼转动;她一直走向第三药架,她记得明明白白,抓起蓝罐,拔掉塞头,伸进手去,捏了满满一把白粉,立时一口吞下。

"别吃!"玉斯旦扑过去拦她。

"别吵! 当心有人来。"

她难过得不得了,打算叫唤。

"不要说出去,否则会连累你的主人。"

她走开了,忽然心平气和,差不多就像完成了任务那样恬适自在。

书中以冷漠的临床细节描写来表现爱玛死前愈来愈剧烈的痛苦,直到最后才改换了笔调。

她的胸脯立刻迅速起伏,舌头完全伸到嘴外;眼睛转动着,仿佛一对玻璃灯在逐渐发暗,终于熄灭了。不是肋骨拼命抽动,她已经可以说是死了……布尔尼贤又在祈祷,脸靠床沿,黑长道袍拖在背后地上。查理跪在对面,胳膊伸向爱玛。他握她的手,握得紧紧的,她一心跳,他就哆嗦,好像一所破房子在倒塌,把他震哆嗦了一样。喘吼越来越急,教士的祷告也越来越快,和包法利的哽咽打成一片,有时候又像全不响了,只有拉丁字母喑喑哑哑,好像哀祷的钟声一样。

人行道上忽然传来笨重的木头套鞋和手杖戳戳点点的响声。一个声音传来了,一个沙哑的声音开始在歌唱:

"小姑娘到了热天,想情郎想得心酸。"

爱玛坐了起来,好像一具尸首中了电一样,头发披散,瞳仁睁大,呆瞪瞪的。

"地里麦子结了穗,忙呀忙呀大镰刀,拾呀拾呀不嫌累,我的小南弯下腰。"

她喊道:"瞎子!"于是爱玛笑了起来,一种疯狂的、绝望的狞笑。她相信自己看见乞丐的丑脸,站在永恒的黑暗里面吓唬她。

"这一天起了大风,她的短裙失了踪。"

一阵痉挛,她又倒在床褥上。大家走到跟前。她已经咽气了。

申慧辉 译

10
《大卫·科波菲尔》

简介:

【英文名】*David Copperfield*
【作　者】[英]查尔斯·狄更斯(Charles Dickens,1812—1870)
【年　代】19世纪。
【体　裁】长篇小说。
【主　题】人间纵有苦难,纵有残忍与欺诈,但也总有仁慈与爱情。
【人　物】主要有:大卫、贝西姨婆、艾格妮丝、朵拉。
【情　节】主要是:大卫·科波菲尔一来到人间,就没有了父亲,他在母亲及女仆辟果提的照顾下长大。继父摩德斯视其为累赘,将大卫送到辟果提的哥哥家里,和他收养的两个孤儿爱弥丽和海穆一起生活。母亲去世后,生性怪僻但心地善良的贝西姨婆收留了大卫,出资供他上学深造。这期间,大卫与律师威克菲尔的女儿艾格妮丝结下情谊。中学毕业后,大卫在斯本罗律师事务所任见习生,看到了卑鄙小人西普在金钱诱惑下一步步堕落,终入法网。其时,已与海穆订婚的爱弥丽经受不住金钱的诱惑,与一个阔少爷私奔了。不久,大卫与斯本罗律师的女儿朵拉结婚,可惜婚后生活并不幸福。后来,爱弥丽被抛弃了,海穆也死了,爱弥丽怀念海穆,终身未再嫁。大卫成了作家,朵拉因病离开人世,满怀悲痛的大卫出国旅行。这期间,艾格妮丝始终支持着他。大卫回到英国后,与艾格妮丝结为夫妻,与贝西姨婆和辟果提幸福地生活在一起。

关于《大卫·科波菲尔》①

[法]安德烈·莫洛亚

狄更斯的朋友福斯特②建议他应该试着以第一人称写作,这个意见引起了他的兴趣。他反复作了考虑,这一回他很想以自己的亲身经历写一部小说。我们看到,迄今为止,狄更斯好像以一种近乎宗教的畏惧心来看待自己的早年生活,他对谁都不谈这些,并且把一切回想从记忆中排挤出去。现在他认为,把这些回想描写出来仿佛是一种解脱,他决心让查尔斯·狄更斯作为他下一部小说的主角。主角的名字考虑再三,在科波伍德、特洛菲尔、科波菲尔等之间犹豫不决。当他最终决定使用大卫·科波菲尔时,福斯特指出,主角姓名的首字母和他自己姓名的首写字母相同,只不过颠倒了一下位置。狄更斯对这一巧合印象很深,因为他在这巧合中看到了一种命运。

他在克服了自己最初的羞涩障碍之后,全心全意地投身于这部小说的创作。人人都知道,《大卫·科波菲尔》是关于一个小男孩的故事。他的父亲去世了,他看着自己的母亲改嫁。狠心的继父摩德斯先生赶走了他,一开始把他送到一位残酷的校长办的学校,在他母亲去世之后,又把他打发到一个酒商那儿做学徒工,大卫被雇来在酒瓶上贴商标。这是稍稍经过改变(父母亲都去世)的狄更斯的童年故事。后来,在小说的结尾,大卫成为一个作家。

除此之外,小说中还有一个更为神秘的相似之处被遮盖得天衣无缝,只有狄更斯本人才能辨别出来。大卫·科波菲尔娶了一个孩子气的妻子,她妩媚动人,但是对于料理家务一窍不通。在朵拉这个人物上,狄更斯倾注了自己对初恋的

---

① 本文节选自安德烈·莫洛亚《狄更斯评传》一书,题目系本书编者所加。本文要点:《大卫·科波菲尔》是狄更斯的自传体小说,其中主要人物很可能就是他熟悉的人,甚至是他的亲人,但不能凭照这一点指责狄更斯——没有模特儿,就没有艺术。
② 约翰·福斯特(John Foster, 1812—1876),19世纪英国传记作家。

眷念,以及对婚后生活失败的懊丧。但是朵拉死了,艾格妮丝代替了她的位置。艾格妮丝是一个尽善尽美的女人。通过大卫与艾格妮丝的结合,狄更斯也许在想象中把自己同那个失去的小姨子玛丽·霍格斯联系在一起了。这种神奇的职业中的一个最吸引人的因素,就是它具有一种魔力,能把现实世界拒绝给予你的种种快乐在虚构的世界中给予你。

对于可怜的朵拉的刻画细腻而又着力。

"你这个叫我顶疼爱的命根子,"我有一天对朵拉说,"你觉得玛丽·安有任何时间的概念没有?"

"怎么啦,老爹?"朵拉正画着画儿,现在抬起头来天真地问。

"亲爱的,咱们吃晚饭的时间本来该是四点,现在可都五点啦。"

朵拉若有所求的样子,抬头往钟上瞧了一眼,跟着隐约其辞地说,她恐怕钟太快了。

"不但不快,亲爱的,"我瞧了瞧我的表说,"还慢了好几分钟哪。"

那位娇小的太太跑过来,坐在我的膝上,哄着我,叫我别着急,并且用铅笔在我那鼻子的正中间,划了一道线,这种情况,虽然非常令人开心,但是却当不了饭。

"比方,我亲爱的,"我问道,"说玛丽·安几句,是不是好一些呢?"

"哦,对不起,不成!我可不能说她,老爹!"朵拉说。

"为什么不能,亲爱的?"我温柔地问道。

"哦,因为我本来是个小傻瓜,"朵拉说,"她不知道我是个小傻瓜吗!"

我认为应该由我立下规矩,叫玛丽·安不要随便胡来,而要是朵拉有这种想法就不大好了,所以我把眉头稍微一皱。

"哦,你这个坏孩子,你瞧你的脑门上这些皱纹,多难看!"朵拉说,一面因为她仍旧坐在我的膝上,就用铅笔把我的脑门儿上那些褶子都划出来,把铅笔放在她那红嘴唇儿上,把它舔湿了,好划得更黑一些,很奇怪地假装着在我的脑门上忙个不停,把我闹得虽然哭笑不得,却不由得要满心喜欢。

"这才像个好孩子啦,"朵拉说,"这一笑起来,这个脸蛋儿可就好看啦。"

"不过,亲爱的……"我说。

"别说,别说啦!请你别说啦!"朵拉说,同时吻了我一下,"千万可别学那个淘气的蓝胡子!可别闹真格的!"

整部书中最为成功的人物描写要数狄更斯的父亲,他穿着米考伯先生的不朽的外衣。凡是认识约翰·狄更斯的人都能在米考伯身上认出他来:令人快活,滑稽可笑,老是破产,老是心情愉快,老是满足。

"我的亲爱的小朋友,"米考伯先生说,"我比你大几岁,在世路上也有过些经验——并且,简单地说吧,还受过些困难,概括地说来是这样。我可以说,我每一点钟,都在这儿等着时来运转,但是我现在这种情况下,在我还没有时来运转以前,我拿不出什么来可以奉送,只有几句话。不过这几句话,倒还值得听一听。简单地说吧,就是因为我自己老没听这几句话,才落到,——米考伯先生本来直到现在,都是满面红光,满脸笑容,但是说到这儿,却一下停住了,把眉头一皱——"你看见的这种苦恼田地。"

"算了吧,我亲爱的米考伯!"他太太劝他住口。

"我说,"米考伯先生回答说,这时候他又完全忘了刚才的情况,满面笑容了,"落到了现在你看见的这种苦恼田地。我要对你说的那几句话是:今天应该做的事,千万别等到明天……"他说完了这句话,有一两分钟的工夫,把脸绷着。

"我另外那句话,科波菲尔,"米考伯先生说,"你是知道的,那就是:一年收入二十镑,一年支出十九镑十九先令六便士,结果是快乐。一年收入二十镑,一年支出二十镑零六便士,结果是苦恼。那样,花儿就要凋残了,叶儿就要零落了,太阳就要西沉了,只有一片凄凉的景象留下了——而——而,简单言之,你就永远让人打趴下了——像我这样!"

米考伯先生要使他的榜样更深入人心,就摆出极其快乐、极其满意的神气,喝了一杯潘趣酒,跟着嘴里吹起学院角管舞的调子来。

经常有人责怪狄更斯,说他在《大卫·科波菲尔》中借用了他父亲的性格,而尼克尔贝太太就是他母亲的性格,还说他在好几部作品中丑化了他的朋友们。我认为这种指责并不合情合理。艺术家并不是随心所欲地选择他要刻画的人物的。他始终倾向于描写那些唤起他强烈感情或极大兴趣的人们。常常会产生这样的情况:他曾经与之一起生活过的人,甚至也许就是他的家庭成员,往往就成为他想描写的人。如果有人在选择人物方面责怪狄更斯的话,那么我们对于司汤达这样的作家就应该更严厉。《巴马修道院》的作者把人类划分为几个类别,并且为每一个类别都挑选一种原型;而这些原型都是借用他自己的童年故事。有些人物当时给他留下了难以磨灭的印象,于是他借用了他们。他的父亲以及他的监护人——雷亚纳修道院院长,是"无赖"类别的原型,他的一个姑姑做了"西班牙式美女"的模特儿,他的姑夫罗曼·加尼翁是堂璜类别的原型。如果我们再来看一看巴尔扎克,就很容易看出,他也曾把一些在他一生中起着重要作用的人塑造成小说的男女主人公。他所有的情妇——德·贝尔尼夫人、德·卡斯特利公爵夫人、韩斯卡夫人……都先后做了他的模特儿。如果需要举出英国方面的例子,只要看一看梅瑞狄斯①和当今的 D.H.劳伦斯②就足够了。劳伦斯在《儿子和情人》中刻画了他父亲的形象,而且肯定比米考伯这一形象更显得无情。在这一点上,根本没有必要去赞扬或指责狄更斯;只要记住,这无非是一种普遍的现象,没有模特儿就没有艺术。

《大卫·科波菲尔》的成功超过了狄更斯所有其他的作品。许多读者之所以对这本书产生浓厚的兴趣,是因为他们认出这是一部自传体小说。狄更斯有生以来第一次摆脱了那种必不可少的牵强虚构,在这本书中他几乎完全满足于对于真实性很强的种种事件的描绘。毋庸置疑,对往事的真实回忆约束了他的想象力。

王力人　译

---

① 梅瑞狄斯(1828—1909),英国诗人、小说家。
② D.H.劳伦斯(1885—1930),英国小说家、诗人。

狄更斯与《大卫·科波菲尔》①

[英] W.S.毛姆

一

查尔斯·狄更斯身材矮小，但相貌不凡，伦敦国立人物肖像陈列馆里有一幅他的画像，是麦克里斯②在狄更斯二十七岁时为他画的。画面上，狄更斯坐在书桌边的一把豪华靠椅里，一只细巧的手优雅地搁在一份手稿上。他衣着讲究，还戴着宽大的缎制领饰。他有一头棕褐色的卷发，鬓角很长，飘垂在脸的两边，刚好遮住双耳，看上去很潇洒。他脸形稍长，脸色有些苍白，但目光炯炯，加上一副沉思默想的神情，其年轻大作家形象正合崇拜者们的心意。他时常摆出一副纨绔子弟或者说追求时髦的派头。他年轻时喜欢穿花哨的天鹅绒上衣，戴艳丽的领饰和白色的礼帽。遗憾的是，他从来也没有获得过他自己预想的效果。他的这副打扮让人觉得古怪，甚至有点惊讶，因为他的服饰实在和他的为人太不相符。

他的祖父威廉·狄更斯早先是查斯特尔市议员约翰·克罗尔家里的仆人，娶了一个女仆为妻，最后又成了管家。老威廉有两个儿子，小威廉与约翰。不过，我们现在只对约翰感兴趣，因为他既是英国最伟大的小说家的父亲，又是他儿子笔下最出色的人物形象——米考伯先生的原型。约翰刚出生，老威廉就死

---

① 本文选自毛姆散文集《十大长篇及其作者》，题目系原书所有。本文要点：(1) 狄更斯没有受过正规教育，而是自学成才的；(2) 狄更斯二十几岁就已成名，而且结了婚；(3) 狄更斯的妻子既不会当名人太太，也不善料理家务、照看孩子，狄更斯的应酬和家务都由妻妹帮忙；(4) 故而，狄更斯夫妇的关系不太和睦；(5) 因此之故，狄更斯有一情人，一个年轻的女演员；大概就是因为这个缘故，狄更斯夫人酗酒而精神不太正常，狄更斯不得不和夫人分居；(6)《大卫·科波菲尔》很大程度上是狄更斯的自传，但又显示了狄更斯丰富的想象力；这部小说虽有缺点（这是自传体小说固有的），但由于主要人物写得栩栩如生，加上狄更斯善于渲染，通常认为，它是狄更斯的最佳作品。
② 麦克里斯，19世纪英国肖像画家。

了。他们的母亲仍在克罗尔家里当女仆,一直干了三十五年,而且还当上了女管家。此后,主人为她提供养老金,而在她当管家期间,主人还出钱让她的两个儿子受到了教育。小儿子约翰经主人推荐在军需处得到一个职位后,很快就认识了一个同事,不久又和这个同事的妹妹伊丽莎白·巴鲁结了婚。在人们眼里,约翰是个穿着入时、总喜欢摆弄怀表的小公务员。他看来很喜欢喝酒,因为他曾卷入过一宗贩酒案,为此还在狱中度过了一段时间。他婚后不久便负债累累,而且仍不停地到处向人借钱。

他们的第二个孩子——查尔斯·狄更斯,于一八一二年出生在普特希镇。两年后,约翰被调往伦敦。他们一家在伦敦住了三年后,又迁往查特姆。就是在查特姆,小查尔斯开始上学读书。他父亲有一些藏书,虽然数量不多,但其中倒有像《汤姆·琼斯》①《威克菲牧师传》②《吉尔·布拉斯》③《堂吉诃德》④《蓝登传》⑤和《小癞子》⑥这样的好书。这些书,小查尔斯不止读过一遍,至于它们对他的巨大影响,我们可以从他后来的小说创作中分明看出。

小查尔斯在学校读书读到十五岁后,就到一家法律事务所去当了见习生。但他在那里只干了几个星期,父亲就把他送到另一家法律事务所,在那里他当上了一名周薪十五先令的小职员。他在业余时间学习速记,仅用了十八个月他就在民法博士会长老法庭谋到了速记员的职位。二十岁时,他又获得议会速记员资格,同时作为一家报纸的记者专门报道下议院的情况。他常坐在旁听席上,被认为是一名"又快又好的速记员"。这时,他爱上了银行经理的女儿玛丽亚·比德奈尔,一个多情而轻浮的姑娘。很可能,是她先对查尔斯·狄更斯调情的。他们的关系甚至到了很亲密的程度,她仍然没有把它当一回事。她只要喜欢被人恭维,喜欢有个情人陪她玩玩,根本就没有考虑过要嫁给这个一文不名的查尔斯·狄更斯。所以,不到两年,他们的恋爱就告吹了。两人还一本正经地互相退还了礼物。狄更斯非常伤心,因为他是真心爱玛丽亚的。后来,在《大卫·科波菲尔》里,玛丽亚就成了大卫的"孩儿妻"朵拉。在狄更斯刚完成这部小说时,就有一个女友问过他,他是否真的"非常、非常爱她"。他回答说:"世上没有一个女

---

① 《汤姆·琼斯》,18世纪英国小说家菲尔丁的长篇小说。
② 《威克菲牧师传》,18世纪英国小说家哥尔斯密的长篇小说。
③ 《吉尔·布拉斯》,18世纪法国小说家勒萨日的长篇小说。
④ 《堂吉诃德》,16世纪西班牙作家塞万提斯的长篇骑士小说。
⑤ 《蓝登传》,18世纪英国小说家斯摩莱特的长篇小说。
⑥ 《小癞子》,原名《托美思河的小拉撒路》,16世纪中期西班牙流浪汉小说,作者不详。

人,也很少有男人,能理解这种爱究竟有多深。"他们分手许多年后才相见,玛丽亚·比德奈尔和狄更斯夫妇一起吃了一顿饭。但是今非昔比,此时狄更斯已是大名鼎鼎的小说家,玛丽亚则成了一个肥胖、平庸、笨拙的家庭主妇。于是,她又被狄更斯写进小说,成了《小杜丽》中的芙洛拉·费因钦。

二十二岁时,查尔斯·狄更斯每周已经能挣到五英镑五先令。为了离报社近一点,他搬到河滨街附近的一条很脏的小路上去住。很快他就觉得不满意了,于是便在弗涅伏尔客栈租下一间不带家具的房间。不幸的是,还没等他安置好家具,他父亲又因债务而入狱。为了维持父亲的狱中生活,他不得不解囊相助。父亲一时出不了狱,他找了一处便宜的房子把全家安顿下来,他自己则和由他抚养的弟弟弗雷德里希一起住在弗涅伏尔客栈四楼的一间后房里。"由于他为人坦率、慷慨大方,而且遇事总能逢凶化吉,因此在他家里,以及后来又在他妻子家里,便形成了这样一种习惯,那就是没出息的人总找他资助,还要他帮忙谋取职位。"(引自恩娜·波普-亨奈希的《查尔斯·狄更斯》)

二

他在众议院的旁听席上工作了大约一年后,开始写一组描写伦敦生活的随笔。第一篇作品发表在《月刊》杂志上,后来又在《晨报》上陆续发表作品。他虽然没有得到多少稿费,但开始引起人们的注意。当时,英国有一种风气,人们喜欢看一些表现奇闻逸事的小说。这类小说大多发表在一先令一份的月刊上,往往还配上有趣的插图。因此,出版商经常约请一些稍有名气的作家和画家撰文配画。这就是今天仍受大众欢迎的报纸滑稽栏目的早期形式。有一天,查普曼·豪尔公司的一个合伙人找到狄更斯,请他为一位名画家画的一组描写一家体育爱好者俱乐部的连环画配上文字。他答应每月付十四英镑,杂志发行时再外加少许酬金。狄更斯开始说他根本不懂体育,无法撰写这样的稿子,但后来由于"酬金的诱惑力太大,他终于没能抵挡住"。虽然我不能说《匹克威克外传》就是这样产生的,但我至少可以说,这部名作就是在这样一种不寻常的情况下产生的。狄更斯最初的五篇连载故事发表后并不怎么成功,但是当山姆·维勒在故事里出现后,杂志发行量便一下子上升了。后来,这些故事汇集成书出版,大受读者欢迎,狄更斯一举成名,当时他才二十二岁。尽管批评界对他仍持保留态度,但他声誉鹊起,读者对他推崇备至。当时的《评论季刊》曾对他作过这样的预测:"根本无须天才也能预知他的命运——他像火箭一样升上天,将像棍子一样栽下来。"确实,纵观他的整个创作生涯,我们处处可以发现这种情况:大众读他的作品读得如醉如痴,批评家们则一味地吹毛求疵。看来,当时的批评界也像现在一样浅薄。

  一八三六年,就在连载小说《匹克威克外传》的第一篇发表前几天,狄更斯和凯特·霍格斯结了婚。他的岳父乔治·霍格斯是他在报社工作时的同事,有六个儿子和八个女儿。女儿们个个长得娇小而丰满,碧眼金发,脸色红润。大女儿凯特是当时唯一已到结婚年龄的姑娘,也许就是出于这个原因,狄更斯才娶了她,而没有娶她妹妹中的某一个。他们度过短暂的蜜月后,便在弗尼伏尔客栈住下,并邀请凯特的妹妹——十六岁的玛丽·霍格斯——和他们同住。玛丽活泼可爱,狄更斯渐渐爱上了她,尤其是当凯特因怀孕而不在他身边时,他更是整日与玛丽相伴。这时,他已得到撰写另一部长篇小说即《奥列佛·退斯特》的合同,但在他动笔写这部新作的同时,他仍要继续写按月连载的《匹克威克外传》。于是,他就把每月的时间一分为二,上半个月写《奥列佛·退斯特》,下半个月写《匹克威克外传》。绝大多数小说家都需全神贯注地创作一部作品,根本不可能有什么余暇再去考虑第二部作品,但狄更斯却能毫不费劲地跳来跳去,同时创作两部作品。他的这种特殊才能,确实是大多数小说家所没有的。

三

  凯特生下了孩子,她一直想多生几个孩子,而此时,他们已搬出客栈,迁居到了道梯大街。玛丽也越长越可爱了。五月的一个夜晚,狄更斯带着凯特和玛丽一起去看戏。戏演得很精彩,回家途中三个人都很兴奋。不料,玛丽却突然病倒了。虽然很快就请来了医生,但没过几小时她就死了。狄更斯从她手上取下一枚戒指戴在自己的手上,此后他就一直戴着这枚戒指,直到去世。玛丽的死使他悲痛欲绝。他曾在日记中这样写道:"假如她——这样一个活泼、可爱、迷人的朋友,这样一个我过去不曾、将来也不会遇到的、能和我分担忧愁而且能理解我种种情感的人——还能活在我们身边,我愿意为这种欢乐而放弃我的一切。然而,她去了。我恳求仁慈的上帝,让我与她同去吧!"他还打算,自己死后就葬在玛丽的旁边。

  玛丽之死引起的悲恸,使再次怀孕的凯特不幸流产。等她康复后,狄更斯和她一起到国外作了一次短暂的旅行,以使自己从痛苦中解脱出来。到了六月底,他总算恢复过来,甚至又可以和其他年轻女子逗乐了。

　　成就卓著的文学家的生活,并不一定都是饶有趣味的。狄更斯的生活往往是按某种模式进行的。他的职业要求他每天工作若干小时,而且还得有一套适合于他的工作程序。他时常要和那些文学界、艺术界的上流人物应酬,还要和那些贵妇人交际。他要出席别人的宴会,自己也要设宴回请。他要外出旅行,要在公开场合亮相。大体说来,这就是狄更斯的生活模式,尽管他的幸运和成功几乎没有哪个作家能最与之相比。

　　他生来喜欢戏剧,实际上他还曾认真考虑过是否要去当一名演员。他背诵台词,还专门向一个演员请教发声法。他时常对着镜子练习上台、坐下和鞠躬等舞台动作,而这方面的造诣,确实使他在出入上流社会时得益匪浅。尽管喜欢吹毛求疵的人总嫌他衣着花哨、举止粗俗,但是他的相貌和眼神、横溢的才华和充沛的精力,还有爽朗的笑声,不管怎么说,总是富有魅力的。许许多多的人恭维他、奉承他,但他的头脑还算清醒,从未被人弄得飘飘然。

　　使人觉得奇怪的是,他虽然有敏锐的观察力,后来对上流社会的语言也相当熟悉,但是在他的小说中却从来没有成功地塑造出任何真实可信的、属于上流社会的人物。他描写牧师和医生,显然不及他描写律师及其助手那样真实,那样生动。这是因为,早年他在律师事务所当小职员,以及后来在民法博士院当速记时,甚至在他穷苦的童年时代,他就非常熟悉律师之类的人了。如此看来,小说家似乎只有把自己从小熟悉的人作为原型,才有可能创造出鲜明的人物形象。我们常会感觉到,自己在童年和少年时代度过的一年,似乎要比成年之后度过的一年来得丰富多彩;我们也常常会把自己熟悉的那些人看作是整个世界。对于那些人,我们本来是可以彻底了解他们的内心的,只是后来不知怎么搞的,我们只了解了他们一些表面的东西。这对于一般人来说是无所谓的,但对于小说家来说,却至关重要。狄更斯就遇到了这样一种不利情况,那就是他有时不得不进入某个不属于他的世界。他对那里的生活不甚了了,那里的一切都和他自己熟悉的世界截然不同,于是他便失去了汲取创作灵感的源泉。有幸的是,他对自己早年丰富多彩的生活有深切感受,他可以在后来所遇到的男男女女中进行选择,只挑选某些人物,用他自己独特的方式加以处理。

　　他是个非常勤奋的作家,时常是一部作品尚未完成,第二部作品就已经动手写了。他一边写作,一边还要密切关注读者对杂志的反应,因为他的大部分小说最初都是在杂志上连载的。人们对他的《马丁·朱述尔维特》为什么会在美国出版一直很感兴趣。殊不知,这部小说最初也是在英国的一份杂志上连载的,只是后来狄更斯得知杂志销量下跌,读者对他的这部连载小说不像以前那样感兴趣了,他才考虑把小说拿到美国去出版。他不属于那种把作品畅销视为不光彩的作家。他的勤奋多产没有使他筋疲力尽。除了写作,他还创办并主持了三份周刊,同时又以极大的热情从事其他爱好。他可以毫不费劲地一天步行二十英里;他骑马、跳舞,还喜欢各种各样的玩耍。他在业余剧团演戏,甚至变魔术给孩子们看。他出席宴会,到处演讲,还慷慨大方地设宴招待客人。

有了钱,狄更斯一家便立刻搬进伦敦豪华区的一幢住宅,还从大商行定购了成套家具,精心布置客厅和卧室。地板上铺着厚厚的地毯,窗前垂挂着绣花的帷帘。他雇用了一个手艺不错的厨师,还雇用了三个女仆和一个男仆。他和妻子各有一辆自备马车,家里经常是晚宴不断,高朋满座。他的奢侈铺张,曾使托马斯·卡莱尔的夫人感到震惊,甚至连杰弗里爵士到他家赴宴后,也在给朋友科克彭的信中说:"这样的晚宴,对于一个刚刚富起来而且有家有室的人来说,实在是太铺张浪费了。"所有这一切,都需要大笔大笔的钱。除此之外,狄更斯还有其他开销:他的父亲和一些亲属的生活全都由他负担,而且还得长期负担下去。老约翰生性浪荡,在他的所作所为中,最使他这个出了名的儿子感到难堪的事情,就是他老是用儿子的名义向人借钱,甚至偷偷地把儿子的手迹和手稿拿去卖掉。狄更斯不久便得出结论:除非让那些人统统搬出伦敦,否则他将永远不得安宁。于是,他不管他们怎样抱怨,在靠近艾塞克斯的奥芬顿镇上找了一幢房子,要他们搬到那里去住。与此同时,他创办了一份名为《汉佛瑞少爷之钟》的刊物,其部分目的就是想挣钱来对付家里的大笔开销。为了给刊物打开销路,他开始写《老古玩店》并在刊物上连载。小说大获成功,一时间人人都在谈论它,连康奈尔、柯勒律治、杰弗里勋爵和卡莱尔这样的大文人也被这部小说的哀婉伤感之情所打动。甚至远在纽约,人们都聚集在码头上等着装有这份刊物的客轮进港,而且当客轮徐徐靠岸时,他们就迫不及待地大声喊:"小耐儿有没有死?"

一八四二年,狄更斯夫妇去美国访问,临行前他们把四个孩子交托给凯特的妹妹乔治娜照看。虽然迄今为止,还没有哪个英国作家能像狄更斯那样生前就声名远扬,但是他的美国之行却并不尽如人意。这是因为,那时的美国人对欧洲人仍时时抱有戒心,尤其是对任何批评美国的言论都极为敏感。他们的新闻界和出版界肆无忌惮地侵犯"新闻人物"的隐私权。当时的美国新闻媒介固然也把外国著名人士的来访视为好事,但是只要他们不愿像动物园里的猴子那样被人要弄而稍稍表示不满,马上就会被说成是自以为是、自高自大。美国的言论自由是不能伤害他人感情或者有损他人利益的。在那里,人人有权表达自己的观点,但前提是不反对别人的观点。对这些情况,狄更斯一无所知,于是就不免出错。美国当时还没有加入国际版权公约,所以不仅英国作家的作品在那里得不到保护,而且使美国自己的作家也受到损害,因为出版商大肆出版无须支付稿酬的英国作品,需付稿酬的美国作品就不太愿意出版了。狄更斯在欢迎他的宴会上发表演说时,便提出了这一问题。他这样做显然是不明智的。他的演说随即引起一片哗然,报纸上干脆把他说成是个"唯利是图的小人,毫无绅士风度"。尽管他处处仍有崇拜者簇拥,在费城还花了足足两小时和那些前来向他致敬的群众一一握手;尽管那些争着想从他那儿得到纪念品的人把他身上的新大衣撕成了碎片,但是就他个人形象而言,这次访问并不算成功。因为虽有许多人为他英俊的外貌和充沛的活力所吸引,但仍有为数不少的人认为他缺乏男子气,认为他的服饰、戒指和钻石别针俗不可耐,甚至认为他举止粗俗,有欠修养。不过,他在那里还是结识了一些朋友,而且后来一直和他们保持着很好的关系。

四

　　在美国度过了繁忙而使人筋疲力尽的四个多月后,狄更斯夫妇回到英国。孩子们在姨妈乔治娜的照顾下生活得很好。疲惫不堪的狄更斯夫妇恳求乔治娜和他们同住,帮助他们料理家务。乔治娜此时十六岁,刚好和玛丽初到弗尼伏尔客栈时一样年龄。她和玛丽长得很像,所以从某种意义上说,她是又一个玛丽。凯特这时又在盘算着生孩子了。乔治娜长得娇小可爱而且和蔼可亲,她还善于模仿别人的动作,常把狄更斯逗得捧腹大笑。于是乎,"一直思念着玛丽并把这种思念看得就像自己的'心脏搏动'一样重要的狄更斯,从乔治娜身上看到了玛丽的身影,他发现时光似乎在倒流,便更加觉得'过去与现在是难以分割的'"。(引自恩娜·波普-亨奈希的《查尔斯·狄更斯》。)
　　狄更斯曾忍受过长期的贫困,所以一旦有了钱,他就想过过豪华的生活。但不久,他便发现自己已经债台高筑了。他决定把住宅租出去,自己到意大利去住,因为那里的生活比较省钱。他在意大利度过了一年,大部分时间住在热那亚。他饱览了意大利半岛的旖旎风光。但是,由于想使自己在精神上更为充实,他一直专心致志地读书,再加上他不自觉地总会显露出岛国人的褊狭性格,所以他并没有结交意大利朋友,始终只是个典型的英国旅居者。不过,尽管如此,他还是结识了一位旅居热那亚的瑞士贵妇人,即德·拉·赫伊夫人,并和她友情甚笃。这位夫人的丈夫是瑞士银行家,她当时似乎正为自己的妄想症而苦恼。狄更斯一直对催眠术颇有兴趣,于是便向她保证,只要给她施用催眠术,便能解除她的苦恼。他们天天见面,甚至一天两次,说是为了施用催眠术。对此,凯特深感不安。在他们旅行时,德·拉·赫伊夫人处处跟随着狄更斯一家。后来,狄更斯的催眠术终于使德·拉·赫伊夫人恢复了健康,而凯特,直到他们一家回到英国后才如释重负。

凯特是个性情温和、气质忧郁的女人。她很固执,既不喜欢跟随丈夫旅行和赴宴,也不喜欢作为女主人在家里设宴待客。她既没有迷人的姿色,又显得笨手笨脚。所以,那些常与狄更斯交往的名流要人很快就发现,要和乏味的狄更斯夫人打交道实在是件令人讨厌的事。有些人甚至认为她是个废物。确实,做名人的妻子不容易,除非她足够老练或者富有幽默感,否则就难以胜任。凯特既不善于交际,又没有幽默感。她生来就不是那种性格的女人。但是,如果她非常爱自己丈夫的话,这些也算不了什么。不幸的是,凯特似乎从未真正爱过狄更斯。早在他们订婚期间,狄更斯就在信中抱怨过她的冷漠。她之所以嫁给他,原因大概就是女人总得嫁人,也可能因为她是八个女儿中最年长的,父母便把第一个求婚者安排给她了。总之,她善良、文雅、娇弱,却没有必要的修养和才能与丈夫的显赫地位相匹配。

与此同时,乔治娜在狄更斯家里占据了玛丽曾占据过的位置。随着时间的推移,狄更斯越来越离不开她了。他们一起长时间地散步,一起商量他的写作计划。她还充当他的秘书。国外生活的惬意和便宜使狄更斯尝到了甜头,他就开始较长时间地在国外逗留。乔治娜曾随他们一家去过意大利,后来又去了瑞士洛桑、法国的布伦港和巴黎。有一次,他们计划在巴黎住一段时间,于是她便单独和狄更斯一起先到巴黎找了一套公寓住下,等他们把一切安排就绪后再通知凯特,让她带着孩子离开英国。还有,在凯特怀孕期间,乔治娜总是随狄更斯一起外出旅行或者参加宴会,家里设宴招待客人,也由她代替凯特主持家宴。有人可能会以为,凯特对此一定会很不高兴。其实不然,她从未流露过任何不满情绪。

五

岁月转瞬即逝,到一八五七年,查尔斯·狄更斯年满四十五岁,此时他已成为英国最有声望的作家,同时又是享有盛誉的社会改革家。在公众眼里,他的生活富有戏剧性。他的孩子也已长大成人。这时,发生了一件意想不到的事。他喜欢演戏,有时为慈善事业义演,经常在一些戏中担任业余演员。这一年,他应邀到曼彻斯特去排演《结冰的深渊》。这出戏是维基·柯林斯①在他的帮助下编写的,曾为女王陛下夫妇和比利时国王演出过,而且大获成功。狄更斯扮演剧中一个富有自我牺牲精神的北极探险者,为此他还蓄起了胡子。他非常喜欢这一角色,因而他的表演极富感情,使许多观众感动得泪流纵横。后来他同意在曼彻斯特重演这出戏,但他决定把过去由他女儿扮演的角色改由职业演员来演,因为他认为他的女儿不适合在大剧院里演出。于是,一个名叫爱伦·泰尔兰的年轻女演员便应聘前来。狄更斯曾在几个月前看过她演的《亚特兰大》。在她登台前,狄更斯曾去化妆室看她,发现她在哭,原因是她在演出时必须露出大腿。她的羞涩和矜持吸引了狄更斯。

爱伦·泰尔兰当时年仅十八,身材娇小,容貌秀丽,有一双碧蓝的眼睛。排演在狄更斯家里进行,由他亲自担任导演。在排演过程中,爱伦充满敬慕之情的举止和急于讨好他的样子使狄更斯非常得意,所以排演尚未结束,他便深深地爱上了她。他从商店订购一副项链送给她,不料商店却把项链误送到了他妻子手里,于是夫妻间不免闹起风波。最后,好像是狄更斯容忍了妻子的怒气,因为她毕竟是无辜的受害者。在像他们这样的婚姻关系中,这也是丈夫用以平息风波的最佳方式。那出戏上演了,狄更斯的表演精彩至极。

由于凯特从未使他感到过满意,现在又迷恋上了爱伦·泰尔兰,狄更斯越来越无法忍受妻子的弱点。他写道:"她温存、随和,但无论怎样我都没法使她理解我。"他开始想到,他们的结合从根本上说就是不合适的。他曾对约翰·福斯特②说:"问题的关键在于,不该那么年轻就结婚,现在时间过去了,情况却没有好转。"他的感情在变化,而她却依然停留在原地。狄更斯相当自信地认为,自己

---

① 英国作家。
② 英国评论家。

是没有什么地方需要自责的。他觉得可以自我安慰的是,他是一个好父亲,对孩子是尽心尽责的。这么想,倒有点像彼克斯涅夫①的处世态度。他其实并不想生育太多孩子,之所以会有那么多孩子,完全是凯特一人的主张。不过,他对幼儿还是很喜欢的,只是当他们长大后,他便不感兴趣了。大多数男孩到一定年龄,就被他送往国外。

这一时期,他喜怒无常,性情烦躁,除了乔治娜,他对任何人都要发脾气。最后,他决定和凯特分居。但是,由于他的社会地位,他又担心家庭关系的破裂一旦公开,很可能会招来种种谣言。这样的担心是完全可以理解的,因为多年来他一直在大肆宣扬家庭幸福。他比任何人都热衷于在圣诞节撰文颂扬纯真、和谐、美好的家庭生活。有人给了他一些建议:第一种是他和凯特各住各的房间,但凯特仍作为女主人主持家宴,并陪他出入各种公开场合;第二种建议是他住到盖茨山庄(他新近买下的一幢别墅)去,凯特留在伦敦;第三种建议是让凯特住到国外去。但是,所有这些建议都遭到凯特的反对。最后,他们还是决定彻底分居。凯特独自住在坎顿镇附近的一所住宅里,每年能得到六百英镑的津贴。稍后,他们的长子查理去那里和母亲同住。

这样的安排实在令人惊讶。人们总觉得奇怪,为什么凯特会同意丈夫把自己逐出家门,为什么她会同意离开自己的孩子?她明明知道狄更斯和爱伦·泰尔兰有恋情,这样的把柄在手,是完全可以由她来提出种种条件的。也许是她太老实了,也许是她确实有点愚笨;也有可能,就如某些人解释的,狄更斯神奇地使妻子相信自己有点精神失常,从而"使他的妻子觉得,自己最好是离开这个家"。不过,一般认为最可靠的解释是她酗酒。对此,我虽无十分把握,但相信这是真的。她很可能已变成了酒鬼。否则,乔治娜为什么要去掌管家务、照料孩子?为什么母亲离开家,孩子们依然留在家里?为什么乔治娜后来会这样写道,"可怜的凯特无法照看子女,这事已成公开的秘密"?看来,事情是比较清楚的。让长子查理去和他母亲同住,其原因或许就是为了监视她,不让她过度酗酒。

狄更斯名声太大,关于他的隐私,难免会有流言蜚语。他的朋友在私下里说他处理家庭事务有欠考虑,对他怀有敌意的人则到处散播种种无稽之谈。流言蜚语甚至传到了国外。但是,出人意料的是,人们传说的情妇不是爱伦·泰尔兰,而是乔治娜。狄更斯很愤怒,他相信所有的流言蜚语都出自霍格斯家,也就

---

① 狄更斯小说中的人物。

是凯特和乔治娜的家。于是,他逼迫他们声明他和他的妻妹之间没有任何可受指责的事情,并威胁说,如果他们不加以澄清的话,他就把凯特撵出家,而且分文不给。霍格斯一家为此足足用了两星期时间考虑对策。使他们犹豫不决的是:要是狄更斯真那么做的话,凯特能不能态度强硬地去寻求法律支持?如果不想让事情发展到这一步,那么唯一可行的办法就是承认错误在凯特一边,而这又是他们最不愿意的。

在这场风波中,乔治娜是谜一样的人物。外面谣传纷纷,狄更斯觉得只有他自己出面,才能向大众解释清楚他与妻子分居的缘由。他写了一封公开信,先在《纽约论坛报》上发表,后来又由各家报纸转载。他在公开信中提到乔治娜时说:"说实话,世界上再也找不到比她更纯洁、更完美无缺的人了。"当然,他这么说的目的是要否认他和乔治娜之间有不正当关系,但完全可能是真话。也许,乔治娜是爱他的:她在狄更斯去世后编辑他的部分书信集时,把狄更斯对凯特的赞扬之词统统删掉了,可见她对姐姐一直存有嫉妒心。不过,在当时,丈夫即使与亡妻的姐妹结婚,也被教会当局认为是乱伦。所以,乔治娜虽然在狄更斯家里住了十五年之久,却很可能从未想过要和姐夫建立任何超出兄妹之情的关系。更何况,狄更斯又一心爱着爱伦·泰尔兰。或许,乔治娜觉得自己能得到一位名人的信任并能完全支配他,也可以满足了。令人困惑的倒是,她在盖茨山庄为狄更斯操持家务时,竟然会欢迎爱伦·泰尔兰到山庄做客,还与她交了朋友。

狄更斯曾以查尔斯·特林海姆汉的名义在帕克海姆附近为爱伦租了一幢房子。不久前,到那幢房子去参观的人还被带到一棵大树前,因为据说作家"特林海姆先生"生前很喜欢坐在这棵树下。狄更斯去世前,爱伦就一直住在那里。她还为他生了一个儿子。从盖茨山庄到帕克海姆不远,狄更斯经常到那里去和爱伦共度良宵。他们还一起去过一次巴黎。

在分居期间,狄更斯仍为公众朗诵他的作品,为此他走遍了英伦三岛,而且再次访问美国。他充分发挥他的表演才能,每次朗诵都大获成功。不幸的是,由于到处奔波,他被弄得筋疲力尽。人们开始注意到,这个四十多岁的男人看上去已俨然像个老人,而他的活动还不仅仅是朗诵自己的作品:在和妻子分居后直到他去世的十二年间,狄更斯完成了三部长篇小说,还创办了一份相当成功的杂志《一年四季》。因此,他的健康每况愈下,这也是必然的。医生要他注意休息和静养,但公众的掌声又使他兴奋不已。于是,他不顾一切地坚持要作巡回朗诵表演。就在巡回途中,他病倒了,不得不放弃后面几场朗诵会。他回到盖茨山庄,坐下来写他的长篇小说《艾德温·德鲁德》。但是,为了补偿朗诵会组织者因他缩减场次而遭受的损失,他又答应在伦敦安排十二场朗诵会。那是在一八七〇年一月,圣詹姆斯教堂里人山人海,每当他入场和退场时,观众都站起来向他欢呼。朗诵会终于结束,他又回到盖茨山庄,继续写他的《艾德温·德鲁德》。六月里的一天,在吃晚饭时乔治娜(她和他同住在盖茨山庄)发现他脸色不对。"哦,你得躺下休息!"她对他说。"好,就躺在地上吧!"他回答说。这是他说的最后一句话,说完就顺着她的胳膊滑下去,躺在地上。乔治娜随即派人到伦敦去把他的两个女儿找来。第二天,这个能干而有主见的女人又派狄更斯的女儿凯蒂去通知她母亲,然后再把爱伦·泰尔兰带到盖茨山庄来。又过了一天,也就是在一八七〇年六月九日,他去世了。他的遗体被安葬在威斯特敏斯特教堂的名人墓园里。

六

在以上关于狄更斯的生平叙述中,我没有提到他在社会改革方面所作出的卓有成效的努力,也没有提到他对穷人、对被压迫者的同情和帮助。我尽可能地只谈到他的私人生活,因为在我看来,只有当你很想了解他的私人生活时,你才会怀着极大的兴趣去读那本我向你推荐的书——《大卫·科波菲尔》;因为在很大程度上,它是一部自传。不过,狄更斯毕竟是在写小说,而不是在写自传。他确实从自己的生活中汲取了许多素材,但也仅仅是汲取素材而已,其他一切都来自他丰富的想象力。就如我已经说过的,米考伯先生和朵拉的原型分别是他父亲和他的第一个情人玛丽亚。至于玛丽·贝德耐儿和艾格妮丝的原型,一部分是他心目中的理想人物玛丽·霍格斯,一部分是玛丽的妹妹乔治娜。大卫·科波菲尔十岁时被继父送去当童工,这和狄更斯自己被父亲送去做见习生很相像,而且大卫也像他自己一样,觉得和那些比自己社会地位还要低的同龄孩子混在一起,是一种"屈尊"和"降格"。

大卫·科波菲尔自述自己的故事,这是小说家常用的结构方式。这种方式有优点,也有缺点。优点之一是,它迫使叙述者自始至终紧跟自己的叙述线索,也就是说,他只能叙述他亲眼所见、亲耳所闻或者亲身所行的事情。狄更斯的小说往往情节很复杂,读者的兴趣经常会被引向和故事进程不相干的人物或事件,而采用这种结构便可予以避免(在《大卫·科波菲尔》里,唯一离题的地方是对斯特朗博士和他的妻子、岳母以及妻子的侄子的关系所作的叙述,这些叙述其实和大卫的故事毫不相干,而且还叙述得相当冗长啰唆)。另一个优点是,可以增强故事的真实感,使你的同情心和叙述者的同情心融为一体。当然,你可以赞同他,也可以不赞同他,但不管怎样,你的注意力一直集中在他身上,结果便赢得了你的同情。

这种结构的一个缺点是,由于叙述者就是小说主人公,所以他只能毫不谦虚地向你叙述他自己是如何英俊,如何有魅力。当他叙述到自己的鲁莽行为或者当女主人公已爱上他(这时读者已看得清清楚楚)而他还蒙在鼓里时,他会显得傻里傻气,而他又往往表现得很自负。还有一个更大的缺点是,相对于叙述者即主人公所叙述的其他人物,叙述者自身的形象往往会显得苍白无力。这一缺点是采用这种结构的小说家都无法完全避免的。我经常自问,为什么会产生这种结果?所能找到的唯一解释是,由于主人公就是叙述者本人,所以当他叙述到自己时,他是从内部来塑造自身形象的,他会不自觉地表现出种种混乱、怯懦或者犹豫情绪,这无疑是不利于形象塑造的;而当他叙述到其他人物时,他是从外部观察他们的,他可以凭借自己的想象力来描写他们,而当这种描写又是出自像狄更斯这样才华出众的作家之手时,他们身上最重要的戏剧性特征、他们的个性乃至于怪癖,都会被表现得淋漓尽致,因而他们的形象生动而鲜明,使叙述者的自画像反而相形见绌了。

狄更斯尽了最大努力想激起读者对主人公的同情。但是,说实话,大卫为寻找贝西姨婆而出逃,在奔往多维尔海港时的那段表现他孤注一掷心情的著名描写,实在是过于夸张了。读者不能不感到惊讶,这个小男孩竟然会愚蠢到这种地步,竟然会听凭别人哄骗他,损害他。因为不管怎么说,他毕竟在工厂干过几个月,在伦敦街头游荡过,还和米考伯一家同住过,替他们典卖过东西,甚至还去过马夏西监狱探监。读者不禁会想,既然说他是个聪明伶俐的孩子,那他在未成年时也多少应该懂得一点人情世故,有一点自卫能力吧。然而,大卫·科波菲尔却自始至终表现得窝窝囊囊。他一而再、再而三地让人欺骗和损害自己,似乎从来没有表示过想与此抗争的意愿。他对待朵拉的态度是那样软弱无能,在处理日常家务方面又那样缺乏常识,这些也是让人无法相信的。他还那样迟钝,甚至都猜不出艾格妮丝在爱他。小说结束时,狄更斯告诉我们,大卫成了小说家。这更让我们无法相信了。如果大卫真的在写小说,那么我想,他的小说一定更像是亨利·伍德夫人①写的,而绝不会像是狄更斯写的。说来奇怪,大卫的创造者竟没

---

① 19世纪英国三流小说家。

有把自己充沛的活力和横溢的才华赋予他自己创造的人物。大卫全靠文雅俊美的外表吸引人，否则的话，他是不会像现在这样人见人爱的。他诚实、善良、为人正直，但他确实有点傻气。他是这本书里最不生动的人物。

不过，这没有关系，因为书里还有其他人物，他们却是最生动、最丰满和最具个性的。这些人物虽不十分真实，但富有生气。像米考伯、辟提果、巴基斯、特拉德尔斯、贝西·特洛伍德、狄克先生以及尤利亚·希普和他母亲这样的人，在生活中是没有的。他们只是狄更斯丰富想象力的奇异产物。然而，他们却被表现得那样生动、那样协调、那样逼真，简直叫你不可能不相信他们。他们虽表现得有点夸张，却仍然不失其真。你一旦认识他们，便再也不可能忘记他们。他们中最出色的，当然是米考伯先生。他是绝不会让你感到失望的。狄更斯最后让米考伯先生在澳大利亚成了一名可尊敬的官员，但有些批评家认为，这个人物应该自始至终保持他那种浑浑噩噩的"今朝有酒今朝醉"的个性。我对这样的苛责并不以为然。澳大利亚是个人烟稀少的国家，而米考伯先生相貌堂堂，受过教育，而且又极有口才，我不明白，像他这样一个具有那么多优点的人，为什么就不能在那里谋到一官半职？不过，我却不太相信他真能揭穿尤利亚·希普的诡计，因为他没有足够的心计和耐心。

只要有利于故事的发展，狄更斯就会毫不犹豫地使用巧合，从不过多地考虑必然性。现代小说家却不同，他们为了表现事物的必然性，不得不把情节叙述得充分可信，而且还要尽可能地逼真。不过，当时的读者都很愿意相信那些在现实生活中根本不可能发生的故事情节。这恰恰是狄更斯的拿手好戏。他讲述故事的技巧是那样高超，以至于到了今天，我们还会相信这些故事。《大卫·科波菲尔》里充满了巧合。譬如，斯提福兹返回英国时，他搭乘的船在雅茅兹海滩遇险，这时为什么偏偏是大卫而不是别人正好到那里去看望朋友？其实，只要狄更斯愿意，凭他的技巧他是完全可以避免使用这类不合理情节的。但是，他还是这样写了，因为他认为这样可以为他提供机会来描写一个惊心动魄的场面。

尽管和狄更斯以前的小说相比，《大卫·科波菲尔》里的戏剧性事件并不多，但是其中有些人物，譬如凡利亚·希普，仍有一种通常被认为低级趣味的闹剧人物的意味。当然，不管怎么说，这个人物总体上是刻画得很有力的，是个令人恐惧的人物。还譬如，有个次要人物，即斯提福兹的仆人，他那种神秘、阴险的特点也写得过于可怕。在我看来，这类人物中最让人难以理解的是洛莎·达特尔。这个人物可以说是小说中的一大败笔。我发现狄更斯的本意是想让这个人物在故事中发挥更大作用的,只是他后来没能做到。他之所以没能按原意去做,我猜想(当然没有多少根据)原因是他担心那样会冒犯读者。我曾自问,要是斯提福兹不是达特尔的情人,那会怎样?要是她对他的仇恨中并没有掺杂那种饥渴的、疯狂的爱,那又会怎样?但是,如果这样的话,我又弄不明白还有什么原因可使她那么残忍地对待小爱弥丽?——顺便插一句,我认为小爱弥丽是个影子式的人物,她仅仅起到了一点她能起到的作用而已。

狄更斯曾写道:"在我所有的作品中,我最喜欢就是这部作品。就像许多慈祥的父母一样,我也有自己偏爱的孩子,他就叫大卫·科波菲尔。"作家对自己的作品往往不能作出正确判断,但这是个例外。狄更斯的判断是正确的。马修·阿诺德①和罗斯金②都认为《大卫·科波菲尔》是他的最佳作品。对他们的看法,我想我们是会同意的。既然如此,这也就是作家本人、批评家和读者的一致看法。

刘文荣　译

---

① 马修·阿诺德,19世纪英国诗人、批评家、教育家。
② 罗斯金,19世纪英国艺术评论家。

11
《简·爱》

简介：

【英文名】*Jane Eyre*
【作　者】［英］夏洛蒂·勃朗特（Charlotte Bronte，1816—1855）
【年　代】19世纪。
【体　裁】长篇小说。
【主　题】女人也能"爱"男人，而非总是"被爱"。
【人　物】主要有：简·爱、罗切斯特、圣约翰。
【情　节】主要是：简·爱是一个身无分文的孤儿，从小被舅母收养，遭到舅母一家的百般虐待，这使她从小就非常叛逆。不久后，她被打发到罗伍德慈善学校，那儿实际上是贫苦孤儿的牢狱。简·爱在那里度过了漫长的八年，然后应聘到桑费尔德庄园当家庭教师。庄园主人罗切斯特被她聪明过人和自强自立的独特气质所吸引，两人相爱了。犹豫很久之后，简·爱决定嫁给罗切斯特。可是，在婚礼上，突然有人指证：罗切斯特十五年前已经结婚，妻子就是被关在三楼密室里的疯女人。尽管罗切斯特一再向她解释事情的真相，简·爱还是在痛苦中毅然离开了桑费尔德庄园。这期间，简·爱风餐露宿，沿途乞讨，历尽磨难，后来被牧师圣约翰收留，并在当地一所小学校任教。不久，简·爱得知叔父去世并给她留下一笔遗产，同时还发现圣约翰是她的表兄，她决定将财产平分。圣约翰是个狂热的教徒，打算去印度传教。他请求简·爱嫁给他并和他同去印度。简·爱拒绝了他，决定回到罗切斯特身边。回到桑费尔德庄园，简·爱发现房子已被烧毁，疯女人放火后坠楼身亡。罗切斯特不幸致残，双目失明。简·爱找到他，毅然决定和他结婚。

I was modelly afraid of its tramping fore-feet

读《简·爱》[①]

[英]弗吉尼亚·伍尔夫

夏洛蒂·勃朗特出生至今已有一百年了,现在她已成了人们传说、爱戴和著述的中心,而她本人仅活了三十九岁。要是她能活到一般人的岁数,想一想关于她又会有什么样的传说,倒也是一件有趣的事。也许,她会像同时代的有些名人那样,成为经常在伦敦和其他什么地方抛头露面的人物,成为无数杂志和小报的描述对象,成为一大堆小说和回忆录的作者;但是,如果她只是作为一个声名显赫的中年女人留在我们的记忆里,那她总不免和我们有点疏远。她可能会很富有,也可能会万事如意;然而,事实并非如此。我们一想到她,总会联想到现实世界里的某个命运不济的人;我们一想到她,总会追忆到上个世纪的五十年代,回想起位于约克郡荒原上的那座牧师住所。她一生都住在那片荒原上的那座住所里,既受过穷困的煎熬,也受过人们的吹捧;但不管是受穷,还是受吹捧,她永远是孤寂的、不幸的。

这样的生活既然会影响她的性格,那么在她的作品中也一定会留下印痕的吧?不妨想一想:一个小说家,要构筑自己的作品,一开始总需要有许许多多的临时材料;这些材料虽然有可能使作品具有真实性,但大多数到后来都会被证明是无用的。所以,当我们翻开《简·爱》时,心里总会想:她想象出来的世界,会不会仍然是那个陈旧过时的维多利亚时代的世界,就像她住过的那座荒原上的牧师住所?这样的地方,除了怀旧者,谁会保存?除了好事者,谁会去参观?抱着这样的疑虑,我们翻开了《简·爱》。可是,读了两页,我们的疑虑便统统打消了。

[①] 本文选自《伍尔夫读书随笔》,原载伍尔夫散文集《普通读者》。本文要点:(1)《简·爱》中对荒原和人物生动描写都是其优点;(2)当然,这部小说也有缺点,如主题比较肤浅、文笔有点做作,但它依然熠熠生辉,因为它富有个性、富有诗意。

  起皱的猩红色帐幔挡住了我右边的视线;左边,是明净的窗玻璃,它保护着我,却不能把我和那阴凄凄的十一月的天气隔开。我翻动着书页,时不时地抬头张望这冬日下午的景色:远处是一片灰蒙蒙的雾霭;眼前是湿淋淋的草地和风雨中的灌木丛,而那绵绵不停的雨,在久久哀号的狂风吹送下,正唰唰地飘向远方。

  再没有什么东西比这本书里的荒原景象、比那"久久哀号的狂风"更变幻不定了;同样,还有什么东西能比她这种一时的兴奋更短暂呢?但它竟然能使我们凝神屏息地把书读完,不容我们停下来思考,也不容我们把目光从书页上移开。我们被小说深深地吸引住了,以至于要是有人正好在房间里走动,我们也会觉得那脚步声好像是从约克郡传来的,而不像在我们的房间里。作者紧拉着我们的手,强迫我们和她一路同行,要我们去看她所看到的一切;她一刻也不离开我们,也不许我们离开她。我们就这样完完全全地被夏洛蒂·勃朗特的才华和激情笼罩住了。一张张各各不同的面孔,一个个相貌迥异、性格鲜明的人物,在我们眼前闪现,而这一切,又都是通过她的眼睛才使我们看到的。她一走开,一切便不复存在。我们想到罗切斯特[①],马上也就想到了简·爱;想到荒原,又不能不想到简·爱;甚至一想到书里的那个客厅、那些"好像覆盖着鲜艳花环的白色地毯"、那只淡白色的巴洛斯壁炉面和壁炉上的"红宝玉一般鲜红的"波希米亚玻璃片、那种"红白相间的混合色",我们都会想到简·爱——要是没有简·爱,这一切还算什么呢?

  我们不难发现简·爱的缺点。总是做家庭教师,总是坠入情网——这对世界上许多既不做家庭教师,也没有坠入情网的人来说,毕竟是一大局限。相比之下,简·奥斯汀或者托尔斯泰笔下的主人公就要复杂得多,有无数的侧面。他们是活生生的,对不同的人会有不同的反应,而许多不同的人又像一面面镜子,从不同的角度映照出他们的性格。他们到处走动,作者并不老是盯着他们,审察他们的内心。他们似乎生活在一个真实的世界里——这个世界是和他们相互独立的,一旦他们走进这个世界,我们也就跟着他们进去见识一番。夏洛蒂·勃朗特没有这种塑造人物的力度和宽阔的视野。这一点,她和托马斯·哈代[②]颇为相

[①] 罗切斯特,《简·爱》中的男主人公。
[②] 托马斯·哈代,19世纪英国小说家。

近。但他们两人也有很大的区别。我们读《无名的裘德》①,不会凝神屏息地想一口气读完——我们往往会掩卷沉思,会有一连串题外的想法,会从人物身上生发出一种疑问和一种寓意,而这种疑问和寓意,是和他们毫不相干的。他们尽管只是些纯朴的农民,我们却不由得会向他们提出种种意义重大的问题;所以,哈代小说里最重要的人物,似乎是那些无名的次要人物。像这样的疑问和寓意,在夏洛蒂·勃朗特的书里是一点也没有的。她并不想关注人生的普遍问题,甚至都没有觉察到这类问题的存在;她的全部动力——这种动力越是受到压制,就显得越强大——就在于她要自我申诉:"我爱!""我恨!""我在受苦!"

和那些思路宽宏、视野广阔的作家不同,凡是以自我为核心、囿于自我申诉的作家,都有这样一种动力。他们所感受到的印象,仅限于他们自身生活的四壁,而且都深深打上了自我的烙印。在他们的心灵里,无处不带有自我的特征。他们很少从其他作家那里吸取什么东西,即使吸取了,也难以融合到自己的风格中。夏洛蒂·勃朗特和哈代一样,其风格似乎也是以那种端庄的、甚至有点僵硬的报章文体为基础的。他们的文笔时常是呆板的、不灵活的,但由于他们各自经过长期的刻苦努力,对自己的每一种构思都不惜费神去找到确切的语言来加以表述,所以他们最后还是锤炼出了各自所需的文体——这种文体不仅能把他们内心的形象完整地表述出来,而且还具有自身独到的美感、力量和敏锐性。我们至少可以说,夏洛蒂·勃朗特有创作成就,但这并不是因为她读了很多书。她无法像职业作家那样写得非常顺畅,也无法像他们那样自由自在地遣词造句。"我无法满意地和那些学识渊博、心思细密、情趣高雅的人交往,不管这些人是男人,还是女人。"她先这么写,读上去好像是外省某家报社的评论员写出来的;但紧接着,就出现了她自己那种急切的、甚至有点浮华的文句:"除非我能首先突破传统留下的外围工事,然后越过自卑的门槛,到他们心中的火炉边上去赢得一席之地。"她确实在那里赢得了一席之地,但使她的书熠熠生辉的,却是她自己心中燃烧着的炉火。

换句话说,我们读夏洛蒂·勃朗特的书,不是因为她对人物性格作了深入观察——她的人物性格是单纯不变的;也不是因为她设置了戏剧性情节——她的情节是粗糙生硬的;更不是因为她说出了什么深刻的人生哲理——她的思想不过是一个乡村牧师女儿的想法。我们读她的书,是因为其中有诗意。像她这样

---

① 《无名的裘德》,托马斯·哈代的最后一部长篇小说。

有个性的作家,也许都这样。就像我们平时所说的:这种人把门一开,他们屋里的东西就全让别人看到了。他们都有一种桀骜不驯的气质,和现实世界总是格格不入——这使他们不愿耐心观察,只想挥笔疾书。这样的创作热情,使他们不顾自己是不是半吊子,也不管有什么障碍,甚至不像常人那样左思右想,一下子就去抓住连他们自己也不太说得清楚的内心情感和欲望。这就使他们成了诗人——虽然他们用散文写作,但同样无拘无束。而正因为如此,夏洛蒂·勃朗特也好,艾米莉·勃朗特也好,她们时常会求助于大自然。因为她们觉得,要把人心中深藏着的种种情感和欲望表达出来,就必须借助于比普通语言更有表现力的自然象征。譬如,夏洛蒂最好的一部小说《维列特》,就是用一段对暴风雨的描写来结束的:"天空低垂,阴霾密布——一大片乱云从西边飘来;它们变幻莫测,呈现出种种奇形怪状。"她就这样,请大自然把她无法用其他方法表达的心情表达了出来。虽然,无论是夏洛蒂,还是艾米莉,对大自然的观察都不及多萝西·华兹华斯[①]那么准确,对大自然的描绘也不及丁尼生[②]那么仔细,但她们却抓住了和自己的切身感受或者人物的内心感受最为相近的自然现象。她们笔下的暴风雨、荒原和夏日美景,既不是以防枯燥的点缀物,也不是为了炫耀自己的观察力,而是直接用来抒发感情和点明意图的。

刘文荣 译

[①] 多萝西·华兹华斯,19世纪英国著名诗人华兹华斯的妹妹,亦为诗人。
[②] 丁尼生,19世纪中期英国桂冠诗人。

12
《呼啸山庄》

简介：

【英文名】*Wuthering Heights*
【作　者】［英］艾米莉·勃朗特（Emily Bronte，1818—1848）
【年　代】19世纪。
【体　裁】长篇小说。
【主　题】爱与恨的相互交织与相互毁灭。
【人　物】主要有：希斯克利夫、凯瑟琳、亨德莱、埃德加。
【情　节】主要是：弃儿希斯克利夫被山庄老主人恩萧从利物浦带回呼啸山庄。恩萧将他当作自己的儿子，待他很好。老主人去世后，他受到恩萧的儿子亨德莱和奴仆们的歧视和虐待，从此，希斯克利夫决心报仇。恩萧之女凯瑟琳对希斯克利夫受到的不公平待遇愤愤不平，两人在共同反抗亨德莱的过程中成为亲密伙伴，产生了感情。一次，希斯克利夫无意中偷听到凯瑟琳告诉耐莉，她不能嫁给希斯克利夫，那样会降低自己的身份。听到这些话，希斯克利夫伤心不已，愤然离开了山庄，可惜的是他没有听到接下来凯瑟琳诉说自己对他炽热的爱情。三年后，他致富归来，发现凯瑟琳已与画眉山庄的年轻主人埃德加结婚。希斯克利夫开始实施他的报复。他娶了埃德加的妹妹伊莎贝拉为妻，却对她视而不见。他对凯瑟琳的激情加速了病危的凯瑟琳的死亡。他还使沉迷于赌博的亨德莱及其儿子都受制于他。凯瑟琳死后，希斯克利夫继续对亨德莱和埃德加以及他们的后代进行报复。但他的报复行为犹如一把双刃剑，也使他自己筋疲力尽。他渴望死去，早日在地下和凯瑟琳团聚。

读《呼啸山庄》[①]

[英] 弗吉尼亚·伍尔夫

常常有这样的情况：一本书的意图既不在于想告诉读者什么事情，也不在于作者有什么话要说，甚至都不在于作者从各种事物中发现了某种联系。这样的书，读起来当然就不太容易。特别是像勃朗特姐妹这样有诗人气质的作家，当她们把自己的意图隐藏在自己的语言中时，当她们只是表现一种模模糊糊的情绪时，要了解她们就更加不容易了。

《呼啸山庄》就比《简·爱》难读得多，因为艾米莉比夏洛蒂[②]更有诗人气质。夏洛蒂写作时总带着激情，滔滔不绝地对我们说："我爱！""我恨！""我在受苦！"她的感受固然十分强烈，但是和我们仍然处在同一水平线上。《呼啸山庄》则不然，那里没有"我"，既没有家庭教师，也没有雇家庭教师的人。那里有"爱"，但又不是常见的男女之爱。

艾米莉的创作灵感显然来自某种更为混沌的思绪。她的写作动力，既不是她目睹了人间的痛苦，也不是她自己受到了伤害，而是她冷眼旁观，看到了一个陷入极大混乱而四分五裂的世界，于是就觉得自己可以在一本书里把它重新呈现出来。

这种雄心壮志，在《呼啸山庄》里处处可见——她在进行一场搏斗，虽然屡遭挫折，却仍然信心百倍，而且还一定要从人物身上表明一番道理。不过，不再是"我爱""我恨"，而是"我们——全人类""你们——永恒的力量……"后面一句话还没有说完，这并不奇怪；奇怪的倒是，她竟然能让我们感觉到她心里真正想说

[①] 本文选自《伍尔夫读书随笔》，原载伍尔夫散文集《普通读者》。本文要点：(1)《呼啸山庄》比《简·爱》难读，因为艾米莉·勃朗特比夏洛蒂·勃朗特更有诗人气质；(2) 这部小说"暗示出潜伏在人性表象下面的力量可将人性提升到崇高的境界"，因而具有不寻常的深度；(3) 这部小说中的人物和情节都是不寻常的，所以不能用寻常标准去衡量它，因为它实质上写的是人的"灵魂"，而不是通常所说的"生活"。
[②] 艾米莉、夏洛蒂：艾米莉·勃朗特、夏洛蒂·勃朗特，即"勃朗特姐妹"（夏洛蒂是姐，艾米莉是妹）。

的到底是什么。在凯瑟琳·恩萧①只说了一半的那句话里,就透露出这样一种情绪:"如果一切都毁灭了,只要他存在着,我就能继续活下去;如果一切都存在,只有他被毁灭了,那么对我来说,这个世界就是完全陌生的,我也将不再是它的一部分了。"这种情绪,后来在死者面前又一次表露出来:"我感到一种无论是人间还是地狱都不能将其打破的宁静,我也感到一种对无穷尽的、无痛苦的来世的信念——我相信他们已获得永生——在永生中,生命将无限长久,爱情将无限和谐,欢乐将无限圆满。"

由于小说暗示出,潜伏在人性表象下面的力量可将人性提升到崇高的境界,所以较之于其他小说,它具有不寻常的深度。关于这一思想,其实艾米莉·勃朗特早先在她的抒情诗里就已明明白白地表述过,而且她的抒情诗可能要比她的小说更有传世价值;但对她来说,仅仅写几首抒情诗发一通感慨和表示一种信念,当然还不够,因为她不仅是诗人,还是小说家。于是,她就承担起了一件吃力不讨好的工作。为此,她必须面对不同的生存状态,必须和各种事物打交道,理清它们的脉络;她要把山庄里的那些房舍描绘出来,而且要描绘得看上去就像真的一样;还要创造出一群似乎与世隔绝的男女,并把他们的谈话一一记录下来。

我们之所以能在一部小说中登上人类情感的顶峰,并不是因为那里有什么豪言壮语,而往往是因为我们在那里看到有个女孩坐在树枝上,一边摇啊摇啊,一边哼着古老的歌曲;是因为我们在那里看到羊群在原野上静静地吃草,听见风在草丛里轻轻地吟唱。现在,摆在我们面前的是呼啸山庄里的生活,那里发生了一连串荒诞的、简直令人难以置信的事情。我们完全可以把呼啸山庄和一座真正的山庄加以比较,也可以把希斯克利夫②和一个真实人物加以比较。我们可能会这样问:既然那里的男男女女和我们所熟悉的人如此不同,又怎么谈得上真实性、洞察力,或者说,感情的细腻呢?

是的。但即使我们这样问了,我们仍然会承认,希斯克利夫若有一个天才的姐姐或者妹妹的话,那她们一定会认出自己的这个兄弟。我们或许会认为他令人厌恶,但在所有文学作品中,又有哪个年轻人比他更有活力呢?对大小凯瑟琳③也一样。我们或许会说,世界上没有一个女人会像她们那样感受生活、对待

---

① 凯瑟琳·恩萧:《呼啸山庄》中的女主人公。
② 希斯克利夫:《呼啸山庄》中的男主人公。
③ 大小凯瑟琳,指凯瑟琳·恩萧和她的女儿凯茜。

生活;但我们又不得不承认,她们是英国小说中最可爱的女性人物。艾米莉·勃朗特所做的,似乎是先把我们所熟悉的男男女女都撕成碎片,然后又把那些已无法辨认的碎片重新组合起来,同时赋予它们以不寻常的生命力。因此,她所创造的人物都是超越于现实之上的。这是一种旷世罕见的才能,她使人的生命摆脱了它原本依附着的肉体。对她来说,肉体是多余的,因为她只需寥寥数笔,就能把人的灵魂直接勾画出来;而当她一写到荒原,飒飒的风声和轰隆隆的雷鸣声,便随即从她笔下响起。

刘文荣　译

艾米莉·勃朗特与《呼啸山庄》^①

[英]W.S.毛姆

一

一七七七年,帕特里克·普伦蒂出生于道恩郡^②,父亲是农民,家有几亩地,仅靠父亲耕种这几亩地养活十个孩子。帕特里克一成年就外出干活,先是当纺织工,后来做乡村教师,后来又在一个牧师家里做家庭教师。他颇有雄心,想干一番事业,于是在那个牧师的帮助下,凑足了去剑桥求学的钱。那时他已经二十五岁,要上大学早就应该去了。他是个健壮的年轻人,高个儿,脸也长得英俊,所以颇为自负。他在圣约翰学院^③把自己土里土气的姓(Prunty)改为"勃朗特"(Bronte),那是西西里岛上的一个村庄的名字,因三年前纳尔逊^④在那里受封为公爵而出名。帕特里克·勃朗特获得学位后,也获得了教职。他先后担任过好几个教区的副牧师,其中在约克郡的哈特谢德教区,他待了五年之久。就在那里,他和一个来自康沃尔郡的商人的女儿玛丽亚·布伦威尔结了婚。他们在那里生了两个女儿,取名玛丽亚和伊丽莎白;后来,他被调到靠近布拉福的一个教区;在那里,他们又生了三个女儿,即夏洛蒂、艾米莉、安妮,和一个儿子,即帕特里克·布伦威尔。一八二○年,他被调往约克郡的霍沃斯教区,并由副牧师升为牧师,但年薪也只有区区二百英镑。他后来就在那里任职,直至去世——看来,

---

① 本文选自毛姆散文集《十大长篇及其作者》,题目系原书所有。本文要点:(1)艾米莉·勃朗特的父亲是乡村牧师,因而艾米莉自幼生活在乡村,而且和她的姐妹一样,喜欢文学;(2)艾米莉自幼个性怪癖,既自卑,又自傲;(3)《呼啸山庄》的男女主人公希斯克利夫和凯瑟琳都出自艾米莉·勃朗特的灵魂深处(没有现实生活中的原型),因而这部小说可说是一篇"梦中的自白"。
② 道恩郡:County Down,也译"唐郡""邓恩郡",英国西南部一郡,属北爱尔兰。
③ 圣约翰学院:神学院,剑桥大学诸多学院中的一所。
④ 霍雷肖·纳尔逊,18世纪英国海军将领,因在海外作战有功而名声大噪。

他的"雄心"和"事业"也不过如此。他从来没有回北爱尔兰去看望过父母和弟妹。一八二一年,他妻子玛丽亚·布伦威尔去世。他在此后的大约一年间曾几次想再结婚,但均未如意。于是,他只好把玛丽亚·布伦威尔的妹妹伊丽莎白·布伦威尔叫来,帮他照顾孩子。

霍沃斯教区牧师的住宅是建在一座小山上的一所低矮的石头房子,紧靠着高大的教堂。小山下面,就是霍沃斯村。这所房子的楼下有一个起居室、一个仅供牧师用的书房,还有一个厨房和一个储藏室;楼上有四个卧室和一个休息室。地板和楼梯都是石头砌成的。除了起居室和书房,其他房间里都没有铺地毯,也没有挂窗帘,因为他害怕着火。在他的书房里,有一张桃木的书桌和一个马毛绒坐垫的椅子;其他房间里就只有简单的几件家具了。房子的前后都有狭小的院子;房子的两边,则是墓园;再向外望去,就是荒山野地了。帕特里克·勃朗特牧师就在这荒山野地里长时间散步,通常都会走得很远。他是个性格孤僻的人,除了偶尔去拜访一下邻近教区的牧师,除了和教堂执事谈话以及为本教区的教民布道,他几乎不和任何人来往。此外,他在他妻子去世前就习惯一个人在书房里吃饭,这个习惯一直到他死也没有改变。每天晚上八点,他和全家人一起做晚祈祷;九点,他就去把大门锁好,上楼去卧室睡觉;若走过休息室看见孩子们还在那里,他就会命令他们去睡觉,接着再到楼梯口,把挂钟的发条上好。他是个脾气暴躁、自以为是、专横独断的人,一点也不喜欢孩子;只要他们稍稍打扰了他,他就会火冒三丈。他从不考虑孩子可能还很娇弱,就是一味训练他们吃苦耐劳、省吃俭用。他自己不吃肉,也不允许孩子吃肉;所以,他的孩子都像他一样,都是靠吃土豆长大的。他自己是穷苦的爱尔兰农民的儿子,但他却不允许自己的孩子和农民的孩子一起玩。孩子们通常只能在那间"孩子书房"(也就是那间阴冷的休息室)里坐着,看看书,说说话,但绝不能惊扰父亲;否则,他不是发火,就是阴沉沉地板着脸。他每天一早都要给孩子们上课;后来他的妻妹伊丽莎白·布伦威尔来帮他照顾孩子,还要教孩子们做家务、做针线。所以,孩子们的消遣,就是找机会到荒山野地里去逛一逛,或者,胡乱地涂鸦,写剧本、写诗、写故事来自娱自乐。一八二四年,先是玛丽亚和伊丽莎白,后来是夏洛蒂和艾米莉,被送到考温布里奇去了,因为那里刚建立了一所女子学校,是专门为这一带穷牧师的女儿们办的。那地方环境脏乱,伙食糟糕,管理又一塌糊涂。没多久,两个大一点的女孩——玛丽亚和伊丽莎白——便生病死了;夏洛蒂和艾米莉也病了。撑了一段时间,她们不得不离开那里。

家里唯一的儿子帕特里克·布伦威尔,当然被视为最聪明的孩子;父亲对他的关心,当然也要比三个女儿多得多。父亲没有把他送到学校去,而是自己教他。这个男孩似乎有点早熟,行为举止不像普通男孩。他的朋友F.H.葛隆迪后来这样说到他:"他长得有点矮小,这一点他一生都耿耿于怀。他把一头红头发尽量往后梳,露出高高的前额——我想这大概是为了使他看上去高一点——他的前额确实又高又宽,几乎是整张脸的一半;眼睛却小得像老鼠,而且是深深凹进去的,加上他视力不好,戴着眼镜,看上去凹得更深了。他的鼻子倒很显眼,只是长得并不怎么好。他好像永远都是一副神情沮丧的样子,难得有兴奋激动的表情,就是有,也是一闪而过。一个又瘦又小的人,初见他时,谁也不会对他感兴趣。"他很有才能,他的姐妹都钦佩他,希望他事业有成。他才气横溢,还很健谈。他父亲是个刻板而沉闷的人,他却不知从哪个爱尔兰祖先那里遗传了一种善于社交和善于言谈的天赋。那时,如果勃莱克布尔客栈里有旅客到了晚上显得百无聊赖的话,客栈老板就会问他:"想不想有个人来和你一起喝喝酒、聊聊天?只要你说一声,我就把帕特里克·布伦威尔叫来。"可见,帕特里克·布伦威尔是很乐意帮助人的。

夏洛蒂十五岁时又去上学。这次是到一个叫洛伊海德的地方,而且她在那里过得很快活。然而只过了一年,她又不得不回家教两个妹妹读书。家里很穷,女孩们毫无指望,因为伊丽莎白·布伦威尔姨妈把她仅有的一点钱都留给她喜欢的外甥帕特里克·布伦威尔了。所以,女孩们决定将来去当女管家或者做家庭教师,看来这是她们唯一的谋生方式。帕特里克·布伦威尔到十八岁时,也要决定做什么,或者说,从事哪种职业。他渴望当画家,因为他和他的姐妹们一样,从小就显露出绘画才能。但要这样,他就必须去伦敦,到皇家专科学院学习绘画,而他能不能去伦敦,还说不准。

后来,夏洛蒂被聘为教师,回到了洛伊海德的那所学校。她把艾米莉当作一名学生带到那里,但是艾米莉想家竟想得生病了,又不得不把她送回家。小妹妹安妮性情比较平和,比较能适应,所以就由她代替了艾米莉。然而,三年后,夏洛蒂自己的健康也出了问题——尽管她们的父亲一直训练她们,想使她们一个个身体健壮,能吃苦耐劳,但讽刺的是,她们的身体从来就没健壮过,甚至还很虚弱——所以,为了养病,她只能回家,回到霍沃斯。那时,她二十二岁。

这时,帕特里克·布伦威尔变了,变得行为怪异,胡乱花钱,一家人都为他烦恼。因此,夏洛蒂身体一恢复,就觉得自己必须去找份工作;譬如,去当保姆。但她一点也不喜欢当保姆。确实,她和她的妹妹都像她们的父亲,都不喜欢孩子。她早先曾考虑过,要和两个妹妹一起办一所学校①,现在她又开始考虑这件事了。聘她去当保姆的那家人,显然都是好人,他们得知她的想法后都很支持她,但也告诉她,要想办一所学校,必须要有一定的学历才行。她虽然能读懂法文,但不会说,而且不懂德文,因此她决定,她和她妹妹必须先出国去学。这样,由姨妈伊丽莎白·布伦威尔垫付费用,她和妹妹艾米莉一起去了布鲁塞尔②,在那里的埃日尔寄宿学校学习法语。不料,十个月后,家里传来消息说,姨妈伊丽莎白·布伦威尔病得很重,姐妹俩不得不返回英国。没几天,姨妈伊丽莎白·布伦威尔就去世了。在此之前,由于帕特里克·布伦威尔行为不端,姨妈伊丽莎白·布伦威尔已经剥夺了他的继承权,把她仅有的一点遗产都给了三个外甥女(但用这笔钱来办一所她们想办的那种学校,还是绰绰有余的)。她们的父亲也老了,而且视力不好,所以她们决定,就在当地办一所学校。夏洛蒂觉得自己的法语水平还不够,就接受了埃日尔先生的建议,回到布鲁塞尔,一边教英语,一边学法语。等她学成后回到霍沃斯,姐妹三人发了一份学校的招生启事。夏洛蒂还写信给她的好几个朋友,请她们多多推荐这所刚办起来的学校。遗憾的是,没有一个学生来报名。这件事,就这样结束了。

从少女时代起,她们姐妹三人就一直在写东西。一八四六年,她们自费出版了一本诗集,所署笔名像是三兄弟:克莱尔·贝尔、埃里斯·贝尔、艾克顿·贝尔。为出版这本诗集,她们花了五十英镑,出版后只卖掉两本。后来,她们又各自写了一部小说:克莱尔·贝尔(即夏洛蒂·勃朗特)写的《教师》、埃里斯·贝尔(即艾米莉·勃朗特)写的《呼啸山庄》和艾克顿·贝尔(即安妮·勃朗特)写的《艾格尼丝·格雷》。她们把三本书的书稿寄给一家又一家出版公司,被一家又一家出版公司退稿。不过,当克莱尔·贝尔(夏洛蒂·勃朗特)的《教师》最后寄给史密斯兄弟出版公司后,他们在退稿信中说,此书作者如果能写一部较长的小说,他们或许会考虑出版。夏洛蒂刚好在写这样一部小说,所以在一个月内,她就把书稿寄给了这家出版公司。他们接受了。这本书就是《简·爱》。

埃里斯·贝尔(艾米莉·勃朗特)和艾克顿·贝尔(安妮·勃朗特)的两部小说最后也被一家叫"纽拜"的出版公司"以少得可怜的稿费为条件"接受了。实际

---

① 这里所说的"学校",其实是指补习班,而夏洛蒂·勃朗特想办的补习班,是为学生补习外语,即法语和德语(当时英国学生要多学的两种主要外语)。
② 布鲁塞尔:比利时首都(比利时人大多说法语)。

上,当克莱尔·贝尔的《简·爱》还在史密斯兄弟出版公司里审稿时,埃里斯·贝尔和艾克顿·贝尔就已经各自修订过校样了[①]。《简·爱》出版后,虽然评论界并不看好,但读者却很喜欢,从而使它成了一部畅销书。"纽拜"公司为扩大自己出版的《呼啸山庄》和《艾格尼丝·格雷》的销售量,竟然宣称,这两本书和《简·爱》是同一作者所写。人们相信了。但是,读者并不怎么喜欢这两本书;有不少评论家还一本正经地评论说,这两本书的确不怎么样,是"克莱尔·贝尔先生"的早期作品,还不够成熟。

这是一八四八年的事。现在回过去几年,在一八四二年,帕特里克·布伦威尔在一个叫埃德蒙·罗宾森的富有牧师家里做家庭教师,就是这一家,安妮也曾在那里做过家庭教师。罗宾森先生年纪大了,还有病;他妻子虽比他年轻许多,却比帕特里克·布伦威尔大了十七岁。可是,不知怎么一来,帕特里克·布伦威尔竟然爱上了她,而她竟然也爱上了他。他们俩的关系暧昧不清,到底有没有成为情人,大概他们自己也说不清。但不管怎样,不管他们是不是情人,反正他们偷偷摸摸的事情被人发现后,罗宾森先生辞退了帕特里克·布伦威尔,并且"决不允许他再见到孩子们的母亲,决不允许他再踏进他的家门,决不允许他写信给她,或者和她说话"。帕特里克·布伦威尔本来就常常以酒浇愁,如今深陷于悲伤之中,就只能经常靠鸦片来自我麻醉了。不过,他好像还是和她有联系的,被辞退几个月后,他还在哈罗门和她见了一次面。据写《艾米莉·勃朗特传》的作者说,"她不惜名誉扫地,打算和他一起私奔。倒是帕特里克·布伦威尔劝她忍耐一下,再等一等。不久,他就在教堂门口看到埃德蒙·罗宾森先生去世的讣告。这使他高兴得简直要在教堂门口跳起舞来,简直快要发疯了。他实在太喜欢那个女人了"。然而,第二天他收到那个寡妇的一封信,要求他不要再去找她,因为只要他们还有往来,一旦被人发现,她就会失去孩子的监护权和丈夫留下的所有遗产。这样一来,帕特里克·布伦威尔就只能永远以酒浇愁了,直到死神降临。

他死后的那一个星期里,艾米莉没有出过一次门。她病了。夏洛蒂写信给她的朋友说:"她(艾米莉)的沉闷性格使我极为不安。问她也没用,你得不到回答。要她吃药也没用,她不会听你。"等医生来了,她也不肯见。她不呻吟,也不

[①] 此句意为,艾米莉·勃朗特的《呼啸山庄》和安妮·勃朗特的《艾格尼丝·格雷》比夏洛蒂·勃朗特的《简·爱》早出版。

要别人的同情,更不要别人的帮助。她不要任何人为她做任何事;任何人想帮她,她都厌烦。一天早晨,她从床上起来,自己梳洗完毕,开始做针线;她呼吸急促,两眼发呆,可是仍做着针线。病情越来越严重,到了中午再请医生来,太迟了。下午两点,她死了。没过几个月,安妮也死了。[①]

在帕特里克·布伦威尔和艾米莉相继去世期间,夏洛蒂正在写一部小说,那就是《雪莉》。但为了照顾病中的安妮,她放下了。后来直到她死,也没有写完。一八四九年,她去了一次伦敦;一八五〇年,她写了《雪莉》的一些章节。一八五二年,她写了《维烈特》;一八五四年,她结了婚。这以前,曾有过好几个人向她求婚,大多数是她父亲的副牧师(因为他父亲身体不好,总需要有副牧师来协助他);然而,不是担心妹妹艾米莉会把事情搞得不愉快,就是担心父亲不会同意,所以她全都拒绝了。后来她接受的,还是他父亲的一个副牧师,他眷恋她已有好几年了。现在,艾米莉死了,父亲也退休了,她终于答应了他。他们在六月结婚,但到了第二年三月,她就死了,死因据说是"一种先天性的疾病",也不知是真是假。

现在,只剩下年老的帕特里克·勃朗特牧师一个人了;他埋葬了妻子、埋葬了妻妹、埋葬了六个孩子后,终于可以安安静静地一个人在书房里吃饭了,终于可以自由自在地到荒山野地里去散步了,而且只要走得动,想走多远就走多远。他还是读他的书、布他的道,还是要在上床前到楼梯口去,上好挂钟的发条。他死在霍沃斯,那年他八十四岁。

二

在评论艾米莉·勃朗特的《呼啸山庄》时,我竟说了那么多关于她父亲、她弟弟和她姐姐的事,这也实属无奈,因为在勃朗特姐妹的生平材料中,最多的就是关于她父亲、她弟弟和她姐姐的材料。艾米莉和安妮默默无闻,没人注意。安妮是个性情温和的女孩,既没有什么个性,也没有多大才能。艾米莉则恰恰相反;她怪里怪气,简直就像一个令人难以捉摸的女妖。她从来不让别人直接看到她,仿佛是荒野池塘里的一个倒影,你只能根据模糊的轮廓和零星的细节来猜测她的模样。她孤僻而自傲,平时执拗得令人生厌,偶尔她兴高采烈,譬如在野地里

[①] 艾米莉·勃朗特和安妮·勃朗特均死于肺结核,这种病在当时是不治之症,死亡率极高。

散步时,也会使你极不自在。所以,夏洛蒂有朋友,安妮也有,艾米莉没有一个朋友。

玛丽·罗宾森是第一个为艾米莉·勃朗特立传的传记作家,她的《艾米莉·勃朗特传》出版于一八八三年,其中写到艾米莉十五岁时的样子:"她长得高而瘦,长腿长臂,虽然还是个女孩,却好像完全成熟了,走路时还会像成年女人一样摆动臀部。她若穿上豪华的宫廷礼服,俨然就如一位女王;而若在空旷的野地里游荡,或者从狭窄的田埂上走过,她又会像一个顽皮的男孩一样,吹着口哨,时而一跃,跳过一个土丘,时而一蹲,逗弄一条土狗。这个身材高挑、沉默寡言的女孩,其实并不丑,就是鼻子和嘴稍大了点,脸色稍苍白了点,不是很红润。"她和她的父亲、弟妹一样,也戴着眼镜。她的鼻子有点鹰钩,嘴巴大而有点突出,既不温柔,也不妩媚。她的穿着随随便便,甚至还穿那种早已过时的、羊脚形袖子的上衣;一条直通通的长裙遮掩着她的长腿。

她讨厌布鲁塞尔,那地方使她苦恼之极。她只是硬撑着,才没有马上离开那里。同学们想对她们姐妹俩表示友好,请她们一起过周末。这对她们来说简直就是一种折磨,因为她们太腼腆,不会、也不愿和别人交际应酬。所以,不久之后,同学们就认定,对她们最为体贴的表示,就是不理睬她们。确实,她们很不合群;这很自然,因为她们从小就是在一个几乎是封闭的环境中长大的,几乎没有什么社交经验。不过,我觉得这种不合群并非只是单纯的害羞,或者自卑,还有自傲的成分——至少,对艾米莉来说,自傲多于自卑。

她们在星期天通常是一起去散散步,一路上几乎不说话。如果有人来和她们说话,总是夏洛蒂答话,艾米莉一声不响。埃日尔先生认为艾米莉才智过人,但也执拗之极;不管你说什么,只要不合她心意,她一概不听。他还发现她有点专横,就是对姐姐夏洛蒂,她也颐指气使。"她应该是个男人。"他说,"她坚毅沉着,无所畏惧;遇到任何事情、任何人,她都不会退缩。"后来,她们的姨妈去世,姐妹俩返回了霍沃斯。这之后,艾米莉再也不想到什么地方去了。她再也没有离开霍沃斯。

她每天早上都起得比别人早,在年老体弱的女仆还未上楼前,她就把当天最辛苦的家务做好了。她为全家熨衣服,还做了大部分的饭菜;她做的面包大家都说好吃。做面包时,她往往揉几下面团,看一眼摊开在旁边的书。我读到的有关材料上说:"在做时间长的家务时,那些被临时叫来帮忙的小姑娘都记得,她手边总有一张纸、一支铅笔,一有空隙,她就会把自己想到的东西写下来,然后继续做家务。"对那些小姑娘,她很亲切和热诚,"就像小伙子看到小姑娘,很兴奋,而若是看到其他人,譬如看到肉店的小伙计来送肉,或者面包师的徒弟偶尔来到他们家厨房,她就像一只受惊的小鸟,飞快地躲进房间,直到男式皮鞋的笃笃声消失在门外的小路上,她才会出来"。我想,她的这些举动在当时的人看来大概是不可理解的,但在今天的精神病医生看来,却是一个不难诊断的简单病例。

三

《呼啸山庄》是怎样写成的,夏洛蒂显然不太了解。她没有想到,艾米莉竟会写出这么一本奇特而怪异的书;她自己写的那本书[①],就要比这本书平稳而柔和得多。所以,她觉得有必要为这本书做点解释。当这本书再版时,她自任编辑,并在编辑说明中写道:"我不得不强迫我自己把这本书再读一遍,因为自从我妹妹死后,我从未翻开过这本书。它写得充满激情,再次使我深感佩服;但是,我还是感到压抑,它简直不让读者有一点点欢悦;每一缕阳光似乎都要透过层层乌云才能照射下来,然而,每一页上其实都散发出道义的魅力,只是作者自己没有意识到这一点——是的,她是不可能意识到这一点的。"

由此可以看出,夏洛蒂·勃朗特其实并不怎么了解她妹妹。《呼啸山庄》是一本奇特的书:它既是一本混乱的书,又是一本很好的书;它是丑恶的,却又给人以美的感受;它是一本可怕的、痛苦的、充满激情的书。有人认为,一个牧师的女儿是写不出这样一本书的,因为她过的是一种隐士式的单调生活,认识的人很少,对世界几乎一无所知。我觉得这是无稽之谈。《呼啸山庄》具有强烈的浪漫主义倾向。这种浪漫主义避开现实主义的耐心观察,放纵主观想象,时而兴高采烈,时而意气消沉,沉湎于神秘而恐怖的激情和狂暴行为。这是对现实的一种逃避。根据艾米莉·勃朗特的性格,以及她那种强烈的、受到压抑的感情,我们完全有理由相信《呼啸山庄》就是她写的。但是,从表面上看,这部作品却更像是她那个无赖弟弟帕特里克·布伦威尔写的。有不少人确实相信,这本书即便不是全部出自她弟弟之手,至少有一部分是他写的。

她弟弟的几个朋友就是这么认为的。譬如,F.H.葛隆迪就曾写道:"帕特里克·布伦威尔对我说,《呼啸山庄》的一大部分是他写的,而且他姐姐也承认……

---

① 即《简·爱》。

我们一起住在卢登福特时,这位病态的天才时常说些奇思怪想来给我解闷,而那些奇思怪想后来就出现在《呼啸山庄》里。所以,我是倾向于相信这本书的故事情节是他而不是他姐姐想出来的。"

有一次,帕特里克·布伦威尔约两个朋友——狄尔登和雷兰德——在去奇利的路上的一家旅店里碰头,互相朗诵自己的得意诗作。下面就是狄尔登大约在二十年后为《哈利法克斯监护人报》所写的一篇文章中的一段话:"当时我念了《魔后》的第一幕;可是当帕特里克·布伦威尔把手伸进自己的帽子里——他通常把自己的即兴之作放在帽子里——把他的诗稿取出来时,他忽然发现不对,取出来的不是诗稿,而是他正在写的一部小说的部分手稿。他对自己放错了东西觉得很懊恼,想把那些手稿放回到帽子里去,这时我们因为觉得好奇,就要求他不妨念一念,让我们看一看他写的小说究竟如何。他犹豫了一下,便同意了。他念起来,念了将近一个小时,每念完一页就把一页手稿放回帽子里。我们听得津津有味,但故事突然中断了,因为手稿是不全的。于是他便大体说了一下故事的结局,还说到几个真人的姓名,说小说中的主要人物就是以他们为原型的。由于这几个人中间有个别人至今健在,我不便在此透露他们的姓名。帕特里克·布伦威尔说,他还没有把书名定下来,因为他觉得,大概是永远也找不到一个有魄力的出版商来出版他这部小说的。帕特里克·布伦威尔所念的小说片段,其中的背景和人物——就其发展而言——我觉得和后来出版的《呼啸山庄》中的背景和人物非常相像,而《呼啸山庄》现在由于夏洛蒂·勃朗特的大胆断言,却被认为是她妹妹艾米莉的作品。"

很可能,这话既不真也不假。夏洛蒂·勃朗特对此不屑一辩,她虽然一向恪守基督教仁慈原则,但她却非常憎恨她的弟弟。这是真的。但是,就如我们所知,即便是基督教,也是允许某种善意的、诚实的憎恨的。不管夏洛蒂的话被不被人接受,反正她有权相信自己愿意相信的事情。但是,传说也往往是有点根据的,我们很难想象,有人会毫无理由地凭空杜撰出传说来。那么,怎么解释呢?没法解释。有人暗示说,帕特里克写了前面四章,后来由于酗酒、吸毒,写不下去了,就由艾米莉接着写。这种说法的根据是前面四章的文风要比后面的更为矫饰、夸张。但我一点也看不出来。在我看来,整部书都是用一种习作者的笨拙风格写成的,整部书都是矫饰而夸张的。不要忘记,艾米莉·勃朗特在此之前没有写过一本书。任何习作者,当他或者她坐下来写东西时,开始总喜欢使用华丽的词句,因为生怕使用普通词句会影响作品的效果。只有经过实际练习之后,他或者她才会写得比较自然。

《呼啸山庄》的故事,主要是由约克郡的一个女仆讲述的,但是所用词句却和她的身份极不相符。也许艾米莉·勃朗特自己也觉察到了,这个狄恩太太说出来的话不是她这种人说得出的,于是她就让狄恩太太说她在侍候人的同时也有机会读过不少书。但是,即便如此,狄恩太太的那种故弄风雅的言辞依然令人吃惊。她从来不说"我想试试……"而是说"我尝试着……"或者"我试图……";不说"走出房间",而是说"从房中离去";不说"碰见"某人,而是说与某人"邂逅相遇"。我敢说,这部小说不管是谁写的,反正前后各部分都出自同一个人之手。如果说前几章的文风真的比后面各部分更加矫饰和夸张的话,我想那也是因为艾米莉·勃朗特想以此来表现洛克乌德①是个痴心而自负的年轻人,而她的这种尝试不能说是不成功的。

我在某处曾看到有人推测说,如果小说的前面几章是帕特里克写的,那么根据他的意图,他是要让洛克乌德在故事情节中发挥更大作用的。确实,有一处暗示说,洛克乌德被小凯瑟琳吸引住了。如果他真的爱上了她,那事情显然会变得更加复杂。而现在,洛克乌德在小说中不过是个小小的捣蛋鬼而已。这部小说写得相当笨拙。但这又有什么可奇怪的?艾米莉讲的是一个涉及两代人的复杂故事,而要讲好这样一个故事并非易事,因为她必须把两套人物和两套情节统一起来,必须处处留神,不能因为对这一套人感兴趣而忽视了对另一套人的兴趣。她还必须有一种居高临下的视角,这样才能像站在某处综观一幅大壁画一样,把在漫长岁月中发生的事情压缩到读者能够接受的某一段时间内。

我并不认为艾米莉·勃朗特一开始就经过缜密构思,知道如何才能在讲一个曲折的故事的同时又给人一种完整的印象。我认为她开始并不知道怎样才能把故事讲得连贯,后来她才想到,最好的办法就是让一个人物向另一个人物讲述一连串的事件。让人物讲故事并不难,也不属艾米丽·勃朗特首创,但就如我已经说过的,这样做有一个不利之处,那就是当人物在讲故事时,他必然要讲到各种各样的事情,譬如需要对景物加以描述,等等。这就很难使他的话听上去仍是在和别人说话,因为没有一个头脑健全的人是会那样说话的。一个有经验的小说家也许会用更好的方式来讲述《呼啸山庄》里的故事,所以我始终不能相信,艾米莉·勃朗特是在别人的创作基础上完成这部作品的。我想,只要你考虑到艾

---

① 《呼啸山庄》的故事有两个讲述人,一个是房客洛克乌德,一个是女仆狄恩太太。

米莉·勃朗特那种极端病态、羞涩和沉闷的性格,就不难想到,这正是她自己的写作方式。

那么,有没有其他方式呢?有一种方式,但需要作家拥有广泛的生活知识,例如《米德尔马契》①和《包法利夫人》②就是用这种方式写的。我想,如果艾米莉·勃朗特也想到了这种方式,并用它来讲述这个无法无天的故事,那就会把她倔强而不妥协的个性表现得更加惊世骇俗;但是这样做的话,她就不可避免地要讲到,希斯克利夫③在离开呼啸山庄后的那些年里,是如何设法使自己受到教育并且发了财的。这是她没法做到的,因为她根本就没有这方面的生活知识。所以她只能像现在这样,要求读者接受一个既成事实。不管读者信不信,反正她没别的办法。另一种方式是用第一人称,譬如说,让狄恩太太在"我"面前讲述这个故事。但是,我很怀疑艾米莉·勃朗特敢不敢这样做,因为她生性羞涩、敏感,是很害怕直接面对读者的。现在,她先让洛克乌德讲出故事的开头部分,再由狄恩太太把故事进一步展开,她自己则像戴着双重面具似的始终隐藏在幕后。为什么她把自己隐藏了起来,却又能讲出这样一个震撼人心的故事?我想,这是因为她在故事中把她自己内心深处的东西泄露了出来。她深入自己寂寞的内心的最底层,并在那里发现了许多不可告人的秘密,与此同时一种创作冲动又使她不得不把这些秘密遮遮盖盖地讲出来,以此卸下心中的负担。据说,她的想象力最初来自她父亲经常讲起的那些爱尔兰神话故事,以及她自己在霍夫曼④小说中读到的那些怪诞故事,尤其是后者,是她在比利时求学时经常读的,据说她回到家乡后,仍然喜欢坐在炉边地毯上、搂着爱犬的脖子继续读霍夫曼的故事。

夏洛蒂·勃朗特曾认真地说明过,尽管人们多方猜测这本书里的某个人物是对生活中的某个人的影射,其实艾米莉并不认识这些人。我相信这是真的;我也相信艾米莉·勃朗特是从那位德国小说家⑤的神秘、恐怖的故事中找到某种迎合她偏执性格的东西的;但我认为,她是从自己的灵魂深处找到希斯克利夫和凯瑟琳这两个人物的。某些次要人物,如林顿和他的妹妹、恩萧的妻子以及希斯克利夫的妻子等(这些人物由于性格软弱而成为她蔑视的对象),说不定是她根据自己认识的某些人为原型加以创造的。问题是人们往往不相信作家的虚构能力,当

---

① 《米德尔马契》,19世纪英国女作家乔治·艾略特的长篇小说。
② 《包法利夫人》,19世纪法国小说家福楼拜的长篇小说。
③ 希斯克利夫,《呼啸山庄》中的男主人公。
④ 霍夫曼,19世纪初德国小说家,以写志怪小说而著称。
⑤ 指霍夫曼。

作家完全凭自己的想象力大胆创造出人物时,他们也不愿承认。我认为,艾米莉·勃朗特本人就是凯瑟琳·恩萧,因为她像她一样任性,一样充满激情;同时我还认为,她又是希斯克利夫。把自己放到两个主要人物身上,是不是有点奇怪?一点也不。我们没有一个人是完全统一的;不止一个人居住在我们内心,他们往往还是相互矛盾的。小说家的独特能力,就在于他能把自己拼凑起来的人物表现得就像一个活生生的人那样。小说家最大的不幸,就是不能赋予人物以生命,也就是说他的故事对于他的人物来说尽管非常重要,但是和他自己却毫不相干。对于一个以《呼啸山庄》这样的小说作为处女作的作家来说,不仅把自己作为小说主人公是常有的事,就是在小说主题中出现随心所欲的东西也没有什么稀奇。这样的作品往往会表现一种自由自在的梦想,一种在独自散步时或者在彻夜不眠时的梦想。他们喜欢把自己想象成圣人或者罪人、伟大的情人或者邪恶的政客、勇武的将军或者冷酷的凶手。而正是因为大多数人的梦想中总有许多荒诞的东西,大多数作家的处女作中也总有不少无稽之谈。我想,《呼啸山庄》就是这样一个梦中的自白。

我认为,艾米莉·勃朗特把自己的梦想全放在希斯克利夫身上了。她把自己的激愤、受挫的情欲、无望的爱、妒忌、对人类的憎恨和蔑视、残忍和虐待狂,都给了他。夏洛蒂·勃朗特的朋友艾伦·纽赛曾说到过这样一件不寻常的事:"她(指艾米莉·勃朗特)喜欢把夏洛蒂带到一些地方去,那里是夏洛蒂自己不敢去的。夏洛蒂生来害怕牲口,而艾米莉就是喜欢带她去看牲口,并对她说这说那,只要夏洛蒂一害怕,她就嘲笑她,以此为乐。"我认为,艾米莉·勃朗特就是以希斯克利夫的男性之爱,即一种纯粹的动物本能,来爱凯瑟琳·恩萧的。我觉得,当她作为希斯克利夫对凯瑟琳又踢又踩并按住她的头朝石板上猛撞时,她一定在笑,就像她嘲笑夏洛蒂那样;同样,当她作为希斯克利夫打小凯瑟琳的耳光并对她破口大骂时,她也一定在笑;我想,当她欺凌、辱骂和威吓自己笔下的人物时,她一定是浑身颤动,有一种透心的解脱感,因为她在现实生活中既自卑又抑郁,在人们面前总觉得受到了羞辱。此外,我还认为,她作为凯瑟琳,可以说扮演了一个双重角色,她既和希斯克利夫争吵,看不起他,知道他是个不祥之物,却又从心底里爱着他,为能压倒他感到欣喜若狂,而且觉得他们俩是真正的一对(我说"他们俩"就是指艾米莉·勃朗特本人的两面,如果我没说错的话,它们当然是天生的一对)。虐待狂往往也有受虐倾向,凯瑟琳被希斯克利夫的桀骜不驯和粗暴残忍的天性深深吸引住了。

我已经说得够多了。《呼啸山庄》不是一本供人讨论的书;它是一本供人阅读的书。要找它的错很容易;它是很不完善的,但它却具有一种只有极少几个小说家才能给你的东西,那就是感染力。我不知道还有哪部小说能像它这样,把爱情的痛苦、迷恋和残酷如此执着地纠缠在一起,并以如此惊人的力量将它描绘出来。它使我想起埃尔·格里科①的一幅油画力作:乌云下昏暗的荒野景象,天上雷声隆隆,人们拖着长长影子在荒野里跋涉,一种不属于尘世的气氛使画面恍恍惚惚,人们似乎都要窒息了,这时铅灰色的天空又掠过一道闪电,使其显得更加神秘而令人恐惧。

刘文荣　译

---

① 埃尔·格里科,16世纪西班牙画家,画风神秘而冷峻。

13
《白鲸》

简介：

【英文名】*Moby Dic*
【作　者】［美］赫尔曼·麦尔维尔（Herman Melville，1819—1891）
【名　称】原名《莫比·狄克》
【年　代】19世纪。
【体　裁】长篇小说。
【主　题】自然的狂暴和人性的狂暴，孰是孰非？
【人　物】主要有：亚哈、莫比·狄克。
【情　节】主要是：捕鲸船长亚哈遭遇一头绰号"莫比·狄克"的凶猛白鲸，被咬掉一条腿。从此，亚哈性情大变，认定莫比·狄克是世间一切邪恶和痛苦的代表，发誓要追杀这头白鲸。为了实现这一目标，亚哈不惜违反捕鲸业的行规，不顾大自然的一次次警告和船员的反对，搜遍全球最蛮荒的海域。终于，他和他的宿敌莫比·狄克狭路相逢。莫比·狄克有着厉鬼般的狡诈和神话般的力量，普通人是无法战胜的，然而疯狂的亚哈却向不可战胜的对象发起注定要失败的挑战。在他心中，这头白鲸不仅是在海水中游动的巨兽，也是在他血脉里游动的恶魔，他必须将其除掉。所以，当他找到莫比·狄克后，便紧追不放。三天后，他终于射出鱼叉，击中莫比·狄克，但他的船也被莫比·狄克撞破，带着他和全体船员沉入海底。只有一人幸运逃脱，回来讲述亚哈和莫比·狄克的故事。

论《白鲸》①

[英] D.H.劳伦斯②

一

莫比·狄克是一条白鲸。

一次追捕。最后的大追捕。

追捕什么？

追捕莫比·狄克这头巨大的雄鲸，它老了，像个魔鬼，独自游弋着，它时常遭到攻击，因此发起疯来十分可怕。它白得像雪。

当然，它是一个象征。

象征什么？

我怀疑，可能连麦尔维尔都不懂得很确切。这一点最好。

它是热血动物，很可爱。它是孤独的海怪，不是吗？

它是热血动物，很可爱。南太平洋上的岛国人、波利尼西亚人、马来人崇拜鲨鱼或鳄鱼，也不断地编织形形色色的军舰鸟。可他们为什么不崇拜鲸鱼呢？它多大呀！

鲸鱼并不恶。它不咬人。可他们的神③却不得不咬。

---

① 本文选自 D.H.劳伦斯《美国经典文学研究》，题目系原书所有。本文要点：(1)《白鲸》是本伟大而可怕的书；(2) "白鲸"莫比·狄克，象征自然，象征人的本能欲望；(3) "佩阔德号"捕鲸船、亚哈船长和他的船员，是人类理性、道德的象征，他们疯狂"捕杀"人的本能欲望(莫比·狄克)；(4) 最后，莫比·迪克被捕杀，"佩阔德号"捕鲸船、亚哈船长和他的船员也都化为乌有——这意味着，理性、道德是相对于本能欲望而言，人若没有了本能欲望，也就不需要什么理性、道德了。

② D.H.劳伦斯(David Herbert Lawrence，1885—1930)，英国诗人、小说家、评论家，有"性解放运动预言家"之称，重要作品有小说《儿子与情人》《恋爱中的女人》《查泰莱夫人的情人》，论著《美国经典文学研究》等。

③ 他们的神：意为人类崇拜的神灵(此处是指人类理性，见下文)。

它不是一条龙。它是《圣经》中的怪兽。它从不像中国的太阳龙那样蜷曲。它也不是水中的蛇。它是热血哺乳动物。可它被追捕着。

二

这是一本伟大的书。

一开始，你就反感它的文体。它读起来像新闻稿，看上去有点假。你感觉到麦尔维尔试图把什么都强加给你，可这不行。

麦尔维尔的确有点装腔作势，他自负，甚至要把什么东西强加给自己。如果你仅把它当作一个故事的话，就很难深得神秘主义的真谛。

没有谁像麦尔维尔一样滑稽、笨拙而出言无趣，这个麦尔维尔甚至在《莫比·狄克》①这样一本伟大著作中也是如此。他布道，说教，因为他不自信。他时常在说教时显得很幼稚。

作为艺术家的他比作为一个人的他要伟大得多。作为一个人，他不过是个令人厌倦的新英格兰人，一个像爱默生、朗费罗和霍桑那样的道德家和神秘超验者。这人太单调，是头阴郁的骡子，甚至幽默时也如此。他过于严肃，他会令你发问："老天啊，这是怎么了？至于生活是悲剧、闹剧、灾难还是别的什么，这与我何干？生活该是什么样就是什么样。给我来点酒，我这会儿只需要这个。"

对我来说，生活就是我不在乎为何物的东西。总结生活不是我的事。刚才它还是一杯茶。而今朝它则是茵陈和苦胆了②。把糖给我递过来。

人们对严肃者，已厌烦那副样子有点虚假，麦尔维尔就是这样的人。亲爱的，他这阴郁的驴子也会咆哮！咆哮！咆哮！

可他是一位深刻的伟大艺术家，尽管他是个很装腔作势的人。说他是个真正的美国人，那是因为他总感觉到他的听众就在他面前。当他不再是美国人，当他忘了他的听众并放弃他对这世界的恐怖感，他就是个很了不起的人，他的书令人灵魂肃然起敬、生畏。

作为人，麦尔维尔几乎是死人。这就是说他难以对人的接触有什么反应。有的话也是理想化的或一时半时的事。在他身上，人的和情感的自我几乎丧失

---

① 《莫比·狄克》：即《白鲸》。
② 见《旧约·耶利米哀歌》3:19："求你纪念我如茵陈和苦胆的困苦窘迫。"——译者注

殆尽。他深奥莫测、有自我解剖精神、心不在焉。他所迷恋的是物质,那奇特的滑动与碰撞,而绝非人的所作所为。他要对付的是物质,他的戏是与物质同在的。他是未来派发现绘画之前的未来派。纯粹自然因素的滑动。而人的灵魂经历了这一切。有时它几乎越界进入了精神病学领域。这几乎有点荒谬,可这是伟大的。

所有的美国人都有这老毛病。他们舍不得丢弃老式的理想燕尾服,戴着旧式的缎子帽,却做了最多出格的事。你瞧,麦尔维尔被一位刺着文身的大块头南太平洋人拥抱着,阴郁地向这个野蛮人的小小偶像奉献烤制的礼品。此时他那理想的外衣遮住了他的尾巴,阻止我们在他鞠躬时看到他的臀部,同时他那道德的缎帽仍不偏不倚地正压在眉毛上方。这就是典型的美国人:做最见不得人的事时也不脱掉他们的精神外衣。他们的理想就像盔甲锈在身上再也脱不掉了。与此同时,麦尔维尔的肉体在活生生赤裸的自然中全然赤裸地感知着。他以纯粹肉体的敏感颤动,如同优质的无线电台一样,记录下外部世界的影响。他同样以超越痛苦与欢欣的能力,记录下孤独灵魂的极端变化——这是从没有真正接触过他人的孤魂。

三

新贝德福德的头几天,讲到了书中唯一一个真正的人,名叫以实玛利,即书中的"我"①。随后是奎奎格这位南海叉鱼手、贴心兄弟。麦尔维尔爱这位文身壮汉,正如达纳爱"霍普"②一样。以实玛利的同屋的到来,是件难忘的趣事。后来这两人竟用野人的语言宣誓"结婚"。奎奎格再一次打开了以实玛利心中的爱与人类联系的血肉之门。

> 我坐在那孤零零的房里,炉火猛烈燃烧了一阵以后现在火势渐弱了,只有一点点火星儿了。夜色与魔影聚集在窗扉,悄悄窥视我们这沉静的一对:我开始产生某种奇特的感觉。我感到我体内什么在溶化着。我那破碎的心

---

① 据《旧约·创世记》记载,名为以实玛利的人是亚伯拉罕与其妻子的女仆所生的儿子,后成为弃儿,在荒野中长大,成为弓箭手,所以才有后面的以实玛利猎杀与被猎杀之说。——译者注
② 达纳(Richard Henry Dana),1840年出版《航海两年》一书(据信,此书是麦尔维尔《白鲸》的蓝本)。"霍普":《航海两年》中的主要人物。

与发疯的手已不再与这狼一样的世界作对,这温柔的野人已把它赎回了。他坐在那儿,他那漠然相儿流露出毫无文明化的虚伪与温情的欺骗的本性。他是野人,很耐看,我开始感到被他吸引着。

他们一起吸着烟,相拥着。后来当以实玛利为奎奎格的小偶像果果献祭品时,他们的友谊结束了。

我是一个基督教的圣徒,在一贯正确的长老会教堂里长大的。我怎能与这偶像崇拜者一起崇拜他的木偶像呢?那什么是信仰呢?——实现上帝的意志就是信仰。那什么是上帝的意志呢?——对待我的伙伴就如同我的伙伴对待我一样,这就是上帝的意志。

这话听起来像本杰明·富兰克林①的语言,但却是很坏的神学。不过,这是真正的美国逻辑。

既然奎奎格是我的伙伴了,我希望他对我怎样呢?对了,与我一同遵从长老会的教规和信仰,我定要同他团结一心,为此,我也得变成一个偶像崇拜者。于是我点燃了蜡烛,竖起单纯的小偶像并供上烤饼干,行了两三次额手礼②,吻了他的鼻子。做完这一切,我们就脱衣上床,心安理得了。不过不聊一会儿我们是不会睡的。我不知道这是为什么,但是确实没有比在床上更合适的地方能让朋友之间敞开心扉了。丈夫和妻子就是在床上相互掏心窝子坦诚相见;有些老夫妻常常躺在床上叙旧一直叙到东方破晓。我和奎奎格也是这样躺着,很相爱的一对……

你可能会以为同奎奎格的这种关系对以实玛利来说很重要吧?不,才不呢。他忘掉奎奎格就像忘掉一张昨日的旧报纸。对于美国人以实玛利来说,人间的事不过是一时兴起借此取乐罢了。以实玛利,你这被猎杀的人,不,以实玛利更是猎杀别人的人。奎奎格算怎么回事?妻子算什么?他要去追捕白鲸。至于奎

---

① 本杰明·富兰克林(1706—1790),美国政治家、《独立宣言》签署人之一。
② 额手礼:欧洲老式礼节,即深鞠躬时把右手举到前额上。

奎格,了解了他就把他忘在脑后了。

四

那么白鲸到底象征着什么?

以实玛利曾说过,他爱奎奎格的眼睛:"大而深邃的眼睛,黑亮亮的透着野气与大胆。"毫无疑问,他像爱伦·坡一样要获得了解这目光的"线索"。就这目的。

这两个人从贝德福德来到南图克特,受雇到教友派①捕鲸船"佩阔德"号上干活。这太奇特、太神妙、太像幻觉了。这是灵魂的航行,也是一次真正的捕鲸航行,于是我们随着这条奇特的船和这些神奇的船员来到了大海上。与他们比,阿耳戈英雄②只能算老实的羔羊了。尤利西斯曾战胜了赛西女魔和岛上的妖妇们③。可"佩阔德"上的船员们却是一个疯狂的群体,他们要捕杀一只孤独、无害的白鲸。

作为一部灵魂的历史,它令人气愤。作为一部海上奇谈,它是神妙的:海上传奇总有那么点夸张。这也应该。但是给真实的海员经历蒙上一层夸张的神秘感却令人受不了。另外,作为命运的启示录,这本书是太深刻了,绝不只是揭示悲伤。它超越了感觉。

五

过了好一阵子,你才见到船长亚哈这个神秘人物。啊,这是一艘上帝都怕的船。亚哈船长,灵魂的船长。

我是我命运的主宰,
我是我灵魂的船长!

亚哈!

---

① 教友派:英国清教(基督教新教派中一支派)的一派别,美国早期移民大多属这一派。
② 希腊神话中随伊阿宋远航觅取金羊毛的英雄们。——译者注
③ 尤利西斯:即奥德修斯,《荷马史诗·奥德修纪》中的主人公。赛西女魔和岛上的妖妇们:《奥德修纪》中写到的把人变成猪的女魔和仙女或公主。

啊,船长,我的船长!

我们可怕的航程已走完。①

憔悴的亚哈,这神秘的人,等船到海上几天后才露面。他这人有个秘密!是什么?

哦,他是个不祥的人。他踩在一截海象牙上。莫比·狄克这条大白鲸在亚哈攻击它时把他的腿咬掉了半截。

它做得也对。应该咬掉他的两条腿或更多才是。

可亚哈不这样想。此时他已经成了一个偏执狂,死活要杀莫比·狄克。莫比·狄克必死,否则,亚哈就再也活不下去了。

在这一点上,他是个无神论者。

很对。

"佩阔德"这艘美国灵魂之舟上有三个大副:

1. 斯塔巴克②:教友派教徒,南塔克特岛人。他理性强,责任心强,思考周密,坚韧不拔,是那种靠得住的人。可他内心深处是恐惧。

2. 斯达伯:"无所畏惧的人,机器般的人"。他鲁莽,时时处处都嘻嘻哈哈的。他一定也是个怕事的人。

3. 弗拉斯克:呆板、僵死、毫无想象力。在他眼中,"这条神奇的鲸鱼不过是一只大老鼠或者说是一只水鼠罢了"。

这几个人:一个疯船长和他的三个副手。这是三个优秀的海员,可敬的捕鲸手,第一流的干将。

美国!

这极像威尔逊先生巴黎和会上他那班可敬的、有"效率"的人马③。所不同的是,"佩阔德"号上的人没有带老婆的。

一个疯狂的船长和三个讲求实际的副手。

美国!

这样的船员:叛徒、流放者、食人肉者。以实玛利,教友派教徒。

---

① 引自惠特曼悼念林肯总统的诗《啊,船长,我的船长!》。——译者注
② 斯塔巴克(Starbuck):《白鲸》中的重要人物,在美国可谓家喻户晓,"星巴克"(Starbucks)即以他的名字命名,因为小说中写到,他非常喜欢喝咖啡。
③ 威尔逊总统(1856—1924),曾率团参加1919年的巴黎和会,其夫人随同前往。——译者注

美国！

三个身高力强的叉手来叉这条大白鲸。

1. 奎奎格，南太平洋岛民，浑身刺满了文身，高大而强壮。
2. 塔什泰果，生长于海边的红种印第安人。
3. 塔果，大块头黑人。

你看到三个野人站在美国国旗下，投身于疯狂的船长麾下，手持锋利的钢叉随时准备叉白鲸。

只是到了海上几天后，亚哈自己的船员才出现在甲板上。奇特、神秘、黑支肤的马来人和崇拜火的帕西人，就是这些人当船员去捕杀鲸鱼。

六

你是怎么看待"佩阔德"这艘美国灵魂之舟的？

各色种族的人，各个民族的人聚集在星条旗下①，被抽打得浑身是鞭痕②。

时不时眩惑，眼冒金星儿。

一条发疯的船，由一个发疯的船长指挥，进行一场疯狂的追捕。

追捕什么？

捕杀莫比·狄克这条大白鲸。

安排得很漂亮。三个优秀的副手。全部工作都很实际。美国的工业！

这一切实际的东西都为这疯狂又疯狂的追捕服务。

麦尔维尔总算能让这艘船看上去像一条真的捕鲸船，走的是一条真正的航道，尽管一切都显得有点疯狂。美妙、极美妙的航行。它显示出超常的美，只是因了这作者在神秘的海水中拼命地挣扎，他试图达到超验的深奥，于是他变得比玄学派更深邃。这是一本美不胜收的书，寓意不凡。

七

把麦尔维尔与达纳做比较是很有趣的，比较一下他们对信天翁的描述，可见

---

① 美国国旗的蓝底上的星星代表现有州的数目，红白条则代表建国初期的十三个州。——译者注
② 劳伦斯在此把玩辞藻：鞭痕与星条旗的"条"在英文中都是 stripes。原句典出《新约·路加福音》12：47。——译者注

麦尔维尔有点说教味儿：

> 我还记得我见到的第一只信天翁。那是在南极附近的海面上狂风大作经久不息的时候。我从午前的瞭望哨上到挤满人群的甲板上，看到一只洁白无瑕、长着高贵羽毛的鸟儿在扑打着主舱，这鸟儿的鹰钩鼻子很有罗马气度。它不时地振动一下那两扇宽大的翅膀——奇妙地抽动、颠抖着。尽管没人伤害它的躯体，可它仍旧发出某种超自然的悲鸣。透过它那奇特莫测的眼睛，我觉得我窥视到了不属于人世的秘密——它太洁白了，它的翅膀太宽大了，它永远流放在水域上。看着它，我几乎把传统和城市忘却。我敢说，从这鸟儿神奇的白色躯体内勃发出的是神咒的秘密。……

麦尔维尔笔下的信天翁是一个被带诱饵的钩子钩住的囚犯。

我也见过一只信天翁。那也是在靠近南极的澳大利亚南部水面上，它就尾随着我们的船。那还是南半球的冬季，那条邮船几乎是空的。上面的印度水手们都冻得直打颤。

那只鸟儿展开长长的翅膀追随着我们，然后又离去了。只有当他们有了经历，他们才知道那南极水域是多么令人茫然、是多么孤独。只需扫一眼澳大利亚海岸就会知道这几点。

它令人感到我们的一天只是一天。接下来的黑夜里，当我们的存在消失后，将有更多天躁动。

天晓得我们是否会彻底消失。

可麦尔维尔试图继续他对"白"的探究。某种抽象奥妙的东西令他着迷。这就是我们的末日，我们的生命终止于斯。或白或黑。我们白人会莫名其妙地终止！

八

乘"佩阔德"号出海是太美了，上面没有一点尘土。

这是一个阴云密布、燥热难耐的下午，海员们懒洋洋地在甲板上踱步，茫然地看着铅灰色的水面。奎奎格和我慢慢编着甲板上的席子，用来防备大风的再次袭击。整个场面显得憋闷，似有什么事要发生，空气中弥散着一种梦的咒语，每个海员似乎都溶解隐没了。……

就在这战前的宁静中，突然传来一声大叫："它在那儿！在那儿！在那儿！在那儿！它窜出来了！"随后开始了第一次捕杀，这是一篇绝妙的真正的海上诗篇。大海，追杀中的海生物，被捕杀的海生物。没有大陆的气息，全然是大海的涌动。

"让开，兄弟！"斯塔巴克喃喃着把船头的风帆拉得更紧绷。"暴风到来之前还有时间杀这条大鱼。翻白沫了！近点！叉！"紧接着，两边传来的迅速叫喊声说明别的船也加快了速度，不过听不到它们的声响。突然斯塔巴克哑着嗓门儿叫道："起来！"奎奎格手持钢叉一跃而起。尽管水手们并未面临生死攸关的时刻，可他们从船尾上大副那紧张的神情中可知，紧要关头到了。他们还听到一声惊天动地的巨响，似乎有五十头大象在怒吼。同时这艘船也在吼叫，巨浪唰唰滚滚翻涌着，就像无数毒蛇发怒后钻出水面的蛇头：

"那是它的背。在那儿，在那儿，叉它！"斯塔巴克低声叫着。随之鱼叉飞出船舷，这是奎奎格掷出的，一瞬间，从船尾冲过一股推力，船向前冲去似乎要撞到暗礁上去。篷帆落下来破了。附近升腾起一团蒸汽，只觉得船下有什么东西翻滚、震荡着如同发生了地震。全部船员几乎被暴风卷起的浪涛所窒息，忙乱成一团。暴风雨、鲸鱼和钢叉都搅在一起。那条几乎被叉住的鲸鱼，则乘机逃跑了。……

麦尔维尔在描述剧烈混乱的场景方面是一位大师，他可以毫无缺憾地一口气把这场疯狂的追捕写下来。在写静方面，他同样出色。捕鲸船这时正在圣·赫勒拿岛南面的凯罗·格兰德附近航行：

在一个月光皎洁的静夜，银色的海浪荡漾着。柔和的海面一片银白、寂静，倒不显孤独。在这样一个静夜里，可看到白浪包围的船头前有块银色的东西。……

还有一段有关小鲱鱼的描写：

从克罗塞兹向东北方向驶去，我们遇上了一大群小鲱鱼，这种黄色的小鲱鱼是鲸鱼的食物。一群又一群的小鲱鱼翻涌着包围我们，我们似乎是在一望无垠的成熟的金黄麦田中航行。第二天就出现了无数大鲸鱼。它们没有受到过"佩阔德"这种捕鲸船的捕杀，此时正张着大嘴缓缓地穿过鲜鱼群游过来。这群小鲱鱼就聚在鲸鱼那一张张百叶帘式的大口边沿，就那么离开了水面。鲸鱼像一台台割草机一样并排缓行，携着浪头劈开这些小鱼群。这些魔鬼边游边咬着，发出奇特的轧草声，在它们身后的黄色水面上，扫出一条长长的蓝色。只是它们劈开鲱鱼群的声音，令人想起割草机。从桅杆顶上向下看，当它们停下不动的那一刻，它们真像一片黑压压毫无生气的大石头。……

从这段优美的描写进而转向对幻象般的鱿鱼的描述：

　　"佩阔德"在草甸子般的鲱鱼群中穿行着向东北方的扎瓦岛驶去。轻风徐徐地抚着船身，在一片寂静中，船上的三顶大桅杆随微风摇曳正如同三只温厚的手掌抚在平原上。但是在银色的月夜里，还时而见得到那块迷人孤独的黑东西。

　　清晨，天空呈现出透明的蓝色，某种不可思议的寂静笼罩着海面，海水一片平静。狭长亮闪闪的阳光就如一根金色的手指头抚着水面，把玩着海的神秘。光洁的海浪齐声呢喃轻轻翻滚。这一望无垠的寂静海面上竟出现了一个奇特的鬼影，这是塔果在主桅杆上见到的。

　　在远方，有一大块白东西懒洋洋地耸起来，越耸越高，脱离了蓝色的水面，最终像雪崩一样在我们的船头崩裂。它的光芒瞬间即逝，随之陷入海里，然后又耸起，静静地闪光。这看上去并不像一条鲸鱼。也没准是莫比·狄克吧？塔果想。……

一艘艘小船降下到海面上：

　　就在它陷下去的地方它重又缓缓耸起来。一时间我们都不去想什么莫比·迪克了，只顾凝视神秘的大海此时此地向人类展示的神奇景观。一团二米见方的奶黄色肉体，漂在水上，长着无数长长的臂膀，如同一群蟒蛇一样扭动着,似乎盲目地扑向什么目标。它没有一张清楚的面孔和正面,没有迹象表明它有感觉和本能。可它在浪尖上随波起伏,似一个奇幻、无形的偶然生命。接着,它又被大海缓缓吸进去。

以后的几章讲的是捕鲸的事,杀鱼、剥鱼、砍鱼,都是真实的记录。其中有同另一艘捕鲸船"费尔波姆"号在海上相遇的描写。这条船上的人也受着船上一个宗教狂的统治。书中有的地方是描写人们如何从鱼头中取鲸油的。麦尔维尔详尽描述了鲸的脑子之细小,他写道:"我相信人的性格可以在他的脊骨中发现。我宁愿感知你的脊柱,也不愿感知你的头颅,不管你是谁。"写到鲸鱼时,他说:

> 从这一点看,那奇妙的脑袋虽小,可是它的脊髓却容量极大,补充了脑的容量。

在可怕的捕杀过程中也有些纯美的景象:

> 这三条船浮在微波荡漾的海面上,凝视着这里永久的蓝色正午。没有人呻吟或叫喊,没有,一点没有。陆地上的人无论如何也想象不出,就在这静谧与安宁之下,海中最凶的魔王正在痛苦地挣扎、扭动着!

九

或许最惊人的章节是第三卷始初的"大船"。"佩阔德"号穿过桑达海峡向加瓦驶去的途中遇上了一群大鲸鱼。

在船头两侧两三英里左右,鲸鱼形成一个大半回圈,遮住了半个地平线,它们不断喷出的气体和水柱射向空中。

追着这群鲸鱼穿过桑达海峡后,他们又遭到加瓦海盗的追捕。后来船放慢了速度。最终,鲸鱼群僵滞不动了,如海员们所说,它们是害怕了。它们不再成群结队向前进发,而是剧烈地东突西撞。这里成了翻滚着鲸鱼的海洋。斯塔巴克的船在海中巨兽的狂吼乱呼声中冲向一条鲸鱼。它疯狂地穿过沸沸扬扬的怪兽群落,直驶到一个清澈的环礁湖。四周是发疯的鲸鱼群,这里则是一派宁静。母鲸们正安详地游弋,小鲸则嗅着捕鲸船,像一条条小狗。海员们吃惊地看着这些鬼怪们做爱,它们正在发情期,在海上——

  在这奇妙幻景下面你会发现另一个更为陌生的世界。鲸妈妈在海面上为小鲸哺奶,还有一些膨胀着鱼腹的鲸,一眼看上去就知道它们要做妈妈了。如前所说,这环礁湖很深,很清澈。那些小鲸鱼正在吃奶。婴儿在吃奶时常常要把目光移开母乳,沉静凝视别处,似乎在同一时刻做两件事。一边吃奶一边追忆什么不可思量的东西,过一种精神生活。这些鲸孩也是这样,它们抬头看着我们(其实并没真看),似乎在它们幼小的眼里我们不过是一些芦草。妈妈们在孩子周围游着,目光同样安详地落在我们身上。这迷人的环礁湖似乎向我们展示了大海自身最微妙的秘密。我们在海中看到海中巨兽们的爱侣。尽管受着这样那样的种种恐吓,这些不可思议的动物仍旧自由自在、无所畏惧,是的,它们自由自在地过着放浪欢愉的生活。……

  捕鲸的过程中着实有些惊心动魄之处,几乎是超人和非人的场面,大于生活,比人的活动更有趣。写龙涎香的那一章即是如此极其奇特,但真实而神妙。"教士的黑长袍"这一章是世界文学中最早的阳物描述。

十

  这以后是对炼鲸油炉子的描述。这艘船在大海上变成了一座灰尘飞扬、油乎乎的炼油厂。这些油是从鲸脂中提炼出的。就在炼油炉高燃的那一夜,麦尔维尔惊异地产生了一种倒退感。他在舵轮里盯着炉子中的火,此时他突然感到船神秘地离开他向后滑去。……

  我深深感到,我无论站在什么飞快行驶的东西上,我都不觉得它在驶向任何港湾,倒像是从港湾向后倒冲。我感到某种死样的东西攫住了我。于是我的双手抽动着握住舵柄,可我感到这舵柄有些在迷狂中向相反方向转。天啊,我这是怎么了!

  这种梦一样的经历是一种实在的心灵经验。他命令所有的人别去看那炉火,那红色的火焰映得一切东西都现出鬼色。似乎是他盯着火的目光引起了倒退毁灭的恐惧。

或许是吧。他是海生动物。

奎奎格因为做了些有损于健康的工作,生病而快要死了。

那漫长的几日里,他消耗着,最终形销骨立,只剩下一把骨头和文身,他瘦干了,颧骨凸出,可他的眼睛却愈来愈大。这双眼睛带上了某种奇特的欲望。他的目光柔和而深邃,看着你,在证实他永恒的健康,他不会死,不会虚弱下去。如同水上的涟漪,圈子越宽,漪纹越浅淡,他的眼睛圆睁着,像是永恒的光圈,你坐在这个衰弱下去的野人身旁,会感到一种难以言状的恐惧袭上心头。……

可是奎奎格没有死。"佩阔德"也出了东海峡来到广袤的太平洋上。"对于沉思中的流浪占星师,这宁静的太平洋永远是他的选择。这里奔涌着的是世界中心的水。"

战斗仍在太平洋继续。

已是夕阳西下之时,叉鱼的血战已结束,船在夕阳辉映下美丽的大海上航行,太阳和鲸鱼都死了。空中弥漫着喜气与悲哀——祈祷的花圈在玫瑰色的天空中卷起,似乎从遥远的马尼拉群岛上绿色的修道院里吹来的风,和着晚钟的鸣声吹向大海。亚哈感到欣慰,但愈感忧虑。他坐着,全神贯注盯着鲸鱼离开这条平静的船。这是一场奇景,鲸鱼临死之前,头朝向太阳,然后死去,这宁静夜色中的奇观似对亚哈展示出他以前不曾懂得的奇观。它一次次转向太阳,缓慢但坚定,它在拜神,临死前它的眉毛在祈祷。它也崇拜火。……

亚哈喃喃自语着。热血动物鲸鱼最后一次转向太阳,是太阳把它生育在水中的。

十一

可在下一章中我们发现,亚哈崇拜的其实是雷电。他从头到脚都烙下了雷电的痕迹。那是暴风雨和雷电袭击"佩阔德"号时,雷电给桅杆顶上带来巨大的火球,指南针也改变了方向。后来一切都完了。生命自身神秘地改变了。这些捕杀莫比·狄克的杀手们只有疯狂与占有欲。船长亚哈和低能的黑人孩子此时手拉手一起前行。他曾被残酷地甩下,一个人在海上游着水。现在是太阳这低能儿,与这个北方的偏执狂、船长和主人同行。

船仍在继续行进,他们遇到了另一些船。全都是日常琐事,却充满了紧张、疯狂和恐惧,直到最后一场拼杀。

洁白无瑕的鸟儿展开着雪白的翅膀在空中飞翔,空气是温柔女性化的。可在海中,在蓝色的深渊处却滚动着巨大的水中怪兽鲸鱼、箭鱼和鲨鱼。这才是雄性的海,充满了力度和杀机。……

这一天,亚哈承认他太疲倦了承受不住压力了。"斯塔巴克,我看上去很老吗?非常非常老吗?我感到头晕、腰酸、背痛,好像我是被逐出乐园后蹒跚了无数个世纪的亚当。"这里是亚哈决战前的喀西玛尼园①,这是人类的灵魂寻找自我征服的喀西玛尼园,是无限的意识取得的最后成就。

最终他们发现了那条鲸。亚哈上到桅杆上看到了它。"从这儿看过去,鲸鱼离我们有个几英里样子,在浪涛中耸起它光闪闪的脊背,一口又一口地向空中喷着气。"

小船都慢下来,向白鲸靠拢。

最终捕鲸手屏住呼吸靠近他那似乎没有什么警觉的猎物,但见白鲸的脊背露出水面,像一个孤独的东西在水中畅游,不停地搅起一圈漂亮、毛茸茸的蓝色泡沫。他看到了远处微微露出的头在水面上搅起的大片涟漪。在它前面的远方,柔和如土耳其地毯的水面上它白色的宽额头闪着光芒,一圈圈波纹伴着它的影子。它的后面,蓝色的海水不停地涌满它身后留下的水涡。它的两侧明亮的水泡在欢舞,忽而飞来一群欢快的水鸟,它们那成百双轻足划破了水面。船上破损的桅杆在鲸鱼身后耸立着,看似叉在鱼背上。时而有一群水鸟飞来飞去遮住这条鲸,小鸟儿悄然站在桅杆上,杆顶上的羽

---

① 喀西玛尼园,耶路撒冷附近的花园,耶稣基督上十字架前在这里度过了最后一夜。

毛像一面面小旗子在飞扬。

轻松愉快——在激流中歇息,鲸鱼在这里游荡。

与鲸鱼的搏斗太精彩、太可怕了。无法引用其中一节来概括它。这场搏斗连续了三天整。叉鲸手帕西的尸体,前日被撕碎,现在又被鱼叉掀到白鲸身边,这幅可怕的图景令人产生神秘、梦一样的恐惧。那可怕、被激怒的白鲸与捕鲸船厮打起来,这船是我们这个文明世界的象征。它猛烈地冲撞着捕鲸船,不一会儿,最后一条捕鲸小船上传来一声叫喊:

"船!天啊,大船哪儿去了?"很快,人们透过昏暗的光线惊讶地发现正在倾斜的船影,它真像一个蒸发气体的海市蜃楼。只有桅杆顶还露出水面。那些异教徒叉鱼手似忠诚、似昏头涨脑,仍旧坚守着岗位,在沉船上还忘不了盯住海面。现在这孤独的船陷入了绝境,它上面的全体船员、漂荡的桨杆和叉鱼枪,不管是活的还是死的,都在漩涡中沉浮打漩,漩涡终于把"佩阔德"的最后一点痕迹吞没了。……

天鸟、雄鹰、圣约翰之鸟、印第安之鸟、美国,都随这条船下沉了。精神的雄鹰。下沉!

现在,小小的飞鸟们在懒散的海湾上鸣叫着飞翔。阴郁的白浪拍击着悬崖般的海岸。随后一切都下沉了,大海铺天盖地而来,像裹尸布一样,如同五千年前一样翻腾。

一部世界上最奇特、最美妙的小说,就这样结束了。它的神秘及其痛苦的象征之页,合上了。这是一部海的史诗,没有第二个人写得出。它又是一部奇异象征、寓意深远而又令人疲惫的书。

十二

它是一本了不起的书,很了不起的书,是迄今最伟大的写海的书。它令人灵魂生畏。

厄运。

末日。

末日！末日！末日！有什么东西似乎在极黑暗的美国之树里呢喃着末日。末日！

什么的末日呢？

是我们白人之日的末日。我们要完了,要完了。美国体内孕育着末日。我们白人的日子寿数已尽。

哦,如果我寿数已尽了。我的末日比决定了我末日的我更伟大。所以,我接受我的末日,它是伟大的象征,比我更伟大。

麦尔维尔懂这一点。他知道他的种族末日到了。他的白人灵魂的末日到了。他那伟大的白人时代末日到了。他自己的末日到了。理想主义者的末日到了。精神要完了。

倒退。"不是驶向任何港湾,而是远离所有的港湾。"

我们的巨大恐惧,是我们文明的倒退,远离港湾。

最后一次可怖的追捕。白鲸。

莫比·狄克到底是个什么东西？它是白种人最深层的血性生命,是我们深层中的血性。

可它却受着我们白人意识中疯狂偏执的捕杀。我们要把它追个走投无路,令它屈从于我们的意志。在这场自我捕杀中我们请了黑种人与浅肤色种人来帮忙,有红种人、黄种人和黑种人,有东方的,也有西方的,有教友派的,也有敬火派的,我们让他们全卷入了这场疯狂的捕杀中,这其实是我们的末日,是自杀。

白种人最后一个阳具。被逼入理智和理想意志的绝境。我们的血性屈从了我们的意志。我们的血性意识被寄生其上的大脑或理想意识削弱了活力。

火热的、血性的海生物莫比·狄克,被理智偏执狂所追捕。

哦,上帝。哦,上帝。"佩阔德"沉了,接下来将是什么呢？

它在这次大战①中沉了。我们都是水上漂浮的残骸。

接下来是什么？

---

① 指第一次世界大战。

谁知道？谁晓得？

无论西班牙人，还是撒克逊美国人，都无法回答。

"佩阔德"沉了。它是美国白人的灵魂之舟。它沉了，带走了船上的黑人、印第安人、波利尼西亚人、澳洲人、教友派教徒和好心的、公事公办的美国佬和以实玛利，他们全淹死了。

"轰隆！"维切尔·林赛[①]会说。

用基督的话说就是：完了。

结束了！

《莫比·狄克》初版发表于一八五一年。如果那大白鲸在一八五一年撞沉了大白人的灵魂之舟，那后来至今的这些年又如何了呢？

或许是阴魂不散吧。

因为，在纪元初那几个世纪，基督是鲸鱼座，即是鲸鱼。而基督徒们则就是些个小鱼罢了。基督这个救世主就是鲸鱼座，大海兽。因此，全体基督徒都是他的小鱼。

黑　马　译

[①] 维切尔·林赛(1879—1931)，美国诗人。

麦尔维尔与《白鲸》[①]

[英] W.S.毛姆

一

我读了雷蒙德·威弗的《赫尔曼·麦尔维尔：神秘水手》、刘易斯·曼福德的《赫尔曼·麦尔维尔》、查尔斯·安德森的《麦尔维尔在南海》，以及威廉·埃勒瑞·塞奇威克的《赫尔曼·麦尔维尔：思想悲剧》。不管怎样，我觉得这些书还是使我对赫尔曼·麦尔维尔有了更多了解。雷蒙德·威弗说，在一九一九年麦尔维尔诞生一百周年纪念时，有位"轻率的评论家"写道："由于某种奇怪的、不知确切原因的内心经历，改变了赫尔曼·麦尔维尔的写作风格和人生观。"我不知道雷蒙德·威弗为什么要说这位不知名的评论家"轻率"，其实他说到的正是研究赫尔曼·麦尔维尔的学者遇到的一个疑题。为解释这一疑题，人们仔细研究他生平中的每个鲜为人知的细节，研究他留存的所有信件和所有书籍（其中有一些还非常艰涩难懂），想从中发现有用的线索。不过，关于这一难题，我们还是放到后面再说，先来看看这些传记作家为我们提供的一些事实——浅显的、非常浅显的事实，一点也不复杂。

赫尔曼·麦尔维尔生于一八一九年，父亲艾伦·麦尔维尔和母亲玛丽亚都

[①] 本文选自毛姆散文集《十大长篇及其作者》，题目系原书所有。本文要点：（1）麦尔维尔是个喜欢冒险的人，年轻时在海上漂泊多年，后来娶了大法官的女儿为妻，安心写作。他的作品，包括《白鲸》，在他生前并没有引起人们的注意；（2）生活中的麦尔维尔"是个自私、懒散、对家庭不太负责任的人"，而他在作品中表现出来的自身形象则"是个刚毅、勇敢的年轻人；热情、爽朗，虽不勤奋，也不懒惰；心情愉快、为人和善、乐于助人、无忧无虑"；不过，在他写《白鲸》时，似乎"性格大变"，甚至是"神经错乱"，因为他从一个平庸的小说家一下子变成了"非同寻常的天才作家"；（3）麦尔维尔的文体很独特，陈旧而有点做作，但读起来很有节奏感，这在《白鲸》中尤为突出；（4）通常，人们总是从象征、隐喻的角度来理解《白鲸》；但是，就简简单单地把它当作捕鲸故事来读，也未尝不可：因为除了那些今天看来枯燥之极的内容（如关于鲸皮、鲸油的制作与用途等），书中的那些人物是很有趣的，尤其是狂风暴雨中的捕鲸，更是写得惊心动魄。

来自有名望的家庭。艾伦·麦尔维尔很有教养,而且到过许多地方,见识颇广;玛丽亚举止优雅,受过很好的家教,而且笃信宗教。婚后最初五年,他们住在奥伯尼,后来移居到纽约。艾伦·麦尔维尔是个进口法国服装的商人,一度在纽约的生意做得很兴旺。赫尔曼·麦尔维尔出生于纽约,是八个孩子中的第三个。一八三〇年,艾伦·麦尔维尔厄运临头,不得不举家迁回奥伯尼,而且两年后,他就在那儿去世了。据说,当时他已经破产,而且神经错乱。他没有留下任何遗产。赫尔曼·麦尔维尔一八三四年毕业于奥伯尼男子中学,先在纽约州立银行做杂务;后来,即一八三五年,他去了坎斯沃尔特,在他哥哥的皮货店里帮忙。第二年,他去匹兹费尔德,到叔叔的农场里干活,又在塞克斯区的一所小学教过一学期书。十七岁时,也就是一八三八年,他去当了一名水手。关于他为什么会去当水手,有不少人说了不少原因;但我觉得很奇怪,除了他自己说的那个原因,为什么还要去找别的原因。他说:"我对自己的未来有过好几种设想,但都令人遗憾地不能实现,而我又焦急地想找到工作,加上我天生喜欢漂泊不定的生活,所以我就下了决心,去当一名周游四海的水手。"他干过不少行当,都一事无成;就我们所了解的情况来看,他母亲很可能当面对他表示过不满。所以,他去当水手,就像许多离开家庭的年轻人一样,是因为在家里过得不舒服。麦尔维尔是个古怪的人,但这件事很正常,我们没必要去猜测他有什么古怪的动机。

他到了纽约港,浑身湿淋淋的,裤子上打了补丁,上衣口袋里一分钱也没有,手里只拿着一支猎枪;这还是他哥哥给他的,称没钱时可以把枪卖掉。他穿过纽约市区,到他哥哥的一个朋友家过了一夜。第二天,这个朋友陪他一起到码头上。稍一打听,就找到一艘准备开往利物浦的船[①]。于是,麦尔维尔应募到这艘船上做侍役,每月工资三美元。关于这次往返利物浦航行,他在十二年后的一部名为《雷德伯恩》的小说中作了描述。在他看来,写这本书只是为了赚一点稿费而已;其实,这本书写得很好,通篇用老式英语写成,简洁明快,故事朴质真实、生动有趣,是他最具可读性的作品之一。

此后三年他的情况如何,我们知之甚少。我们所知道的仅仅是,他在几个地方教过书,其中有纽约州的格林布什,他在那儿教书的报酬是每季度六美元,外加伙食。还有就是,他在这三年间为几家地方报纸写过不少文章,但现在能找到的只有没几篇。从这几篇看,他的这类文章可能都写得索然无味,只是从中可以

---

① 显然,麦尔维尔做的是临时水手,即和船东签约,做单一航程或往返航程。

看出他读过不少书。也就是说，从这类文章中就可以看出他后来一辈子都没有改变的文风，那就是喜欢引经据典，莫明其妙地引用神话故事、历史典故、传奇人物，以及各个时代的各式各样的诗人、作家。就如雷蒙德·威弗所说，"他漫不经心地一页一页往下写，时而引用莎士比亚、拜伦、弥尔顿、柯勒律治，时而引用切斯特菲尔德，时而提到普罗米修斯、灰姑娘，时而提到穆罕默德、克莱奥佩特拉，时而提到圣母玛利亚，时而又提到美第奇、穆斯林"。

不管怎么说，麦尔维尔是个喜欢冒险的人；他就是无法忍受任何平庸，尤其是平平淡淡的日常生活。他其实并不喜欢当水手，只是想借此漂洋过海罢了。一八四一年，他登上驶往太平洋的"阿库斯奈特号"捕鲸船，从纽拜德福特出发了。船上的水手全都粗鲁、野蛮，既无文化，又无教养；只有一个叫理查德·托贝亚斯·格林的十七岁小伙子是个例外。关于这个小伙子，麦尔维尔后来写道："托贝长得很英俊，身穿蓝色水手服和帆布裤，是甲板上最健美的水手；他身材虽不高大，但身姿矫健。热带的太阳把他天生黝黑的皮肤晒得更加黑了，一头黑得发亮的长发披散着，一双又黑又大的眼睛更是目光闪闪。"

航行十三个月后，"阿库斯奈特号"停泊在玛奇萨斯的努库希瓦岛旁边。这时，两个年轻人已经对捕鲸船上的恶劣环境和船长的指手划脚厌恶透了，决定离船逃跑。他们在水手服里塞满烟草、饼干和印花布后（这些可以和土人交换食物），便上了岸。他们艰难地走了好几天，到了泰比人居住的山谷，并在那里受到还算友好的接待。麦尔维尔在途中就扭伤了脚，一直是忍着痛行走。所以到山谷后不久，托贝就一个人出去找药，为麦尔维尔治疗脚上的伤痛。他们想尽快离开，因为他们曾听人说过，泰比人有吃人肉的风俗，所以他们自然想到，长时间和泰比人在一起，实在太危险了。然而，托贝竟一去而不复返，很久以后才得知，他一到附近的港口就被绑架到了另一艘捕鲸船上。麦尔维尔呢，据他自己说，他在山谷里一直住了四个月，有吃有喝，还和一个名叫弗娅威的泰比姑娘交了朋友，一起游泳、划船；因此，除了担心自己会不会被泰比人吃掉，他这段时间过得还是很不错的。后来，又有一艘捕鲸船到了努库希瓦岛。船长偶然听说有名水手在泰比人那里，而他船上正有水手逃跑，于是就派了岛上几个和泰比人有仇的土人去找。还是据麦尔维尔自己说，那些土人找到了他，但他不愿意跟他们走，于是就打了起来；最后，他用船钩杀死一个土人后，逃跑了。

不过，他后来还是上了一艘船，一艘叫"朱莉娅号"的船。这艘船上的情形比"阿库斯奈特号"还要糟糕。航行到帕比特时，水手们全体哗变，被押到一艘法国军舰上,戴上手铐脚镣关了五天;然后又在帕比特法庭受审,被关进当地的监狱。"朱莉娅号"重新招募一批水手后就启航了。这批被关押的水手不久之后也被释放。这批水手中,有一名原本是个江湖郎中,麦尔维尔叫他"长腿鬼郎中"。他们俩结伴,划船到了附近的埃弥奥岛。他们靠打短工为生,在两家种植园里挖土豆。麦尔维尔在马萨诸塞为叔叔干活时就不喜欢干这种活,如今他更不愿意长期在波利尼西亚的热带阳光下挖土豆。于是,他和长腿鬼郎中一起过漂泊不定的生活,在各处的土人那儿谋生。最后,他和长腿鬼郎中分手,并到了一艘名叫"莱维森号"的捕鲸船上。他恳请船长收留他,又当起了水手。这样,他随这艘船到了檀香山。他在檀香山做过什么事,就不得而知了。据说,他在那儿谋到了一份职员工作,不知是真是假。后来的事,我们知道,他受雇于美国军舰"合众国号",当一名普通水手;一年后军舰回到美国,他即被解雇。

至此,我们已经讲到一八四四年,麦尔维尔二十五岁。他年轻时的照片一张也没有,但根据他中年时的照片可以想象,二十几岁时的他,是个身材高大而匀称、体格强壮而矫健的年轻人,眼睛不大,鼻梁笔挺,一头鬈发。他回到家,发现母亲和姐姐已住到奥伯尼郊区的岚欣伯格了。住在坎斯沃尔特的哥哥已关掉皮货店,成了一名律师,还参与政治;老二艾伦也是律师,住在纽约;小弟弟汤姆当时还只十几岁,不久后也像他一样出海历险去了。他发现周围的人对他很感兴趣,把他视为"和食人生番一起生活过的人";有人很想知道他的经历,他也很乐意讲给他们听;他们怂恿他写书,他真的写了。他过去曾写过一些东西,但并不成功,只是赚了一点稿费。现在,他根据自己在努库希瓦岛上的经历写了一本书,取名为《泰比》。原本在坎斯沃尔特开皮货店的哥哥,现已成了美国驻伦敦特使的秘书,帮他把书稿交给了出版商约翰·默里。默里接受了书稿,不久便由威莱·普特南出版公司在美国出版。此书出版后读者反应不错,于是他信心大增,又根据自己在南太平洋的经历写了一本书,取名《奥穆》,并于一八四七年出版。

就在这一年,麦尔维尔和首席法官肖恩的独生女伊丽莎白·肖恩结婚。他们两家本是世交。婚后他们移居纽约,就住在第4街103号他父亲艾伦·麦尔维尔原来的房子里,和他们同住的还有妹妹奥格丝塔、弗妮和海伦。这三个女孩为什么要离开母亲,离开岚欣伯格,原因不得而知。麦尔维尔在那里专心从事写作。一八四九年,也就是婚后两年,他在儿子马尔科姆出生后几个月又去横渡大西洋,但这次不是当水手,而是以访客的身份到伦敦去会见出版商,商讨《白外套》的出版事宜,还有他妻子和他同行。《白外套》是根据他在"合众国号"军舰上的经历写成的。他们在伦敦办完事,又到了巴黎,到了布鲁塞尔,再沿着莱茵河一路畅游。不过,在他妻子后来写的回忆录中,却是干巴巴地说到这次旅行:"一八四九年夏天,我们在纽约。他写《雷德伯恩》和《白外套》。当年秋天,我们去英国,打算出版这两本书。因为思念家乡,我们在那儿没有逗留多久,很快就回来了,有些名人邀请我们,譬如勒特兰公爵邀请我们到他的贝尔福城堡去住上一周,看看他的牧场,我们也没去。回国后我们去了匹兹费尔德。一八五〇年夏天我们就住在那儿;秋天,也就是同年10月,我们全家都搬到了阿罗海德。"阿罗海德是麦尔维尔在匹兹费尔德的一个农庄的名字。这个农庄是他用他岳父即首席法官肖恩借给他的钱买下的,他和他妻子、孩子,还有他的几个妹妹,后来就住在那儿。至于他在那儿的生活,他妻子在她的日记中仍是那么干巴巴地写道:"他写《白鲸》不太顺利,今天他坐在书桌前,坐了四五个小时,一个字也没写。傍晚时他骑马出去遛遛——早上起得很早,先去散散步,再回来吃早饭——有时劈劈柴,也算是锻炼身体。现在是1853年春天,我们为他的健康担忧。"

麦尔维尔携家人搬到阿罗海德后,发现霍桑[①]就住在附近。对这位年长的作家[②],麦尔维尔怀有一种像女学生似的爱慕之情。这种感情很可能使这位深居简出、不苟言笑的长者坐立不安。麦尔维尔不仅写一封封热情洋溢的信给霍桑——譬如,信中说:"我深感有幸结识您,这使我生而心满意足,死而无怨无悔。""认识您,我深受教诲,胜过《圣经》百倍。"——还经常晚上骑马到莱奴克斯庄园去拜访霍桑,和他谈论"上帝、未来,以及其他深奥难解的问题",这很可能使霍桑心里厌烦而又不好说。他们交谈时,霍桑夫人就在一旁做针线。她在写给母亲的信中这样说到麦尔维尔:

> 我不能不说他是个很好的人……一个诚恳、热情的人,一个正直、聪明的人,一个有生活经历的人;他很坦诚,也很有礼貌,像个谦谦君子……他看事情很有眼力,而我很惊讶,他的眼睛并不大,也不深沉。他好像一切都能看透;我真不明白,凭他那双小小的眼睛,他是怎么做到的。他的眼光一点也不锐利,很平常。他鼻子笔挺,很英俊,嘴也富有表情。他长得很高,很挺直,很有点潇洒大度的男子汉样子。但他说话时却会眉飞色舞,又是摆手,

---

① 纳撒尼尔·霍桑,美国小说家,著有《红字》《福谷传奇》等。
② 霍桑比麦尔维尔大15岁,当时麦尔维尔31岁,霍桑已46岁。

又是点头,一副忘乎所以的样子。这好像不太优雅,但也不算过分。再说一分钟以后,他那副忘乎所以的样子就会变成一副沉思默想的样子,会从我不喜欢的那双小眼睛里流露一种执拗、忧郁的神情,同时又使你觉得他好像对什么事情都很有把握。他会懒洋洋地看你一眼,但很奇怪,他的目光又很有力;他其实并没有怎么注视你,但你会被他的目光吸引。

后来,霍桑夫妇离开了莱奴克斯庄园,他们的交往也就到此结束。在他们的交往中,麦尔维尔显然很热情、很真诚,而霍桑显然不怎么热情,或许还有点窘迫。麦尔维尔把他的《白鲸》题献给霍桑。霍桑读完这本书后写了封信给麦尔维尔,这封信已经遗失,但从麦尔维尔的回信中可以看出,他似乎早料到霍桑不会喜欢这本书。其实,公众也不喜欢,评论家也不喜欢。他继《白鲸》之后写的《皮埃尔》遭遇更惨,不但被鄙视,还受攻击。看来,他要靠写作挣钱是不行了,佳他除了妻子,还有两个儿子、两个女儿,大概还有三个妹妹,需要他供养。从他的信件中可以看出,他觉得耕种土地、经营农庄,就像他在匹兹费尔德为叔叔割草、在埃弥奥为种植园主挖土豆一样,是他不得已才做的事情。确实,他一点也不喜欢这样的体力活:"看我这双手——手掌上有四个水泡,全是前两天握锄头种地弄出来的。今天下雨,地里的事情全部暂停,真不错……"一个农夫有这么一双娇嫩的手,是不会有好收成的。

看来,是他的做首席法官的岳父在定期接济他们一家。老人厚道、明智,所以有人猜测,是他建议麦尔维尔另谋生路。他曾东找西托,想给麦尔维尔谋个领事职位,但没有成功;无奈,麦尔维尔只好继续靠写作挣钱。他生了病,又要岳父解囊相助。一八五六年,他再次出国,这次是去君士坦丁堡、巴勒斯坦、希腊和意大利;回国后,他总算靠讲学有了一点收入。一八六〇年,他作了一生中最后一次海上旅行。当时,他弟弟汤姆正经营一艘叫"流星号"的货船,从事和中国的贸易。麦尔维尔乘上这艘船,先到了旧金山。但不知是他对弟弟不满呢,还是弟弟对他不满,反正不知什么原因,他并没有像我们想象的那样历险精神不减当年,一鼓作气直奔远东,而是在旧金山上了岸,由陆路返回了。这之后,是他岳父去世,他们一家因此而过了好几年相当贫困拮据的生活。一八六三年,他们决定搬离阿罗海德。他们把阿罗海德卖给有钱的哥哥艾伦,并从他手里买下纽约的一幢房子;房款不够,还向银行借了一笔钱。就在纽约东26街104号这幢房子里,麦尔维尔度过了他的余生。

据雷蒙德·威弗说,此时的麦尔维尔只要能赚到一百美元稿费,就已经是大喜事了。一八六六年,他在海关谋到一个外勤稽查员的职位,家境才有所好转。然而,第二年,大儿子马尔科姆在房间里开枪打死了自己;是失手,还是自杀,后来一直没有搞清楚。二儿子斯坦威克又离家出走,一去杳无音讯。家里一片昏暗。此后二十年,麦尔维尔一直在海关做事,职位很低,薪水不高;后来他妻子继承了她哥哥塞缪尔的一笔遗产,他就辞职不干了。一八七八年,由他哥哥资助,他自费出版了两万多行的长诗《克莱尔》。去世前不久,他还写了,或者说改写了中篇小说《比利·巴德》。他于一八九一年七十二岁时去世,随即就被世人遗忘了。

二

以上这些关于麦尔维尔的生平事实,就是传记作者为我们提供的,但显然太简略了,遗漏了不少东西。他们说到马尔科姆的死和斯坦威克的出走,寥寥几句,好像这是两件无关紧要的事情。譬如,马尔科姆死于枪下时十八岁,麦尔维尔夫人肯定会和她的兄弟们有书信来往,谈到此事;可是却不见这些书信,我们只能假设被人藏起来了。此外,麦尔维尔的名声确实在一八六七年已大不如前,但他终究是有点名气的,而且还健在;所以不难料想,这件事一定会引起报界的注意,而且会对此事有所披露。他儿子究竟是怎么死的,难道没有人刨根究底?如果是自杀,原因何在?还有,斯坦威克为什么要出走?家里究竟发生了什么事,使他作出如此反应?而且,他出走后为何会杳无音讯?鉴于后来在麦尔维尔的葬礼上只见到麦尔维尔夫人和两个女儿,人们不免猜测,斯坦威克很可能早就死了。就我们所知,麦尔维尔夫人是个慈爱的母亲,但奇怪的是——还是就我们所知——儿子出走,她竟然没有做过任何努力,设法去找他,或者,至少设法和他取得联系。有资料表明,麦尔维尔晚年宠爱外孙和外孙女,但他对女儿是否也这样呢,那就难说了。刘易斯·曼福德写的《赫尔曼·麦尔维尔》一书应该说还是比较真实可信的;他在书中说,麦尔维尔在子女眼里简直可憎可卑,是个脾气暴躁、毫无耐心的父亲,还常常刻薄地数落他们。

只要一提起父亲,他的一个女儿就会痛苦地直摇头……家里连下一餐的面包都没有了,他却用仅有的十美元去买了一幅蹩脚的版画或一个粗糙的小雕像,都这种时候了,谁还要那种东西?

他有时似乎也想使他们开心,和他们说说笑话,只是他们并不领情;更为经常的倒是,你似乎会觉得,他会喝得酩酊大醉回到家,稍不称心就大发脾气,甚至动手打人。当然,关于后面这一点我必须马上声明,并没有具体证据来加以证明。但是,即便如此,即便没有具体证据来证明他是这样一种人,我们仍有充分理由认定,他是个自私、懒散、对家庭不太负责任的人。

一个写《泰比》和《奥穆》的人,变成了一个写《白鲸》和《皮埃尔》的人,而这时,他的年龄还刚刚三十出头。这样的变化,到底是什么原因造成的呢?且听我慢慢道来。我觉得,《奥穆》比《泰比》读起来更容易一点。在这本书里,麦尔维尔如实地描述了他在埃弥奥岛上的经历,事实是怎样的,他也就怎样写。《泰比》则不然,描述他在努库希瓦岛上的经历时,夹杂着虚构的内容。据查尔斯·安德森说,麦尔维尔在努库希瓦岛上其实只待了一个月,并非他谎称的四个月;再则他前往泰比人的山谷途中,也不像他描述的那样险象环生;还有泰比人吃人肉之类的说法,也是夸大的;至于他最后侥幸脱险的故事,更是纯属虚构:

……脱险的那一幕写得过于浪漫,令人难以置信,显然是草率写成的,旨在把自己写成英雄,而不顾及逻辑上的合理性。

不过,也不必过于责难麦尔维尔;我们知道,他曾许多次在许多人面前讲述过他的这次经历,而且我们也都知道,每讲一次,他总要想把事情讲得更动听一些,于是就免不了添油加醋。这样一来,等到他要用这次经历来写一部小说时,他就犹豫了,要是如实描述那些其实并不怎么惊险的事情,会不会对读者没有吸引力?于是,他就把《泰比》写得像个大杂烩,加入了许多他从历代游记作品中读来的东西,还加入了许多他自己想象的东西。对此,查尔斯·安德森先生也许过于细心了,他告诉我们,麦尔维尔有时会一字不改地直接抄袭某部游记作品中的某个段落,甚至连错误的地方也没有改正。我想,大概就是这个缘故吧,这本书读起来确实有点不太流畅。不过,无论是《泰比》,还是《奥穆》,总体上都是用当时流行的老式英语写成的,而且写得还算不错。只是,相比通俗词语,麦尔维尔更喜欢使用古雅的书面语;譬如,说到建筑物,他不说"房子",而喜欢说"屋宇";就是说到一间茅屋就在另一间茅屋旁边,他也不说它们"紧挨",而是说它们"毗邻";他不像多数人那样说"疲劳",而是说"倦怠";他不说"动了感情",而总是说"情有所动"。

尽管如此,这两本书的作者形象仍清晰可见;你不用多费力就能看出,他是个刚毅、勇敢的年轻人;热情、爽朗,虽不勤奋,也不懒惰;心情愉快、为人和善、乐于助人、无忧无虑。他和同龄的年轻人一样,看到美艳的波利尼西亚少女会神魂颠倒。倘若这样的少女自己找上门来,他更不会拒之门外,否则岂不成了不寻常的怪事?要说不寻常,他倒也有一点,那就是他不寻常地喜爱自然景色,而一般年轻人对自然景色是不在乎的,往往视而不见。他却对大海、天空、群山情有独钟,而且还会津津有味地将其描绘出来。此外,还有一点或许也和一般二十多岁的水手不同,那就是他喜欢思考,而且他自己也知道这一点。"我生来喜欢思考,"他后来写道,"在航海途中,我常常会半夜里走到甲板上,裹紧上衣,独自坐在那儿思考。"

然而,正是这样一个年轻人,竟然写出了像《皮埃尔》这样的书,竟然变成了一个极度的悲观论者。这如何解释呢?到底是什么原因,使这个平实开朗、写《泰比》的年轻人,变成了一个阴郁怪异、写《白鲸》的中年人?也许,在如今这个关注性意识的时代,我们可以找到某种和性有关的原因来解释这一奇怪的现象。

麦尔维尔写《泰比》和《奥穆》,是在和伊丽莎白·肖恩结婚之前。结婚后第一年,他写了《玛迪》。这本书一开始也是很平直地讲述他的海上经历,但到了后面,就变得稀奇古怪了,而且写得很长,我觉得很乏味。关于这本书的主题,我觉得雷蒙德·威弗做了很好的概括,他说:

> 《玛迪》所要表达的,就是对一种既神圣又神秘的性欢悦的追寻。这种性欢悦,是麦尔维尔在他向伊丽莎白·肖恩求爱期间所幻想的;是他因受恋母情结的压抑而又性欲冲动时所幻想的;是他和伊丽莎白·肖恩结婚后在床上所幻想的……《玛迪》追寻一种业已丧失的魔力,而来自欢乐岛的(乌鲁尼亚)少女叶娜,就代表了这一魔力。为了寻找叶那,他们(书中的人物)跨洋渡海,寻遍了整个文明世界;虽然他们对什么事情都会高谈阔论,甚至还会谈论国际政治,但就是找不到叶娜。

如果有人想猜测,就会称这个怪异的故事是麦尔维尔对婚姻表示失望的一个迹象。关于麦尔维尔夫人伊丽莎白·肖恩,现在只能靠仅存的一些书信来想象她是怎样一个人,而她却不是一个特别喜欢写信的人,所以在这些书信中,她并没有把自己完全表现出来。但不管怎么说,从这些信件中至少可以看出,她是爱丈夫的。她可能没多少见识,只是一个规规矩矩的女人,但她并不愚笨,也不粗俗。她对贫困从无怨言。显然,她对丈夫的变化感到困惑,对他不惜毁坏《泰比》和《奥穆》为他带来的声誉感到遗憾,但她始终信任丈夫,始终对丈夫抱有崇敬之情。她不是能言善辩的才女,而是温情贤惠的妻子。

那么,他爱她吗?他在求婚期间可能写过的信,一封也没有保留下来。他和她结了婚,但男人并不一定是为了爱才结婚的。也可能是他过够了漂泊不定的生活,想安定下来。这个怪人最初所做的怪事,就是他虽然自称"天生喜欢漂泊不定的生活",实际上他在年轻时第一次航海去利物浦和在南海生活了三年后,就没有什么历险欲望了。他以后的航海只不过是旅游而已。他之所以结婚,也可能是因为家里人和亲朋好友都认为他应该结婚了;也可能是因为他有某种不良嗜好①,想借结婚来把它改掉。谁说得清呢?刘易斯·曼福德说:

> 他和伊丽莎白在一起从不觉得幸福,而离开伊丽莎白,也不觉得幸福。

还说,他在航海途中思念妻子并非出于夫妻感情,而是想把"因长期分居而压抑的性欲"尽快发泄掉。这也没什么稀奇,这样的男人多得是:妻子在身边时不怎么样,离开了妻子就想念妻子;和妻子同房时不怎么样,想到要和妻子同房时却激动万分。我想,他婚后一次次去航海,可能是他忍受不了婚姻生活的束缚,也可能是他婚前对妻子的期望过高,婚后有点失望。但是,不管怎样,他始终和她维持着夫妻关系。她为他生育了四个孩子,而就我们所知,他至少对她是忠诚的,从未有过出轨行为。

我在本文不必评论《皮埃尔》,这是一本荒诞不经的书。当然,其中也有意味深长的地方。这本书是麦尔维尔在精神痛苦的情况下写的。他很亢奋,时而会写出富有激情的段落,但总体上说,这本书情节不合理,主题不成立,对话也写得一点不真实。这本书简直就像是一个十四岁的女学生写出来的,而且是一个精神不正常的女学生写的一部最胡思乱想的小说。确实,这本书给人这样一种印象:作者有精神病,至少是严重神经衰弱。不过,这样的书倒是精神分析学家的

---

① 某种不良嗜好:暗示麦尔维尔有同性恋倾向。

宝贝。我很乐意把它留给他们去分析。

同样，麦尔维尔从巴勒斯坦和意大利回国后，开过一个有关古罗马雕刻的讲座。他竟然专门选了一座题名为《阿波罗·贝尔弗蒂》的古罗马雕像加以评论。对此，我很想知道，精神分析学家又会怎么说呢？这座塑像制作得很呆板，毫无艺术灵感，唯一引人注目的是它雕了一个英俊少年。麦尔维尔很欣赏男性美——这个我在前面已经说到过，就是那个给他深刻印象的年轻小伙子托贝，他们两人还一起逃离了"阿库斯奈特号"捕鲸船。实际上，麦尔维尔在《泰比》中不止一次提到这个小伙子，说他体形如何匀称，等等。我们还应该记得，他十七岁时航海去利物浦，并在那儿结交了一个名叫哈里·伯尔顿的小伙子。后来他在《雷德伯恩》中这样描写这个小伙子：

> 他是那种身材娇小、体形匀称的人，卷曲的头发，细嫩的肌肤，好像是从蚕茧里长出来的。他的肤色白里透红，像女孩子似的，脚也是小小的。一双手小而白，一双眼睛大而黑，有女性之美。他朗诵诗歌，嗓音清脆，犹如竖琴。

有人对这两个小伙子为何要匆匆赶赴伦敦表示怀疑；这段情节读上去确实很别扭。有人甚至怀疑哈里·伯尔顿是否真有其人；如果没有，是麦尔维尔虚构出来仅为他的书添加一段插曲的话，那么像他这样一个男性气十足的人，竟然会虚构出这样一个疑似同性恋的角色，不是更奇怪了吗？

还有在"合众国号"军舰上，麦尔维尔的那个好友，杰克·蔡斯，是个英国水手。关于这个人，他在《白外套》中写道：

> 他高高的个头、健壮的体魄，眼睛大又亮，眉毛粗而长；栗褐色的胡须，浓而密。……他浑身上下有一种令人亲近的魅力。……谁不喜欢他，谁就应该承认自己是混蛋。

他还写道：

> 亲爱的杰克，无论您此刻在何处的海浪上颠簸，请接受我对您最真挚的爱；无论您是在天涯，还是在海角，都愿上帝保佑您。

这些话洋溢着麦尔维尔很少有的温柔之情！他对这个水手如此一往情深，以至于他后来专门为他写了一部中篇小说，即《比利·巴德》。这部小说在他去世前三个月才正式写完。小说中连篇累牍地描写男主人公的惊人之美。正是他的美，使得船上没有一个人不喜欢他，然而也正是他的美，间接地使他处处倒霉、结局凄惨。

我不厌其烦地谈论麦尔维尔的这种古怪倾向，是因为这有可能是导致他婚后生活不愉快的原因；也就是说，很可能是性生活不和谐，导致了他的性格大变。所有关注他的人，对他的这种性格变化都觉得困惑不解。我想，这可能是因为他在这方面从来就是个正人君子，从未有过出格行为；但是，天知道一个男人内心会有怎样的欲念。这欲念可能连他自己也没有意识到；就是意识到了，也会竭力克制。也许，他根本就没有什么欲念(只不过有点想入非非，有点自我陶醉)；也许，他确实有某种欲念，而且在竭力克制。若是后者，那么结果就可能是，他没有屈从于这种欲念，但却不可避免地改变了他的性格。

由于他性格上的奇怪变化，有人认为，从写《泰比》的麦尔维尔变成写《白鲸》的麦尔维尔，即表明他在这过程中神经错乱了。对此，麦尔维尔的崇拜者当然会竭力否认，好像这是很不光彩的。其实，神经错乱是一种病，和感冒发热一样，既没有什么光彩，也没有什么不光彩。麦尔维尔确实有这种病的迹象，但据我所知，好像并没有真正发作过。有人认为，麦尔维尔在从岚欣伯格移居纽约的这段时间里，乱七八糟地读了许多书，所以就像堂吉诃德读了许多骑士书而变得疯疯癫癫，他也因为读了像托马斯·布朗爵士[①]写得那种书而变得神经错乱了。这种说法当然幼稚可笑，不会有人相信。只有到哪一天，有研究者发现了新的材料，这个谜或许才能解开。至于现在，我们仍无法真正解释清楚：一个普普通通的小说家，为什么会莫明其妙地变成了一个非同寻常的天才作家。

三

麦尔维尔读书没有系统性，读得很多、很杂。显然，他特别欣赏十七世纪的诗人和作家；因而有人认为，他是从他们那里读到了某些和他的怪癖不谋而合的东西。不过，他们对他的影响究竟是有害，还是有利，纯属个人看法问题。他早

---

① 托马斯·布朗爵士，17世纪英国医生、哲学家，写有《医生的宗教》《瓮葬》等，文辞华丽、论调怪异。

年没受过多少教育,像他这类作家,大多如此。他后来也没有因为有种种经历而变得更有文化。因为文化不像外套,可以拿来直接穿上;文化更像是养料,要慢慢吸收,才能培养出你的品性,就像食物慢慢地使孩子的身体长大。文化也不是华丽的装饰品,更不是用来卖弄和炫耀的,而是一种难能可贵的、可以使灵魂得以充实的工具。

罗伯特·路易斯·斯蒂文森①坚持说,麦尔维尔没有耳朵②。我觉得正相反,他的耳朵很灵敏。虽然他的单词拼写有些古旧,语法有时也有点小毛病,但是他写出来的句子还是很有节奏感的,而且无论句子有多长,总能前后照应。他喜欢写格言式的短语,所用词语虽有浮华之嫌,但通常还不算太过做作,有时读起来还很典雅。因为有这种癖好,他时常会写出同义反复的词组;譬如,他会写出 umbrageous shade(幽深的阴影)这样的词组,其意思就是 shady shade(阴暗的阴影)。但不管怎样,这样的词组读起来还是很有韵味的。同样,我们还会读到像 hasty precipitancy(匆忙仓促)这样同义反复的词组,但只要想一想就会想起,弥尔顿③就曾这么写的。有时,麦尔维尔也会不同寻常地使用寻常词汇,并用这种方法产生新奇效果;譬如,他说 redundant hair(富余的毛发),你或许会想到少女嘴唇上的毛(多余的),而不至于想到小伙子的头发(那不会多余);但你查查词典,就会看到 redundant 一词第二种意思,是"丰茂的",而且弥尔顿(又是弥尔顿!)也写过 redundant hair(丰茂的毛发)。

此外,麦尔维尔还喜欢用古体词,那些只适用于诗歌的词。这个,我很难接受。他用 o'er 代替 over(在……之上),用 nigh 代替 near(附近),用 ere 代替 before(以前),还用 anon(立刻)和 eftsoons(不久),使文句散发出一种貌似芳香、其实是陈腐发霉的气味。用散文写作就应该使用平常的、实用的词语。不过,我认为他偏爱用第二人称单数④还是有点道理的。这种别扭的表达方式,据说现在已经被作家们弃之不用了。但我相信,麦尔维尔采用这种表达方式是有他的目的和想法的。可能是他认为这种表达方式会使他的书读起来比较亲切,像是在和读者对话,同时又使他的词句读起来有点像诗句。

不过,所有这些,都是鸡毛蒜皮;不管人们怎么说,反正麦尔维尔写的英语绝

---

① 罗伯特·路易斯·斯蒂文森,19 世纪英国"新浪漫主义"小说家、散文家,写有《金银岛》《新天方夜谭》等。
② 没有耳朵:意即不懂音律,通常指写诗没有韵律,或者写出来的句子没有节奏。
③ 弥尔顿,17 世纪英国大诗人,著有长诗《失乐园》《复乐园》等。
④ 第二人称单数:即"你"。

对不是寻常的英语,而是一种风格独特的英语。这种风格,在《白鲸》一书中表现得最为突出。在一般情况下,这种风格固然有过分讲究辞藻之嫌,但在最好情况下,它给人以端庄、典雅、雄辩之感。在我看来,现在还没有哪个作家能有这种风格;它确实会使人想起托马斯·布朗爵士华丽的文辞和庄重的弥尔顿时代。在我结束这一话题之前,我还必须请读者注意:麦尔维尔在他讲究辞藻华丽的文句中又掺入了水手的语言和航海用语;这样一来,整部《白鲸》就像一部独一无二的交响乐,庄重的旋律中间杂着通俗的小曲,既有现实主义的严肃主题,又有清新浪漫的海洋气息。

四

《白鲸》是麦尔维尔的唯一可以和世界上其他伟大小说相媲美的作品,而凡是读过我的文章的人,都不会期待我会从深奥的隐喻角度来谈论这部作品。有这种兴趣的读者可以到别处去寻找,我只能用一个并非毫无经验的作家的观点来对待这本书。不过,既然有一些很聪明的人也把《白鲸》看作是寓言,那么我理应在这里稍微介绍一下这方面的情况。他们认为,麦尔维尔自己说的话是具有反讽意味的:他曾写道,他很担心这部作品可能会被人误解成"可怕的寓言,或者更糟糕、更可憎、丑陋得无法接受的譬喻"。此外,他在写给霍桑夫人①的一封信中又曾说到,他在写本书时"隐约感到整本书可能会被人当作寓言"。但是,就凭这些便说这本书是寓言,证据还嫌不足。如果有人确实作出了这样的解释,那也是纯属偶然。难道这不可能吗?因为就如他自己对霍桑夫人所说的,他对这样的解释不会感到丝毫惊讶。我不知道批评家是怎样写小说的,但对小说家怎样写小说还略知一二。小说家一般不是从确立某个主题开始构思小说的,不是先有了某个主题如"诚实是无上宝贵的"或者"发光的并不都是金子",然后说,我要用这个题目写一篇故事。不是的,而是先由一些人物——通常是他熟悉的人——激发了他的想象力;有时就在这同时,有时则要晚一些,他便开始构想小说中应有的事件。这些事件可能来自他自己的经历,可能是听说的,也可能是凭空杜撰的。只有当人物和事件在他的头脑里融合起来后,主题才逐渐产生。麦尔维尔没有胡思乱想,因为当他想入非非时,他便惨遭失败,如《玛迪》一书就是

---

① 霍桑夫人,19世纪美国小说家纳撒尼尔·霍桑的妻子。麦尔维尔是霍桑一家的好友。

明证。他有丰富的想象力,但想象力越丰富就越需要以事实作为想象的基础。一旦他对自己的想象力不加控制,他就写出荒诞不经的东西,如《比埃尔》一书就是这样。他生性喜欢思辨,这是事实;而且随着年龄增长,他越来越倾向于思考哲学上的形而上学问题。雷蒙德·威弗把哲学上的形而上学问题说成是"痛苦和思维的混合物",这种说法似乎过于偏狭;因为除了痛苦和思维,我们还应该注意到形而上学所涉及的,其实是那些对于人类灵魂来说是至关重要的问题,如价值观、上帝、永生和生命的意义等。然而,麦尔维尔并不是思辨地而是感情地去面对这些问题的:他如何感觉就如何做,如何做就如何想;但是这并不妨碍他的许多想法具有深刻的喻义。"心灵自有其理由,只是我们的理智不能理解罢了。"我想,要写出真正的寓言来是需要有超然物外的态度的,而麦尔维尔并没有超然于物外。

在象征意义上解释《白鲸》,埃勒瑞·塞奇威克①的观点最趋极端。他甚至断言,《白鲸》一书之所以名垂青史,原因就在于它具有象征意义。根据他的看法,亚哈②是有感情、有思想、有意志、有信仰的"人"的象征,他面对着无穷神秘的宇宙;他的对手,即那头白鲸莫比·狄克,就是宇宙神秘性的象征,它虽然不是宇宙神秘性的创造者,但它就代表着宇宙的那种似有法则、又似无法则的混沌状态。至于宇宙本身,则如先知们所相信的那样,是由上帝创造的。但我觉得,他的这种说法很难使我信服。还有一种比较合理一点的解释,是由刘易斯·曼福德③在他写的《赫尔曼·麦尔维尔》一书中提出的。要是我没有理解错的话,他是把莫比·狄克当作邪恶的化身看待的,亚哈和莫比·狄克之间的冲突被看作是善与恶的冲突,而最终是恶战胜了善;这倒很符合麦尔维尔的悲观主义倾向。然而,寓言却是这样一种怪物,你既可以抓住它头上的毛,也可以抓住它的尾巴。所以,我如果反过来说,也同样说得通。

为什么莫比·狄克就一定是邪恶的化身?曼福德教授说它是"抽象的邪恶",根据是它在遭到攻击时会自我防卫:"这头畜生太恶毒,一遭攻击就会自卫。"但是,我们应该记得,麦尔维尔在《泰比》一书里就曾歌颂过未受文明世界的邪恶腐蚀的野蛮人。他认为处于自然状态的人才是真正的好人。这样的话,莫比·狄克为什么就不能代表善而非要代表恶呢?它是那样漂亮、那样庞大、那样

---

① 埃勒瑞·塞奇威克,20世纪初美国学者、评论家。
② 亚哈,《白鲸》中的主人公,一艘捕鲸船的船长。
③ 刘易斯·曼福德,20世纪初美国学者、麦尔维尔研究专家。

有力,那样自由地在大海中遨游;而亚哈呢,他是那样傲慢、那样残忍、那样粗暴、那样冷酷,那样心胸狭窄地念念不忘报复,他才是邪恶的化身。所以,到了最后一刻,他和他那伙"由逃兵、无赖和暴徒组成的乌合之众"遭到了灭顶之灾;正义得到了伸张,而此时,沉着冷静的莫比·狄克又神秘地消失了。善和恶都得到了报应。也许,你还可以按同样的思路作出另一种解释。你可以把凶狠的亚哈看作撒旦①,把莫比·狄克看作上帝。最后,上帝战胜作为万恶之源的撒旦,尽管自己受了重伤,但保住了人类,让他们漂浮在"软和、挽歌似的大海"上。于是,人类不再妄求,也不再惧怕,因为上帝给了他们不可战胜的灵魂。

  幸运的是,大多数人读《白鲸》只是因为它有趣,而不是想从中找到什么深刻的寓意。我已经强调得够多了,读小说不是为了接受教诲,而是为了获得精神上的享受。如果你发现读小说没什么乐趣,那就干脆不要读。不过,我得承认,麦尔维尔好像有意不让读者获得乐趣。他曾在一封信中说:"我想按我的意愿写下去,那样可能很不讨好,有人会觉得没趣,但要我用另一种方法来写,我又办不到。"他本来就脾气倔强,加上公众对他的冷淡、批评家对他的攻击和朋友们对他的误解,他更是横下一条心,只写他自己想写的东西了。在最近再版的《白鲸》一书的序言中,蒙哥马利·贝尔津②小心翼翼地解释说,麦尔维尔之所以不厌其烦地叙述鲸鱼的历史和鲸鱼的骨骼大小等琐事,原因可能是他想使书中的捕鲸的故事显得更为真实可信。我不同意这种看法。如果麦尔维尔真想这样做,他完全可以利用自己在太平洋上的三年生活中所亲身经历的事情,或者听人讲述的有关捕鲸的故事,来达到这一目的。我认为,事情很简单,麦尔维尔之所以写这几章,就是因为他忍不住要把自己感兴趣的东西告诉读者。这些东西,除了写到莫比·狄克为什么会浑身发白的那部分我觉得有点荒唐,其余部分我是读得津津有味的。尽管如此,我仍不得不承认,所有这些东西都是和小说主题毫不相干的。除此之外,还有一点也可能使读者感到失望,那就是麦尔维尔详细介绍了某个人物之后,往往会把他搁置一边;你对这个人物已产生极大兴趣,很想进一步了解他,而作者好像根本就没把你放在心上。显然,麦尔维尔缺少法国人所说的那种"连续性"。有人说他的小说结构独具匠心,我觉得他们是在瞎吹捧。他根本就没有什么"匠心",他只是按自己的方式写了《白鲸》。对于他的这种方式,你

---

① 撒旦,《圣经》中魔鬼的名字。
② 蒙哥马利·贝尔津,20世纪初美国学者、评论家。

要么接受,要么拒绝。他就是这样一个小说家,而且还不是第一个,他会对你说:"不错,我要是照你说的那样去写,或许能写出一本更好的书来;我相信你说得非常正确,但是现在这样写却是我喜欢的,是我想做的;要是别人不喜欢,我就没办法了,再说我也不在乎别人喜欢不喜欢。"

  有的批评家指责麦尔维尔缺乏创造力,我倒认为他创造得太多,有时甚至有点不合情理。当然,只要有经验作为基础,他写出来的东西还是很有说服力的;不过,这一点大多数小说家都能做到。当有经验基础时,他的想象力便发挥得既无拘无束又生动有力。我要说的就是这些。还有一点好像用不着我多说,那就是麦尔维尔对景物的描写总是很精彩的。他的文笔有点呆板,但很奇怪,读来却很有感染力。《白鲸》前几章以新贝尔福德为背景,写得既逼真、同时又具有迷人的浪漫色彩,而且还很巧妙地为后面的情节展开埋下了伏笔。当然,全书最引人注目的是亚哈船长那高大、可怕而又感人的形象。我想不出有什么小说形象能和他相比。你必须到古希腊悲剧家那里去寻找那种末日感,因为他的每件事都让你惶惶不可终日;你必须到莎士比亚那里,才能找到这样使人心惊胆战的人物。人们虽然对麦尔维尔持有种种保留的态度,但他创造了亚哈,因而使《白鲸》成了一本伟大的、非常伟大的书。

刘文荣 译

14
《卡拉马佐夫兄弟》

简介:

【俄文名】Братъя Карамазовы
【作　　者】[俄]费奥多尔·陀思妥耶夫斯基（Фёдор Миха́йлович Достое́вский, 1821—1881）
【年　　代】19世纪。
【体　　裁】长篇小说。
【主　　题】人心如此之恶，上帝是否存在？
【人　　物】主要有：德米特里、伊凡、阿辽沙、斯麦尔佳科夫。
【情　　节】主要是：老卡拉马佐夫年轻时自私贪婪，到晚年，成了外省县城里的一个富裕地主和高利贷者。他有四个儿子：老大德米特里是个退伍军官，他把未婚妻卡捷琳娜置于一边，疯狂爱上了妓女格鲁申卡，并常带她到父亲那里去。老卡拉马佐夫见格鲁申卡长得漂亮，似有非分之想。为此，德米特里和父亲发生争执，甚至扬言要杀掉这"老畜生"。老二伊凡，是个受过大学教育的无神论者和虚无主义者，既不相信上帝，也不相信正义，常宣称：人人可以为所欲为，只要有可能。当老大德米特里和父亲发生争执时，他去调解，结果是把老大的未婚妻卡捷琳娜搞到了手。老三阿辽沙是个见习修道士，一心想摆脱"世俗仇恨"，追求"爱的理想"，他竭力开导老大德米特里，不要和父亲争执，但没什么效果。除了这三个儿子，老卡拉马佐夫还有一个私生子斯麦尔佳科夫。因为是私生子，他在家里处境卑屈，对老卡拉马佐夫心怀怨恨，但他很崇拜伊凡，特别相信伊凡宣称的那种做人原则，即：只要有可能，人人可以为所欲为，上帝、正义，都是无所谓的。后来发生的事情是这样的：一天晚上回家，德米特里发现格鲁申卡不在家里，心想她大概到父亲那里去了，便悄悄翻墙进了父亲的住所，但他并没有发现格鲁申卡在那里的迹象，于是想翻墙离开。没想到，却被仆人格里戈里看见。情急之下，他顺手拿起一根铁棍打昏了格里戈里，匆匆离去。他以为自己杀了人，而当他在一个酒馆里和格鲁申卡告别，准备出逃时，警察找到他，并逮捕了他。审讯时，检察官指控他杀了他父亲老卡拉马佐夫。他懵了。老二伊凡起初也相信是老大杀了父亲，但他后来有点怀疑斯麦尔佳科夫，便去询问他。斯麦尔佳科夫起先否认，但在伊凡一再追问下，他承认是他杀了父亲。原来，他一直有杀父之心，但没有机会，后来听老大德米特里扬言要杀了"那老畜生"，便想找机会杀了父亲，再嫁祸于老大德米特里。那天老大德米特里打昏仆人格里戈里时，正好被他听到。他出去一看，见格里戈里没死，只是昏了过去，便拿了一个铁镇纸，砸死了正在睡觉的父亲，还偷了3 000卢布。但他承认此事后又说，他是听伊凡所说的做人原则后才这么做的，所以应该由伊凡对这件事负责。伊凡听了大为恼火，便到法庭去告发了他。但没等警察来抓他，斯麦尔佳科夫已自杀身亡。所以，尽管伊凡后来为老大德米特里作证，称真正的凶手是斯麦尔佳科夫，但斯麦尔佳科夫已死，又没有其他证据，法庭还是判了德米特里20年徒刑。就这样，一家人分崩离析：老二伊凡从此一蹶不振，老三阿辽沙离家出走，不知所终。

陀思妥耶夫斯基与《卡拉马佐夫兄弟》①

[英] W.S.毛姆

一

费奥多尔·陀思妥耶夫斯基出生于一八二一年,父亲是贵族,当时在莫斯科圣·玛丽医院当外科医生。这位小说家似乎一向把自己的贵族身份看得非常重要。他曾为自己在服刑期间被剥夺贵族身份而深感苦恼,一获释便竭力要求几个颇有影响的朋友为他恢复身份。俄国贵族制度和其他欧洲国家不同,贵族头衔可以通过不同的途径取得,譬如在政府部门谋到适当的职位或者比农民和商人更加富有,都可能成为贵族,甚至你自己也可以自封为贵族。陀思妥耶夫斯基的家庭其实属于一般的白领阶层。他父亲是个严厉的人,为了使七个孩子受到良好教育,他把自己的一切享受、甚至闲暇都放弃了。他从孩子们年幼时就开始教育他们如何适应艰苦和不幸,如何承担生活的职责和义务。孩子们一起挤在医院里的两三间医生宿舍里,父亲从来不许他们单独外出,也不给他们零花钱。他们没有任何朋友。父亲除了去医院外,还靠私人开业增加收入,后来便在距莫斯科几百英里的地方买下了一座小小的庄园。从那时起,母亲就带孩子们去那儿度夏,孩子们才尝到自由的滋味。

---

① 本文选自毛姆散文集《十大长篇及其作者》,题目系原书所有。本文要点:(1) 陀思妥耶夫斯基性格孤僻,他早年的创作并不成功;(2) 他后来因加入一个秘密小组而被捕,判处死刑后又改为苦役。就在服苦役期间,他发生了变化:他依然很孤僻,但却增加了反省与自责,并由自身的"罪过"想到"人人之罪""世界之罪",所以他出狱后的创作几乎都以人世间的"苦难"与"罪孽"为基调;(3) 此外,陀思妥耶夫斯基还是个赌徒,沉溺于赌博,因而常常弄得连衣食也无着落,这又迫使他拼命写作以赚取稿费,所以他的作品特别多;(4) 总的说来,陀思妥耶夫斯基是个双重性格的人,他自私、好色、嗜赌,但他又真心诚意地忏悔、自责,因而他的作品也大多具有双重性,对善与恶都理解得非常透彻;(5)《卡拉马佐夫兄弟》是陀思妥耶夫斯基的杰作,"是激情、欲望、淫荡和邪恶的集中表现,是作家本人痛苦而扭曲的病态心理的自然流露。他们既不真实,也不生动,但是一个个都带着生命的节奏在不断地狂舞";当然,这部作品也有种种缺点,但都纯属技巧问题,而这部作品的伟大,在于它所表现的重大主题。

费奥多尔十六岁时,他们的母亲就去世了。父亲把两个年纪较大的儿子,即米哈依尔和费奥多尔,送到彼得堡军事工程学校就读。哥哥米哈依尔因身体太虚弱被校方拒绝,费奥多尔就只能和他心爱的哥哥分手。他感到孤独和忧郁,父亲不愿、也没法给他钱,所以他连一些必需品如书籍和靴子等也买不起,甚至都没钱交付学校规定的费用。他父亲安置了两个年长的儿子后,又把另外三个孩子寄放到莫斯科的姨妈处,然后关闭了私人诊所,带着两个年幼的女儿住到乡下的庄园里去了。他开始酗酒,对孩子们严厉万分,对家里的农奴更是异常凶残。终于有一天,几个农奴把他杀了。

那是一八三九年。费奥多尔虽然对工作缺乏热情,但还算得心应手。那时他已经从学校毕业,并在工程局绘图处找到了一份工作。由于得到了父亲的部分家产,再加上自己的薪水,他一年有五千卢布的收入。他租下一套房间,沉迷于打台球、赌博,往往把口袋里的钱挥霍一空。到了年底,他觉得绘图处的工作像削马铃薯一样单调乏味,就辞职不干了。这时他已经债台高筑。此后,直到他去世为止,他一直负债累累。他是个挥金如土的人,而且积习难改。无度的挥霍常使他陷入绝境,但他从不知道自我克制,性情反复无常。有个对他颇有研究的传记作家后来说,就连他自己都认为,他对金钱的需求已到了无以复加的程度。他只要一觉得自己有了钱,就会不惜一切地去满足自己的虚荣心。后面我们就会看到,他的这种积习将使他一次又一次地陷入难以自拔的困境。

陀思妥耶夫斯基在学校读书期间就开始写一个中篇小说,后来当他决定成为一名作家时,刚好把小说写完,那就是《穷人》。他在文学界只认识一位叫格里戈罗维奇①的人,还认识一位叫涅克拉索夫②的人。后者曾要他写一篇评论,他却把自己的小说交给了他。那天,陀思妥耶夫斯基很晚回家,因为他整个晚上都在和几个朋友一起朗读小说,讨论小说创作,直到凌晨四点才步行回到住处。他毫无睡意,就坐在敞开的窗前凝望夜色。突然,一阵门铃声把他惊起。"是格里戈罗维奇和涅克拉索夫!他们兴奋地冲进屋子,眼睛里满是泪水,还一次又一次地拥抱我。"原来,他们就在那天晚上读了他的小说,还轮流大声朗读,读完后已是深夜,但他们还是决定立刻去找他。"要是他在睡觉也没关系,"他们说,"我们一定要叫醒他,这事比睡觉要重要多。"第二天,涅克拉索夫就把小说手稿送到了

---

① 格里戈罗维奇,19世纪俄国小说家。
② 涅克拉索夫,19世纪俄国诗人,曾任《现代人》杂志主编。

当时最著名的批评家别林斯基那里。别林斯基读完那篇小说,也像那两个人一样兴奋不已。小说发表了,陀思妥耶夫斯基一举成名。

他对自己的成功感到颇为得意。有个叫巴纳耶娃①的夫人后来这样描述她对他的印象,当时他应邀到她公寓去做客:

> 一眼就能看出,新来的客人是个特别羞怯和敏感的年轻人。他长得很瘦小,一头金发,脸色有点病态,小小的灰眼珠不安地从这里转到那里,苍白的嘴唇不停地抽搐。在场的每个客人他几乎都认识,但他却怯生生地不跟任何人交谈。有几个常客甚至想把他赶出去,想以此来提醒他:既然来了,就应该和大家说说话。从那天晚上起,他便常来拜访我们。他的羞怯心理也开始减少;后来,他甚至……热衷于那种完全自相矛盾的辩论,因为在辩论时他可以放纵自己,满口胡言乱语。事实上,即使当他失去自制力、甚至忘乎所以地标榜自己的作家身份、傲慢而自负地自我炫耀时,他仍然带着年轻人的羞怯。换句话说,由于他是从一个灯光耀眼的入口突然登上文学舞台的,加上许多世界一流文学家的大声喝彩,他觉得恍恍惚惚、头昏目眩了。就像一个最为敏感的人,他在那些二流的年轻作家面前无法掩饰自己的得意感……他用夸夸其谈的、过分自豪的口气,在同行面前显示自己不可估量的才能。……特别是,陀思妥耶夫斯基还怀疑所有的人都想蔑视他的天才。他倾听别人的每一句话,每当他认为别人正在狡猾地想贬低他,甚至别人用的某一个词被他认为是在侮辱他时,他便会怒不可遏地马上挑起一场争吵,向他想象中的那个想侮辱他的人发泄自己心头的全部怒火。就这样,他成了我家的常客。

他既不是一个平常的客人,也不是一个人人尊敬的贵客。他正踌躇满志,签了合同准备写一部长篇小说和几个中篇小说。他任意挥霍预支的稿费,过起放荡的生活来。朋友们的劝告他不但不听,还和他们争吵不休,甚至对给过他极大帮助的别林斯基也不例外。他不相信人们是"真心诚意赞美他",他只能自己说服自己,认为自己是天才,是俄国最伟大的作家。与此同时,他的债务越来越重,

---

① 巴纳耶娃,19世纪俄国贵族夫人,文学爱好者和庇护者,当时有诸多俄国作家聚会于她的客厅,晚年著《巴纳耶娃回忆录》一书,是研究俄国文学的重要资料。

不得不快速写作。他长期以来一直被一种神经性疾病缠绕着,每当发作时,总是担心自己会变疯或者患上肺病。在这种情况下,他写的短篇小说均是失败之作,长篇小说也让人难以卒读。那些曾经对他大为赞赏的人,都开始转而攻击他,并一致认为他的创作生涯已经完结。

二

果然,他的创作生涯突然中止了,原因是他加入了一个年轻人的秘密小组。这批年轻人由于受当时西欧社会主义思想的影响,试图进行社会改革,尤其是想改革俄国的农奴制和书报检查制度。他们每星期聚会一次,讨论种种社会问题,但除了讨论,他们根本就没有采取过任何反对当局的行动。尽管如此,他们还是被警察发现了。就在某一天,他们全部被捕,不久又被判处死刑。正当士兵举枪准备执行死刑时,信使送来了把死刑改为流放西伯利亚的命令。陀思妥耶夫斯基被判在鄂木斯克监狱服苦役,为期四年。刑满后,又勒令他去服兵役。

当初他被押往彼得堡要塞执行枪决的那天,他曾给哥哥米哈依尔写过这样一封信:

> 今天是十二月二十二日,我们全体被押往谢米洛夫斯基广场,准备执行死刑。十字架送来让我们亲吻,匕首在我们头上折断,丧服(白衬衫)也已准备停当,随即命令我们中间的三个站到木栅前去处死。我是这一排的第六个,我们被分成三个组,所以我就在第二组,没几分钟可活了。我想念你,哥哥,想念你的一切!在这最后时刻,唯有你占据在我的心中。我头一次意识到,我是多么爱你,我最亲爱的哥哥!我还有拥抱帕来斯契耶夫和杜洛夫的时间,他们就站在我的身边,在向我道别。最后,传来了另一个命令,那几个准备到木栅跟前去的人又被带了回来。向我们宣读了文件,说是皇上准许我们活命,又一一宣读了最后判决。只有巴姆一人被完全赦免,他被带到与他的判决相同的那一排人中间去了。

陀思妥耶夫斯基后来在他的一部成功之作[①]里描写了自己在服刑期间的可

[①] 即《死屋手记》。

怕生活。根据他的描述,我们注意到,他作为新囚徒,不用两个小时就和那些老囚犯相处得就像家里人一样亲密无间了。他说,如果和贵族老爷们在一起,情况就大不一样,不管他如何谦卑、如何忍耐,或者如何聪明,他们始终会鄙视他、痛恨他,永远不会理解他、信任他,更不会把他看作朋友或者同伴。不过,虽然他在服刑的几年间不再成为众矢之的,却仍然觉得很痛苦,总有一种无法摆脱的孤独感,一种陌生人的感觉。他曾有过短暂的荣耀,现在却连一个像样的绅士都不是了。他的生活就像他的出身一样卑微,既穷困又潦倒。他早先的朋友、现在的难友杜洛夫深受同伴们的爱戴,这使他更觉得孤独和痛苦。之所以会这样,至少部分原因在于他性格上有弱点,因为他向来就很自负、多疑而且急躁。他在众多同伴中仍觉得孤独,而正是出于孤独,他开始自我反省。他写道:

  这种精神上的游离,使我有机会回顾过去的生活,剖析自己每一个细小的动机,严肃地、无情地审判自己。

  那时他唯一可读的书是《新约圣经》,所以他读了一遍又一遍,其中的每字每句都对他产生了深刻影响。就是从那时起,他开始宣扬基督教义,他自己(在其性格所能承受的程度上)也开始变得既谦卑又虔诚,甚至对自己身上的普通的人性需求也加以压制。他写道:

  不管遇到什么事,你要始终保持谦卑,要想到你过去的生活,想到你将来的生活,想到你自己的灵魂深处是多么的卑鄙、低劣和邪恶。

  监狱生活治愈了他的自负和傲慢,他出狱时已不再是一个革命者,而成了一个教权和法律的维护者,同时也成了一个癫痫病人。

  苦役期满后,他被送往西伯利亚的另一小镇继续服刑,在那里的驻防部队里服兵役。那里的生活极其艰苦,但是在他看来,这种艰苦生活是对他自身罪孽的应有惩罚。他已得出结论,认定自己曾谋求的社会改革是一大罪孽。他在写给哥哥的信里说:

  我不抱怨,这是我自己的十字架,我应该背着它。

一八五六年,他靠一个老同学为他说情,离开原先的部队,生活稍稍有了改善。他开始交友,还陷入了恋爱,女的叫玛丽亚·德米特里耶芙娜·伊沙耶娃,是一个政治流放犯的妻子和一个已有孩子的母亲。她的丈夫后来死于酗酒和肺病。据说,她是个美貌的金发女人,中等个儿,身材苗条,既高雅又多情。此外,人们对她就几乎一无所知了,只知道她和陀思妥耶夫斯基有着类似的性格:多疑、嫉妒、自怜。他成了她的情人。但不久,她就随丈夫一起迁到四百英里以外的另一个边境驿站去了。她丈夫不久便死在那里。陀思妥耶夫斯基得知她丈夫的死讯后,便立即写信给她,向她求婚。但是,那寡妇却犹豫不决。这一方面是因为他们两人都一贫如洗,另一方面是因为她这时正倾心于一个"心灵高尚、富有同情心"的牧师——他叫瓦格诺夫,她已成了他的情妇。依然热恋着她的陀思妥耶夫斯基尽管为此而嫉妒得发狂,但是他却怀着一种自我贬抑的强烈冲动,也可能是怀着小说家那种把自己当作小说人物看待的幻想,作出了一个非同寻常的反应。他郑重宣布,瓦格诺夫是他情同手足的亲密朋友,他要恳求另一个朋友资助瓦格诺夫,使他能和玛丽亚·伊沙耶娃结婚。

不管怎么说,他想扮演的就是一个为挚友的幸福而敢于牺牲自己,即便自己痛苦得心碎也在所不惜的角色,因为相形之下那寡妇就显得更加自私自利了。瓦格诺夫虽然"心灵高尚、富有同情心",却身无分文。由于陀思妥耶夫斯基当时已升为军官,加上他这种宽宏大量的表现,他竟然成功地使玛丽亚决定嫁给他,而不是瓦格诺夫。他们于一八五七年结婚。他们没有钱,陀思妥耶夫斯基便到处借钱,直到他再也借不到一文钱为止。他想重新开始文学创作,但他是个流放的囚犯,必须得到特别许可才能发表作品,而这并非易事。更何况,婚后生活也很不如意。陀思妥耶夫斯基将此归咎于妻子的多疑、抑郁和想入非非,而忘了他自己也是急躁、易怒和神经质的。他开始写一些小说片断,写完就搁到一边,又开始写别的。最后,他只发表了一点点很不重要的东西。

一八五九年,由于他不断上诉再加上朋友相助,他终于获准回到了圣彼得堡。关于这件事,欧内斯特·西蒙[①]在他《论陀思妥耶夫斯基》一书中曾公正地指出,陀思妥耶夫斯基为了恢复自由,所用的手段是很卑劣的:

  他写了几首"爱国诗歌":一首庆贺亚历山德鲁皇后生日;一首颂扬新

---

① 欧内斯特·西蒙,20世纪初英国学者、陀思妥耶夫斯基研究专家。

沙皇亚历山大二世加冕;还有一首哀悼老沙皇尼古拉一世去世。他还写信给一些有权势的人,甚至直接写信给新沙皇,请求赦免。在这些信中,他信誓旦旦地表达了自己对年轻君王的深切爱戴,将其喻为"永放光芒的太阳";他还发誓说,不管这位君王有何旨意,他都准备为他献身。对他自己的那些"罪行",他说他随时都准备认罪,还特别强调自己的痛悔之意,说他现在正在为过去的所作所为感到痛苦万分,等等。

他和妻子以及妻子与前夫所生的儿子一起住在京城圣彼得堡,和哥哥米哈依尔一起办了一份刊名为《当代》的文学杂志。他在《当代》上发表了《死屋手记》和《被侮辱与被损害的》,两部小说均获成功。此后两年里,他在经济上逐渐宽裕起来。一八六二年,他把杂志留给哥哥主办,自己则去西欧旅游。西欧给他的印象并不好,他觉得巴黎是"最令人厌烦的城市",那里的人心胸狭窄,爱钱如命;伦敦穷人的惨状和富人虚伪的体面使他感到震惊;他去了意大利,但对意大利艺术毫无兴趣,在佛罗伦萨的一周时间里只是埋头读维克多·雨果①的四卷本长篇小说《悲惨世界》,所以罗马和威尼斯他都没去,就返回俄国了。这期间,他的妻子染上了慢性肺结核。

在去国外旅游前的几个月,当时正好四十岁时的陀思妥耶夫斯基认识了一个在他的杂志上发表过一篇短篇小说的年轻女子。这个年轻女子叫波琳娜·沙斯洛娃,二十岁,还是处女,长得相当漂亮,但她却剪短了头发,还戴着一副黑眼镜,大概是为了让人觉得她有学问吧。陀思妥耶夫斯基从国外回到彼得堡后,他们就成了情人。后来,由于投稿人的一篇文章惹了麻烦,《当代》杂志不得不停刊,陀思妥耶夫斯基便决定再次出国。出国的理由是治疗癫痫病,这病确实时而发作,但治病却只是借口,真正的目的是他想到威斯巴登去赌博,因为他认为这是个赚钱的好办法。此外,他也已经和波琳娜·沙斯洛娃约好在巴黎会面。他从杂志的作者基金中借了一笔钱,就离开了俄国。

他在威斯巴登②赌得离不开赌台,唯一可使他离开赌台的,是他对波琳娜·沙斯洛娃的炙热的情欲。他们本计划好一起去罗马的,不料这个行为轻佻的年轻女子在巴黎等他时,却和一个西班牙医科大学生发生了风流逸事,而当那个大

---

① 维克多·雨果,19世纪法国诗人、剧作家、小说家、政论家。
② 威斯巴登,德国中西部城市。

学生弃她而去后,她又觉得心烦意乱。一个风流成性的女人是不大会有稳定情绪的,她突然提出要和陀思妥耶夫斯基分手。对此,陀思妥耶夫斯基毫无办法,就提出"以兄妹身份"两人同往意大利。她觉得无事可干,也就同意了他的建议。可是,他们却因为缺钱而无法成行,那时他们已经在靠典当衣服度日了。度过"受尽折磨"的几个星期后,他们终于分道扬镳。陀思妥耶夫斯基回到俄国,这时他的妻子已病入膏肓。六个月后,她死了。他在给朋友的一封信中这样写道:

> 我的妻子,那深爱我的人,也是我无比爱恋的人,在莫斯科我们只住了一年的寓所里与世长辞了。整个冬天我一直守在她床边,从未离开过她……我的朋友,她对我的爱是无限的,我对她的爱也难以用言语表达,然而我们的结合却并不幸福。以后等我和你见面时,我会把一切都告诉你的。只是现在,让我抛开这些,抛开我和她之间种种不愉快的事情。我和她从来就没有失去过相互间的爱恋,我们彼此一向爱得很深,直到我们遭此不幸。我的话你听了也许会觉得奇怪,她是我见过的最善良、最高尚的女人。……

陀思妥耶夫斯基的这种爱的表白多少是有点夸大的。那年冬天,他曾两次去圣彼得堡,为的是联系有关杂志的事务,因为他和哥哥一起又创办了一份杂志。从这份杂志的情况看,它比《当代》更带偏见,所以注定是要失败的。他哥哥米哈依尔患病不久便去世了,留下两万五千卢布的债务等着陀思妥耶夫斯基去还。此外,他还要赡养哥哥的遗孀和一群孩子,还有哥哥的情妇和私生子也要靠他接济。他虽然从一个有钱的姨妈那里借到了一万卢布,但到一八六五年,他只能宣布破产。此时,他手里拿着一张一万五千卢布的债据,还有五千卢布的口头债务。他的债主都不是好对付的。为了躲债,他又从杂志的作者基金中借了一笔钱,加上一部长篇小说的预支稿费(他在合同上已定下了交稿日期),便打算再到威斯巴登的赌台上去碰碰运气,同时也可以和波琳娜·沙斯洛娃见见面。他向她求婚,但她对他的爱恋早已变成了憎恨。人们曾一度猜测她会嫁他的,因为他是个名作家,又是杂志编辑,这些都是她看得上眼的。然而,现在杂志已不复存在,他的外貌也让人难以恭维,头发全秃了,还患有癫痫病,至于他强烈的性欲,更使她觉得难以忍受,甚至厌恶之极。要知道,对于女人来说,最不堪忍受的就是没有肉体吸引力的男人对她提出性要求。于是,她逃离他,回巴黎去了。他在赌台上输光了所有的钱,甚至把自己的表也典当了。他没有钱买足够的面包,就只好一个人静坐在房间里,以此抑止食欲。这时,他开始写另一本书。他后来说,那本书是在饥饿的鞭笞下和时间的催促中赶写出来的,当时他身无分文,又常常病倒在床,几乎陷于绝境。那本书就是《罪与罚》。

他走投无路,不得不到处求助,甚至只好跑到和他争吵过的、他心底里极其厌恶的特杰涅夫那里去求助,向他借了钱才回到俄国。他仍埋头写《罪与罚》。这时他猛然想起,自己曾立过合同,已定下一本书的交稿日期。根据那份极不公平的合同,要是他到期交不出稿,出版商就有权不付一文钱稿费出版他往后九年间的全部作品。为了赶写书稿,他听从几个乐观的朋友向他提出的建议,雇用了一个速记员。他和那个速记员一起,只用了二十六天时间就写出了一部名为《赌徒》的长篇小说。那速记员是个二十岁的年轻女子,长得一般,但非常能干,又有耐心和献身精神,所以深得他的赞赏。一八六七年初,他们结了婚。他的亲戚们担心他婚后会减少对他们的接济,所以对这桩婚事大为不满,对他年轻的妻子百般挑剔。为此,同时也为了躲债,她劝他离开俄国。

这次他们在国外足足住了四年。从一开始起,安娜·格利高里耶芙娜(这是他妻子的名字)就觉得要和这位著名作家一起生活颇不容易。他的癫痫病越发越严重,平时脾气暴躁,遇事态度草率,却又非常自负。他还和旧情人波琳娜·沙斯洛娃恢复了书信往来。对此,可怜的安娜虽然很难坦然处之,但她却是个品格极不平凡的年轻女子,竟然把所有的苦果都咽了下去。他们一起前往巴登,在那里他又陷入狂赌而不可自拔。他又输光了一切,又和过去一样写信给每一个可以求助的人,向他们借钱。然而,只要钱一寄到,便又立刻消失在赌台上。他们典当了所有值钱的物品,还不断搬家,搬进租费更便宜的公寓,有时甚至连吃饭的钱也没有。安娜·格利高里耶芙娜怀孕了。下面是陀思妥耶夫斯基在一封信里写的一段话(当时他刚赢了四千法郎):

  安娜·格利高里耶芙娜恳求我满足于这四千法郎,并求我立即离开此地。可是还有补救一切的机会,这机会来得容易,可能性很大。难道不是吗?一个人除了他自己赢钱,又每天看到别人赢了两万或者三万法郎(他是不会看到那些输家的)。谁是圣人?钱对于我来说比什么都重要,而我下的注不仅仅是我输掉的钱,我也输掉了我最后的一点理智,我简直激怒到了顶点。我输了,我当掉了自己的衣服,安娜·格利高里耶芙娜也当掉了她所有的东西,甚至她的最后一件小首饰(她是怎样的一个天使啊!)。她给予了我多大的安慰啊！在这可诅咒的巴登，我们不得不栖息在铁匠铺上面的两间陋室里。她是多么疲倦啊！最后，什么都输光了。哦，那些德国佬真是卑鄙！他们毫无例外全是放高利贷的，全是些无赖和恶棍。房东知道我们没钱，无处可去，就提高房租。我们只好逃离巴登了。

他们的第一个孩子出生在日内瓦，陀思妥耶夫斯基为此欣喜若狂。但是他还在赌。他输了钱又后悔莫及，后悔自己简直不可救药，把妻子和孩子急需用的钱也全给赌光了。然而，只要口袋里还有几个法郎，他便忍不住要往赌场跑。他们的孩子出生后三个月便不幸夭折，他悲痛欲绝。安娜·格利高里耶芙娜再次怀孕，但陀思妥耶夫斯基却觉得，自己再也不可能像爱第一个孩子那样去爱另一个孩子了。

《罪与罚》出版后大获成功。陀思妥耶夫斯基又开始写另一部小说——《白痴》。出版商在一个月里给他寄了两百卢布，但仍然未能帮他摆脱困境。他不断要求预支稿费。《白痴》出版后不尽如人意，他便开始写一部中篇小说——《永久的丈夫》。后来又开始写一部长篇小说（就是在英国被译为 The Devils [《群魔》]的那部长篇小说）。

据我所知，这时他们已花完所有的贷款。陀思妥耶夫斯基带着妻子和孩子从一个住所搬到另一个住所，他开始思念故乡了。他从未停止过对西欧的厌恶，巴黎的文化和荣耀、舒适的生活、德国的音乐、巍峨的阿尔卑斯山、明媚的瑞士湖、优雅的多斯加尼，还有佛罗伦萨的艺术珍品，这一切他都觉得讨厌。西欧的资产阶级文明在他看来是颓废的、腐败的，而他自己却不知不觉地陷了进去。他在米兰时这样写道：

> 我在这里越来越变得迟钝而褊狭。我和俄国中断了联系。我缺少俄国的空气和俄国的人民。

他觉得自己若不回俄国，将永远无法完成《群魔》的写作。安娜也渴望回国，就是没有回国的旅费，出版商已经把可以预支的稿费全预支给他们了。出于无奈，陀思妥耶夫斯基只得再向出版商求援。由于《群魔》的前两章已在杂志上发表，出版商担心连载中断，就只好答应陀思妥耶夫斯基，为他寄来了回国的旅费。这样，陀思妥耶夫斯基夫妇总算回到了圣彼得堡。

那是一八七一年,陀思妥耶夫斯基已经五十岁,再过十年他便去世了。他成了一名热忱的斯拉夫派成员,一心希望俄国能拯救世界。《群魔》出版后获得了成功,这是由于陀思妥耶夫斯基在小说中大肆攻击了当时的激进派,他的斯拉夫派朋友们为他大声喝彩。他们觉得在政治斗争中可以利用陀思妥耶夫斯基来反对激进派的改革主张,于是便以优厚报酬委任他主编一份叫《公民》的杂志。他只编了一年就辞职了,原因是他和上司在某个问题上有意见分歧。虽然他和他的上司一样都反对改革,但在某些具体问题上他仍不能接受上司的看法。这时,具有实干能力的安娜开始参与丈夫的出版事务,她自己筹资出版陀思妥耶夫斯基的作品,竟赚了不少钱。因此,陀思妥耶夫斯基到了晚年,经济上相对比较宽裕,而他最后几年的生活也过得比较简朴。他以《作家日记》为题写了一系列随笔,由于这些随笔引起了很大的反响,他便扮演起了很少有作家愿意扮演的导师和先知角色。与此同时,他又写了长篇小说《少年》和他的最后一部长篇《卡拉马佐夫兄弟》。一八八一年,在他去世之际,他突然声名鹊起,许多同时代的大作家都对他深表敬意,他的葬礼被认为是"圣彼得堡人将永远为此感到痛苦的一个最不寻常的事件"。

三

以上我大致叙述了陀思妥耶夫斯基一生中的主要事件,而且尽量不加评论。但是,你仍会得到这样的印象:他是个具有异常古怪性格的人。自负是艺术家的职业病,无论作家、画家、音乐家,还是演员,都是有点自负的;但是,陀思妥耶夫斯基的自负却是空前的。他好像从不愿意认真谈论自己或者他人的作品,这也许是因为他太自负,也可能是因为他缺乏自信,就像人们现在所说的"有自卑感"。他生前那么公开地蔑视他的同时代作家,可能也是出自这一原因。一个很自信的人,当然是不会像陀思妥耶夫斯基那样把自己的狱中经历化为忍耐与服从的,但是如果我们认为陀思妥耶夫斯基既接受当局对他的"合理"定罪,同时又竭力想自我辩解,那也并非不合逻辑。我在前面已经说过,他在试图赢得人们对他的注意和尊敬时,却把自己贬低到了何等程度!他完全没有自控能力,原因也许就在于他一直受着癫痫病的折磨,因为此病一发他就完全没法控制自己。只要他一激动,不管是理智还是礼仪,都会被他置之度外。所以,他会不顾妻子病重,到巴黎去和波琳娜·沙斯洛娃会面;而当这个行为轻佻的年轻女子抛弃他时,他还会执意想和她结婚。至于他的狂赌,那更加明显地显示出了他的性格弱点。狂赌使他越来越陷入贫困。在日内瓦时,他为了给自己和妻子糊口,甚至不惜向人开口借五法郎或者十法郎。

你可能还记得,他为了履行合同而赶写《赌徒》。这部小说虽算不上成功之作,但女主人公波琳娜·阿历山德罗芙娜却很值得注意,她显然是以波琳娜·沙斯洛娃为原型的。这部小说属于他的早期素描,表现的是一种爱恨交织的典型形象。这一形象在他的后期作品中得到了更为详尽的描写。小说中另一个使人感兴趣的地方是,陀思妥耶夫斯基很敏感地写到了他自己内心深处的一种激情,同时也写到了赌徒因受这种激情驱使而遭遇到的种种不幸。你一旦读完此书,也就了解了这样一个人,他尽管感到羞耻,但还是做出了那些使他蒙受不幸的事情:他去追求他不可能得到的女人;他擅自从杂志的作者基金里借钱,不是为了写作,而是为了赌钱;他不断伸手向朋友要钱,尽管他们对此已厌烦透了,但他仍死乞白赖,因为他抵挡不住任何诱惑。他又是个爱出风头的人。实际上,所有的人物,无论是比较重要的或者比较不重要的,无论是想干这事或者想干那事,他们都喜欢标新立异。陀思妥耶夫斯基生动地描绘出,怀有卑劣欲望的人也会时来运转的。人们围拢过来,望着这个幸运的赌徒,仿佛他是个卓越人物。他们惊叹、赞美,他成了众人注目的中心。他赢了;他为自己的成功所陶醉。他觉得自己是命运的主人,因为他相信他的直觉是绝对正确的:他能够把握住自己的运气。他发出赌徒的喊叫:

> 我只要一显示出我的直觉能力,便能在一小时内改变自己的命运。最伟大的莫过于直觉能力。请记住七个月前我在轮盘赌台上最后一次输钱时的情形。啊,那是一个多么不寻常的有力证明啊!我输光了一切,一切……我走到赌场外,发现外衣口袋里还有一个盾①。"我得吃点饭。"我想。可是走了不到一百步,我改变了主意,决定返回。我把那个盾当作最后的赌注……那时,确实有一种奇特的感觉:我独自一人在异国他乡,远离祖国,远离朋友,连有没有饭吃也不知道——我押上了那个盾,仅有的一个盾。我赢了。二十分钟后我从赌场走了出来,衣袋里装着一百七十个盾。这是事实。这就是最后一个盾有时能起的作用。要是我那时灰心丧气,那会怎样?

---

① 盾,荷兰货币名。

要是我不敢孤注一掷，又会怎样？

陀思妥耶夫斯基的传记是由他生前的老朋友斯特拉霍夫①撰写的。在撰写期间，他曾给托尔斯泰写过一封信，谈到他对陀思妥耶夫斯基的感受。这封信我作了些删节，翻译如下：

> 我一边写，一边得不断地克制自己的厌恶、甚至憎恶情绪……我怎么也不能把陀思妥耶夫斯基看作一个善良的或者愉快的人。他是个行为放纵而且充满嫉妒心的坏人。他整个一生都像一头猛兽似的乱冲乱撞，既可笑又可悲。他很聪明，也很邪恶。在瑞士，他曾当着我的面以恶劣透顶的态度对待仆人，最后那仆人实在受不了，大声对他说："可我也是个人呀！"我现在还记得，当时我听了这句话是多么震惊不已！它表明当时在自由瑞士到处有人权思想。我于是写信给一个经常宣扬人性论的朋友，谈了这一情况。对陀思妥耶夫斯基来说，这种情况经常发生，他就是无法控制自己的脾气……最糟糕的是他还从不忏悔自己的卑劣行为，反而以此自嘘。维斯卡费托夫（一位教授）告诉过我，陀思妥耶夫斯基有一次带着吹嘘口吻说，他曾在澡堂里强奸过一个小女孩，那小女孩是一个保姆带到澡堂来的……但他说这些话时，又表现出一种愚昧的感伤情调，似乎想以此强调他那种夸夸其谈的人道主义梦想。正是这些梦想，是他作品中的基调和主要倾向，也是使人们喜爱这些作品的原因。总而言之，他的所有小说都在竭力为它们的作者开脱，它们表明，即便是最可怖的邪恶也可能和最高尚的感情同时存在……

确实，他的感伤情调是愚昧的，他的人道主义是夸夸其谈的。他和"民众"有所交往，但那样的"民众"却是和进步的知识阶层相对立的。他期望俄国有所改变，同时对"民众"的苦难寄予同情。他猛烈攻击激进派，尽管后者一直试图和他改善关系。对于穷人的惨状，他提出的补救办法是"把他们的苦难理想化，并将此理解为生活的一种方式。他建议他们用宗教的象征性安慰来取代实际的改革"。

至于那件强奸小女孩的事，当然使陀思妥耶夫斯基的崇拜者大为尴尬，所以

---

① 尼·尼·斯特拉霍夫，19世纪俄国作家、评论家。

他们一直表示怀疑。斯特拉霍夫在信中提到的显然只是道听途说。为了证明这是谣言,他们说那是陀思妥耶夫斯基有一次和一个老朋友谈到自己的悔悟之心,那老朋友建议他到自己最憎恨的人面前去自我忏悔,于是他就向特杰涅夫说了那件事。但是,他所说的一切很可能都是虚构的。诚然,他在作品中使用过许多罪恶主题,还有《群魔》中隐隐约约的描写,这些都是颇难处理的。但不管怎么说,人们却无法证明,他所承认的这些丑恶行为都是生活中的事实。我觉得,这很可能和癫痫症引起的幻觉有关,由于这种幻觉非常强烈,他心里往往充满了罪恶感。也可能,他和许多小说家一样,喜欢杜撰一些事情来说明自己有可怕的欲念,但事实上并非如此。

陀思妥耶夫斯基自负、多疑、急躁、自私、轻率,他过分谦卑而不可信赖、心胸狭窄却喜欢自我吹嘘。但是,这并不是他性格的全部。他在服刑期间,当有必要时,他会承认自己犯有谋杀罪而且还有偷窃的企图;他知道,对待难友要有勇气,要慷慨大度、慈悲为怀。他还知道,人不是单一的或好或坏,每个人都是高尚与平凡、善良与邪恶的混合物。他是个最不固执的人,富有同情心。当乞丐或者朋友向他伸手要钱时,他从来不会拒绝。即使在他穷极潦倒之时,他仍想方设法积攒一些钱,以便接济他守寡的嫂嫂和哥哥的旧情人,接济他前妻留下的那个酗酒的儿子(他和他其实已毫无关系),接济他的弟弟安德鲁。他们在生活上依赖他,他则是在感情上依赖他们。当他们有求于他而他一时又无法为他们效劳时,他从不抱怨,只是感到抱歉。他深爱他的妻子安娜,始终对她抱着倾慕和敬重的态度,认为她在各方面都胜过他自己。在国外的四年间,他一直很担忧,生怕妻子会对他失去耐心,不愿再和他一起生活。他有爱人之心,也渴望得到他人之爱。他一直不敢相信,他自己有那么多缺点,竟然还会有人如此忠贞不渝地爱恋他。在他一生中的最后几年,安娜又给了他安宁、欢愉的生活。

他就是这样一个人。这个人和作家的崇高地位似乎是矛盾的,但我敢说,世上再没有比陀思妥耶夫斯基更伟大的作家了。虽然在所有具有创造性的艺术家身上都有这样的矛盾,相比之下这种矛盾在作家身上显得最为突出。由于作家的表现手段是语言文字,在他们所说的和他们所做的之间不仅容易产生矛盾,而且这种矛盾还显得特别可怕。譬如,雪莱①的情况就是这样,他在诗歌中表达了崇高的理想主义,表达了他对自由的酷爱和对一切丑恶现象的憎恨,然而在生活

---

① 雪莱,19世纪英国浪漫主义诗人。

中,他的行为却是那么自我中心,对他人是那么冷漠无情,连他自己也为此感到痛苦。我毫不怀疑有许多作曲家和画家也和雪莱一样自我中心,一样冷漠无情,但当我为他们的乐曲和绘画所倾倒的同时,却不会因为他们的卑劣行为和他们的美妙作品有矛盾而感到不快。我会把这种矛盾看作是天才的独特情况,因为一般说来自我中心虽是每个人在幼儿时期都有的品性,但只有天才到了青春期之后才会保持这种品性,也就是人们所说的"病态"。正因为有这种"病态",他们才比普通人更具旺盛的精力,就像用不加水的肥料种出的瓜比普通的瓜更甜,因为那些有毒的成分反而会使瓜的茎叶长得更为茂盛。

四

巴尔扎克与狄更斯塑造了许许多多人物。这些人物为千差万别的人所着迷,人们的想象力被这些人物所具有的各种各样独特的个性所点燃。不管这些人物是好还是坏,是愚笨还是聪明,他们代表了他们自身,所以是拿来所用的极好素材。我猜想陀思妥耶夫斯基只对他自己,以及密切影响自己的人感兴趣。有些人对于美丽的事物,只是拥有了才会关心,他从某种意义上就很像这类人。他满足于用有限的几个人物就行,这些人物在一部部的小说中接连出现。《卡拉马佐夫兄弟》中的阿辽沙,跟《白痴》中的梅思金公爵其实就是同一个人,只是没有癫痫病而已;而《群魔》中的斯塔夫罗金,不过是对《罪与罚》中斯维德里盖洛夫的进一步刻画。该书的主人公拉斯柯尼科夫,是《卡拉马佐夫兄弟》中伊万的翻版,只是没那么强硬。所有这些人物,都散发着陀思妥耶夫斯基本人痛苦、扭曲、病态的气息。他笔下的女性人物甚至更没什么变化。《赌徒》中的波琳娜·亚历山德罗芙娜、《群魔》中的丽莎贝塔、《白痴》中的娜塔莎、《卡拉马佐夫兄弟》中的卡特里娜和格鲁申卡,都是同一类女人;她们都是直接以波琳娜·沙斯洛娃为原型塑造出来的。这个女人带给他的痛苦、施加给他的屈辱,都是刺激他满足自己受虐心理的需要。他很清楚她恨自己,也确定她爱自己,因此以她为原型的女性人物都很想控制和折磨她们所爱的男人,可同时又顺从对方、在对方的手里遭受折磨。她们歇斯底里、满怀仇恨、心肠恶毒,因为波琳娜就是这样的。破裂数年之后,陀思妥耶夫斯基在圣彼得堡与她重逢,仍旧再次向她求婚。她拒绝了。他怎么也无法让自己相信:她确实不喜欢自己,于是冒出这样的想法来抚平自己受伤的自尊心,那就是一个女人往往对自己的处女之身极为看重,以至于对一个未曾娶她便让自己失身的男人只能充满仇恨。"你无法原谅我,"他对波琳娜说,"因为你曾经把自己给了我,而你现在是在报复。"

陀思妥耶夫斯基对此深信不疑,而且不止一次地在其作品中采用这一想法。在《卡拉马佐夫兄弟》中,格鲁申卡在故事展开之前就被一个波兰人给诱奸了,虽然接下来被一个富商所包养,但她仍然觉得,只有嫁给诱奸自己的那个人才能获得救赎。还有在《白痴》当中,娜塔莎不肯原谅托罗茨基,因为托罗茨基诱奸了她。在这里,我觉得陀思妥耶夫斯基的心理非常困惑。处女之身的特殊价值完全是男性构造出来的,部分是出于迷信,部分是源于男性的虚荣心,当然还包括不愿抚养别人孩子的想法。我得说,女性之所以对之如此重视,主要还是因为男性在乎它,同时也因为害怕由此而带来的后果。我觉得我的观点没什么不对,一个男人为了满足自身的需要(这就和饿了要吃饭一样自然),会在对性爱对象没有什么特别感情的情况下就与之发生性关系,而对于一个女人来说,如果不是出自本性、源于爱情(至少是感情),那么性交则是一件烦人的事情,她是当成一项义务来接受的,或者是出自给对方带去快感的愿望。我深深地相信,当一个处女"把自己奉献给"一个她不感兴趣甚至是讨厌的男人,肯定是一段厌恶、痛苦的经历。但要说它会长年积郁在胸口,改变她的性格,在我看来却是难以置信的。

陀思妥耶夫斯基很清楚自己身上的双重性,并将其赋予到自己笔下所有固执的人物身上。他所塑造的温和型人物(例如梅思金公爵和阿辽沙),尽管亲切可爱,可都没什么本事,实在让人奇怪。不过"双重性"这个词本身就暗含着对人性的简单化处理,与事实并不相符。人无完人。人类的主要动机是自身利益,对此否认实在荒唐;但否认他能够高尚无私也同样荒唐。我们都知道,在危急时刻,人类可以挺身而出到何等高度,而后展现出一种高尚的品格(包括他自己和他人都不曾知晓,他身上具有这种品格)。斯宾诺莎[①]曾告诉我们:"万事万物,就其自身而言,都极力坚持其特有的存在。"可是,我们也都知道,为朋友而献出自己生命的人也并不少见。人类的身上既有善也有恶,既有好也有坏,既有自私也有无私,既有瞻前顾后也有无所畏惧,有着令他们摇摆不定的各种性情和脾气。人的构成因素彼此矛盾,而这些因素居然能在一个人身上同时存在,彼此让步,形成一个看似和谐的整体,实在令人称奇。陀思妥耶夫斯基塑造的人物身上却没有这

---

① 斯宾诺莎,17世纪荷兰哲学家。

种复杂性。他们身上既有支配他人的欲望,也有受人摆布的欲望,既有缺乏温情的爱,也有满是恶毒的恨。他们十分怪异,没有人类的正常属性。他们只有激情,既没有自控也没有自尊。他们的罪恶本能,并没有因为所受的教育、人生经历或者使人免于丢脸的尊严感而有所减少。这也就是为什么照常理来看,他们的举止似乎极不可信,他们的动机好像极不合理的原因。

我们这些身处西欧的人常常惊讶地发现,他们的举动无法解释,并且认可(如果真的算认可的话)这是合乎俄国人的举动。俄国人真的是这样的吗?在陀思妥耶夫斯基所处的时代,俄国人是这样的吗?屠格涅夫①和托尔斯泰都是他同时代的人。屠格涅夫塑造的人物就很像普通人。我们都认识酷似托尔斯泰笔下尼古拉斯·罗斯托夫②那样的年轻英国人,都是快乐无忧、生活奢侈、无所畏惧、感情丰富的好人;我们也认识一些像他妹妹娜塔莎③那样美丽迷人、天真善良的姑娘;在我们这里要找到像彼埃尔·别素号夫④一样头脑愚笨、为人慷慨、心地善良的胖家伙也并非什么难事。陀思妥耶夫斯基宣称,他笔下这些古怪的人物比现实中的还要真实。我不清楚他说这话是什么意思。一只蚂蚁和一位大主教一样真实。如果他的意思是说,他们身上的道德品质使得他们超出泛泛之辈的话,他就错了。如果说艺术、音乐、文学中有什么东西可以纠正反常的性格、减轻内心的忧伤、把灵魂从人性的枷锁中部分解放出来的话,他们对此也是一无所知的。他们举止恶劣,乐于彼此粗暴相待,仅仅是为了伤害和羞辱对方。在《白痴》中,瓦尔瓦拉朝哥哥脸上吐唾沫,因为他要向一个自己并不赞成的女人求婚,而在《卡拉马佐夫兄弟》中,当霍赫洛娃夫人拒绝借给德米特里大笔钱财的时候(她根本没有理由要借钱给他),他也是怒气冲冲地向着接待自己的房间地板上啐唾沫。他们属于暴躁型的。拉斯柯尼科夫、斯塔罗夫金、伊凡·卡拉马佐夫⑤,他们和艾米莉·勃朗特笔下的希斯克利夫⑥、麦尔维尔笔下的亚哈船长⑦属于同一类人。他们都随着生活而骚动不安。

---

① 屠格涅夫,19世纪俄国小说家。
② 尼古拉斯·罗斯托夫,托尔斯泰《战争与和平》中的人物。
③ 娜塔莎·罗斯托娃,托尔斯泰《战争与和平》中的女主人公。
④ 彼埃尔·别素号夫,托尔斯泰《战争与和平》中的男主人公。
⑤ 拉斯柯尼科夫、斯塔罗夫金、伊凡·卡拉马佐夫,分别是陀思妥耶夫斯基《罪与罚》《群魔》《卡拉马佐夫兄弟》中的主人公。
⑥ 艾米莉·勃朗特,19世纪英国女作家,"勃朗特三姐妹"之一,《呼啸山庄》为其唯一作品,希斯克利夫是其主人公。
⑦ 麦尔维尔,19世纪美国小说家,代表作《白鲸》,亚哈船长是其主人公。

五

就陀思妥耶夫斯基而言，他的自负、急躁和浮夸性格其实远甚于传记作者的描述。他就是这样一个人，而就是这个人，创造了像阿廖沙这样一个也许是所有小说中最有魅力、最优雅、最善良的人物。也就是这个人，创造了像佐西玛神父这样具有神性的形象。按小说设计，阿廖沙理应是《卡拉马佐夫兄弟》的主人公，他平淡无奇地出现在小说的第一句话里：

> 阿辽河·费奥多罗维奇·卡拉马佐夫是费奥多尔·巴夫罗维奇·卡拉马佐夫的第三个儿子。费奥多尔是当时我们这一带远近闻名的地主，由于他在十三年前死于非命，我们至今还记得他。关于这事，我将在适当地方再作叙述。

陀思妥耶夫斯基是个技巧熟练的小说家，他在小说的一开头，似乎在无意中就对阿廖沙这个人物作了明确交代。但是，当我们捧读这本书时却发现，较之于他的两个哥哥德米特里和伊凡，阿辽沙扮演的倒像是个次要角色，他时而出现，时而消失，似乎对其他人物没有多大影响。他的主要活动是和一群男学生在一起，而这群学生除了衬托阿辽沙可敬可爱的仁慈性格，对小说主题的发展不起任何作用。

需要说明的是，《卡拉马佐夫兄弟》（据说加涅特的英译本有838页）是陀思妥耶夫斯基仅有的一部由一些断片组成的长篇小说。他本打算在小说的后几卷里着重写阿辽沙这个人物，计划让他犯下一系列骇人听闻的罪行，后来经过种种波折，最终得到拯救。然而，死亡使陀思妥耶夫斯基未能如愿。《卡拉马佐夫兄弟》虽是一些断片，却是一部前所未有的旷世之作，雄居于为数不多的小说杰作之巅，即便像《呼啸山庄》和《白鲸》这样的伟大作品也无法与之比肩。

这是一部内容极其丰富的书，我在这里只是简略地谈到它，其实是不公平的。陀思妥耶夫斯基为这本书构思了很长时间，经受了无数痛苦，这是他整个小说创作生涯中写得最痛苦的一部小说，这种痛苦远远超过因生活穷困而带来种种愁苦。他在这本书里倾注了自己全部的苦闷和疑惑，急切地寻求人类被上帝抛弃的原因，同时一心想找回生活的真谛。但是，我得奉劝读者，不要期待他会给你找到答案,因为一个作家没有这样的权利,也没有这样的义务。《卡拉马佐夫兄弟》也不是一部写实的作品。陀思妥耶夫斯基既没有高超的观察才能,也没有逼真地再现事物的天赋。这部小说中的人物行为是不能用日常生活中的一般尺度来衡量的。他们的行为疯狂得难以置信;他们的动机疯狂得不合逻辑。你所看见的这些人物和简·奥斯汀或者福楼拜笔下的那些人物截然不同,他们不是现实生活的写照,不是作家取自生活并加以精心雕琢的典型人物,而是激情、欲望、淫荡和邪恶的集中表现,是作家本人痛苦而扭曲的病态心理的自然流露。他们既不真实,也不生动,但是一个个都带着生命的节奏在不断地狂舞。

《卡拉马佐夫兄弟》不足之处是过分冗长,这是陀思妥耶夫斯基小说的通病,也是他难以克服的缺点。在翻译这部小说时,译者往往会把握不住它那种漫无头绪的文体。陀思妥耶夫斯基是个伟大的小说家,却是个糟糕的文体家。他也没有什么幽默感,那个制造滑稽场面的霍拉科夫夫人写得令人生厌。三个年轻女性,即丽丝、卡德琳娜·伊万诺娃和格鲁申卡,几乎毫无个性,三个人同样歇斯底里,同样心怀叵测。她们既想支配和折磨各自所爱的男人,却又一味地屈从于对方,甘愿在他们手下受罪。她们的行为简直令人费解。我在前面简述陀思妥耶夫斯基生平时,没有提及另外两个多少和他有点暧昧关系的女人,这两个女人虽然在他生活中是无足轻重的,但在这部小说中,她们却为他提供了素材。陀思妥耶夫斯基生性好色,性欲强烈;但我并不认为他很了解女人。在他眼里,女人似乎很简单地只有两种:一种是温顺的、富于自我牺牲精神的,但往往受到恐吓、虐待和欺骗;另一种是骄傲的、专横的,她们既多情又残忍,往往心怀恶意。很可能,波琳娜·沙斯洛娃在他心目中就属于后一种女人。然而,她越是轻视他甚至折磨他,他却越是爱恋她,因为他喜欢这样的刺激,喜欢以此来满足自己的受虐心理。

至于小说中的男性人物,倒是经过有力刻画的。老卡拉马佐夫是个头脑糊涂的小丑,他的出场写得很出色;他的私生子斯麦尔加科夫是魔鬼的杰作,邪恶的化身;至于阿辽沙,我在前面已经费过一点笔墨了。老恶棍还有两个儿子。德米特里确实属于那种人,可以很明智地把他描写得就像他最最恶毒的敌人一样恶毒。他是个粗俗的、酗酒的、喜欢吹牛的恶棍,不顾一切地肆意挥霍,特别是他一点也不明白自己的钱是怎么得来的,只是愚蠢地胡乱花钱。他那种狂饮暴食的思想像穷学生一样无聊,而他和格鲁申卡的寻欢作乐简直幼稚可笑。他关于荣誉的那些胡言乱语也令人作呕。从某种意义上说,他是小说的主人公,但我觉得这个人物写得并不好。因为他太不值得关注。就像大多数小说里的男主人公一样,他被写成是一个对女人很有吸引力的男人,但是陀思妥耶夫斯基并没有写出他到底有怎样的吸引力。在他所做的许多事情中,只有一件事使我觉得有点意思,那就是他偷钱给他倾心爱慕的格鲁申卡,让格鲁申卡去和别的男人结婚。因为这使我回想起,陀思妥耶夫斯基自己就曾想为他热恋着的玛丽亚·伊沙耶娃去借钱,好让她和她的情人即那个"心灵高尚,富有同情心"的牧师结婚。陀思妥耶夫斯基还把他那种利己主义者的冷酷心理和色情受虐狂的狂热情绪也赋予了德米特里。我不知道,色情受虐狂是不是他用来维护其自身的一种最好的特殊方式?

我大概有点吹毛求疵了,你或许会问,为什么我提出了那么多异议,却还要宣称《卡拉马佐夫兄弟》是世界上最伟大的小说。是的,它是最伟大的小说,首先它非常引人入胜。陀思妥耶夫斯基不仅是杰出的小说家,同时还具有独到的戏剧才能。这两种才能同时出现在一个人身上是很罕见的,而陀思妥耶夫斯基恰恰是这样一个天才,他善于以戏剧表演的方式讲述小说中的故事。尤其是当他想触动读者内心深处最敏锐的感情时,这样的才能就显得特别难能可贵。他先把小说中的主要人物聚合到一起,让他们讨论一些简直令人不可思议的问题,然后又设法让你逐渐理解这些问题,最后又用加博利奥式的技巧向你揭示其神秘性。小说中的那些对话虽然冗长,却常常会使你觉得毛骨悚然;因为他善用各种技巧来渲染出一种恐怖的感觉,譬如让某个人物一边说话一边莫名其妙地浑身发抖(他说的话其实并不需要他如此紧张,但他却激动脸色发青或者发白,还直打哆嗦),使读者情不自禁地集中起注意力,从而注意到原先可能注意不到的东西。这之后,这个人物很可能会真的被某种越规行为所激怒,他的神经质也就一触即发。这时如果真的发生什么事而他又不能躲避的话,他便准备接受真正的打击。

然而,这些都纯属技巧问题。《卡拉马佐夫兄弟》的伟大更在于它表现的是重大主题。有不少批评家认为它的主题是寻求上帝;但以我之见,与其说是寻求上帝,不如说是讨论人的原罪问题。提到这个问题,我必须引出卡拉马佐夫的第二个儿子伊凡。也许,伊凡并不是这本书里最令人同情的人物,但他最令人感兴趣。我们甚至可以把他看作是陀思妥耶夫斯基的代言人,他所表达的观点也就是陀思妥耶夫斯基本人的基本信念。在"赞成和反对的论点"以及"俄国修道士"等章节里,陀思妥耶夫斯基自己也说到,他的这部小说以及小说讨论到的主题是登峰造极的。这个观点在"赞成和反对的论点"的两个段落里表达得尤为明确,因为就在那里,伊凡提出了原罪问题。他认为,无论是对于人类的才智来说,还是对于上帝的仁慈来说,原罪都是使人难以接受的。譬如,孩子何罪之有,他们却也要蒙受种种苦难。成年人受苦受难,似乎还有理由说是因为他们犯有种种罪孽;但无辜的孩子不管从理智上还是从感情上说,都是不应该受苦受难的。对于人类是否由上帝创造、还是上帝由人类创造这样的问题,伊凡不感兴趣,他虽然相信上帝的存在,却拒不相信世上的种种苦难是上帝制造的。他坚持认为,无辜者没有理由要为有罪者的罪孽而和他们一起蒙受苦难,如果无辜者也要蒙受苦难,那么,即便不说上帝不公正,也只能说上帝是不存在的。关于这类问题,我不想在这里多说了,你可以自己去读一下"赞成和反对的论点"那一章。我只想说,陀思妥耶夫斯基过去从未表述过这么强有力的观点,所以写完这一章后,他自己也觉得有点害怕。他提出的论点是难以辩驳的,然而他最后得出的结论却是自相矛盾的。为了顺从苦难来自上帝的原罪说,他只好把世上所有的邪恶和苦难都看作是美的和善的。

> 要是你热爱世上一切有生命的东西,那么你的爱将证明,受苦受难是每个真正的基督教徒应尽的道德义务。

这就是陀思妥耶夫斯基要人们相信的人生真谛。在写完"赞成和反对的论点"后,他随即又写了一篇反驳文章,但没有人比他自己更清楚地意识到,他的反驳是失败的。那篇文章写得冗长乏味,作为反驳的论点也难以让人信服。总之,原罪问题仍无法解答,伊凡·卡拉马佐夫的起诉也没有得到回复。

刘文荣　译

15
《战争与和平》

简介：

【俄文名】*Война и Мир*
【作　者】［俄］列夫·托尔斯泰（Лев Николаевич Толстой，1828—1910）
【年　代】19 世纪。
【体　裁】长篇小说。
【主　题】战争和战争中的英雄主义，如昙花一现，唯有平凡的人生，永世长存。
【人　物】主要有：安德烈、彼埃尔、爱伦、娜塔莎。
【情　节】主要是：1805 年，拿破仑征服欧洲后入侵俄国。公爵之子、刚结婚不久的安德烈·保尔康斯基向往建功立业，毅然从军，到前线担任俄军主帅库图佐夫的副官。憨厚、略显肥胖的彼埃尔·别祖霍夫归国继承遗产，不仅继承了爵位，成为别祖霍夫伯爵，还成了莫斯科数一数二的富豪、社交沙龙的宠儿。库拉金公爵见此，便设法把女儿爱伦嫁给了彼埃尔，尽管彼埃尔其貌不扬，爱伦美若天仙。11 月，法俄两军展开奥斯特里茨战役，俄军大败，安德烈负伤。就在他负伤的那天，他妻子在家里生下一男婴，但她不幸死于分娩。安德烈退役后返回父亲的庄园，生活孤独而绝望。与此同时，彼埃尔发现妻子爱伦水性杨花，屡屡出轨。不得已，他只能与爱伦分居。但不久，彼埃尔因加入共济会而接受了一套新的人生哲学，于是原谅了妻子。1807 年 2 月，俄奥联军和法军进行了一场鏖战，双方损失惨重，故而至 6 月，拿破仑与俄国沙皇签订了停战协议，和平降临。1809 年春天，安德烈因要商议贵族协会之事而去拜访罗斯托夫伯爵期间，与伯爵的女儿——年轻美貌、性格活泼的娜塔莎·罗斯托夫相恋。不久，安德烈向娜塔莎求婚。娜塔莎答应了，但安德烈的父亲保尔康斯基公爵却反对。然而，他们私订终身，相约一年后结婚。不久，安德烈有事出国。在此期间，娜塔莎结识了爱伦的弟弟阿纳托尔。阿纳托尔年轻，风流倜傥，娜塔莎经不起他的诱惑，差一点和他一起私奔。虽然最终她醒悟了，但她觉得自己有愧于安德烈，便和他解除了一年后结婚的约定。安德烈受此打击，再度陷入痛苦。为此，他再度从军，准备战死疆场，以结束痛苦。1812 年，拿破仑撕毁停战协议，俄法两国再度交战，经过一系列战役，法军攻入莫斯科，但那里几乎是一座空城。安德烈在波罗底诺战役中身负重伤，因那里距罗斯托夫伯爵的庄园不远，罗斯托夫家的人都来帮助军队运送伤员。在伤员中，娜塔莎意外发现了奄奄一息的安德烈。她向他谢罪，并精心看护他。两人似乎已旧情复萌，然而安德烈伤势太重，不治身亡。彼埃尔仍留在莫斯科，并化装成农夫，希望有机会刺杀拿破仑，成为英雄，结果却成了法军的俘虏。他的妻子爱伦已逃离莫斯科,但她在战火中仍行为放荡,与人通奸而怀孕,最后因误食堕胎药而死亡。此时,法军在莫斯科空城中开始缺乏给养,拿破仑本想沙皇很快就会向他乞和,但沙皇似乎把莫斯科忘了。眼看冬季马上来临,拿破仑只好放弃莫斯科,向西撤退。彼埃尔与众多俘虏一起,随法军撤退,一路上他看到无数惨状:俘虏,乃至法军自身,都因严寒和缺少给养而成批死去。他还算幸运,在哥萨克游击队对法军的一次袭击中被救,后返回莫斯科。法军溃败,和平再次降临,俄国贵族社会又恢复了往日的景象。彼埃尔在与罗斯托夫伯爵一家的交往中认识了娜塔莎。此时的娜塔莎已经变得成熟,彼埃尔请求娜塔莎的父母同意他们的婚事。罗斯托夫伯爵夫妇求之不得,因为他是莫斯科的大富豪。就这样,原本天真活泼的小姑娘娜塔莎·罗斯托夫,现成了别祖霍夫伯爵夫人。与此同时,娜塔莎的哥哥尼古拉·罗斯托夫因与保尔康斯基公爵一家交往而认识了安德烈的妹妹玛丽娅,不久后也结了婚。就这样,在和平年代,这两对夫妇生儿育女、身体发福,变得越来越安详,也越来越平庸。

就《战争与和平》一书说几句话[①]

[俄] 列夫·托尔斯泰

在这部作品上我已经花费了最佳生活条件下的五年不间断的、专心致志的劳动。当它付印时,我想在它的序言里谈谈我对它的看法,免得读者产生种种疑问。我希望读者不会在我这本书中看到或者去寻找我不愿或者不能表达的东西,而是把注意力放到正好是我想表达却又(由于作品的情况)不便细叙的地方去。无论是时间,还是我的能力,都不允许我充分实现我原来的意图,现在我利用专门的刊物的殷殷盛意,在此向那些可能感兴趣的读者谈谈作者对自己作品的看法,哪怕既不充分又很简短也罢。

一

《战争与和平》究竟是什么?这不是长篇小说,不是叙事诗,更不是历史演义。《战争与和平》是作者想要而又能够在它借以表现的这种形式中表现出来的东西。作者如此声称,似乎全然不顾艺术散文作品中约定俗成的形式;如果这是故意为之,而又没有先例,那就显得过于自负了。其实,俄罗斯文学史,从普希金时代以来,非但提供了这种背离欧洲形式的许多例子,甚至相反的例子倒很难找到。从果戈理的《死魂灵》,到陀思妥耶夫斯基的《死屋手记》,在现代俄罗斯文学中,没有一部稍稍出色的艺术散文作品,是完全合乎长篇小说、叙事诗或中篇小说的形式的。

[①] 本文选自《托尔斯泰全集》第十四卷,题目系原书所有。本文要点:(1) 为什么这部作品没有采用长篇小说约定俗成的形式;(2) 为什么这部作品没有把那个时代表现得特别残暴;(3) 为什么作品中的人物时而说俄语,时而说法语;(4) 为什么作品中的人物要取这样的姓名;(5) 为什么作品中对历史事件的描述不同于史学家的叙述;(6) 为什么作品中没有突出伟大历史人物的作用。

二

当本书第一部分发表时,有些读者对我说,在我的作品里,时代的特征不够明确。对此责难,我将作如下的答辩:我知道人们在我的小说里找不到的时代特征是什么,那就是农奴制的种种可怕现象,如监禁妻子、鞭打成年的儿子、萨尔蒂契哈[①]等等。存在于我们观念中的那个时代的这种特征,我并不认为是确实的,也不愿意加以表现。我研究过一些书信、日记和传说,并未发现这种暴行较之目前或任何时候我所看到的更为骇人听闻。在那个时代,大家同样地在爱、在妒忌、在探求真理和美德,同样有种种癖好,同样过着智力和道德的生活,有时甚至比现在的上流人士更加文雅。如果说在我们的观念里形成了当时的特征是专横和粗暴的见解,那无非是因为通过传说、回忆录、故事和小说而流传至今最多的,是暴力和暴行的突出事件罢了。断言当时的主要特征是暴行,那是不公正的,就如一个人从山那边只望见一些树梢,就断言那个地方除了树木别无其他一样,是不正确的(就像每个时代都有自己的特征)。那个时代也有它的特征:它源于上层阶级和其他阶层异常疏远,源于当时占主导地位的哲学,源于当时教育的特点,源于使用法语的习惯,等等。这正是我尽力加以表现的。

三

在俄国作品中使用法语的问题。为什么在我的作品里,不仅俄国人,就是法国人,也时而说俄语,时而说法语呢?责难俄国书中的人物说法语、写法文,就像有人看画时,发现那上面有些黑斑(阴影)是现实中所没有的,便加以责难。画家画在人脸上的阴影被看成现实中没有的黑斑,过错不在画家。只有当这些阴影画得不对,或者画得太马虎时,他才是错的。在刻画本世纪初那个时代,描绘直接参与当时事件的某一上流社会的俄国人,或者描绘拿破仑和法国人时,我都情不自禁地醉心于这种法语表现形式。因此,我不否认,我画的阴影也许画得不对,画得马虎。但愿那些因为看到拿破仑时而说法语、时而说俄语而觉得十分好笑的人能够知道,他们之所以这样感觉,只因为他们就像那个看肖像画的人一

---

① 萨尔蒂契哈:18世纪俄国一女地主的绰号,以残酷虐待农奴而闻名。

样,看到的不是脸上光和影,而是鼻子底下的黑斑。

四

人物的名字:保尔康斯基、德鲁别茨科伊、比利宾、库拉金,等等,使人想起某些俄国的姓氏。拿非历史人物①和历史人物并列时,要是让拉斯托普钦伯爵和普龙斯基公爵、斯特列利斯基,或者和任何其他冠有虚构出来的双姓或单姓的公爵或伯爵说话,我觉得是很别扭的。保尔康斯基或德鲁别茨科伊,虽然不是沃尔康斯基或特鲁别茨科伊,但在俄国贵族听起来却颇为熟悉和颇为自然。我既不能为所有人物拟出我觉得不那么刺耳的姓氏——如别祖霍夫、罗斯托夫——又没有别的办法回避这个问题,所以只能随手拈来俄国人最熟悉的几个姓氏,略略改动几个字母。如果虚构的名字和真实的名字相似,使人以为我要描写这个或那个真实的人,对此我将感到很遗憾。

仅有阿赫罗西莫娃和杰尼索夫这两个人物,我无意间采用了当时上流社会两个特别有代表性的真人的姓氏。这是我的过错,因为这两个人物太有代表性了,但我也只是错用了这两个人物的姓氏。读者大概都会同意,作品中的这两个人物和历史上的那两个人并没有多少相似之处。除此之外,其他的人物完全是虚构的;也就是说,我没有明确的人物原型——无论是传说中的,还是现实中的,都没有。

五

我对历史事件的描述不同于史学家的叙述。这不是偶然的,而是不可避免的。史学家和艺术家在描述历史时代时,有两种完全不同的目标。史学家在叙述历史人物时,倘若事无巨细地罄尽其生活各方面的关系,他就没有尽职;而艺术家在描写历史人物时,如果仅着眼其历史意义,他也同样没有尽职。库图佐夫并不总是像人们想象中的那样,拿着望远镜指点敌军,或骑着白马奔驰;拉斯托普钦也不总是手持火把②,去沃龙佐夫大厦纵火(他其实并未做过此事);玛丽亚·

---

① 非历史人物:即虚构人物。
② 拉斯托普钦:《战争与和平》中的人物,当时任莫斯科城防总司令。拿破仑进入莫斯科时,莫斯科发生大火,一说是拉斯托普钦纵火烧的。事见《战争与和平》第3卷第3部,第26章。

费奥多罗夫娜皇后也不总是身披银鼠皮斗篷,手扶在法典上站着。

对史学家来说,某些人物因对历史有促进作用,所以是英雄,而艺术家因为要描写人物在生活的各方面的表现,所以某些人物不可能、也不应该是英雄,而应该是"人"。

史学家有时必须稍稍扭曲真实,把某一历史人物的全部行动归结为一种思想,而这种思想往往是史学家强加给他的。艺术家则不然,思想的单一性并不适合他的使命,因为他所要描写的不是历史名人,而只是"人"。

在描述事件方面,史学家和艺术家的差异更为明显,更为重要。

史学家所关注的往往是事件的后果,艺术家所关注的却是事件本身。史学家在描述战役时说,某军左翼曾向某村挺进,击退了敌人,但被迫撤退,于是骑兵投入战斗,将其击溃……如此等等。史学家不可能有别的说法,而对艺术家来说,史学家的话毫无意义,因为他没有关注事件本身。艺术家或是凭自己的经验,或是根据书信、回忆录和人们的口述,得出自己对所发生事件(如某一战役)的印象,所以史学家对某一事件的判断往往和艺术家的判断正好相反。因为各自取材的来源不同,所得出的结论当然也就不同。对史学家说来(我们仍以战役为例),他的主要材料来自参与战役的将领或统帅;艺术家却不能从这方面得到什么东西,因为这方面的东西对他来说没什么意义,说明不了什么。不仅如此,艺术家还可能因为发现其中有谎言而避免使用这些材料。不消说,对每次战役,敌对双方所作的描述几乎总是截然相反的;此外,对每次战役的描述,因为要以寥寥数语来描述数以千计的人在恐怖、耻辱和死亡的威胁下、在数平方公里的战场上的活动,总免不了会有虚假和疏漏。

在描述战役时,通常写的是某军被调去进攻某据点,后来又奉命撤退等等,仿佛是:在练兵场上使千万人服从一个人的意志的那种纪律,在进行生死搏斗的地方也会起同样的作用。其实,任何人只要参加过战争,就会知道这是多么不正确①;然而这种假设却是写作战报告的基础,而对战役的描述,就建立在这个基础上。会战以后,在作战报告尚未写成之前,如果你立即——或者第二天、第三天去巡视全军——询问所有士兵和下级军官在战役中经历,他们会对你讲到

---

① 在我的第一部分(指《战争与和平》的第一部分)和申格拉本战役的描述发表后,有人向我转告尼古拉·尼古拉耶维奇·穆拉维约夫-卡尔斯基有关这一段战役描述的意见,他这些话向我证实了我的信念。总司令尼·尼·穆拉维约夫的意见是,他从未读过比这更忠实的战役描写,他根据自己的经验深信,在会战时要执行统帅的命令是不可能的。——作者注

各样的感受、各种各样的见闻,使你有一种宏大、复杂而又模模糊糊的印象;这样的印象,你从其他人甚至统帅那里也是无法得到的。然而,两三天以后,他们开始写作战报告了,他们会夸夸其谈地讲到他们其实并未看到的事情。然后,根据他们的报告,形成一份总报告,而这份总报告,就成了全军对会战所作出的最终判断。人人都会隐瞒自己的疑虑和恐慌,都会用豪言壮语使人觉得他们既光荣又愉快。再过一两个月,假如你再去询问那些参加过会战的人,你从他的嘴里听到的就完全不像当初那样真实、那样生动了,因为他们现在是根据作战报告来跟你讲的。许多经历过波罗底诺战役的人,他们都是头脑清醒的人,就是这样向我讲述那次战役的。大家讲得几乎一模一样,都是依照米哈伊洛夫斯基-达尼列夫斯基①、依照格林卡②或其他什么人的讲法对我讲的,连细节也差不多。然而,这种讲法却是极不真实的,与实际情况相去何止千里!

塞瓦斯托波尔陷落后,炮兵司令克雷朗诺夫斯基就曾把各炮台的炮兵军官所写的作战报告发送给我,要我根据二十多份作战报告编写一份战役总报告。很遗憾,我当时没有把那些作战报告抄录下来。那是最好的范例,可说明军事上的那种自发的、不可避免的谎言,而战役总报告就是根据这样的谎言编写的。当时和我一起编写总报告的同事,好几个在看到那些作战报告后,想到要遵照上级的命令把它们编写成总报告以供上级了解,都只好摇着头苦笑。经历过战争的俄罗斯人都知道,我们俄罗斯人在战争中都是尽心尽力的,然而却又不可避免地惯于用夸张的谎言描述战争。

我讲这些是要指出,史学家记述历史事件时所用的材料不可避免地会有谎言,因而艺术家和史学家对历史事件有不同理解,也是不可避免的。此外,就我感兴趣的那个时代而言,除了史学家对历史事件的叙述不可避免地会不真实,我还发现有特别的夸张方式,其中的虚假和歪曲不仅涉及事件本身,还涉及对事件意义的理解。我在翻阅梯也尔③和米哈伊洛夫斯基-达尼洛夫斯基的有关那个时代的两部重要著作时,常常感到困惑不解:这样的书怎么能够出版而且还有人在阅读?他们以一本正经的口吻援引材料来叙述的同一事件是彼此矛盾的;不仅如此,当我在这两位史学家的著作里看到一些叙述时,想到这两部著作是关于那个时代的重要文献,想到还有千千万万读者也在阅读这两部著作,真是令

---

① 指米哈伊洛夫斯基-达尼洛夫斯基所著《一八一二年卫国战争记》。
② 指谢尔盖·格林卡的《一八一二年札记》。
③ 路易·阿道尔夫·梯也尔(1797—1877),法国政治活动家和史学家。

人啼笑皆非。我从梯也尔的著作中引用一个例子。他这样叙述拿破仑在俄罗斯发行假纸币：

> Relevant l'emploi de ces moyens par un acts de bienfaisance digne **de lui et de l'armée française**, il fit distribuer des secours aux incendiés. Mais les vivres étant trop précieux pour être donnes longtemps á des étrangers, la plupart ennemis, Napoléon aima mieux leur fournir de l'argent, et il leur fit distribuer des roubles papier.①

这段话单独看令人吃惊，虽不能说邪恶之极，实在也是虚假之极。然而从全书来看，它却并不怎么令人吃惊，因为全书就是用这种一本正经的虚假语言写成的。

总而言之，艺术家和史学家有着不同的使命。所以，在我的作品中，对事件和人物的描述和史学家截然不同，是不应该令人吃惊的。

不过，艺术家也不应该忘记，在民间形成的有关历史人物和历史事件的说法，并非出于幻想，也是像史学家一样是以史料为依据的。因此，艺术家在理解和描述这些人物和事件时虽和史学家不同，但仍应该像史学家一样以史料为依据。**在我的作品中，历史人物的言论和行为，都不是虚构的，而是根据史料所记载。这些史料在我写作期间已收集了整整一书房，其书目没有必要抄录在这里，但我随时可以提供。**

六

最后一点，也是我认为最重要的，涉及所谓的伟大人物在历史事件中的作用。我认为作用很小。

在研究了那个如此具有悲剧性、发生如此多重大事、离我们那么近却又留下那么多形形色色传说的时代后，我得出一个明确的结论：发生那些历史事件的

---

① 法语：为了以**无愧于他和法国军队**的身份的慈善事业的名义来补偿这些费用，他命令给遭受火灾损失者以补助。但由于食品过分昂贵，不可能长期供应异国人，而且大都是怀有敌意的人，因此，拿破仑更乐于分给他们以钱币。于是他就发行了纸卢布。

原因,是我们的头脑无法理解的。要是说一八一二年事件①的发生,原因(这在大家看来好像再简单不过了)是拿破仑的侵略本性和沙皇亚历山大坚定的卫国决心,但这就像说罗马帝国崩溃的原因是野蛮部落的入侵和罗马皇帝的昏庸,或者就像说挖倒一座大山的原因是一个工人最后用铁锹挖了一下,是很荒唐的。

一个有数百万人参与相互残杀、伤亡达五十万人的事件,不可能起因于**一个人**的意志,就像**一个人**不可能把山挖倒,**一个人**也不可能使五十万人伤亡。那么,究竟是什么原因呢?有的史学家说,原因是法国人的侵略本性和俄国人的爱国热情;有的史学家说,大概是拿破仑的人到处散布民主思想,或者说,是俄罗斯与欧洲发生联系的必然结果,等等。然而,数百万人为何要相互残杀,又是谁在指使他们这么做的呢?好像人人都明白,这样的相互残杀不会使任何人生活得好一点,反而会使所有人都受苦受难,那他们又为什么要这么做呢?人们可以而且正在作出许许多多的结论,以求说明发生这一事件的原因。但是,各种各样的说法如此之多,只能说明原因有很多很多,以至其中任何一个原因都不能单独称作原因。

虽然自开天辟地以来人们就知道,这无论在肉体上还是精神上都是坏事,为什么数百万人还要相互残杀?

原因是:非这样不可,因为这是在遵循动物界的自然法则。就如蜜蜂在秋天到来时会相互残杀,所有雄性动物都遵循这一相互残杀的法则。对于这个可怕的问题,不可能有别的回答。

这是个显而易见的真理。只要人类尚未有另一种思想和感情使其相信:人的行为在任何时候都不受任何法则的制约,那么显然,无须加以证明,这一真理对每个人来说都是合乎其天性的。

从全人类的视角考察历史,我们无疑会确信,任何事件都遵循着某种亘古不变的法则。然而从个人的视角来看,我们又往往会相信与此相反的看法。

无论是一个杀死敌人的士兵,还是命令军队渡过涅曼河的拿破仑,无论是你,还是我,无论是举起手,还是放下手,我们都深信,我们的一举一动都出于我们自己的意愿。我们这样,或那样做,是由我们自己决定的——这种信念是那么牢固地为我们每个人所具有,而且为我们每个人所珍视,以至于我们相信,我们的一切行为都出自我们的自由意志,而不顾历史的事实和无情的统计(这些都表

---

① 一八一二年事件:指拿破仑入侵俄罗斯的战争。

明,我们的所作所为往往是不由自主的))。

这一矛盾似乎无法解决:当我一个人做一件事的时候,我深信这是出于我的自由意志;而当我参与群体活动的时候,如果我对自己的行为加以考察,我又会深信,我的行为是不自主的,是受什么东西决定,而且是不可逃避的。这一矛盾是从何而来的呢?

人在回想往事的时候,往往会把一连串臆想中的自由意志,即他所希望的事情的各种可能性,置于既成的事实之上(关于这一点,我将在别的地方予以详述)。对这种现象的心理学考察表明,认为个人做出某种行为是基于他的自由意志的假设,是错误的。但是,同样的心理学考察表明,个人在做出某种行为时——不是在回忆过去的行为,而是在做出某种行为的霎那间,他无疑是凭着他的自由意志而做的。只要是仅仅涉及我一个人的行为,无论唯物论者怎么说,我都相信,我既可以这样做,也可以那样做。就说现在,毫无疑问,凭着我个人的自由意志,我可以举起手来,然后再放下。我现在正在写作,但只要我愿意,我马上可以停止。你现在正在读我的文章,但只要你愿意,你也马上可以停止。我现在可以只凭着我个人的自由意志,毫无阻碍地想到美国,也可以毫无阻碍地想到一道数学题。我可以试试自己的自由意志,举起一只手,再用力放下。我可以这样做。但是,如果我身边站着一个小孩,我就不能在他头上举起一只手,再用力放下。如果此时有一只狗正扑向这小孩,我又不得不举起手来打狗。在前线,我不得不跟随部队行动。在战场上,我不得不跟随连队冲锋;周围的人在狂奔,我也不得不狂奔。在法庭上,作为被告的辩护人,我不能不说话,也不能不知道我要说什么。有人对着我的眼睛挥挥手,我的眼睛不能不眨一眨。

总之,存在着两种行为。一种取决于我的自由意志,另一种不取决于我的自由意志;而矛盾之所以产生,是由于这样一种错误,即:我把自由意志错误地用在我和他人共同完成的、取决于他人的意愿和我的意愿相契合的行为上了。要明确划定自由意志和依存关系之间的界限,是极其困难的,这是心理学的一个重大课题。不过,只要对表现出最大自由意志和最大依存关系的事件加以考察,就不难看出,我们的行为越私下、与他人的牵连越少,就越自由;反之,我们的行为与他人的牵连越多,就越不自由。

在与他人的牵连中,最强力的、最难割断的、最令人棘手而又最为经常的牵连,就是所谓对他人的支配权。这种权力就其真正意义上说,其实只是对他人的极大依赖。

不管我的看法是错是对,反正我在写作《战争与和平》过程中对此深信不疑。所以,我在描述一八〇五年、一八〇七年,尤其是一八一二年(命运的法则在这一年表现得最为突出)①的历史事件时,当然不可能赋予那些人物②的行为以什么意义;他们自以为自己在支配着事件,其实较之于事件中的其他参与者,他们的行为是最不自由的。我之所以对他们感兴趣,是因为他们的行为可用以证明命运的法则,因为我深信,是命运的法则支配着历史。此外,还因为他们的行为可用以证明心理的法则,因为我还深信,是心理的法则使人在做出最不自由的行为时也会想象出一连串虚假的理由来证明自己是自由的。

陈 燊 译

---

① 值得注意的是,几乎所有描写一八一二年的作家都在这次事件中看到了特殊的、在劫难逃的东西。——作者注
② 人物:指拿破仑、库图佐夫、沙皇亚历山大等历史人物。

论《战争与和平》①

[法] 罗曼·罗兰

《战争与和平》是我们时代最宏大的史诗!是现代《伊利亚特》。整个世界的无数的人物与热情在其中跃动。在波涛汹涌的人间,矗立着一颗最崇高的灵魂,宁静地鼓动着并震慑着狂风暴雨。在对着这部作品冥想的时候,我屡次想起荷马与歌德,虽然精神与时代都不同,但我的确发现在他写作的时代,托尔斯泰的思想得力于荷马与歌德。② 而且,在他规定种种不同的文学品类的一八六五年的记录中,他把《奥德赛》《伊利亚特》《一八〇五年》等都归入一类。③ 他思想的自然的动作,使他从关于个人命运的小说,引入描写军队与民众,描写千万生灵的意志交融着的巨大的人群的小说。他在塞瓦斯托波尔围城时所得的悲壮的经验,使他懂得俄罗斯的国魂和它古老的生命。巨大的《战争与和平》在他计划中,原不过是一组史诗般的大壁画——自彼得大帝到十二月党人时代的俄罗斯史迹——中的一幅中心的画。④

---

① 本文节选自罗曼·罗兰《名人传·托尔斯泰》,题目系本书编者所加。本文要点:(1)《战争与和平》情节复杂,但有着"潜在的统一性",且可分析出"一个重要纲目";(2)《战争与和平》人物众多,但都有个性,且描绘得如是真切,令人难忘。
② 托尔斯泰指出在他 20 至 35 岁间对他有影响的作品:"歌德:《赫尔曼和多萝特》……颇为重大的影响。""荷马:《伊利亚特》与《奥德赛》(俄译本)……颇为重大的影响。"1863 年,他在日记中写道:"我读歌德的著作,好几种思想在我心灵中产生了。"1865 年春,托尔斯泰重读歌德,他称《浮士德》为"思想的诗,任何别的艺术所不能表白的诗"。以后,他为了他的神(意即他思想上的理想。——译注)把歌德如莎士比亚一般牺牲了。但他对于荷马的钦仰仍未稍减。1857 年 8 月,他以同样的热情读着《伊利亚特》与《圣经》。在他最后著作之一中,在攻击莎士比亚时(1903),他把荷马作为真诚、中庸与真艺术的榜样。——作者原注
③ 《战争与和平》的最初两部刊发于 1865、1866 年间,那时题名《一八〇五年》。——作者原注
④ 这部巨著托尔斯泰于 1863 年先从《十二月党人》开始,他写了三个片段(见全集卷六)。但他看到他的作品的基础不够稳固;往前追溯过去,他到了拿破仑战争的时代,于是他写了《战争与和平》。原著于 1865 年起在《俄罗斯通报》杂志上发表,第六册完成于 1869 年秋。那时托尔斯泰又追溯历史的上流,他想写一部关于彼得大帝的小说,以后又想写另一部 18 世纪皇后当政时代及其幸臣的作品。他在 1870 至 1873 年间为这部作品工作,搜罗了不少材料,开始了好几幕写景;但他的写实主义的(转下页)

一

为真切地感到这件作品的力量起见,应当注意它潜在的统一性。①大半的法国读者不免短视,只看见无数的枝节,为之眼花缭乱。他们在这人生的森林中迷失了。应当使自己超临一切,目光注视着了无障蔽的天际和丛林原野的范围;这样我们才能窥见作品的荷马式的精神、永恒的法则的寂静、命运的气息的强有力的节奏、统率一切枝节的全体的情操,和统制作品的艺人的天才,如《创世记》中的上帝威临着茫无边际的海洋一般。

最初是一片静止的海洋。俄罗斯社会在战争前夜所享有的和平。首先的一百页,以极准确的手法与卓越的讥讽口吻,映现出浮华的心魂的虚无幻灭之境。到了第一百页,这些活死人中最坏的一个——瓦西里公爵——才发出一声人生的叫喊:

"我们犯罪,我们欺骗,而是为了什么?我年纪已过五十,我的朋友……死了,一切都完了……死,多么可怕!"

在这些暗淡的、欺妄的、有闲的、会堕落与犯罪的灵魂中,也显露着若干具有比较纯洁的天性的人:——在真诚的人中,例如天真朴讷的皮埃尔·别祖霍夫、具有独立不羁的性格与俄罗斯情操的玛丽亚·德米特里耶芙娜、饱含着青春之气的罗斯托夫;——在善良与退忍的灵魂中,例如玛丽亚公主,还有若干并不善良但很高傲且被这不健全的生活所磨难的人,如安德烈公爵。

可是波涛开始翻腾了。第一是"行动"。俄罗斯军队在奥国。无可幸免的宿命支配着战争,而宿命也更不能比在这发泄着一切兽性的场合中更能主宰一切了。真正的领袖并不设法要指挥调度,而是如库图佐夫或巴格拉季昂般,"凡是在实际上只是环境促成的效果,由部下的意志所获得的成绩,或竟是偶然的现

(接上页)顾虑使他终于放弃了;他意识到他永远不能把这遥远的时间以相当真实的手法使其再现。——更后,1876年正月,他又想写一部关于尼古拉一世时代的小说;接着1877年他热烈地继续他的《十二月党人》,从当时身经事变的人那里采集了若干材料,自己又亲自去探访事变发生的所在地。1878年他写信给他的姑母说:"这部作品于我是那么重要!重要的程度为你所意想不到;和信仰之于你同样重要。我的意思是要说比你的信仰更重要。"——但当他渐渐深入时,他反而冷淡起来,他的思想已不在此了。1879年4月17日他在致费特书中已经说:"十二月党人?上帝知道他们在哪里!……"在他生命的这一个时期内,宗教狂乱已经开始;他快要把他从前的偶像尽行销毁了。——作者原注

① 《战争与和平》的第一部法译本是于1878年在圣彼得堡开始的。但第一部的法文版却于1885年在阿谢特书店亦有发刊,一共是三册。最近又有全部六本的译文问世。——作者原注

象,他们必得要令人相信他们自己的意志是完全和那些力量和谐一致的"。这是听凭命运摆布的好处!纯粹行动的幸福,正则健全的情状。惶乱的精神重复觅得了它们的均衡。安德烈公爵得以呼吸了。开始有了真正的生活……至于在他的本土和这生命的气息与神圣的风波远离着的地方,正当两个最优越的心魂,彼埃尔与玛丽亚公主,受着时流的熏染,沉溺于爱河中时,安德烈在奥斯特利茨受伤了。行动对于他突然失掉了陶醉性,一下子得到了无限清明的启示。仰身躺着,"他只看见在他的头上,极高远的地方,一片无垠的青天、几片灰色的薄云,无力地飘浮着"。

"何等的宁静!何等的平和!"他对着自己说,"和我狂乱的奔驰相差多远!这美丽的天我怎么早没有看见?终于窥见了,我何等的幸福!是的,一切是空虚,一切是欺罔,除了它……它之外,什么也没有……如此,颂赞上帝罢!"

然而,生活恢复了,波浪重新低落。灰心的、烦闷的人们,深自沮丧,在都市的颓废的诱惑的空气中,他们在黑夜中彷徨。有时,在浊世的毒气中,融泄着大自然的醉人的气息,春天、爱情,盲目的力量,使魅人的娜塔莎去接近安德烈公爵,而她不久以后,却投入第一个追逐她的男子怀中。尘世已经糟蹋了多少的诗意、温情、心地纯洁。而"面临着恶浊的尘土的无垠的天"依然不变!但是人们却看不见它。即是安德烈也忘记了奥斯特利茨的光明。为他,天只是"阴郁沉重的穹窿",笼罩着虚无!

对于这些枯萎贫弱的心魂,极需要战争的骚乱重新来刺激他们。国家受着威胁了。一八一二年九月七日,波罗底诺村失陷。这庄严伟大的日子啊!仇恨都消灭了。道洛霍夫亲抱他的敌人彼埃尔,受伤的安德烈为了他生平最憎恨的人——病车中的邻人阿纳托里·库拉金遭受患难——而痛哭,充满着温情与怜悯。由于热烈的为国牺牲和对于神明的律令的屈服,一切心灵都联合了。

> 严肃地、郑重地,接受这不可避免的战争……最艰难的磨炼莫过于把人的自由在神明的律令前低首屈服了。在服从神的意志上才显出心的质朴。

大将军库图佐夫便是俄国民族心魂和它服从命运的代表:

> 这个老人,在热情方面,只有经验——这是热情的结果——他没有用以

组合事物搜寻结论的智慧。对于事故,他只用哲学的目光观照,他什么也不发明,什么也不干,但他谛听着,能够回忆一切,知道在适当的时间运用他的记忆,不埋没其中有用的成分,可亦不容忍其中一切有害的成分。在他的士兵的脸上,他会窥到这无可捉摸的、可称为战胜的意志,与未来的胜利的力。他承认比他的意志更强有力的东西,便是在他眼前展现的事物的必然的动向;他看到这些事物,紧随着它们,他亦知道蠲除他的个人意见。

最后他还有俄罗斯的心。俄国民族的又是镇静又是悲壮的宿命观念,在那可怜的乡人普拉东·卡拉塔耶夫身上亦人格化了;他是质朴的、虔诚的、克制的,即在痛苦与死的时候也含着他那种慈和的微笑。经过了种种磨炼,国家多难,忧患遍尝!书中的两个英雄,彼埃尔与安德烈,由于使他们看到活现的神的爱情与信仰,终于达到了精神的解脱和神秘的欢乐。

托尔斯泰并不就此终止。叙述一八二〇年时代的本书结尾,只是从拿破仑时代递嬗到十二月党人这个时代的过渡。他令人感到生命的赓续与更始,全非在骚乱中开端与结束。托尔斯泰如他开始时一样,停留在一波未平一波继起的阶段中。我们已可看到将临的英雄,与又在生人中复活过来的死者,和他们的冲突。①

二

以上我试把这部小说分析出一个重要纲目,因为难得有人肯费这番功夫。但是书中包罗着成百的人物,每个都有个性,都是描绘得如是真切,令人不能遗忘,兵士、农夫、贵族、俄国人、奥国人、法国人……但这些人物的可惊的生命力,我们如何能描写!在此丝毫没有临时构造之迹。对于这一批在欧罗巴文学中独

---

① 娶娜塔莎的彼埃尔·别祖霍夫,将来是十二月党人。他组织了一个秘密团体,监护公众福利。娜塔莎热烈地参与这个计划。杰尼索夫毫不懂得和平的革命,他只准备着武装暴动。尼古拉·罗斯托夫仍保持着他士兵的盲目的坦白态度,他在奥斯特利茨一役之后说过,"我们只有一件事情可做,尽我们的责任,上战场杀敌,永远不要思想",此刻他反对彼埃尔了,说"第一是我的宣誓,如果人家令我攻击你!我会那样做"。他的妻子玛丽亚公主,赞同他的意见。安德烈公爵的儿子,小尼古拉·保尔康斯基只有15岁,娇弱的、病态的、可爱的,金色的头发、大大的眼睛,热情地谛听他们的论辩;他全部的爱是为彼埃尔与娜塔莎;他不欢喜尼古拉与玛丽亚;他崇拜他的父亲,为他所不十分回想清楚的,他企望要肖似他!要长大,完成什么大事业……什么?他还不知……"虽然他们那么说,我一定会做到……是的,我将做到。他自己便会赞同我。"——作品即以这个孩子的幻梦终结。——如果《十二月党人》在那时写下去,这年轻的尼古拉·保尔康斯基定将是其中的主人公。——作者原注

一无二的肖像,托尔斯泰曾作过无数的雏形,如他所说的,"以千万的计划组织成功的",在图书馆中搜寻,应用他自己的家谱与史料,他以前的随笔、他个人的回忆。① 这种缜密的准备确定了作品的坚实性,可也并不因之而丧失它的自然性。托尔斯泰写作时的热情与欢乐亦令人为之真切地感到。《战争与和平》的最大魅力,尤其在于它年轻的心。托尔斯泰更无别的作品较本书更富于童心的了,每颗童心都如泉水一般明净,如莫扎特的旋律般婉转动人,例如年轻的尼古拉·罗斯托夫、索尼娅和可怜的小彼佳。

最秀美的当推娜塔莎。可爱的小女子神怪不测、娇态可掬,有易于爱恋的心。我们看她长大,明了她的一生,对她抱着对于姊妹般的贞洁的温情——谁不曾认识她呢?美妙的春夜,娜塔莎在月光中,凭栏幻梦,热情地说话。隔着一层楼,安德烈倾听着她……初舞的情绪、恋爱、爱的期待、无穷的欲念与美梦、黑夜、在映着神怪火光的积雪林中滑冰。大自然的迷人的温柔吸引着你。剧院之夜,奇特的艺术世界,理智陶醉了;心的狂乱,沉浸在爱情中的肉体的狂乱,洗涤灵魂的痛苦,监护着垂死的爱人的神圣的怜悯……我们在唤起这些可怜的回忆时,不禁要发生和在提及一个最爱的女友时同样的情绪。啊!这样的一种创造和现代的小说与戏剧相比时,便显出后者的女性人物的弱点来了!前者把生命都抓住了,而且转变的时候,那么富于弹性,那么流畅,似乎我们看到它在颤动嬗变——面貌很丑而德性极美的玛丽亚公主亦是一幅同样完美的绘画;在看到深藏着一切心的秘密突然暴露时,这胆怯呆滞的女子脸红起来,如一切和她相类的女子一样。

在大体上,如我以前说过的,本书中女子的性格高于男子的性格,尤其是高出于托尔斯泰托寄他自己的思想的两个人物——软弱的彼埃尔·别祖霍夫与热烈而枯索的安德烈·保尔康斯基。这是缺乏中心的灵魂,它们不是在演进,而是永远踌躇;它们在两端中间来回,从来不前进。无疑的,人们将说这正是俄国人的心灵。可是我注意到俄国人亦有同样的批评。是为了这个缘故屠格涅夫责备托尔斯泰的心理老是停滞的,"没有真正的发展,永远的迟疑,只是情操的颤动"。② 托尔斯泰自己亦承认他有时为了伟大的历史场面而稍稍牺牲了个人的

---

① 我说过《战争与和平》中的罗斯托夫与保尔康斯基两个大族,在许多情节上和托尔斯泰的父系母系两族极为相似。在《高加索纪事》与《塞瓦斯托波尔纪事》中,我们亦已见到《战争与和平》中不少的士兵与军官的雏形。——作者原注
② 1868年2月书(据比鲁科夫申引)。——作者原注

性格。①

　　的确,《战争与和平》一书的光荣,便在于整个历史时代的复活,民族移植与国家争战的追怀。它的真正的主人公,是各个不同的民族;而在他们后面,如在荷马的主人公背后一样,有神明在指引他们;这些神明是不可见的力:"是指挥着大众的无穷的渺小",是"无穷"的气息。在这些巨人的争斗中——一种隐伏着的运命支配着盲目的国家——含有一种神秘的伟大。在《伊利亚特》之外,我们更想到印度的史诗。②

傅　雷译

---

① 他说:"特别是第一编中的安德烈公爵。"——作者原注
② 可惜其中的诗意有时受了书中充满着的哲学的唠叨——尤其在最后几部中——的影响,为之减色不少。托尔斯泰原意要发表他的历史的定命论。不幸他不断地回到这议论而且反复再三地说。福楼拜在读最初二册时,"大为叹赏",认为是"崇高精妙"的,满着"莎士比亚式的成分",到了第三册却厌倦到把书丢了说:"他可怜地往下堕落。他重复不厌。他尽着作哲学的谈话。我们看到这位先生,是作者,是俄国人;而迄今为止,我们只看到'自然'与'人类'。"(1881年正月福楼拜致屠格涅夫书)——作者原注

托尔斯泰和《战争与和平》①

[英] W.S.毛姆

毫无疑问,《战争与和平》称得上是最伟大的一部小说。这种作品,只能出自睿智不凡、想象力丰富、对世界具有广泛体验、对人性具有深刻洞察的人之手。之前从未有人写过这样的小说,以如此恢宏的气势来描写如此重大的历史时期和如此众多的人物。而且我猜想,即使之后也不会再有了。或许还会有人写出同样伟大的小说,但绝不会是《战争与和平》这种。有些人天生就具有成为小说家的特殊禀赋,但是他们所认识的世界——那样的人和那样的风俗——更有可能造就出写《傲慢与偏见》的简·奥斯汀,而不是写《战争与和平》的托尔斯泰。人们称《战争与和平》为史诗是理所当然的,我不知道还有哪部小说比它更配得上"史诗"一词。托尔斯泰的朋友、才华出众的批评家斯特拉霍夫,曾以这样有力的语言评价这部作品:

> 一幅描绘人类生活的完美图画。一幅描绘当时俄罗斯生活的完美图画。一幅描绘所有人都能感悟的关于欢乐与悲哀、荣誉与耻辱的完美图画。这就是《战争与和平》。

---

① 本文选自毛姆散文集《十大长篇及其作者》,题目系原书所有。本文要点:(1) 托尔斯泰并非生来就是圣人,他年轻时曾放荡不羁,是个典型的贵族少爷;(2) 托尔斯泰的婚姻一开始很幸福,但到后来却陷入了危机,原因是托尔斯泰的"思想激变":他要放弃所有财产,包括稿费——这是托尔斯泰夫人无法接受的;(3) 所以,托尔斯泰晚年处于矛盾之中:根据他的"托尔斯泰主义",他必须放弃自己的贵族家庭,过穷人的生活,但他又做不到:一是因为他内心深处其实并不愿意;二是因为他的夫人和子女都竭力反对;然而他的信徒们又认为,他必须身体力行,实践他的"托尔斯泰主义"——最后,在这双重压力下,82岁的他离家出走,死在一个小火车站上;(4) 托尔斯泰在《战争与和平》中所表述的战争观,其实是从17世纪法国哲学家约瑟夫·德·迈斯特的一本题为《圣彼得堡的夜晚》的书中获取的,但这无损托尔斯泰作为小说家的声誉,因为《战争与和平》是一部小说,且是有史以来最伟大的小说:它的情节百折千回,令人惊心动魄;它的人物个性鲜明,栩栩如生——当然,即使是这部有史以来最伟大的小说,也有败笔;这是在所难免的,因为世上没有哪部长篇小说是没有败笔的。

一

托尔斯泰出身于乡村贵族家庭,这样的家庭很少产生杰出作家。他是尼古拉·托尔斯泰伯爵和玛丽亚·伏尔康斯基伯爵夫人的五个孩子中最小的一个。他生于母亲的祖宅——雅斯纳雅·波良纳,当他还是个孩子时,父母就去世了。他先是由家庭教师给予教育,后来进喀山大学读书,不久又转入圣彼得堡大学。他是个劣等学生,什么文凭也没拿到。他的贵族亲友把他带入社交界,先是在喀山,然后在圣彼得堡和莫斯科。他到舞厅跳舞,去剧院看戏,还时常参加贵族家宴。他到高加索山区服兵役,并参加了克里米亚战争。

就在这一时期,他开始狂饮滥赌,为了付赌债,他曾不得不卖掉他从父亲那儿继承来的部分家产——雅斯纳雅·波良纳庄园里的房子。他是个性欲旺盛的人,在高加索时还染上了梅毒。按他在日记上所记,那是在一个狂欢之夜,一个赌牌、玩女人、和吉卜赛人一起狂饮的夜晚——如果可以根据俄国小说来判断的话,这种狂饮看来是(或者过去是)俄国人寻欢作乐的一种普通的传统方式。对此,他曾有过强烈的悔恨;但是,只要一有机会,他又会重蹈覆辙。尽管他身体很强壮,可以整天走路,骑马十到十二小时也不觉得累,但他的身材并不高,而且相貌平平。他曾写道:

> 我知道得很清楚,我不是个漂亮的人,我常常陷入绝望;我想,对于一个像我这样宽鼻梁、厚嘴唇、有一对小小的灰眼睛的人来说,世界上是不会有什么幸福在等待他的。我恳求上帝创造奇迹,让我变得漂亮些。为了一张漂亮的脸,我宁愿放弃我现在所有的一切,放弃我将来可能得到的一切。

殊不知,他那张朴实的脸其实很有精神,因而很吸引人;还有他的眼睛和他的谈吐,也颇有魅力。在那段时间里,他衣着讲究(就像可怜的司汤达一样,想用时髦的衣饰来弥补相貌的丑陋),而且炫耀自己的门第。他在喀山大学的一个同学曾这样描述他:

> 我回避这位伯爵。从我们第一次见面起,我就讨厌他那种傲慢和冷淡的态度,那头短而硬的头发,那种眯缝着眼睛的样子,以及眼睛里的锐利目

光。我还从来没有见过一个年轻人,像他那样奇怪地摆出一副傲慢的样子,我很难理解这一点……他几乎总不回答我的问候,好像是要表明,由于某种原因我和他不是完全平等的……

托尔斯泰后来在军队时,又似乎对那些军官同僚抱着一种轻蔑态度。他写道:

> 起先,这里的许多事情都使我吃惊,但我使自己在和那些先生们保持距离的情况下适应了这里的环境。我找到一种恰当的中间姿态,对他们既不太疏远,也不太亲近。

在高加索①,以及后来在塞瓦斯托波尔②,他写了一些随笔和短篇小说,还写了一篇关于自己童年生活的富于浪漫色彩的中篇小说。这些作品在一家杂志上发表后,赢得了好评,所以当托尔斯泰离开战场回到圣彼得堡时,那里的作家文人很欢迎他。但是,他却不喜欢他们。他们后来也不喜欢他了。他自认为很坦诚,容不得当时的流行观念。他动辄发火,粗暴地反驳别人的意见,至于别人会怎么想,他根本不加考虑。屠格涅夫③曾说,托尔斯泰总是喜欢用审判官似的目光看人,使人不胜困窘。这种目光,再加上刻薄的挖苦话,足以叫人恼羞成怒。他苛刻地非难别人,要是偶然读到一封用不太尊重的态度提及他的信,他就立刻会向写信人提出挑战。有一次,他的朋友费了很大的劲才使他放弃一场可笑的决斗。

那时自由主义风潮席卷俄国,解放农奴成了当时压倒一切的大事。托尔斯泰在京城圣彼得堡过了几个月的放荡生活后回到雅斯纳雅·波良纳,他向自己庄园里的农奴提出一项计划,要给他们自由。但是他们拒绝了,因为他们根本不相信他。他于是就为农奴的孩子开了一所学校。他的教育方法颇为新颖别致:学生可以不上学,即使在学校里也可以不听教师讲课;完全不讲纪律,没有人会受到惩罚。他还亲自教这些学生读书,整天和他们在一起,晚上又和他们一起玩耍、给他们讲故事、教他们唱歌,往往忙到深夜。

---

① 当时托尔斯泰作为志愿兵(不领军饷)在高加索服役。
② 当时托尔斯泰任炮兵连长参加克里米亚战争,驻守塞瓦斯托波尔。
③ 屠格涅夫,19世纪俄国小说家,比托尔斯泰年长,一度和托尔斯泰关系很好,后疏远,至死没有和好。

也就在这时,他和一个农奴的妻子生下了一个私生子。这个名叫提摩西的私生子后来就成了托尔斯泰几个小儿子的马车夫。他的传记作家感到很有意思,因为托尔斯泰的父亲也有过一个私生子,后来也成了家里的马车夫。在我看来,这说明托尔斯泰在道德上是有过失的。我本以为,既然托尔斯泰有那么一种自我谴责的道德良心,那么真诚地想把农奴从贫困和卑贱中解救出来,想让他们受到教育,想使他们变得干干净净、知书识礼、自尊自重,那么他至少是会为他自己的私生子做些什么的。屠格涅夫也有一个私生女儿,他就很照顾她,不仅让她受教育,还始终关心她的生活。我想,托尔斯泰在看到他的私生子(他至少和他有血缘关系)在为他的小儿子们(他们只不过是合法婚姻的产物)赶马车时,难道就不觉得羞愧?

托尔斯泰有个很大的性格特点,那就是他对新鲜的事情总是非常热衷,但迟早都会厌倦。他似乎缺乏坚韧和沉稳的品质。因此,他办了两年学校后,就对自己努力的结果感到失望了,就关闭了学校。他感到疲倦,感到不满,身体也变坏了。后来他回忆说,要是当时没有另一件他从未尝试的新鲜事在吸引他的话,他很可能要绝望了。那件新鲜事就是结婚。

他决定尝试一下。那时他三十四岁,娶了贝尔斯博士的二女儿、十八岁的索尼娅为妻。贝尔斯博士是内科医生,在莫斯科上流社会颇有声望,也是托尔斯泰家的老朋友。婚后,他们住在雅斯纳雅·波良纳。索尼娅在最初的十一年间就生下八个孩子,后来是十五年间又生了五个孩子。托尔斯泰喜欢骑马,骑术也不错,他还喜欢打猎。婚后他的经济状况大有改善,在伏尔加河东面买下了一座新的庄园,这样他已拥有大约相当于一万六千英亩①的土地。他的生活也变得按部就班,就像大多数俄国乡村贵族一样。在当时,俄国有许多这样的贵族,他们年轻时赌博、酗酒、玩女人,然后结婚、在庄园里定居、生一大群孩子、骑马、打猎、照管自己土地和农奴。他们中间也有不少人和托尔斯泰一样具有自由主义倾向,和他一样为农奴的无知、可怕的贫困和恶劣的生活状况感到忧虑,也和他一样想改变农奴的命运。然而,有一点托尔斯泰却和他们不一样,那就是他在过着和他们一样的生活的同时,却写出了两部世界上最伟大的小说——《战争与和平》和《安娜·卡列尼娜》。至于他怎么会写出这两部小说来的,就像苏塞克斯郡

---

① 1 英亩 = 6.07 亩。

的一个老派绅士的儿子①怎么会写出《西风颂》来的,也许永远是一个无法解开的谜。

二

据说,索尼娅年轻时很有魅力,身材优美,有一双漂亮的眼睛,鼻子很性感,头发乌黑发亮;她精力充沛,神情动人,嗓音清脆悦耳。托尔斯泰婚前有一段时间一直记日记,他不但记下自己的希望和思考、祈求和自责,同时也记下自己的过错,包括酗酒、嫖妓和其他一些事情。和索尼娅订婚后,他出于不向未来的妻子隐瞒任何事情的愿望,便把自己的日记给她看了。她大为惊恐,一边看一边流泪,整整一夜没睡。第二天,她把日记还给他,同时也宽恕了他。不过,宽恕是宽恕了,她却决不会忘记。他们两人都是容易激动的人,都很有个性,像这样的人一般说来也往往会有一些令人难堪的脾气。索尼娅很苛求,占有欲很强,嫉妒心也很重;托尔斯泰则既严厉又固执。孩子出生后,托尔斯泰总是要求索尼娅亲自给孩子喂奶,这她愿意,只是有一次孩子刚刚生下不久,她觉得乳房痛得厉害,便不得不把婴儿交给奶妈,没想到托尔斯泰竟对她大发脾气。他们时常会吵架,但每次都会和解。他们彼此相爱,所以他们的婚姻总体上说是很美满的。托尔斯泰既要管理庄园,又要从事写作。他的字迹很潦草,每张手稿都要索尼娅誊抄一遍,因为她善于辨认他的笔迹,有时她还要猜着整理出他仓促记下的笔记和写得不完整的字句。据说,就《战争与和平》的手稿,她就整整抄了七遍。

西蒙教授曾这样描述过托尔斯泰的一天:

全家在吃早饭时聚在一起,男主人的妙语和笑话使餐桌上的闲谈既活跃又风趣。最后,他总是站起来说,现在该工作了,于是消失在书房里,通常还随身端着一杯浓茶。他要到下午再露面,去做锻炼,通常是散步和骑马。到五点钟他回来吃晚饭,吃得狼吞虎咽。吃饱以后,他就会生动地讲述自己散步时的种种见闻,常常逗得所有人都哈哈大笑。然后,他回书房去读书,到晚上八点再和家人及来访者一起喝茶,这时总是听音乐、朗读,或者和孩

---

① 指英国浪漫主义诗人雪莱。雪莱出生在苏塞克斯郡,父亲是个循规蹈矩的绅士,而雪莱却生性叛逆,其抒情诗中最叛逆的就是《西风颂》。

子们玩游戏。

这是一种忙碌的、有益的、心满意足的生活。在往后的许多年里,这样的生活一直继续着:索尼娅生养孩子,照料家务,帮助丈夫抄稿;托尔斯泰则骑马打猎,管理庄园,写他的小说。然而,他正一天天向五十岁靠近,这对任何男人来说都是个危机时期。现在已不再年轻,当回首往事时他很自然地要问,自己在生活中究竟得到了什么;而往前看,暮年已近在眼前,他又难免要为暗淡的前景感到沮丧。在托尔斯泰一生中,有一种恐惧始终伴随着他——那就是死亡的恐惧。人都不免一死,好在绝大多数人都很理智,除了遇到危险或者身患重病,平时是不去想它的。但是,对于托尔斯泰来说,死亡却永远是一种近在眼前的凶兆。在他的《忏悔录》一书里,他曾这样描述当时的心境:

五年以前,某种非常奇怪的事情开始在我身上发生了。起先,我有时候感到困惑,感到生活的压抑,简直像不知道该怎么生活,该做些什么似的;我感到空虚而不知所措,变得气馁起来。但这种情况过去了,我又像以前那样生活。然后,那种困惑的时刻重新出现,越来越经常地,总是以同样的方式出现。它们总是表现为这样一些疑问:生活是为了什么?它意味着什么?我觉得我一直赖以立足其上的地基坍塌了,在我脚下什么都没有了。我赖以生存的东西不再存在了,我没有任何东西可以立身。我的生命停止了。我能够呼吸、吃喝、睡觉,而且我不能不做这些事情;但是没有生命,因为没有希望,没有那种我认为有理由去实现的希望。

所有这一切落到我头上,正是我被那种所谓十全十美的好运气包围住的时候。我还不到五十岁;有一个爱我的好妻子,而我也爱她;有可爱的孩子们,有一个很大的庄园,我没费多少精力就使它得到了改善和扩展……人们称赞我,而如果说我很出名,那也不是太大的自欺……我享受着精神和肉体上的强壮,这在我的同类中还很少见到:就体力说,我能够和农民们同步刈割;在脑力上,我能够一口气工作八到十个小时而不会生病。

我的精神状态以这样一种方式向我显示出来:我的生命是别人对我开的一个愚蠢而恶毒的玩笑。

托尔斯泰从少年时代起就不相信上帝,但信仰的丧失又使他觉得愁闷和空虚,因而他常有一种想法,想解答生命之谜。他曾这样自问:"我为什么活着？应该怎样活着？"他找不到答案。于是,他恢复了对上帝的信仰。不过,这种信仰是通过一种推理达到的,而这种推理竟会由他这样一种亢奋型的人作出,确实非常奇怪。他写道:

  如果我存在,那就必定有某种原因。所有一切的最后原因就是人们叫作上帝的那个东西。

  这是一种有关上帝的最古老推论。当时,他仍不相信具有人格的上帝,也不相信人死后生命还会继续,只是到了后来,当他开始认为自我也属于上帝的一部分时,他才觉得生命会随着肉体的死亡而停止似乎有点不可思议了。他一度曾坚信俄国东正教会,但是很快又对教会反感了,因为他发现那些神职人员的生活和他们所宣扬的教义是不相符的。他觉得没必要再去相信他们要他相信的那些东西了,只准备接受可以用浅显和实际的道理来加以证实的东西。他开始接近那些穷困、低贱和没有文化的信徒,而对他们的生活观察得越深入,他就越相信,他们尽管带有迷信色彩,却拥有一种真正的信仰;对他们来说,有这样的信仰是必然的,因为它使他们的生活有了意义,他们只有靠它才能生活下去。
  经过了好几年充满痛苦的反省和沉思,托尔斯泰最后确定了自己的看法。要把他的看法简明扼要地概括出来并不容易,我只能勉强试一试。他拒绝教会的那套宗教仪式,因为在耶稣基督的教诲中找不到根据,而且施行那样的仪式只会给真理抹黑。他也拒绝教会对基督教教义所作的解释,认为它们是荒谬的,是对人类理性的侮辱。他只相信那些仅仅在耶稣的言论中才能找到的真理,同时认为耶稣言论的精髓就包含在"勿抗恶"这一箴言中。它体现为"不要发誓"这一命令——托尔斯泰认定,"不要发誓"不仅仅指一般的赌咒,而是指任何形式的誓言,包括证人席上的宣誓和士兵们入伍时的宣誓。它还体现在"爱你的敌人,祝福那些诅咒你的人们吧"这一训诫中,根据这一训诫,人们不仅不能向自己的敌人宣战,即使在遭到敌人攻击时也不能以武力反击。托尔斯泰认为,采纳一种主张就意味着采取行动,既然他得出了这样的结论,即:基督教的教义就是爱、谦卑、自我否定和以善报恶,那么他就得义不容辞地放弃一切享受,就得不辞劳作、经受困苦,就得贬低自己、宽恕他人。
  然而,作为虔诚的东正教徒,索尼娅却坚持要让孩子们接受宗教教育,坚持要顺从教会的旨意,在自己所属的地位上尽其责任。她并不是那种很有灵性的女人,实际上她要养育那么多孩子,要让他们受到良好教育,还要参与管理这么大一个庄园,也没有多少时间来培养自己的灵性了。她既不理解、也不赞同丈夫改变信仰,好在她还有足够的耐心予以容忍。但是,当丈夫要把自己的信仰付诸行动时,她却无法容忍了,而且毫不犹豫地表示了自己的态度。托尔斯泰由于觉得自己不该靠别人生活,就决定自己生炉子、打水和料理衣物。出于自食其力的想法,他还请来一个鞋匠教自己制作靴子。他在庄园里和农奴们一起干活:耕地、运干草、伐木。对此,索尼娅大为不满,她认为托尔斯泰从早到晚地干体力活对他并无益处,因为即使在农奴中间,这些活也是年轻人干的。她曾在一张给他的纸条上这样写道:

> 当然你会说,这样的生活符合你的信念,你喜欢这样。但那是另外一回事。我要说的只是:希望你过得快活!但我还是生气,因为你把精力全用到劈木头、烧茶炊和做靴子上去了。当然,这些事作为休息或者用来调剂一下头脑是很好的,但总不能把它们当作一件正经事来做吧。

她说得不错。托尔斯泰认为体力劳动似乎在任何方面都要比脑力劳动高尚,这是很愚蠢的。他觉得自己不应该写小说给那些有闲者看,但就算这样,我们也不能相信他就找不到比做靴子更有意义的事情来做了。他做的靴子质量之差,可以说任何人都不能穿。他还开始穿农民们穿的衣服,不修边幅到了邋里邋遢的地步。据说,他有一次装完粪就走进房间吃晚饭,身上散发着难闻的臭气,弄得一家人只好开着窗子吃饭。他过去喜欢打猎,现在已彻底放弃,还成了素食者。因为他觉得不应该杀生,更不应该把动物的肉放在餐桌上。他多年前就开始节制自己的酒量,现在又彻底戒了酒。最后,他还非常痛苦地戒了烟。

这时,他们的孩子长大了,尤其是大女儿达尼亚,她快到参加社交活动的年龄了。为了孩子们的教育,索尼娅坚持要全家到莫斯科去过冬。托尔斯泰虽不喜欢城市生活,但他还是同意了妻子的决定。他在莫斯科看到了惊人的贫富差距。"我过去感觉到,现在感觉到,将来还会继续感觉到,"他曾这样写道,"只要我有多余的食物而别人没有,我有两件外套而别人没有,我就会觉得是陷入了一种不断重复的罪恶。"无论谁想告诉他,世上从来就有富人和穷人,而且将来也一定会有,那都是无济于事的;反正他觉得这不对。他曾访问过一个为赤贫者准备的夜间留宿处,当亲眼目睹了那里的可怕情形后,想到自己回家后将由两名身穿制服、戴着白领结和白手套的男仆伺候着享用有五道大菜的晚餐,便觉得无比羞愧。他把自己身边的钱分给那些穷困不堪、可怜巴巴的人,但结果是,那些人用他的钱不是去赌博就是去喝酒,总之他的钱起的坏作用比好作用多。"金钱是罪恶的,"他愤恨地说,"因此给别人钱的人,也是在作恶。"从这里往前跨一小步,他就产生了这样的信念:财产是不道德的,占有财产就是犯罪。

对托尔斯泰来说,接下来的一步是明摆着的:他必须放弃自己所有的一切。为此,他和妻子发生了激烈的冲突。索尼娅既不想让自己沦为乞丐,也不想让孩子们一文不名。她威胁说,要到法院起诉,并要求法院宣布托尔斯泰已丧失管理家庭财产的能力。经过天知道有多么刻毒的争吵,托尔斯泰提出要把自己的财产划归给她。但她又拒绝了。到最后,她同意和孩子们一起分占了他的财产。在持续不断发生争吵的几年间,托尔斯泰曾不止一次离家出走,但每次没走多远就返回了,原因是他想到这样会伤害妻子,心情便特别沉重。他继续住在雅斯纳雅·波良纳,尽管家里的生活已相当有节制,但他仍觉得太奢侈,并为此感到羞愧。家庭关系依然很紧张。他不赞成当时所谓的正规教育,但他妻子却安排孩子们去接受这样的教育;他要按自己的愿望处理自己的财产,他妻子却加以阻挠;对此,他不能原谅她。

托尔斯泰改变信仰后又活了三十年,但由于篇幅有限,我不能详细谈论他在这三十年间的生活。我不得不把许多并非不重要的事情也省略掉。反正,他后来成了一个受公众崇拜的偶像,不仅被誉为俄国最伟大的作家,而且在世界各地都赢得了巨大声誉,被看作是集小说家、民众导师和道德家于一身的杰出人物。那些信奉他的学说并想遵循他的原则来生活的人,还建立了自己的聚居地。然而,当他们试图实行他的不抗恶原则时,却遇到了极大的困难。关于他们的种种遭遇,当时有诸多传说,听起来既滑稽可笑,又发人深省。幸亏托尔斯泰生性多疑,又很好辩,所以他固执己见并毫不犹豫地断言,那些传说都出自某些人的卑劣动机,为此他还得罪了许多朋友。尽管如此,他名声却越来越大,大批的学生、朝拜圣地的香客、旅游者、崇拜者和信徒、富人和穷人、贵族和平民都纷纷涌向雅斯纳雅·波良纳。

我在前面已经说了,索尼娅的嫉妒心和占有欲是很强的,她一直想独占她的丈夫,因此她对陌生人前来骚扰她的家庭生活觉得厌烦。她在抱怨和痛苦之余,甚至不惜贬低她的丈夫。她曾在日记里这样写道:

就在他向人们讲述他那些美妙的想法并一谈到自己就变得多愁善感的同时,他却依然过着和以前一样的生活,他贪吃美味的食物,兴致勃勃地骑自行车、骑马,还有淫欲。

在另一篇日记里她又写道:

我不能不抱怨,因为他为所谓的人民幸福所做的一切把家里的生活弄得一片混乱,对我来说,生活越来越困难了。他的素食主义意味着我要准备双份晚餐,这就要花费更多的钱和精力。他那些关于爱的喋喋不休的说教,在家里引不起兴趣,却把各种各样的下等人搅到我们的生活里来了。

在最初接受托尔斯泰思想的人中间,有个叫切尔特科夫的年轻人。他很富有,还是近卫军上尉,不过当他开始信仰不抗恶原则后,便辞去了军队里的职务。他是个诚实的人,一个理想主义者和热心肠的人,但却生性专横,喜欢把自己的意志强加给别人。艾尔蒙·莫德①曾说,凡是和他接触过的人,不是变成他手中的工具,便是和他发生冲突,或者就逃之夭夭。他和托尔斯泰之间有一种相互依赖的关系,这种关系一直延续到托尔斯泰去世为止。他有一种能力,甚至能影响托尔斯泰,而这无疑使托尔斯泰夫人大为恼火。

托尔斯泰的大多数朋友都把他的学说看作偏激之论,唯有切尔特科夫,不断鼓励托尔斯泰走得更远,使他更加执着地想去实践自己的学说。道德的自我完善是当时托尔斯泰考虑得最多的,因此他已无心管理庄园。他本来每年可以从庄园获得相当于三万美元的收入,现在的实际收入却不超过二千五百美元。这显然不够用来维持家用和支付孩子们的教育费。于是,托尔斯泰夫人就说服丈夫,把他一八八一年以前所写的全部作品的版权交给她,由她去借钱开办一家出版社,出版这些作品。她把这件事办得很成功,至少家里有钱支付各种开销了。但是,作家拥有版权却显然有悖托尔斯泰的信念,因为他认为个人拥有任何财产都是不道德的。当时,切尔特科夫其实已经在劝托尔斯泰把自己在一八八一年以后写的全部作品都宣布为是公共财产,任何人都有权出版。这已经使托尔斯泰夫人够恼火了,而托尔斯泰要做的还不止于此。他要求她交出他的早期作品

---

① 艾尔蒙·莫德,19世纪末、20世纪初英国传记作家,托尔斯泰的朋友,著有《托尔斯泰传》。

的版权,其中当然包括那些著名小说的版权,因为他要把早期作品和后期作品的版权一并予以放弃。她断然拒绝,因为一家人的生活现在就依赖于出版这些作品所得的收入。于是,家里又开始了刻毒而无休止的争吵。索尼娅和切尔特科夫之间的矛盾,使托尔斯泰不得安宁。他们各有各的道理,托尔斯泰就夹在两者的冲突中间,而对两方面提出的理由,他都很难予以否定。

三

一八九六年,托尔斯泰六十八岁。他结婚已有三十四年,大多数孩子都已长大,第二个女儿也快要出嫁了。这时,已经五十二岁的托尔斯泰夫人却极不光彩地爱上了一个比她年轻的男人,一个叫塔纳耶夫的作曲家。托尔斯泰深感震惊、羞愧和愤怒。下面是他写给她的一封信:

> 你和塔纳耶夫的过分亲密的关系使我作呕,我不能无动于衷地容忍你们的这种关系。如果我在这样的情形下继续和你生活在一起,我将不久于人世,而且名誉也要受到玷污。我已经苦恼了整整一年,这你也知道。我曾经在激动时把这告诉过你,而且请求你不要那样做。后来我试图保持平静,我作了各种各样的努力,但都不行。你们的关系在继续发展,而且我能想象,它将这样一直发展到头。我无法再容忍下去了。很明显,你不肯放弃这种关系,那剩下的唯一办法就是——分离。我已下了决心,只能这么办。只是我必须考虑一个最合适的方式。对我来说,最合适的方式就是出国。我想,我们总会想出一个最好的办法。但有一点是肯定的——我们不能像现在这样继续下去了。

然而,他们并没有分离,而是使生活变得更加难以忍受。托尔斯泰夫人仍以一个多情的老年女人的那种狂热纠缠着那个作曲家,后者虽然开始时可能很高兴,不久之后却厌倦了这种他无以回报、同时又使他显得可笑的热情。后来,她终于意识到他是在躲避她,最后他更是当众羞辱了她。这使她深受伤害,而且很快就认为他只是个"厚颜无耻的、在精神和身体上都粗俗不堪的"家伙。于是,这桩不体面的风流逸事也就到此结束。

这时,托尔斯泰夫妇之间的不和已尽人皆知。使托尔斯泰夫人深感痛苦的是,托尔斯泰的信徒们——也就是他现在仅有的朋友——都站在托尔斯泰一边,而且公开对她表示敌意,因为她阻碍托尔斯泰实现自己的理想,而他的理想也就是他们的理想。不过,对托尔斯泰来说,信仰的转变几乎没有给他带来幸福。他不仅失去了往日的朋友,还在家庭中造成矛盾,和妻子争吵不休。与此同时,他的追随者又责备他继续过那种舒适的生活,对此他羞愧万分。他在日记中写道:

> 在我开始第七十个年头的生活时,我一心希望的就是能得到安宁。这虽然并不十分符合我的本意,但总比现在这种情况要好,现在我是生活在实际需要和良心的明显矛盾之中。

他的健康每况愈下。这之后的十年间他多次生病,有一次还病得差一点死去。就在这一时期刚认识他的高尔基曾这样描绘他:"瘦小,头发灰白,眼睛却比以前更加有神,看人时的眼光也比从前更加锐利,脸上皱纹很深,蓄着一把长长的白胡子。"他已经是个古稀老人,八十岁了。一年过去,又过了一年,他八十二岁了。他衰老得非常快,显然只有几个月可以活了,但他们夫妇俩仍为那些无聊的争吵所苦。切尔特科夫显然不像托尔斯泰那样把任何财产看成罪恶,他在雅斯纳雅·波良纳附近买下一座庄园,这样自然就方便了他和托尔斯泰之间的来往。他开始催促托尔斯泰实施自己的计划,就是在他死后把所有的著作权统统划归社会所有。托尔斯泰夫人被激怒了,因为这样一来,托尔斯泰在二十五年前划归给她的那些小说的版权将不再受她支配。她和切尔特科夫之间长期积存的敌意终于爆发成一场公开的争论。除了小女儿亚历山德拉——她受切尔特科夫的影响甚大——其他孩子都站在母亲一边。尽管托尔斯泰已把庄园分给他们,他们仍然不愿按他所希望的那样生活,更弄不明白为什么非要他们同意他放弃版权,从而失去一大笔收入。然而,不管家里人施加怎样的压力,托尔斯泰还是立了一份遗嘱。根据这份遗嘱,他去世后所有作品的版权都遗赠给公众,尚存的手稿交切尔特科夫保管并由他全权处理。由于这份遗嘱尚不具备法律效力,切尔特科夫劝托尔斯泰再立一份遗嘱。为了不让托尔斯泰夫人知道,公证人被偷偷带进家,书房的门被紧紧锁上,托尔斯泰就在书房里亲手把遗嘱抄了一遍。在这份遗嘱里,托尔斯泰决定让小女儿亚历山德拉作为他所有作品的版权管理人。这是切尔特科夫的主意,其原因是:就如他后来所说,"我觉得,托尔斯泰夫人及其子女肯定是不愿让一个非家庭成员作为版权管理人的"。他的话是可信的,因为这份遗嘱使他们失去了最主要的收入来源。然而,切尔特科夫仍未觉得十分满意,他自己又起草了一份遗嘱,并让托尔斯泰坐在他庄园附近树林里的一个树桩上抄了一遍。根据这份遗嘱,切尔特科夫对托尔斯泰的手稿拥有绝对控制权。

手稿中最重要的是托尔斯泰晚年的日记。他早期的日记一直在托尔斯泰夫人手里,但他把自己最近十年的日记交给了切尔特科夫。托尔斯泰夫人得知后一心想把它弄回来。有人认为这是因为日记发表后可给她带来丰厚的收入,其实她是不愿让这些日记公之于众,因为托尔斯泰在日记里非常坦率地说到了他们夫妻间的不和。她派人到切尔特科夫那里去要求他归还日记。他拒绝了。她威胁说,如果切尔特科夫不归还日记,她就服毒或者自缢。托尔斯泰受不了她的狂怒,就从切尔特科夫那里把日记取了回来,但没有给她,而是存入了银行的保险箱。切尔特科夫给他写了一封信,对此他在日记中这样写道:

> 我收到切尔特科夫一封充满埋怨和责备的信。他们撕碎了我的心。我有时真想走得远远的,离开所有这些人。

从年轻的时候起,托尔斯泰就一直希望远离尘世,隐居在某个地方,在孤寂中求得自我完善。像许多作家一样,他也把自己的这种愿望体现在两个小说人物——即《战争与和平》里的彼埃尔和《安娜·卡列尼娜》里的列文——身上。这两个人物在很大程度上就是他自己的写照。现在,他的生活状况更使他想尽快地实现这一愿望。妻子和孩子们使他烦心。那些认为他应该完全实践自己理想的朋友又责备他,使他觉得苦恼。他们中有许多人还因为他没能言行一致而倍感痛苦,他们几乎每天写信给他,责备他,甚至说他虚伪,这无疑使他万分伤心。譬如,有个虔诚的信徒在信中请求他放弃自己的庄园,把所有的财产都分给亲戚和穷人,不留一个戈比①,然后像乞丐一样去过流浪生活。他在回信中作了这样的回答:

> 你的信深深打动了我,你建议我做的事正是我神圣的梦想,但直到现在我还不能那样做,有许多原因……主要的原因是我必须不影响其他人。

---

① 戈比,俄国货币的最小单位。

导致人们采取某种行动的真实原因往往是深藏在他们的下意识里的,就托尔斯泰的情况而言,我认为他之所以没有像他的朋友和他的良心所要求的那样去做,其真实原因就是他下意识里并不十分想那样做。作家往往有一种心理特点,这种心理特点虽然对每个研究作家生平的人来说都是显而易见的,但我至今还没有听人正式谈起过,那就是:凡具有独创性的作家,他们的作品至少在某种程度上是他们内心因某种原因而遭压制的本能、欲望、白日梦(随你叫什么都可以)的升华,而当他们以文学的形式表现了这些东西之后,他们既然已经摆脱自己的内心压力,往往也就不会再进一步采取实际行动了。但是,不管怎么说,这样毕竟不能使他们完全满意,他们心里总会有某种欠缺感。这就是为什么作家往往会赞美体力劳动者、往往会怀着一种不自觉的妒意羡慕体力劳动的原因。很可能,托尔斯泰热衷于体力劳动,就是为了发泄自己内心的某种欲望,摆脱某种压力。也就是说,他作为作家还没能通过写作发泄掉内心的全部欲望,因此还想以其他形式表现自己,而这种无意识的自我表现,却在他的意识中被真诚地认为自己正在做着正确的事情。

当然,他天生是个作家,本能地要以最动人、最富于戏剧性和最有趣味的方式表现自己。我认为,在他那些带有说教性质的论著中,他是为了让自己的观点显得更加鲜明才失去控制的,要是他停下来想想这些观点究竟会得出怎样的结论,那么他可能就不会把它们发挥到如此绝对的地步了。有一次他确实承认过,在理论上虽然不能作出妥协,但在实践中却是不可避免的。如果这样的话,那他就必须放弃他的整个立场,因为妥协既然在实践中是不可避免的,也就是说要彻底实行他的理论是不可能的,那就意味着他的理论一定有问题。然而,托尔斯泰的不幸却在于,即便他本人想作出某种妥协,他的那些怀着崇拜心情成群结队来到雅斯纳雅·波良纳的信徒也不会同意。他们催逼这位老人,要他做出某种具有戏剧性的行动来满足他们那种确实有点残忍的愿望。托尔斯泰被自己的学说禁锢住了。他的那些著作、由那些著作引起的强烈反响(当然并不全是灾难性的)以及人们对他的尊敬、爱戴和崇拜,这一切都把他推到了一条绝路上,而他又不想走那条路。

这是因为,尽管他最后离家出走并在旅途中离开了人世,但他作出这一决定并不是由于受到了良心和信徒们的催逼,而只是为了暂时逃离他的妻子。导致他这样做的直接原因是很偶然的。那天他上床睡觉,不一会儿听到妻子在他书房里的纸堆中翻找什么。他心里一直在想着不久前瞒着妻子立下的那份遗嘱,所以随即就想到,一定是妻子听说了遗嘱的事,现在正在偷偷地寻找。等她离开书房后,他就起床,拿了几份手稿,包了一些衣服,然后叫醒那时正住在他庄园里的私人医生并对他说,他打算离家出走。这时亚历山德拉也醒了。他们把车夫从床上叫起来,套好马车后,托尔斯泰便在私人医生陪伴下登上马车驶向火车站。这时正好是早上五点。火车很拥挤,他们不得不站在车厢末端的露天小平台上,而这时正好下着雨,寒风凄凄。他们在沙玛丁下了车,因为托尔斯泰有个妹妹在那里的修道院里当修女。在那里,他们和稍后赶到的亚历山德拉会合。她带来消息说,她母亲已发现他们出走,而且想自杀。这事她以前不止做过一次,只是每次都下不了决心,结果总是在家里引起一阵忙乱而已。亚历山德拉要父亲继续赶路,因为母亲一旦知道他在哪儿,肯定会匆匆赶来。于是他们又登上了去罗斯托夫的火车。托尔斯泰原先就患了感冒,尚未痊愈,在火车上一折腾就病得更加严重了。和他同行的私人医生只好让他在中途的一个小车站下车。这是一个叫阿斯塔波夫的小车站。站长听说病人是谁后,马上就把自己的房间让了出来。

  第二天,托尔斯泰叫私人医生打电报给切尔特科夫。亚历山德拉写信给她的哥哥,要他从莫斯科带一个医生来。但是,托尔斯泰实在太出名了,他的一举一动都很难保密,因此不到二十四小时,就有新闻记者把他所在的地方告诉了托尔斯泰夫人。她随即带着孩子们赶到阿斯塔波夫,但是托尔斯泰已病得非常严重,医生觉得最好还是别让她去打扰他,所以没有让她走进房间。不久,托尔斯泰生病的消息便传到了各地。于是,在短短的一个星期里,阿斯塔波夫车站上挤满了政府代表、警察、官员、新闻记者、摄影师和其他各种各样的人。停在侧线上的火车车厢成了他们的临时住处,当地的电报局忙得不可开交。更多的医生赶到了,最后有五个医生在他床边。他经常昏迷,但清醒的时候仍想到妻子。他不知道她就在房间外面,也不知道自己在哪里。他只知道自己快要死了。过去他一直害怕死亡,现在他不再害怕了。他在清醒的时候不断叫喊:"逃吧!逃吧!"最后,托尔斯泰夫人被允许到房间里来看他。但他已经失去知觉。她跪在地上吻他的手;他叹了一口气,没有迹象表明他意识到妻子就在他身边。一九一○年十一月七日,星期天,早上六点过几分,他去世了。

四

  托尔斯泰三十六岁时开始写《战争与和平》。一般说来,作家在这样的年龄正处于创作鼎盛期,但他仍花了六年时间才完成。他选择了拿破仑战争时期,以拿破仑入侵俄国、莫斯科大火和法军溃败作为小说的高潮。刚开始写这部小说时，托尔斯泰只是想写一个贵族家庭的故事，那些历史事件仅用来作为故事背景；按原设想，男女主人公将经历一系列使他们在精神上深受影响的事件并经受诸多不幸，最后他们的灵魂得到净化，开始过宁静的生活。但是到了后来，托尔斯泰不仅慢慢地把小说重点移到了两个大国间的军事冲突上，而且还根据他读过的多方面材料，似乎构想出了一种历史哲学。以赛亚·伯林①出版过一本极有趣又深具启发意义的书，叫作《刺猬与狐狸》；书中表明——这正是我现在想要表明的——托尔斯泰的历史哲学其实是从约瑟夫·德·迈斯特②的一本题为《圣彼得堡的夜晚》的书中获取的。这无损托尔斯泰的声誉。小说家的工作本不是进行哲学思考，而是根据原型塑造出丰满的人物形象。现存的思想，就如现存的人、现存的环境和现存的生活一样（实际上任何现存的东西），只要有助于艺术创作，小说家都可以直接拿来使用。我刚才提到伯林先生的书，现在我觉得还有必要提一下德·迈斯特的《圣彼得堡的夜晚》。在这本书里，德·迈斯特用了三页论述他对战争的看法，并用一句话予以概括："战争的胜败，取决于人的观念。"这正是托尔斯泰在《战争与和平》结尾的第二部分③用几十页篇幅予以论述的观点。托尔斯泰在高加索和塞瓦斯托波尔亲身经历过战争，这使他有可能在小说中具体而生动地描述战争和战争中的人，至于他由此得出的观点，则和德·迈斯特非常相似。不过，他的论述不仅啰里啰唆，还很艰涩难懂，我觉得还不如从他讲述故事时的插语中，以及安德烈公爵的思考中，更能了解他的观点。顺便说一句：这才是小说家表达自身观点的适当方式。

　　托尔斯泰的观点是：战争中充满了机缘巧合、情况不明、判断失误、偶然事故，根本就没有什么精确的战略战术，因而也不可能有什么军事天才。影响历史进程的，并不是人们通常以为的那些伟大人物，而是一种贯穿于诸国、不知不觉间驱使人们走上战场并决定胜负的神秘力量。领军的统帅就如一匹套在一辆车上的马，在某些时刻——譬如马车从山坡上冲下去时——到底是马拉着车跑，还是车推着马跑，马自己并不知道。拿破仑打胜仗，靠的不是战略战术或者手下的大军，因为他的命令（要么由于局势有变，要么由于命令没有及时传达）并未得到执行，而是因为敌军深信败局已定，于是放弃了战斗。战争的结局如何受无数不可预

---

① 以赛亚·伯林，20世纪英国哲学家、政治思想史家。
② 约瑟夫·德·迈斯特，17世纪法国哲学家、外交家。
③ 这部分其实就是一篇关于历史中的自由意志和必然性的论文。

测的偶然事件的影响,其中任何一个都可能是决定性的。

  就自由意志而言,拿破仑和亚历山大①对战争结局的影响,并不比一个被迫为他们打仗的新兵大多少。

  那些所谓的伟人,其实都是历史的标签,他们的名字和历史事件的名称联系在一起,但并不像标签上所说的那样和历史事件本身有多大关系。

在托尔斯泰眼里,他们不过是一些偶像而已,为时势所左右,既不能抗拒也无力控制时势。这里无疑有些让人迷惑之处。我不知道他是如何理解"命运决定的必然性"和"机会所给的偶然性"之间的相互关系的,因为在他那里,一当"命运"推门而入,"机会"就跳窗而出,反之亦然。

读者很容易得到这样的印象:托尔斯泰的历史哲学和他想贬低拿破仑的愿望有关——至少,某种程度上是如此。在《战争与和平》中,拿破仑很少出现,就是出现了,也总是显得身材矮小、毫无主见、傻头傻脑。托尔斯泰称拿破仑是"历史中的微小工具,从未显示出任何男性尊严,哪怕是在流放的时候也是如此"。然而,居然连俄国人也把这个连像样的骑马姿势都没有的人视为大人物,这使他大为恼火。这里,让我再一次对他稍作批评。法国大革命造就了一大批像这个科西嘉律师的儿子②一样雄心勃勃、聪明果敢的年轻人;既然如此,我们不禁要问,为什么偏偏就是这个其貌不扬、带着外地口音、无钱无势的年轻人一次又一次获得成功,最后成了法国的独裁统治者,继而又把半个欧洲纳入麾下?如果你看到一名桥牌选手赢得了一次国际比赛,你或许会说他说运气好,或者说他的搭档好;可是,如果他的搭档很一般,而他照样一次又一次赢得比赛,那你就应该承认,他对这类比赛具有不寻常的卓越才能,而不能再说什么他的运气好或者说他的搭档好之类的偶然因素了。我想,一个杰出的军事领袖和一个杰出的桥牌选手是一样的,也会具有不寻常的卓越才能,具有知识和眼力、勇气和智慧,以及准确判断对方心理的敏锐直觉。拿破仑确实运气好,似乎得天之助,但就此而否认他的卓越才能,那就只能说是心存偏见了。

---

① 亚历山大一世,拿破仑战争时的俄国沙皇。
② 即指拿破仑。拿破仑出生在科西嘉,父亲是律师。

不过,以上所说并不影响《战争与和平》的伟大。这部小说的故事情节从开头到结尾,就如湍急的罗纳河百折千回,令人惊心动魄,最后流入平静的日内瓦湖。据说,小说中大约有五百个人物,而且个个都描写得个性鲜明,栩栩如生。这确实了不起。所以,读这部小说不像读其他大多数小说,不能只注意两三个主要人物,而要同时注意四个贵族家庭,即:罗斯托夫家族、保尔康斯基家族、库拉金家族和别祖号夫家族。我们知道,当小说主题要求小说家描写不止一组人物时,他必须克服一大困难,那就是要使他的描写从一组人物过渡到另一组人物时显得很自然,从而使读者顺从地跟随他的描写;此外,他在告诉读者某组人物的情况时,还要促读者做好准备,以便把另一组人物的情况告诉读者。在这些方面,托尔斯泰都安排得非常巧妙,你简直觉察不到他在过渡,感觉上好像只有一条故事线索。

和大多数小说家一样,托尔斯泰也是根据自己熟悉的或者认识的人来塑造小说人物的。当然,他只是把他们当作模特儿而已;他运用丰富想象力把这些模特儿变成了具有独创性的艺术形象。据说,小说中挥霍成性的老罗斯托夫伯爵就是以他的祖父为原型的;尼古拉·罗斯托夫的原型是他的父亲,而哀婉动人的玛丽公爵小姐则来自他的母亲。一般认为,在这部小说中两个男主人公即彼埃尔·别祖号夫和安德烈公爵身上,同时有托尔斯泰自己的影子。我想,这样猜测大概也不算太离奇,那就是:托尔斯泰可能意识到自己性格中的矛盾,于是就以自己为模特儿塑造了两个相互对照的人物,想通过他们来呈现和探究自己的内心世界。彼埃尔和安德烈公爵有一个相同之处:他们都像托尔斯泰一样,想寻求精神上的宁静和生死之谜的答案,但最终也像托尔斯泰一样没有找到。在其他方面,他们相互之间就大不相同了。安德烈公爵是个颇有骑士风度和浪漫色彩的人物,他以自己的血统和门第为荣,气质高贵,但不免有些傲慢和专横,甚至有点褊狭,不通情理。然而,正因为他有这些缺陷,他才成为一个引人注目的人物。彼埃尔则和他不同,他很善良,性情温和、宽宏大量、谦虚、文雅,而且富有自我牺牲精神;但他同时又是那样软弱,那样优柔寡断,那样轻信而容易受骗,简直会让你觉得难以忍受。他一心想做好事,做好人,这固然令人感动,但是为此而把他写得像个白痴,这有必要吗?他一直被那些谜一样的疑团所困扰,为了寻找答案,他成了一个共济会①会员,于是托尔斯泰便用了大量篇幅来写他在共济

---

① 共济会,最初出现在 18 世纪的英国的一个具有宗教色彩的兄弟会,是迄今为止世界上最庞大的秘密组织,该组织自称宣扬博爱、慈善思想和美德,以此寻求人生的意义。有许多著名人士和政治家是共济会成员。

会里的活动。遗憾的是,这些章节都写得极其沉闷。

不管是彼埃尔还是安德烈公爵,都爱上了罗斯托夫伯爵的小女儿娜塔莎。托尔斯泰把她塑造成了小说中最惹人喜欢的人物。没有什么比刻画一个既迷人又有趣的少女形象更为困难的了。通常而言,小说中的少女全都了无趣味(如《名利场》①中的阿米莉亚)、自命不凡(如《曼斯菲尔德庄园》②中的范妮)、过分聪明(如《利己主义者》③中的康斯坦尼娅·达累姆),或者就是小笨蛋(如《大卫·科波菲尔》④中的朵拉),要么是傻乎乎地卖弄风情,要么是单纯得让人难以置信。少女在小说家手里不好处理,其实也是可以理解的,因为在那个年纪,她们的个性尚未形成,没有明显的个人特点可供小说家展示。同样,一个画家要想把某人的一张脸画得意味深长,也只有在思想、爱情、苦难等人生经历赋予其性格时才有可能。在刻画少女形象时,最佳方式就是表现其美貌和青春魅力,但娜塔莎不限于此,还被刻画得既真实又自然。她亲切和蔼、敏捷而富有同情心,颇有些孩子气,又很有女人味;她充满理想,性子急,心肠热,时而固执己见,时而犹犹豫豫,无论从哪方面看,她都非常迷人。托尔斯泰塑造过许多女性形象,都塑造得非常真实,但没有一个像娜塔莎一样,那么深受读者喜爱。娜塔莎的原型是托尔斯泰的妻妹塔尼娅·别尔斯,他很为她而倾倒,就如狄更斯醉心于妻妹玛丽·霍加斯。这样的相似,多么引人深思!

安德烈公爵和彼埃尔都深爱娜塔莎,在这两个男人身上,托尔斯泰寄托了自身对生命意义和目标的热切追求。安德烈公爵尤其如此,可说是当时俄国社会的一种普遍现象。像他这种人,拥有巨大的财产和庞大的庄园,还拥有一大群农奴任其使唤,要是有哪个农奴使他不高兴,他可以剥光他的衣服予以鞭打,也可以夺走他的妻子儿女,再把他送到偏远的兵站去服苦役。他要是看上哪个女孩或者哪个年轻女人,只要挥挥手,就有人把她带来供他享受。此外,他还有一张英俊的面孔,一对深陷的眼睛,流露出一副高傲的神情。实际上,他很像浪漫小说中的那种"漂亮的阔少爷"。这个在战场上英勇无畏的人物很为自己的门第和地位感到自豪,他洁身自好,却又很自负。他对同等级的人冷淡而傲慢,而对低等级的人却是屈尊而和善。他才智过人,一心想有所作为,出人头地。在小说

---

① 《名利场》,19世纪英国小说家萨克雷的长篇小说。
② 《曼斯菲尔德庄园》,19世纪英国小说家简·奥斯汀的长篇小说。
③ 《利己主义者》,19世纪英国小说家梅瑞狄斯的长篇小说。
④ 《大卫·科波菲尔》,19世纪英国小说家狄更斯的长篇小说。

中,托尔斯泰是这样说到他的性格的:

> 当安德烈公爵有机会指导年轻人并且帮助他们在上流社会取得成就的时候,他就显得特别高兴。因为骄傲自负,他从来不会接受别人的帮助,但却在帮助别人的借口下,去接近那些获得成就并且吸引他的人。

至于彼埃尔,则是个令人颇为费解的人物。他身材高大,长相平庸,而且很胖;他深度近视,一离开眼镜等于瞎子。他喜欢吃喝,喜欢漂亮女人。他笨头笨脑,没有主见,但他性情温和,老实憨厚,所以认识他的人都很喜欢他。他非常有钱①,但他任由一群阿谀奉承的势利小人把手伸进他的腰包,也不管这些人多么不值得交往。他很好赌,而他每次在莫斯科贵族俱乐部里赌博都被人作弊,输得一塌糊涂。他稀里糊涂娶了莫斯科第一美女,因为那家人看中了他的钱财,然而婚后不久,他的妻子就和别人私通。他和妻子的情夫进行了一场奇怪的决斗后,就离开妻子,移居到圣彼得堡去。路上,他偶尔碰到一个神秘的老人,此人原来是共济会成员。两人攀谈起来,他坦言自己不相信有上帝存在。那老人对他说:"假如上帝不存在,我们又何必要说到他。"接着,他就向彼埃尔讲到了从本体论上证明上帝存在的一套说法。这套说法原是坎特伯雷大主教安塞姆②提出的,大意是:既然我们把上帝想象为最伟大的实体,那么这一最伟大的实体一定是存在的,否则的话,就会有另一个最伟大的实体存在;由此推断,上帝必定存在。虽然这套说法早就被托马斯·阿奎纳③摒弃,后又被康德④彻底推翻,但却说服了彼埃尔。他移居圣彼得堡后不久,便加入了共济会。毫无疑问,在小说中,任何事件(无论是物质的,还是精神的)都必须加以简化;否则,小说会没完没了,永无完结之时;一场旷日持久的战争必须一两页就讲完,除了作者认为至关重要的部分,其他内容都要删除;人物思想感情的转变(作为一个事件)也是如此。在这一点上,我觉得托尔斯泰有点简化得过头了。彼埃尔的转变那么突然,使这个人物显得异常单薄。但不管怎样,作为转变的结果,他决定结束往日的懒散生活,返回庄园,解放农奴,并全身心地致力于他们的福利。然而,就如在赌场上被赌友款

---

① 彼埃尔是莫斯科首富别祖号夫伯爵的私生子,一直住在法国,而当别祖号夫伯爵去世后,他却成了唯一的继承人,因而他回国继承了伯爵的爵位和遗产,成了莫斯科首富。
② 安塞姆,11世纪意大利神学家,曾出任英国坎特伯雷大主教。
③ 托马斯·阿奎纳,13世纪意大利神学家,因其对天主教神学的贡献,罗马教廷封其为圣人。
④ 康德,18世纪末、19世纪初德国哲学家,德国古典哲学的奠基人。

骗,他回到庄园后被管家欺骗,原先的善意全都受挫。由于缺乏毅力,他的慈善计划大多以失败告终,于是他又过起了原先的懒散生活。由于发现共济会成员之所以加入共济会都"只是为了结交富人,并从这种结交当中获取利益",他对共济会的热情也日益减退了。他身心疲惫,为求刺激,他又开始赌钱、酗酒、玩女人。

对于自己的缺点,彼埃尔自己很清楚,而且痛恨至极,但他就是没有足够的勇气和毅力来加以纠正。他是个谦虚、善良、和蔼的人,但奇怪的是,这个人居然毫无判断力。他在波罗底诺战役①中的表现,真是愚蠢到了极点。他并非军人,却驾着一辆马车冲向战场,这一点用处也没有,反而抢占了俄军的道路,引来一阵混乱,而到最后俄军撤退时,他又匆匆忙忙地跑掉了。在莫斯科大疏散时,他却擅自留下,被法军当为纵火犯逮捕,并被判死刑;后来,他获得赦免,被关押起来。当法军开始悲惨地撤退时,他和其他犯人一起被押解,和法军同行;最后,他被游击队解救。

想要搞清楚这个人物确实很难。他性格善良和蔼,同时又软弱无能至极。我敢肯定,这个人物是非常真实的。我觉得他理所当然是《战争与和平》中的男主人公,因为他最后称心如意地娶到了可爱迷人的娜塔莎。我猜想,托尔斯泰很喜欢这个人物;他总是用亲切而同情的笔调来写他的;但我不明白,是否有必要把他写得这么愚蠢,这么笨拙。

《战争与和平》篇幅浩大,需花多年时间才能完成。在这过程中,作家的创作热情难免会有所减弱。托尔斯泰在小说行将结束时讲到了法军从莫斯科的撤退,这部分的长篇叙述(无疑也是必要的)却有一个问题;那就是,这里讲到的事情,除了对历史极度无知的读者,绝大多数读者是早就知道的;因而,对他们来说,这里已毫无悬念,而悬念是促使读者往下读的基本动力。结果是,尽管托尔斯泰把法军的溃败讲述得很生动、很惨烈,但读者却不耐烦了。在这里,托尔斯泰把许多琐碎的事情串在一起,讲得头头是道,但我认为他讲这些事情的主要目的是要引出一个对彼埃尔的精神影响极其重大的新人物。

这个人物就是彼埃尔的难友卡拉塔耶夫②,一个因偷木材而被判在军中服

---

① 波罗底诺战役,拿破仑入侵俄国后的一次重要战役,因发生在波罗的诺村附近而得名。
② 卡拉塔耶夫可说是托尔斯泰的理想人物。

役的农奴①。在当时②,俄国农民深受俄国知识分子的关注;因为在极端专制之下,俄国知识分子深知俄国贵族的腐败没落和商人阶级的偏狭自私,因而他们认为,只有依靠受苦受难的俄罗斯农民才能拯救俄罗斯③。托尔斯泰的《忏悔录》使我们得知,他是如何对自身所属的贵族阶级感到失望的,以及他是如何从俄罗斯旧信徒④那里寻求善良和信仰、从而使生命具有意义的。然而,毋庸置疑的是,有坏地主,也有好地主;有奸商,也有良商;有好农民,也有坏农民。认定只有在农民身上才有美德,那只是出现在文学创作中的一种幻觉。

托尔斯泰对普通士兵的刻画是《战争与和平》中最为成功的人物刻画之一。难怪彼埃尔会被他们吸引。卡拉塔耶夫对所有人都以爱相待,他已完全舍弃自己,心甘情愿地承受各种苦难。他是谦卑的,因而是崇高的,这就是托尔斯泰认定的"善"。彼埃尔一直都容易受到影响,所以当他看到卡拉塔耶夫身上的这种"善"时,他开始相信世界有了希望:

  曾经分崩离析的世界再次在他的灵魂深处激荡,具有一种全新的美感,立足于一种全新的、不可撼动的基础之上。

他从卡拉塔耶夫那里认识到"人类幸福只能从内心找寻,它来自对人类简单需要的满足,不幸的根源不是贫穷,而是过于富足,生命中没有什么困难是无法面对的"。最终,他发现自己终于找到了多年来一直在寻找的东西——内心的安宁与平静。

我已经说过,小说中关于彼埃尔在共济会的经历写得冗长而乏味。现在到了小说行将结束时,我觉得托尔斯泰似乎对他所有人物都不感兴趣了。他开始阐述他的历史哲学。他的观点大体是这样的:他认为影响历史进程的并不像一般人所认为的,是那些伟大人物,而是一种神秘的力量,这种力量穿行于各个民族之间,在不知不觉中把它们引向胜利或者推向失败。亚历山大也好,恺撒也好,拿破仑也好,都不过是些傀儡,而且就如"傀儡"一词所示,他们总是为一种既不可抗拒又无法驾驭的力量所支配。拿破仑打了胜仗,这不是因为他足智多谋,

---

① 当时服兵役也是一种刑罚。
② 指托尔斯泰写作《战争与和平》的年代。
③ 这就是俄国民粹主义,当时在俄国知识界、文艺界影响巨大。而俄国民粹主义,可说是后来的布尔什维克主义(即列宁主义)的前身。
④ 俄罗斯旧信徒,也称东正教旧礼仪派信徒,源于17世纪中期俄国东正教牧首尼康所推行的宗教礼仪改革,支持改革的教会上层和贵族被称为新礼仪派,反对改革的教会下层和农民被称为旧礼仪派。

也不是因为他有雄兵百万,实际情况是连他发出的许多命令也没能及时送到,有些命令虽然送到了,却根本没有被执行。他打胜仗是因为他的敌人作茧自缚,他们总是莫名其妙地认定自己败了,于是便主动放弃阵地。托尔斯泰认为,俄军总司令库图佐夫才是这场战争中真正的英雄,因为他唯一所做的事情就是什么都不做,等待法军的自我毁灭。也许,就像他在《什么是艺术》一文中所论述的艺术哲学一样,托尔斯泰的历史哲学也是鱼龙混杂的,它既有许多真知灼见,也有不少偏见和谬误。虽然我没有足够的学问来详论他的历史哲学,但我相信,他正是为了阐明自己的历史观点,才会用那样多篇幅去详细描述莫斯科大撤退。这样的描述也许是出色的历史文献,却不是出色的小说。

　　托尔斯泰的创作激情在这部巨著的最后部分虽然有所减弱,但到了结尾处,他却再次显示出自己充沛的创作活力。他的结尾富有新意,精彩之极。

　　过去的小说家在讲完他们应讲的故事情节后,总要交代主人公的结局如何,大凡都是说男女主人公过着幸福而富裕的生活,还有一群可爱孩子,等等;至于小说中的坏蛋,如果在故事结束前还没有受到惩罚的话,那么小说家也会作出交代,说他最后还是得到了应有的报应,变得一贫如洗,还娶了个整天唠唠叨叨的丑老婆,等等。而且,这样的交代往往只是三言两语,给人的感觉是小说家随便扔下一点残羹剩饭就草草收场了。但是,托尔斯泰却使小说结尾具有了真正重要的意义。他在小说结尾处再次把我们领进老伯爵的儿子尼古拉·罗斯托夫的庄园,那已是七年以后了,这时尼古拉已娶了个有钱的妻子,有了孩子;彼埃尔和娜塔莎正住在他们家里。他们也结了婚,也有了孩子。但是,他们过去的种种激情和理想,对生活的种种追求和向往,现在却全都销蚀得无影无踪了。他们彼此相爱,幸福美满,但是,天哪!他们却变得多么愚钝,多么平庸啊!经历了生活的种种艰辛、忧愁和痛苦之后,现在他们平静下来了,进入了中年人的自满自得状态。过去的娜塔莎是那么甜美,那么活泼,那么招人喜爱,现在她成了一个婆婆妈妈的家庭主妇。尼古拉·罗斯托夫曾是那样英俊潇洒,那样神采飞扬,现在他成了一个地地道道的乡村地主。彼埃尔过去就很胖,现在变得更胖了,他还是那副好脾气,也一点不比以前聪明。这样的结局也许太平常了,却蕴含着深刻的悲剧意味。我想,托尔斯泰之所以没有给我们一个慷慨激昂的结尾,是因为他知道人生的结局大凡就是如此。他说的是真话。

刘文荣　译

16
《安娜·卡列尼娜》

简介:

【俄文名】*Анна Каренина*

【作　者】［俄］列夫·托尔斯泰（Лев Николаевич Толстой，1828—1910）

【年　代】19世纪。

【体　裁】长篇小说。

【主　题】见该书卷首题词："主说：申怨在我，我必报应。"（引自《圣经·新约·罗马书》十二章十九节，意为："天主说：谁若对我有怨恨，我必让他受惩罚。"）

【人　物】主要有：安娜、列文、渥伦斯基、吉蒂。

【情　节】两条平行的情节线索：（一）安娜的婚外恋情节，大体是：美貌而已有一个年幼儿子的安娜，偶尔与年轻英俊的渥伦斯基相识，两人双双坠入爱河。为此，安娜不惜离开丈夫和儿子，在众人的非议声中与渥伦斯基同居。然而，即便安娜与丈夫离婚，渥伦斯基也无法和她结婚，因为他母亲坚决反对。渥伦斯基是个"孝子"，是决不会违背母亲意愿的。这样，就决定了安娜的悲剧：时间一久，渥伦斯基对她的热情总有所消退，而她却是以"爱情"为生的，一旦没有了"爱情"，她就活不下去了；所以，她最终卧轨自杀。（二）列文的婚恋情节，大体是：列文是个未婚的乡村贵族，但时而要到京城访友或办事。在那里的社交场上，他爱上了少女吉蒂。但吉蒂此时是渥伦斯基的女友，列文不想、也不敢夺人之爱，所以一直没有表白。后来，渥伦斯基遇到了安娜，并与安娜热恋，便抛弃了吉蒂。在此情况下，列文才向吉蒂表白了他的爱情。吉蒂本不在意列文，但被渥伦斯基抛弃后，她与这个乡下来的老实人相恋了。后来，他们结了婚。吉蒂随列文住在乡下。列文在婚后生活中，在管理农庄的同时，开始思考人生的意义……（按：这部小说中的两条平行的情节线索，分别表现主题的"正反两面"：安娜的情节表现"反面"主题，即：为追求情欲满足而抛弃家庭者，有悖天理，终遭惩罚。列文的情节表现"正面"主题，即：恪守为人之道而兢兢业业者，应顺天理，终得安宁。）

《安娜·卡列尼娜》是具有特殊意义的事实[1]
（《作家日记》1877年,7、8月号,第二章,Ⅲ）

[俄]费奥多尔·陀思妥耶夫斯基

那时,也就是今年春天,有一次在傍晚,我偶然在大街上遇到我最喜爱的我们作家中的一位。我同他很少见面,几个月才见到一次,而且总是偶然遇见,总也是在大街上。这位作家是我们小说家中五六个最卓越成员之一,这五六位成员不知道为什么人们习惯于称之为"一代巨擘"[2]。起码,评论界追随读者之后,把这几位与别的小说家们特别区分开来,而且这事也有相当多的时日了——总是这五六位,"一代巨擘"不再扩大。我喜欢同我这位亲切可爱的小说家见面,而且还喜欢向他证明说,我不相信,无论如何也不想相信他说的,自己年岁大了,再也写不出什么来啦。在与他短促的交谈中,我总能够听取到一些他的细腻而有远见的话。这一次见面是有可以用来交谈的话题的,战争已经打起来了。但是他立即直截了当地谈起《安娜·卡列尼娜》,我也刚刚来得及读完小说的第七部,也就是在《俄国导报》上最后登完的那一部。我的交谈者并不是一个兴奋型的人,然而这一次,他却以他对《安娜·卡列尼娜》所发表的意见的果断精神和既热烈又坚定的精神使我感到惊讶。

"这是一部前所未闻的作品,这是空前的第一部。我们作家中谁能与这位作家媲美呢?而在西欧——谁能写出哪怕是类似的东西来呢?在他们那里,在他

---

[1] 本文选自陀思妥耶夫斯基《作家日记》(下)(载《陀思妥耶夫斯基全集》第20卷),题目系原书所有。本文要点:(1)《安娜·卡列尼娜》是西欧作家写不出的杰作;(2)为什么?因为包括托尔斯泰在内的俄国文学继承了普希金的传统;(3)《安娜·卡列尼娜》所表述的并不是新思想,但却是以艺术手法尽善尽美地表述的;(4)还有《安娜·卡列尼娜》中提出的关于人类的罪与犯罪的观点,也不是西欧人所能理解的,因为那是人的"原罪",只有上帝才能审判;(5)既然《安娜·卡列尼娜》表明我们俄国人有如此卓越的文学才能,难道我们在其他方面——在科学、经济和社会方面——就没有同样的才能?
[2] 这里指的是伊·阿·冈察洛夫(1812—1891),陀思妥耶夫斯基在19世纪70年代与冈察洛夫接触不多,但关系友好。

们的所有文学作品中,最近几年,甚至追溯到老早以前,曾经有过能与之并列的作品吗?"

在这一我自己也赞成的判断中,使我感到惊讶的主要是,关于欧洲的这一见解正巧与很多人自然产生的那些问题和疑惑联系了起来。这本书在我的眼里是个极有分量的事实,它可以代替我们向欧洲做出回答,也就是我们能够向欧洲展示的事实。当然,人们会狂呼乱叫跳起来讥笑说,这个嘛——仅仅只不过是文学而已,某一本小说,如此夸大其词并拿着小说到欧洲去露面太可笑了。我知道,人们会暴跳如雷和讥笑不已的,但是请少安毋躁,我并不是夸大,并且清醒地看到:我自己知道,眼下这只是一部小说,也不过只是我们所需要的东西中的点滴罢了,但对于我来说,主要之处就在于这点滴东西已经在眼前,已经有啦,确确实实存在,丝毫不假。因此,如果它已经存在,如果俄国的一位有才华的人能够让这一事实产生出来,那么他命中注定不会无所作为,他能够创造,能够拿出自己的,能够开始说自己的独到的话,时机一到,他就会把话全都说出来。何况这还远远不是什么点滴的问题!

啊,在这里我也并非是夸张。我知道得很清楚,不只是在巨擘之中某一成员身上,而且在整个巨擘之中也找不出,严格地说,所谓的有天才的创造力量。无可争辩的天才,说出了"新颖的话"的无可争辩的天才,在我们的文学中仅有三位:罗蒙诺索夫、普希金,部分地还有果戈理①。所有的巨擘(包括《安娜·卡列尼娜》的作者在内)都直接继承自普希金。普希金是俄国最伟大的人物之一,但他仍远远没有为人们所理解,没有被人们研究清楚。在普希金身上有两种主要的思想——而这两种思想都蕴含着俄罗斯全部未来使命以及全部未来目的的形象,因此也就是我们全部未来的命运②。第一种思想——俄罗斯的全世界性,它的富于同情心以及它的天才人物同世界上所有时代、所有民族天才人物们的真正的、无可争辩的和极其深远的血缘关系。普希金所表达的这一思想并不只是一种指示、学说或理论,不是幻想或者预言,而是已为他所付诸实施,这一思想就永

---

① 陀思妥耶夫斯基在1870年3月24日(新历4月5日)给尼·尼·斯特拉霍夫的信中关于《战争与和平》说过类似的话,他说:"您说列·托尔斯泰等于我们文学中所有的一切最伟大的成就,绝对不能这样说!普希金、罗蒙诺索夫是天才。带着《彼得大帝的黑人》和《别尔金小说集》出现在文学中,这就是带着天才的新贡献,在他之前的任何地方,任何时候根本没有人做出过的新贡献出现在文学之中。而带着《战争与和平》出现,这就是说,在普希金已经做出过的新贡献之后出现,在任何情况下都是这样。托尔斯泰无论向前走多远多高,他都是在发展他之前天才已经第一个做出过的新贡献。"
② 陀思妥耶夫斯基19世纪60年代的有关文章中已经阐述过普希金创作中的这两种思想。

远蕴含在他天才创作中并为他的创作所证实。他是一位古代世界的人,他既是德国人又是英国人,他深深意识到自己所具有的天资,自己追求中的苦恼(《鼠疫流行时期的宴会》),他也是一位东方的诗人①。他向所有这些民族的人民说话并且宣称,俄国的天才人物知道他们,了解他们,如同亲人一样与他们接触,说他能够充分体现他们,说只有俄罗斯精神才具有全世界性,它的使命是在未来把各种不同的民族联合在一起,并消除他们之间的所有矛盾。普希金的另一种思想——就是他的转向人民和他只寄希望于他们的力量。他呼吁说,只有在人民中,唯独在人民中间,我们才能够完全地获得我们俄罗斯的天才,并意识到他的使命。依然还是普希金,他不仅指明了这个问题,而且他还是在事实上做到这一点的第一个人。从他开始,我们才有了真正地、自觉地转向人民的行动,从彼得大帝的改革后算起,在他之前,这样的事是不可思议的。我们现在全体巨擘也只是按照普希金的指示行事的,在他之后并不曾说过什么新颖的话。所有的胚胎都在普希金身上,全都是他所曾经指出过的。此外,巨擘所做出的也只是普希金指出过的最微不足道的一小部分。不过,由于他们已经做到的一切,由于他们以如此充沛的力量,以如此深邃而明确的精神所完成的一切,普希金当然也会认可他们的。

《安娜·卡列尼娜》——就其思想来说,当然并不是新东西,并不是迄今为止前所未闻的东西。当然,不用它,我们也能够向欧洲直接指出渊源之所在,也就是指出普希金,他是俄罗斯天才独具一格的、最鲜明、最坚定和无可争辩的证明,还是他具有最伟大的世界性的、全人类性的和未来团结一切的意义的证明,是他享有这种权力的证明。(呜呼,不管我们怎样一再指明,但在西欧还将长时间不去读我们的东西,即使将来开始去读,那么也将长时间不会理解和评价他们所读的东西。而且他们也完全不具备评价的能力,倒不是因为他们缺乏这方面的能力,而是因为我们对他们来说完全是另外一种世界,好像我们是从月球上下来的,因此,我们最本质的一面他们都很难接受。这一切我都清楚,我之所以说"向欧洲指明"只不过就我们在欧洲面前有权相信我们自己的独立性这一意义而言。)然而《安娜·卡列尼娜》乃是艺术作品的尽善尽美之作,而且正巧在当代的欧洲文学作品中没有任何类似的作品可以

---

① 陀思妥耶夫斯基对普希金这一评价的依据是果戈理论普希金诗歌的文章。果戈理在《论我们诗人们的抒情风格》一文中写道:"他的反响何等准确,他的听觉何等敏锐!你会觉察到土地、时代、人民的气质、色彩。在西班牙他是西班牙人,同希腊人在一起他则是希腊人,在高加索他则是地道的山民……"谈到俄罗斯诗歌时果戈理写道:"我们的诗歌试演过所有的和音,有着所有种族的文学教养,聆听过所有诗人们的琴弦,谋取到某种世界性语言,以便培养好所有的人为重大事业去服务。"

与它匹敌。其次,就其思想来说,这是一种我们的、与我们自己血肉相连的,也正是在欧洲人面前构成我们别具一格、构成我们民族"新的成就"或者起码是它的开端的作品——这样的见地正是在欧洲听不到的,然而它又非常需要听到,尽管它傲视一切。

我在这里不能展开文学评论,只想说不多的几句话。在《安娜·卡列尼娜》中提出关于人类的罪与犯罪的观点。人被置于异常的条件中。恶早已先于他们而存在。被置于周而复始的谎言之中的人们就犯罪,并且无可抗拒地毁灭。很显然,这是欧洲最喜欢、最古老的主题中的一种思想。然而,欧洲是怎样处理这一问题的呢?在欧洲,这一问题的处理不外两种方式。

第一种处理方式,法律已出台,早已成文,正式颁发,制订已几千年。善与恶早已确定,早已作了衡量,其范围与程度早已历史地由人类的智者们规定妥当,早已为对人的心灵的不倦工作以及对人类共同生活中个体力量的作用程度所进行的高度科学考察所认定。对于这样制作出来的法典必须盲目依从,谁要是不依从,谁要是忽视它,那么他就得付出自由、财产、生命的代价,刻板地、惨无人道地付出。他们的文明本身就站出来说:"我知道,这既盲目,又不人道,更是不可取的,因为在人类发展的中途不可能制订出它最终的规范,由于没有别的出路,就只好继续采用业已成文的东西,就只好刻板地和不人道地照章办事;不这样办——可能情况更糟。与此同时,尽管我们把这种反常的和荒诞的体制称之为我们伟大的欧洲文明,然而人类精神的力量却永远是健康的而不受损害的,社会相信它日趋完善的信念不会动摇,它也不敢想象美好与崇高事物的理想会泯灭,善与恶的概念会扭曲和变样,合情合理常因条件而变异,单纯与自然受到不断增长的谎言的压制而毁灭!"

另外一种相反的处理方式是:"因为社会结构本身的不正常,那么就不应当让其后果由单个人承担。因此,罪犯本人是没有责任的,罪行暂时也不存在。为了消灭犯罪和人的罪责,就应当消灭社会的不正常和社会结构的反常。由于医治事物现存秩序的弊病需要很长时间,同时也是没有希望的,没有这种良药,那么就应当一举摧毁全部社会,像用扫帚一样把旧秩序一扫而光。然后在另一种尚不为人知的基础上开始建设新的一切,新的基础终归不会比现在的秩序差,相反,它本身蕴含着很多成功的机会。主要的希望在于科学。"这就是第二种处理方式。人们期待着未来的蚁穴,当前就让鲜血染红大地。西欧的世界并没有提供别的解决犯罪与人的罪行的任何办法。

在俄国作者对犯罪与人的罪行的观点中明确认为,任何的群居,任何"第四等级"①的胜利,任何贫穷的消除,任何的劳动组织统统都不能够把人类从不正常状态中解救出来,从而也就是说,不能从罪责与犯罪行为中解救出来。这是通过对人的心灵所进行的深厚的心理探究表现出来的,表现极其深刻有力,其艺术描述的现实主义是迄今为止我们尚未有过的。这再透彻不过地表明,深藏于人类之中的恶远比社会主义者们的这些医师所认为的要更深;在任何一种社会制度下都摆脱不掉恶,人的心灵会依然故我,不正常现象和罪恶都渊源于它本身;人的精神的规律还如此不为人知,如此不为科学所窥测,如此不可确定和如此隐秘,以致没有、也不可能有什么良医,不可能有什么终审的法官,而有的只是他②,他说:"申冤在我,我必报应。"③只有他知晓这个世界的全部秘密和人的最终命运。人以其清白无辜的自豪感暂时还不能着手去处理任何事情,这种时刻还没有来到④。世间的法官本身应有自知之明,应该知道他不是终审法官,他自己也是罪人。如果他手持尺子和天平而不拜倒在尚未破译的隐秘的法律面前,并且也不去走唯一的出路——仁慈与爱,那么天平和尺子拿在他的手里将是荒诞的。

正是为了避免人们由于不了解自己的道路与命运,并由于确信恶的神秘的和注定的必然性而在绝望中毁灭,诗人⑤才向他们指明了出路。这条出路还是在小说倒数第二部中⑥,在才华横溢的精彩场面中,被诗人以天才的笔触描绘出来的;那就是小说中描述女主人公病危的那幕场景,那时罪人和仇敌突然之间转变成为最高尚的人,转变成为兄弟,相互宽恕了一切,转变成为这样一种人,他们自己在相互宽恕的同时,也从自己身上除掉了谎言、罪过和犯罪,从而他们自己也就一下子证实自己无罪,充分意识到他们获得了此种权利。但是,此后,在小说的结尾,一步一步追踪探究到的人的精神沦落的悲惨而可怕的图景中,恶控制了人这个生物体,控制了他的每一行动,麻痹了他反抗的全部力量以及全部思想和与黑暗斗争的一切意愿,黑暗蒙在心头上,心灵怀着报复的激情自觉自愿地接

---

① 指劳工阶级,相对于第三等级(资产阶级)而言。
② 他:指上帝。
③ 《安娜·卡列尼娜》卷首题词。引自《新约全书·罗马书》第 12 章,第 19 节。
④ 陀思妥耶夫斯基引述不准确。《新约全书·使徒行传》(第 1 章,第 7 节):"耶稣对他们说,父凭着自己的权柄所定的时候、日期,不是你们可以知道的。"
⑤ 诗人:指托尔斯泰(在欧洲语言中,"诗人"往往和"哲人"同义)。
⑥ 陀思妥耶夫斯基此处误把《安娜·卡列尼娜》第 4 部中卡列宁与渥伦斯基在安娜病榻前的和解这一情节说成是在小说的倒数第二部。

受了这黑暗,用它取代光明①——在这幅图景中——对于世间的法官,对于手持天平与尺子的法官,是有很多训诫的②。当然,他会由于惊恐与困惑而叫嚷说:"不,我不总是要申冤,也不总要报应。"——于是,他就不再不人道地责怪悲惨沦落的罪犯,说他曾鄙视向他指出的那种永恒的光明出路,并且有意识地鄙弃了它。起码,他不再去死抠法律条文的字句。……

如果我们有如此巨大的思想力量和执行力量的文学作品,那么为什么我们就不可能在日后也会有自己的科学,自己解决经济的、社会的问题的办法?为什么西欧要否认我们的独立性,否认我们能说出自己所特有的话——这就是自然而然产生的问题。不可设想有这样一种可笑的想法,就是说,自然赋予我们的只是一种文学才能,而没有赋予我们其他才能。

张 羽 张有福 译

---

① 此处讲的是《安娜·卡列尼娜》第 7 部。
② 见《新约全书·启示录》(第 6 章,第 5 节):"……我就观看,见有一匹黑马,骑在马上的,手里拿着天平……"

论《安娜·卡列尼娜》①

[法] 罗曼·罗兰

　　《安娜·卡列尼娜》与《战争与和平》是(托尔斯泰)这个成熟时期的登峰造极之作。这是一部更完美的作品,支配作品的思想具有更纯熟的艺术手腕、更丰富的经验,心灵于它已毫无秘密可言,但其中缺少《战争与和平》中的青春的火焰、热情的朝气——伟大的气势。托尔斯泰已没有同样的欢乐来创造了。新婚时的暂时的平静消逝了。托尔斯泰伯爵夫人努力在他周围建立起来的爱情与艺术周圈中,重新有精神烦闷渗入。

……

一

　　放弃了不少略具雏形的计划之后,终于在一八七三年三月十九日,使伯爵夫人喜出望外,托尔斯泰开始写《安娜·卡列尼娜》②。在他为这部小说工作的时候,他的生活受着家庭中许多丧事的影响而变得阴沉暗淡③。他的妻子亦病了。"家庭中没有完满的幸福……"④

　　作品中便稍稍留着这惨淡的经验与幻灭的热情的痕迹⑤。除了在讲起列文

---

① 本文节选自罗曼·罗兰《名人传·托尔斯泰》,题目系本书编者所加。本文要点:(1)《安娜·卡列尼娜》中的爱情"含有一种暴烈的、肉感的、专横的性质";(2)小说中的男主人公列文,是托尔斯泰的化身,是托尔斯泰的自我写照。
② 《安娜·卡列尼娜》完成于1877年。——作者原注
③ 三个孩子夭殇(1873年11月18日、1875年2月、1875年11月)。塔佳娜姑母,他的义母(1874年6月20日)、彼拉格娅姑母(1875年12月22日)相继去世。——作者原注
④ 1876年3月1日致费特书。——作者原注
⑤ "女人是男子的事业的障碍石。爱一个女人同时又要做些好的事业是极难的;要不永远受着阻碍的唯一的方法便是结婚。"《安娜·卡列尼娜》第一册(阿谢特法译本)。——作者原注

订婚的几章的美丽的文字外,本书中所讲起的爱情,已远没有《战争与和平》中若干篇幅的年轻的诗意了,这些篇幅是足以和一切时代的美妙的抒情诗媲美的。反之,这里的爱情含有一种暴烈的、肉感的、专横的性质。统制这部小说的定命论,不复是如《战争与和平》中的一种神灵,不复是一个运命的支配者,而是恋爱的疯狂,"整个的维纳斯"在舞会的美妙的景色中,当安娜与渥伦斯基不知不觉中互相热爱的时候,是这爱神在这无邪的、美丽的、富有思想的、穿着黑衣的安娜身上,加上"一种几乎是恶魔般的诱惑力"①;当渥伦斯基表露爱情的时候,亦是这爱神使安娜脸上发出一种光辉——"不是欢乐的光辉,而是在黑夜中爆发的火灾的骇人的光辉"②——亦是这爱神使这光明磊落、理性很强的少女,在血管中,流溢着肉欲的力,而且爱情逗留在她的心头,直到把这颗心磨炼到破碎的时候才离开它。接近安娜的人,没有一个不感到这潜伏着的魔鬼的吸力与威胁。吉蒂③第一个惊惶地发现它。当渥伦斯基去看安娜时!他的欢乐的感觉中也杂有神秘的恐惧。列文,在她面前,失掉了他全部的意志。安娜自己亦知道她已不能自主。当故事渐渐演化的时候,无可震慑的情欲,把这高傲人物的道德的壁垒,尽行毁掉了。她所有的最优越的部分——她的真诚而勇敢的灵魂——瓦解了,堕落了:她已没有勇气牺牲世俗的虚荣;她的生命除了取悦她的情人之外更无别的目标,她胆怯地、羞愧地不使自己怀孕;她受着嫉妒的煎熬,完全把她征服了的性欲的力量,迫使她在举动中声音中眼睛中处处作伪;她堕入那种只要使无论何种男子都要为之回首一瞥的女人群中。她用吗啡来麻醉自己,直到不可容忍的苦恼,和为了自己精神的堕落而悲苦的情操迫使她投身于火车轮下。"而那胡须蓬乱的乡人"——她和渥伦斯基时时在梦中遇见的幻象——"站在火车的足踏板上俯视铁道";据那含有预言性的梦境所示,"她俯身伏在一张口袋上,把什么东西隐藏在内,这是她往日的生命、痛苦、欺妄和烦恼……"

"我保留报复之权。"④上帝说。

这是被爱情所煎熬,被神的律令所压迫的灵魂的悲剧——为托尔斯泰一鼓作气以极深刻的笔触描写的一幅画。在这悲剧周围,托尔斯泰如在《战争与和平》中一样,安插下好几个别的人物。但这些平行的历史可惜衔接得太迅骤、太

---

① 《安娜·卡列尼娜》法译本第一册。——作者原注
② 同上。——作者原注
③ 渥伦斯基的女友,后嫁给了列文。
④ 书首的箴言。——作者原注(按:此卷首题词通译为"主说:申怨在我,我必报应",引自《圣经·新约·罗马书》12章19节,意为:"天主说:谁若对我有怨恨,我必让他受惩罚。")

造作,没有达到《战争与和平》中交响曲般的统一性。人们也觉得其中若干完全写实的场面——如圣彼得堡的贵族阶级与他们有闲的谈话——有时是枉费的。还有,比《战争与和平》更显明地,托尔斯泰把他的人格与他的哲学思想和人生的景色交错在一起。但作品并不因此而减少它的富丽。和《战争与和平》中同样众多的人物,同样可惊地准确,我觉得男子的肖像更为优越。托尔斯泰描绘的斯捷潘·阿尔卡杰维奇,那可爱的自私主义者,没有一个人见了他能不回答他的好意的微笑;还有卡列宁,高级官员的典型,漂亮而平庸的政治家,永远借着讥讽以隐藏自己的情操:尊严与怯弱的混合品;虚伪世界的奇特的产物,这个虚伪世界,虽然他聪明慷慨,终于无法摆脱——而且他的不信任自己的心也是不错的,因为当他任令自己的情操摆布时,他便要堕入一种神秘的虚无境界。

二

但这部小说的主要意义,除了安娜的悲剧和十九世纪六十年代的俄国社会——沙龙、军官俱乐部、舞会、戏院、赛马——的种种色相之外,尤其含有自传的性质。较之托尔斯泰所创造的许多其他的人物,列文更加是他的化身。托尔斯泰不独赋予他自己的又是保守又是民主的思想,和乡间贵族轻蔑知识阶级的反自由主义①,而且他把自己的生命亦赋予了他。列文与吉蒂的爱情和他们初婚后的数年,是他自己的回忆的变相——即列文的兄弟之死亦是托尔斯泰的兄弟德米特里之死的痛苦的表现。最后一编②,在小说中是全部无用的,但使我们看出他那时候衷心惶乱的原因。《战争与和平》的结尾,固然是转入另一部拟议中的作品的艺术上的过渡,《安娜·卡列尼娜》的结尾却是两年以后在《忏悔录》中宣称的精神革命的过渡。在本书中,已屡次以一种讽刺的或剧烈的形式批评当时的俄国社会。这社会是为他在将来的著作中所不住地攻击的。攻击谎言,攻击一切谎言——对于道德的谎言,和对于罪恶的谎言同样看待。指斥自由论调,抨击世俗的虚浮的慈悲、沙龙中的宗教和博爱主义!向整个社会宣战,因为它魅惑一切真实的情操,灭杀心灵的活力!在社会的陈腐的法统之上,死突然放射了一道光明。在垂危的安娜前面,矫伪的卡列宁也感动了。这没有生命、一切

---

① 在本书的结尾中,还有明白攻击战争、国家主义、泛斯拉夫族主义的思想。——作者原注
② 即小说最后列文读《圣经》,试图从《圣经》中找到答案,以解答他的困惑。

都是造作的心魂,居然亦透入一道爱的光明而具有基督徒的宽恕。一霎时,丈夫、妻子、情人,三个都改变了。一切变得质朴正直。但当安娜渐次回复时,三人都觉得"在一种内在地支配他们的几乎是圣洁的力量之外,更有另一种力量,粗犷的、极强的、不由他们自主地支配着他们的生命,使他们不复再能享受平和"。而他们预先就知道他们在这场战斗中是无能的,"他们将被迫作恶,为社会所认为必须的"[①]。

列文所以如化身的托尔斯泰般在书的结尾中亦变得升华者,是因为死亦使他感动了之故。他素来是"不能信仰的,他亦不能彻底怀疑"[②]。自从他看见他的兄弟死后,他为了自己的愚昧觉得害怕。他的婚姻在一时期内曾抑住这些悲痛的情绪。但自从他的第一个孩子生下之后,它们重复显现了。他时而祈祷时而否定一切。他徒然浏览哲学书籍。在狂乱的时光,他甚至害怕自己要自杀。体力的工作使他镇静了:在此,毫无怀疑,一切都是显明的。列文和农人们谈话,其中一个和他谈着那些"不是为了自己而是为了上帝生存的人"。这对于他不啻是一个启示。他发现理智与心的敌对性。理智教人为了生存必得要残忍地奋斗;爱护他人是全不合理的:"理智是什么也没有教我;我知道的一切都是由心启示给我的。"[③]

从此,平静重新来临。卑微的乡人——对于他,心是唯一的指导者——这个名词把他重新领到上帝面前……什么上帝?他不想知道。这时候的列文,如将来长久时期内的托尔斯泰一般,在教会前面是很谦恭的,对于教义亦毫无反抗心了。"即使在天空的幻象与星球的外表的运动中,也有一项真理。"[④]

列文瞒着吉蒂的这些悲痛与自杀的憧憬,亦即是托尔斯泰同时瞒着他的妻子的。但他还未达到他赋予书中主人公的那般平静。实在说来,平静是无从传递给他人的。我们感到他只愿望平静却并未实现。故列文不久又将堕入怀疑,托尔斯泰很明白这一层。他几乎没有完成本书的精力与勇气。《安娜·卡列尼娜》在没有完成之前,已使他厌倦了。[⑤] 他不复能工作了。他停留在那里,不能

---

① "对于社会,罪恶是合理的。牺牲爱,却是不健全。"(《安娜·卡列尼娜》法译本第二册)——作者原注
② 出处同前。——作者原注
③ 《安娜·卡列尼娜》法译本第二册。——作者原注
④ 同前。——作者原注
⑤ "现在我重复被那部可厌而庸俗的《安娜·卡列尼娜》所羁绊住了,我唯一的希望便是能早早摆脱它,愈快愈好。"(1875年8月26日致费特书)"我应得要完成使我厌倦的小说。"(1876年致费特书)。——作者原注

动弹,没有意志,厌弃自己,对着自己害怕。于是,在他生命的空隙中,发出一阵深渊中的狂风,即是死的眩惑。① ……

傅 雷 译

---

① 托尔斯泰写完《安那·卡列尼娜》后,极度绝望,不是作品不成功,而在他在写这部作品的过程中逐渐意识到死亡的逼近(尽管他此时才50出头),于是他否定了《安娜·卡列尼娜》,认为那是没有多大价值的娱乐之作,继而开始写一部他认为极有价值的著作——《忏悔录》。

下卷

现代名著

1
《审判》《城堡》

《审判》简介：

【德文名】*Der Prozess*

【作　者】［奥地利］弗兰兹·卡夫卡（Franz Kafka，1883—1924）

【年　代】20世纪初。

【体　裁】长篇小说。

【主　题】舆论偏见，蛮横无理。（按：此主题可称"一级主题"，由于此小说采用的是象征手法，故而可从"一级主题"推出"二级主题"，甚至"三级主题"。"二级主题"是犹太人主题，即欧洲犹太人无辜被指控"有罪"——鉴于作者是欧洲犹太人，这一主题可以成立。"三级主题"是哲理性的死亡主题，即死亡的非理性——你不能问大自然或问上帝："我有什么错，为什么要我死？"因为这是无理由审判——按这一主题，主人公约瑟夫·K是抽象的人类代表。）

【人　物】主要有：约瑟夫·K、法官。

【情　节】主要是：银行职员约瑟夫·K，某天早晨醒来突然无缘无故地被某个法庭逮捕了。这个法庭并非国家的正式法庭，但却拥有比国家法庭更大的权力，所有人都在它的监督之下。虽然被捕，但约瑟夫·K的行动自由并不受限制，他仍然可以像往常一样生活。然而，只要开始审判，就必然认定有罪，无法得到赦免。在这个法庭上，不存在无罪和有罪的区别；区别只在于已经找上你和暂时还没有找上你。约瑟夫·K回想不出自己犯过什么罪，也不清楚有谁可能会控告他，于是他开始设法反抗法庭。他四处求人，甚至到法庭上为自己辩护。他力陈自己无罪，控诉法庭对他进行荒谬的审判。但一切都是徒劳。最后，约瑟夫·K连自己犯了什么罪都不明白，被两个刽子手带到一个采石场，"像一条狗一样被处决了"。（按：这部小说中的荒诞情节是象征性的，其中的"法庭"，实指社会舆论，其"审判"，实指舆论偏见——其无理指控，可置人于死地。）

《城堡》简介：

【德文名】*Das Schloss*

【作　者】［奥地利］弗兰兹·卡夫卡（Franz Kafka，1883—1924）

【年　代】20世纪。

【体　裁】长篇小说。

【主　　题】三重主题：一、政治主题：政治权力（城堡）的魔力就在于，它能使你永远对它抱有希望而又永远不了解它。二、宗教主题：上帝（城堡）的神奇就在于，他能使你永远信奉他而又永远见不到他。三、哲学主题：终极真理（城堡）的魅力就在于，它能使你永远去寻找它而又永远找不到它。

【人　　物】主要有：K、克拉姆（未直接出现）、弗丽达。

【情　　节】主要是：K应聘到一个城堡去当土地测量员，他经过长途跋涉，穿过许多雪路后，终于在半夜抵达城堡管辖下的一个穷村落。在村落的招待所，筋疲力尽的K遇到了形形色色的人，它们都是挣扎在社会底层的平民。其中有招待所的老板、老板娘、女招待，还有一些闲杂人员。城堡虽近在咫尺，但他费尽周折，就是进不去。为此他不惜勾引城堡长官克拉姆的情妇弗丽达，想通过弗丽达说情，让克拉姆允许他进入城堡，但还是徒劳。K奔波得筋疲力竭，至死也未能进入城堡。（按：这部小说中的情节似乎是写实的，既不神奇，也不荒诞，但却是象征性的，其中的K是抽象的"人"，其中城堡是抽象的"目的"，即：象征性地表述"人"为达到某一"目的"时的情形。）

弗兰茨·卡夫卡作品中的希望与荒诞[①]
——论《审判》与《城堡》

[法] 阿尔贝·加缪[②]

一

卡夫卡的全部艺术在于迫使读者一读再读。其作品的结局，抑或缺乏结局，都意味着言犹未尽，而这些弦外之音又含糊不清，为了显得有根有据，就要求把故事从新的角度重读一遍。不时有两种解读的可能，因此看来有必要阅读两次。这正是作者所求的。但硬想把卡夫卡作品的细节全部解释清楚，恐怕就不对了。象征总是笼统的，不管把象征解说得多么确切，艺术家只能复现象征的生动性，依样画葫芦的复现是不行的。反正没有比领会象征作品更困难的了。一个象征总是超越使用这个象征的艺术家，使他实际上说出的比他存心表达的更多。在这一点上，抓住象征最可靠的办法，是不要诱发象征，以不协调的意图始解作品，而不要穷究作品的暗流。尤其读卡夫卡，顺应他的手法，以表象切入悲情，以形式切入小说，是说得过去的。

一个洒脱的读者乍读时便会看到令人不安的怪事，其中一些人物惶惶不可终日，固执地琢磨着他们永远剪不断理还乱的问题。在《审判》中，约瑟夫·K 是被告。但他不知道被告什么。他没准儿想为自己辩护，但全然不懂为什么。律

[①] 本文选自阿尔贝·加缪文选《西绪福斯神话》，题目系原书所有。本文要点：(1)《审判》写了一件令人不安的怪事，但却写得很自然——好像这种事是自然而然的，不必大惊小怪；由此使读者产生一种认知反差，卡夫卡荒诞艺术的精华，就在于此；(2)《城堡》同样表现了荒诞，而且同样"以平凡表达悲情，以逻辑表达荒诞"；(3)《审判》与《城堡》的区别是，对于人生的荒诞，"《审判》诊断病情，而《城堡》想象疗法"；(4)《审判》与《城堡》中所表达的希望，可用克尔凯郭尔的一句话概括——"我们必须摧毁人间的希望，才能以真正的希望自救。"

[②] 阿尔贝·加缪(Albert Camus, 1913—1960)，法国小说家、哲学家，存在主义文学与"荒诞哲学"的代表人物之一，曾获 1957 年诺贝尔文学奖，重要作品有小说《局外人》《鼠疫》、论著《西绪福斯神话》等。

师们觉得他的案子难办。其间,他没有耽误饮食男女,也没有忽略读报。后来被判了。但法庭光线昏暗。他颇为莫名其妙。只是假设被判了,但被判了什么,几乎没往心上去。有时他满以为不是那么回事儿,继续把日子过下去。很久以后,两位衣冠楚楚文质彬彬的先生来找他,请他跟他们走。他们礼貌十分周全,带他到郊外一个绝处,把他的头按在一块石板上,掐死了。死前被判者只吐了句:"像条狗。"

由此可见,一篇记叙里最突出的优点恰巧是自然,很难扯得上象征。自然是难以理解的一种类别。有些作品,读者似乎觉得里面发生的很自然,但在另一些作品里(确实更少见了),倒是人物觉得所遇之事很自然。有一种奇特而明显的反常现象,即人物遭遇越非同寻常,记叙就越显得自然;与之成正比的是,人生奇异与人生爱恋之间明显存在的差距。好像这种自然就是卡夫卡的那种自然。这正是我们切实感到的《审判》的本意。

有人谈起过人类状况的一种形象,未尝不可吧。但事情既简单得多又复杂得多。我的意思是,卡夫卡的小说含意更加特殊、更有个性。从某种尺度来看,他替我们忏悔时,也是他在说话。他活着,所以被判定了。他在这部小说开始几页就体察到了,他本人在人间经历了这部小说,即使设法补救,也不大惊小怪。他永远不会因为缺乏大惊小怪而大惊小怪。通过这些矛盾,我们认出荒诞作品的初步征兆。智者将其精神悲剧具体地凸显出来,只能运用一以贯之的反常现象来实现,这种反常现象才得以对虚空的表现力具有色彩,对永恒追求的表现力具有平常的举止。

二

同样,《城堡》也许是一部行为神学,首先是灵魂寻求拯救的个体奇遇,包括世人探求世间物件的崇高秘密,也包括男子苦求女子潜于玉体的仙人迹象。而《变形记》肯定表现了明辨伦理学一系列可怖的形象。但也是人在发现自己不觉成为禽兽时那种莫名惊诧的产物。卡夫卡的秘密就在于这种根本性的似是而非。自然与异常,个体与一般,悲情与平凡,荒诞与逻辑,它们之间的永久摇摆,贯穿卡夫卡的全部作品,既使作品富有意义,又使作品引起共鸣。要想理解荒诞作品,必须列举上述反常现象,必须强化上述种种矛盾。

确实,一个象征意味着两个方面,即两个理念与感觉的世界以及一部沟通这两个世界的词典。把这个词汇表列出来是最难最难的了。但意识到赫然出现的两个世界，等于投身探测两者之间的秘密关系。卡夫卡作品中的两个世界，一个是日常生活的世界，另一个则是充满极度不安的世界①。这里我们似乎又碰到尼采的话取之不尽的解释，即"大问题比比皆是"。

在人类状况中既存在一种根本性的荒诞，也存在一种严峻性的伟大，这是一切文学的老生常谈。两者巧遇，天然成趣。换言之，两者都以可笑的离异自居，把我们心灵的无时限性与肉体的易消失的快乐分离开来。荒诞，就是因为肉体的灵魂超越了肉体十万八千里。谁想表现这种荒诞性就必须把两个平行的对立面玩得有声有色。卡夫卡就这样以平凡表达悲情，以逻辑表达荒诞。

演员扮演悲剧人物，越是力戒夸张，就越能注入活力。如果他演得有分寸，他激起的惊恐就会越出分寸。希腊悲剧在这方面教益丰富。在一部悲剧作品中，命运在逻辑性和自然性的面目下越来越明显可感。俄狄浦斯的命运是被预告天下的。上天决定他将犯下谋杀和乱伦罪。剧本旨在全方位揭示逐渐消除主人公不幸的逻辑系统。仅仅宣告这种非同寻常的命运，并非令人惊恐，因为这不像会发生的事情。然而，假如这种命运的必然性一旦通过日常生活、社会、国家、亲切的情感向我们揭示，那惊恐就有根有据了。震撼人心的反抗使人脱口而出"这不可能"，其中则已经包含绝望的确信："这"是可能的。

这是希腊悲剧的全部秘密，抑或至少是一个方面的秘密。因为有另一方面的秘密，那就是以相反的方法使我们更好地理解卡夫卡。人心有一种不良的倾向，即只把摧残人心的东西称作命运。而幸运也以自身的方式表现得没有根据，因为幸运来了，躲也躲不开。然而，现代人一旦遇到幸运，便贪天之功据为己有。希腊悲剧多有得天独厚的命运，古代传说多有宠儿，比如尤利西斯，他们陷入最凶险的遭遇却都自救了，关于这些，都是可以大书特书的。

总之，应当记住的，正是这种隐秘的复杂关系，即在悲情中把逻辑性和日常性结合起来的关系。正因为如此，《变形记》中的主人公萨姆沙成了个旅行推销商。正因为如此，在把他变成甲虫的离奇遭遇中，唯一使他烦忧的事情，就是他的老板会因他缺勤而不高兴的。他长出爪子和触须，脊椎弓了起来，腹部白点斑

---

① 请注意，我们可以用同样合情合理的方式从社会批判角度来解释卡夫卡的作品，比如《诉讼》。再说很可能别无选择。两种解释都对。用荒诞术语来说，我们已见到过了，对世人的反抗也是针对上帝的：伟大的革命永远是形而上的。——作者原注

斑,我不能说这不使我吃惊,效果未必如此,但这确实引起他一阵"淡淡的忧愁"。卡夫卡的全部艺术就在于这种细微的差别。在他的中心作品《城堡》中,是日常生活的细枝末节占了上风,而在这本奇怪的小说中,一切都没有结果,一切都重新开始;这是一个灵魂为寻求已经显示过的那种拯救而从事的基本冒险。这种把问题图解为行为,这种一般与个别的巧合,也可见之于一切大手笔的小手法中。《审判》的主人公本来就可以叫作施密特抑或弗兰茨·卡夫卡,但他叫约瑟夫·K……不叫卡夫卡,可也是卡夫卡。他是一般的欧洲人,置身芸芸众生之中。但 K 也确是实体,是某个有血有肉的等值。

同样,卡夫卡之所以要表达荒诞,是因为前后一致性将对他有用。我们都知道傻子在浴缸里钓鱼的故事,正琢磨着精神病疗法的医生问他:"上钩了,嗯?"却得到毫不客气的回答:"没有呢,笨蛋,这明明是浴缸嘛。"这个故事属于荒唐一类。但我们从中明显看出荒诞的效果与逻辑上如此过分的相连。卡夫卡的世界实际上是说不清道不明的一片天地,那里,人沉溺于用浴缸钓鱼来折磨自己,明明知道毫无结果。

因此,这里我认出符合他的原则的一部荒诞作品。就拿《审判》为例,我可以说,成功是圆满的。肉体胜利了。什么也不缺呀,不缺尽在不言中的反抗(但正是反抗推动写作),不缺清醒而缄口的绝望(但正是绝望推动创造),不缺令人吃惊的格调自由,小说的各式人物直到在劫难逃而死亡,始终享有这种自由。

三

不过,世界并不像表面显示的那样封闭。在这个没有进步的天地里,卡夫卡以一种奇特的形式引进希望。在这方面,《审判》和《城堡》路子不同,但相辅相成。从一部作品到另一部作品可以觉察到不明显的演进,表现为在逃避上取得极大的成功。《审判》提出的问题,在某种程度上在《城堡》里得到了解决。前者按照一种几乎科学的方法来描写,但不作结论,后者在某种程度上加以解释。《审判》诊断病情,而《城堡》想象疗法。但这里所推荐的药方治不了病,只不过使疾病回到正常的生活中去帮助人们接受疾病。在某种意义上(不妨想一想克尔凯郭尔),药方叫人喜欢上疾病。土地测量员 K 一心想像使他坐立不安的忧虑,想像不出还有其他忧虑。他周围的人也迷上了这种空虚,迷上了这种莫名的痛苦,好像痛苦在作品中具有一种得天独厚的面目。"我多么需要你，"弗丽达对K说，"自从我认识你以来，只要你不在我身边，我就觉得被遗弃了。"这种微妙的药方使没有出路的世界产生希望，这种突如其来的"跳跃"使一切为之改观，这是存在革命的秘密，也是《城堡》本身的秘密。

很少有作品在步调上像《城堡》那样严峻得一丝不苟。K被委任为城堡土地测量员，为此他来到村庄。但从村庄到城堡根本无法通行。于是连篇累牍几百页，K锲而不舍地寻找道路，采取各种手段，施小计测旁道，从不气馁，怀着一种令人叫绝的信念，硬是要担任人家委任于他的职务。每一章都是一次挫败，也是一次从头开始。虽不合逻辑，但坚韧不拔。正是这种执拗的劲头造成了作品的悲情。K往城堡打电话，听得嘈杂的声音，模糊的笑声，遥远的呼唤。这足以维系他的希望，犹如夏日的天空出现某些征兆，或如黄昏之约，给了我们活下去的依据。我们在这里发现卡夫卡特有的忧伤秘诀。实际上，同样的忧伤在普鲁斯特作品或在普洛丁①的景物中也感觉得到：怀念失去的天堂。奥尔嘉说："巴纳贝早上对我说，他要去城堡，我听了十分惆怅，因为很可能白跑一趟，很可能白过一天，很可能白抱希望。""很可能"，卡夫卡把全部作品都压在这个微妙的调门上。但根本没有到位，对永恒的追求在作品中是谨小慎微的。而卡夫卡的人物就像有灵感的机器人，活脱脱就是我们自己的写照，就像我们自己被剥夺了消遣②，全身心地蒙受神明的侮辱。

在《城堡》中，屈从平凡变成了一种伦理。K最大的希望，就是获得"城堡"的接纳。既然他单独一人做不到，他便竭尽全力要对得起这份恩宠，如变成村庄的居民，又如抛掉外地人的身份，因为人人都让他感到他是外来户。他所求的是有份职业，建个家庭，过正常和健康人的生活。他再也受不了自己的疯魔，决意合乎情理。他很想摆脱使他成为村庄局外人的奇怪诅咒。在这一点上，与弗丽达勾搭的那段插曲很说明问题。这个女人早已认识城堡的一位官员，他之所以把她当情妇，是为了她过去的缘故。他从她身上汲取某些超越于他的东西，同时他也意识到她身上攀配不上城堡的东西。不妨想一下克尔凯郭尔对雷吉娜·奥尔森奇特的恋情。在某些男人身上，吞噬他们的永恒之火是很灼热的，足以把周围

---

① 普洛丁(205—270)，埃及出生的罗马哲学家，新柏拉图哲学体系的创建人，利用柏拉图的形而上神话（尤其是爱的辩证法），通过沉思和狂喜来建立一种达到天人合一的神秘宗教。——译者注
② 在《城堡》中，按帕斯卡尔所说的"消遣"，好像是通过"助理们"表现出来的，"转移"了K的烦忧。弗丽达之所以最终成为其中一位助理的情妇，是因为她喜欢假象胜过真理，喜欢日常生活胜过与人分担的焦虑。——作者原注

熟人的心一起烧焦。要命的错误在于把不属于上帝的也归于上帝,《城堡》的上述插曲也用了这个主题。而对卡夫卡而言,这似乎不是什么错误,而是一种教义和一种"跳越"。根本没有不属于上帝的东西。

还更能说明问题的是,土地测量员脱离弗丽达,去追巴纳巴斯姐妹。因为巴纳巴斯一家是村庄里唯一完全与城堡与村庄本身老死不相往来的。姐姐阿玛丽亚拒绝一位城堡官员可耻的求欢。于是背德的诅咒随之而至,永远把她排斥出上帝的怜爱。不能为上帝丢弃自己的荣誉,就不配上帝的恩宠。我们从中认出存在哲学常有的主题:真理对立于道德。这里事情走得很远。因为卡夫卡的主人公所走的道路,从弗丽达到巴纳巴斯姐妹所走的道路,就是从放心的爱到荒诞的崇拜所走的道路。卡夫卡的思想在这里再一次与克尔凯郭尔的思想会合了。"记巴纳巴斯"一节放在书的末尾也就不令人感到意外了。土地测量员最后试图通过否定上帝的东西来重新找到上帝,不是依据我们善与美的范畴,而是从上帝的冷漠、不公和憎恨所表现的虚空与可怖的面孔来认知上帝。这个请求城堡接纳的外来户,旅居到后来更加穷途末路了,因为这时他对自己也不忠诚了,摒弃了道德、逻辑和思想真实,光凭疯魔般的希望,试图进入神明庇护的荒漠①。

四

"希望"一词在此并不可笑。相反,卡夫卡所报道的境况越具悲情,这种希望就越强硬,越具挑战性。《审判》越荒诞得彻底,《城堡》激昂的"跳跃"就越显得触动人心和不合情理。但我们在这里又纯粹地碰上存在主义思想的悖论,正如克尔凯郭尔所说的:"我们必须摧毁人间的希望,才能以真正的希望自救。"②不妨把此话译释过来:为了着手创作《城堡》,必须先写《审判》。

确实,谈论卡夫卡的人多半将其作品定为绝望的呐喊,因为不给人留下任何挽回的余地。但此话需要修正。希望复希望,希望何时了。昂里·波尔多③乐观主义的作品令人特别沮丧。因为此公的作品根本不理睬性情有点乖僻的人。反之,马尔罗的思想总是那么令人振奋。但上述二公的情况,既非相同的希望,

---

① 此话仅指卡夫卡给我们留下的未完成稿而言。要不然,作者可能会在最后几章打破小说的统一风格,就此存疑吧。——作者原注
② 心灵大写的纯洁性。——作者原注
③ 昂里·波尔多(1870—1963),法国作家。——译者注

亦非相同的绝望。我只注意到,荒诞作品本身可能导致我想避免的无诚信。作品一味重复,而不去孕育一种不结果的境况,一味洞若观火地颂扬过眼云烟的东西,就成为幻想的摇篮了。作品作出解释,把形态赋予了希望。创作家再也摆脱不开了。作品不得不成为悲情的游戏,而实际上并不一定是悲情的游戏。作品使作者的生命获得一种意义。

不管怎么说,令人称奇的是,卡夫卡、克尔凯郭尔和谢斯托夫的作品异曲同工,简言之,存在小说家和哲学家的作品,完全转向荒诞,殊途同归,最后都发出希望的呐喊,振聋发聩。

他们拥抱上帝,而上帝却吞噬他们。希望谦卑地溜进来。因为这种存在的荒诞确保他们接触一点超自然的现实。假如这种生活的道路通向上帝,那就有出路了。克尔凯郭尔、谢斯托夫和卡夫卡的主人公们重复他们的行程,其执着和顽固奇特地保证了这种振奋人心的确信力①。

卡夫卡对上帝摒弃伟大的道德,不言自明的道理,善良的心肠,前后的一贯性,但为的是更热切地投入上帝的怀抱。荒诞于是被承认了,被接受了;世人逆来顺受,从此刻起我们就知道荒诞不再是荒诞了。在人类状况的极限,还有比能逃脱人类状况更大的希望吗?我再次看出,与一般常见的相反,存在思想充满无节度的希望,这种思想本身就是以原始基督教和救世福音来翻腾旧世界的。但在以一切存在思想为特性的跳越中,在这种顽强的执着中,在对一种不露脸的神明估量中,怎么会看不出一种自我摒弃的清醒标记呢?人家只要求打掉自傲便可得救哇。这种弃绝会有硕果的。但顾此是会失彼的。在我看来,把清醒明察说成像一切傲慢那样毫无结果,并不降低其道德价值。因为真理也是一样,从根本定义上讲,是结不了果实的。所有不言自明的事都一样。在一切都具备而什么也没讲清楚的世界里,价值或形而上的丰硕性是毫无意义的概念。

不管怎样,卡夫卡的作品列入怎样的思想传统是一目了然的。确实,把《审判》过渡到《城堡》视为严密的步骤,恐怕是聪明的。约瑟夫·K和土地测量员K仅仅是吸引卡夫卡的两极②。我不妨鹦鹉学舌,用他的话说,他的作品很可能不是荒诞的。但这不排除我们认为他的作品伟大和具有普遍意义。这种伟大和普遍意义来自他善于广泛地表现从希望到极度恐慌日复一日的过渡,从无望的明

---

① 《城堡》中唯一不抱希望的人物是阿玛丽亚。土地测量员最强烈反对的就是她。——作者原注
② 关于卡夫卡思想的两个方面,请比较《在狱中》和《城堡》,前者:"罪过(请理解为人的罪过)从来无可怀疑",后者(摩麦斯的报告):"土地测量员的罪过是难以确定的"。——作者原注

智到自愿的盲从日复一日的过渡。他的作品具有普遍意义(一部真正荒诞的作品是不具备普遍意义的),因为逃避人类的人在他的作品中表现出激动人心的形象,其人在其信仰依据的矛盾中汲取对丰硕性的绝望抱有希望的依据,把生命称之为他对死亡所作出的可怕预习。他的作品具有普遍意义,因为得到了宗教的启示。人的生活重负得以在宗教里释放,一切宗教无不如此。如果说我清楚这一点,如果说我也能欣赏,我也知道我寻求的,不是具有普遍意义的东西,而是真实的东西。两者可能不会萍水相逢吧。

假如我说真正令人绝望的思想恰恰是由对立的标准来确定的,假如我说悲剧性作品在排除一切未来的希望之后,可以是描写幸运儿生活的作品,那么对上述看法就会理解得更好。生命越振奋人心,丢失生命的想法就越荒诞。这也许是人们从尼采的作品中感受到的那种高妙不孕性之秘密吧。在这样的思想架构中,尼采好像是唯一从大写的荒诞美学得出终极结论的艺术家,因为他最后发出的启示带着一种咄咄逼人的清醒明察,虽然这得不出结果,但这种启示执着地否定一切超自然的慰藉。

以上论点足以揭示卡夫卡作品在本篇散论中的头等重要性。我们被他的作品带到人类思想的边陲。从充分的意义上来看,可以说在他的作品里,一切都是有本质性的。反正他的作品把荒诞问题整个儿端出来了。我们要是把这些结论与我们最初的看法相对照,把内容与形式相对照,把《城堡》的隐秘含义与其借以铺展的自然朴实的艺术相对照,把K一往情深而桀骜不驯的探求与涉足其间的日常背景相对照,就会懂得卡夫卡的伟大是怎么回事了。因为如果说怀念是人性的标志,那或许谁也没有给过这些怨恨的幽灵们那么多的血肉和重视了。但同时我们也将懂得荒诞作品要求怎样奇特的伟大,而这种伟大在卡夫卡的作品里或许没有。如果说艺术的特质是把一般与个别相联结,把一滴水可摧毁的永恒与水珠莹莹的闪光相联结,那么评估荒诞作家的伟大可依据他在这两个世界之间所善于引进的距离,是更为切实的了。荒诞作家的秘密是善于找到这两个世界在最大的不协调时所会合的确切点。

说实在的,这种人与非人性的几何学切点,纯洁的心灵到处都会觉察到。《浮士德》和《堂吉诃德》之所以是艺术的杰出创作,是因为纯洁的心灵用人间的双手向我们指明无限的伟大。然而,精神否定人间双手可能触及真理的时刻总会到来。还有这样的时刻,创作不再被悲情化,而仅仅被严肃对待。于是世人便关心希望了。但这又与世人不搭界。世人的事情是躲避虚与委蛇的遁词。而卡夫卡向全宇宙发出慷慨激昂的诉讼。到了最后,我碰到的却是虚与委蛇的遁词。这丑恶而张狂的世界,连鼹鼠都搅和进来奢谈希望,卡夫卡令人难以置信的判决,到头来却把这个世界无罪释放了。①

沈志明　译

---

① 上述建议,明显是对卡夫卡的作品作的一种解释。但要补充一句才为公平,不管作出何种解释,从纯美学角度去考量他的作品也是可以的。譬如,格勒图森为《讼诉》所作的精彩序言,比我们明智得多,他只限于单单追随他称之为"被惊醒的睡着"的痛苦想象,发人深省。这部作品的命运,或许这部作品的伟大,正是把一切都献出来了,却对什么也没有确认。——作者原注

2
《变形记》

简介：

【德文名】*Die Verwandlung*

【作　者】［奥地利］弗兰兹·卡夫卡（Franz Kafka，1883—1924）

【年　代】20世纪。

【体　裁】中篇小说。

【主　题】双重主题：一、孤独是现代人的宿命，当你遇到不幸时，即便是亲人，最终也会嫌弃你。二、异化是现代市民的特征，即人异化为虫，而且是甲虫，裹着一层甲壳，相互隔阂。

【人　物】主要有：格里高尔、老萨姆沙（格里高尔的父亲）、葛蕾特（格里高尔的妹妹）。

【情　节】主要是：一天早上，公司小职员格里高尔发现自己变成了一只像人一样大的甲虫，惊慌而忧郁；他母亲和妹妹很震惊，他父亲则很恼怒，把他赶回自己的卧室，不许他出来。格里高尔虽然变成了甲虫，却仍有人的意识，仍关心着家里的债务和妹妹的学业，但他渐渐变成了家里的累赘，家里人对他的态度也渐渐变了。最后，家里人终于忍受不了格里高尔这只"甲虫"，开始厌烦他了，他妹妹甚至还想把他从家里弄出去。这使格里高尔身心交瘁，痛苦而绝望，不久便死了。他死后，家里人如释重负，恢复了正常生活。（按：这部小说中的荒诞情节是象征性的，旨在于表述现代人的"异化"与"孤独"。）

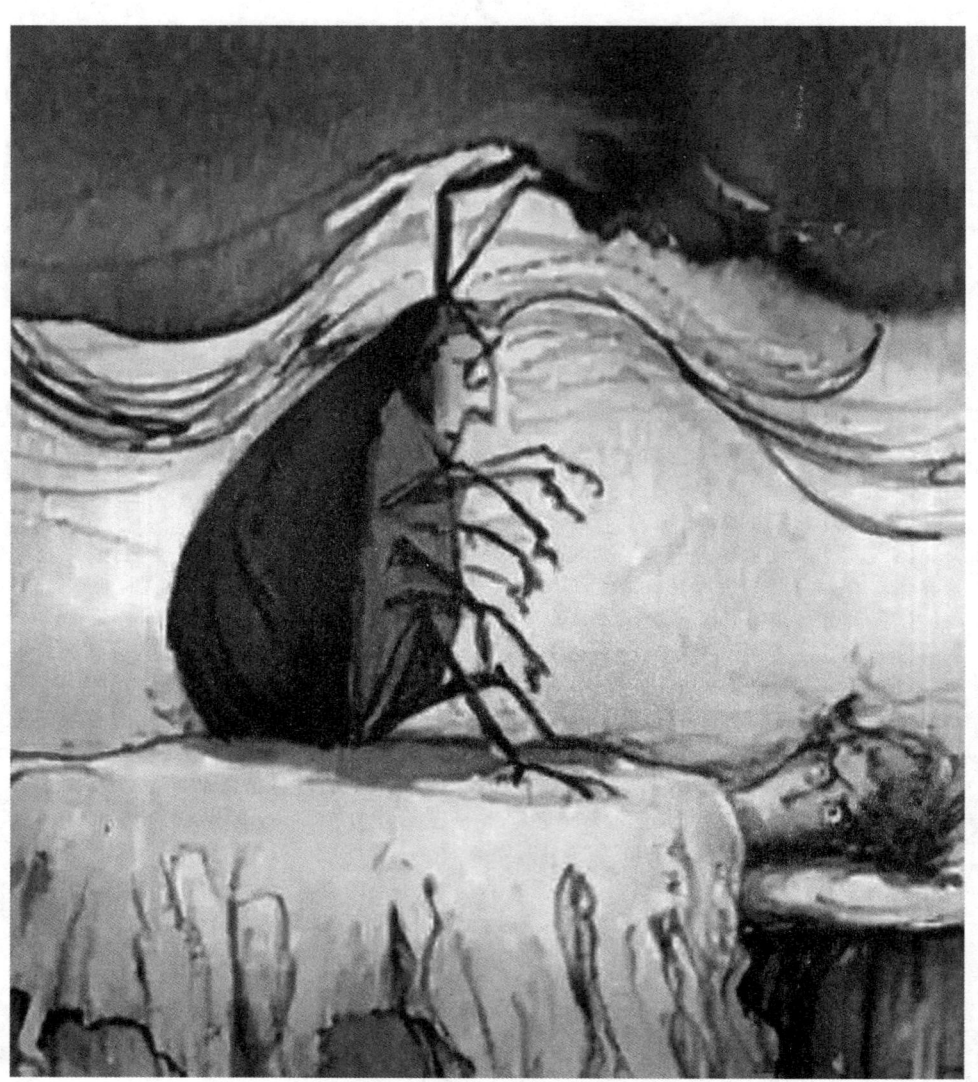

《变形记》解读[①]

[美] 弗拉基米尔·纳博科夫

一

　　当然,无论一个故事,一首乐曲,或者一幅画唤起多么激烈的、多么热心的讨论和分析,仍然会有某些人思想一片空白。感情不为之所动。当初李尔王怀着多么大的渴望为自己和考德丽娅的命运说出了"让我们接受事物的神秘吧"这句话,而这正是我要给予每一位严肃地对待艺术的人的忠告。一位可怜的人大衣被抢走了(见果戈理的《外套》);另一位可怜人被变成了甲壳虫(见卡夫卡的《变形记》)——那又怎么样呢?对于这个"怎么样"没有标准的答案。我们可以把故事拆开,找出各个部分如何衔接,结构中的一部分如何呼应另一部分;但是,在你身上必定得有某种细胞,某种基因,某种萌芽的东西因着某种既不可解释又不能置之不理的感觉而震颤。"美"加"怜悯"——这是我们可以得到的最接近艺术本身的定义。何处有美,何处就有怜悯。道理很简单,美总要消失,形式随着内容的消失而消失,世界随着个体的死亡而消亡。如果你读了卡夫卡的《变形记》后,并不认为它只是昆虫学上的奇想,那么我就要向你祝贺,你已加入了优秀而伟大的读者行列。

[①] 本文选自弗拉基米尔·纳博科夫《文学讲稿》,题目系原书所有。本文要点:(1)《变形记》与《外套》《化身博士》的异同;(2)《变形记》主人公变成甲虫,是要表达孤独感和陌生感,而"这常常是艺术家、天才、发明家气质中的共同特点";(3)《变形记》结构分析:第一部分七个场景或段落,从"格里高尔醒来,单独一人,发现自己变成了甲虫"(小说开头)到"他父亲跺着脚,粗暴地把格里高尔赶回屋子";第二部分十个场景或段落,从"喂已经变成甲虫的格里高尔的最初尝试"到"格里高尔被赶回到中间屋子,退到了他甲虫的心底里去了";第三部分十个场景或段落,从"格里高尔所受的重创使他有一个月不能行动"到"在旅途终结时,他们的女儿第一个跳起来,舒展了几下她那充满青春活力的身体"(小说结尾);(4)故事的几个重要主题:A."三"的主题,"三"这个数字在故事里起相当大的作用;B."门"的主题,即贯穿整个故事的开门、关门的主题;C."家"的主题,即萨姆沙家庭境况的盛衰,以及他们的兴旺状态与格里高尔的绝望和可怜状态之间微妙的平衡。

我下面要谈谈幻想和现实,谈谈它们之间的相互关系。如果我们把《化身博士》①的故事看作一个关于人人身上皆有善恶之争的寓言,那么这个寓言便是幼稚的,枯燥无味的。对于那类能在这个故事中看出寓言的人,寓言的意义同样要以具体实际的事件为基础,而这些"事件"以常识来看则是不可能的。但是事实上,就故事的背景来说,普通人初看去似乎并没有违背一般生活经验的地方。但我要提醒大家的是:仔细看一下就会发现故事的背景确与一般人的生活经验相矛盾。出现在哲基尔周围的厄特森以及其他的人,从某方面说,同海德先生一样怪异。如果我们不从这一点来看他们,他们也就失去了魅力。一旦巫师离开了,只剩下讲故事的人与说教者,他们就不会配合好。

哲基尔和海德的故事写得相当漂亮,但却是一个陈旧的故事。故事本身对善与恶都没有真正描写,因此其寓意很特别。从总体上看,小说中善与恶被视为众所周知,因而未加描述,这样一来,两者之间的斗争就在两个空架子间展开,斯蒂文森小说艺术的迷人之处只在作品的结构。但是我要提醒的是:既然艺术和思想,形式与内容是不可分割的,那么故事的结构也必然存在同样的情形。不管怎样,咱们还是谨慎些。如果我们把形式和内容分开来看,我仍然认为这个故事在艺术效果的实现上还存在着不足。果戈理的《外套》和卡夫卡的《变形记》就没有这方面的缺憾。斯蒂文森的故事背景中怪诞的一面——厄特森、恩菲尔德、普尔、兰尼昂以及他们所在的伦敦——与哲基尔变形的怪诞一面不属同一性质。因而故事在描绘上存在某种断裂,缺乏整体感。

《外套》《化身博士》及《变形记》三篇小说通常都被称为荒诞的幻想。在我看来,任何一部杰出的艺术作品都是幻想,因为它反映的是一个独特个体眼中的独特世界。然而当人们称这三篇故事为荒诞的幻想作品时,他们仅仅是指故事在题材方面与我们通常称为现实的东西不一致。为了搞清楚所谓的幻想是以何种方式、在何种程度上与所谓的现实相区别,还是先让我们来看看现实到底是什么。

那么我们就拿三类不同的人走过同一风景区作为例子吧。假定第一个人是位有相当不错的职业的城市居民,第二位是职业植物学家,第三位是当地的农民。第一位城市居民是所谓现实的、有常识的、讲求实际的人。在他眼里树就是树。他从地图上得知他走的那条路是通往纽顿的一条相当不错的新路,据他同

---

① 《化身博士》:19世纪英国小说家斯蒂文森的小说。

一办公室的朋友推荐,那里还有一家不错的饭馆。那位植物学家四周看看,以极其准确的植物学术语,精确的生物学的分类单位来把握他周围的环境,例如某种特定花草树木以及特定的蕨类植物。对他来说这就是客观现实。那位无知的旅游者(他分不清哪棵是橡树,哪棵是榆树)的世界,在他眼里,倒像是一个想象的、模糊的、梦一般的、并不存在的世界。最后,那个本地农民的世界与前两者的世界又不同。他的世界与个人的经验紧密相连,具有强烈的感情色彩,因为他在那里出生、成长,熟知每一棵树,每一条小径,熟知斜映在每条小径上的每个树影。所有这一切与他的日常生活,他的孩提时代,他的许许多多的琐事和习惯紧密相关,而另外两人(那个无聊的旅游者和植物分类学家)在此时此地对这一切根本不可能知道。我们这位农民不会知道周围的植物在植物学概念上的意义;同样那位植物学家也不会知道这个谷仓或那个古老的田野,或者那个有着棉花秆屋顶的旧房子对这位农民具有多么重要的意义,这些东西对于一个生于斯长于斯的农民来说,似乎总漂浮在他的记忆中。

这样,我们这儿就有三个不同的世界——三个人,有着不同的现实的普通人——当然,我们还可以举一些其他的例子,比如一个带着狗的盲人、一个带着狗的猎人、一条和主人在一起的狗,一个到处周游寻找落日景象的画家、一位怒气冲冲的姑娘——对每一个人来说,这都是一个完全不同于其他人的世界,因为大多数客观词汇,例如树、路、花、天空、谷仓、大拇指、雨,等等,各自都有完全不同的主观含义。事实上,人们的这种主观生活是如此的强烈,以至于它能使所谓客观存在成为一个空洞的、破碎的外壳。回到客观现实的唯一办法是:我们取若干个个人世界,把它们完全混合成一体,然后从中取其一份,称它为客观现实。如果经过这个地方的是一个精神病人,我们便可以从中品到一分疯狂;如果一个人凝视着这片可爱的田野,想象那是一个生产纽扣或炸弹的工厂,我们还会从中品到一分纯粹的、想当然的胡说八道。然而,总的看来,在那种被取作观察对象而被放入试管中仔细研究的客观现实的标本中,这些疯狂的因素就被稀释了。更重要的是这种客观现实将包含某些超越视力幻觉和实验室试管的东西。它里面有多种因素:有诗歌、崇高的情感、精力与努力(在此纽扣大王也能找到他合适的位置)、同情、骄傲、激情——甚至包括在被推荐的路边小吃店嚼一大块牛排的欲望。

因此,当我们说到现实,我们实际上想到的是所有这一切,是一个小小的整体,是将许许多多个体现实混合后的一份标本。正是在(人类现实的)这个意义上,我用了现实这个术语,并把它置于不同的背景上进行对照,比如:《外套》《化身博士》和《变形记》的世界,它们都是独特的幻想。

在《外套》和《变形记》两篇小说中,各有一位中心人物被赋予令人怜悯的凄楚命运。在他的周围是一群怪诞,无情,或可笑,可怖的人物,还有像斑马一样行走的驴,或兔子和老鼠杂交的后代。在《外套》里,主要人物表现出的人性与卡夫卡的故事中的格里高尔所表现的不属同一类,但这种令人同情和怜悯的性质在两个人物身上得到同样的表现。《化身博士》里就没有这种令人怜悯的性质,没有令人动情得喉头哽咽的故事,也没有那种那只燕八哥说"我出不去了,我出不去了"时的伤心的语调(而这在斯特恩的幻想小说《感伤旅行》中却是如此地令人心碎)。不错,斯蒂文森用了许多篇幅描写哲基尔困境的恐怖,但这种东西毕竟只是一场高级的《庞奇和朱迪》①一类的滑稽木偶剧。而卡夫卡和果戈理笔下的个人梦魇的美在于他们的中心人物与他们周围的非人性的人物同属于一个荒诞的世界,但那个中心人物却总是努力脱离那个世界,扔掉假面具,超越那件外套或那个背上的硬甲壳。斯蒂文森的小说里根本没有这种统一,也没有这种对照。厄特森们、普尔们以及恩菲尔德们是有意被描写为日常生活中的普通人的;事实上,他们是来自狄更斯小说的人物。这样,他们就构成了本不属于斯蒂文森本人艺术现实的幻景,这正如斯蒂文森小说中的雾来自狄更斯的写作间,却笼罩了一个世俗的伦敦。我认为哲基尔的魔药实际上比厄特森的生活更真实。另一方面,幻想的哲基尔-海德主题似乎应该与这个世俗的伦敦形成对照,然而它只构成了一种哥特式的中世纪主题与狄更斯主题之间的区别,而不是区别荒诞的世界与可怜而荒诞的巴施马奇金的命运,或区别荒诞的世界与可悲而荒诞的格里高尔的命运的那种不同。

哲基尔-海德主题与其背景有些不和谐,因为主题的幻想与背景的幻想属于不同的类型。在哲基尔身上没有丝毫特别的哀婉情调和悲剧色彩。我们津津有味地欣赏作者的高超手法和奇妙的情节安排的每一个细节,但并不产生艺术情感的悸动。对一个优秀读者来说,哲基尔与海德谁占上风完全无关紧要。我谈的是非常微妙的区别,要想用简单明了的语言来说明这种区别是很难的。曾有一位思路清晰但略显肤浅的法国哲学家请思想深奥且晦涩的德国哲学家黑格尔用简明的方式表达他的思想,黑格尔粗暴地回答他说:"这些问题既不能简洁地、

---

① 《庞奇和朱迪》:英国著名木偶剧。——译者注

也不能用法语来表达。"我们不必追究黑格尔的这种说法对与不对,还是试试用尽可能简洁的语言来说清楚果戈理-卡夫卡式的故事与斯蒂文森式的故事的区别。

在果戈理和卡夫卡的小说里,荒诞的中心人物属于围绕着他的那个荒诞的世界,但可怜而可悲的是,他苦苦挣扎要跳出这个世界,进入人的世界,结果却绝望地死去。而斯蒂文森小说中的不真实的中心人物属于与其环境不相同的非现实的世界。他是一个狄更斯小说背景中的哥特式人物。当他挣扎着最后死去时,其命运也只具有通俗意义上的感伤。我一点也不认为斯蒂文森的小说是败笔,相反,我以为就其自身的传统形式而言,它还不失为一部小小的杰作。伍它只具有二维的性质,而果戈理-卡夫卡式的小说有五维或六维。

二

弗朗兹·卡夫卡一八八三年出生于捷克斯洛伐克的布拉格,一个讲德语的犹太人家庭。他是我们时代的最伟大的德语作家。与他相比,像里尔克一类的诗人,或者像托马斯·曼一类的小说家不过是侏儒或者假偶像。卡夫卡曾在布拉格的德语大学攻读法律,从一九〇八年起在一家保险公司里当小职员,就在果戈理描写的那种办公室里工作。他所有的著名小说,如《审判》(1925),《城堡》(1926),几乎都是在他死后发表的。他的最杰出的短篇《变形记》(德文为 *Die verwandlung*)于一九一二年秋写成,一九一五年十月发表在《莱比锡》杂志上。一九一七年他开始吐血,以后的七年,即他生命最后的时期,完全是在欧洲中部的疗养地度过的。在他短暂生命的最后几年里(他四十一岁卒),他得到了幸福的爱情,一九二三年他和情人一起住在柏林,离我当时的住处不远。一九二四年春,他去了维也纳附近的一个疗养地。同年六月三日病逝于该地,死于喉结核。他被葬于布拉格的犹太人公墓。去世前,他曾要求他的朋友麦克斯·布罗德把他写的所有的东西甚至已出版的东西都烧掉,幸而布罗德没有遵从他朋友的意愿。

在谈论《变形记》之前,我要清除两个观点。首先我要彻底清除麦克斯·布罗德的观点,他认为卡夫卡的作品只适合从圣徒的角度而不是从文学的角度去理解。卡夫卡首先是位艺术家,虽然可以说每个艺术家在某种意义上也是圣人(我自对此深有感受),但我认为不能用任何宗教涵义来解释卡夫卡的天才。我要清除的另一个观点是弗洛伊德的观点。那些持这种观点的传记家们,如内德在

《冰冻的海》(1948)里所写的那样,认为《变形记》是以卡夫卡与他父亲的复杂关系以及伴随他一生的罪孽感为背景的。他们还认为在以象征为特点的神话里,儿童通常是以虫来替代的——我怀疑是否如此——所以按照弗洛伊德批评家们的假定,卡夫卡以甲虫的形象来代表儿子。他们说,甲虫把他在父亲面前所感受到的那种无足轻重的感觉恰当地形象化了。在此我只对甲壳虫感兴趣,对空话毫无兴趣,因此,我拒绝接受这种胡说八道。卡夫卡本人对弗洛伊德的观念极其不以为然。他认为心理分析是"一个不能自圆其说的错误"(我用他的原话),他还认为弗洛伊德学说是非常模糊、非常粗糙的图画,它在对待问题的细节,或者进一步说,在对待问题的实质方面都有失公正。这也就是我为什么要清除弗洛伊德的分析方法,而集中在艺术本身的探讨上的另一个原因。

　　对卡夫卡影响最大的是福楼拜的文学创作。福楼拜厌恶过分讲究辞藻的散文,因此肯定会赞赏卡夫卡的创作态度。卡夫卡喜欢运用法律和科学方面的术语,给这些词汇以讽刺性的精确含义,而且从不介入作者个人的感情;这正是福楼拜的手法,福楼拜运用此法达到了一个纯粹的诗的效果。

　　《变形记》的主角是格里高尔·萨姆沙(读作 Zamza),他是布拉格市的一对中产阶级夫妇的儿子,这对夫妇就像福楼拜笔下的市侩,只对生活中物质方面感兴趣,且欣赏趣味低俗。大约在五年前,老萨姆沙失去了他的大部分钱财,于是他的儿子格里高尔在父亲的一个债权人手下谋得一个职位,成了一个推销布匹的旅行推销员。他的父亲索性不工作了。他的妹妹葛蕾特还太小,不能工作,而母亲又得了气喘病。所以年轻的格里高尔不仅要养活全家,而且全家现在住的房子也是他设法找到的。这套房间是一个大公寓中的一个单元,位于夏洛特大街,被分隔成几小间,就如同他自己日后被分割成几部分一样。现在我们是在欧洲中部的布拉格,时间是一九一二年。当时雇佣人很便宜,萨姆沙家因此雇了一个女仆,名叫安娜,年仅十六(比葛蕾特小一岁),还雇了一个厨子。格里高尔几乎老是在外旅行,但当故事开场的时候适逢他两次出差之间,可在家里待一晚上。正在这期间,可怕的事发生了。

　　　　一天早晨,格里高尔·萨姆沙从不安的睡梦中醒来,发现自己躺在床上变成了一只巨大的甲虫。他仰卧着,那坚硬得像铁甲一般的背贴着床,他稍稍抬了抬头,便看见自己那穹顶似的棕色肚子分成了好多块弧形的硬片,被子几乎盖不住肚子尖,都快滑下来了。比起偌大的身躯来,他那许多只腿真是细得可怜,都在他眼前无可奈何地舞动着。

"我出了什么事啦?"他想。这可不是梦。他的房间,虽是嫌小了些,的确是普普通通人住的房间,仍然安静地躺在四堵熟悉的墙壁当中。在摊放着打开的衣料样品——萨姆沙是个旅行推销员——的桌子上面,还是接着那幅画,这是他最近从一本画报上剪下来装在漂亮的金色镜框里的。画的是一位戴皮帽子、围毛皮围巾的贵妇人,她挺直身子坐着,把一只套没整个前臂的厚重的皮手筒递给看画的人。

格里高尔的眼睛接着又朝窗口望去,天空很阴暗——可以听到雨点敲打在窗槛上的声音——他的心情也变得忧郁了。"要是再睡一会儿,把这一切晦气事统统忘掉那该多好。"他想。但是完全办不到,平时他习惯于侧向右边睡,可是在目前的情况下,再也不能采取那样的姿态了。无论怎样用力向右转,他仍旧滚了回来,肚子朝天。他试了至少一百次,还闭上眼睛免得看到那些拼命挣扎的腿,到后来他的腰部感到一种从未体味过的隐痛,才不得不罢休。

"啊,天哪,"他想,"我怎么单单挑上这么一个累人的差使呢!长年累月到处奔波,比坐办公室辛苦多了。再加上还有经常出门的烦恼,担心各次火车的倒换,不定时而且低劣的饮食,而萍水相逢的人也总是些泛泛之交,不可能有深厚的交情,永远不会变成知己朋友。让这一切都见鬼去吧!"他觉得肚子上有点痒,就慢慢地挪动身子,靠近床头,好让自己头抬起来更容易些;他看清了发痒的地方,那儿布满白色的小斑点,他不明白这是怎么回事,想用一条腿去搔一搔,可是马上又缩了回来,因为这一碰使他浑身起了一阵寒颤。

现在我们来看,可怜的格里高尔,倒霉的推销员,所突然变成的那个"甲虫"究竟是什么。很显然,他属于一种"多足虫"(节肢动物),蜘蛛、百足虫和甲壳虫都属于此类。如果小说开头提到的"许多条腿"指的是多于六条腿,那么从动物学的角度来说格里高尔就不是昆虫了。但我想一个人一觉醒来发现自己有六条腿在空中乱蹬,一定会觉得"六"这个数字足可以用"许多"来形容了。因此,我们可以假定格里高尔有六条腿,他是一只昆虫。

下一个问题是:什么虫?一些注释家说是蟑螂,这显然不对。蟑螂是一种扁平的有着长腿的昆虫,而格里高尔的形状绝不是扁平的,他的腹背两面都是凸出的,而且腿很细小。他与蟑螂只有一处相似,即他的颜色是棕色的。只此一点。除了这一点以外,他还有一个极大的凸出的,被折皱分成一条条块状的肚皮,他还有一个坚硬的圆鼓鼓的背,使人想到那底下可能有翅膀。甲壳虫在身上的硬壳下藏着不太灵活的小翅膀,展开后可以载着它跌跌撞撞地飞上好几英里。奇怪的是,甲壳虫格里高尔从来没有发现他背上的硬壳下有翅膀。(我的这一极好的发现足以值得你们珍视一辈子,有些格里高尔们,有些乔和简①就是不知道自己还有翅膀。)另外,他有强有力硬颌,他就是用这些器官去转动插在锁上的钥匙,同时用他的两只后腿直立,即他的第三对腿(一对有力的小腿)。这就使我们知道了他的身体长度,大约有三英尺。随着故事的发展,他渐渐习惯使用他的新器官——他的脚和触须。这个棕色的、鼓鼓的、像狗一般大小的甲壳虫长得很宽大。我想象他应该是这样的:

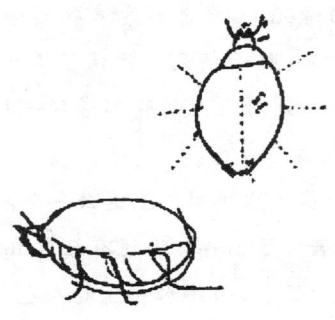

在原来的德文版中,那个老女仆把他称为 Mistkafer,一种"屎壳郎"②,显然这位好心的女人用这个词来形容并非恶意。从技术术语上说,他不是屎壳郎。他就是一个大甲虫。(我必须附加说明,无论是格里高尔还是卡夫卡,都没有看清楚这个大甲虫。)让我们更仔细终观察一下变形的过程吧。虽然令人震惊,令人感到刺激,但变化并不像初看时感觉的那么怪。一个颇具常识的评论者(保尔·L.朗德斯贝格③,在《卡夫卡问题》这本书[一九四六年,安杰尔·弗洛里斯编]里)解释说:"当我们在一个陌生的环境中睡觉,很容易在一觉醒来时产生片刻的迷糊,一种突然的非现实感。这种经历肯定会在一个商品推销员的一生中多次反复地出现,他们的生活方式不能给予他们稳定感。"而现实感恰是以持续性和稳定性为基础的。但无论如何,醒来时把自己当成虫子与醒来时把自己当成拿破仑或乔治·华盛顿之间并无太大区别。(我认识一个人,他醒来时自以为是巴西皇帝。)另一

---

① 乔和简是英语国家中最多的名字,以此指普通人,相当于中国人说"张三李四"。——译者注
② 屎壳郎:蜣螂的俗称,一种以动物粪便为食的甲虫。
③ 保尔·路德维希·朗德斯贝格(1901—1944),德国哲学家、社会学家。——译者注

方面,在所谓现实的生活中感到孤独,感到陌生,这常常是艺术家、天才、发明家气质中的共同特点。萨姆沙一家围着那只怪诞的虫子无异于凡夫俗子围着一个天才。

三

第 一 部 分

下面我将分析小说的结构。小说的第一部分可以分为七个场景或段落。

第一场景:格里高尔醒来,他单独一个人。这时他已经变成了甲虫,但在他身上随着变化而得到的虫的本能中仍然掺杂着人的知觉。故事在引进仍属人的感觉的时间因素后,第一场景也就此结束了。

> 他看了看柜子上嘀嘀嗒嗒响着的闹钟。天哪!他想道。已经六点半了,而时针还在悠悠然向前移动,连六点半也过了,马上就要七点差一刻了。闹钟难道没有响过吗?从床上可以看到闹钟明明是拨到四点钟的;显然它已经响过了。是的,不过在那震耳欲聋的响声里,难道真的能安宁地睡着吗?嗯,他睡得并不安宁,可是却正说明他还是睡得不坏。那么他现在该干什么呢?下一班车七点钟开;要搭这一班车他得发疯似的赶才行,可是他的样品都还没有包好,他也觉得自己的精神不佳。而且即使他赶上这班车,还是逃不过上司的一顿申斥,因为公司的听差一定是在等候五点钟那班火车,这时早已回去报告他没有赶上了。

他考虑着是否向公司说明自己病了,但结论是保健大夫会证明他十分健康的。

> 今天这种情况,大夫的话是不是真的不对呢?格里高尔觉得身体挺不错,只除了有些困乏,这在如此长久的一次睡眠以后实在有些多余,另外,他甚至觉得特别饿。

第二场景:家里其他三个成员敲他的门,并分别从过道、起居室和他妹妹的房间对他讲话。格里高尔的家庭成员都是附在他身上的寄生虫,剥削他,从里向外蛀食他。甲虫身上的痒从人的角度看正是指这种情况。而那种在背叛、冷酷和肮脏的现实中寻求保护的迫切需求是形成他的硬甲,即虫壳的因素。这层甲壳最初似乎很硬,很安全,但最终却发现原来与他的不健康的人的肌体及精神一样软弱无力。他的三个寄生虫(父亲、母亲、妹妹)中,哪一个最残忍呢?开始似乎可以说是他的父亲。但他不是最坏的,最坏的是他的妹妹,格里高尔最爱她,但她却背叛了他,这个过程从故事中间部分的家具一场开始。第二场景中门的主题是这样开始的:

  他床头后面的门上传来了轻轻的一下叩门声。"格里高尔,"一个声音说——这是他母亲的声音——"已经七点差一刻了。你不是还要赶火车吗?"好温和的声音!格里高尔听到自己的回答声时不免大吃一惊。没错,这分明是他自己的声音,可是却有另一种可怕的叽叽喳喳的尖叫声同时发了出来,仿佛是伴音似的,使他的话只有最初几个字才是清清楚楚的,接着马上就受到了干扰,弄得意义含混,使人家说不上到底听清楚没有。格里高尔本想回答得详细些,好把一切解释清楚,可是在这样的情形下他只得简单地说:"是的,是的,谢谢你,妈妈,我这会儿正在起床呢。"隔着木门,外面一定听不到格里高尔声音的变化……然而这场简短的对话使家里人都知道格里高尔还在屋子里,这是出乎他们意料之外的,于是在侧边的一扇门上立刻就响起了他父亲的叩门声,很轻,不过用的却是拳头。"格里高尔,格里高尔,"他喊道,"你怎么啦?"过了一小会儿他又用更低沉的声音催促道:"格里高尔!格里高尔!"在另一侧的门上他的妹妹也用轻轻的悲哀的声音问:"格里高尔,你不舒服吗?要不要什么东西?"他同时回答了他们两个人:"我马上就好了。"他把声音发得更清晰,说完一个字,过一会儿才说另一个字,竭力使他的声音显得正常。于是他父亲走回去吃他的早饭了,他妹妹却低声地说:"格里高尔,开开门吧,求求你。"可是他并不想开门,所以暗自庆幸自己由于时常旅行,他养成了晚上锁住所有门的习惯,即使回到家里也是这样。

  第三场景:起床这一难关是由仍然属于人的头脑设想而由甲壳虫的身体来行动的。这时格里高尔仍旧在用人体的观念考虑自己的身体,但现在人的下半身已是甲壳虫的后半部了,人的上半身是甲壳虫的前半部。对格里高尔来说,人的四肢似乎相应于甲壳虫的六条腿。他现在还没有完全明白自身的状况,坚持着要用他的第三对腿站立起来。他还以为自己可以用下半身从床上爬起来。

可是他还没有见过自己的下身,脑子里根本没有概念,不知道要移动下身真是难上加难,挪动起来是那样的迟缓;所以到最后,他烦死了,就用尽全力鲁莽地把身子一甩,不料方向算错,重重地撞在床脚上,一阵彻骨的痛楚使他明白,如今他身上最敏感的地方也许正是他的下身。……可是接着他又对自己说:"七点一刻前我无论如何非得离开床不可。到那时一定会有人从公司里来找我,因为不到七点公司就开门了。"于是他开始有节奏地来回晃动自己的整个身子,想把自己甩出床去。倘若他这样翻下床去,可以昂起脑袋,头部不至于受伤。他的背似乎很硬,看来跌在地毯上并不打紧。他最担心的还是自己控制不了的巨大响声,这声音一定会在所有的房间里引起焦虑,即使不是恐惧。可是,他还是得冒这个险。……

尽管门是锁着的,他还是想到了,

……他是否真的应该叫人帮忙呢?尽管处境非常困难,想到这一层,他却禁不住透出一丝微笑。

第四场景:当家庭主题或者说门的主题又一次开始时,格里高尔还在挣扎。在这一场景里他终于从床上掉下来了,发出了一声闷响。这个场景中的对话有点像希腊戏剧中的合唱。格里高尔办公室的主任被派来看看格里高尔为什么还没有到车站。这种对稍有疏忽的雇员迅速严格的检查和监督带有噩梦的特点。第二场景里的那种隔着门的对话又开始了。请注意次序:办公室主任从左边的起居室里对格里高尔讲话;葛蕾特,他的妹妹在右边的屋子里对哥哥讲话;他的父亲和母亲加入了办公室来人,一起在起居室里讲话。这时格里高尔还能说话,但他的声音已变得越来越模糊不清了,很快他的话就无法听懂了。(在二十年后詹姆斯·乔伊斯写的《为芬尼根守灵》里,两个隔着河谈话的洗衣妇渐渐变成了一棵粗壮的榆树和一块石头。)格里高尔不明白他妹妹为什么在右边屋子而不和其他人在一起。

她也许是刚刚起床,还没有穿衣服吧。那么,她为什么哭呢?是因为他不起床让秘书主任进来吗,是因为他有丢掉差使的危险吗,是因为老板又要开口向他的父母讨还旧债吗?

可怜的格里高尔已经习惯于作全家人的使用工具,以至于从来想不到可怜自己,他甚至也不希望葛蕾特同情他。母亲和妹妹隔着格里高尔的房间互相呼唤。妹妹和仆人被派去请医生和锁匠。

格里高尔现在倒镇静多了。显然,他发出来的声音人家再也听不懂了,虽然他自己听来很清楚,甚至比以前更清楚,这也许是因为他的耳朵变得能适应这种声音了。不过至少现在大家相信他有什么地方不太妙,都准备来帮助他了。这些初步措施将带来的积极效果使他感到安慰。他觉得自己又重新进入人类的圈子,对大夫和锁匠都寄予了莫大的希望,却没有怎样分清两者之间的区别。

第五场景:格里高尔开门。

格里高尔慢慢地把椅子推向门边,接着便放开椅子,抓住了门来支撑自己——他那些细腿的脚底上倒是颇有黏性的——他在门上靠了一会儿,喘过一口气来。接着他开始用嘴巴来转动插在锁孔里的钥匙。不幸的是,他并没有什么牙齿——他得用什么来咬住钥匙呢?——不过他的下颚倒好像非常结实;靠着这下颚他总算转动了钥匙,他准是不小心弄伤了什么地方,因为有一股棕色的液体从他嘴里流出来,淌过钥匙,滴到地上。……门是向他自己这边拉的,所以虽然已经打开,人家还是瞧不见他。他得慢慢地从对开的那半扇门后面把身子挪出来,而且得非常小心,以免背脊直挺挺地跌倒在房间里。他正在困难地挪动自己,顾不上作任何观察,却听到秘书主任"哦!"的一声大叫——发出来的声音像一般猛风——现在他可以看见那个人了,他站得最靠近门口,一只手遮在张大的嘴上,慢慢地往后退去,仿佛有什么无形的强大压力在驱逐他似的。格里高尔的母亲——虽然秘书主任在场,她的头发仍然没有梳好,还是乱七八糟地竖着——她先是双手合掌瞧瞧他父亲,接着向格里高尔走了两步,随即倒在地上,裙子摊了开来,脸垂到胸前,完全看不见了。他父亲握紧拳头,一副恶狠狠的样子,仿佛要把格里高尔打回到房间里去,接着他又犹豫不定地向起居室扫了一眼,然后把双手遮住眼睛,哭泣起来,连他那宽阔的胸膛都在起伏不定。

第六场景:格里高尔极力想使主任冷静,使他自己不至于被开除。

"好吧,"格里高尔说,他完全明白自己是唯一多少保持着镇静的人,"我立刻穿上衣服,等包好样品就动身。您是否还容许我去呢?您瞧,先生,我并不是冥顽不化的人,我很愿意工作;出差是很辛苦的,但我不出差就活不下去。您上哪儿去,先生?去办公室?是吗?我这些情形您能如实地反映上去吗?人总有暂时不能胜任工作的时候,不过这时正需要想起他过去的成绩,而且还要想到以后他又恢复了工作能力的时候,他一定会干得更勤恳更用心。……"

但处于惊恐中的主任似乎已经魂不附体,正踉跄着向楼梯逃去。格里高尔开始向他走去——这一段很精彩——用的还是他的第三对腿。但是,

　　格里高尔刚要摸索可以支撑的东西,忽然轻轻喊了一声,身子趴了下来,他那许多只腿着了地。还没等全部落地,他的身子已经获得了安稳的感觉,从早晨以来,这还是第一次;他脚底下现在是结结实实的地板了;他高兴地注意到,他的腿完全听从指挥;它们甚至努力地把他朝他心里所想的任何方向带去;他简直要相信,他所有的痛苦总解脱的时候终于快来了。

他的母亲跳了起来,在后退中碰翻了早餐桌上的咖啡壶,于是咖啡洒在了地毯上。

"妈妈,妈妈。"格里高尔低声地说道,抬起头来看着她。这时他已经完全把秘书主任撇在脑后;他的嘴却忍不住咂巴起来,因为他看到了淌出来的咖啡。这使他母亲再一次尖叫起来。

这时,格里高尔又开始寻找主任。他

急走几步,想尽可能追上他;可是秘书主任一定是看出了他的意图,因为他往下蹦了几级,随即消失了;可是还在不断地叫喊"噢!"回声传遍了整个楼梯。

第七场景:他父亲跺着脚,一手舞着棍子,一手挥着报纸,粗暴地把格里高尔赶回屋子。格里高尔要穿过半开着的门有困难,但在父亲的驱赶之下,只得用力向门里挤去,结果被门卡住了。

他身子的一边拱了起来,倾斜地卡在门口,腰部挤伤了,在洁白的门上留下了可憎的斑点,不一会儿他就给夹住了,不管怎么挣扎,还是丝毫动弹不得,他一边的腿在空中颤抖地舞动,另一边的腿却在地上给压得十分疼痛——这时,他父亲从后面使劲地推了他一把,实际上这倒是支援,使他一直跌进了房间中央,汩汩地流着血。在他后面,门砰的一声用手杖关上了,屋子里终于恢复了寂静。

第 二 部 分

第一场景:喂已经变成甲壳虫的格里高尔的最初尝试。开始人们觉得他只是交了厄运,不是不治之症,随着时间的推移会好起来的,所以给他的食品是按病人的需要给的,因此他得到一份人吃的牛奶。我们总会注意到那几扇门,它们总是在黄昏时偷偷地打开又关上。一阵轻柔的脚步声从厨房出来,穿过过道,到了格里高尔房间临过道的门口,这是他妹妹的脚步,它把他从睡梦中惊醒,随后发现一只盛有牛奶的盆已经放在了他的屋里。他的一条细腿在和他父亲的那场冲突中被弄伤了,腿是会好起来的,但在此时他跛着,拖着那条受伤的残腿。他是所有甲壳虫中最大的一只,但他比人小得多,也脆弱得多。格里高尔艰难地爬向牛奶。唉,可怜!他那个仍旧属于人的头脑虽然急切地想要这种甜甜的牛奶和浸着牛奶的面包,但他甲壳虫的胃以及甲壳虫的味觉器官却拒绝接受哺乳动物的食物。虽然他很饿,但却厌恶牛奶,他只得又爬回屋子中间去。

第二场景:门的主题还在继续,又插进了时间的主题。我们开始读到格里高尔在一九一二年这个奇幻的冬天的日常生活,以及他发现了沙发底下这个安全地带。还是让我们和格里高尔一起透过左边起居室的门缝来看一看,听一听吧。他的父亲过去常给他的母亲和妹妹读报纸,当然现在这种活动已被打断了。这套房子里虽然还住着人,但却很安静,总的说来,这一家人正在慢慢习惯这种新的状况。现在作为儿子,作为哥哥的格里高尔落入了一种可怕的变化,这个变化本来足以把他一家人吓得跑到街上去哭喊着请求帮助。但现在这一家人,三个市侩庸人,却不声不响地默认了这一切。

不知你们是否在两年前的报纸上读到过关于一个十几岁的女孩和一个男孩杀了女孩的母亲的故事。这个故事的开始很有些像卡夫卡小说里的情景:女孩的母亲回家后,发现女儿和一个男孩在卧室里,男孩用锤子砸了母亲好几下,并把她拖开。但那妇女被拖到厨房后仍在翻滚和呻吟,男孩对他的情人说:"把锤子递给我,我还得再砸她几下。"但女孩没有把锤子给他,却递给他一把刀,男孩就用刀在女孩母亲身上捅了多次,直到把她捅死。——也许他还以为这一切就像是在一部喜剧连环画中发生的那样:你用锤子砸某个人,这人眼前出现许多星星和感叹号,但在下一期中,他又渐渐地活过来了。然而,真正的人是没有下一期的,所以不久男孩和女孩只好着手处理母亲的尸体。"噢!用熟石灰可把她的尸体彻底熔化掉!"当然,主意极妙,把尸体放入澡盆,上面盖上熟石灰,就万事大吉了。这时母亲的尸体还躺在石灰下面(他们的计划并没实现,可能是由于石灰的种类不对),男孩和女孩就举行了几次啤酒宴会。多么有趣啊!美妙的盒式音乐磁带,美妙的听装啤酒。"但是,伙计们,你们可别去洗澡间,那里一塌糊涂。"

我是想说明在所谓的现实生活里,有时我们也能发现与卡夫卡幻想故事极其相似的情景。请留心一下卡夫卡小说中庸人们的奇怪心理,尽管就在他们中间发生了可怖的怪事,但他们仍能津津有味地读晚报。

> "我们这一家日子过得多么平静啊。"格里高尔自言自语道。他一动不动地瞪视着黑暗,心里感到很自豪,因为他能够让他的父母和妹妹在这样一套挺好的房间里过着满不错的日子。

房间很高,很空,作为甲壳虫的格里高尔开始统治作为人的格里高尔了。在这高高的房间里,他必须平躺在地板上,这给他一种不可名状的恐惧,因为

> 这就是他自己住了五年的房间——他自己还不大清楚是怎么回事,就已经毫不害臊地急急钻到沙发底下去了,他马上就感到这儿非常舒服,虽然

他的背稍有点被压住,他的头也抬不起来。他唯一感到遗憾的是身子太宽,不能整个藏进沙发底下。

第三场景:格里高尔的妹妹拿进来一些食物。她取走了牛奶盆,不是光着手,而是垫了一块布,因为那个盆被那个令人恶心的怪物碰过了。但是,她毕竟是个聪明的人儿,她带来了一系列的东西——烂菜叶子、陈奶酪、粘着干得发白的调料汁的骨头——格里高尔对着这丰盛的食品发出咝咝的叫声。

他眼中含着满意的泪水,逐一地把乳酪、蔬菜和酱油都吃掉;可是新鲜的食物却一点也不给他以好感,他甚至都忍受不了那种气味,事实上他是把可吃的东西都叼到远一点的地方去吃的。

妹妹慢慢地在锁里转动钥匙的声音对他像是警告,他该退回去了,她进来收拾,而格里高尔则吃得饱饱的,向沙发底下躲去。

第四场景:妹妹葛蕾特承担了一个新的重要任务。是她每天为甲壳虫喂食;她一个人出入甲壳虫的住房,常常叹息,不时地请求圣灵保佑——这是一个如此虔诚的基督教家庭。在一个精彩的段落中,女厨子跪在萨姆沙太太的面前请求辞职。她眼里含着泪水,感谢萨姆沙一家人允许她离去——好像她是一个被解放的奴隶——在没有任何敦促之下,严肃认真地发誓说,关于萨姆沙家发生的事她决不对任何人提起一个字。格里高尔每天要喂两次,

一次在清晨他父母和使女还睡着的时候,另一次是在他们吃过午饭,他父母睡午觉而妹妹把使女打发出去随便干点杂事的时候。他们当然不会存心叫他挨饿,不过也许是他们除了听妹妹说一声以外对于他吃东西的情形根本不忍心知道吧,也许是他妹妹也想让他们尽量少操心吧,因为眼下他们心里已经够烦的了。

第五场景:这是极其痛苦的一幕。在这一幕里泄露了这样一个事实,当格里高尔还是人的时候就受到家人的欺骗。格里高尔之所以在那个噩梦般的公司里干这份倒霉的差事,完全是为了帮助他那五年前就破产的父亲。

大家都习惯了，不论是家里人还是格里高尔，收钱的人固然很感激，给的人也很乐意，可是再也没有那种特殊的温暖感觉了。只有妹妹和他最亲近，他心里有个秘密的计划，想让她明年进音乐学院，她跟他不一般，爱好音乐，小提琴拉得很动人，进音乐学院费用当然不会小，这笔钱一定得另行设法筹措。他逗留在家的短暂期间，音乐学院这一话题在他和妹妹之间经常提起，不过总把它当作一个永远无法实现的美梦；只要听到关于这件事的天真议论，他的父母就感到沮丧；然而格里高尔已经痛下决心，准备在圣诞节之夜隆重地宣布这件事。

现在格里高尔无意中听到了父亲的谈话。

有一笔投资保存了下来——款子当然很小——而且因为红利没有动用，钱数还有些增加。另外，格里高尔每个月给的家用——他自己只留下几个零用钱——没有完全花掉，所以到如今也积成了一笔小数目。格里高尔在门背后拼命点头，为这种他没料到的节约和谨慎而高兴。当然，本来他也可以用这些多余的款子把父亲欠老板的债再还掉些，使自己可以少替老板卖几天命，可是无疑还是父亲的做法更为妥当。

家里人都认为这笔钱不能动，应该放起来等到处境更困难时再用，但现在怎样支付生活开销呢？父亲已有五年不工作了，再不能指靠他干什么。母亲有气喘病更不能工作。他妹妹是否应该自食其力呢？

妹妹还只是个十七岁的孩子，她的生活直到现在为止还是一片欢乐，关心的只是怎样穿得漂亮些，睡个懒觉，在家务上帮帮忙，出去找些不太花钱的娱乐，此外最重要的就是拉小提琴，又怎能叫她去给自己挣面包呢？只要话题转到挣钱养家的问题，最初格里高尔总是放开了门，扑倒在门旁冰凉的皮沙发上，羞愧与焦虑得忧心如焚。

第六场景：兄妹之间建立了一种新的关系，这次是与窗户，而不是与门有关。格里高尔有时也集中全身力量,将扶手椅推到窗前,然后爬上窗台,身体靠着椅子,把头贴到玻璃窗上,他显然是企图回忆过去临窗眺望时所感到的那种自由。

格里高尔,或者卡夫卡,似乎认为爬向窗子的欲望是一种对人的经历的回忆。事实上,这是昆虫具有的典型的趋光性。人们可以在靠近玻璃窗的地方看见各种小虫子:一只死蛾子、一只跛脚的蚱蜢、几个在角落里被蜘蛛网粘住的小虫子、一只嗡嗡飞着企图穿过玻璃的苍蝇。格里高尔的视力变得越来越弱,他已经看不见街对面的情景了。此时人的具体的感觉就让位于虫的笼统的概念了。(但是我们最好自己不要变成昆虫,让我们先来仔细研究故事中的各个细节,只要我们掌握了所需要的一切材料,这个笼统的概念是什么也就自然而然地清楚了。)他的妹妹不知道格里高尔尚保留着一颗人的心、人的感觉、人的体面感、羞耻感、屈辱感,以及可怜的自尊心。她那样急急忙忙,乒乒乓乓打开窗户通风的举动使格里高尔极度不安,她丝毫不想掩盖她对甲虫窝的那股难闻的气味表现出来的恶心。即使当着他的面,她也不掩饰对他的厌恶。

大概在格里高尔变形一个月以后,其实这时她已经没有理由见到他再吃惊了,她比平时进来得早了一些,发现他正在一动不动地向着窗外眺望,所以模样更像妖魔了。……她不仅退出去,而且仿佛是大吃一惊似的跳了回去,并且还砰地关上了门;陌生人还以为他是故意等在那儿要扑过去咬她呢。

虽然他立刻就缩回到了长沙发底下,但还是等到中午她才又来,她好像比平时更不自然。这种事情刺伤他的感情,而且没人清楚这种事情是怎样刺伤他的。出于感情微妙的流露,为了使妹妹免得看见他厌恶,一天,格里高尔

花了四个小时的劳动,用背把一张被单拖到沙发上,铺得使它可以完全遮住自己的身体,这样,即使她弯下身子也不会看到他了。……当格里高尔小心翼翼地用头把被单拱起一些看她怎样对待新情况的时候,他甚至仿佛看到妹妹眼睛里闪出了一丝感激的光辉。

我们应当注意到这可怜的小怪物是多么善良,多么好心眼。他的甲壳虫身份虽然扭曲和贬低了他的身体,但却把他内心人的美好一面全都体现出来了。他彻底的无私精神,总是替别人着想的品质与他自身可怕的灾难形成强烈的对比。卡夫卡的艺术在于他一方面逐步积累格里高尔的虫的特征,包括他的虫的外表所有的可悲的细节,另一方面又生动地、清晰地向读者展示了格里高尔善良的,体贴入微的人的本性。

第七场景:在这一场里发生了搬动家具的情景。两个月过去了。到目前为止只有妹妹来看他,但格里高尔却对自己说,妹妹只是一个孩子,她承担照顾我的生活完全是出于孩子似的无知。母亲应该更清楚我的情况。现在,在这一场景中,患有气喘病的,身体虚弱,脑子糊涂的母亲将第一次进入他的房间。卡夫卡精心安排了这一场景。为了消遣,格里高尔已经养成了在墙上和天花板上爬行的习惯。他正处于一个甲壳虫身份能带给他的有限快乐的顶峰状态。

> 他的妹妹马上就注意到了格里高尔新发现的娱乐——他的脚总要在爬过的地方留下一种黏液——于是她想到应该让他有更多地方可以活动,得把碍路的家具搬出去,首先要搬的是五斗橱和写字台。

因此母亲进入了房间,来帮助搬家具。她来到他的门口,带着高兴的急切心情想看看儿子,但当她进入这间神秘的房间时,这种矛盾的,不由自主的反应被沉默所代替了。

> 格里高尔的妹妹当然先进房间,她来看看是否一切都很稳妥,然后再招呼母亲。格里高尔赶紧把被单拉低些,并且把它弄得皱褶更多些,让人看了以为这是随随便便扔在沙发上的。这一回他也不打沙发底下往外张望了;他放弃了见到母亲的快乐,她终于来了,这就已经使他喜出望外了。"进来吧,他躲起来了。"妹妹说,显然是挽着母亲的手在领她进来。
>
> 母女俩艰难地搬着沉重的家具,忽然他母亲提出了一个想法,虽然天真但却出于好意,虽然不是高见却不乏感情,她说:

我们搬走家具,岂不等于向他表示,我们放弃了他好转的希望,硬着心肠由他去了吗?我想还是让他房间保持原状的好,这样,等格里高尔回到我们中间,他就会发现一切如故,也就能更容易忘掉这期间发生的事了。

此时,格里高尔正受着两种情绪的纠缠。他的甲壳虫身份告诉他空屋子和空墙更便于他爬行,他只需要一个可供藏身的地方——他必不可少的长沙发,否则的话他可以连这也不要,这些家具显然都是为人提供方便的摆设。但他母亲的声音使他想起他的人的身份。不幸的是,他妹妹已产生了一种奇怪的自信心,已经习惯于把自己看作是处理格里高尔事务的专家,根本不顾她父母的意见。

另一个原因也可能是她这种年龄的少女的热烈气质,她们无论做什么事总要迷在里面,这个原因使得葛蕾特夸大哥哥环境的可怕,这样,她就能给他做更多的事了。

这里有一个有趣的提示,我们会联想到这样一种文学类型:专横跋扈的妹妹(或姐姐),童话故事里的强有力的妹妹(或姐姐),在愚人之家里称王称霸的、漂亮的爱管事的姑娘,灰姑娘的两个骄傲的姐姐,在灾难和废墟中象征健康、青春、美貌的残酷的标志。最后她们决定无论如何还是把家具搬出去,当然在搬橱柜时费了很大的力气,格里高尔非常紧张、痛苦。在橱柜里有他的线锯,他过去在家闲着的时候就用这线锯做一些小玩意儿,这是他唯一的嗜好。

第八场景:格里高尔试图至少把他用珍爱的线锯做的那幅镶在镜框里的画保留下来。甲壳虫每次被家人看见时总处于一个新的姿势,某个新的地点,卡夫卡用这种多变的方式达到不同的效果。这一场里格里高尔从藏身的地方冲出来,爬上墙,把他又热又干的肚皮紧贴在镜框那光滑清凉的玻璃上,用自己的身体盖住那张画。母女俩此时正用力地搬着写字台,因而没有看见他。搬这样的家具,母亲实在帮不了什么忙,还得葛蕾特照顾她。葛蕾特总显得体力充沛,而他的哥哥以及父母却很快(在扔苹果的场景之后)陷入一种昏昏欲睡、木然衰弱的状态中。但葛蕾特正值青春期的健康体质却使他们强撑起来。

第九场景:尽管葛蕾特努力不让母亲看见哥哥,但母亲还是看见了格里高尔,看到了印花墙纸上那一大团棕色的东西,她还没有真的理会到她看见的正是格里高尔,就用嘶哑的声音大叫起来:"啊,上帝,啊,上帝!"接着就双手一摊倒在沙发上,仿佛听天由命似的,一动也不动了。"唉,格里高尔!"他妹妹喊道,对他又是挥拳又是瞪眼。自从变形以来这还是她第一次直接对他说话。

妹妹冲进起居室,想找些什么药以便把母亲从昏迷中救醒。

格里高尔也想帮忙——要救那张图片以后还有时间——可是他已经紧紧地粘在玻璃上,不得不使点劲儿才让身子能够移动;接着他就跟在妹妹后面奔进房间,好像他像过去一样,真能给她什么帮助似的;可是他马上就发现,自己只能无可奈何地站在她后面;妹妹正在许许多多小瓶子堆里找来找去,等她回过身来一看到他,真的又吃了一惊;一只瓶子掉到地板上,打碎了;一块玻璃片划破了格里高尔的脸,不知什么腐蚀性的药水溅到了他身上;葛蕾特才愣住一小会儿,就马上抱起所有拿得了的瓶子跑到母亲那儿去了;她用脚砰地把门关上。格里高尔如今和母亲隔开了,她就是因为他,也许快要死了;他不敢开门,生怕吓跑了不得不留下来照顾母亲的妹妹;目前,除了等待,他没有别的事可做;他被自我谴责和忧虑折磨着,就在墙壁、家具和天花板上到处乱爬起来,最后,在绝望中,他觉得整个房间竟在他四周旋转,就掉了下来,跌落在大桌子的正中央。

这时家庭成员各自的位置发生了变化。母亲(在沙发上)和妹妹在中间屋子,格里高尔在左边屋子的角落里。正在这时他父亲回到家走进了起居室。格里高尔

赶忙爬到自己房间的门口,蹲在门前,好让父亲从客厅里一进来便可以看见自己的儿子乖得很,一心想立即回自己房间,根本不需要赶,要是门开着,他马上就会进去的。

第十场景:扔苹果的一幕现在开始了。格里高尔的父亲已经变了,正处于力量的顶峰。他已不是从前那个常常无精打采地躺在床上,与人打招呼时几乎

连手都不抬一下的人了,已不是那个出门就得拄着根歪把拐杖,拖着双腿艰难地挪动的老头了。

  现在他身子笔直地站着,穿一件有金色纽扣的漂亮的蓝制服,这通常是银行的杂役穿的;他那厚实的双下巴鼓出在上衣坚硬的高领子外面;从他浓密的睫毛下面,那双黑眼睛射出了神气十足咄咄逼人的光芒;他那头本来乱蓬蓬的头发如今从当中整整齐齐、一丝不苟地分了开来,两边都梳得又光又平。他把那顶绣有金字——肯定是哪家银行的标记——的帽子远远地往房间那头的沙发上一扔,把大衣的下摆往后一甩,双手插在裤袋里,板着严峻的脸朝格里高尔冲来。他大概自己也不清楚要干什么;但是他却把脚抬得老高,格里高尔一看到他那大得惊人的鞋后跟简直吓呆了。

像通常一样,格里高尔对人的腿的动作,对人的又大又厚的脚特别感兴趣,它们与他的细弱的肢体相比大不一样。我们在这里看到慢动作主题的重复(那办公室主任,拉着双腿向后退却也是慢动作)。现在父亲和儿子慢慢地在屋子里转:由于动作太慢,整个过程看上去一点儿也不像追捕。这时,父亲开始用起居室兼饭厅里仅有的炮弹——苹果,小小的红苹果——向格里高尔开火。格里高尔被赶回到中间屋子,退到了他甲虫的心底里去了。

  一只扔得不太用力的苹果轻轻擦过格里高尔的背,没有带给他什么损害就飞走了。可是紧跟着马上飞来了另一只,正好打中了他的背并且还陷了进去;格里高尔挣扎着往前爬,仿佛能把这种可惊的莫名其妙的痛苦留在身后似的;可是他觉得自己好像被钉住在原处,就六神无主地瘫倒在地上。在清醒的最后一刹那,他瞥见他的房门猛然打开,母亲抢在尖叫着的妹妹前头跑了过来,身上只穿着内衣,她女儿为了让她呼吸舒畅,好缓过气来,已经把她衣服都解开了,格里高尔看见母亲向父亲扑过去,解松了的裙子一条接着一条都掉在地板上,她绊着裙子径直向父亲奔去,抱住他,紧紧地搂住他,双手围在父亲的脖子上,求他别伤害儿子的生命——可是这时,格里高尔的眼光已经逐渐暗淡了。

  第二部分在这里结束。现在我们来总结一下。妹妹已明确地变成了敌视哥哥的人。她可能爱过他，但现在对他只有厌恶和愤怒。萨姆沙太太的气喘病与感情在争斗。她是一个十分机械的母亲，对儿子有某种机械的爱，但我们很快就发现她也准备丢弃他。正如已经提到的，父亲的体质上和残忍上已达到某种顶点。从一开始他就急于伤害他那个无能为力的儿子的身体，现在他扔的苹果已嵌在了可怜的格里高尔的甲虫肉体里了。

第 三 部 分

第一场景：

格里高尔所受的重创使他有一个月不能行动——那只苹果还一直留在他身上，没人敢去取下来，仿佛这是一个公开的纪念品似的——他的受伤好像使父亲也想起了他是家庭的一员，尽管他现在很不幸，外形使人看了恶心，但是也不应把他看成是敌人，相反，家庭的责任正需要大家把厌恶的心情压下去，而用耐心来对待，只能是耐心，别的都无济于事。

从这里开始，门的主题又出现了。晚上，从格里高尔的黑屋子通往亮着灯的起居室的门开着。这是一个微妙的情景。在前一场里，父亲和母亲达到了他们精力的最高点。他，父亲，身着笔挺的制服向格里高尔扔苹果炸弹，这些小小的红苹果便是丰满成熟，男性力量的象征。她，母亲，尽管呼吸器官虚弱，到底还是帮着搬家具了。但过了这一顶峰后，便是低潮，他们都逐渐衰弱了。父亲看上去几乎到了散了架的分上，也快要变成懦弱的甲虫了。通过开着的门似乎有一股奇怪的暗流在流动。格里高尔的甲壳虫病是传染性的，他父亲似乎已经染上了，变得软弱，干巴，肮脏。

晚饭吃完不久，父亲就在扶手椅里打起瞌睡来；母亲和妹妹就互相提醒谁都别说话；母亲把头低低地俯在灯下，在给一家时装店做精细的针线活；他妹妹已经当了售货员，为了将来找更好的工作，在利用晚上的时间学习速记和法文。有时父亲醒了过来，仿佛根本不知道自己已经睡了一觉，还对母亲说："你今天干了这么多针线活呀！"话才说完又睡着了，于是娘儿俩又交换一下疲倦的笑容。

父亲脾气真执拗，连在家里也一定要穿上那件制服，他的睡衣一无用处地挂在钩子上,他穿得整整齐齐,坐着坐着就睡着了,好像随时要去应差,即使在家里也要对上司唯命是从似的。这样下来,虽则有母亲和妹妹的悉心保护,他那件本来就不是簇新的制服已经开始显得脏了,格里高尔常常整夜整夜地望着纽扣老是擦得金光闪闪的外套上的一摊摊油迹,老人就穿着这件外套极不舒服却又是极安宁地坐在那里沉入了睡乡。

每天该睡觉的时候,尽管母亲和妹妹不断地催促,父亲总是拒绝上床睡觉。最后,母女俩只好架着他的两只胳膊把他从椅子上拉起来。

于是就由两个人搀扶着挣扎站起来,好不费力,仿佛自己对自己都是一个沉重的负担,还要她们一直扶到门口,这才挥挥手叫她们回去,独自往前走,可是母亲还是放下了针线活,妹妹也放下笔,追上去再搀他一把。

父亲的制服已经十分近似于甲壳虫的特大外壳,只是略显灰暗了点。工作过度,疲惫不堪的母女俩还得把他从一个房间架到另一个房间,并把他弄上床。

第二场景:萨姆沙家的解体还在继续。他们辞退了年轻的女仆,另请了一个较便宜的打杂女工,她是一个又瘦又高的女人,来做粗活的。你们必须记住,在一九一二年的布拉格,打扫卫生、做饭做菜的活比起在一九五四年的伊萨卡来说要难做得多。他们被迫卖掉了家里的许多装饰品。

可是最使他们悲哀的就是没法从与目前的景况不相称的住所里迁出去,因为他们想不出有什么法子搬动格里高尔。可是格里高尔很明白,对他的考虑并不是妨碍搬家的主要原因,因为他们满可以把他装在一只大小合适的盒子里,只要留几个通气的孔眼就行了;他们彻底绝望了,还相信他们是注定了要交上这种所有亲友都没交过的厄运,这才是使他们没有迁往他处的真正原因。

这个家庭十足的自我中心,除了完成每日必做的事情外,已不再有任何多余的力量了。

第三场景:格里高尔脑子里闪过了家里人的记忆,这是由他仍然存在的想帮助家庭的欲望触发的。他甚至记起了过去那些似有似无的情人们,"但是她们非但不帮助他和他的家庭,个个都那么不可接近,他很高兴她们都离开了"。这一场主要写的是葛蕾特,她现在完全成了反派角色。

> 他妹妹再也不考虑拿什么他可能最爱吃的东西来喂他了,只是在早晨和中午上班以前匆匆忙忙地用脚把食物推进来,手头有什么就给他吃什么,到了晚上只是用扫帚一下子再把东西扫出去,也不管他是尝了几口呢,还是——这是最经常的情况——连动也没有动。她现在总是在晚上给他打扫房间,她的打扫不能再草率了。墙上尽是一缕缕灰尘,到处都是成团的尘土和脏东西。起初格里高尔在妹妹要来的时候总待在特别肮脏的角落里,他的用意也算是以此责难她。可是即使他再蹲上几个星期也无法使她有所改进;她跟他一样完全看得见这些尘土,可就是决心不管。不但如此,她新近脾气还特别暴躁,这也不知怎的传染给了全家人,这种脾气使她认定自己是格里高尔房间唯一的管理人。

有一回,他母亲用了好几桶水对屋子作了一次彻底的清扫——湿气使格里高尔很不舒服——随之而来的便是一场奇怪的家庭纷争。他妹妹放声号啕起来,他父母则在一旁被惊得不知所措。过了一会儿,两位老人也开始行动起来:

> 父亲先是责怪右边的母亲,说打扫格里高尔的房间本来是女儿的事,她真是多管闲事;接着又尖声地对左边的女儿嚷叫,说以后再也不让她去打扫格里高尔的房间了;而母亲呢,却想把父亲拖到卧室里去,因为他已经激动得不能控制自己了;妹妹哭得浑身发抖,只管用她那小拳头擂打桌子;格里高尔也气得发出很响的嗤嗤声,因为没有人想起关上门,省得他看到这一场好戏,听到这么些吵闹。

第四场景:在格里高尔和那个瘦高个的女杂工之间建立了一种有趣的关系。她觉得他很有意思,一点儿也不可怕,事实上她相当喜欢他。"来吧,你这个大屎壳郎。"她这样说。外面正在下雨,也许这是春天的第一个信息吧。

第五场景:房客到了,三个留着胡子、凡事喜好井井有条的寄宿者。他们是一些机械的人,他们的胡子是体面的面具,但这些表情严肃的绅士们实际上是些冒牌货,是一些混蛋。在这一场里这套住房发生了很大变化。房客们占了最左边的父母的卧室,也就是起居室左面的一间。父母搬进了妹妹住的那间,即格里高尔房间右边的那间。葛蕾特只好睡在起居室。但现在由于房客们在起居室吃饭而且晚饭后还要在那里休息,因此妹妹实际上没有自己的房间。再则这三位房客又往这套带家具的公寓里搬进一些他们自己的家具。他们还特别讲究表面上的整洁,所有他们不需要的零零碎碎就都搬进了格里高尔的房间。这与第二部分第七场中发生的搬家具的情况正好相反,那次是设法把格里高尔屋里的所有东西都搬出来。那时我们看到家具的退出,现在则是家具的回流,丢弃的货物又都流回来了,所有的旧货都涌了进来。奇怪得很,格里高尔虽然非常虚弱,苹果创伤已经开始化脓溃烂,加上他又一直挨饿,但他觉得在这些肮脏的破烂家具上爬来爬去很惬意。在第三部分的这一场里发生了许多变化。这里描写了家里就餐情况的变化。蓄着胡子的机器人的机械举动与萨姆沙家的自动调节反应正好相配。房客们

大模大样地坐在桌子的上首,在过去,这是父亲、母亲和格里高尔吃饭时坐的地方,三个人摊开餐巾,拿起了刀叉。立刻,母亲出现在对面的门口,手里端了一盘肉,紧跟着她的是妹妹,拿的是一盘堆得高高的土豆。食物散发着浓密的水蒸气。房客们把头俯在他们前面的盘子上,仿佛在就餐之前要细细察看一番似的,真的,坐在当中像是权威人士的那一位,等肉放到碟子里就割了一块下来,显然是想着看够不够嫩,是否应该退给厨房。他做出满意的样子,焦急地在一旁看着的母亲和妹妹这才舒畅地呼了口气,笑了起来。

格里高尔对大脚的那种敏感的、嫉妒的兴趣还会出现。现在没有牙齿的格里高尔对牙齿也发生了兴趣。

他竟能从饭桌上各种不同的声音中分辨出他们牙齿的咀嚼声,这声音仿佛在向格里高尔示威:要吃东西就不能没有牙齿,即使是最坚强的牙床,只要没有牙齿,也算不了什么。"我饿坏了,"格里高尔悲哀地自言自语道,"可是又不能吃这种东西。这些房客拼命往自己肚子里塞,可是我却快要饿死了!"

第六场景：在这重要的音乐一场中，房客们听到葛蕾特在厨房里拉小提琴，出于对音乐娱乐价值的机械反应，他们请她为他们演奏。三位房客和三位萨姆沙共聚在起居室。

我不想贬低音乐爱好者，但我确想指出，一般意义上的音乐，就像它的消费者理解的那样，与文学和绘画相比，只属于艺术等级上的较原始、较具动物性的形式。我指的是广义上的音乐，是从音乐对一般听众的影响这方面来考虑的，而不是指个人的创造、想象、作曲，这些当然完全可以与文学艺术和绘画艺术相比。一位伟大的作曲家与伟大的文学家、画家一样，是兄弟。但我认为一般化的原始形态的音乐对于其听众产生的影响比起一本一般化的书或一张一般化的画对其欣赏者产生的影响来说，质量要低得多。我要特别指的是音乐对一些人起的那种安抚、催眠、消沉的作用，就像收音机或唱机播放的音乐那样。

在卡夫卡的故事里，这只是一个女孩子可怜巴巴地在小提琴上锯来锯去。这种音乐与今天的盒装音乐或者一插插头即可听的音乐一样。卡夫卡对一般音乐的感受同我刚才的阐述一样，即使人迟钝，使人麻木，动物般的性质。在理解下面一句很重要的话时，我们头脑里必须有这种音乐观。许多译者就曾误解了这句话的原意。从字面上看，句子是这样的：

音乐对他有这么大的魔力，难道因为他是动物吗？

这是说，在他具有人形时，他不喜欢音乐，但在这一场，在甲虫的身份下，他被音乐征服了：

他觉得自己一直渴望着某种营养，而现在他已经找到这种营养了。

这场戏是这样开始的。格里高尔的妹妹开始为房客们演奏。

格里高尔受到吸引，也大胆地向前爬了几步，他的头实际上都已探进了起居室。他对自己越来越不为别人着想几乎已经习以为常了；有一度他是很以自己的知趣而自豪的。这样的时候他实在更应该把自己藏起来才是，因为他房间里灰尘积得老厚，稍稍一动就会飞扬起来，所以他身上也蒙满灰尘，背部和两侧都沾满了绒毛、发丝和食物的残渣，走到哪里就带到哪里；他现在对一切都无动于衷,已经不屑于像过去有个时期那样,一天翻过身来在地毯上擦上几次了。尽管现在这么邋遢,他却老着脸皮地走前几步,来到起居室一尘不染的地板上。

起初没人注意到他的房客们由于当初期望听到好的小提琴演奏,因而感到失望,正聚集在窗前窃窃私语,盼着音乐快点结束。然而对格里高尔来说,他妹妹演奏得棒极了。

格里高尔又往前爬了几步,而且把头低垂到地板上,希望自己的眼光也许能遇上妹妹的视线。音乐对他有这么大的魔力,难道因为他是动物吗?他觉得自己一直渴望着某种营养,而现在他已经找到这种营养了。他决心再往前爬,一直来到妹妹的跟前,好拉拉她的裙子让她知道,她应该带了小提琴到他房间里去,因为这儿谁也不像他那样欣赏她的演奏。他永远也不让她离开他的房间,至少,只要他还活着;他那可怕的形状将第一次对自己有用;他要同时守望着房间里所有的门,谁闯进来就啐谁一口;他妹妹当然不受任何约束,她愿不愿和他待在一起那要随她的便;她将和他并排坐在沙发上,俯下头来听他吐露他早就下定的要送她进音乐学院的决心,要不是他遭到不幸,去年圣诞节——圣诞节准是早就过了吧?——他就要向所有人宣布了,而且他是完全不容许任何反对意见的。在听了这样的倾诉以后,妹妹一定会感动得热泪纵横,这时格里高尔就要爬上她的肩膀去吻她的脖子,由于出去做事,她脖子上现在已经不系丝带,也没有高领子。

突然,中间的那位房客看到了格里高尔,但他父亲并没有马上把格里高尔赶出去,而是设法使房客们平静下来(与他往常的做法正好相反),他这时

急忙向他们走去,张开胳膊,想劝他们回到自己房间去,同时也是挡住他们,不让他们看见格里高尔。他们现在倒真的有点儿恼火了,也说不上来到底是因为老人的行为呢,还是因为他们如今才发现住在他们隔壁的竟是格里高尔这样的邻居。他们要求父亲解释清楚,也跟他一样挥动着胳膊,不安地拉着自己的胡子,万般不情愿地向自己的房间退去。

妹妹迅速地跑进房客的房间为他们铺床,但他父亲

  好像又一次让自己的犟脾气占了上风,竟完全忘了对房客应该尊敬。他不断地赶他们,最后来到卧室门口,那个当中的房客都用脚重重地顿地板了,这才使他停下来。那个房客举起一只手,一边也对格里高尔的母亲和妹妹扫了一眼,他说:"我要求宣布,由于这个住所和这个人家的可憎状况,"——说到这里他斩钉截铁地往地板上啐了一口——"我当场通知退租。我住进来这些天的房钱当然一个也不给;不但如此,我还打算向你提出对你不利的控告,所依据的理由——请你放心好了——也是证据确凿的。"他停了下来,瞪着前面,仿佛在等待什么似的。这时,他的两个朋友也就立刻冲上来助威,说道:"我们也当场通知退租。"说完,为首的那个就抓住把手砰的一声带上了门。

  第七场景:妹妹完全撕下了面具,她的背叛是绝对的,对格里高尔来说也是致命的。

  "事情不能再这样拖下去了。你们也许不明白,我可明白。对着这个怪物,我没法开口叫他哥哥,所以我的意思是:我们一定得把他弄走。……"
……
  "我们一定要把他弄走,"妹妹又一次明确地对父亲说,因为母亲正咳得厉害,根本连一个字也听不见,"他会把你们拖垮的,我知道准会这样。咱们三个人都已经拼了命工作,再也受不了家里这样的折磨了。至少我是再也无法忍受了。"说到这里她痛哭起来,眼泪都落在母亲脸上,于是她又机械地替母亲把泪水擦干。

  父亲和妹妹都认为格里高尔不能理解他们的苦衷,要与他达成协议是不可能的。

  "他一定得走,"格里高尔的妹妹喊道,"这是唯一的办法,父亲。你们一定要抛开这个念头,认为这就是格里高尔。我们好久以来都这样相信,这就是我们一切不幸的根源。这怎么会是格里高尔呢?如果这是格里高尔,他

早就会明白人是不能跟这样的动物一起生活的,他就会自动地走开。这样,我虽然没有了哥哥,可是我们就能生活下去,并且会尊敬地纪念着他。可现在呢,这个东西把我们害得好苦,赶走我们的房客,显然想独霸所有的房间,让我们都睡到沟壑里去。……"

作为人的哥哥的他已经消失了,现在作为甲壳虫的他也应该消失,这对格里高尔来说是最后一击。他已非常虚弱而且受了伤,他痛苦地爬回了自己的房间。到门口时他回过头来,视线落到了母亲身上,可她差不多睡着了。

还不等他完全进入房间,门就给仓促地推上,闩了起来,还上了锁。后面突如其来的响声使他大吃一惊,身子下面那些细小的腿都吓得发软了。这么急急忙忙的是他的妹妹。她早已站起身来等着,而且还轻快地往前跳了几步,格里高尔甚至都没有听见她走近的声音,她拧了拧钥匙,把门锁上以后就对父母亲喊道:"总算锁上了!"

在他的黑屋子里,格里高尔发觉自己已经爬不动了。他虽然有伤痛,但疼痛似乎渐渐地感觉不到了。

他背上的烂苹果和周围发炎的地方都蒙上了柔软的尘土,早就不太难过了。他怀着温柔和爱意,想着自己的一家人。他消灭自己的决心比妹妹还强烈呢,只要这件事真能办得到。他陷在这样空虚而安谧的沉思中,一直到钟楼上打响了半夜三点。从窗外的世界透进来的第一道光线又一次地唤醒了他的知觉。接着他的头无力地颓然垂下,他的鼻孔里也呼出了最后一丝摇曳不定的气息。

第八场景:格里高尔死了,女杂工第二天早上发现了他干瘪的尸体,得到解脱后的热烈气氛渗透了这个卑鄙家庭的虫的世界。下面这一点需仔细地,以爱的眼光来观察。格里高尔是在虫的外壳掩盖下的人,他的家庭成员则是装扮成人的虫。格里高尔一死,他们虫的灵魂突然意识到他们可以自由自在地享受生活了。

"葛蕾特,到我们房里来一下。"萨姆沙太太带着忧伤的笑容说道,于是葛蕾特也不回过头来看看尸体,就跟着父母到他们的卧室里去了。

女用人把窗户开得大大的,空气已有点温和了,那是三月底,正是昆虫从冬眠中醒来开始活动的时候。

第九场景:当房客们阴沉着脸要早饭吃时,萨姆沙一家不但没给他们早餐,反而让他们去看格里高尔的尸体,这里我们看到了房客们非常有趣的表演。

他们照着做了,双手插在不太体面的上衣的口袋里,围住格里高尔的尸体站着,这时房间沐浴在阳光里。

这里哪几个词最关键?沐浴在阳光里。这就如同在童话故事里那样,在大团圆的结尾中,罪恶的魔法随着巫师的死而消除了。房客们看上去无精打采不再具有威胁性,萨姆沙一家则又恢复元气,又有了力量和生气。这一场以重复楼梯的主题结束。就像当初办公室的主任紧紧抓住扶梯的栏杆,一步步地慢慢后退。老萨姆沙下令他们必须离开,房客们个个唯唯诺诺。

在门厅里他们三人从衣钩上拿起帽子,从伞架上拿起手杖,默不作声地鞠了个躬,就离开了这套房间。

他们现在开始下楼了,三位蓄胡子的房客,机械人,上了发条的木偶;萨姆沙一家倚在扶梯上瞧着他们下去。楼梯穿过公寓住房蜿蜒向下,就像昆虫多关节的腿。随着一个平台、一个平台,一个关节、一个关节地越走越下,房客们忽而消失,忽而又出现。在楼梯的某处,他们与一个正在上楼的肉铺小伙计相遇,他挎着一只篮子。开始他向他们迎面走上来,然后超过了他们,一脸骄傲的样子,篮子里装满了鲜红的排骨和鲜嫩的内脏——红红的生肉.肥硕的苍蝇的滋生地。

第十场景:最后一场就其讽刺性的简洁来说是最精彩的。明媚的春光环绕着萨姆沙一家人,他们正在写三封信——多节的腿,幸福的腿,三个昆虫在写信——分别炮制借口向他们的雇主请假。他们决定利用这一天休息一下,还要出门远足,他们不但应该休息一天,而且他们绝对需要这样。女杂工做完早上的活准备离开时,一边告诉这家人,一边和气地咯咯笑着:"你们不必为如何清除隔壁房间的东西而费心,已经处理完了。"萨姆沙夫人和葛蕾特又写起信来,好像很专心。萨姆沙先生猜出了她很想详细描述一下处理的过程,赶忙挥手制止了她……

"今天晚上就告诉她以后不用来了。"萨姆沙先生说,可是妻子和女儿都没有理他,因为那个老妈子似乎重新驱走了她们刚刚获得的安宁。她们站起身来,走到窗户前,站在那儿,紧紧地抱在一起。萨姆沙先生坐在椅子里转过身来瞧着她们,静静地把她们观察了好一会儿。接着他嚷道:"来吧,喂,让过去的都过去吧,你们也想想我好不好。"两个女人马上答应了,她们赶紧走到他跟前,安慰他,而且很快就写完了信。

于是他们三个一起离开公寓,已有好几个月没有这样的情形了,他们乘电车出城到郊外去。车厢里充满温暖的阳光,只有他们这几个乘客。他们舒服地靠在椅背上谈起了将来的前途,仔细一研究,前途也并不太坏,因为他们过去从未真正谈过彼此的工作,现在一看,工作都满不错,而且还很有发展前途。目前最能改善他们情况的当然是搬一个家,他们想找一所小一些、便宜一些、地址更适中也更易于收拾的公寓,要比格里高尔选的目前这所更加实用。正当他们这样聊着,萨姆沙先生和他太太在逐渐注意到女儿的心情越来越快活以后,老两口几乎同时突然发现,虽然最近女儿经历了那么多的忧患,脸色苍白,但是她已经成长为一个身材丰满的美丽的少女了。他们变得沉默起来,而且不自觉地交换了个互相会意的眼光,他们心里打定主意,该给她找个好女婿了。仿佛要证实他们新的梦想和美好的打算似的,在旅途终结时,他们的女儿第一个跳起来,舒展了几下她那充满青春活力的身体。①

四

下面让我来总结一下故事的几个重要主题。

(1)"三"这个数字在故事里起相当大的作用。故事被分成三部分。格里高

---

① 纳博科夫在带注释的卷宗里写道:"灵魂和格里高尔一起死去;年轻健康的兽性统治了一切。寄生虫在格里高尔身上养肥了自己。"——原编者注

尔的房间有三个门。他的家庭包括三个人。在小说的进程中共出现了三个佣人。三个留胡子的房客。三个萨姆沙写三封信。我特别注意在讲象征意义时不要过分,因为一旦你把象征从小说的艺术核心中分离出来,你就失去了全部的愉悦感。因为有富有艺术性的象征,也有陈腐的、虚假的,甚至愚蠢的象征。在那些对卡夫卡的作品进行心理分析和神话研究的批评中,以及在那些时髦的,取悦于平庸头脑的性与神话分析相结合的批评中,你会找出许多这类荒唐可笑的象征。换句话说,象征可以是有创见的,也可以是愚蠢和陈腐的。一部成功的艺术品的抽象的象征价值决不应该凌驾于作品美的、燃烧的生命之上。

因此,在《变形记》中,唯一的具有标志或纹章意义而不象征意义的地方是对于三的强调。它的确有种技术上的意义。三位一体①、三连音符、三和弦、三幅一联的图画或雕刻等,显然是艺术形式,比如说,由青春、成熟的岁月、老年组成的三幅画,或者其他任何三重的题材。三幅一联是指由紧连着的三部分组成的画或者雕刻,而这正是卡夫卡利用,如故事开头的三间房间——起居室、格里高尔的卧室、妹妹的房间,以格里高尔卧室为中心——所取得的效果。而且,三重的形式暗示了一个由三幕组成的戏剧。最后,我们必须注意卡夫卡的幻想是相当有逻辑的,还有什么比正论、反论、综合这三步更具典型的逻辑性呢?因此,我们只把卡夫卡"三"的象征限制在美学意义和逻辑意义方面,而对在那个维也纳巫医指导下的性神话分析的任何空话置之不理。

(2) 另一个线索就是门的主题,即贯穿整个故事的开门、关门的主题。

(3) 第三个主题线索是关于萨姆沙家庭境况的盛衰,以及他们的兴旺状态与格里高尔的绝望和可怜状态之间微妙的平衡。

书中还有几个次要的主题,以上几点则是理解这个故事所必须弄清楚的关键。

你们要注意卡夫卡的风格:它的清晰、准确和正式的语调与故事噩梦般的内容形成如此强烈的对照。没有一点诗般的隐喻来装点他全然只有黑白两色的故事。他的清晰的风格强调了他的幻想的暗调的丰富性。对比与统一、风格与内容、形式与情节达到了完美的整合。

张艳华　译

---

① 即基督教视圣父、圣子与圣灵为一体的观念。——译者注

3
《追忆似水年华》

简介：

【法文名】À la Recherche du Temps Perdu
【作　者】［法］马塞尔·普鲁斯特（Marcel Proust，1871—1922）
【年　代】20世纪初。
【体　裁】长篇小说。
【主　题】人生的意义，仅存于往事的回忆。
【人　物】主要有：我（马塞尔）、斯万、奥黛特、盖尔芒特公爵夫人、阿尔贝蒂娜。
【情　节】主要是：我是一个家境富裕而又体弱多病的人，从小特别爱好书画，曾尝试过文学创作，但没有成功。我经常出入于巴黎的上流社会，频繁来往于茶会、舞会、招待会以及其他时髦的社交场合，并钟情于富商斯万的女儿希尔贝特，但不久就失恋了。此外，我还到过家乡贡布雷小住，到过海滨胜地巴尔贝克疗养。我认识了另一名少女阿尔贝蒂娜，发现她是同性恋者，便决心娶她为妻，以纠正她的变态心理。我把阿尔贝蒂娜禁闭在我的住所里，但她却设法逃跑了。我多方打听，到处寻找她。后来，我得知阿尔贝蒂娜在骑马时不慎摔死了。万分悲痛中，我发现自己有写作天赋，于是我就拿起笔，以求在记忆中找回如水逝去的昔日年华。

《追忆似水年华》赏析[①]

[法]安德烈·莫洛亚

无意识的记忆

普鲁斯特的这部作品主题是什么？有人会说："这里讲的是一个神经过敏的孩子，他怎样步入生活、步入上流社会，还讲到他父母的朋友、他与好几个少女如吉勒贝特、阿尔贝蒂娜的恋爱，还有吉勒贝特·斯万与圣-卢的婚姻，以及沙尔吕先生非同寻常的恋爱。"你如果认为这样说便把《追忆似水年华》说清楚了，那就大错特错了。这样的事实你罗列得越多，你就越没有说明白构成普鲁斯特这部作品的独特新颖之处。一位西班牙文艺评论家奥特卡·依·加塞说得很对，这样的回答，就正像人家请你解释一下莫奈[②]的绘画，你回答说："莫奈嘛，这是一个画了大教堂、塞纳河风景和睡莲的人"一样。你这样是提供了一个说明，而对于"莫奈的艺术本质"则没有提供任何"说明"。西斯莱[③]也画了塞纳河的风景，多柯罗也画了大教堂。构成莫奈艺术的，并不是偶然的机遇所向他提供的主题，而是某种观察大自然的方式。为了阐明这层意思，奥特卡·依·加塞引用了一个有象征意义的趣事。他说，在一所图书馆里，有一个驼背小个子每天早晨一到就借一本词典。图书管理员问他："什么词典？""什么都行，"驼背小个子说，"是垫在屁股下面的。"对于莫奈[④]、普鲁斯特这样的人，也是一样。如果你问他们：

[①] 本文节选自莫洛亚《从普鲁斯特到萨特》，题目和文中标题均系编者所加。本文要点：(1)《追忆似水年华》记述的是无意识记忆（一种模糊的印象）；(2) 通过这种模糊印象的重建，时间仿佛失而复得（仿佛回到过去）；(3) 在这重现往日的过程中，表达了一种相对而飘忽的情感；(4) 贯穿于这部作品的，是一种真实而神秘的艺术。

[②] 克罗德·莫奈(1840—1926)，法国画家，印象派大师。

[③] 西斯莱(1839—1899)，属法国印象派的英国画家。

[④] 莫奈(1840—1926)，法国印象派绘画大师。

"你们打算表现什么主题？……你们想描写什么人物？""什么都行，"他们会回答说，"主题和人物造就出来，只不过为了使我得以表现自己。"对于莫奈来说，是某种观察大自然的方式。对于普鲁斯特来说，则首先是"某种回忆过去的方式"。

如此说来，回忆过去有多种不同方式啰？那当然。首先，可以从理智上回忆过去、立足于现在，努力重现造成了这个现在的各种状况。例如，我现在正在写一篇普鲁斯特研究。如果我自忖为什么要写这篇东西，我便回忆起，讲解当代法国几位大作家这门课，第一个想法是一次在布洛涅森林进午餐的过程中，普林斯顿大学校长向我建议的。我仔细想想，可能还能回忆起那时的布洛涅森林的情景，回忆起午餐时在场的人，于是，逐渐地，通过思维过程，我会重新准确程度不同地描绘出这个过去的一幅图景。

有时我们根据资料也能尽量使过去重现。例如，如果我要想象一下普鲁斯特时代巴黎的风貌，那么，我阅读普鲁斯特的著作，我询问了解那个时代的巴黎人，我阅读同一时代写成的其他书籍，于是，渐渐地，我就能够描绘出一幅小小的图景，这个小小的图景与一九〇〇年的巴黎很相像（或者不相像）。普鲁斯特认为，这种回忆方法是完全不适合于艺术作品创作的。通过脑力思考的再现，我们永远不会赋予时代真实的印象，也不会使往昔复活。为此，必须通过"无意识的记忆来回忆"。

这种"无意识的记忆"怎样产生呢？通过"现时感受与某一回忆的巧合"而产生。普鲁斯特叙述说，一个冬日，他的母亲见他很冷，就劝他喝点茶。那时，他对于贡布雷的一切早已忘却多时了。他的母亲叫人送来一种点心，叫"玛德莱纳"。普鲁斯特吃了一块玛德莱纳，留在嘴里慢慢化开，然后，他无意识地将一匙茶送到唇边。就在这一口茶与点心碎末混在一起接触到他的上颚那一瞬间，一种极度的快感袭来，使他全身颤栗。这种快感是什么？他理解不了。但是这种快感顿时使他对生活中的不幸都毫不介意，对生命的短暂也置之度外了。

这样强烈的欢乐从哪里来的呢？他感到这是与茶和点心的味道紧密相连的，但是这种欢乐又远远超过这味道。这种欢乐从哪里来的呢？这又意味着什么？他喝了第二口茶，慢慢地，他终于找到了原因，原来使他产生这么强烈感受的这种味道，正是他住在贡布雷的时节，星期日的早上他去向列奥妮姑婆问安，列奥妮姑婆将一小块玛德莱纳在自己的茶碗里浸了一下以后给他吃的时候那一小块玛德莱纳的味道。这种强烈的感受,正是对往日的感受,于是使他忆起了当时在贡布雷所发生的一切,比通过心智回忆更加清晰准确得多。

为什么这样一种回忆方式有这样强大的力量呢?"因为,记忆中的形象,由于感受不强烈找不到支撑点时,一般来说,是转瞬即逝的;而在这种时刻,记忆中的形象从现时的感受中找到了支撑点。"

如果你想准确地理解此刻在时间领域所发生的事情,那就请你想一想人们称之为立体镜的东西在空间领域中是怎么回事吧!向你显示的是两个影像。这两个影像并不完全相同,因为对每只眼睛来说,这两个影像是不同的,正因为不完全相同,这两个影像才使你产生了立体感。因为一个真正为立体的物体在你的两只眼睛面前呈现的是两个不同的影像。

于是一切都正如观察的人心里想的那样:"每当我从同一物体观察到两个不完全吻合的影像时,我就发现,其原因是从两个不同的角度看到了其立体影像。既然现在呈现在我面前的两个影像,我怎么也不能使它们吻合,那么,我面前的东西就是一个立体的东西了。"立体镜所制造的空间立体感,正是缘于此。普鲁斯特发现了现时感受与已消失的回忆这一对事物之间的关系之于时间而言,与立体镜对空间而言,完全是一回事。他制造了立体时间的幻觉,使人得以重新找到、"感觉到"时间。

上述的一切概括说来,就是:"随着普鲁斯特作品的诞生,就有了通过无意识的记忆来回忆过去的方法。"

失而复得的时间

就这样,勾起了对往昔的回忆。那么,马塞尔(书中主人公)看见了什么呢?在中央,他看见一座乡间别墅,即贡布雷的乡间别墅,里面住着他的祖母、母亲、姑婆列奥妮(这个列奥妮是一个非常滑稽而又使人感到亲切的人物)和几个女仆。他看见一所外省的花园。晚上,一位邻居,斯万先生,常常来拜访他的父母。斯万先生并不偕同斯万夫人而是一人独自前来。斯万先生来到时,推开花园的小门,那小门上的铃儿便丁零作响。房屋四周是不同的景色,在马塞尔这个孩子看来,这风景分为两个"方向":"斯万家的方向",也就是斯万先生的房屋所在的一边;和"盖尔芒特方向",也就是盖尔芒特家的宅邸所在的一边。对于马塞尔来说,盖尔芒特一家是一些神秘的、高不可攀的人物。人家告诉他说,这家人是热内维埃芙·德·布拉朋①的后裔,他们具有仙女生活的特性。"就这样,生活从姓名的历史开始了。"盖尔芒特一家人只是一个姓而已。斯万自己,特别是斯万夫人,还有斯万的女儿吉尔贝特,也都是些姓名。

姓名一个个接踵而至,逐渐让位于真人。当人们对盖尔芒特一家人有了了解的时候,他们的威信便大大降低了。盖尔芒特公爵夫人,对于孩提时代的马塞尔来说,简直是像教堂里彩色玻璃窗上镶嵌的圣徒一样。此后在巴黎马塞尔住在她家里。他每天看见她外出。他亲眼看见她和她丈夫争吵,他学会了衡量她身上聪明智慧的一面,也学会了衡量她身上自私自利和冷酷的一面。总之,他发现了这些男子和女子的姓名,在他孩童的眼中曾是那样美妙的姓名,却掩盖着相当平庸的真相。真正小说式的东西并不存在于真实的世界之中,而是在真实的世界与虚构的世界二者的差异之中。

在爱情上也是如此,普鲁斯特描写了一个"玩弄字眼的年龄"。一般人认为自己可以完全与另一个人同化,追求着一种根本不可能的相通和一致。但是,我们想象的那个人,与我们终生与之结合的那个真实的人,实际上毫无共同之处。斯万娶了从他想象中产生的奥杰塔,而出现在他面前的是一个他并不爱的斯万夫人。书中的叙事人马塞尔最后爱上了阿尔贝蒂娜,而第一次与她相遇时,他觉得她既庸俗又可以说丑陋。他也发现,在爱情中,人什么也抓不住,永远不可能占有另一个人。他试图将阿尔贝蒂娜关在家中,使她成为囚徒。但这都是不可实现的空想。和世界一样,爱情只不过是幻想而已。

他童年时期的两个方向,斯万之家方向和盖尔芒特之家方向,从前马塞尔觉得这两个方向都是偌大而神秘的世界。后来他对两个世界都进行了探索,发现并没有任何可以引起强烈兴趣的东西。从前他觉得有一条不可逾越的鸿沟将这两个方向隔开。而现在,这两个世界连接起来了,构成了跨越作品之上的巨大拱桥,因为斯万的女儿吉尔贝特嫁给了盖尔芒特家族的一员圣-卢。于是,这两个"方向"的对立本身也不过是虚假而已。人们完全认识了事物的真相,"这个现实完全是一种幻觉"。

但是,书将要结尾的时候,马塞尔又受到第二次启示,这个启示与小玛德莱

---

① 热内维埃芙·德·布拉朋:据中世纪的民间传说,布拉朋公爵之女热内维埃芙嫁给了特里夫斯有王权的伯爵齐格夫里德,婚后不久,齐格夫里德离家远行征战,不知其妻已有身孕。管家引诱热内维埃芙不成,于是待齐格夫里德返家后诬告她与人通奸,齐格夫里德大怒,判她死刑。但她和孩子为仆人所救。几年后,齐格夫里德进山打猎,认出热内维埃芙母子。真相大白后,管家受到应有惩处。

纳点心的启示非常相像,它对于艺术上的转化而言,正相当于呼吁圣宠之于宗教皈依。就在他走进盖尔芒特家的时候,他的一只脚踩在两个断裂的台阶上。当他又找到平衡,将脚踏在一块"没有琢得方方正正,比旁边一块稍低"的石板上的时候,他再次产生了与往日玛德莱纳点心的味道给他带来的极度幸福完全相同的感觉,在这种极度的愉快面前,当时笼罩在他心头的一切忧郁想法都立刻烟消云散了。

  正像我品尝玛德莱纳点心的那一时刻一样,对未来的一切忧虑,对自己智力的怀疑都消除了。每当我重新迈出这同样的一步,一只脚踏在那块较高的石板上,另一只脚踏在那块较低的石板上的时候,深沉的爱都使我的双眼沉醉,空气清新、阳光耀人的感觉在找周围旋转。……我忘记了盖尔芒持一家人,终于又重新找到了我曾经感受过的东西,耀眼而模糊一片的幻觉轻轻触及着我,好像它曾经对我说过:"你如果有力量,我走近的时候,抓住我吧!设法找到我给你指出的幸福之路的谜底吧……"我几乎顿时就已辨认出来,这是威尼斯。我费了多少力气要描写威尼斯都从来没有唤回这种感觉,刚才这一步,又把从前踩圣马可教堂①两块高低不平的石板上时产生的感觉还给了我,同时那一天所有其他的感受也同时来到。

  再一次,多亏了"现时的感受+过去的回忆"这一对的搭配,他感受到艺术家的幸福。过了一会,他要洗手,人家给他一条又粗又硬的毛巾,他的手指触到这条毛巾,感到很不舒服,这又使他忆起大海。为什么?因为很久以前,三十年、四十年以前,在一处海滨旅馆里,那里的毛巾摸起来也是这么粗硬。这些刺激与玛德莱纳引起的刺激是相同的。作家也刚刚再一次固定住了、抓住了、寻回了一小块时间。他踏入了现实的岁月,或者更确切地说,踏入了唯一的现实的岁月,即艺术的岁月。他感到他现在只有一个义务,那就是去寻找这样的感受,"去寻求逝去的时间"。生活,我们所过的生活,没有任何重要意义,只不过是逝去的时光而已。"除了以永久的形式,即艺术的形式以外,任何事物都是不能真正固定和为人所了解的。"通过回忆重建逝去的印象,开发一个已到成熟时期的人的记忆这个巨大的矿藏,将他的回忆变成艺术作品,这就是他赋予自己的任务。

---

① 圣马可教堂:威尼斯最著名的教堂。

与此同时,在盖尔芒特公馆里,那脚步的声音,我送走斯万先生的脚步声,花园里小铃铛跳跃式的、发出金属鸣响的、无尽无休的、吵吵闹闹的、清新的响声,向我宣布斯万先生终于已经告别、妈妈就要走上楼来的铃声,又响在我的耳际。我亲耳听到了这些声音,而这些都是多么遥远的往事啊……我听到贡布雷花园里小铃铛的那么遥远然而又是内在的响声的那个日子,在我尚不知其存在的这巨大的一度空间中,是一个里程碑。我仿佛身高有几法里①,我下面,在我内心,我看到那么久远的年代,我感到头晕目眩了……

如果能留给我足够的时间让我完成我的作品,我一定要用这个时间的大印给这部作品打上痕迹,如今这种时间的概念是这样强有力地压在我的心头。我要在作品中描写人,哪怕搞得他们像些恶魔也要这样做,要让他们在时间上占据一个极大的地盘,与空间中留给他们的极其有限的地盘相比要大得多,相反,这个地盘要无限度地延长。既然他们像巨人一样,既然他们沉湎在永久的年代中,又同时触及他们自己生活过的时代,从时间上来说是那么遥远的年代——在这些年代之中又夹入了那么多的日子……

正像小说的开头一样,小说又这样在关于时间的概念中结束。

你刚刚重读了普鲁斯特的整部作品的时候,想到某些文艺评论家责备他没有大纲,你会感到莫名其妙。事实与此相反,整部巨著的结构有如一部交响乐。瓦格纳的艺术肯定对那个时代的每一位艺术家都产生过巨大的影响。可能《追忆似水年华》比起一部交响乐来还更有甚之,它的结构像瓦格纳的一部歌剧一样。开头几页是一个序曲,主要的题材已经点明:时间、斯万先生的铃声、文学爱好、小玛德莱纳点心。然后,从斯万到盖尔芒特一家之间拱起了巨大的拱桥;结尾,所有的题材又重新聚在一起,在谈到台阶和粗糙的毛巾时再次忆起了玛德莱纳点心,斯万先生的铃声又像在开头几页那样响起,作品就在"时间"这个词上结束,时间正是本书的中心议题。

使那些肤浅的读者产生错觉的原因,是在这个那么庞大而又严格的大纲下面,对过去的回忆并非按照逻辑和编年的顺序进行,而是如在梦中一般,通过回忆的偶合和不由自主的联想而成。

---

① 法里:法国长度单位,一法里约等于四公里。

相对而飘忽的情感

这部作品的新颖独特之处在哪里呢？首先，普鲁斯特的艺术是充满了美学、科学和哲学素养的艺术。普鲁斯特怀着生物学家观察昆虫的那种狂热而又保持距离的好奇心观察他的人物。从这种完美智慧达到的高度上看，人又回到了在自然中的位置，也就是一头顽皮的动物在其他动物之中的位置。甚至人的植物属性一面也十分明显。《在少女们身边》[①]更甚于一幅图象，它是人类这种植物短促的生命中一个必要的季节。普鲁斯特赞美这个季节的凉爽，他已经清清楚楚地分辨出预示着结果、成熟，然后结籽、枯萎几个阶段的难以觉察的过程："正像在其花朵成熟期不同的一棵植株上一样，在巴勒贝克的这片海滩上，在这些老年妇女身上，我已经看到了这些坚硬的种子、这些软软的块茎，有朝一日我的女友们大概也会成为这样的种子和块茎的。"

这里大概必须引用将弗兰索娃兹这个土生土长的蔓生植物描写成与其主人共生的那一段了，还有《索多梅和戈莫勒》[②]开头所描写的大熊蜂沙尔吕和兰花于里安以及歌剧院那个场面：水产类的字眼渐渐地吞没了土地方面的字眼，仿佛人们只有透过蓝色的透明体，才能依稀望见变成了海怪的人物。最美妙的希腊神话也不能使人间悲剧的"宇宙侧面"更好地显现出来。

爱情、嫉妒、虚荣，在他看来，这都是地地道道的疾病。"斯万的一次恋爱"是对于一个病症完整的发展过程进行的临床描写。面对着对这一情感病理学饱含苦痛的准确描写，人们感觉到观察者本人就经受过他描写的那些痛苦。但是，正像某些勇气十足的医生能够将他们饱受痛苦折磨的自我与善于思考的自我分开，每日将癌症、瘫痪的进展情形一一记录下来一样，他也以英勇果敢的技巧分析了自己的症状。

普鲁斯特文笔的科学性一面是很杰出的。许许多多最美的形象都是从生理学、物理学、化学转借来的。下面只是信手拈来的几个例子：

我母亲的一个外甥女往嘴唇上大涂口红，整整三年时间，我母亲对此视

---

① 《在少女们身边》：《追忆似水年华》第二部。
② 《索多梅和戈莫勒》：《追忆似水年华》第四部。

而不见,似乎那唇膏不为人察觉地完全溶解在一种液体之中了。直到有一天,由于多涂了一层或者是什么其他原因导致了人们称之为过饱和现象的发生。以前从未察觉的唇膏结成了晶体。面对这样的浓妆艳抹,我母亲宣称这真是可耻,并且与她的外甥女中断了一切联系……

没有坠入情网的人认为,一个聪明人只应该为一个值得为他感到痛苦的人感到痛苦。这就好比是对一个人竟然因为那小小的杆菌起作用而遭受霍乱之苦感到困惑不解一般。……

人们向神经衰弱患者十分肯定地说,他们只要躺在床上不动,不要反复阅读信件,不要看报,就能渐渐平静下来,这些患者是不会相信的。同样,坠入情网的人,处于与舍弃爱情截然相反的思想状态中来考虑这个问题,而且尚未开始体验舍弃爱情的滋味的时候,他是无法相信一旦舍弃爱情会得到多么大的好处的……

这些美妙而严峻的分析,其结果是人们可称之为"情感的经典分解"的东西。长时期以来,伦理学家满足于内容不确切的一般的词句,认为一些抽象的事物,爱情、嫉妒、仇恨、无动于衷之类,在它们之间构成调节适当的芭蕾,这便是我们的感情生活。司汤达曾试图通过区分兴趣爱好、狂热爱情、虚荣爱情和解释他称之为"凝聚"的现象来阐明这些模糊的概念。这样,他就起到了十八世纪末一代化学家的作用:这些化学家不再相信四种成分的理论,分解出了一定数量的单体。但是普鲁斯特指出,这些不可分割的原子本身实际上也是由无限的情感组成的复杂世界,而这些情感还可以无限地分割下去。

他告诉我们,在真实的生活中发生的情形,是在我们生命的某些时刻(特别是在青少年时期和壮年时期),我们处在易感的状态中,就像在某些身体衰弱和疲劳的时刻,我们对于向我们的机体袭来的任何细菌都只好任其肆虐一样。我们坠入情网,完全不是钟情于某一个确定的个体,而是在我们感觉到有这种要遇到一个人的神秘需要的时刻偶然出现在那里的一个人。我们的爱情漫无目的地游荡,寻求能在他身上固定下来的一个人。在我们心中,一场喜剧已经完全就绪,只缺一个女演员去扮演主角了。她一定会来到,而实际上她也可以是别人。在戏剧中,某一个角色首先可能由一个专演这种类型角色的人扮演,但是后来又由替角演下去。在一个男人(或一个女人)的生活中亦是如此,爱的对象这个角色先后为水平不一的演员来扮演,这种事是会发生的。

  一个女人的面孔比阳光更经常地出现在我们的眼前——既然即使我们闭上眼睛,我们也无时无刻不在依恋着她美丽的眼睛、漂亮的鼻子,我们也无时无刻地想尽各种办法要再次看到这美丽的眼睛和漂亮的鼻子——我们清楚地知道,假如我们不在与她相遇的这个城市,而是在另一个城市,假如我们是在别的地区散步,假如我们经常出入的是另一个沙龙,那么这个唯一的女人之于我们,也可能是另一个女人之于我们。我们认为她是唯一的,实际上她是无数的。然而,在我们热爱她的双眼面前,她是完整的一体,是不可摧毁的,在很长的时间内是无法为另一个人所代替的。这无非是因为,通过某些具有魔力的呼唤,这个女人激发起本来就在我们心中存在但是尚处于零碎状态的千百种柔情的成分,她将这些成分聚集起来,合而为一,去掉了各部分之间的裂纹。赋予了爱的对象以明确的线条,提供了全部实体材料的人,是我们自己。

  如果我们敢于坦率直言,就会承认这种先于选择对象而存在的情感在我们身上的确存在着。我们就会坦率地自问:"我要爱谁呢?"我们就会知道,我们感受到的幸福或痛苦与某一个特定的人相关联只不过是事出偶然。事实上,我们的女主人公,正像普鲁斯特笔下的女主人公一样,只是为几场演出扮演了一部喜剧的主角而已。我们的感情生命维持多久,这部喜剧就持续多久。

  为什么选中了她们作女主人公呢?是因为她们漂亮么?普鲁斯特认为不是。真正能扰乱接受了现代文明熏陶的一个男子的心的,不如说是神秘感与攻克难关的情感所造成的好奇心。在这里引用保罗·瓦莱里的美妙诗句正是时候:

   算了吧,……万事皆明,你却觉得万事皆空。
   没有酵母的灵魂,毫无生气的生命,
   你的忧烦只会用这等货色去充塞寰宇,没有一点浓荫
   可是,某些焦灼不安正是神意的馈赠,
   在那阴暗的门槛上,希望在你双眸中闪烁,

>它并非赖以过于自信的世界而生．
>你的一切壮举，其原则乃模糊不清．
>情感最深沉的人，难于理解自身，
>从某一长夜中，他们能够汲取最高的幸福，
>高尚的爱情肩负着最纯洁的使命。
>神秘的珍宝使你的生命大放光华，
>诗歌奇异的源泉正是默默无声。

爱情奇异的源泉是一种神秘感……普鲁斯特教导说，幸福并不在现实之中，而在我们的想象中。如果从我们的快感中将幻梦成分剥离，那么这种快感便荡然无存了。在普鲁斯特看来，爱情，甚至在没有目标之前就在我们心中存在的爱情，这种到处游荡并无定宿的爱情，"停驻在某一个女人的影像上，仅仅是因为这个女子几乎是不可能得到的。从这一时刻起，要回忆起这个女子很困难，人们想得更多的是用什么办法能够了解她。一系列的焦虑滋长起来，这就足以将我们的爱情固定在她的身上，实际上对她这个爱的对象我们几乎不了解。爱情变得硕大无比，我们再也不考虑那个真实的女子在其中占有的位置是多么微小了……我对阿尔贝蒂娜了解什么呢？在海滨见过她一两个侧影罢了……"

对于所爱的人，我们甚至可以毫无了解。马塞尔到巴勒贝克去的途中，他乘坐的小火车在一个乡村车站停车。就在这短暂的停车时间里，他远远望见一个美丽的姑娘向旅客出售牛奶。火车几乎立刻就继续前进了，对这个美丽的姑娘，他只不过带走了这飞快而少见的影像而已。但是，正因为这个形象毫无具体内容，反倒能使最强烈的情感依附在这个形象上。

普鲁斯特认为，在爱情中，一切都是想象。当他描写爱情在肉体方面的真实感觉时，一般人都天真地认为这些感觉是他们冲动的基本对象，他则一直指出这种感觉是颇为可笑的，甚至坦率地说来，是并不舒服的。请你们重读一下子里安-沙尔吕那可怕的一幕，或者描写叙述人在渴望已久之后终于可以拥抱阿尔贝蒂娜那一幕吧：

>我认识她以前，在海滩上，对我来说，她充满了神秘感。在拥抱她之前，我本来很希望能够再次使她充满这种神秘感，在她身上重新找到她从前生

活的国度。如果我不认识她,至少如果我处于她的地位,我就可以将对我们在巴勒贝克的生活的全部回忆都暗示出来,我窗下浪涛喧嚣的声响、孩童们的喊叫。但是,我任凭自己的目光在她双颊美丽的玫瑰色球体上划过的时候,我看见那双颊稍稍弯曲的表面消逝在她深色秀发初现的波浪里,那秀发如连绵的山脉一般起伏动荡,掀起陡峭的山脊,又呈现出山谷的波纹,我情不自禁地想道:

"虽然我在巴勒贝克没有搞成,我现在终于要尝到这没尝过的玫瑰的味道了!这未尝过的玫瑰就是阿尔贝蒂娜的双颊……"

我想着这些,因为我以为通过双唇可以产生一种认识;我心想我就要尝到这朵肉感的玫瑰的滋味,因为我从未想过,一个人,显然不是像海胆甚至鲸鱼那么简单的动物,但是却还缺少某些最基本的器官,特别是没有任何可以用来亲吻的器官。那么他就用嘴唇来代替这个缺少的器官,这样,大概可以达到比只好用头上的角来抚摸心爱的人稍微满意的效果。但是嘴唇是用来将碰到嘴唇上的东西的味道送到上颚上去的,既不理解自己犯了什么过错,也不承认自己的失望,大概只满足于在表面上游荡,并且吃了那无法穿透而又为人向往的面颊的闭门羹。再说,在那一时刻,双唇一接触到皮肉,甚至假设嘴唇会变得更内行、更有天资一些,大概也不会更多地尝到造物现在就不许其把握住的滋味,因为在这个双唇只会找到自己的食物的令人伤心的地域,嘴唇是孤独的,目光,还有味觉早已将他们抛弃。首先,随着我的嘴开始接近我的目光建议其亲吻的双颊,目光的位置移动,便看到了完全不同的面颊:脖颈更加就近看到,就像用放大镜看东西一样,那脖颈在粗大的颗粒中,露出又粗又壮的样子,这立刻改变了面孔的性质……在巴勒贝克,阿尔贝蒂娜一天一个样。与那时一样,现在,在从我的嘴唇到她的面颊这短短的路程中,我看到了十个阿尔贝蒂娜。这个好似多头女神一般的唯一的少女,我最后看到的少女,如果我试图接近她,她就要让位于另外一个少女。至少,只要我还没有触摸到这个头,我看见这个头,便有一股淡淡的清香从她那里直向我飘来。可是,唉!——因为对亲吻来说,我们的鼻孔和眼睛位置很不适当,正像我们的嘴唇也长得不好一样——突然间,我的眼睛不看东西了;紧接着,我的鼻子压扁了,再也嗅不到任何味道了,而且因此并没有更多地尝到那向往的玫瑰花的滋味,从这些可憎可恶的表征中,我终于明白了,原来我正在亲吻阿尔贝蒂娜的面颊。

将这段对"可憎可恶的"感受的描写与卢梭描写朱丽和圣普乐[①]亲吻时那种陶醉比较一下,你们就会衡量得出来。客观的爱情哲学,即相信爱情和爱的对象是真实存在的哲学,与主观的爱情哲学,如普鲁斯特的哲学之间距离是多么大。主观爱情哲学教导说,爱情只能存在于我们心间,一切将爱情拉回到真实的领域的东西,一切使爱情得到满足的东西,都使爱情毁灭。

一个坐在飞机上的观察员,从他飞行的高度上,他既看到了敌人的阵线,也看到了自己一方的阵线,于是他持一种虽然令人痛苦但却是必要的不偏不倚的公正的态度。像这个观察员一样,坠入情网的普鲁斯特同时看到了钟情男子的思想和被爱女子的思想,在这个人身上,看到了那个人的影像,甚至超越时间,怀着平静的冷酷,将他现在饱受痛苦的心灵与他明日已治愈创伤的心灵相对照。除了这种美妙的俯瞰一切的景色之外,再也没有什么事情能使他这么感兴趣了。

真实而神秘的艺术

现在我们要谈一谈,为什么这样超脱、这样科学的平静态度竟然能产生美学上最大的激动人心的效果呢?这是因为,艺术的主要目标大概就是转移人们对现实生活中激情的视线而将激情接到虚构的救援马达上。旨在向人们提出一些"行动准则"的"一部虚构的道德故事",正好因此能唤醒这部故事本来应该压抑下去的一切感情。就在道德说教插入的时刻,从美学上来说,激动人心之处便停止了。同样道理,一尊塑像是一件艺术品,而一个裸体女人则根本不是。

司汤达对这一点了解得很清楚,因此他追求像《民法》一样沉静稳重的语气。但是普鲁斯特比司汤达更胜一筹,他善于赋予作品一种坚定的客观性,而这正是美的必要条件之一。

福楼拜说过:"如果在你看来世界上的一切变故都似乎可以移植过来用于待描写的某一幻觉,那么,一切事物,其中包括你自己的生活,对你来说,似乎就没有别的用处了……显露出你的才华吧!"在德·圣厄威尔特夫人的晚会上,斯万由于自己恋爱的失败而变得超脱于交际场所之外,便在交际场上体会到了"对于我们的意愿来说再不是追求的目标的事物,反倒自然而然地展现在我们的面前"这一说法的无比魅力。斯万似乎是这位艺术家原型,是这面完美无缺的镜子的

[①] 朱丽和圣普乐:卢梭书信体小说《新爱洛绮丝》中的男女主人公。

美好象征。普鲁斯特常常走近这面镜子,及至达到了与其合二而一的地步。

普鲁斯特和福楼拜都认为,唯一真实的天地是艺术的天地,唯一真实的天堂是已经失去的天堂。在这一点上,他们是一致的。这是不是一种一般人都可以接受的哲学呢?显然不是。"天要刮风,人总得想法活着!"不相信情感的真实存在,是很难生活的。事实上也存在着另一种形式的爱情,与普鲁斯特所描写的病态爱情完全不同的幸福的、神秘的、绝对的、忠诚的爱情,完完全全接受一个人,德·瑞纳夫人①和莫尔索夫人②是这种爱情在小说中的英雄,还有亿万的妇女是这种爱情的英雄。这种爱,普鲁斯特只是以母爱的形式来描写的,俱是通过他给他祖母描绘的肖像,我们了解到,忠诚和献身的情感对他来说决不是格格不入的。

从他自己来说,他将最高度的忠诚献给了自己的艺术,当他对自己的意识达到了那样的高度,对自己的要求达到那样严格的程度的时候,艺术就与宗教极为相似了。在描写贝尔戈特之死的时候,普鲁斯特使人想起,像威尔米尔这样的画家,竭尽全力要绝对完美地再现出一小段黄色的墙壁,他的虔诚是怎么一回事。这样我们也能想象出普鲁斯特怀着怎样的耐心和勇气寻觅着确切的词句以便能够描绘某一个喷泉、某州簇山植树丛或玛德莱纳点心的奇迹。雷纳尔多·哈恩③描述过这位作家祈祷的时刻,我想用他描述的影像与读者告别:

> 我到达那一天,我们一同到花园中去散步。我们从一丛靠墙边的孟加拉玫瑰前面经过。突然他沉默不语,停住了脚步。我也停住了脚步,但是这时他又继续向前走去,我也继续向前走去。不久他又停下脚步,并且用他讲话的语气和声音中一直保留着的孩童般而且有点忧郁的轻声对我说:"我落在后面几步,你不会不高兴吧?我想再去看看那些小玫瑰……"于是我离开了他。到了小径转弯处,我往身后望望。马塞尔已经掉转方向一直走到玫瑰丛那里去了。我绕着宅邸转了一圈以后,发现他还在原地,定睛望着玫瑰花。他侧着头,面部表情严肃,眼睛一眨一眨,似乎十分聚精会神,稍稍皱着眉头,用左手用力拔着咬在双唇之间的小黑胡子尖。我感觉到他听见我来了。他看见了我。但是他既不想讲话,也不想动。于是我一声不响走了过

---

① 德·瑞纳夫人:司汤达小说《红与黑》中钟情于于连·索累尔的市长夫人。
② 莫尔索夫人:巴尔扎克小说《幽谷百合》中的女主人公。
③ 雷纳尔多·哈恩(Reynaldo Hahn, 1874—1947),法国作曲家、普鲁斯特的好友。

去。过了一分钟,我听到马塞尔在叫我。我扭过头去。他正向我跑来。他赶上我,问我"是不是不高兴了"?我笑着请他放心。然后我们又接着刚才打断的话头继续谈下去。对于玫瑰丛一节,我没有向他提出任何问题。我没有进行任何评论,也没有开任何玩笑。我暗暗懂得不应该那样做。……

　　此后,有多少次,我亲眼看见过同样的情景!多少次,在这种神秘的时刻,我观察了马塞尔。在这样神秘的时刻,他完全与大自然相通,与艺术相通,与生活相通,在这深不可测的几分钟里,他的整个身心完全集中到吸收和排出相间的卓越的创作之中去了,可以说,他进入了一种鬼魂附身的状态,那时他超人的智慧和敏感,一会通过一系列激烈的高频电火花闪烁,一会通过缓慢而不可抗拒的注入,一直达到事物的真谛,发现了任何人都看不见的东西——直到现在,任何人也永远看不到的东西。

在这样的神圣时刻,艺术家的神秘主义与宗教信徒的神秘主义是十分相近的。

袁树仁　译

《追忆似水年华》中的时间与记忆[①]

[爱尔兰] 塞缪尔·贝克特[②]

时间：生成与毁灭

普鲁斯特的方程式从不简单。其中的未知数——从各种价值的秘密武器库中挑选出来的武器——也不可知。不可知的行为的特质分为两个特征。对于普鲁斯特来说，每一支矛都可能是一支忒勒福斯[③]之矛，这种复合的二重性在普鲁斯特的"多元透视法"(perspectivition)中将得到更进一步的检验。出于此类综合的各种目的，采取普鲁斯特的表现方式的内在时序，并首先对这个毁灭与拯救的双头怪兽——时间，加以考察，则是可行的。

普鲁斯特的结构骨架是在德·盖尔芒特公爵夫人的书房向叙述者显现其形的(那里曾一度是维尔迪兰夫人的书房)。接着而来的日场戏的各种材料的性质也随之显露。他的书成形于其心中。他意识到文学家对于文学上习惯的弱点所做的种种让步，一个作家不能随心所欲地切断事物的因果联系。举例来说，我们也许需要用有喜剧性调剂作用的形象来搅扰(或扭曲)主观欲望的发光影像。某些对象甚至经过作家最公正详尽的研究，但要预制出数以百计恰好就适合于这些对象的面具，则是不可能的。尽管他不无遗憾地接受文学几何学的神圣尺规，但他

[①] 本文节选自贝克特《普鲁斯特论》，题目与文中标题均系本书编者所加。本文要点：(1)《追忆似水年华》中时间是主观时间，在对往事的回忆中，"回忆起来"即意味着时间的"生成"，"回忆不起来"即意味着时间的"毁灭"；(2)《追忆似水年华》中的记忆，有"自主记忆"和"非自主记忆"两种，"自主记忆"即有意识记住的人与事，"非自主记忆"即无意识记住的人与事；(3)《追忆似水年华》体现了普鲁斯特的自我象征主义艺术——这种自我象征主义艺术，同时也是一种感性的浪漫主义艺术。

[②] 塞缪尔·贝克特，20世纪爱尔兰剧作家、小说家，主要作品有荒诞剧《等待戈多》等。

[③] 忒勒福斯(Telephus)，赫拉克勒斯之子，特洛伊王普里阿摩之婿。在攻陷特洛伊的战役中，神明示意，除非有赫拉克勒斯之子参加，否则希腊人不可能得胜。于是他毅然出阵，投入对岳父的战斗。——译者注

将拒绝向空间的尺度屈从,他将拒绝从身体的角度来衡量一个人的身高与体重,而从时间的角度来衡量。在他著作的结束语中,他阐述了他的立场:"如果时间允许我完成我的作品,我将给它打上时间的烙印。时间现已不可抗拒地占据在我的心灵。在我的作品中,我将描绘世人,即使冒着把他们写得像怪物似的风险。他们在时间里占据了一个在空间中难以获得的广阔得多的空间,一个伸展的、无法度量的空间。因为,他们像巨人们潜入岁月之中,同时触及他们生命中的各个时代。这些时代被众多的日子分开——在时间中彼此相隔甚远。"

那么,普鲁斯特所创造的形象,正是这居于主导地位的条件与环境——时间的牺牲品;这些可怜的家伙就像低等生物,只对二维空间有感觉,却迎面碰上了不可思议的高度,这样他们作为牺牲品的同时又身陷囹圄。时光与日子无所不在,在明天和昨天中也无所逃匿。从昨天中无路可逃是因为昨天已改变了我们,抑或昨天已被我们改造。至于这其中的心绪,无关紧要。变形改造已经发生了。昨日不是一个被我们甩在身后的里程碑,而是岁月的足迹留下的日程碑。它沉重而危险地进入我们的生命,成为我们无可更改的组成部分。让我们感到更为垂头丧气的不仅仅是昨天,还有别的东西:在灾难性的昨天之后,我们已经不再是从前的我们。一个灾难性的日子,它的灾难性并不一定是指其内涵而言,无论客观世界的构成是善还是恶,到头来都既非现实也无意义。我们的肉体与智性即刻体验的快乐与忧伤,在我们的生命深处反复孕育,层层淤积,以至与唯一真实和有意义的世界融为一体,这世界即是我们自身内部的有待唤醒的意识,而这个内宇宙的结构已混乱一片。这样看来,我们正置于坦塔罗斯①的处境之中。所不同的是,这种可望而不可即的苦楚的处境,是我们自找的。而在相当的程度上,我们流动不息的永恒幻灭又是多种多样的。昨日的渴望只对昨日的自我有效。与今天的自我无涉。我们津津乐道的所谓成就经常毫无价值,令人懊丧。但成就究竟为何物?它是欲望的客体与主体的契合。但在主体追寻客体的路上——可能多次,主体就已经死亡。正如凭靠观赏他叔叔享用美餐来充饥一样,主体B对主体A所选择的客体的庸俗不堪的失望,也同样不合逻辑。甚至可以设想,确有种种机缘凑到一起的罕见奇迹,事实与情感在相同的时间顺序里并肩而行,实在发生了:欲望的客体(就这种疾病的最严格的意义来说)被主体取得,二者

---

① 坦塔罗斯(Tantalus),宙斯之子,因种种罪孽被打入地狱,受到重罚,其所受刑罚是:他永远站在水中,却喝不到水,吃不到食物。头顶上悬着巨石,随时都可能落下,使他在干渴、饥饿和恐惧中永受折磨。——译者注

重合,而这种重合如此完美,取得成就的时间与渴望成就的时间如此精确地重合,简直是命中注定,这时,意在将无法看见和想象的一切变为现实的所有的有意识的理性努力都毫无结果。与我们的忧愁相对照,我们已无能力欣赏我们的欢乐。自主回忆(普鲁斯特不厌其烦地重复这点)作为一种起唤醒作用的工具,毫无价值,它所提供的影像与真实相去甚远,犹如我们想象中的神话或直觉描绘约对事物的歪曲图画。这里只有一种真实的印象以及唯一的唤醒方式,但对两者我们都无法控制。这唯一的真实和唤醒方式将在其适当的地方加以讨论。

然而,这难以捉摸的有创造性的时间,以其特有的作用给主体造成无限的苦恼。正如所显示的那样,这种作用无休止地改变着人的个性,使人永恒不变的真实性(如果有这东西)只有在对往事的追溯中才能被理解。个体已处于一个没完没了的流动变化过程中,从盛着缓慢、苍白和单色的未来时间之流的管道,流入往昔那令人焦虑不安、每时每刻都充满奇迹的绚丽时光。一般说来,未来是乏味的、难以捉摸和没有个性的,没有任何博尔吉亚家族①的美德。慵懒地怀着朦胧的期望,在沾沾自喜的愿望的雾霭中生活,沉醉在恶性的不可救药的乐观主义之中。我们似乎已被豁免遭受那在我们身外窥视着我们的厄运。然而,未来能帮助它的同事(指过去——译者注)劳作。未来的表层只有被某一个日期打破时才有必要,只有被临时的某个具体事物打破时才有必要,这个具体的事物能使我们度量时日,那些日子把我们从一场烦扰中分开,或把我们从誓约中解脱。例如,斯万在默想着夏季他必须与奥黛特分开数月之久,他感到悲哀而又无可奈何。一天,奥黛特说:"福什维尔(她的情人,斯万死后,成为她的丈夫)在圣灵降临节那天要去埃及。"斯万理解为"我要和福什维尔在圣灵降临节那天去埃及"。未来的时间流凝固了,可怜的斯万,面对奥黛特和福什维尔将在埃及的未来的现实,遭受着比他眼前的不幸更难受的痛苦。"门在两点钟关"的通知比伯高特的"詹森主义的苍白和太阳的神话"的神秘感更能激起叙述者的欲望,想去看拉·贝马在《菲德拉》②中的演出。本来在巴尔贝克那天日暮时分,叙述者对与阿尔贝蒂娜的分别持无所谓的态度,但由于她对她的姨妈或一个什么朋友说了一句:"那么,明天,八点半吧。"他的无所谓却转换成最为严重的焦虑。未来能被掌握的默契毁灭了。未来的事件变得模糊不清,它的寓意也无法把握,除非将它放在确定的位

---

① 博尔吉亚(Borgia)家族系西班牙贵族后裔,定居意大利。该家族出过两个教皇和许多政治家,在15—16世纪的宗教和政治中起过重大作用。——译者注
② 《菲德拉》(Phédre):拉辛的最后一部悲剧。——译者注

置,并标明日期。当阿尔贝蒂娜成为他的女囚时,她逃离的可能性并没使他严重不安,因为这可能性模糊不清而抽象,犹如死亡的可能性。无论我们乐意对死亡抱有怎样的观点,也许都可以肯定这观点既无意义也无价值。死亡一天都不会放松我们。出于同样的考虑,公众宣传的艺术已彻底变革,因此,有人劝我说,不仅要尝尝牧人牌泻药,还要在七点钟服用。

到此为止,我们已经在一个理想的、不可改变和毁坏的客体前考虑了一个流动不定的主体。但我们世俗的感知还未涉及世俗现象以外的领域。免除某一个特定客体内在的流动性并没改变这一事实,即与主体相关的事物都不享有这类免疫力。观察者以其自身的活动性影响着被观察者。而且,当人们相互交往之时,我们会碰到这种麻烦:一个客体的活动性不仅是主体的一个功能,而且还是独立的、并具有个性:两种分离的内在推动力并不属于同步的时间体系。这样,对任何客体,我们的占有欲在严格意义上是无法满足的。充其量,所有这些在时间中实现的欲望(所有的时间产物),无论在艺术或在生活中,只能一步步获得,由一个个单独的附加物构成一个系列——从来就不是一次性一蹴而就的。马塞尔和阿尔贝蒂娜私通的悲剧是人类关系的典型悲剧,他们的失败是注定了的。我对于这个占有中心地位的悲剧的分析将使普鲁斯特过于抽象与专断的悲观论得到明确的阐释。但对每个肿瘤则有手术刀和止血绷带。记忆和习惯便是时间肿瘤的症状。它们主宰着最为简单的普鲁斯特的故事情节,而要对它们的应用情况作任何具体分析,都需把握其发生作用的机制。记忆与习惯是支撑庙堂的飞拱,而这庙堂是为纪念建筑者以及所有哲人的智慧——从梵天到莱奥帕尔迪①,这智慧不存在于对欲望的满足中,而存在于对欲望的销蚀中。

降在我们身上可爱的欺骗只有希望,而希望也已熄灭。

记忆:自主记忆与非自主记忆

普鲁斯特有个糟糕的记忆力——正像他有个不怎么发挥效力的习惯。因为他有个不怎么发挥效力的习惯。一个记忆力很好的人什么也记不住,因为他什么也忘不了。他的记忆千篇一律,是常规的产物。同时也是他毫无瑕疵的习惯

---

① 梵天:印度婆罗门教信奉的创造之神。莱奥帕尔迪(1798—1837),19世纪意大利最伟大的诗人和哲学家。

的条件和功能,他的记忆是一件备以查询而非用来发掘的工具。对这种人的记忆的赞美诗是:"我记得跟昨天一样那么清楚……"这赞美诗亦是墓志铭,它对这种记忆的价值做了精确的表述。记忆力好的人,和他无法记住明天一样,也不能记住昨天。他能冥想着与最潮湿的八月银行节①一起挂在更远一点的那根晾衣绳上的昨天。因为他的记忆就是一根晾衣绳。他对过去事物的印象就是那些被赎回来的脏衣服,是他怀旧时需用的忠实得意的仆从。回忆明显地被感知所限。好奇心是无条件反射,是用最初级的表现形式对危险刺激的反应,且很少免于、却常常带有功利打算——即使表现为一种高高在上、表面上最无所谓的形式。好奇心是长在我们习惯上的根根倒竖的毛发,我们的注意力很少不被好奇心这种动物性元素所染。好奇心是猫的卫士,而不是猫的死亡,不管这猫是穿着裙子还是趴在地上②。我们的兴趣越浓,好奇心记录下来的印象就越长久。好奇心的战利品随时供应。因为好奇心的侵略行为是自我防御的形式,这是恒定不变的功能。在极端的情况下,记忆与习惯是如此紧密相连,以致记忆这个词血肉丰满起来。当记忆在紧急状态中发挥不了作用时,习惯强制发生。这就是尽管我们没有注意如何发音,但我们的发音器官仍能与我们所想的一致发出这个音。我重申重复记忆,就其最高意义来说,不能适用于那些从我们的焦虑抽出的要点。严格地来说,我们只能记住我们极度不经心时注意的事物,并将它们贮藏在我们生命终极和不可到达的地牢里。习惯没有打开这座地牢的钥匙,也无须打开,因为那里面没有保存任何可恶而又有用的战争工具。但这里,在这禁止我们的探测器进入的深渊中(原文为法文。——译者)却贮藏着我们自身的精华,我们许多自我本身中最好的东西。它们的凝结物被头脑简单的人称之为世界。之所以说这些贮藏物是最好的,因为它们是在我们粗俗不堪的鼻子下悄悄地、痛苦地和耐心地积累起来的,是被窒息的神性的优秀本质。这被窒息的神性低吟着"失败"(原文为意大利文。——译者)淹没于要拥抱一切的欲望的健康的叫喊之中,它们是那颗可揭穿我们的人造宝石和闪闪发光的锡饰品的珍珠。让我们——当我们在睡梦中或在不能豁免的疯狂状态中,我们就逃离到偏离心智的宽敞的偏房中。在这个深深的源头,普鲁斯特升起了他的世界。他的作品不是出于偶然。但作品所拯救之物却是意外所得。那意外的条件将在这预想的顶峰得以展示。

---

① 八月银行节:英国的公休日,通常在这一天,所有的商店打烊,人们都放假,但并无特殊意义。——译者注
② 在英语谚语中,有好奇得如只猫这种说法。——译者注

一个次一等的高潮总比没有强,但如果不指出潜入者的名字就什么目的也达不到。普鲁斯特称这个潜入者为"非自主记忆"。这记忆不是记忆,而是引自某个人的《旧约》的一段话。他称之为"自主记忆"的,是千篇一律的理性记忆,依靠它,我们可以再产生那些令我们的检验功能也满意的过去有意识地和理智地形成的印象。自主记忆对增添我们平淡经历光彩的那种不经意的神秘因素毫无兴趣。它呈现的往事是单色调的。它所选择的形象,与想象所选择的形象同样武断,同样远离真实。自主记忆产生作用的方式被普鲁斯特喻为翻动一本相册的片片插页。它所提供的材料毫无往事的内蕴,只是一个洗去了我们的焦虑和当时行为缘故的模糊而单调的投影——这就是说,什么都没有。普鲁斯特说,一个梦的记忆和现实的记忆没有多大差异。当睡觉的人醒来时,其习惯的使者使他确信他的"个性"没有随着疲劳的消失而消失。(对那些有兴趣于此类沉思的人来说)也许可以把灵魂的复活认为是同一源头的分岔的最后一曲。它坚持那种最必要的、有益的和单调的抄袭——对自身的抄袭。这位十足的民主主义者辨别不清帕斯卡尔①《随想录》与肥皂广告的不同。事实上,如果说习惯是呆滞女神,那么自主记忆就是沙德韦尔②,且具有爱尔兰血统。非自主记忆是爆炸性的,一种即时、全面而兴味无穷的爆炸。非自主记忆所恢复的,不仅仅是过去的事物,而是既使人迷恋又使人痛苦的拉撒路③;也不仅仅是拉撒路和过去的事物,而是更多,因为不仅仅就是上述二者。说它们"更多"是因为非自主记忆把有用的事物、适逢其时的事情、偶然的事物抽象出来,是因为在非自主记忆的火焰中,它烧尽了习惯和一切习惯的产物。在非自主记忆的光芒中,显示了经验的假冒的真实从来不能、也从不愿意显示的东西——真实。然而,非自主记忆是位难以控制的魔术师,对它是难以强求的。它自己选择时间和场合来表现它的奇迹。我不知道这种奇迹对普鲁斯特表现过多少次。我想总有十二或十三次吧。但第一次——浸了茶水的玛德莱纳小甜饼的著名情节——将证明普鲁斯特的整部著作是一座非自主记忆的纪念碑,而且是一部非自主记忆如何发挥作用的史诗。普鲁斯特的整个世界来自一只茶杯,不仅仅来自贡布雷和作者的童年时代。因为贡布雷把我们引到两条路上并带到斯万面前。斯万可能与普鲁斯特经验和展示

---

① 帕斯卡尔(Pascal,1623—1662),法国哲学家。——译者注
② 沙德韦尔(Thomas Shadwell,1642—1692),英国剧作家、桂冠诗人。这里也许是指这个人。——译者注
③ 拉撒路(Lazarus):《圣经》中的人物,耶稣使他从死亡中复活。——译者注

其经验的必然的高潮的每一因素有关。斯万在巴尔贝克之后,而巴尔贝克是阿尔贝蒂娜和圣卢活动的区域。斯万直接涉及了奥黛特和希尔贝特,及维尔迪兰和其家族以及凡德伊的音乐和贝戈特神奇的散文;还间接地(通过在巴尔贝克和圣卢)与盖尔芒特家、奥莱妮和公爵、王妃和 M.德·夏吕安等发生牵连。斯万是整座建筑的基石,是叙述者童年时代的中心人物,那非自主记忆的童年时代。被茶水浸过的玛德莱纳小甜饼那久已忘却的味道所刺激和唤醒,于是,童年及其根本的意义便从不可思议的平淡无奇的茶杯的残水中幻化出来,轮廓鲜明、色彩艳丽。

普鲁斯特:象征主义与浪漫主义

在具有创造性和毁灭性的时间中,普鲁斯特发现了作为一个艺术家的自己:"我懂得了死亡、爱情和使命的意义,我明白了精神的欢悦和痛苦的价值。"这里暗示了他对"描写"文学的蔑视,对现实主义作家和自然主义作家尊崇的经验的垃圾的蔑视,对这些作家们膜拜于表面事物和癫痫发作般的突然事件的蔑视,对他们满足于抄写表象、描述外观而将其后的印象掩盖起来的蔑视。……普鲁斯特不处理概念,他追求印象,追求具体之物——他倾慕在帕多瓦建造的阿雷那小礼拜堂中的壁画①,因为其中的象征主义表现出的真实性,特殊、实在而具体,而不仅仅是个概念的形象诠释。……对普鲁斯特而言,客体可能是个活生生的象征,但只是它自己的象征。波德莱尔的象征主义变成了普鲁斯特的自我象征主义。普鲁斯特的出发点可能就存在于象征主义中,或就在其外围。他没有与法兰西同步前进,走向优雅的怀疑主义和庄严堂皇的风格,如我们所见,他也没有与都德或龚古尔兄弟一起走入模仿自然的文章;当然,他也未与帕尔纳斯派一起走入弗兰索丝·科佩②的不配提及的穷途末路之中。他不寻求事实,也不雕琢塞利尼斯科之剑柄。对法兰西的艺术潮流,他做出反应,却朝向了不同的方向。他从象征主义者们之中抽身而退向雨果。由于这个原因,他是位孤独而独立的人物。与他同时代的人中唯一我发现与他有相同的向后转的倾向的人是尤里斯·卡尔·于斯曼③,但他厌恶并压制这种倾向。他极为痛苦地谈及"不可避免

---

① 帕多瓦的阿雷那小礼拜堂,建于 14 世纪。其中壁画由乔托所作,有《最后的审判》等。——译者注
② 弗兰索丝·科佩(1842—1908),法国感伤主义诗人。——译者注
③ 尤利斯·卡尔·于斯曼(1848—1907),法国作家,龚古尔文学院第一任院长,所写小说体现了 19 世纪末的美学、宗教和学术发展中几个相关阶段。——译者注

的浪漫主义毒疮"，而且他笔下的德·艾散特①来自一部惊人之作，是一位波德莱尔式的人物。

我们频繁地想起普鲁斯特身上的这种浪漫主义倾向。他的浪漫主义在于他用感性代替理性，在于他用一种特定的感性的事件对抗所有无论多么细微的逻辑求证，他拒绝概念而拥护印象，他对因果关系表示怀疑。这样，他对某种结果的纯逻辑——与其直觉相对——的解释便不可避免地充满着各种替代物。在他渴望完成其使命，做个好的而且忠诚的信使时，他是浪漫主义的。他不愿回避那些已向他展示的蕴含在他的艺术中的寓意。他用时间写作，如同他用时间生活。古典作家们假定自己是全知全能的。而他有意识地跳出时间之外，以摆脱时间顺序和因果关系对其作品发展的影响。普鲁斯特的时间顺序是极其难以依循的，他用微妙的、陀思妥耶夫斯基式的、对似乎合情合理的联系的俗套的轻蔑来安排和发展一系列时断时续的事件和他的人物和主题，虽然这些事件和主题仿佛都在服从于一种几乎是脱离现实的内在需要（普鲁斯特的印象主义使我们想起陀思妥耶夫斯基）。总而言之，这位浪漫主义艺术家非常关注时间并意识到记忆在灵感之中的重要性：

> 正是你睡在阴影之中，
> 啊，神圣的记忆！……

沈 睿 黄 伟 译

---

① 德·艾散特(1848—1907)：于斯曼小说《逆流》(1884)中的人物。——译者注

《斯旺宅边小径》①

[美] 弗拉基米尔·纳博科夫

一、关于《追忆似水年华》的简要介绍

以下是普鲁斯特的名著《追忆似水年华》(此书被蒙克里夫译为《往事的追思》)中的七个部分,后面括号里的是蒙克里夫的翻译。

《斯旺宅边小径》(《斯旺之路》)
《在花枝招展的少女们身旁》(《身在花枝丛中》)
《盖尔芒特宅边小径》(《盖尔芒特之路》)
《索多梅和戈莫勒》(《普通人的城市》)
《女囚》(《囚》)
《失踪的阿尔贝蒂娜》(《美梦成空》)
《过去韶光的重现》(《旧事重温》)②

蒙克里夫译书未竟,就去世了。这一变故也并非事出突然。因而,这本书的最后一卷就由一位叫布劳瑟姆的人来译出,他译得相当不错。这七部分的法文

---

① 本文选自弗拉基米尔·纳博科夫《文学讲稿》,题目系原书所有,文中标题和序号系本书编者所加。本文要点:(1)《追忆似水年华》不是普鲁斯特的自传,小说通过叙述者(马塞尔)叙述的事情和普鲁斯特本人的经历没有关系;(2) 这部篇幅浩瀚的作品"完全是一个围绕着'仿佛'二字展开的比喻";(3)《斯旺宅边小径》是《追忆似水年华》的首卷,从中即可看出普鲁斯特的艺术与文体风格:A."极为丰富的隐喻意象,比喻里面还层层套着比喻";B."倾向于把尽可能多的内容填充于句子内,最大限度地拉长句子,增加其容量,并奇迹般地将大量的分句、插入语、从句、次从句等塞入句内";C."对话与描写彼此融合在一起,产生出一个新的结合体"。
② 以上七个题目均从英文译出。据1988年第2期《世界文学》所载之根据法文原文译得的译名,该七部分译名分别为:《在斯旺家那边》《在簪花少女的影子下》《在盖尔芒特家那边》《所多玛和蛾摩拉》《女囚》《逃亡者或消逝了的阿尔贝蒂娜》《重新获得的时光》。——译者注

本共分十五卷,从一九一三年至一九二七年相继出版。它的英译本有四千页,约一百五十万字。在规模上,这部著作的时间跨度有半个多世纪之长,从一八四〇年直至一九一五年第一次世界大战期间,而且还一共有二百多个人物。总的来讲,普鲁斯特所虚构的,是一个十九世纪九十年代初的社会。

普鲁斯特于一九〇六年秋在巴黎开始写这部小说,一九一二年完成初稿,随后又重写了其中的大部分,并一再地重写和修改,直至他一九二二年去世。这整部作品是对宝贵事物的追寻和求索。这一宝贵事物就是时间,隐藏宝物的地方就是过去,这就是书名"追忆逝水年华"所包含的深层含义。那由感觉、知觉向情感方向的衍变,那如潮水般在心中涌来、退去的往事,那由渴望、嫉妒和富有诗意的欣喜之情等等的绵延起伏所构成的情感波澜,所有这些加在一起,构织成了这部宏伟而又极其空灵,并透现出深邃意蕴的作品。

普鲁斯特在青年时代曾研究过亨利·柏格森①的哲学。普鲁斯特关于时间流动的种种基本观念,涉及就其持续性而言始终处于发展变化之中的个性,涉及唯有通过直觉、记忆和无意识联想,才能获得我们下意识中的未知宝藏,还涉及纯理性对天才的内心奇妙灵感的从属地位以及把艺术看作世界上唯一的真实存在的看法。这些观点都是带有普鲁斯特色彩的柏格森思想。让·科克托②曾称这部小说为"一幅巨型袖珍画,其中尽是幻景,尽是浮置于景物之上的花园,尽是进行于时空之间的嬉戏、运动"。

有一点你们须牢记,这部作品不是自传。书中的叙述者并不是普鲁斯特本人,书中那些人物也只有在作者的心里才存在。因此,我们就不要在此讨论作者的生平了,他的生平对于我们目前谈的问题来说,非但不重要,而且还会造成混淆,尤其在书中的叙述者与书的作者的确显现出种种相同之处,并处于几乎同样的环境之中时,就更是如此。

普鲁斯特是一个透镜,他的——或说是它的——唯一目的就是将景物缩小,并通过缩小景物的方法重新创造出一个回顾中的世界来。这个世界自身以及这个世界中的人们都并不具有任何社会的和历史的重要性。他们刚好就是报上所说的上流社会人士,也就是有闲的绅士、淑女们。他们富有,但无业。我们从书中读到,那些为人从事的唯一职业及其生产成果全都是艺术和学术方面的。在

---

① 亨利·柏格森(1859—1941),法国直觉主义哲学家。
② 让·科克托(1889—1963),法国诗人、小说家、剧作家。

普鲁斯特透镜下的那些人物不操任何职业,他们的工作只是去娱悦作者。他们可以尽情地契阔谈宴,尽情地娱乐,正像我们可以清楚地想象到的那些传说中的古人,他们围坐在堆满水果的桌前,或是闲步在丹墀之上,高谈阔论,这样的人,我们在会计室里、在船坞中是从来也见不到的。

恰如法国评论家阿尔诺·当第幼所说,《追忆似水年华》是对往日的召唤,而不是对往日的描绘。他接下来还说,小说作者是通过展现若干个经过精心选择、并由一连串图景和形象表现出来的时刻去完成这一召唤的。确实,整个这部巨著就像这位评论家的结论所说的,完全是一个围绕着"仿佛"二字扩展开来的比喻。对往日进行再造的结果也就成了艺术问题的关键。对宝物的搜寻最后终于在一个响彻音乐之声的岩洞中,在一座镶满五彩玻璃的庙堂里圆满结束。这里并没有正规宗教中的那些神祇,或许我们应当这样说才对,即这些神已经化入艺术之中了。

阅读普鲁斯特的著作对于一个粗浅的读者来说——此话说来有些矛盾,因为一个粗浅的读者在读这部著作时会感到乏味,会哈欠连天,以致根本无法把它读完——让我们姑且这样说吧,对于一个缺乏经验的读者来说,似乎书中叙述者所最感兴趣的事情之一就是几家贵族间的宗族关系或者联姻,似乎他莫名其妙地把发现某一位他原以为是个小商人的人,竟原来经常把出入**上流社会**当作一件乐事,把发现某一重要婚姻以他原先做梦也想不到的方式将两个家庭联合起来当作一件乐事。那些就事论事的读者似乎还会下结论说,这部小说中的主要事件就是由一连串的聚会组成的。比如说吧,书中写一次晚餐就用去了一百五十页的篇幅,写一次晚会就占去了半卷书的长度。在小说的第一部分,读者看到了韦尔杜兰夫人家的那个格调低下的沙龙。当时斯旺经常出入这个沙龙。此外读者还看到了在德·桑-欧韦尔特夫人家举行的那次聚会,其间斯旺首次认识到他对奥黛特的爱情是徒劳无望的。小说后面的几部分则又描写了其他的客厅、其他的会见,还写了德·盖尔芒特夫人在家里举行的晚宴、韦尔杜兰夫人在家里举行的音乐会,以及这位夫人在通过婚姻而摇身成为德·盖尔芒特公爵夫人之后,在同一住宅里举行的午后聚会——这是在小说末卷《过去韶光的重现》中所描写的最后一次聚会,在这次聚会上,书中叙述者发现了时间给他的朋友们带来的变化,并猛然间得到了一个灵感——或者毋宁说是一连串的灵感,使他决计要立即动手写书,来重建往日的世界。

这最后一点可以吸引人们去认为,那个叙述者就是普鲁斯特自己,书中写的确实就是他本人的见闻。但我们对此的回答仍旧是否定的。普鲁斯特这本小说中的那位所谓叙述者所写的书,不过就是这个故事中的故事,而并非《追忆逝水年华》本身——正如那位叙述者并非完全就是普鲁斯特自己一样。这里有一个焦点的转移,它产生出了一截虹晕。这便是那特殊的普鲁斯特式晶体,我们正是透过这个晶体来阅读这本书的。这本书并不是社会风俗的写照,不是自传,也不是史实记录。它纯粹是普鲁斯特的幻想,就像《安娜·卡列尼娜》和卡夫卡的《变形记》都是幻想一样。正像将来如果有那么一天,我要以回顾的形式去写康奈尔大学时,它也会成为一个幻想一样。小说中的那个叙述者是小说中诸多人物之一,他的名字叫马塞尔。换言之,马塞尔是一个隔墙窃听者,而普鲁斯特才是作者。在小说的最后一卷,小说里的那个叙述者在认真地酝酿他将要写的那本理想的小说。普鲁斯特的作品只是那本理想小说的一个抄本——然而这又是怎样的一个抄本呵!

二、《斯旺宅边小径》详解

必须从一个正确的角度去看《斯旺宅边小径》(《斯旺之路》),必须按照普鲁斯特的意愿,将它同全书联系起来看。要想充分理解第一卷,我们就必须一直陪伴书中的叙述者,直到末卷的那次聚会。关于这一点,我们在后面将作详细讨论。现在,我们必须倾听当时马塞尔在开始理解了自己所经受的种种震动时所讲的话:

> 我们所称之为现实的,乃是那同时围绕着我们的那些感觉和记忆间的某种关系。这种关系是唯一真实的关系,作者必须对之重新把握,才有可能在自己的语言中,将这两个截然不同的因素永远联结起来。一个人在形容某地时,他尽可以无休无止地去把表现该地特色的事物一一枚举,然而,只有在作者提取出两个不同的事物并确立它们之间的关系,然后以他的风格(艺术)作为必要的环扣将它们拴住时,方始有真实性可言,或甚至,像生活本身那样,在他比较两种感觉的相同性质的过程中,为了使二者脱离时间的偶然性(种种偶然变故)而用隐喻把它们彼此结合,或用不受时间限制的语言将它们互相联系,一旦他用这些方法廓清它们的本质,真实性才会开始存在。从这种艺术真实的观点来看(马塞尔自问道),自然本身难道就不是艺术的初始吗?这个自然只在事后很长时间,并只有通过其他事物,才让我了解到了

某一事物的美——贡布雷正午的美丽是通过它在人们记忆中的花香、钟鸣而被认识的。

这里提到了贡布雷,从而就引入了书中关于两条路的重要主题。构成小说的气韵而贯穿于书中所有七个部分的(这七个部分就像是造物主创世的那七天日子,而在星期天却没有休息),是叙述者从小说第一卷直到末卷里,始终在想象中看到的自己童年时代,在贡布雷小镇所常走的两条小路,一条途经斯旺家所在的汤松维耶通往梅塞格利兹,另一条则通往盖尔芒特的乡下住处。在法文版的十五卷中,小说整个故事的行进,构成了对与叙述者童年走过的这两条路有着种种联系的人们的一次调查了解。母亲的吻给叙述者所带来的苦恼更是对斯旺的爱情和苦恼的一个宣示。同样,那个孩子对吉尔伯特的爱以及后来他同那个叫阿尔贝蒂娜的姑娘之间的那段重要的恋爱经过,也都是对斯旺和奥黛特两人间的恋爱关系的扩充。但是这两条小路还有更深一层的含义。正如戴瑞克·昂在他的《普鲁斯特初探》中所写的:

马塞尔直到在斯旺的孙女(吉尔伯特的女儿)身上看到他童年时代两条道路的交会时,才开始认识到,我们所用以拼合成生活的那些片段完全是独立的、自足的,它们不与生活本身的任何一个方面相对应。它们所真正与之对应的,仅仅是我们借以从中感受生活的那种残缺不全的意象。在本质上,韦尔杜兰夫人、斯旺夫人和德·盖尔芒特夫人的彼此隔绝的世界本是同一个世界,只是由于世俗势利或是某件偶然超乎社交常规的事件才把她们彼此分离。说她们的世界本是同一世界,并不是因为韦尔杜兰夫人最后嫁给了德·盖尔芒特公爵,也不是因为斯旺的女儿最后嫁给了德·盖尔芒特夫人的侄子,也不是因为奥黛特本人的生活经历随着她成为德·盖尔芒特先生的情人而达到了顶峰,而是因为她们中的每一个人都各旋转于一个由相似的因素构成的轨道之中,而这正是——我们从托尔斯泰的著作中看到的那种——生存的自动性、表面性和机械性。[①]

我来提醒一下,风格是一个作者的习惯,是将这个作者区别于其他任何作者的特殊手法。如果我从你们熟悉的三位作家的作品中为你们分别挑出一段

---

① 在这里和其他一些地方,弗·纳博科夫有时将自己的话或插入语夹入他所引述的话内。——原编者注

来——如果我挑的段落在题材上没有提供任何暗示,而你们却能高兴地肯定道:"这个是果戈理,那个是斯蒂文森,而那一个,天哪,是普鲁斯特"——此时,你们就是根据他们的不同风格来进行区别的。普鲁斯特的风格包含着三个特别明显的特点:

1. 极为丰富的隐喻意象,比喻里面还层层套着比喻。我们正是透过这个棱镜才看到了普鲁斯特作品的美。在普鲁斯特那里,隐喻这个词的使用往往是广义上的,是作为混合形式的同义词①或是一般性比较的同义词。因为在他那里,明喻常常逐渐转化为隐喻,反之也如此,多数情况则是隐喻占主要地位。

2. 倾向于把尽可能多的内容填充于句子内,最大限度地拉长句子、增加其容量,并奇迹般地将大量的分句、插入语、从句、次从句等塞入句内。确实,若论起不吝笔墨来,他的慷慨简直不下于圣诞老人。

3. 在前辈小说家那里,描写部分和对话部分之间的区别是确定的:总是先来一段描写,接下来才是对话,诸如此类。当然,这种方法在今天的传统手法的文学作品中仍然被采用,在多如牛毛的二三流文学作品中、在到处泛滥的不入流的文学作品中,也是如此。而普鲁斯特作品中的对话与描写彼此融合在一起,产生出一个新的结合体,在这个结合体中,花、叶和昆虫都归属于同一棵开满鲜花的树木。

(1)

我曾在很长一段时间里,很早就上床睡觉。

小说的这个开卷首句,对于我们理解那个以一个敏感的男孩的卧室为中心展开的主题,是一个关键。这孩子极力想入睡。

我能够听见火车的笛声。这汽笛,时而逼近,时而远去,就像树林中的鸟叫一样,显示出了距离的远近。它在我的脑海里展现出一个远景,那是一个荒凉的郊野,一个赶路人在这里会加快脚步,去找最近的火车站,他那全身心的激动,使他将自己在这郊野中走过的路永远地印入他的记忆中。他

---

① 弗·纳博科夫举例说,"雾像面纱一样"是一个简单的明喻,"一层薄雾"是一个简单的隐喻,而一个混合形式则是:"这层薄雾宛如静谧中的沉睡",其中结合了明喻和隐喻两者。——原编者注

激动,是因为他是在一个陌生的地方,是因为他做了不同寻常的事,也是因为谈话中最后的那几句话,以及在一盏陌生的灯下所作的道别,那道别的话语,在夜深人静之际,还时时响在他的耳边;还因为他即将重返家园时心中所感到的喜悦。

火车的汽笛像风中的鸟鸣一样,显示了距离的远近,这是个附加的明喻,一个深层的比喻,这是普鲁斯特的典型手法,它最大限度地渲染了画面的色彩及生动性。然后,作者合乎逻辑地从火车想开去,来了一段对旅行者及其情感的描写。像这样地去展示艺术形象,是典型的普鲁斯特式手法。它因其逻辑性和诗意而有别于果戈理的那些东一笔西一笔写来的种种比喻。果戈理的比喻一向是古怪的,是对荷马的揶揄式模仿,他的隐喻则是梦魇,而普鲁斯特的隐喻则是梦境。

不久,我们又看到在男孩的熟睡中,隐喻式地出现了一个女人。

同样,正像夏娃是来自亚当的一条肋骨一样,一个女人会在我的熟睡中出现,她产生于我大腿部位的紧张感……我的身体能感觉到自身的热量在向她的全身传遍,此时变为力图与她合为一体。这时候,我就会醒来。此时此刻,和这个女人相比,人性中的其他因素仿佛都已十分遥远,这是个刚刚才同我分手的女人,我的面颊仍留有她的吻带来的温馨,我的身体仍保持着她的体重造成的弯曲姿势。假若像有时那样,这个女人有一个我在清醒中所认识的某位女人的外貌,那么我就会一心一意,全身心地去追寻她,就像人们为了亲眼看一看某座他们一直渴望去看的城市、为了在现实中亲尝那令他们在幻想中所为之陶醉的事物而整装出发、走上征途一样。渐渐地,我对她的记忆便会模糊起来、便会消失掉。直到我忘记了我的这位梦的女儿。

我们在此又一次看到了这种展示的手法,即把追寻一个女人比作人们到各处的旅行等等。偶然的追寻、探望和失望,将构成这整部作品的诸多主线之一。

这种展示能够将许多年的事情统统包容于一个段落之中。从这个孩子做梦、醒来、重新入睡等过程中,我们不知不觉地开始了解到他作为成人、进行这番叙述的此刻的睡眠以及醒来后的习惯。

一个人在熟睡时,在他的周围有着不间断的钟点、一连串顺序排列的岁月和事物在环绕着他。当他醒来时,本能地向这些环绕着他的东西望去,一霎时把自己在这片大地上所处的位置一览无余,也看到了有多少时间在自己的睡眠中逝去。……然而对于我(作为一个成人),只要我在自己的床上能熟睡到使自己的意识完全放松的程度,那也就足够了。因为此时我对自己在何处入睡已经浑然不知了,而且在半夜醒来时,我也不知道我是在哪里,一开始也无法确定我是谁,我只对自身的存在具有最起码的意识,那意识就像是一个动物在它的意识深处对于自身存在所具有的那种时隐时现的感觉一样。我的赤贫程度已甚于史前的穴居人,然而此时,记忆来临了,虽然这记忆尚与我的所在之处无关,而是关于我过去曾居住过、而且现在也很可能就身在其中的那些地方的记忆。这记忆像一根从天而降的绳子,把我从那深不见底的、我永远无法凭个人力量逃脱的混沌虚无之中拽上去。……

接下来是身体的记忆。说他

　　首先竭力要从自己感受到疲劳的身体各部分的外形,其次从墙壁以及家具的位置推测出身体肯定所在的房子,并将这些细节拼凑起来,叫出这个房子的名字,身体的记忆是肋骨、双膝、肩脚等的记忆的混合,它提供了这个身体曾经歇息过的房间的所有一系列印象,与此同时,这一堵堵无形的墙壁随着所忆起的一间又一间房屋的形状而不断地变化。一间间房屋旋转着,在黑暗中掠过。甚至在我的大脑还犹疑于时间和形式的门槛之外,还没有收集足够的印象使我的身体能够确认这些房间之前,我的身体便能接二连三地忆起在这些房间内,那些床各是什么样子,门又都各在什么地方,晨晖是怎样射入它们的窗子,屋外是否有条小路,我在入睡之前心中想的是什么,以及我醒来后发现的是什么,等等。

在这里,我们逐一见过了这些房子以及关于它们的隐喻。一时间,他又成了一个睡在一张上有遮篷的床上的孩子。

　　我立刻会对自己说:"哟,我到底还是睡着了,可妈妈根本没有来道晚安!"

这时,他的心回到了乡下他那死去多年的祖父身边。而后,他又来到在汤松维耶那所斯旺旧宅中的吉尔伯特(她此时已经是德·桑-路夫人)的家中,以及冬夏之际曾住过的一所又一所房子。最后,他真的在巴黎、在现在(作为成人)的自己的住所里醒来,他的记忆也已经一发而不可止了:

> 通常,我并不想马上就重新入睡,而常常是把夜里的大部分时间都用来进行回忆,回忆当年我和姑婆在贡布雷度过的时光;回忆我在巴尔拜克、巴黎、冬希艾尔、威尼斯,和其他一些地方度过的时光;回忆我所熟悉的地方、人们,以及我从他们那里亲眼所见和别人告诉我的事情。

接下来,随着文中提到贡布雷,他又重新回到了童年,回到了文中叙述的年代:

> 在贡布雷,每天下午一过,离我上楼就寝并辗转反侧于床上的时间尚早;远离我的母亲和祖母,卧室成了一个固定的中心,我那忧伤、焦虑的思绪紧紧萦回于其间。

晚饭前,在一盏魔灯下讲述那个邪恶的戈洛与善良的热内维叶弗,德·布拉邦(德·盖尔芒特公爵夫人的前辈)的故事,这时,他便感到特别沮丧。餐室中的灯这时就开始把这一魔灯"运动"或魔灯"事件"同那间在下雨的晚上全家人于晚饭后相聚的小客厅联系起来。书中的雨所起的作用,是将他的祖母(书中最高贵、最令人同情的人物)引入故事,这位祖母总是坚持要冒雨到花园里散步。斯旺也在这里出现:

> 我们听到从花园尽头传来的,不是由过往的家人在穿行之中'未去摇动'就碰响的那种嘈杂、尖锐、震耳欲聋的,带着冰冷而又锈迹斑斑的金属所特有的声音的、无休无止的铃声,而是来访客人扯响的那个双声铃——听来怯生生的、圆润、明澈的铃声。……然后,很快我祖母就会说:"我听见了斯旺的声音。"……虽然斯旺要年轻得多,他却非常依恋我的祖父,祖父当年和斯旺的父亲是知交,他的父亲是位杰出而又古怪的人,对他来说,似乎哪怕是最小的事情也会影响他的情绪、干扰他的思路。

斯旺是个名流绅士，艺术行家，一个在最上层的社会里极为走红的、优雅的巴黎人，然而他在贡布雷的朋友们、本书叙述者的全家人，却对他的地位一无所知，只把他认作是他们的老友，一个证券经纪人的孩子。这本小说的要素之一，就是通过不同人的眼光来看同一个人的种种方式。比如说，从马塞尔的姑婆的印象之中透现出来的斯旺是：

> 有一天，他在巴黎吃过晚饭后来看我们，他还为自己穿了夜礼服道了歉。后来，他走了以后，弗朗索瓦兹（厨娘）对我们说，她从他的车夫那里听说他刚才"和一位公爵夫人"吃饭来着。"一个名声不好的公爵夫人，一个高级妓女。"姑婆慢条斯理地说着，耸了耸肩膀，手中编织着，眼皮也没抬一下，安闲之中含着挖苦。

普鲁斯特和乔伊斯两人在表现人物的手法上有着一种本质的区别。乔伊斯是先选好一个只有上帝和乔伊斯自己才了解的完整的、绝对的人物，然后把这个艺术形象打碎，再将打碎的碎片撒到他小说中的时空中去。一个有心的读者在重读他的小说时，会将这些谜一般的碎片收集在一处，并把它们拼合好。普鲁斯特则不然。他满足于使人物和人物性格在读者眼中永远是非绝对型的，永远是相对的。他并不把人物劈开打碎，而是通过它在其他人物眼中的形象来表现它。他希望的是，在经过一连串棱镜映象以及细节表现之后，将它们合成一个艺术的真实体。

书的引子是以马塞尔描述自己在来访者们硬要他在楼下道晚安，而他母亲又不上楼来到他的卧室同他作睡前吻别时的绝望心情结束的。小说的正式故事以斯旺的某一次来访为始：

> 当那怯怯的双声门铃响起时，我们全都在花园。大家都知道这一定是斯旺，然而大家却都仍彼此交换着询问的目光，只叫我祖母前去探问。

那个关于吻的隐喻是复杂的，它贯穿了全书。

> 我目不转睛地盯着母亲。我明白，在饭桌前，他们是不会让我在整个晚餐期间都待在那儿的。同时我也知道，妈妈因为怕惹恼爸爸，也不会让我像

在我自己房间里那样,当众给她一连串的亲吻。于是,我便指望着在这餐厅里,在他们开始又吃又喝的时候,当我感觉到那个时刻临近的时候,便事先在那些届时必然是短促的和偷偷摸摸的亲吻中倾注进我所能倾注的一切,我将首先仔细看好她脸颊上我将去吻的部位,然后作好思想准备。由于有了这个准备,我才好把妈妈所允许的短暂的分分秒秒全部用来去感受从她脸颊传到我唇上的全部感觉,这就好像是一个画家,他只能让他所要画的对象在他面前坐很短一会儿,所以只好事先准备好他的调色板,并根据他头脑中的印象和一些草图来准备好在被画者不在时他所可能要做的一切事情。但是那天晚上,晚饭铃还未响起,祖父就以他自己不曾意识到的残忍态度说道:"看来这小伙子累了,他最好上床睡觉,再说,咱们今儿晚上晚饭也吃得晚。"……

我正要去吻妈妈,可是就在这时,晚饭铃响了起来。

"得了得了,让你母亲清静点儿吧,你那晚安已经说得够多的了。这些表演全都荒唐,上楼去吧。"

小马塞尔所受到的内心煎熬,以及他给他母亲的短信、他的期望,还有他因母亲没有出现而洒下的泪水,统统预示了那个他将承受绝望的嫉妒的主题,这样一来,他的情感和斯旺的情感之间就建立起一个直接的联系。他想象,如果斯旺看到了他给他母亲写的那封信,将会敞怀大笑。

然而我后来终于知道,事实刚好相反,一种类似的苦恼多年来一直影响着他的生活,因而恐怕在当时,没有任何人能像他那样理解我的感情,对于他来说这种痛苦是,知道自己所热爱的人正在一个充满欢乐的地方,而自己既不能与她同在又不能前去——对于他来说,这种痛苦来自爱,从某种意义上讲,有了爱就注定会有这种痛苦,同时它必然为爱所取代,为爱所限制。……斯旺也理解,当这一切对我尚属陌生而弗朗索瓦兹回来告诉我说我的信即将发出时我的那股高兴劲儿。同样,斯旺也十分清楚,朋友或是我们所爱的女人的某位亲属所可能给我们造成的那种空欢喜。也就是说,当那位亲戚来到一座私人宅邸或是剧院,参加一场她也将到场的舞会、聚会,或是某戏的"首演",人们在这里可以见到她。这时,他看见我们正在外面徘徊,并焦急地等待着和她说话的机会。他认出了我们,和我们亲热地打招呼,并且问我们在那里做什么。于是,我们就编出一套假话,说我们有件急事要对她(他的亲戚或朋友)说,他便说只管放心,这事情再简单不过了,然后就把我们带了进去,并保证说五分钟后就能把她叫下楼来见我们。……唉!斯旺的亲身经历告诉他,对于一个因发现自己所不爱的男人追至舞厅来找她而生气的女人来说,旁人的好心实在是不足以对她施加影响的。十有八九,这位好心的朋友又是独自一人下楼来的。

母亲没有来,而我无心去维护自己的自尊(全凭着她始终造成这样一个假象,即她曾要我告诉她我找到东西没有,我的自尊才得以维持),要弗朗索瓦兹把一切都告诉我。弗朗索瓦兹回答了我这么几个字:"什么答复。"——自那以后,我曾多少次听见公共舞厅的看门人和赌馆里当差的之类人向某些可怜的姑娘重复这几个字,而姑娘听了这话,则会手足无措地说:"什么!他什么都没说么?这不可能。你没把我的信交给他吧,是不是?那好吧,那我就再等一会儿。"于是,正像那可怜的姑娘在当时情况下必然要拒绝看门人为她往煤气灯里再多放些汽油照亮,并继续坐在那里……我也拒绝了弗朗索瓦兹为我泡药茶和陪伴我。我让她重又回到佣人待的大厅里去了。而我躺在那里,闭上双眼,尽量不去听花园中家人们在晚餐后喝咖啡时的谈笑声。

这段情节之后是一段对月光和寂静的描写,它充分展示了普鲁斯特在隐喻之中又有隐喻的手法。

那孩子打开他房间的窗子,坐在床脚上,几乎一动也不敢动,怕被楼下那些人听见。(1)"外面的事物似乎也都固定不动,一声不响地期待着什么。"(2)他们似乎不想"去惊动月光"。(3)那么现在月光在做什么呢?月光复制了所有的物体,而且,由于那向前扩伸出来的影子的作用,月光看起来就好像把所有物体都向后推了似的。那是一种什么影子呢?那是一种看上去"比物体本身更明确、更实在的"影子。(4)由于上述的效果,月光"使整个景色变得既狭长又广阔,就像(一个附加的明喻)一张没有折起过、平铺着的地图"。(5)有些运动:"那些在动的,是些没法不动的东西——比如栗树上的树叶。然而它们那种小心翼翼的抖动(什么样的抖动?),那种完完全全的抖动,那种连它们最微浅的影子、最细微的部分都牵涉在内的抖动(这种过分讲究的抖动),却未曾干扰周围的环境,也未曾逐渐融入其间,这抖动的影响显然很有限"——这是因为那树叶恰好被月光照亮,而其余的景色则笼罩在阴影里。(6)宁静以及远处的声响。远处的声音对宁静的表面所起的作用,与那束月光通过摇曳树叶而对天鹅绒般的阴影所起的作用是一样的。最远的声音是来自"镇子末端的那些花园,那声音具有如此高的'清晰度',以至于人们所以觉得这些花园距此遥远,(下面是一个明喻)完全是由于这声音的'极度轻奏乐段'般的效果,(又是一个明喻)就像是在公立音乐学院中,乐队用调低了的弦乐器来进行演奏一样"。然后是一段对调低了的弦乐器演奏的描述:"尽管人们不曾漏掉它的每一个音符",然而这声音却是"从外面传来的,是从音乐厅之外很远处传来的,因而(现在我们又来到了那座音乐厅)这场音乐会的所有老赞助人总是要尽全力倾听,当斯旺把自己的那些座位让给我的姑婆们时,她们也常常这样全力倾听,他们是那样全神贯注,(以下是最后一个明喻)就好像他们已听到了一支正在向此处行进,然而尚未拐过'街道'拐角的军队似的"。

(2)

图画般的月光效果是随着时代和作者的不同而变化的。在一八四〇年写出《死魂灵》的果戈理与大约于一九一〇年写出以上那些描述的普鲁斯特两人之间,存在着某种相似之处。但普鲁斯特的描述使隐喻的体系更为复杂,而且这种隐喻是富有诗意的,而不是怪诞的。果戈理在描写月光下的花园时,也会运用丰富的想象力,然而他那些凌乱的比喻往往容易转变成怪诞的夸张和一些其中稍具美感的非理性的胡说八道。比如说,他可能会像他在写《死魂灵》中的某处时那样,把月光照射下的视景比作是从晾衣绳上飘落的一块亚麻布,而后他又可能信口开河,说那地上的月光就像是当洗衣妇还在安然熟睡并梦见她嫂子买来的肥皂水、淀粉和漂亮的新上衣时,被风纷纷吹落的一张张床单或一件件衬衫。而在普鲁斯特的例子中,他的独到之处在于,他的思路从那个苍白的月光的意念那里游离开去,想到了远处的音乐——从视觉转入了听觉。

但是普鲁斯特也有其先行者,在托尔斯泰的《战争与和平》第六卷第二章中,安德烈公爵在他的熟人劳斯托夫伯爵的庄园小住,他睡不着觉。我在这里稍稍改动了一下加尼特[①]的译文:

[①] 加尼特(1862—1946),英国女翻译家,因翻译俄国文学名著而知名。

安德烈公爵从床上起来,走到窗前,把窗子打开。他一打开百叶窗,月光就像在外面久已等候这个机会,一下子涌进房里,他推开窗格子。夜色清凉而明亮,非常寂静。窗子对面是一排修剪整齐的树木,它们一面是黑暗的,另一面带着银色的光。……树木前面是一个有点像房顶的东西,它带着露水,闪闪发亮。右首是一株枝叶繁茂的大树,树的主干和支干现出耀眼的白色。上方是一个近乎浑圆的月亮,它主宰着春季寥无星光的天空。

　　这时他听到从上面一层房间的窗子里传来的女性的说话声音——说话人之一是纳塔莎·劳斯托夫,那声音反复哼唱着一个乐句。……过了一会儿,纳塔莎尽可能地从楼上的窗子向外探出身来。他听见她的衣服的沙沙声和她的呼吸声……(然后)这声音像月亮和那些影子一样变得平静了。

　　要从托尔斯泰那里看出普鲁斯特手法的端倪,有三点需加注意:

　　1. 在外久等的月光(这是感情误置)的那种期待。美人随时准备冲进来,那是当时人物在内心感觉到的一个可人的、令人怜爱的人物。

　　2. 描述上的清晰明确,简直是一幅银色、黑色对称鲜明的蚀画。毫无陈词滥调,对月亮的描写没有因袭前人。那完全是能够激发美感的亲眼所见,真实而生动。

　　3. 所见与所听的紧密联系,淡影与回声的紧密联系,以及耳与眼的紧密联系。

　　将这些同普鲁斯特作品中的那种形象衍化作一比较。注意一下普鲁斯特描写月光是怎样地字斟句酌:那些宛如从衣橱中抽出的抽屉一样从光亮中推移出来的阴影,距离的遥远、那音乐之声。

　　普鲁斯特本人在隐喻方面诸多的感觉层次,通过对他祖母选择礼物方式的描写而得到说明。(第一层:)"她老是想让我在我的屋子里放些古建筑画的照片或是最美丽的风景画的照片。可是一到买这些照片的时候,尽管那照片的内容本身具有审美价值,她却老是从这些画的摄影复制品的机械性中发现,那些东西中的俗气和功利性都显得过于突出了。"(第二层:)"于是她就找借口来给艺术似乎又平添了若干个'档次',以求即使不能完全去掉那些东西中的商界俗气,也要把这种俗气限制到最少的程度,并以那些仍不失为艺术的内容来取代这浓重的俗气。因此她不是向斯旺询问有没有《沙特尔大教堂》的照片、《圣克劳德之泉》的照片,或是《维苏威火山》的照片,而是询问是否有大画家将这些作品复制过,她宁愿送我按照柯罗①真迹复制的《沙特尔大教堂》的照片、按休伯特·罗伯特②的真迹复制的《圣克劳德之泉》照片、按透纳③的真迹复制的《维苏威火山》,这样就使她的礼物多了一层艺术性。"(第三层:)"但即使摄影师无法直接重现艺术杰作或自然之美,但是只要他是一位伟大的艺术家,他就有权力重现这位伟大艺术家对于艺术杰作或自然之美的解释。鉴于这种情况,我祖母不得不谨防俗气,竭力要把俗气赶得更远一些。因此她就会问斯旺那幅画是否已被制版。"(第四层:)"如果可能最好是古一些的制版,此时她的兴趣就与制版本身无关了,她是想让我们看到某件杰作处在一个在今天已通常不复为人所见的状况之中,比方说,就像还未因修复而失去其价值的达·芬奇的《最后的晚餐》在摩尔根的制版中一样。"在后来描写她赠送古董家具以及送给马塞尔几本乔治·桑④五十年前写的老派小说时,作者也用了同样的手法。

第一个有关马塞尔在床上的情节以他母亲为他读——乔治·桑的——这些小说而告结束。英译本的前六十页本身就很完整,而且保留了在整个小说中随处可见的文体风格。正如戴瑞克·利昂所说:"由于作者受到一个优秀的、丰富多彩的文化的滋养,加上他对于古典文学、古典音乐、古典美术的深爱和透彻理解,这整部作品恰当而便捷地表现了取譬于生物学、物理学、植物学、医药学,乃至数学的丰富比喻。这些比喻永远令我们惊叹不已,快乐无比。"

(3)

接下来的六页同样形成一个完整的情节,亦即一个完整的主题。实际上这一段起到了小说中描写贡布雷部分的序言的作用。这一部分可以"林登·布拉瑟姆茶的奇迹"为标题,是对于那种小圆蛋糕的一段著名回忆。这几页的开始,是一段对于第一个主题——也就是床上主题——的隐喻式总结:

就这样,在后来的很长一段时间里,当我夜不能寐,躺在床上重忆贡布雷时,那浮现在我眼前的贡布雷景物仅仅是这样的一种光闪闪的楔形:它在模糊而幽暗的背景里显得轮廓格外分明,就像是由于孟加拉火或是某种

---

① 柯罗(1795—1875),法国画家。
② 休伯特·罗伯特(1733—1808),法国画家。
③ 透纳(1775—1851),英国风景画家。
④ 乔治·桑 (1804—1876),法国女作家。

电光照在一座除前部外其余部分全隐在黑暗之中的建筑上而造成并分解开来的光的三角形。在这个楔形底部的最宽处是一间小客厅,一间餐厅和那条令人害怕的黑魆魆的小路,斯旺先生经常从那里走来。他是不自觉地造成我的痛苦的人。在那最宽处的,还有那间我在开始踏上楼梯的第一级台阶前经常穿过的正厅,那些楼梯是那样的难爬,它独自构成了那个不规则金字塔形的锥状部分,在那尖顶上,就是我的卧室。在它的一条小过道的一端,有一扇装了玻璃的门,妈妈就是从那里进来……

此刻,就在回忆纷纷聚来之际,叙述者仍未抓住它们的意义,认识到这一点是很重要的。

> 企图追溯(往事)是徒劳之举:我们运用才智所作的一切努力都将被证明是无用的。往事隐藏在我们脑海之外的某个地方,我们的理智无法达到它,它隐藏在某个我们对之不曾想到的具体物体之中(在那个具体物体所给我们带来的感觉之中)。而那个物体则全然有赖于我们在死亡的厄运降临之前是否能偶然发现它。

仅仅是在小说末卷中的最后一次聚会上,已是年过半百的老人的叙述者,才一下子接连受到三次震动,得到三个启示(现今的评论家称其为顿悟),那是对现时的种种感受与过去的种种回忆在心头上的交会——他看见了那些形状不一的鹅卵石,听到了一把调羹的响动,感觉到一块餐巾有些发硬。他第一次认识到了这类经历中的艺术的重要性。

叙述者在他一生中曾几度经历这样的震动,但却不曾认识到它们的重要性。第一次震动来自那块小圆蛋糕。距他在贡布雷的童年时光很久之后的某一天,他已经是个大约三十岁的大人的时候,发生了这样一件事:

> 冬季里的一天,我回到家,母亲看我很冷,给我倒了杯茶,我通常是不喝茶的。我先是说不要,然后不知何故,我又改变了主意。她叫人去拿来一块那种圆圆鼓鼓的名叫"小马德兰"的圆蛋糕,这东西看上去就好像是用朝圣者佩戴的扇贝的那种带凹槽的壳为模子做出来的。我已经度过了乏味的一天,而且即将来临的又是一个令人沮丧的明天,因此已不免感到很疲乏,便

马上机械地把一勺茶送到唇边,茶里还泡着一小块蛋糕渣。那温茶和那小块糕刚刚触及我的颚部,我就浑身打了一个冷战,我愣住了,全神贯注于那正发生在我身上的变化。一种微妙的快感袭入了我的各个感觉,不过它是从各种感觉渠道一个个分别袭入的,令人丝毫也无从知道它的起因。顿时间,人生的沉浮于我都变得无所谓了,人生的灾难也变得无害,人生的短暂也变得虚渺。这种全新的感觉像爱一样,给我灌注了一种宝贵的实质。或者干脆说,这种实质并非存在于我体内,它本身就是我自己。我不再感到平庸、次要、生命短促了。这种很强的快感会是从哪儿来的呢?我感到它同这茶和蛋糕的味道有关,但它又无限度地远远超越出这些来自食物上的甘美,因而确实不可能在本质上同它们一样。它是从哪儿来的呢?它意味着什么?我怎样才能把握住它并使之变为言词呢?

后来再喝的几口茶则开始失去那种魔力。马塞尔放下茶杯,强迫自己分析这种感觉,直到累了才作罢。休息之后,他又集中了全部精力。

  我在内心里体味着那第一口茶的未尽余味,只觉得怦然心动,好像有什么东西离开自己原位要浮冒上来,就像一只原先插得深深的锚松动了一样。我还不知道它是什么,但我能感到它正在慢慢地冒上来。我可以感觉出它所迎受的阻力的大小,可以听到它通过一个巨大的空间时所发出嘈杂的回响。

接着就是进一步的努力,以求从这个味觉中理出产生此次经历的某一昔日情景。

  于是突然间,记忆回来了,这味道正是当年我在贡布雷每星期天早上(那时我星期天早上从不在作礼拜之前出门)吃的那一点点马德兰蛋糕的味道,那是我到莱奥妮姑妈的卧室向她请安时她常给我吃的,在给我之前,她总是先在她自己的茶里或药茶里浸一下那蛋糕。……
  一旦我确认那是她常给我吃的,用她的药茶浸泡的那小块马德兰蛋糕的味道(尽管我当时并不知道,而且非经过很长一段时间之后才会发现,为什么回忆起它使我那样的高兴),顿时,她的房间所在的那座街边的旧灰房子就像剧院的道具那样直立起来,与那通往花园的小凉亭连成了一体。……如同日本人取乐时往一个瓷碗里倒满水,并往里放入一团团此时还并不成形状的纸那样,一旦那些纸被浸湿,就立刻自行扩展或折叠,现出了颜色和形状,从而变成清晰可辨的花、房子、人物。当年我们家里和斯旺先生家花园里的花,以及维旺尼的水莲,还有那众多的村民、他们的窄小住所、教区教堂,整个贡布雷及其四周景物,也都与此相同,全都在我的这杯茶中清楚而持久地变为实物,随着那城镇和那花园,一同现出形状。

卷中第二个主题以及对贡布雷部分的神话般的介绍到此结束。然而要了解这整部作品更为深远的意义,我们就必须注意到这一句表白:

尽管我当时并不知道,而且非经过很长一段时间之后才会发现,为什么回忆起它使我那样的高兴。

在这部作品中,时时都有对往事的回忆,这些回忆也同样使他高兴,然而不同寻常的是,直到末卷,这些回忆的深意才为他所领悟。在这末一卷里,他的感觉所受到的一连串震动和他的种种回忆融合成一种高度的悟性,因而他成功地——再说一遍——了解到在他的经历中,艺术的重要意义,并能够着手写作这部伟大的记录——《追忆似水年华》。

(4)

书中以"贡布雷"为题的那一节里,有一部分是写这位莱奥妮姑妈的,写她的房间,她同厨娘弗朗索瓦兹的关系,还写她作为一个残疾人,对于自己无法投身其中的城镇生活所抱有的兴趣。这些篇幅流畅易懂。请注意普鲁斯特的系统。在写到莱奥妮姑妈偶然死亡之前的那一百五十页里,她是这个网络系统的中心人物,由她身上写开去,才写到花园、街道、教堂,贡布雷周围的小路,而且不时地还折回来,写到莱奥妮姑妈的房间。

马塞尔随父母去教堂,留下他的姑母同弗朗索瓦兹闲聊,于是就有了关于贡布雷的圣希莱尔教堂及其彩虹般的反光和它那奇妙的玻璃与石头的重要描写。当书中首次提到盖尔芒特的名字时,这个富于传奇性的贵族家庭就透过教堂的内部色彩出现在我们面前:

两块高经挂毯上绣着以斯帖①加冕的图案(那上面,织工按照传统做法,把亚哈随鲁②绣成法国一位国王的模样,而把以斯帖绣成他的情妇,即盖尔芒特家族某位贵夫人的模样);挂毯的颜色彼此交融,以加强画面的表现力、立体感和光感。

由于整个盖尔芒特家族都是普鲁斯特杜撰的,因此他不能确指那是哪位国王,对此我们无须赘述。我们看过教堂内部之后,再次出来,于是便引出一个趣味盎然的有关教堂尖顶的情节——那是一个无论你在哪里都可看见的尖顶,当人乘火车接近它时,它"把自己那令人难忘的形体雕刻在贡布雷尚未从中出现的地平线上":

就在我们从贡布雷出来散步走得最远的那条路上,有一个地方窄窄的小路豁然开阔、与广袤平原相接。那平原以天地交接线上的几抹林木远影为屏,超出这道屏障之上卓然挺立的那个小点,就正是那教堂的尖顶,然而它是那样尖、那样粉红,就好像它只不过是画家用指甲在蓝天上勾勒出来似的,他渴望在一个如此纯粹的"自然"景色中,画出这样一个风景;这样一个小小的艺术标志,一个人类存在的独特标志。

这一整段描述值得我们仔细研究。在这一整段中,在对这超露于众多建筑顶部之上的紫色尖顶的描写中,活动着一个强有力的诗魂。它是那一连串回忆的某种指示物,是在朦胧记忆中闪现的惊叹号。

一个简单的过渡把我们带到另一个人物面前。我们已经离开了教堂,正在回家的路上,我们经常遇见勒格朗丹先生,他是位土木工程师,常在周末回到他在贡布雷的家中。他不仅搞土木工程,而且还常舞文弄墨,并像他在书中逐渐显现出来的那样,是个十分典型的世俗小人。到家后,我们又看到了莱奥妮姑妈。这时她有客,来人尽管耳聋,却精神旺盛,这个老处女叫尤拉莉。我们已作好吃饭的准备。作者巧妙地将弗朗索瓦兹的烹调手段与十三世纪大教堂门廊中的四叶形艺术装饰相提并论。换句话说,那个教堂尖顶仍和我们在一起,隐现于那些精美的食物之上。我们应注意奶油巧克力。在普鲁斯特重建往昔的一系列方法

---

① 以斯帖:《圣经·旧约》中人物(原名哈大沙),后为波斯王后。
② 亚哈随鲁:《圣经·旧约》中的波斯王,登基后第三年因故废王后,立以斯帖为后。

中,味觉器官起到了增添诗意的作用。这奶油巧克力

> 就像一曲"应景而作的"音乐那样轻柔、那样短暂易逝,(弗朗索瓦兹)在其中倾注了她的全部才智。哪怕在碟子里剩下一丁点儿都会显得像在音乐会上,在这首"即兴曲"未终之际就当着曲作者的面起身而去那样不礼貌。

接下来的几页中,一个重要的情节开始了,从而引出了书中的女主角之一。我们以后会知道,这位夫人叫奥黛特·斯旺,是斯旺先生的妻子,但在这几页里,她以马塞尔早年记忆中一个不知姓名的人物身份出现——穿粉红衣的女士。她是这样出场的。有位叔叔曾一度在贡布雷那幢房里住过,他是阿都菲叔叔,不过他已不在那儿了。作者在童年时代曾到巴黎看过他,并喜欢同他讨论戏剧。谈话中不时提到一些著名女演员的名字,其中有一个杜撰的人物,叫贝尔玛。阿都菲叔叔显然是个爱寻欢作乐的家伙,马塞尔在一次颇令人尴尬的场合里碰到一位穿粉红衣裙的妇人,这是个轻佻女人,不大在乎自己的名誉,人家用一颗钻石或珍珠就可换取她的爱情。就是这位迷人的女人后来成为斯旺的妻子,然而她的身份对读者来说,曾经一直是个谜。——我们再次回到贡布雷,来到莱奥妮姑妈身边。她作为某种意义上的家中女神,成为书中这一部分里的中心人物。她身患残疾,人有些古怪,但又很令人可怜,疾患使她与世隔绝,然而对在贡布雷流传的每条小道消息,她都抱有强烈的好奇心。从某一方面来看,对于马塞尔这样一个病态的、正在编织着自己的网,并且用这张网把从他身边呼啸而过的生活抓到手中的作者来说,她是他的一个怪影,一个滑稽的模仿者。正如德·盖尔芒特夫人的形象出现在教堂挂毯上一样,一位怀孕的女仆的相貌也时时被描绘和比喻成乔托①某幅画里的寓言人物。值得注意的是,在整部作品中,叙述者斯旺,常从这个或那个人物的外貌上看出那些老一代著名画家笔下的形象来,其中许多大师都属于佛罗伦萨画派②。这种写法有一主要原因,还有一次要原因。主要原因自不待说,因为对于普鲁斯特来说,艺术是最为本质的生活现实。另一个原因则带有更多的个人色彩:在描绘青年男子的过程中,他以那些为人熟知的名画为掩饰,把自己对男性美的高度欣赏隐藏在其中;而在描绘青年妇女的过程

---

① 乔托(1267—1337),意大利文艺复兴初期艺术家、建筑师。
② 佛罗伦萨画派:意大利文艺复兴时期在佛罗伦萨城形成的重要画派。该派以科学方法探索人体造型规律,将古希腊、罗马雕刻手法运用于绘画,把抽象的神加以俗化,创造了人物画的新风格。

中,他又用同样的掩饰,来掩盖自己对异性的无兴趣以及在形容她们的魅力时,自己在才思上的匮乏。然而读到此处时,我们对于这一事实,即普鲁斯特认为现实就是一具假面时,我们已不因此而感到不安了。

接下来写的是一个炎热的夏日午后,以花园及花园中心的那本书为对象,集中展现了夏季的色彩和炎热。我们应注意那本书是如何同小说主人公的周围环境融合成一体的。请别忘记,三十五年过去后,马塞尔始终仍在寻求着新的方法,以重建他少年时代的那座小城。在某次类似游行庆祝的活动中,一队士兵从花园外走过,不久,这段在花园读书的主题就引出了一本书的作者,普鲁斯特称这位作者为贝尔戈特。他和书中另一处提到的实有其人的作家阿纳托勒·法朗士[①]有点亲缘关系。不过总的来说,这个贝尔戈特完全是普鲁斯特虚构的人物(在后来的一卷中,有一段文字十分动人地描写了贝尔戈特之死)。我们又一次见到了斯旺,而且还首次间接提到了斯旺的女儿吉尔伯特,后来马塞尔爱上了她。吉尔伯特同她父亲的朋友贝尔戈特相关联,他向她讲解过大教堂的美感。自己心爱的作家在为一个小姑娘指导学习,引导兴趣,这给马塞尔留下深刻的印象。从这里可略见到作者那富于想象的情节设计与人物关系之一斑,这种匠心的运用引出了普鲁斯特笔下的如此众多的人物。

书中还有个人物上场,他是马塞尔的朋友,名叫布洛赫,这个年轻人有些好浮夸、好挥霍,他把文化教养、世俗习气和好激动的脾气集于一身。从他那里引出了种族歧视的主题。斯旺和布洛赫都是犹太人,普鲁斯特的母系家族也有犹太血统。因此,普鲁斯特十分关注他那个时代的资产阶级和贵族社会中的反犹倾向,这个倾向后来在历史上酿成了德雷弗斯事件[②],这是在小说后面的几卷里涉及的一个主要政治事件。

回过来再说莱奥妮姑妈,一个博学的教士正在拜访她。教堂尖顶的主题再次隐现出来。而且,在尤拉莉、弗朗索瓦兹,以及那个怀孕的女仆确定了彼此间的态度,建立了相互间的关系时,有关这几个女人的主题也像钟鸣似的回响。我们发现马塞尔实际上是在偷听他姑妈做梦,这个情节在文学史上可说是绝无仅有的。无需说,偷听是最古老的文学手法之一,但是作者在这里将它运用到了极限。星期六的午饭比平时早些。普鲁斯特相当多地利用了家庭中琐细的传统做

---

① 阿·法朗士(1844—1924),法国小说家。
② 德雷弗斯事件:1894 年法国军事当局指控犹太籍军官德雷弗斯向德国泄密的诬告案,后演化为一场反犹运动。

法,那些使一个家庭区别于另一个家庭的日常习惯,即那些成为定规的令人愉快的生活方式。在后面几页中,又出现了一个有关山楂花的动人主题,该主题在后来又得到了更为充分的展开。我们又一次进入了教堂,在这里,祭坛被鲜花装饰得绚丽夺目:

> 花的深色叶子呈扇形,上面有着一小簇一小簇的耀眼的白色嫩芽,好像是人们朝着随新娘而入的行进队列大把大把撒上去的一样,它们使得鲜花更逗人喜爱了。我只有透过自己的手指缝才敢去看它们。我可以感觉到,这形式组合是由各种生物组成的,是大自然通过剪裁叶形,并缀上雪花般的嫩芽以作为最圆满的装饰物,从而亲自完成的既有公共欣赏价值,又有庄严的神秘感的装饰品。在那高高的祭坛上,此处或彼处开放着一枝枝鲜花,带着不刻意打扮的潇洒,又是如此漫不经心,像是戴着最后附加上去的某件几近于俗丽的首饰那样,擎着自己那束纤若游丝的、像给花罩上了一层白雾似的花蕊。那仪态使我的两眼端详它们,并在内心里模仿那花苞开放的动作时,就会想象到一个活生生的、漫不经心的白衣少女投向周围事物的一个不经意的、迷人的瞬间回眸顾盼。

在教堂,我们见到一个万特伊先生。在贡布雷这个外省小城中,人人都把万特伊看作是一个涉猎音乐、让人摸不透脾气的怪人。无论是斯旺,还是年幼的马塞尔都不知道,此人的音乐在巴黎竟是极有名气的。这样,一个有关音乐的重要主题就开始了。我们已经谈到过,普鲁斯特对于同一人物以种种假象出现在种种他人面前这一现象十分感兴趣。因而在小说中,斯旺在马塞尔一家的眼里,不过是个证券经纪人,而在盖尔芒特一家看来,他则是个有魅力、有传奇色彩、出入于巴黎上流社会的人物。在这部熠熠放光的小说中,还有许多这种人际关系上的价值变化的其他例子。万特伊不仅像我们后来看到的那样,带出了一个经常出现的乐符的主题,即"小主题",而且还带出了贯穿于整个小说的同性恋的主题,这个主题为这一个或那个人物的性格起到了新的揭示作用。

马塞尔是一个很异想天开的夏洛克·福尔摩斯,而且在耳闻目睹一些细枝末节方面很是走运。(说点题外话,现代文学中首次写到同性恋的是《安娜·卡列尼娜》。那是在第十九章第二节,沃伦斯基正在他的团里那间乱糟糟的屋里吃早点。小说简单而生动地描写了两位军官,这段描写使人对这两位军官之间是什么关系毋庸置疑。)万特伊家的房子位于一个山谷,周围是一个山丘的陡坡,叙述者藏在那坡面上的,一个灌木丛中,距万特伊休憩室的窗子只有几英尺,看见老万特伊展开一张乐谱——他自己的曲子,以便使向他身边走来的客人,也就是马塞尔的父母能看见它,可是在最后一刻,他又把谱子拿开了,以免来客疑心他所以高兴见到他们,只是因为这会给他一个演奏自己曲子的机会。在小说此后的八十来页处,叙述者又一次藏在灌木丛中偷看那扇窗子。老万特伊此时已经死了,他的女儿深陷于哀痛之中。叙述者看见她用和她父亲当年放置那张乐谱时的同样姿势,将她父亲的照片放在一张小桌上。后来才清楚,原来她这样做是出于一种邪恶的、性虐待的心理:她的同性恋人在准备同她厮混时亵渎了这张照片。顺便说一下,从后面即将发生的那些事件来看,这里的整个场面很有些站不住脚。书中关于偷听的交代使这个场面更显得不自然。然而写它的目的是着手透露出那一系列的同性恋情节,并对那些作者在后来数卷中着墨甚多的人物作出一系列新评价,从而揭示书中各色人物身上的一个新的侧面。同样,后来阿尔贝蒂娜与万特伊女儿间可能存在的关系对马塞尔来说,也将成为一种嫉妒情结。

不过还是让我们顺着那条小路从教堂走回家去吧,回到那个网心的蜘蛛莱奥妮姑妈那里,回到预备晚餐的弗朗索瓦兹那里。在那里,弗朗索瓦兹对待鸡和人的粗俗与残忍得到了暴露。不久,勒格朗丹又出现了。他是个庸人,一个势利小人,此时正向一位公爵夫人献着殷勤,并且不想让她看到他的没有社会地位的朋友,即叙述者的一家。我们且看一看勒格朗丹关于某地美景的议论是怎样地虚话连篇,华而不实,这是很有趣的。

(5)

有关这一家人在贡布雷附近常走的两条散步路线的主题现在已发展到了高潮。一条路通往梅塞格利兹,它被称为斯旺之路,因为它沿经斯旺在汤松维耶庄园的边界,另一条是盖尔芒特之路,它通向盖尔芒特公爵和公爵夫人的庄园。正是在那条斯旺之路上,山楂花的主题、爱情的主题,即斯旺小女儿吉尔伯特的主题,汇合到了一起,闪现出了一个美妙的艺术奇观:

> 我发现整条小路到处都散发着山楂花的香气。树篱就像一排其墙壁被祭坛上那群山般的花堆所遮掩住的教堂(这就呼应了前面首次出现的教堂中山楂花的主题),而太阳又往地面投来一束方形的光柱,仿佛这光是透过彩色玻璃

窗照在上面的。从它们那里向我袭来的香气是那样的浓郁,那样的经久不散,就好像我是站在圣母的祭坛前。……

但我在山楂花前逗留是不会有任何结果的。我呼吸着花香,整理着自己的心绪(我心中不知如何是好),此时我已失去了对那看不见的、芬芳如一的香味的知觉,然而失去它又是为了重新发现它。我被在这些花的分布中显现出的那种轻松的、充满着青春活力的节奏而深深吸引。而且它们还像某些乐曲那样,时时出人意外地向我呈现出某种持续不断的、永不衰竭的魅力,并且无需我对之研究、玩味,正像有些乐曲,我们可以连续奏它一百遍,但却丝毫也没有接近其深意一步。一时间,我转过身去,以期能带着新的力量转回身来重新看它们。

但是,他转回身来再看时,那些山楂花仍旧没给他什么新的启发(因为马塞尔只是在末卷中才得到了启示,在此之前,他是不会充分了解这些经历中所包含的深意的),可是当他的祖父给他具体指出一株花时,他就更加着迷了。

这确实是一棵山楂,不过它的花是粉红色的,因而比白色的更显得可爱。它同样也穿着节日的盛装,……然而它穿戴得比起其余那些更为浓艳,因为它枝上的花朵一层叠着一层,浓密得根本露不出光秃秃的树干来,(第一个比喻)就像在洛可可艺术①中,牧羊女手中那牧杖上的流苏。树上每一朵花的"颜色都恰到好处",因此,(第二个比喻)如果说按照广场上的主要"商场"或卡缪家的铺子等这些店铺中的价码来看,涂有粉红色糖的糕点是卖得最贵的,那么这些花在贡布雷当地"老百姓"的审美标准中,也就堪称上品了。而于我个人来说,(第三个比喻)我则更珍视粉红色的乳脂奶酪,尤其是当我可以在上面用压碎的草莓去着色时。这些花(现在是所有感官的感觉组合)恰好选择了某种可口珍味的颜色.或者说是节日盛装上的精美装饰的颜色,这种颜色足以显示出它们的优良质地,而它们的美丽在孩子们眼里是最明显不过的。……在更盛大的节日里,祭坛上小玫瑰树的纤细树茎林立、为数甚多,它们的花盆裹在纸制花饰之中,和它们一样,这些山楂树的树枝上部,成百上千的蓓蕾正在成长、开放,它们颜色稍浅,但每个正在展开中的蓓

---

① 洛可可艺术:法国路易十五统治时期(1715—1774)流行的艺术和建筑风格。

蕾都像一个粉红大理石杯的底部一样,呈现出一痕血红色,比起完全盛开的花来,它们更能体现出山楂树那不可抗拒的特殊魅力,因为无论它们在何处含苞开放,都只能是粉红色的。

现在再来谈谈吉尔伯特,她后来在马塞尔心中永远同山楂花的光华联系在一起。

一位长着一头略微发红的金发的小姑娘,她似乎刚刚散步归来,手里握着一把泥铲。她正在瞧着我们,那张点缀着粉红色雀斑的脸向我们微微仰起……

我凝视着她。开始时,我的凝视不仅仅是眼睛传递出的一个信息,而且是一个各种含义都会合于此并从中向外流溢出去的闸口。这凝视是痴呆呆的,充满了焦虑,想去触及、抚摸、俘获,乃至赢得它所注视的这个身体,以及存在于其中的灵魂。……这是带着不自觉的渴求的凝视,目的是使她把注意力转向我、看见我,了解我。她向前看了一眼,又向旁看了看,以便看清我爷爷和我爸爸。毫无疑问,他们给她留下的印象是,我们都是些荒唐的人,因为她带着一种冷淡和鄙夷的神情转过身去,好像是要离开这块地方,使自己不致因自己的面孔处于这些人的视线之内而蒙受耻辱。此时他们却只顾走路,赶上并超过了我,始终没注意到她。于是她的目光就越过了她我之间的那块空间向我这边随意扫视了一下,没有任何特别的表示,好像也没看见我,但似乎怀着一种激动的心情,现出一种似笑非笑的样子,令我无法用自己所学到的礼貌教养来解释,只能将它理解为一种无限厌恶的表示。同时,她的手还向空中伸去,做了一个不雅的手势,如果有人当众向一个陌生人做出这种手势的话,那么我那一点点有关社交礼仪的知识告诉我,那只能是侮辱人的表示。

"吉尔伯特,过来,你干什么哪?"一个白衣夫人用尖厉的嗓音命令道。直到这时,我才注意到这个说话人,还看见距她不远处有一位身穿类似亚麻的"帆布套服"的绅士。这个人我同样不认识,他注视着我,他的那双眼睛就好像长在头顶上。小姑娘的笑容顿然消失了,她拿起她的泥铲,带着一种服从的、不可捉摸的狡黠神情迅速离开了,再没有回头向我这里望一眼。

就这样,吉尔伯特这个名字如同福音那样传入了我的耳中……带着她生活的秘密。名字中的那几个音节就已注定了她是属于同她一道生活、散步和旅行的那些幸福生命的。透过那开着粉红色鲜花的弓形山楂树，以及那与我齐肩高的花簇，展示出了他们对她的熟悉(这使我感到极度痛苦)的实质，以及他们对她所生活的那个未知世界的熟悉的实质。而这个未知世界是我永远不会进入的。

当然，马塞尔毕竟进入了这个世界，不仅接触到奥黛特，也接触到了那个叫夏尔路的绅士的世界。此人随着情节的发展，成了文学中突出的同性恋者的形象。马塞尔家人由于不明真相，以为他是斯旺夫人的情人，并对孩子生活在这么一个环境里而感到厌恶。直到后来很久，吉尔伯特才向马塞尔吐露实情，原来当时马塞尔一动不动地看着她，没有一点友好表示，使她很生气。如果他当时作了这类表示，她是会有所反应的。

盖尔芒特之路中的一段与一条美丽的河流并行，那是维旺尼河，河流中生长着一簇簇的水莲。当马塞尔看见公爵夫人在那座挂有织着与她形神俱似的女人形象的挂毯的教堂中参加一个仪式的时候，盖尔芒特的主题便开始形成。他发现她的名字比她本人更具有意义：

> 在演奏弥撒婚礼曲的期间，那位牧师助理将身体向旁边一移，使我忽然间看到坐在私人祈祷处的一位长着一头金发的夫人。她鼻子高高的，一对蓝眼目光锐利，颈围一条亮闪闪的紫色围巾，鼻根的一侧有一个小疹子。……我非常非常失望。因为我过去不曾想到，每当我想到德·盖尔芒特夫人时，我是用挂毯的色彩或漆窗的色彩，来描绘一个生活在另一个世纪的人，她的血肉也不同于人类其他成员。我注视着这个形象，自不待言，这个形象和经常在我梦中出现的、同样被冠以"德·盖尔芒特夫人"这个名字的形象毫无共同之处。因为这一个形象与其他那些形象不同，不是我自己想象出来的，而是片刻之前，就在这个教堂里，突然第一次跃入我的眼帘的。它与其他那些形象有着本质上的不同。不能任人把它随意想象成什么颜色，不会使它们自己濡染上那音节响亮的橘红色(马塞尔在颜色中看得到声音)，不过这个形象又是那样的真实，以至于它的每个部分，就连那颗挨着鼻根的小红疹，都能证明它是服从于生命的法则的。就像在舞台上演变形一类戏时，戏中天使身上的一个衣褶、纤纤玉指的一个抖动，都令我们看得出

一个活生生的女演员的实体存在,然而我们直到此时,才能确定我们看到的并不是一个灰光灯的投影。……但是这个如此经常进入我梦境的德·盖尔芒特夫人,由于我现在看到了独立于我的主观世界而存在的她,她对我的想象力的诱惑力又有了新的增加,然而这个现实和我的想象如此不同,完全出乎预料,因此在看到这个现实的瞬间,我的想象力失去了功能,随后的反应是对我自己说:"光辉、荣耀都属于沙贺洛马聂①之前的时代,那时盖尔芒特家族掌握着他们奴仆的生杀大权。德·盖尔芒特公爵夫人是布拉邦特守护女神的后代。"……我凝视着她的盘发、她的蓝眼、她的颈部的线条,没有去注意她的那些可能会令我想起其他女人容貌的特征,我一面欣赏着大自然的这幅有意不完成的写生像,一面在大声疾呼:"她多么可爱啊!千真万确的高贵!现在在我眼前的,真真就是个高傲的盖尔芒特家族的成员,一个布拉邦特守护女神的后裔!"

仪式之后,当公爵夫人站在教堂外,她的目光扫视了一下马塞尔:

我就立刻爱上了她。……她那对蓝晶晶的眼睛恰似一朵由她自己奉献给我,而我伸过手去却又根本够不到的常春花。此时太阳再次从那孕育着风雨的乌云背后露了出来,把自己全部的光芒投向广场和教堂圣器收藏室,把那条为婚礼而铺开的红地毯照成天竺葵的颜色。德·盖尔芒特夫人就在这张红地毯上含笑前行,为那地毯的绒面添上一层玫瑰色天鹅绒的绒毛和一抹清新的光辉,赋予它以一段柔情,一种欢乐的盛典所具有的庄重的亲切感。这种柔情和亲切突出地表现在《罗恩格林》②的某些部分中以及卡巴乔③的某些画中,而且使我们理解波德莱尔何以能用"味美"二字来形容号声。

正是在朝着盖尔芒特家的方向散步的路上,马塞尔考虑起将来要当作家,并因自己缺乏当作家的资质而感到气馁,因为"每当我想为一部伟大的文学作品寻找一个富有哲理的主题时,我都感到自己无能为力"。而当那最为生动的感觉到

---

① 沙贺洛马聂(742—814),公元1世纪法兰克王。
② 《罗恩格林》:德国作曲家瓦格纳(1813—1881)写的歌剧。
③ 卡巴乔(约1465—约1526),意大利画家。

来时,他却没能理解其中包含的文学意义。

> 这时,突然之间,我眼前现出一个屋顶,还有一缕从一块石头上反射回来的阳光,路上闻到的气息会使我驻足不前,去享受它们各自带给我的特殊欢乐。所有这些都与我满脑子要当作家的心事无关,也不与任何具体事物有什么联系。此外,我当时停下脚步,还因为它们在隐藏某种我眼睛不易觉察的东西,它们在吸引着我去接近这东西,并从它们那里捕获它。然而无论我怎样努力,也无法触及它、得到它。由于我感到从它们当中可以找到那神秘的东西,我就站在它们跟前,一动也不动,凝视着,喘息着,力求用我心灵的悟力穿透身边那可见、可闻、可嗅的物体。即使我当时不得不加快脚步去追赶我祖父,继续走我的路,我也还会闭上眼睛,以图恢复对它们的感悟力。我会全神贯注地回忆那个屋顶的准确线条和那块石头的确切颜色,虽然我并不能理解其中的缘由,但我觉得它们随时都会向我展示、为我提供那可望从它们那里大量涌出的秘密宝藏,而这些屋顶和石头不过是这些宝藏的外壳而已。任何这一类的感觉都肯定不能、也不会使我恢复那已经失去的将来成为作家的希望。因为这些印象全都和这样或那样的物体相联系,不具备任何精神上的价值,也透现不出任何哲理。

作者在这里所加以比较对照的,是作为真正艺术的感觉文学和唯有来自感觉才能成其为真正艺术的观念文学。对于这个意义深刻的联系,马塞尔视而不见。他错误地认为他必须写那种有精神价值的东西,然而实际上,使他在潜移默化之中成为一位真正的作家的,正是他当时所产生的那一系列的感觉。

在一次驾车前行过程中,教堂的主题三次往复出现,使他得到了一些启示:

> 在路上的一个拐弯处,当我看到马丁维尔教堂的那一对尖顶时,忽然感受到一阵前所未有的快感。那对尖顶有落日余晖映照其上,而车身的运动和道路的蜿蜒又使它们显得在不断地变换着位置,接着,第三个尖顶,老维克教堂的尖顶,也出现了。虽然它与前两个尖顶之间隔着一座小山和一个山谷,而且是立在远处更高一些的地面之上,然而看上去仍好像是同那两个在一起并排而立。
>
> 在看清并注意到这些尖顶的形状、它们在各个角度上的变化,以及它们

那被晒暖的表面的同时，我觉得我并未完全悟透我得到的感觉，并且觉得在这运动性和光照里似乎存在着某种它们所含有而同时又为它们所掩蔽的东西。

普鲁斯特此时做了一件非常有趣的事，他使他现在的风格与过去的风格两相对峙。马塞尔要来一张纸，写下一篇叙述者当时着手再现的关于那三个尖顶的描述。这是马塞尔在写作上的初次尝试，写得颇为动人，尽管作者有意使有些比喻——诸如写花和少女的——显得较为幼稚。然而叙述者刚刚从他优越的角度所描写的尖顶和马塞尔初试写作时描写的尖顶恰成对照。他的初次试笔只是肤浅的描述，没写出他因见到那些尖顶而心中乍有所感时所寻求的那一层深意。因而所谓写下这篇东西"就使我心中对那尖顶的执着迷恋得到排遣"的说法就有着双重的意义。

卷中写贡布雷的部分是关于他童年时的感觉，这部分以始于卷首的一个主题为结束，即他在不眠之夜躺在床上，重现自己在贡布雷的那个房间的主题。在后来的生活里，他只要夜不成寐，便感到自己回到了贡布雷的那个房间：

> 所有这些记忆接踵而来，凝为一个实体。不过还并未完全结成一体，我虽然不能从三个层次（我最早的、本能的记忆，其他在近些时候由某种味道或"香水"诱发的记忆，以及实际是他人的，而又间接为我所有的记忆）中辨认出那些裂缝以及位置上的误差，却至少能从中辨认出在某些岩石和大理石上的、可说明其来源、年代，以及结构形成的纹路和色痕。

在这里，普鲁斯特写的是印象的三个层次：(1) 作为有意识行为的简单记忆；(2) 由现在体验到的某种昔日感觉所诱发出的旧时记忆；(3) 记忆中对他人生活的了解，尽管这是间接得到的。这里的关键仍在于，不能依赖简单记忆重现往事。

卷中关于贡布雷的部分属于前两种记忆，而本卷第二大部分则主要以第三种记忆为内容。这一部分题为"恋爱中的斯旺"，其中，斯旺对奥黛特的爱情导致了马塞尔对阿尔贝蒂娜的理解。

(6)

此卷的后一部分有几个重要主题。其中一个就是"音乐小短句"。一年前，斯旺曾在一次晚会上听到一支小提琴和钢琴曲。

  他突然透过不绝如缕的、美妙的、感情充沛的小提琴演奏部分，觉出了那在一泻而出的高音部分中试图占据上风的，似洪波涌起、惊涛拍岸的大段钢琴演奏。那琴声音色绚烂、紧凑连贯、音调均稳。琴音的交响就像大海上紫红色巨浪腾喧，而又在月光的魔法作用下变成了小调。这个发现使他激赏不已。(而且)还没等斯旺感受到的那种美感消失掉，他的记忆就立刻为他提供了一个真实的、临时性的，然而又能容他在音乐进行之中去对之敛神思量的总结回顾，就在他敛神思量的同时，音乐也演奏得十分感人，当同样的印象再现时，那曲调已经不再是难以捕捉的了……这一次，他清楚地听出了一个出现于那起伏的旋律之中的短乐句。他立时感到这短句是向他发来的一个邀请，请他去分享一种发自内心的欢乐。在他听到这个短句之前，他做梦也不曾想到世间会有这种欢乐存在。他觉得除了这个乐句之外，无论什么都无法将他带入这种欢乐之中，因此他心中充满了对它的热爱，也充满了一种新的、奇异的渴望。

  一个节奏徐缓的乐章，把他的思绪时而带向这里，时而带向那里，令他心游万物，把他带往一个崇高的、不可理喻的，然而又能使他明显意识到的幸福境界之中。然后突然之间，音乐在进行到一个他已料到后面的旋律将怎样继续的地方时，来了一个短短的休止，便突然改变了方向。随后以一个更快、更富于变化和情感、更有持续性、更柔美的乐章把他带向了一个未知的欢乐世界。

由于斯旺已变得很迟钝，他的这种对一个乐句的热爱可能会导致他生活中青春活力的恢复。但由于他没能了解到作曲者是谁，也无法保留下这音乐的声音，因而他后来就不再去想它了。但是他为了和奥黛特在一起，便从韦尔杜兰夫人家的聚会上走了出去，就在这时，他听出了一位钢琴手弹奏的一支曲子，并且了解到了那是由万特伊作曲的一支钢琴、小提琴奏鸣曲中的行板乐章。了解到这些情况，斯旺觉得自己已把这个短句完好地保存在心里了，这与叙述者所梦想的要保存他看见过的那片景象同出一理。在小说的后部，这个乐句不仅又与斯旺对话，而且还在叙述者生活的某个阶段中，为他带来了快乐。请记住，斯旺这个人物是叙述者本人形象的一种奇特的折射。斯旺确立下模式，叙述者随之实践。

(7)

书中描写斯旺在奥黛特窗前的那一段是另一段重要情节,也是普鲁斯特叙事手法的一个例子。斯旺于晚上十一点之后去看望奥黛特,她已然疲劳,懒于答话了,请他只待了半小时,然后就离开。"她求他走前把灯熄掉,他把她床周围的帘子拉好后,就走了。"但是一个小时之后、他出于一阵嫉妒,突然疑心她想摆脱他是因为她在等另一个人。于是他搭上一辆出租车,在几乎正对着她家的地方下了车。这里,普鲁斯特用金果来作比喻:

> 眼前那一排窗子都是漆黑的,里面的灯早就灭了。而他却看到了一扇窗户,也仅有一扇,从它的窗板缝中渗出了照亮屋内的明亮灯光。那紧闭的百叶窗就像一个水果压榨机那样罩压着里面的那个神秘的金色果体。有多少个夜晚,当他拐入街角时,从远处一看见这灯光,就会因它所传达出的信息而感到高兴。那信息就是:"她在那儿呢——在期待着你。"然而,现在它传达的信息却折磨着他:"她在那儿,和她方才期待的那个男人在一起。"他一定得搞清那人是谁。于是他沿墙踮脚走到窗下。但是百叶窗的斜板使他什么也看不见,只能在这寂静的夜中听到谈话的低语声。

尽管他很痛苦,他在精神上却感到了一种快乐,一种求真的快乐,这就是托尔斯泰所追求的那种超乎于感情的深层真理。他感到了:

> 像自己当年学历史时所怀有的那种求知的渴望。他把那些自己在这以前看作是可耻的行为——他的窗外窃听,以及就他所知,明天可能去干的,向当时偶然在场的人巧妙地提些刺激人家兴趣的问题,或贿赂仆人,隔门偷听等等——都完全等同于辨认手稿、甄别材料、解释文献等诸多科研手段,它们都具有确切的学术价值,是追求真理的合法方法。

下面的一个隐喻把金色灯光的想象和寻求知识的纯学术考察结合起来,即亮着灯光的窗口的秘密与诠释古代文献这两点结合起来:

> 但是他对于了解真相的渴望更为强烈,在他看来也比对她的渴望更为

高尚。他知道,他想不惜任何代价去确切得到的那某些事情的全部真相,只能在那扇透出一道道灯光的窗子里面才会得到,这就和学者要从那装有金光闪闪的封面的原稿中才能得到他所要得到的真相一样。当看到这文献中所蕴藏的丰富的艺术宝藏时,学者是不可能无动于衷的。他渴望着了解到真相之后的满足感,这是那样的令他心潮难平,而那真相就藏在那个简单的、若隐若现的、宝贵的誊本之中,在那半透明的、温暖而美丽的书页上。再者,他感到自己对他们的优势(这是他极想要感觉到的)与其说是在于他知道真相,倒不如说是在于他能向他们显示自己已知道了真相。

他敲了敲,发现从窗内向他望过来的是两位老绅士。原来他敲错了窗子。

因为每当他很晚来找奥黛特时,他都是从那排完全一样的窗子中找出唯一亮灯的一扇来确认她家,这已经形成了习惯。而这一次,他凭借着灯光,却敲了她家旁边一家的窗子。

斯旺的这个错误,可以拿来同叙述者的错误相比较。在书中关于贡布雷部分的结尾处,叙述者试图全凭记忆,借黑暗中的微光来构想出他房间的样子,而当白昼到来时,他发现自己把所有的东西都安错了位置。

在巴黎的香榭丽舍公园里

一个头发稍红的小姑娘正拿着羽毛球拍玩羽毛球,这时,一个正在穿斗篷、给板羽球拍套上套子的小姑娘,从小路那边尖声尖气地叫道:"再见,吉尔伯特,我要回家了。别忘了今天晚饭后我们去找你。"吉尔伯特这个名字真切地响在我的耳边,由于方才这幕并不是像人家谈论某个不在场的人那样,只是提到这个人,而是直接地在同这个人对话,因而这个名字在我心中就更为强烈地唤起了叫这个名字的人的形象。

于是,这名字就令人从对这个小女孩的记忆,联想到她与其他人共处的所有时刻,这些时刻不为外人所知,马塞尔也不包括在内。在描述的开头处的,是那个关于名字的抛物轨线的隐喻,后面接着就是一个关于名字的香味的隐喻。吉尔伯特的朋友高高兴兴地一声呼唤,把这个名字抛向了空中,使得大气中香气四溢,这香气是因准确地触及了两个女孩,而从斯旺小姐生活中的某些不为人所见之处提取出来的。

在行文之中,作者把那名字的超凡性比作

普桑①画的小云朵,它色调细腻,就像那盘在普桑笔下的花园上空、宛如歌剧中那裹挟着大量战车战马、细致入微地反映出神的生活的某些幻象的云朵。

除去这些形象,作者又在括号里增加了时空的形象。其中值得注意的是马塞尔遇见小女孩那天的时间和地点,时间是下午,地点是一个草坪,她打羽毛球则起到了掌握节拍的作用。"在不平整的草地上,就在她站着的那个地点(在一块草色已枯的草坪上,美丽的运动员在下午某一时刻不断地把她的羽毛球打上去以接住,直到一位帽子上插蓝羽毛的女家庭教师叫她走时,她才住手)。"那名字如流云飘逝,为马塞尔洒下"一小段奇妙的、紫红色的光",然后,作者用一个深层的比喻,写它把草坪变成了一个魔毯。

这段光是紫红色的,这种紫罗兰的色彩贯穿了全书,它正是时代的色彩。这种玫瑰紫色、粉红紫丁香色、紫罗兰色,在欧洲文学中,都与某种繁缛的艺风相连。这是一种叫凯特雷亚的兰花的颜色(这种兰花是以一位严肃的英国生物学家威廉·凯特雷亚命名的),这种兰花在今天我们这个国家里,常在俱乐部举行庆祝活动时被用来戴在女总管胸前,而在上个世纪九十年代的巴黎,它是一种非常稀有而昂贵的花。它在一个著名但描写得十分可信的场面中,为斯旺的求爱起到装饰作用。从这种紫色到关于贡布雷的那些章节中的那种娇艳的粉红色中,可看到普鲁斯特那红通通的棱镜中的全部细微差别。我们应回想一下多年以前在阿都菲叔叔家的那位漂亮夫人(奥黛特·德·克莱希)穿的那件粉红衣裙,以及如今关于她女儿吉尔伯特的联想。此外还请注意,作为结束这一段落的惊叹号,是那个小姑娘的女教师在帽子上插着的蓝羽毛——而这正是那男孩的保姆所缺乏的。

---

① 普桑(1594—1665),法国画家。

在马塞尔认识吉尔伯特之后,并和她在公园里一起玩耍的那一段里,我们可观察到更多的隐喻套隐喻。在天要下雨时,他就担心吉尔伯特家里会不让她到香榭丽舍来。

> 于是,只要天气看上去像要下雨,我就从清早起便不停地反复观察,注意着每一个征兆。

只要他看见路对面那座住宅里的夫人戴上帽子,他就希望吉尔伯特也能这么做。但是天气变得阴暗了,而且一直阴暗着。窗外的凉台是灰色的。于是我们看到了一连串的深层比喻:

> (1)突然,在(凉台)阴沉的石头上,我看到了实在消极得不能再消极的色彩,不过我觉得它是避免变得更为消极的一个努力,(2)一道犹犹豫豫、但竭力焕发其光明的光芒的脉搏。(3)过了一会儿,凉台显得如同清晨的一潭死水那样苍白、明亮。而且有四条来自凉台铁栏杆的影子映在上面。接着又是一些深层比喻:一阵风吹散了那些影子,石头又暗了下来,(1)但是,(那些影子)就像驯化了的动物一样,又回来了,它们开始不易觉察地亮了起来,(2)并且,那些影子像音乐中的序曲末尾那样,随着一段最后带有一个最强音的持续性渐强演奏,迅速经过所有中间阶段,我看见它终于进入了晴日那固定不变的一片金光之中。(3)此时,铁栏杆的影子轮廓分明,颜色是黑的,像奇形怪状的植物。……

比喻结束于象征快乐的事物:

> (影子的)细梢末节的轮廓全都映得分毫不爽,就好像是有意之举,是艺术上的满足,同时,在庄重、幸福的总体宁静之中,有一朵轮廓那么鲜明、质地如此柔嫩的花,这一切使那些倒映在阳光之湖中的多叶的大片影子似乎意识到,它们象征着快乐的誓约与心灵的宁静。

最后,这些精致华丽、宛如常春藤的铁栏杆影子变得十分像吉尔伯特的影子。她现在可能已在香榭丽舍,而且一旦我到达那里,我们一见面,她就会对我说:"咱们这就开始吧。你和我是一伙儿。"

吉尔伯特的浪漫观点还转移到她父母身上。

> 与他们有关的任何事情都持久地令我关注,以至于有时候,就像今天这样,斯旺先生(许多年前,当他还和我父母交情很好时,我也曾多次看见他,但他却并未引起我的好奇)到香榭丽舍来找吉尔伯特,待到由他那戴灰帽、披带有头罩的斗篷的身影在我心中引起的狂跳平息下来时,他的形象仍像一个你所刚读完一系列与之有关的书籍,并怀着极大热心去了解其生活中最微小的细节的历史人物一样,深深印在了我的脑海。……斯旺的身份对于我来说也已变了,他首先是作为(吉尔伯特的)父亲,而不是作为贡布雷的斯旺,因为我今天赋予他名字的意义已不同于他名字在过去所代表的一系列事物中含有的意义。如今每当我想到他,那些过去的意义都已不起作用。他已成为一个新人,成为另外一个人。……

马塞尔甚至试图模仿斯旺:

> 我试图使自己像他,我把坐在桌子前的时间都用来拿手指沿着鼻子擦来擦去,还揉眼睛。我父亲总是喊:"这孩子是个十足的傻瓜,他现在变得真叫人讨厌。"

在本卷中间部分,那些关于斯旺爱情的论述表露出叙述者对于找到自己与斯旺之间的相似之处的渴望:在整部小说的居中一卷里,在关于叙述者同阿尔贝蒂娜的爱情描写中,斯旺在妒火煎熬之中的那种极度痛苦的感觉再次出现。

(8)

《斯旺宅边小径》结束于叙述者在十一月的一个早晨对布洛聂森林的重访。此时他已长成大人,至少有三十五岁了。这里,我们可读到关于他的印象及记忆的一段不同凡响的记述。在远处是一片黑暗的树林,有些树还有叶子,还有一些则已光秃了。在这个背景衬托下,两排橘红色栗树

> 就像在一幅画家刚开始动笔，还未及着色于其他部位的油画中一样，似乎是唯一好的景物。……

那外形犹如人工使然：

> 森林看上去就像一个尚未完工的、不自然的临时人工育苗园或公园。在那里面，不知是出于植物学方面的目的还是为装点什么盛典，在那些尚未被移植他处的普通树木当中，种着一些稀有的品种，它们的叶子奇形怪状，看上去就好像是在那里给自己的周围清理出一块空间，腾出地方，散发空气、漫射光线。

在此清晨时刻，从地平线射来的阳光照在树顶，就像它在黄昏时的照射一样，

> 如同点亮一盏灯，远远地从叶子上方投来温暖的、人工般的光辉，点燃了树顶的那几个枝杈，而树本身却始终不变，是这火焰光芒下一个沉静的、不可燃的烛台。在一处地方，那光线变得像砖墙一样坚实，又像有蓝色图案的黄色的波斯砖石建筑，它胡乱地向蓝天涂抹着栗树叶的形状。在另一处，这光线将这些树叶同它们那卷曲的金手指所指的天空切割开来。

森林就像一张彩色地图，上面各个不同的地方全都有迹可辨。多年来，这些树木曾与那些当年在它们的叶下散步的漂亮夫人们共同生活过：

> 它们多年来被迫同那种女性气质相接，就像是经过了某种嫁接处理一样，因而它们使我联想起当年在树下经过时，曾受它们的枝叶蔽护的林中仙女，一位容貌姣好的凡人，她衣着艳丽、步履轻疾。她也同它们一样，不得不承认岁月的力量。它们向我回忆着我当年的幸福时光。那时，我年轻，有信念，总爱急急忙忙跑到那无知无觉的、只能提供栖息之地的树杈下面。在那里，女性优雅的种种典范常常幻影成形。

他现在在林中遇到的那些粗俗的人回忆起他从前知道的事。

当年，我在冬日的早晨，可碰到步行的斯旺夫人。她身穿一件海豹皮大衣，戴一顶毛线帽，上面插着形如刀剑的鸟羽。同时，她又是裹在来自自己房内的那一团人工创造的温暖之中，这从她胸前佩戴的一束紫罗兰花中即可看出。那生意盎然的兰花衬着铅灰色的天空、霜意浓重的大气和光秃秃的树枝，就像是在利用季节和天气来给自己作背景，就像是真正生长在人的世界中、生长在这个女人的世界中，同养在她客厅里的炉火旁和缎面沙发前的花瓶花盆之中，透过关紧的窗子眺望外面漫天飞雪的那些花朵一样，有着如此迷人的效果。我是否能够使这些人理解我在这些早晨里与她相遇时所怀有的感情呢？

这一卷以叙述者对过去的时空看法为结束。

太阳藏起了脸。大自然开始重新统治这片森林，所有关于这里是女人的乐园的意念都在这里绝迹了。……

这片人工林恢复了现实的外貌：

（它）帮助我理解了，在现实寻觅那些藏在自己记忆中的图画是多么地自相矛盾。它们必然会失掉那来自记忆中本身、因而不会为感觉所把握的魅力。我所知道的那个现实已经不复存在了。对于整个这条将要改变的街道来说，斯旺夫人没有在同一时刻、穿着同样的衣服出现，这也就足够了。我们所知的那些地方，不仅仅属于我们为了自己的方便而为之构筑的那个小小的空间世界。它们不过是构成我们彼时生活的相邻印象间的一个微薄的夹层；某种特定形式的回忆只能是对某一特定时刻的遗憾；而房屋、道路、大街——唉，它们都如同岁月，稍纵即逝。

他在这里所要说的是，简单的记忆，即在回忆中想象出某一事物的形象，并不是正确的方法，它并不能使往事重现。《斯旺宅边小径》的结尾只是观察往昔的不同角度之一，这些角度在马塞尔的逐渐觉悟过程中，是他的那次最后经历的铺垫。这次的经历向他提示了他在整部作品中始终追求的那种现实。此事发生于末卷——《过去韶光的重视》——中那宏伟的第三章："盖尔芒特公爵夫人收到了",此时他发现了简单记忆为什么是不够的,也发现了需要的是什么。这一过程始于马塞尔前去参加那最后一个聚会的路上。他走进盖尔芒特公爵宅第的院子,在急忙躲避迎面而来的车辆时,

> 在后退的时候,我的脚碰到了通往车房的不甚平整的石板路上的石头。为了恢复平衡,我把脚落在比旁边一块石头略低的石头上,顿时,我的沮丧心情消失了,取而代之的是一种快乐感。我曾在我生命中的其他时刻感受过这种快乐感。例如当我在巴尔拜克驱车时看到我觉得自己辨认得出的那些树木时,或是在看到马丁维尔教堂尖顶时,或是尝到蘸了茶的马德兰蛋糕时,或是在我已经提到过的、似乎已经在万特伊的最后作品中得到综合的许多感觉里那样,所有对于未来的、所有理智上的疑虑,全都烟消云散了。刚才还一直困扰我的那种对我的实际文学天赋乃至文学本身的忧虑,一下子魔术般地消除了。不过这一回,我下定决心,不解决这个问题决不罢休了(就像那天我尝到了蘸了茶的马德兰蛋糕时那样),定要弄清为什么片刻前看来还无法克服的困难,现在却变得无足轻重了,而我却根本不曾作出任何新的推论或找到任何明确的论点。我适才感到的快乐感同我在吃马德兰蛋糕时的感觉完全一样。而那一次,我则把寻找深藏于其中的根由一事搁置了起来。

叙述者现在能确认出,他那源于过去经历的感觉原是出自他一次在威尼斯圣马可教堂的圣洗堂中站在两块高低不平的石头上时所得的感觉,

> 随这个感觉到来的,是所有在那天与它有关的其他感觉。它们都各就各位伺伏在一连串被遗忘的时日里,直到某种突然发生的事情把它们迫切地召唤出来。马德兰蛋糕正是以同样方式使我回想起贡布雷。

这一回,他决心要刨根究底。就在他等着进客厅时,他的感觉处于高度灵敏的状态。茶匙碰盘子的叮当声、一块浆过的餐巾的触摸,乃至热水管内的嘈杂水声,都能为他打开记忆的闸门,使他回忆起一系列过去所感受到的类似感觉。

> 甚至就在此刻,就在盖尔芒特公爵的宅第里,我都能听见我父母送别斯旺先生的脚步声以及那带回音的小铁铃没完没了的、不和谐的、尖锐的叮当

声,这铃声说明斯旺先生走了,妈妈终于要上楼来了——我现在又听见了这些声音。这声音与过去的铃声一模一样,丝毫不差,尽管它们发自遥远的过去。

但是叙述者知道这还不够。

> 无论是在圣马可广场或是在我对巴尔拜克的重访期间,或是在我回汤松维耶去看吉尔伯特的路上,我都不会捕捉住那过去的时间。这次由幻象再次向我作出暗示的旅行,表明那些旧的印象存在于我的身体之外,在某一广场的某一角落里,它们不是我正在索求的手段。……像这些我尽力去分析、判别的印象,一遇到某种不能使它们重新存在的物质享受,就会消失殆尽。要想从这些印象中获取更多的快乐,唯一的方法就是要争取在可望能发现它们的地方,即在我的内心里,去完全了解它们,并把它们彻底理清。

尚需解决的问题是,如何在现时的压力下保证这些印象不消失。一个解决办法就是他的新认识:找到现在与往日之间的连续性。

> 我必须再次深入我的意识深处。那么,想必是(斯旺离开时的)铃声还在那里,而且在它与此刻之间,还存在着我一直不知不觉地贮藏在心中的、无限延展的过去时光。当那铃声响起时,我已经存在了。而自那天晚上起,为了使我能够再听见那声音,一定有一个毫无片刻间断的连续性在起作用,我一定片刻也不曾停过,我的存在、我的思想、我的自我意识都不曾须臾中止它们的延续,因为那一距今遥远的过去时刻,至今仍陪伴着我,我只消更进一步地挖掘自己内心就可以得到它,回到它那里去。我现在决心在这本书中大胆表现的,正是这种具象化的时间概念、这种认为过去的时光仍为我们的内心所紧紧把握住的观念。

然而,不管记忆多么生动、多么连续不断,除记忆之外,还有着某种其他的东西。必须找到内中的含义:

> 比起生活用印象的形式不知不觉向我们透露的真理来,那些我们可用

理智直接无碍地从一切都很简单明白的外部世界中获得的真理是不够深刻、可有可无的。这些印象是通过我们的感觉为我们所知的,但我们能辨析它们的深层意义。简言之,这个例子同那一个一样,无论是在我看到马丁维尔教堂的尖顶时所得的客观印象,还是在关于那两块高低不平的石阶,和马德兰蛋糕的味道的主观记忆中,我都必须把这些感觉视为相应的规律和观念的征象,我必须试图去思考,也就是说,试图把我所感觉到的东西从朦胧处摄取出来,并把它转化为相应的精神因素。

他在这里所认识到的是,仅仅从理智上考察过去的记忆或感觉,未能使他窥见它们的深意。他已经作了多年的努力:

> 甚至在贡布雷的时候,我就经常在心中十分关注那些闯入我的注意力的事物——一片云、一个三角形、一个尖塔、一朵花、一颗卵石,因为我觉得在这些形象之内可能会有着某些完全不同的、我应该努力去发现的东西,或者是某些思想,这些思想是用象形文字的形式记录下来的,而人们认为它们代表的不过是具体的事物。

他现在看到的是这样一个道理:若在理智上努力去恢复过去,他是不能自由地为了考察去选择记忆的,

> 但是它们一窝蜂地涌上我心头。我觉得这肯定标志了它们是真实可信的。我还不曾去寻找院子里那两块碰了我的脚的石板。但是我正是以这种偶然而又不可避免的方式,获得了确保往昔之真谛的感觉,这种感觉重现了过去以及关于过去的内心想象,因为我们感到了这感觉力图重现的努力和重新把握现实的激动。这感觉能确保我们得到那存在于全部由当前印象构成的画面之中的真谛,这些印象由感觉一起带来,其中光与阴影间的比例、被强调部分与被忽略部分的比例,以及被记住和被遗忘部分的比例,都安排得恰到好处,而这是有意识的记忆和观察所永远达不到的。

有意识记忆只能再现出

那一连串不确的印象,其中,我们的真实经历已经荡然无存。而这经历却是我们的思想、生活和现实世界之本。此外,那种所谓"摄取于生活的艺术"总是再造这类谎言。这是一种和生活一样单薄、一样贫乏的艺术,没有任何美感,是对我们的眼睛所见、智力所识的事物的重复……(而)与此相反,那真正艺术的崇高则在于……重新发现、重新把握并展示在我们面前那种业已远离我们而去的现实,这种现实随着我们所用以取代它的有条理的认识不断地增加和严密化,而离我们越来越远——这种现实就是,确实存在着我们到死也不知道什么是生活的极大危险,我指的是真正的生活,是被最后揭示出来、被弄清面目的生活。……

马塞尔在当时发现的连接过去与现在的桥梁是:

我们称之为现实的,乃是那同时萦绕着我们的记忆与感觉这二者之间的某种关系。

简而言之,要想重现往事,就必须有某种非属记忆作用的其他事物出现:必须有现实的感觉(尤其是味觉、嗅觉、触觉、听觉)与关于一个过去的感觉的追思和回忆之间的结合。用利昂的话说就是:

在这再现的时刻(例如威尼斯城在盖尔芒特家院中两块不平石头上的再现),我们并非消除现实,相反却能够继续意识到现时的存在;如果我们既能保持自我意识,同时又能完全生活在那个我们长久以来一直认为已经不复存在的时刻当中,那么,也只有在那时,我们才能最终完全占有那逝水年华。

换句话说,当一连串的现实感觉加上关于过去某事或某个感觉的意象时,感觉与记忆就结合到了一起,逝水流年就被再次找回。

于是,当叙述者认识到艺术作品是我们重现往事的唯一手段时,那启示就完全实现了,为了这个目标,他献出了自己的精力,因为:

通过种种记忆来再造那些业已深埋于它们之中的印象,把它明朗化并转化为相应的精神,这不正是像我所创造的这种艺术作品的精髓吗?……

并且他最后终于发现：

所有这些用于文学创作的材料都无非是我过去的生活，它们是在我处于轻松快乐、悠闲自得的时刻，通过柔情、通过忧伤，来到我心头的。而且我当时把它们贮存起来时，却并不知它们的最终用途，甚至不知道它们已幸存了下来，就像种子贮存起自身的养料，却不知那是为了日后滋养秧苗一样。

他最后写道：

这并不是说，我就似乎应有力量在生活道路上更为长久地拖带着那延伸如此久远的、我的内心如此吃力地保留着的往日！如果上天至少能假我以时日去完成我的作品，我就必然要在作品上打上时间的印记，在今天对这个时间的理解给我留下的印象是那样的强烈，我要从这个方面去写人们(尽管这样写可能会使他们显得像个巨型怪物)，写他们在时间里占有的疆域比从空间里所得到的那一点点地盘要大得多。他们的这块疆域与那空间地盘相反，是无限延伸的，它像巨龙一样，远远地向距此久远的昔日年华探伸过去，使人们能同时接触到自己生活中的不同时代——其间有无数时光插入，而在时间上，这些时代彼此相隔得那样遥远。

罗少丹　译

4
《尤利西斯》

简介：

【英文名】*Ulysses*
【作　者】［爱尔兰］詹姆斯·乔伊斯(James Joyce，1882—1941)
【年　代】20世纪。
【体　裁】长篇小说。
【主　题】现代人内心空虚；现代生活死气沉沉。
【人　物】主要有：布卢姆、莫莉、斯蒂芬。
【情　节】主要是：1904年6月16日这一天，广告推销员布卢姆、其妻莫莉和他们的养子斯蒂芬的内心经历。（按：此小说模拟荷马史诗《奥德修纪》，主要人物相对应：布卢姆对应奥德修斯，也称尤利西斯；其妻莫莉对应尤利西斯之妻珀涅罗珀；斯蒂芬对应尤利西斯之子特洛马科斯。情节结构也与《奥德修纪》大体对应。前三章写斯蒂芬在都柏林城中游走时的所思所想，对应《奥德修纪》中特洛马科斯的"寻父"；中间的十二章写布卢姆在都柏林的街道、浴室、教堂、公墓、办公室、酒馆、医院和妓院之间游荡时的所思所想，对应《奥德修纪》中尤利西斯的"漂泊"；最后三章写布卢姆带着斯蒂芬回家和莫莉在家里的所思所想，对应《奥德修纪》中珀涅罗珀的"抗婚"与尤利西斯带着特洛马科斯"返乡"。（按：此作品是意识流小说，没有连贯情节，由人物的意识片断组合而成。所有的意识片断，均是日常生活中琐碎而杂乱的所思所想，与《奥德修纪》中惊心动魄的英雄业绩适成对照，以此嘲讽现代人和现代生活的平庸，乃至无聊。）

《尤利西斯》批注①

[奥地利] 斯蒂芬·茨威格②

【读法说明】首先要找一个能支撑这部巨型小说的地方,而不能把它捧在手上,因为这部书大约有1 500页,捧在手上就像沉重的铅块。阅读之前,先还须用食指和中指小心翼翼地拈住插进来的关于"本世纪最大的散文作品"和"我们时代的荷马"之类的宣传品,把这些大吹大擂、夸大其词的广告传单从头撕到底,把它们扔进废纸篓里去,免得读还没有读就被引发出千奇百怪的期待或抗议。然后,坐在一张靠背椅上(因为这样才会持久),拿出自己全部的耐性和公道(因为人也会生气),再开始读下去。

【体裁】一部小说?不是,完全不是:是一次精神的女巫盛会,一首庞大的狂想曲,一次罕见的大脑的瓦尔普吉斯之夜③。是一部心理场面紧张的影片,以极快的速度呼啸着闪动着,同时将充满绝妙的超凡脱俗的细节的巨大心灵风光令人晕眩地拖拽而过,一种双重思维,一种三重思维,一种所有感觉的相互超越、相互穿透和相互横贯,一种心理学的狂欢,具有一种技术新奇的时间放大镜,能把所有动作和冲动化为原子。是一种潜意识的塔兰台拉舞④,怒号的咆哮的观念流逝,把它们途中遇见的一切搅拌着毫无选择地裹挟而去,如最精巧和最平庸的,异想天开的和欢欣鼓舞的,神学和色情文学,抒情风格和马车夫式的粗笨劲儿,等等——因此是一种混沌,但不是由于一种醉醺醺的兰波式头脑昏昏沉沉所

---

① 本文选自《茨威格散文选》,题目系原书所有。本文要点:(1)《尤利西斯》不是小说,而是"一首庞大的狂想曲";(2) 在《尤利西斯》中,乔伊斯创造了一种全新的英语,"掺杂着一切语言的元音和辅音,一切学术的一切术语,一切行话和方言";(3)《尤利西斯》是"独一无二的实验""一件绝妙的珍品"。
② 斯蒂芬·茨威格,20世纪奥地利小说家、诗人、剧作家、传记作家,代表作有短篇小说《象棋的故事》《一个陌生女人的来信》、长篇小说《心灵的焦灼》、回忆录《昨日的世界》、传记《三大师》和《一个政治性人物的肖像》等。
③ 据传女妖们在5月1日前夜在德国布罗肯山上跳舞。参阅《浮士德》下卷。
④ 意大利南部一种轻快热烈的民间舞蹈。

梦见的、蒸发着酒精味道的、浑浊得可怕的混沌,而是由一种精神敏锐的善于讽刺挖苦的知识分子存心大胆配制而成的混沌。人因陶醉而呼喊,因怨恨而喧闹,疲惫不堪又觉得重新醒来被鞭打,最后变得晕头转向,仿佛坐了十小时的旋转木马,或者不停地听音乐,听那种令人眼花缭乱的、笛声尖叫的,然后鼓声狂擂而又如爵士乐般放肆的、但一直是自觉现代派的詹姆斯·乔伊斯的文字音乐,这种音乐在这里专心致志于所有语言所仅见的一种最精致的语言狂欢。本书有某种英雄气质的东西,同时还有艺术以抒情方式加以戏拟的某种东西,从而真正是一次女巫盛会,一次黑色的弥撒,魔鬼在这里以最放肆最煽动的方式模仿和扮演神圣的精灵;但却是一次性的,不可重复的,崭新的一次。

【缘起】某种邪恶就是根源。在詹姆斯·乔伊斯身上什么地方,从青年时代起就潜伏着一种憎恨,一种心灵创伤的初期浸润。他一定是在都柏林,他的故里,就从他所憎恨的市民,从他所憎恨的牧师,从他所憎恨的教师,从任何人身上受到过这种浸润,因为这个伟大天才人物所写的一切都是对都柏林的报复,例如他的早期著作,那本简直毫无顾忌的斯蒂芬·德达鲁斯自传①,还有这本分析得近乎残忍的心灵上的《奥瑞斯蒂》②。在这一千五百页中间,找不到十页欢快、奉献、善良、友好,全都是讽刺挖苦,而且具有一股飓风似的反抗力量,全都是爆发性的,以一种飞快的速度从燃烧的神经弹跳出来,那种速度使人陶醉同时使人麻痹。一个人在这里不仅发泄于呼喊,不仅发泄于冷嘲热讽和怪模怪样,而且从他的五脏六腑排空了他的忌恨,他猛然呕出了他的真正使人毛骨悚然的感情沉淀。装腔作势到再巧妙也不能逐一掩饰这个人把他的书砸进世界的这种颤抖的、这种振动的、这种唾沫四溅的几乎像羊癫疯似的气质之巨大的感情冲动。

【容貌】我间或记起了詹姆斯·乔伊斯的面容:它很适合他的作品。一副偏执狂的脸孔,苍白,衰弱,一种细微而不柔和的声音,一双悲哀的眼睛,嘲弄地躲在磨得光光的镜片后面。一个被折磨垮了的人,但又坚如钢铁,僵硬而顽强,一个颠倒的清教徒,以教友派为祖先③,一个为了信仰而甘被焚烧的人,把他的憎恨、他的咒天骂地正经八百地视为神圣的人,一如远祖之于他们的宗教信仰一样。一个长久生活在黑暗中、永远我行我素、沉默寡言、被人误解、仿佛一直被埋

---

① 即乔伊斯的另一部小说《一个青年艺术家的画像》,其主人公即斯蒂芬·德达鲁斯。
② 《奥瑞斯蒂》即古希腊埃斯库罗斯的最后一部悲剧。此处指《尤利西斯》。
③ 清教徒、教友派,系17世纪英国基督教的两个派别。

在时间和双重火焰下面的人。十一年柏利茨式的教学生涯①,这种最可怕的折磨人的精神劳作,二十五年的流放和贫困已使这门艺术变得如此尖锐而锋利。他的脸上有许多伟大之处,他的作品里有许多伟大之处,一种献身于精神、献身于文字的了不起的无与伦比的英雄气概;但是乔伊斯的真正天才却在于憎恨,唯有释放在讽嘲中,在一种闪烁的、伤人的折磨人的精神脚尖舞中,在伤痛、剥露和损害所产生的一种肉欲快感的猛烈程度中,一种精神拷问之托尔克马达②式的乐趣中。拿荷马来做比喻,比比萨斜塔还要偏斜;但是,在这个狂热的爱尔兰人身上,却有点什么是靠但丁的堆积石方的憎恨过活的。

【艺术】它并非按照建筑术和雕塑术表现出来,仅仅见诸文字。詹姆斯·乔伊斯乃是纯粹的魔术师,一个语言上的梅佐方蒂③——我相信,他说十句或十二句外国语,却从自己的母语中取来一种崭新的句法和一种夸张的词汇。他控制着从最精致的超感觉的表达方式直到一个醉妇躺在阴沟里的胡说八道的整个键盘。他把整本词典的书页一下子哗啦啦地抖落下来,并且给每个概念的场地布满定语的机关枪火,他以惊人的技巧在所有造句艺术的吊架上做腾跃表演,并得以在最后一章只写出一个我相信占六十多页的句子(正如整整一千五百页的大厚书只讲了一天,接着一本书想必要描写这一天的夜晚了)。在他的交响乐队里,掺杂着一切语言的元音和辅音乐器,一切学术的一切术语,一切行话和方言,英语在这里变成了泛欧罗巴的世界语。这位天才的杂技家飞快地从尖端跳到宽度,他在叮当作响的剑戟中间舞蹈,跃过一切奇形怪状的深渊。只有语言上的成就证明了这个人的天才:在近代英语散文史中,随着詹姆斯·乔伊斯揭开了特殊的一章,这一章由他开始也由他结束了。

【总结】是头朝下栽进我们文学中来的一块陨石,是一种富丽堂皇,一种了不起的、只允许这一次的无与伦比,是一个大个人主义者、一个怪僻天才的英勇实验。与荷马无关,他的艺术在于线条的纯净,而精神地狱的这块银幕正以其呼啸与追逐迷惑了心灵。也决不是陀思妥耶夫斯基,虽然由于奇幻的想象与越轨的洋溢有点接近他。事实上,对于这种独一无二的实验,任何比喻都只从旁一滑而过——詹姆斯·乔伊斯的内心孤立不能容忍与既成物的任何联系,它无可交

---

① 柏利茨教学法,即一律用外语授课。
② 托尔克马达(1420—1498),西班牙第一任宗教总裁判官,在任期间曾判 2 000 余异教徒受火刑。
③ 梅佐方蒂(1774—1849),意大利的语言学家,通晓 57 种语言。

配因此也不能产生任何后裔。一个充满黑暗原始力量的流星似的人,一部伞状流星似的作品,就像那中世纪巫师的符箓以较现代的方式将诗意因素同超感觉的胡诌连在一起,将心灵神秘主义同故弄玄虚连在一起,将最惊人的科学同辛辣的诙谐连在一起。一部与其说创造世界,不如说创造语言的作品。但是,毕竟无妨于这样一个不可动摇的事实:这部书,一件绝妙的珍品,将仍像一块漂石,和肥沃的环境毫不相干。如果时代曾经适当地笼罩过它,它或许会像所有西比拉①占卜语一样使人感到敬畏。但无论如何,在今天,要向这件激烈到近乎固执的而又带诱惑性的成果致敬,向詹姆斯·乔伊斯致敬,致敬!

绿 原 译

---

① 西比拉,古代希腊、罗马的女占卜者。

《尤利西斯》：一段独白[1]

[瑞士] 卡尔·古斯塔夫·荣格[2]

> 作者按语：这不是一篇科学论文……我之所以将它安排在本卷，一是因为《尤利西斯》是极具我们这个时代特征的主要的"人性档案"。二是因为我的这种观念也许可以显现出在我的研究中起着一定作用的思路同样可以适用于文学作品。我的这篇文章不只没有任何科学意义，也不含有任何说教的想法，对读者而言，它只是一种自我的表白。

一

我在题目中提到的那个"尤利西斯"是与詹姆斯·乔伊斯的名字联系在一起的，他不是荷马的世界中那个狡猾的、为风暴追逐的人物。荷马笔下的那个尤利西斯以自己的狡黠和机智逃脱了神与人的报复和恶意，在经历了艰难的航行之后，终于回到自己的家园。乔伊斯的尤利西斯则完全不同于他的古代的同名人，他仅仅是一个被动的知觉意识，仅仅是一只眼睛、一只耳朵、一个鼻子、一张嘴巴而已；他只是一根感觉神经，不加任何选择取舍地暴露于心理和肉体活动的瀑流里，并且以照相似的精确记录着这一瀑流的全部精神错乱似的喧嚣与躁动。

《尤利西斯》是一部长达七百三十五页的书，这七百三十五页就像一条绵延

---

[1] 本文选自《荣格文集》第七卷，初刊于 1932 年 9 月柏林《欧洲评论》，题目系原书所有。本文要点：(1) 乔伊斯头脑的奇异特征表明，他的作品是属于冷血动物的，更具体地说，是属于蠕虫家族的；(2)《尤利西斯》与精神分裂的心理状态之间有相似之处，但它并不是精神分裂症的产物；(3)《尤利西斯》具有一种积极的、创造性的价值与意义；(4) "尤利西斯"是"那构成了总体性、同一性的东西的象征"，是"自我"的象征，是"女性"的象征，是"生育力"的象征，是"创造性"的象征。

[2] 卡尔·古斯塔夫·荣格(1875—1961)，瑞士心理学家，弗洛伊德的学生，后发挥弗洛伊德学说，自创人格分析心理学理论(也称"荣格心理学")。

七百三十五天的时间之流,然则它却又只存在于每个人生活中的一个毫无意义的日子之内,即都柏林一九〇四年六月十六日这样一个没有发生任何重要事件的日子。这条时间之流以虚无始,又以虚无终。也许这冗长得惊人、复杂得异样的一切就是一个斯特林堡似的对人类生活本质的宣言?然而这一宣言却使读者沮丧,因为它从来就没有把话说完过。它或许触及了事物的本质,但更为确切的是,它反映了生活的一万个侧面,以及这一万个侧面的十万层色彩。据我看来,在那735页里并没有明显的重复之处,就连那么一个可供读者稍加歇息的孤岛似的立足之地也没有。读者没有地方可以坐下来,沉醉于记忆之中,心满意足地凝想他已走过的路程。可是没有这样的地方,哪怕它只占一百页甚至更少。这儿有的只是那无情的水流毫不停息地滚滚流去,并且在最后的四十页中流得越来越快,联结得越来越紧密,直到最后把所有的标点符号都统统地清扫了出去。在这里,那令人窒息的虚无变得如此紧张,到了难以忍耐的地步,几乎马上就要爆发出来。这彻底无望的虚无,便是统领全书的主调。这本书不仅以虚无而始终,它的内容也是虚无。它是彻底的空虚与无用。但是,作为一件技巧性的艺术作品,它一方面是一个地狱般可怕的怪胎,另一方面却又光彩照人。

  我有一个叔父,他的思维总是直截了当,一语中的。一天他在街上拦住我,问道:"你知道在地狱里魔鬼是怎样折磨灵魂的吗?"我说不知道。他回答说:"他让它们期待着。"说完他就走了。当我第一次读《尤利西斯》的时候,我就想起了这句话。书中的每一个句子都激起一个没有得以实现的期待;等到最后,你就完全放弃了任何期待。但这时,你会感到恐惧,因为你逐渐地明白了,正是由于完全放弃了期待,你才把握住了要紧的东西。事实上没有任何事情发生,但一种秘密的期待与无可奈何的心情抗争着,不断地把读者从一页拖到另一页。那没有任何内容的735页决不是一堆白纸,它们上面密密麻麻地印满了字。你读着,读着,一直读下去,并且装作读懂了那一页一页的纸。有时,你突然通过一个空隙从一句跳到另一句,但却不知道它们之间究竟有什么联系。不过,当你无可奈何的心情达到一定程度时,你就会对一切都习惯的。我就是这样读到了735页,心里满是绝望,半途中还睡着了两次。乔伊斯的文体难以置信的复杂多变具有一种单调的、催眠的效果。书中没有任何迎合读者的东西,一切都离他而去,只扔下他在后面不停地打呵欠。这本书老是不断地发展下去,绝不停留,它不满于自己;它尖刻、恶毒,轻蔑一切;它悲伤、绝望、充满辛酸。它玩弄着读者对自己所遭受的毁灭的同情心。只有睡梦降临,才能结束这精力的紧张状态。当我读到七百三十五页时,我再次努力想要把握住这本书的意义,试图公正地对待它,但这一努力还是归于失败。我终于进入了沉沉酣睡之中。好一会儿以后,我才醒过来。这时我的头脑变得异常清晰了,于是我开始往回读这本书。对于这本书来说这种倒着读的方法与通常从头至尾的顺读同样有效,因为它无前无后,没头没尾,一切事情都能够轻易地既发生在以前,又发生在以后。每一段对话都可以倒着读而不会弄错该停顿的地方。每一个句子都是一次停顿,但一旦它们凑到一起时,却又不表明任何意思了。你甚至还可以在一句话的中间就停下来,刚读过的前半句仍然有意义而可独自成立——至少看起来是如此。这整个一部作品具有如此一种特点,它就像一条被折成两段的蠕虫,可以根据需要重新再生出一个头或者一条尾巴。

乔伊斯头脑的这种奇异的特征表明,他的作品是属于冷血动物的,更具体地说,是属于蠕虫家族的。如果蠕虫也被赋予了文学才能的话,它们将会因为缺乏大脑而以富于同感性的神经系统来写作。我怀疑这类似的情形在乔伊斯身上发生了,因为我们面前就是这样一种直觉思维的例证,它把大脑活动加以严格的控制,将思维限制于感觉活动的范围内。对于乔伊斯在感知方面的特殊技艺,我们不得不表示异乎寻常的赞叹,他所看到的、听到的、尝到的、嗅到的、摸到的一切,无论是出自内还是得于外,都无可限量地令人惊叹。普通人之中,如果谁在感官知觉方面表现出特殊的敏锐,他的知觉能力通常不是局限于内心的感受就是局限于外部的世界。但乔伊斯兼有这两方面的能力。他的主观联想的花环与都柏林街上的客观物体形象缠杂一体,主观与客观,内部与外部如此经常地融合含混,以至于到了最后,你竟不知道那像蠕虫一样的每一个本身非常清楚明晰的图象究竟是物质的呢,还是超验的、空幻的。这蠕虫的整个生存宇宙就是它自己,它具有荒谬绝伦的多产生殖能力。这个形象,我想,虽不十分雅观,但对于乔伊斯那些不断繁衍增长的篇章来说,却是一个再合适不过的比喻了。当然,蠕虫只可能生殖出其他一些蠕虫来,但它却以不可穷尽的数量在繁衍着。乔伊斯的书可以有一千四百七十页甚至更长几倍,但那丝毫也不会减低它的无限性,本质性的东西仍然不会说出来。然而,乔伊斯是不是真的想说什么本质性的东西呢?这种老式的偏好是不是还有权利在这里存在呢?奥斯卡·王尔德坚持认为,艺术品是完全无用的东西。虽然连俗人今天也不会再对此提出什么异议了,但在他们心里却仍然希望一件艺术品包含着一些"本质性"的东西。乔伊斯的本质性的东西在哪里呢?为什么他不直截了当地说出来呢?为什么他不用一个富有表现力的手势，"用一个连傻瓜也不会搞错的直接的方法"将它传达给读者呢？

是的，我承认我感到受了愚弄。这本书不肯来迎合我；它没有任何要想取悦于人的企图，总是使读者感受到一种令人激怒的自卑感。显然，我的血液中还有许多俗人的成分，因为我天真地以为这本书想告诉我点什么，想使我能够对它加以理解。这是一本什么样的书啊——没有任何观点，只凝聚着聪明而睿智的读者们惨败的经历，而这些读者毕竟并不是那么……（请原谅我在这里借用了一个乔伊斯式的富于暗示性的表现法）一本书肯定应该有一个内容，肯定得表现点什么；但我却怀疑，乔伊斯是不希望"表现"什么的。那么，这本书是不是碰巧而无意识地表现了他自己呢？这能不能解释它的那种唯我的超然性、解释这出没有观众的戏剧、解释它对辛勤的读者的激怒与侮蔑呢？乔伊斯激起了我的恶意。一个作家永远也不应该嘲弄读者，让他们显出一脸蠢像；然而《尤利西斯》所干的就正是这种嘲弄读者的勾当。

一个像我一样的治疗专家总是不断地在试验着治疗法，甚至于在他自己身上试验。你被激怒了，这就意味着你还没有看清楚这种情感后面是什么。因此，我们就该顺藤摸瓜，去检查一下我们大发雷霆这种现象后面究竟有些什么东西。我观察到：这本书的那种唯我为中心的特点，那种对有教养的、有智识的读者的蔑视，大大地刺激了我的神经。读者满怀善意，想要理解，想要给它以公正的对待，然而它却嘲弄他们、侮蔑他们。这里我们看清楚了，乔伊斯的思维与他人毫无联系，它仿佛是出自他身上的冷血部位甚至出自更低贱的部位。他只在他的内部、只同他的肚肠进行对话。他是一个冷硬如石的人，有石头的角，石头的胡子，石头的肝肠，就像摩西一样，以石头般的冷淡调转身去，背对着埃及的奢靡与埃及的众神，同时也以同样的冷淡背对着读者，从而扫荡他们的好意，激愤他们的情感。

从这个冰石般的地下世界升起了蠕虫的幻影，它卷曲蠕动着，进行着单调、无尽的繁衍。虽然从它身上生出的每一个新的部分都各不相同，但它们却又极易混淆。这本书的每个片段，不管多么短小，唯一的内容就是乔伊斯自己。一切都是新鲜的，却又老是停留在最初的基调上。它的表象是多么的丰富多彩、枝繁叶茂啊，可同时它的实质又是多么的单调乏味啊！乔伊斯令我乏味得哭；但这是刻毒而危险的乏味，是连最最平庸的东西都不能诱发的乏味。这是自然界的乏味，就像赫布里底斯群岛上吹刮过的那些巉岩沓嶂的阴风，就像撒哈拉荒漠中的日出与日落，就是大海的呼啸，就像地道的瓦格纳似的标题音乐。每一阵风，每一次日出与日落,每一声海的吼叫,每一个乐句都是不同的,然而它们又永远地重复着。尽管乔伊斯的书有着令人惊异的多面性,但我们仍然能够从中提取出一定的主题——虽然这些主题可能并非作者的本意。也许他根本就不想有任何主题,因为在他的世界中,偶然性和决定性没有任何地位,也没有任何价值。无论人们怎样企图把每一事件中的灵魂都抽掉(乔伊斯便是这方面的一个不懈的尝试者),主题是不可避免的,因为主题是一切心理活动的框架。一切都被抽去了灵魂,每一滴热血都被冷却,事件完全在冷冰冰的利己主义中展开。全书中没有任何愉快、新鲜与希望,只有灰暗与可怕,只有残酷、尖刻与悲剧。一切都来自生活中伤痕累累的那一面,并且是如此的喧嚣躁动,使你不得不用一面放大镜才能找到其间的主题联系。但这些主题联系是确实存在于书中的,它们首先表现为一种高度个人性质的未经声言的愤恨之情,表现为被猛烈割断的童年的残迹;随之它们又表现为整个思想史之流的漂浮物——这整个思想的历史可鄙地、赤裸裸地呈现于众目睽睽之下。作者的宗教的、爱情的、家庭的前史都反映于这事件之流的乏味的表面上;我们甚至看到他的人格分裂成仅只作为感官本能而存在的布卢姆以及差不多是虚幻缥缈的斯蒂芬·达达洛斯——前者无子,后者无父。

二

早在一九二二年,我就曾试图读《尤利西斯》这本书,但没有多久我就带着失望与懊恼的心情把它搁到一边去了。就是在今天,它还同样像以前一样使我乏味。那么我又为什么要写这篇文章呢?我通常是不对超现实主义作什么评论的,因为它超出了我的理解力。如果不是一位出版商有点不谨慎地问起我对乔伊斯的看法,或者更确切些,问起我对《尤利西斯》的看法,我也不会写这篇文章的。涉及这本书时,观点的繁多与纷纭,是众所周知的。唯一没有争议的是,《尤利西斯》印刷过十次,一些人高度颂扬它的作者,一些人又对他大肆谩骂。他站在争论的交叉火力点上,因此是心理学家不容忽视的一种现象。乔伊斯对他的同时代人施与了相当大的影响,正是这一点激起了我对《尤利西斯》的兴趣。如果这只是一本未受任何赞扬便无声无息溜进了遗忘的阴影里的书,那我当然是决不会把它重新拖出来的,更何况它还深深地使我恼怒,所给我的愉悦又甚少。尤其难以忍受的是,它使我感到那么乏味,因为它只用一种否定的效果加于我的头上。我恐怕它是一位作者在其否定心情中的产物。

当然，我是有偏见的。我是一个精神病学家，对一切精神的表现都带有一种职业的偏颇。因此我必须提起读者的警戒：平常人的悲喜剧、生活的阴暗面，以及沉闷灰色的精神虚无主义，都是我每天的面包。对我来说，这些东西就好比街头乐器奏出的曲子，陈旧不堪，毫无魅力。没有任何使我吃惊、使我感动的地方，因为它们于我是太平常了。我经常都得帮助人们摆脱这些可悲的处境，我必须不断地同它们进行斗争。但我只能将我的同情心用在那些不调转脸去背对着我的人身上。《尤利西斯》则对我调转脸去，它拒不合作，只想继续唱着那支无尽的曲子走进无尽的时间中去（那支曲子我太熟悉了），只想将它的直觉思维以及降低到只有感官知觉的思考延伸到无限。它没有显露重新建设的倾向，破坏似乎已经成为它的终点。

不过，上面所述并不是全部，连一半都还没有——还有综合的症状！那些没完没了的散漫的臆语，在精神异常者中间真是太普遍了。他们只有一个破残的意识，因而完全丧失了判断能力，他们的一切价值也都全然衰退。但另一方面，这又通常伴随着感官活动的加强。在《尤利西斯》那些篇章中，我们发现了一种精确的观察能力，一种感官知觉的照相似准确的记忆，一种既对内心现象也对外部世界的感官好奇心，一种显著而突出的过去的题材和愤恨，一种主观心理现实同客观物质现实谵妄似的混乱，以及一种毫不考虑读者、一味滥用生造词、零碎摘引、声音与语词联想、突兀的转折和思想中断的表现方法。我们还于其中发现了情感的衰退，这种情感的衰退达到了玩世不恭的顶点与荒谬绝伦的程度。即使外行也不难追寻出《尤利西斯》与精神分裂的心理状态之间的相似之处。这种相似确实是非常容易引起误解的，读者极有可能以一句"精神分裂"的判语而将它愤慨地抛置一边。即便对一个精神病学家，这种相似也是十分惊人的；但是，他却可以指出，精神异常者所作文字的一个特征标志——陈旧的表现法——在这本书中是不存在的。我们可以随便怎样评价《尤利西斯》，但它的单调绝不是在"重复"这一词意义上的单调（这与我先前所说的并不矛盾；并且，要想对《尤利西斯》说点相互矛盾的话也是不可能的）。描述与展现不间断地流淌着，一切都在运动之中，一切都没有固定。整部书在随着一条隐秘的生活之流浮泛，它显示出单一的目的以及精严的选择，这两点便是书中存在着一个统一的个人意志和明确的意图的明证。心理作用受着严格的控制，它们不是以自发的、无规律的方式表示出来。知觉作用，也就是说，感受和直觉，从头至尾都占着侧重的地位；具有识别作用的思维和情感则时时处处受到抑制。思维和情感的出现仅仅是作为心理的内容,作为知觉的客体。尽管书中常常出现一些优美之处,但全书的总的倾向——即要表现世界与头脑的阴暗画面这一总的倾向——却没有分毫的松懈。这一切都是在精神异常者身上通常所见不到的特征。那么,这就是说还存在着一类不同寻常的精神异常者。但精神病学家没有任何标准来判断这样一类人。他们的那种心理变态也许正是一种为常人理解力所不能想象的心理健康,甚至还可能是覆盖于一种更高级的精神力量之上的伪装。

我是永远不会将《尤利西斯》划为精神分裂症的产物的,而且这种划分也毫无用处,因为我们希望知道的是为什么《尤利西斯》会产生出这样有力的影响,而不是要知道它的作者究竟是一个程度较高的还是程度较低的精神分裂症患者。《尤利西斯》并不比整个现代艺术更具有病理的性质;它是最深意义上的"立方主义",因为它将现实的图景融入了无限复杂的绘画之中,这一无限复杂的绘画的基调便是抽象客观性的忧郁。立方主义并不是一种病病,它是以某种方式来表现现实的倾向——这种方式既可以实在到荒诞的地步,也可以抽象到荒诞的地步。精神分裂症的诊断图画仅仅在有一点上与现代艺术相似,即:精神分裂症患者像现代艺术家一样也以陌生的眼光看待现实,或者将自己从现实中抽离出来。在精神分裂症病人中,这一倾向通常没有可辨认的目的,它只是一种不可避免的症状,这一症状起于一个完整人格向无数破碎人格的分裂。这就是所谓的自主情结。但在艺术家中,这种以陌生眼光看待现实的倾向就不再是任何个人疾病的产物,而是我们时代的集体的表现。艺术家并不顺应个人的冲动,他顺应集体生活之流。这集体生活之流不是直接起自意识,而是起自现代精神的集体无意识。正因为它是一种集体的现象,所以它才能够在绘画、文学、雕塑、建筑等各个彼此不同的领域内都结出完全相同的果实。还有一点值得一提的是,现代主义运动精神上的父亲之一——凡高——实际上就是一个精神分裂症患者。

在精神异常者之中,通过荒谬古怪的物质现实或者同样荒谬古怪的非现实来歪曲美和意义,这种行为是人格毁灭的结果。但在艺术家中,这种行为则有一个创造的目的。现代艺术家的作品远不是其人格毁灭的表现,相反,他在毁灭中找到了他的艺术人格的统一性。靡菲斯特式的美丑倒置与有意和无意义的相互颠倒带有非常夸张的色彩,这种方法使无意义几乎被赋予了意义,使丑具有了一种刺激血性的美。这是一个创造性的成就,它在人类文化史上从未像今天一样被推到这样极端的地步。但是,它在原理上又并不是什么新鲜的东西,我们在伊克纳顿①时期往反向变化的风格里,在早期基督徒用绵羊所作的空洞愚瀚的象征中,在拉斐尔前派那些凄婉哀愁的人物中,在以复杂造作扼杀了自身活力的后期巴洛克艺术中,都能够观察到与此相似的地方。所有这些时代,尽管有着种种差异,它们之间都有着一种内在的联系:它们是孕育和潜伏着创造力的时期。它们的意义不是只以因果关系就能够给予完满的解释的。集体精神的这些表现,只有在它们从目的论的角度被看作是某种崭新的事物的先导时,才展示出其全部的意义。

伊克纳顿时代是第一个一神教的摇篮,这种一神教被保留在犹太传统中而流传至今。早期基督教时代的原始幼稚形态则发出了罗马帝国向上帝之城转变的预言。在那个时代,对艺术和科学的排斥对于早期教徒来说并不意味着精神生活的贫瘠,反倒是精神生活增益的表现。自从古典时代以来,艺术中的人体美已经丧失,拉斐尔前派的前期作品便是表现人体美理想的先声。巴洛克艺术是天主教风格的最后一个流派,它的自我毁灭预示了科学精神对中世纪教条主义精神的胜利。提厄波罗②在技巧方面已经抵达了禁区,但如果将他看作一个艺术人格,那么他就绝不是颓废堕落的症状,而是一个以其全部身心导致了那种为世所亟亟以求的分裂的人。

三

由此看来,我们不仅能给予《尤利西斯》,而且也能给予与《尤利西斯》同性质的艺术作品以一种积极的、创造性的价值与意义。《尤利西斯》在对统领至今的那些美和意义的标准的摧毁中,完成了奇迹的创造。它侮辱了我们所有的传统情感,它野蛮地让我们对意义与内容的期待归于失望,它对一切合题都嗤之以鼻。在《尤利西斯》中不存在任何合题与形式的蛛丝马迹,我们不可能对此有丝毫的怀疑。因为,如果我们一旦证实了书中有这些非现代的倾向,那就无异于指出这本书有一种严重的美学上的缺陷。《尤利西斯》具有一种特殊的性质,我们对它的一切谩骂证明了这一点,因为我们的谩骂出自非现代人的愤恨之情,而非

---

① 伊克纳顿(Ikhnaton),有时也称作 Akhenaton,原名为 Amenhotep 五世,埃及法老及宗教改革家,公元前1379—1362年在位。他也许是有史以来第一个一神教信仰者。——译者注
② 提厄波罗(Gio vanni Battista Tiepolo, 1696—1770),大型壁画艺术家,其画风深刻广阔,但又蕴藉而有节制。他的作品中所表现出的光和色的诗一般的艺术境界影响了许多教堂和宫殿里的洛可可风格的室内画。——译者注

现代人是不愿意看到那些被上帝用优雅的面纱所掩饰起来的事实的。

在我们今天这个时代,从现代人身上汹涌喷薄出了无数不可羁舍、不容扼制的力量,这些力量曾经奔流在尼采的智慧之中,这些力量曾经洋溢在尼采那狄奥尼索斯似的浮华丰艳中,它们今天的炽热与激烈丝毫不减当年的威力。虽然《浮士德》①第二部中的那些最黑暗阴晦的段落,还有《查拉图斯特拉如是说》以及《瞧那个人!》②都力图作为一种新型的艺术而自呈于读者与观众之前,然而毕竟只有现代人才真正成功地创造出了一门反向性的艺术。它不事逢迎,只径直地指出我们的错误之所在;它操着反叛的姿态,去违背常理与天伦。不过,这种反抗性的离经叛道并不是今天才出现的,它早在现代人的先驱者中间(这里请记住荷尔德林③的名字)就已经激起过无数内心的骚动,从而引导着他们去动摇旧时代的理想。

如果我们只固守经验的一方之域,那么我们就不可能真正看清楚所发生的事情。我们在这里所面临的不是一个明确的目标,不可能投手一掷便告破的。我们面临的几乎是整个现代人普遍的"重新积淀"(restratification)问题,他们正在摆脱一个已然陈旧的世界,他们正处在摆脱这个旧世界的桎梏的艰难道途之中。可惜我们不能预见到未来,因而不会知道在最深的意义上我们究竟还与中世纪有多么紧密的联系。但是,如果从未来时代的瞭望塔上看现在的我们,仍然还彻头彻尾地深陷在中世纪的泥潭里,对此,我是不会表现任何惊异的。因为只这一点就足以解释为什么应该有《尤利西斯》这样风格的书或艺术作品。它们是大剂量的泻药,如果没有同样强烈的抵抗,就会辜负了它们的整个效力;它们是一种心理特效药,只用于对付最坚硬愚顽的东西;它们就像弗洛伊德的理论一样,以其盲目的单面性摧毁那些已经开始崩溃的价值。

《尤利西斯》表现出一种半科学的客观性,有时它甚至使用"科学"的语言。但它又具备着完全非科学的特征,这就是它的彻底的否定态度。即使这样,它仍然是创造性的——它是创造性的摧毁。在这里没有希罗斯拉图④烧毁神庙时的戏剧性姿态,只有一种以现实的阴暗面去愚弄我们的同时代人的热切,不含任何恶意,只带着对艺术客观性的坦率的质朴与天真。我们可以放心大胆地称这本

---

① 《浮士德》:歌德的诗剧。
② 《查拉图斯特拉如是说》《瞧那个人!》:均为尼采的作品。
③ 荷尔德林,18世纪德国诗人,患有精神分裂症。
④ 希罗斯拉图(Hemshatus),古希腊人,"不能流芳百世,也要遗臭万年"的典型人物。仅仅为了使自己史册留名,他放火烧毁了当时希腊一座非常壮观的神庙。——译者注

书是悲观的，虽然在结尾的地方，几乎是在整整的最后一页里，一线天国之光穿透了层层阴云，渴望地照射出来，但这只是一页对七百三十四页的比例，只有那么一页闪烁着光明的色彩，而其余的都产生自地狱的黑暗之中。在那黑泥的浊流里，有一颗水晶石不时地在发着荧光，这使得那些非现代人也意识到乔伊斯是一位技艺深湛的"艺术家"——这里所说的技艺远比大多数艺术家所谓的技艺更为广泛——他甚至可以堪称这门技艺中的古典大师，然而同时，他也是一位为了更高的目标而虔诚地弃绝了自己的力量的大师。乔伊斯即使在他的"重新积淀"中也还是虔敬地保留着他的天主教信仰，他的炸药主要是用来摧毁教堂以及由教堂产生和影响的精神堡垒的。他的"反世界"中弥漫着的气氛正是在竭力争取政治独立的爱尔兰所具有的那种中世纪的、完全狭隘的，并且渗透着天主教精髓的气氛。乔伊斯写作《尤利西斯》时曾辗转国外许多地方，在所有这些他乡异域，他都带着一颗赤心、一腔热血回望着教廷与爱尔兰。他只把他在外国的暂居地当作无数的锚链，以便于在他对爱尔兰的怀念与厌恨的情感的旋潮中系稳他那一叶孤舟。然而尤利西斯并没有回到他的伊塞卡王国，相反，他疯狂地要摆脱爱尔兰的传统。

  我们也许会认为这种努力要摆脱自己传统的行为只在局部范围内引起兴趣，而其余的世界则将待之以冷漠与毫不关心的态度。但其余的世界并不是冷漠与毫不关心的。从它在乔伊斯的同代人中引起的效果来判断，这种局部的现象似乎多少带有普遍性。现在一定已经存在着一个人数众多的现代人阶层了，他们自一九二二年以来已经将十版《尤利西斯》抢购一空。这本书对于他们一定具有某种意义，甚至揭示出了他们以前所不曾知道或者所不曾感觉到的东西。他们并没有感到这本书的难以忍耐的乏味，而是从中得到了帮助，受到了教益，清醒了头脑，改变了态度，进行"重新积淀"。显然，他们是突然被带进了某种求之已久的境界，否则他们就只可能带着最黑暗的仇恨才能专心致志地从第一页读到第七百三十五页而不酣然睡去。根据上述的那种普遍性，我推测，中世纪天主教的爱尔兰占据着一块相当大的区域。但我至今不知道这块区域究竟有多大面积。它肯定比一般地图上标明的要大得多。这个天主教的中世纪，这个其中有达达洛斯先生和布卢姆先生存在的天主教的中世纪，好像有着异常广泛的普遍性。在那里的所有的人都被如此牢固地禁锢于他们的精神环境之中，如果不用乔伊斯似的炸药是绝对炸不开他们孤立、密封的境况的。乔伊斯的同时代人满脑子充塞着中世纪的偏见，因此，正需要有他以及弗洛伊德这样的否定的先知来向他们揭示现实的另一面。

当然,一个怀着基督般的爱心的人是难以完成这一巨大的使命的,因为无论他怎样苦口婆心,人们都不会情愿地去对事物的阴暗面看上一眼,这样他们就无异于只是以旁观者的淡然冷漠的态度来对待阴暗面了。不,这样是不行的。对现实阴暗面的揭示必须伴随着相应的思想倾向;乔伊斯在这里又是一位大师,因为他知道只有通过这种方法,才能激起否定的感情力量。《尤利西斯》向我们明示了怎样才能做到尼采所谓的"亵渎神灵"。乔伊斯以冷冰冰的客观性开始了这项工作,他所表现出的"见弃于神"的程度是尼采所大为不及的,并且甚至是尼采连做梦也没有想到过的。这一切都依照这样一个根据:精神环境所具有的迷惑力和影响程度是与理智毫无关系的,它只与感情紧密相连。我们不应误入迷津,以为乔伊斯所揭示的世界既然如此阴暗而缺乏神灵的光辉,任何读者要想从中寻得一点快慰便都是不可想象的海外奇谈。但事实却是——虽然未免有些耸人听闻——《尤利西斯》所揭示的世界比我们的这个世界好。在我们这个世界中,人们毫无希望地被束缚在他们的精神诞生地的一片幽暗之中。然而,在《尤利西斯》那个世界里,尽管邪恶与破坏的因素占据着统治地位,但它们却远比历史留传给我们的所谓"善"更有价值。现实已经证明"善"不过是一个肆虐的暴君,不过是一系列偏见的幻影;它剥夺去生活的丰富多彩,它使生活穷困贫瘠、黯然失色;它强力施行一套最终竟使人不能容忍的道德伦理。尼采所说的"道德奴隶的揭竿而起"正可以用着为《尤利西斯》的绝好题词。要想从一整套禁锢着精神的体系和制度中解放出来,唯一的办法便是对自己的世界和自己的本性作"客观"的承认。正如布尔什维克们欣悦迷恋于自己的不修边幅一样,这些受着精神束缚的人们也从直截了当地道出他们世界里的事物真相中找到了强烈的欢乐。黑暗对于被强光刺激的眼睛反倒是一种慰藉,无边荒漠对于逃犯也仍是一座天堂。而对于今天的中世纪人,避免成为善与美与常识的化身或物体体现,便是自拔于中世纪的深渊的救赎之法。所谓理想,从阴暗处看,并不是屹立峰顶的灯塔;理想只是监工,只是狱卒,是人类专横暴戾的首领摩西在西奈山上发明出来的一种精神警察,从那以后,一条狡黠的计谋便把它强加在了人类的头上。

如果从因果的观点出发,乔伊斯是罗马天主教的独裁主义的受害者。但如果从目的论的角度考虑,那么他是一个现在只满足于否定的改革者,是一个只限于抗议的新教徒。情感的萎缩是现代人的一个特征,它总是作为对过多的情感,尤其是过多的虚假情感的反动而出现的。由此,我们可以从《尤利西斯》的情感的缺乏中推导出:这个产生了《尤利西斯》的时代便是一个令人可畏的多愁善感的时代。但我们现在果真那么多愁善感吗?

这又是一个有待将来才能回答的问题。不过,仍然有大量的证据表明,我们确实是陷入了一个天大的多愁善感的骗局之中。想想通俗的感伤情绪在战时所扮演的可悲的角色吧!想想我们的所谓人道主义吧!精神病医生对有一点知道得非常清楚,那就是我们每一个人是如何成为我们自己的感伤情绪的受害者而不能自拔的。但这种情绪并不能引起同情心。多愁善感是建立在野蛮基础之上的上层建筑,而感情缺失则正好处于另一个极端,因而不可避免地有着同样的缺陷。《尤利西斯》所获得的成功证明:甚至它的情感的缺乏都对读者有着一种积极的效果。由此我们便可以推断,读者身上有过多的感伤情调,这种情调是连他自己也十分愿意抛弃的。我深深地相信,我们不仅仅是被笼罩在中世纪的黑暗中,并且还为我们自身的多愁善感牢牢地束缚住了。因此,一个先知的出现就是完全可以理解的了;他要用一种情感缺乏来教会我们的文化,以此来弥补多愁善感的缺点。先知们一贯举止粗鲁、行为乖戾,总是不讨人喜欢,但据说他们却常常击中要害。据我所知,先知还有大小之分,而乔伊斯属于哪一类,只有等历史来作定论。这位艺术家就像所有的先知一样,是他那个时代的心理秘密的代言人。然而他是不自觉的,是无意识的,常常像一个梦游者一样。他自以为是他在说话,然而促动着他说话的却是时代的精神;这个精神所说的一切最终都为其结果所证实了。

《尤利西斯》是对我们这个时代的记录,它充满着人文主义的精神而毫无宗教的性质,并且,它还暗怀着一个秘密。它能够解脱精神的枷锁,它的冷漠彻底地冻结了一切多愁善感,甚至冻结了正常的情感。但这些有益的效果并不是它的力量的全部。有一种看法认为,这部作品有魔鬼本人参与创作,这种说法虽然有趣,但却并不是一个令人满意的假设。这本书中有生命的力量存在,而生命从来就不只是邪恶与破坏。确实,这本书的最复杂的方面好像是否定的、分裂的,但我们能够从这复杂的现象背后感觉到一种简单清澈的东西,感觉到赋予了这本书意义和价值的秘密的目的。难道这本由文字与意象拼凑起来的作品是具有"象征意义"的吗?我说"象征意义"并不是指比喻,而是指用来表现某种事物的替换物;这一所表现的事物的本质是我们不能把握住的。在这种情况下,那隐藏的意义无疑会在某些时刻透过那奇怪的帘幕而发出神秘的光彩;还有一些音律不时在回响着,我们在其他时刻、其他地方也曾听到过,它们或者在奇异的梦中响起过,或者在被遗忘的古老民族的隐秘的智慧中响起过。这一可能性是不容争论的,但我自己却不能找到解开它的钥匙。然而,我认为这本书并不是象征性的,它完全是在意识之光的照耀下写成的,它并不是一个梦,也不是无意识的启示。比起《查拉图斯特拉如是说》与《浮士德》的第二部来,它甚至显示出更强的目的性和方向感。这也许就是《尤利西斯》没有带上表现主义特征的原因。当然,我们感觉出了它的原型背景。达达洛斯和布卢姆的背后便是精神的人和肉体的人的永恒形象。布卢姆太太也许隐藏着一个纠缠于尘俗之中的阿利玛,而尤利西斯自己则可能就是书中的英雄。但这本书并不集中在这个背景之上,它向着相反的方向转移过去,努力要达到意识的最高客观性。很明显,它不是象征性的,并且也无意于此。如果说它的某些部分具有象征的性质,那么,这只能说是无意识对作者耍了两个小小的花招,无论作者怎样小心谨慎,也是无法避免的。我之所以说《尤利西斯》不是象征性的,这是因为,如果有什么事物具有"象征性"的话,那就意味着有人在推测、预示着这一事物那隐蔽而不容把握的实质,在费尽心力地要用文字捕捉住那躲避他的秘密。不管他努力要加以把握的东西是属于世俗世界还是属于精神世界,他都必须以全部的智力转向它,透过笼罩着它的全部彩虹般绚丽的面纱,把那谨严戒备地潜藏于深渊中的真金呈露在白日的光照之下。

但《尤利西斯》的惊世之处恰恰在于,它的千重面纱之后并不存在着什么隐秘的东西,它既不转向世俗也不转向精神,而是冷漠如太空中高踞遥临的月亮,让创始与衰微的喜剧去自行追随它们的路途。我殷诚地希望《尤利西斯》不是象征性的,因为如果那样的话,它的目的就会落空。在那七百三十五页不忍卒读的文字中,那严密守卫与精心隐藏着的东西究竟可能是一个什么样的秘密呢?最好不要耗费时间与精力去作这毫无结果的探宝吧。真的,这本书的背后**不应该**有什么象征意义,如果有的话,我们的意识将会被重新拖回到世俗和精神的境地,再被生活的一万个侧面所愚弄,从而使布卢姆先生和达达洛斯先生归于永恒和不朽。这正是《尤利西斯》所要阻止的;它想成为月亮的一只眼,一个超然于客体之上的意识,无论灵魂与肉体,爱情与憎恨,信仰与偏见,都不能将它束缚。《尤利西斯》不是在贩卖这一套理论,它是在以身实践,——意识的超然便是射过这本书的重雾的目标。这无疑就是它真正的秘密,一个新的宇宙意识的秘密;这个秘密并不向那些诚心尽力地读这七百三十五页的人显示,它只向那些以尤利西斯的眼睛持续七百三十五天凝视他自己的尘心与精神的人们呈露。但无论如何,这一时间的空间,却是应该被看作具有象征意义的——"一个时间、多个时间、半个时间"——因此是一个不定的时间,但它对于转变的发生来说,是足够长的了。

人们也许可以设想,在一个空无一物的虚无世界中,至少"我"——詹姆斯·乔伊斯自己——是被留存下来了的。但是在这本书里所有那些不愉快的、笼罩着阴影的"我"之中,有谁注意到一个单一的、真实的自我的出现了吗?确实,《尤利西斯》中的每一个人物都是高度真实的,他们在每一方面都只是他们自身,而不可能是别的什么人。然而他们都没有一个自我,他们之中没有一个意识敏锐的、人的中心,没有那么一个被温暖的心和沸腾的血所包容的那么小而又那么重要的小岛。所有的达达洛斯们、布卢姆们、哈利们、林齐们、穆利根们以及其他所有的人,他们谈话,他们来回地走,他们做这做那的时候就好像是在一场不知始于何处终于何处的集体的梦中。这个梦的发生也仅仅是因为"无人"——即一个看不见的奥德赛——在做着这个梦。他们谁也不知道这一点,他们生活着仅仅是为着一个原因:一个神让他们生活着。这就是生活——这就是乔伊斯的人物之所以如此真实的原因。但那个包容了他们全部的自我却没有出现在任何地方,没有任何事物可以泄露出它的存在,没有评判,没有动情,没有任何一点拟人化,这些人物形象的创造者的自我是找不到的,它好像是融入了《尤利西斯》里的所有人物中;然而,或许正是因为如此,一切的一切,甚至于最后一章里消失了的标点符号,都是乔伊斯自己。他的超然的、沉思的意识,他的以一瞥而囊括了一九〇四年七月十六日同时发生的无始无终的事件的意识,一定会指着所有这一切说:"那就是你"——这个"你"在更高的意义上,不是自我(ego)而是自己(self),因为自己本身就包容着自我和非自我(non-ego),包容着邪恶的区域,包容着内腑以及天国。

每当我读《尤利西斯》时,我总想起一幅由理查·威廉出版的中国画,画上是一个沉思中的瑜伽论者,他的头顶上长出了五个人的形状,而这五个人形的头上又各自再长出五个人形。这幅画画出了这个瑜伽论者的精神状态,他正要摆脱他的自我而进入到自己的更为完全、更为客观的境界中去。这是"静穆孤独的月轮"的境界,是生与死的缩影,是东方救赎之道的最高目标,是数百年来为人们所追求和赞美的印度和中国智慧的无价明珠。

然而,人们可以看到:人类意识的超然以及由此而生的它与神的近似——即《尤利西斯》的整个基础和它的最高艺术成就——当披着传统公式的外套出现时，总要遭到可怕的歪曲。尤利西斯，这个受着严厉考验的流浪人，经历了无数的磨难，要返回到他的岛国的家园，返回到他真正的自己。他在那十八章的混乱之中冲出了一条道路，最后从愚人的幻想世界中解放出来，不动声色地"在遥远处静观"。由此他达到了基督和佛陀达到的境界，这一境界也是浮士德奋力以求的——超越愚人的世界，从对立面中解放出来。正如浮士德融合于永恒的女性之中，莫莉·布卢姆也经历了同样的结局，她那段无标点的独白的最后一字，就像最后一个悦耳的和弦，结束了那地狱般尖锐嘈杂的不协和音。

尤利西斯是乔伊斯心中的创造神，他是一个真正摆脱了肉体与精神世界的繁杂纠纷而以超脱的意识将它们沉思凝想的造物之神。他之于乔伊斯，正如浮士德之于歌德，正如查拉图斯特拉之于尼采。他就是那个更高的自己，在轮回的盲目纷乱之后终于返回了他神圣的家园。这就是一九〇四年七月十六日那一天所潜藏的启示，那一天是每个人生活中的一个普普通通的日子，在那个日子里，默默无闻的人们在不停地做着和说着些什么，没有开头，也没有目的——这是一幅阴晦的图画，像梦一样，像地狱一般，辛辣、否定、丑恶和魔鬼，然而却是真实的。这幅图画能给人带来噩梦，造成一种宇宙性的圣灰星期三的心境，这种心境可能正如造物主在一九一四年八月一日所产生的心境一样。继创世七天的乐观欣喜之后，一九一四年的造物主一定很难辨认出他手下的那些作品了。《尤利西斯》就是在一九一四年与一九二一年之间写成的；这决不是一个能给世界画一幅尤其乐观欢悦的图画的时候，也不是一个能够充满热爱地拥抱世界的时候（当然今天也仍然不是）。因此，这位艺术家心中的创造神描绘出的是一幅否定的图画，这就毫无令人惊异之处了。确实，这本书的否定态度是如此地亵渎神灵，因而它在盎格鲁-撒克逊国家中被查禁，以避免它与《创世记》中的创世故事相冲突。这就是这位造物神在寻找家园时变成了尤利西斯的过程。

《尤利西斯》中太缺少情感，因此它一定非常合唯美主义者的口味。不过且慢，让我们来假设《尤利西斯》的意识并不是一轮月亮，而是一个拥有判断力、理解力以及感情内心的自我，那么，书中十八章的漫长路程就不仅没有任何乐趣可言，并且还将成为通往十字架的道途。那个历经着无数磨难与愚昧的漂泊者就将在黄昏时分沉入那位赋予生活的开始与结束以意义的大地女神的怀抱之中。在尤利西斯的玩世不恭下面隐藏着巨大的同情心，他知道这个既不美丽也不善良的世界中的忧患，他还知道这个世界的更坏的地方，它毫无希望地滚滚而行，经过永恒重复的一天又一天，抱着人类的意识跳起白痴的舞蹈，一小时又一小时,一月又一月,一年又一年。尤利西斯敢于向着意识超然于物外的方向迈出步伐,他从附着之中、纷繁之中、幻想之中解脱出来,因此能够转向回家的路了。他给予我们的并不只是他个人观点的主观表现,而是更多的东西,因为他的创造性的才能不是一个而是许多,他静穆地对大众的灵魂陈说,他不仅体现着艺术家的意义与命运,他还体现着大众的意义与命运。

我认为,乔伊斯作品的一切否定,一切冷血,一切怪诞与可怕,一切陈腐与荒唐,都是值得称颂的积极的价值。他的不可形容的丰富与多面性的语言一段接一段地展开,每一段又不断地衍生出下一段。它的单调乏味令人难以忍受,然而正是这单调与乏味使它达到了史诗似的灿烂与辉煌,使它成了一部表现出这个世界的无用与悲惨的《摩诃婆罗多》①。"从阴沟里、从裂缝处、从污水池里、从垃圾堆中,四面八方都冒出污秽的泡沫。"一切宗教思想中最高尚的东西都以亵渎神灵的歪曲被映照在这个无遮无掩的污水沟里,就像它们被反映在梦中的情况一样。

然而,即便是在粪土堆上也没有失去最古老和最高尚的精神财富。精神并没有出现裂缝可供神的灵感最后地呼出它的生气,然后随之而消失在充满恶臭的污秽里。赫尔墨斯,这位一切异教邪说的老祖宗,说得很对:"正是由于有上述的事实,才会产生下边的情形。"斯蒂芬·达达洛斯,这位鸟头天人极力想逃出天空中的虚无领域,他落在了尘俗的泥沼之中,在泥沼的深处他又一次面临着他所逃避的高度。"那么我应该逃到地球的最边上去……"这句话的结束处就是《尤利西斯》亵渎神灵的最有力的明证。还有更为绝妙的,那个好管闲事的布卢姆,也就是那个堕落的但却又患有阳痿的性感人物,他也居然在污秽之中体验着他所从未体验过的事,即他对自身的美化。然而好梦不长,当永恒的标记从天空中消灭以后,这只寻觅着腐菜烂叶的猪又在地上找到了这些标记,因为它们是被印在最低与最高的地方的,不可磨灭,只有在那不冷不热、为上帝所诅咒的中间国度里才找不到它们的踪影。

尤利西斯是绝对客观与诚实的,因而值得我们的信任。我们可以相信他对这个世界与精神的力量和无用所作的证明。尤利西斯本身就是现实、生活、意义;精神与物质、自我与非自我的整个幻影都包括在他之中。我在此很想问乔伊斯先生一个问题:"您意识到了您是一种现象、一个思想,也许是一个尤利西斯的

---

① 《摩诃婆罗多》:古印度两大史诗之一(另一部是《罗摩衍那》)。

情结了吗？您意识到尤利西斯就像一个百眼巨人站在您的附近,为您想出了一个世界与一个反世界,把它们装满各种各样的物体,没有这些物体你就绝不会意识到您自己的自我?"我不知道那位可贵的作家将如何回答这一问题,并且这也不关我的事。至于我自己,没有任何东西能够阻止我按我自己的方向来进行我的形而上学的沉思。但我不得不问那个问题,因为我看到了一九〇四年七月十六日那天的都柏林的缩影是那么熟练地被抽出于世界历史的喧闹啁晰的缩影中,因为我看到了它是如何被放到了显微镜下的玻璃承片上,每一个细部都被分解,并由一个超然的观察者以近乎迂阔的精密加以描述。这里是街道,这里是房屋,一对年轻夫妇出来散步,一个真正的布卢姆先生四处跑着他的广告业务,一个真正的斯蒂芬·达达罗斯玩弄警言哲学以自娱。就是乔伊斯先生自己出现在都柏林的某个街头巷尾,也是十分可能的事。为什么不呢？他肯定同布卢姆先生同样地真实可信,因而就同样能够被很好地抽出来,进行分解、描述,就像在《一个青年艺术家的肖像》①中一样。

四

那么,谁是尤利西斯呢？毫无疑问,他就是那构成了总体性、同一性的东西的象征,他是《尤利西斯》中作为整体而出现的所有单个人物的象征——布卢姆先生、斯蒂芬、布卢姆太太,以及其余的人,包括乔伊斯先生在内。试着设想这样一个存在吧;他并不仅仅是无数敌对与不调合的单个灵魂的毫无色彩的聚集,他还由这样一些东西所组成：房屋、街上的人流、教堂、几家妓院、一张向海里飘去的纸片,然而这样一种存在却又具备着知觉与意识！这样一个畸形怪物逼迫着我们去进行思考,尤其是当我们不能证明任何事情,又不得不重新退回到猜测的阶段的时候。我得承认,我怀疑尤利西斯也许是一个更广阔、更包罗万象的自己(self),这个自己是那玻璃承片上一切事物的主体,是一个或者以布卢姆先生的姿态,或者以一家书店或一张纸片的形式出现的存在,然而实际上他是他所属的人类"黑暗而隐匿的父亲"。"我是祭师,也是牺牲,"用地狱里的语言,"我是梦中的奶酪处的黄油。"当他怀着爱情拥抱世界时,所有的花园都繁花似锦;当他对着这个世界背转身去时,那空虚的日子又一天一天地爬行——"那河水源源地流

---

① 《一个青年艺术家的肖像》：詹姆斯·乔伊斯的早期作品。

淌,它将继续这样流逝,永远不会停息。"

那位创造神最先创造了一个世界,他于是沉浸在自己的荣耀之中,那个世界在他眼里也显得无比的完美。但他仰天看见了他所没有创造的光明。于是他背弃了曾是他的家园的地方。但是,在他这样做的时候,他的肉体的创造力便转化成了女性的沉默,他不得不承认:

  万事皆俄顷,无力是映影;
  事凡不充分,至此始发生;
  事凡无可名,在此始果行。
  永恒的女性,引我们飞升。①

在爱尔兰,都柏林,艾克利斯街七号,在一九〇四年七月十七日凌晨的两点钟左右,伴随着布卢姆太太的睡意朦胧。就在这时,从她的床上响起了她的声音:

  啊大海大海有时像火焰像落日灿烂般鲜红阿拉米达花园中的无花果树是的所有奇异的小街和粉红色的蓝色的黄色的房舍和蔷薇园和茉莉和天竺葵和仙人掌吉布拉尔塔像个姑娘在那里我是高山里的一朵花是的当我在我头发上插一朵玫瑰就像安达露西亚的姑娘们那样或者我还是穿一件红衣裳是的他在荒地的墙下吻我我想他同另一个一样的好然后我用眼睛要他再一次请求是的然后他问我我愿意是的说是的我的山中的花我首先搂住他是的把他拉下到我的身上来这样他就能摸到我的乳房四面都是香气是的他的心像发疯似的乱跳是的我说我愿意是的

啊,《尤利西斯》,你真是为物所惑、为物所遣的白种人的祈祷书!你是一种精神的锻炼,一种苦行禁欲的戒律,一出令人痛苦的仪式,一道神秘的程序;你是十八个重叠起来的炼金术士的蒸馏瓶,在那瓶里的酸与毒沫中、火与冰中,一个遍及宇宙的、新的意识的侏儒提炼了出来!

---

① 引自歌德《浮士德》。译文采用绿原译《浮士德》(载人民文学出版社 1999 版《歌德文集》第一卷)。——译者注

你没有说出什么,没有泄露出什么,哦,《尤利西斯》,但你给予了我们那不朽的著作!珀涅罗珀①再也不用织她那永远织不完的衣服了,她现在悠闲地流连在大地的花园里,因为她的丈夫已经回家,他的流浪已经结束了。一个旧的世界过去了,随之而出现的是一个新的世界。

苏 克 译

---

① 珀涅罗珀:《奥德赛》中奥德修斯的妻子,此处代指布卢姆的妻子莫莉。

谈谈《尤利西斯》①

[美] 弗拉基米尔·纳博科夫

一、作 者

詹姆斯·乔伊斯于一八八二年生于爱尔兰,在二十世纪最初的十年里离开爱尔兰,大半生的时间寄居国外,生活在欧洲大陆上,直至一九四一年在瑞士逝世。《尤利西斯》是一九一四年至一九二一年间在的里雅斯德港②、苏黎世和巴黎完成的。一九一八年,部分内容开始在所谓的《小评论》上刊登。《尤利西斯》是一本字数超过一百万的大部头作品,它内容丰富,用词汇三千左右。都柏林的环境主要根据《汤氏都柏林词典》中的资料,另一部分则由流放者的记忆所提供的资料构成。文学教授们在讨论《尤利西斯》之前,都暗自拿这本词典来武装自己,这样就可贩用乔伊斯本人用来装备自己的知识去震一震学生。他还在全书中使用了都柏林的一家报纸:一九〇四年六月十六日星期四的《电讯晚报》,价格是每份半便士。这份报纸刊登了当天的各种新闻,其中有在阿斯科特举行的金杯赛马比赛(这场比赛的优胜马匹是不大可能获胜的思罗奥威),震惊美国人的一场灾难(斯洛克姆将军号游轮起火),以及在德国洪堡举行的戈登·贝内特杯摩托车赛。

《尤利西斯》描写了一九〇四年六月十六日、星期四的一天,以及几个都柏林

---

① 本文节选自弗拉基米尔·纳博科夫《文学讲稿》,题目和文中标题均系本书编者所加。本文要点:(1) 字数超过 100 万的《尤利西斯》,仅写一天中发生的事情,人物只有三个;(2) 主人公布卢姆是个有点性变态的普通市民;(3) 这部小说的结构准确而又滑稽地模仿荷马史诗《奥德赛》;(4) 小说的主题是:布卢姆和命运;(5) 小说中有三种文体风格:A. 乔伊斯自己的文体:坦率、清晰、富有逻辑性、从容不迫;B. 意识流文体:不完整的、急促的、不连贯的;C. 对各种非小说文体的揶揄式模仿:如新闻报道文体、滑稽剧文体、考试题文体等;还有对英国历代文学的不同文体和著名作家的著名文体的揶揄式模仿,等等。
② 位于意大利东北部的一个港口。——译者注

人物的生活情形,他们在这一天当中以及第二天凌晨数小时之内的散步、坐车、谈话、坐着、喝酒、做梦,以及一些次要的和主要的心理及哲学活动。为什么乔伊斯偏偏选择了一九零四年六月十六日这一天?在《惊人的旅行家:詹姆斯·乔伊斯的〈尤利西斯〉》这本用心良好、但粗劣蹩脚的书中,理查德·卡因告诉我们,乔伊斯是在这一天与他未来的妻子诺拉·巴纳克尔相识的。对作者的兴趣到此为止。

二、内　　容

《尤利西斯》由围绕三个主要人物而展开的若干场景所构成,这三个主要人物当中,占统治地位的人物是利奥波尔德·布卢姆,一个广告业的小商人,确切地说,是一个广告推销员。他一度在文具商威兹德姆·希利商行当吸墨水纸的旅行推销员,但现在他已经自立门户,做广告宣传,但生意不太好。乔伊斯赋予他匈牙利-犹太人的出身,其中的原因我很快就会谈到。另两个主要人物是斯蒂芬·达达罗斯,乔伊斯早在《艺术家青年时期写照》(1916)中就已经描写过他;还有布卢姆的妻子马里恩·布卢姆(即莫莉·布卢姆)。如果说布卢姆是中心人物,斯蒂芬和马里恩就是三张相连的图画中那两张侧面的图画:小说以斯蒂芬开始,以马里恩结束。斯蒂芬·达达罗斯的姓氏出自神话中古代克里特岛①上那座皇城诺萨斯迷宫以及其他一些传说中的新发明的制造者②,这些发明包括给他自己和伊卡洛斯③做的翅膀;伊卡洛斯是他的儿子,也就是斯蒂芬·达达罗斯。斯蒂芬二十二岁,是都柏林的年轻教师,学者和诗人,在他读书时,他一直受到耶稣会教育的教规约束,现在则猛烈地反抗这种教规,但是从根本上讲,他的本性仍是形而上学的。他是一个挺深奥的年轻人,甚至在喝醉酒时也还是个教条主义者,一个将自我束缚起来的自由思想家,一个聪慧绝顶、会出其不意说出许多格言或警句的人,他身体羸弱,和圣人一样不洗澡(他最后一次洗澡是在一月,而现在已是六月了),一个好抱怨、爱生气的年轻人——读者从来都无法想象他的真正形象,他是作者精神的具象化,而不是由艺术家的想象力创造出来的活生生

---

① 希腊的一个岛屿。——译者注
② 达达罗斯系希腊神话中的人物,建筑师和雕刻家。除了为克里特王弥诺斯(宙斯和欧罗巴之子)建造了迷宫,还为西西里国王科卡罗建造水渠、堡垒,发展木工和金属技术等。——译者注
③ 伊卡洛斯系达达罗斯之子,他因飞近太阳,用羽毛和蜡制成的双翼遇热融化坠海而死。——译者注

的新生命。批评家倾向于把斯蒂芬看作年轻时的乔伊斯,但是这一点他们没有说清楚,而我并不准备说明。不过哈里·莱文说过:"乔伊斯失去了他的宗教信仰,但是却保留了信仰的种种类别",斯蒂芬也是如此。

布卢姆的妻子马里恩(莫莉)·布卢姆,父亲是爱尔兰人,母亲是西班牙犹太人,她本人是音乐会歌手。如果说斯蒂芬是具有高度文化修养的人,布卢姆是具有中等文化修养的人,那么莫莉·布卢姆肯定是一个具有低级文化修养,而且极为庸俗的人。但是,这三个人都有各自的艺术情趣。就斯蒂芬而言,他的艺术情趣高雅得几乎不真实——任何人在"真实生活"中都不会遇上一个近乎具有斯蒂芬所应具备的那种对日常随便的言语进行完美的艺术控制的人。与斯蒂芬相比,具有中等文化教养的布卢姆较少艺术气质,但是他的艺术气质却比批评家们所发现的多得多:事实上,他的思想活动方式有时非常接近斯蒂芬的思想活动,这一点我将在后面加以说明。最后一个是莫莉·布卢姆,尽管她平凡、粗俗,尽管她的念头具有传统特性,但是她能够对生活中肤浅的可爱事物表现出丰富的情感反应,我们可以在作为全书结尾的那段不平常的独白中的最后部分看到这一点。

三、主 人 公

在讨论这部作品的结构和风格之前,我还要就主要人物利奥波尔德·布卢姆说几句话。当普鲁斯特描写斯旺①时,他把斯旺写成一个独立的人,一个具有独特的个性特征的人物。斯旺既不是一个文学典型、也不是一个种族的代表,尽管他碰巧是一个犹太籍证券经纪人的小儿子。在塑造布卢姆这个人物时,乔伊斯的意图是,在他的故乡都柏林所特有的爱尔兰人当中,置入一个和乔伊斯本人一样的爱尔兰人,一位和乔伊斯本人一样的流亡者,一个羊群中的败类。因此,通过选择一个典型的局外人,一个流浪的犹太人,一个流放者的代表,乔伊斯逐渐推出这个合理的方案。然而,在积累和强调所谓的种族特性的方法上,乔伊斯有时是不成熟的,这一点我以后再作说明。与布卢姆有关的另一点想法是:许多写过大量关于《尤利西斯》的文章的人要么是非常纯洁的人,要么是十分堕落的人,他们倾向于把布卢姆看作一个生性极为平常的人,并且认为乔伊斯显然想

---

① 斯旺:普鲁斯特《追忆似水年华》第一卷《斯旺宅边小径》中的主要人物。

把他刻画成一个普通人。然而有一点是明显的：布卢姆在性生活方面如果尚未接近精神错乱，也起码是一个有着各种各样稀奇古怪的并发症的、具有极端的性成见与性反常的良好的临床实例。当然，他的病症是完全的异性爱的，不像普鲁斯特笔下大多数女士和先生们的同性恋（"homo"是希腊文的"相同"，而不是某些学生所认为的拉丁文的"男人"）。在他对异性爱的广泛界定之内，从动物学和进化论的意义上看，他所沉迷的行为与梦境也肯定是正常的。我不想列举他的稀奇古怪的欲望来使你们厌烦，不过我想提出这一点：性的主题在布卢姆的头脑里和乔伊斯的书中不断地同厕所的主题混合缠结在一起。老天爷知道，我对小说中的所谓直率是绝不反对的，正相反，这种直率还太少，而已有的这些经过所谓的硬汉作家、图书俱乐部的宝贝们和俱乐部的女会员的宠儿们的使用，已经变成因袭的、陈腐的了。不过我确实反对把布卢姆看作一个很普通的公民。一个普通公民的思想持续地细细思考生理事物是不真实的。我反对的是这种持续性，而不是它的令人生厌的那一面。在这样一个特殊的前后关系中，所有这些特殊的病理学的材料似乎都是不自然的、没有必要的。我建议你们当中好吹毛求疵的人以绝对超然的态度对待乔伊斯的这种特殊的成见。

四、结　　构

《尤利西斯》是一个杰出的、永久的整体结构，但是，那类对思想性、普遍性和表现人性诸方面比对艺术作品本身更感兴趣的批评家们，又把它的价值估计得稍高了一些。我尤其要告诫你们，不要把利奥波尔德·布卢姆在都柏林的某个夏日中的无聊闲逛和小小历险看作是对《奥德赛》的准确的滑稽的模仿，把广告推销员布卢姆看作是扮演足智多谋的奥德修斯或者是尤利西斯①的角色，布卢姆的与人通奸的妻子代表贞洁的珀涅罗珀②，而斯蒂芬·代达勒斯则扮演了忒勒玛科斯③。很明显，就像作品题目所暗示的，在布卢姆四处闲逛的主题里面，是有一种非常含糊非常笼统的荷马史诗的回声，在整个作品中，在众多的暗指里有不少是对古典文学的暗示；但是，在书中的每一个人物身上、每一个场景当中寻找这种准确的相似，完全是浪费时间。没有什么比以陈腐的神话为基础而引

---

① 奥德修斯又称尤利西斯。——译者注
② 奥德修斯的忠实的妻子。——译者注
③ 奥德修斯和珀涅罗珀的儿子。——译者注

申、并延续下来的寓言更使人厌烦的了。当小说分章节刊登出来之后,乔伊斯看到那些真学究和假学究们想做的文章,干脆删除了各章所用的拟荷马史诗的标题。还有一点,一个名叫斯图亚特·吉尔伯特的学究,被乔伊斯本人假模假式地列出的一份书单所引入歧途,结果在每一章中都发现了一个占统治地位的特别器官——耳朵、眼睛、胃,等等。对于这种单调无味的废话我们也应该不予理睬。在某种意义上说,一切艺术都是象征性的,但是对于那些有意将艺术家的精妙象征改变成书呆子的陈腐寓言——将一千零一夜变成朝圣者的聚会——的批评家,我们要说一声"捉贼"。

五、主　题

那么,这部作品的主题是什么?主题很简单。

1. 绝望的过去。布卢姆的儿子出生不久就死去了,这件多年前他亲眼目睹的事件一直保留在他的身心之中。

2. 可笑可悲的现实。布卢姆依旧爱恋着他的妻子莫莉,可是他听凭命运的摆布。他知道,在六月中旬的这天下午四点半钟,莫莉的那位打扮漂亮的经理、音乐会代理人鲍伊岚,将来拜访莫莉——而布卢姆对此却不加任何阻止。他想方设法避开命运的安排,可实际上,在那一整天里,他总是不断地和鲍伊岚相遇。

3. 忧郁的未来。布卢姆也总与另一位年轻人——斯蒂芬·代达勒斯相遇。布卢姆逐渐认识到,这也许是命运所给予的另一个小小的关注。假如他的妻子必须有情人,那么敏感而热爱艺术的斯蒂芬要比粗俗的鲍伊岚强得多。事实上,斯蒂芬可以给莫莉讲课,帮助她改进意大利语的发音,当好歌唱演员,简而言之,他会对她施以好影响,这是布卢姆悲哀的想法。

这就是主题:布卢姆和命运。

六、风　格

每章的写作风格各不相同,或者确切地说,主要风格各异。为什么要如此——为什么这一章采用直接叙述法,另一章则采用汩汩流水般的意识流手法,第三章又采用多棱镜似的揶揄式模仿——并没有特殊的原因。尽管没有特殊的原因,但是通过辩论可以证实,视角的不断变化传达了更为多样的消息,来自这个方面或那个方面的新鲜生动的细节。假如你曾经试过站着把头弯下来,把脸的上下颠倒过来,从两条腿中间朝后看去,你就会以一个完全不同的眼光看到世界。在海滩上试一试:当你头朝下、脚朝上地看人时,他们走路时的样子十分好笑。他们的每一步似乎都在使双脚摆脱地心引力的吸附,却又不失其威严。好了,这种变换情景的把戏,这种变换视角的戏法,可以用来比喻乔伊斯的新的文学技巧,这是一种新手法,通过这种手法人们看到的是更为鲜绿的青草、更为清新的世界。

在都柏林某日的旅行中,这些人物被不断地聚集到一起。乔伊斯从未对他们失去控制。真的,他们来来去去,相遇又分手,然后又相遇,就像一场命运的慢步舞中精心安排的活的组成部分。这部作品最引人注目的特色之一,是某些主题的重复出现。与我们在托尔斯泰和卡夫卡的作品中所看到的主题相比,这些主题鲜明得多,也更为细心地为人们所领会。我们将逐步认识到,整个《尤利西斯》是关于不断再现的主题和琐事同时发生的一个深思熟虑的典范。

乔伊斯的写作风格主要有三种:

1. 独到的乔伊斯:坦率、清晰、富有逻辑性、从容不迫。这是第一部分的第一章①和第二部分的第一章、第三章的主要成分;其他章节中也有清晰、富有逻辑性和从容不迫等特点所写成的部分。

2. 描绘所谓的意识流,或者最好说是构成意识的手段的那种不完整的、急促的、不连贯的语言表达方式。这类例子在多数章节中都可以找到,尽管通常只与主要人物有关。在讨论第三部分第三章里莫莉的最后独白,也就是本书最著名的例子时,就会看到这一手法是如何运用的了;不过有人会说,这段独白夸大了思想的可以表达的一面。人并不总通过言语思维,也通过形象思维,但是意识流的先决条件是,言词的流动是可以标明的:不过很难相信布卢姆总是在不停地自言自语。

3. 对各种各样非小说文体的揶揄式模仿:报纸的标题(第二部分的第四章)、音乐(第二部分的第八章)、神秘剧和粗鲁的滑稽剧(第二部分的第十二章)、问答教学法式的考题及回答(第三部分的第二章)。还有对文学风格和作者的揶揄式模仿:第二部分第九章中的滑稽叙述者,第二部分第十章中妇女杂志类的作者,第二部分的第十一章中一系列具体作家和文学期刊,以及第三部分的第二章中优

---

① 《尤利西斯》由三大部分组成,每一部分又分成若干章节。——译者注

美的新闻文体。

乔伊斯能随时在某一特定的范畴内通过改变文体强化气氛：采用和谐抒情的笔调、头韵以及轻快而富有节奏的方式等，总的说来都是为了描绘各种愁闷的情绪。与斯蒂芬相关的文体通常是富有诗意的，但是与布卢姆有关的这类例证也是有的，例如，当他扔掉玛莎·克利福德①寄信用的信封时："走到铁路拱门下面时，他掏出信封、飞快地将信封撕成碎片，然后把碎片散扔在路上。碎片飘开去，在阴湿的空气中消失：一片飘动着的白色，随后就全部消失了。"②另外，数句之后还有一段关于洒了的啤酒四处流去的景象，结尾是这样的："弯弯曲曲地流遍了平坦大地的泥滩，一个正在缓缓形成的酒的漩涡随着泡沫般的大酒花转动着。"③然而，在其他时候，乔伊斯又会随时动用各种各样的语言把戏，如双关语，词序变换，文字重复，成对动词的滥用，以及对声音的模仿。在这些以及过多地对当地情况的提及和外语词句的使用中，产生了不必要的晦涩，因为许多细节未被充分明晰地表示出来，而只是为那些知识渊博的人作出暗示。

申慧辉 译

---

① 布卢姆没见过面的女友。布卢姆早上接到她的来信。——译者注
② 这段引文中"飞快地"(swiftly)、"碎片"(shred)、"散扔"(scatter)、"消失"(sank)、"掏出"(take out)、"撕"(tear)以及"飘"(flutter)、"飘动"(flutter)等三组词各押一个头韵。——译者注
③ 这段引文中"平坦的"(level)、"大地"(land)、"缓缓"(lazy)、"酒"(liquor)等词押头韵。——译者注

5
《局外人》

简介：

【法文名】*L'Étranger*
【作　者】[法]阿尔贝·加缪（Albert Camus，1913—1960）
【年　代】20世纪。
【体　裁】中篇小说。
【主　题】现代人对生存意义的惶惑与冷漠。
【人　物】主要有：我（默尔索）、雷蒙。
【情　节】主要是：我叫默尔索，一家公司的小职员，中年、单身。我母亲死在养老院里，我去为母亲下葬。第二天，我在游泳馆遇到过去的女同事玛丽，我们本来就有点意思，这次邂逅便促成了我们——我们当天就上了床，还谈论了婚事，然后也就不了了之。我的邻居雷蒙也是个单身汉，但养了个情妇，并为了钱吵架。为此，那个情妇的弟弟把雷蒙打了一顿。雷蒙要报复，就请我帮忙。我虽然只是应付应付，雷蒙却把我看作好朋友，邀我一起到他朋友家去做客。没想到，雷蒙情妇的弟弟带着几个阿拉伯人尾随我们。在海滩上，我们打了起来。雷蒙掏出手枪，但被我夺下，结果雷蒙被一个阿拉伯人刺伤了手臂。那些人全都逃了，我和雷蒙也回到了朋友家里。但过了一会儿，我一个人又回到了海滩上。当我看见那个刺伤雷蒙的阿拉伯人正在那儿时，也不知怎么回事（大概是被太阳晒昏了头），我掏出雷蒙的手枪，把那个阿拉伯人打死了。于是，我被捕入狱。开庭审判我时，检察官指控我故意杀人，还请来证人，证明我是个丧尽天良的人；譬如，说我母亲下葬那天我一点也不悲伤，不但不哭，还抽烟、喝咖啡；又譬如，说我母亲死后第二天我就去游泳、看电影，还把女人带回家寻欢作乐，等等。就这样·他们判我死刑，而且是斩首示众。(按：主人公自述这些经历要说明什么呢？毫无疑问，他说到的都是生死大事，但他却是用一种冷漠得令人吃惊的态度来讲述的，好像这些都不是发生在他身上的事，好像他只是一个旁观者，一个"局外人"。小说的要点就在这里，因为在主人公看来，世界是荒诞的，即归根结底是无意义的，生与死也是荒诞的——既然一切都是荒诞的、无意义的，又何必当真呢？)

《局外人》诠释①

[法] 让-保罗·萨特②

一

加缪先生的《局外人》一出版就大享鸿运,众口交誉说这是"停战"③以来最好的书。这部小说本身在当时的文学作品中间也是一名"局外人",它来自海岸线的对面,来自大海彼岸④。在这个没有煤火取暖的寒冬,它对我们谈论阳光,而且不是把阳光当作异国情调,而是怀着对阳光享受过度因而产生厌倦的人的那种狎昵态度来谈论。它无意再一次亲手埋葬旧制度,也不想让我们对自己的耻辱生切肤之痛;我们在读这部小说的时候会想起从前也有一些作品企图仅因它们自身的价值而存在,不想证明什么道理。不过,与这一无所为而为的态度相对应的,是这部小说的含义不甚分明:这个人物在他母亲去世的第二天"就云游泳,就开始搞不正当的关系,就去看滑稽影片开怀大笑","他"由于阳光"就杀死一个阿拉伯人,在被处死的前夕声称自己"过去曾是幸福的,现在仍是幸福的",还希望在断头台四周有很多观众对他"报以仇恨的喊叫声"。应该怎样理解这个人才好呢?有人说:"这是个傻蛋,是条可怜虫";另一些人更有见地,说"这是个无

---

① 本文选自《萨特文集》第七卷,题目为原书所有。(1)《局外人》的含义,可以用《西绪福斯神话》来加以解释,即:生存是荒诞的,人除了面对荒诞,别无选择——因为生存的荒诞,源自死亡的荒诞;(2)《局外人》的叙事风格与海明威的小说有相似之处,但其手法比海明威的小说更为多样——总之,这部小说中虽有德国存在主义和美国小说的因素,但本质上更接近伏尔泰的小说,是一部讽喻小说,一部"道德家的中篇小说"。
② 让-保罗·萨特(Jean-Paul Sartre, 1905—1980),法国哲学家、作家,存在主义哲学与文学代表人物之一,曾获1964年诺贝尔文学奖,但拒绝领奖。重要著作有哲学论著《存在与虚无》《辩证理性批判》、剧作《死无葬身之地》、小说《自由之路》等。
③ "停战"是指"二战"中纳粹德国入侵法国,法国于1940年6月投降。
④ 因加缪是居住在法属殖民地阿尔及利亚的法国人,《局外人》写的也是那个地方的事情,而阿尔及利亚和法国隔着地中海,故而这么说。

辜者"。不过还需要弄清这一无辜的意义。

　　加缪先生在几个月后问世的《西绪福斯神话》里为我们提供了他对自己的作品的确切评价；他的主人公既不好也不坏，既不道德也非不道德。道德范畴对他不适用；他属于一种特殊类型的人，作者名之曰"荒诞"。但是这个词在加缪笔下有两个大不相同的含义：荒诞既是一种事实状态，也是某些人对这一状态的清醒意识。一个人从根本上的荒诞性毫不留情地引出必然导致的结论，这个人便是荒诞的。这里发生与人们把跳摇摆舞的年轻人叫作"摇摆舞"一样的词义转移。荒诞作为事实状态，作为原始依据到底是什么东西呢？无非是人与世界的关系。最初的荒诞首先显示一种脱节现象：人对统一性的渴望与精神和自然不可克服的两元性相脱节；人对永生的憧憬与他的生命的有限性相脱节；人的本质是"关注"，但他的努力全属徒劳，这又是脱节。死亡，真理与万物不可消除的多元性，现实世界的不可理解性，偶然性：凡此种种都是荒诞的集中体现。老实说，这些主题并不新鲜，加缪先生也没有把它们照搬过来。从十七世纪起，某种地道法国式的干巴巴的、短浅的、静思默想的理性已把这些主题列举无遗：它们成为古典悲观主义的老生常谈。帕斯卡尔①曾强调："我们好生想想，便能感到我们作为人的软弱、必有一死和如此可怜的状况乃是天生的不幸。"他不是给理性划定了它的位置吗？他一定会毫无保留地赞同加缪这句话："世界既不（完全）是合理的，也不至于如此不合理。"他不是对我们指出"习惯"和"娱乐"为人们掩盖了"他们的虚无、无依无靠、不足、无能和空虚"吗？加缪先生以《西绪福斯神话》的冷峭风格及其论说文的题材，已跻身于法国道德家的伟大传统之中，安德勒②称这些道德家为尼采的先驱是有道理的。至于加缪先生对于我们的理性的能力所及范围表示的怀疑，则与时代更近的法国认识论传统一脉相承。人们只要想到科学唯名论、庞加莱③、迪昂④、迈耶松⑤，就能更好地理解我们这位作者对于现代科学的责难：

　　　　……你们跟我谈到一个看不见的行星般的系统，其中电子环绕一个核

---

① 帕斯卡尔，17世纪法国数学家、哲学家，著有《思想录》等。
② 安德勒(1866—1933)，法国学者，日耳曼学家，著有《尼采的生平与思想》等。
③ 亨利·庞加莱(1854—1912)，法国数学家，晚年关心科学哲学问题。
④ 彼埃尔·迪昂(1861—1916)，法国物理学家，数学家，科学哲学家和科学史家。
⑤ 爱弥尔·迈耶松(1859—1933)，波兰出生的法国化学家和科学哲学家。

运动。你们用一种形象对我解释这个世界。我于是承认你们达到了诗的高度……①

几乎同时,另一位作者援引同样的依据写下这段话:

(物理学)不加区分地使用机械、力学乃至心理学模式,好像它已不再有本体论的抱负,对机械论或动力论的经典性的二律背反无动于衷,而这些二律背反却假定一种自在的本性。②

加缪先生不无卖弄地引证雅斯贝尔斯③、海德格尔④、克尔恺郭尔⑤,虽说他似乎并不每次都对他们理解得很透。但是他真正的导师另有其人:他的推理方式,他的思想的明晰性,他作为论说文作家的文体以及某种类型的在阳光照耀下井井有条、郑重其事的忧伤悲凉之情,这一切都预告一位古典主义者,一位地中海人。甚至他的方法("唯有事实和抒情之间的平衡才能使我们同时得到感动和明晰。"⑥)也使人想起帕斯卡尔和卢梭古老的"情绪几何学",也联想到例如莫拉斯⑦,这另一位地中海人,虽说他与后者在许多方面的区别大于与一位德国现象学家或丹麦存在主义者的区别。

但是,加缪先生想必乐于听任我们这么说。他以为他的独特之处在于把自己的思想发挥到极点:确实如此,他的志向不是收集悲观主义的格言。如果人们把人和世界分开来看,荒诞既不在人身上,也不在世界上;然而,因为人的本质特性是他"存在于世界上",荒诞到头来就与人的状况结为一体。所以荒诞首先不是某一简单概念的对象:是一种令人黯然神伤的顿悟作用向人披露了荒诞。

起床,电车,四小时办公室或工厂里的工作,吃饭,电车。四小时的工

---

① 引自加缪《西绪福斯神话》。
② 引自梅劳-庞蒂(1908—1961)《行动的结构》1942年版。
③ 雅斯贝尔斯(1883—1969),德国哲学家,现代存在主义学说的奠基人之一。
④ 海德格尔(1889—1976),德国哲学家、20世纪存在主义哲学创始人和主要代表之一,著有《存在与时间》等。
⑤ 克尔恺郭尔(1813—1855),丹麦出生的著名宗教哲学家,被认为是存在主义的先驱。
⑥ 引自加缪《西绪福斯神话》。
⑦ 莫拉斯(1868—1952),法国作家。

作,吃饭,睡觉,星期一二三四五六,总是一个节奏……①

然后突然间"布景倒塌了",我们达到一种不抱任何希望的清醒感。这个时候,如果我们能拒绝宗教或者人生哲学的欺骗性援助,我们就掌握了几项明显事实:世界是一片混乱,一种"从混沌产生的绝妙的一体同仁";——既然人必有一死,所以没有明天。

在一个突然被剥夺了幻觉和光明的宇宙中,人就感到自己是个局外人。这种放逐无可挽救,因为人被剥夺了对故乡的回忆和对乐土的希望。②

因为人确实不就是世界:

假如我是树中的一棵树……这人生可能会有一种意义,或者更确切地说,这个问题可能没有意义,因为这样的话我就成了这个世界的一部分。我就成了这个世界,而现在我却以我的全部意识来和这个世界相对立……正是这个如此可笑的理性使我和全部创造相对立。③

我们这部小说的标题已在此得到部分说明:局外人就是面对着世界的人;加缪先生满可以把乔治·吉辛④一本书的标题《生于流放中》移做自己的书名。局外人,这也是人中间的人。"人们会把自己……以前爱过的女人当作陌生人。"⑤——最后,我自己对我自己而言也是局外人,即自然的人对于精神而言是局外人:"某些时候在镜子里朝我们走来的陌生人。"

不仅如此,对于荒诞也有一种激情。荒诞的人不会去自杀:他要活下去,但不放弃自己的任何信念,他没有明天,不抱希望,不存幻想,也不逆来顺受。荒诞的人在反抗中确立自身。他满怀激情注视着死亡,死亡的炫惑使他得到解脱:他体验到死囚的"奇妙的不负责任感"。一切都是允许的,既然上帝不存在而人

---

① 引自加缪《西绪福斯神话》。
② 同上。
③ 同上。
④ 乔治·吉辛(1857—1903),英国小说家、散文家,著有《四季随笔》等。
⑤ 引自加缪《西绪福斯神话》。

正在死去。一切经验都是等值的,需要做的仅是取得尽可能多的经验。

> 现时与一连串相互递嬗的现时面对一个始终觉醒的灵魂,这就是荒诞的人的理想。①

面对这一"数量伦理学",一切价值都倒塌了;荒诞的人被抛到这个世界上,他反抗,他不负责任,用不着"作任何辩解"。他是无邪的,如毛姆谈到的那些原始人种一样无邪。后来牧师来到他们中间,教会他们区分善与恶,允许做的事情和禁止做的事情:对于荒诞的人,一切都是允许的。他像"永远生活在现时,有时微笑有时漠不关心"的梅什金公爵②一样无邪。他的无邪包括这个词的全部涵义,你说他是"白痴"也可以。现在我们就能充分理解加缪这部小说的标题了。他要描绘的那个局外人是这样一个爱捅娄子的天真无邪者,他之所以引起社会的公愤正是因为他不遵守游戏规则。他生活在与他不相干的人们中间,对于他们他同样置身局外。正因为这一点,有些人才爱他。如他的情妇玛丽喜欢他是"因为他古怪";另一些人由于这一点而讨厌他,如法庭上的旁听者,他突然感到他们的仇恨向他袭来。我们自己,当我们打开这本书的时候也还不习惯荒诞感,我们徒然设法根据我们习惯的标准去评判他,对于我们他也是一个局外人。

你打开书本后读到这一段:"我想好歹又过了一个星期天,妈妈已经安葬了,我又该上班了,总之,没有任何变化。"你会感到一阵反感,其原因正在于此。这一效果是有意追求的:这是你与荒诞初次相遇的结果。但是你想必希望,只要继续读下去,你的不安就会消失,一切都会逐渐明朗,有理可循,得到解释。然而你失望了:《局外人》不是一本提供解释的书,因为荒诞的人不作解释,他只是描写。这也不是一本提供证明的书。加缪先生仅作提示,他无心去证实本质上无法证实的东西。《西绪福斯神话》将告诉我们应该以什么方式看待作者的这部小说。我们果真在《西绪福斯神话》里找到荒诞小说的理论。虽然人的状况的荒诞性是荒诞小说的唯一主题,它却不是一种宣传主张的小说,它并非产生于一种"心满意足"、有意出示证明文件的思想;相反,它是一种"受局限的、必有一死的、

---

① 引自加缪《西绪福斯神话》。
② 梅什金公爵,陀思妥耶夫斯基小说《白痴》中的主人公。

反抗的"思想的产物。这种小说本身就证明了有推理能力的理性毫无用处：

> 他们(伟大的小说家)选择了用形象而不是用推理来写作，这种选择恰恰揭示了他们的某个共同思想，即深信一切解释原则统归无用，坚信可感知的表象传递的教育信息。①

所以，光是用小说形式发布信息这一事实足以显示加缪先生既谦卑又骄傲。不是逆来顺受，而是既承认人的思想的局限又要反抗。诚然，他以为有必要用哲学语言翻译他用小说形式表达的信息，这个译本就是《西绪福斯神话》，而且我们将在下文看到应该怎样看待这个复制品。但是，无论如何，这个译本的存在无损于小说的无所为而为性质。荒诞的创造者丢失了一切幻想，甚至不幻想自己的作品是必要的。相反他要求我们无时无刻不想到他的作品纯属偶然。他希望人们能在作品上写下一行题词"本可不作"，就像纪德②愿意人们在《伪币制造者》结尾写下"本可继续"一样。这部作品本来可以不存在：如同这块石头，这条河流，这张脸；这不过是呈现在眼前的现时，如同世界上所有的现时一样。艺术家们乐意声称自己的作品在主观上有必要性，他们常说："我不能不写，我必须写出来才能得到解脱。"可是《局外人》甚至没有这种主观必要性。我们在这部作品里重遇经过古典主义阳光筛选的一个超现实恐怖主义主题：艺术品不过是生命中撕下来的一页。这部小说确实表达了这一想法，但它本可以不去表达。何况一切都是等价的，写《群魔》③与喝一杯奶油咖啡的意义相同。因此加缪先生与那些"把生命奉献给艺术"的作家不同，他不要求读者关注他的作品。《局外人》是他生命的一页。因为最荒诞的生命应该是最贫瘠的，他的小说愿意达到一种高妙的贫瘠性。艺术是无益的豪情。我们且莫惊慌：在加缪先生的悖论底下我找到康德关于美"没有明确目的却有符合目的性"的某些言之成理的见解。不管怎么说，《局外人》已摆在那里，它从一个人的生命中撕下来，没有得到辩解，也无从辩解，不能生育，它只是一个瞬间，已被作者抛弃，因为作者已去追逐别的现时。我们应该这样看待这部作品：把它当作两个人，作者和读者，在荒诞中，在理性达不到的地方突然相视莫逆。

---

① 引自加缪《西绪福斯神话》。
② 安德烈·纪德(1869—1951)，法国作家，《伪币制造者》是其重要作品之一。
③ 《群魔》，陀思妥耶夫斯基的长篇小说。

二

以上分析大致上指明了我们应以何种方式看待《局外人》的主人公。如果加缪先生本想写一部小说来宣传一种观点,他不难表现这样一名公务员,此人在家庭里唯我独尊,后来突然直觉到人生的荒诞,一度挣扎,最终决心接受他的生存的根本上的荒诞性,但照常活下去。那样的话,读者会与人物同时——并且出于同样的理由——信服作者的观点。或者换一种办法,他本可以为我们描述他在《西绪福斯神话》中列举的并为他所偏爱的荒诞的圣徒:堂璜、演员、征服者、创造者中的某一位。他却没有这样做。甚至对于熟悉荒诞理论的读者来说,《局外人》的主人公默尔索仍然不易捉摸。当然,我们确信他是荒诞的,而且知道他的性格的主要特征是毫不容情的清醒。此外,在不止一处,他被作者用来集中图解《西绪福斯神话》里提出的论点。譬如加缪先生在后一本书里写道:"男人更多的不是通过他说的话,而是他闭口不语的事情体现他的丈夫气概。"默尔索便是这种雄健的沉默,这种拒绝说空话的态度的典范:"问他是否注意到我是个缄默孤僻的人,他只承认我不说废话。"正好,上面两行,同一位对被告有利的证人宣称默尔索"是个男子汉"。"问他这是什么意思,他说谁都知道那是什么意思。"加缪先生还在《西绪福斯神话》里长篇大论阐述爱情问题:"我们只是在参照一种来自书本和传说的一种集体的看待事物的方式时,才把那种把我们与某些人联系在一起的东西叫作爱情。"相应地,我们在《局外人》中读到:

> 她想知道我是否爱她。我说我已经说过一次了,这种话毫无意义。

从这个角度来看,法庭里和读者头脑中围绕"默尔索是否爱过他的母亲"这个问题展开的辩论是双重荒诞的。首先,律师说得好:"说来说去,他被控埋了母亲还是被控杀了人?"更主要的是"爱"这个词没有意思。默尔索把母亲送进养老院,必定是因为他没有钱,也因为他们"彼此无话可说"。他不经常去探望她,想必是"因为来看她就得占用星期天,还不算赶汽车、买车票、坐两小时的车所费的力气"。但是这一切又意味着什么呢?他不是只顾眼前,只听从自己眼前的情绪吗?人们称之为感情的东西不过是由不连贯的印象组成的抽象整体和它们表示的意义。我并非念念不忘我所爱的人们,但是我声称即便我不想着他们的时候我也爱着他们——甚至当我并不在片刻间感到真正激动的情况下,我也会以一种抽象的感情的名义损害我平静的心境。默尔索的思想和行动与众不同:他不想知道这些持续的、统统一样的感情;对他来说爱情不存在,男女私情也不存在。只有眼前的、具体的东西才有价值。他想去看望母亲便去看她,如此而已。只要他有愿望,这个愿望就会促使他去赶汽车,既然另一个具体的愿望会使这个懒人拔腿飞跑,跳上一辆正在行驶的卡车。但是他始终用温情的、孩子气的"妈妈"一词来称呼他母亲,也从不放过理解她、设身处地为她着想的机会。

> 关于爱情,我只知道那种欲望、温情和智力的混合,这种混合把我同另一个人联系在一起。

于是我们看到,不应忽视默尔索性格中**理论性**的方面。因此他的许多经历之所以发生主要是借以强调根本的荒诞性的这一或那一面貌。例如我们已经见到《西绪福斯神话》赞扬"清晨,监狱的门在死刑犯面前打开时,他的神圣的不受约束性"。加缪先生正是为了让我们享受这个黎明和这个神圣的不受约束性才把他的主人公判了死刑。他借用他的口说:"我当时居然没有看出执行死刑是件最最重要的事,总之,是真正使一个人感兴趣的唯一的一件事!"类似的例子和引文举不胜举。然而这个清醒、冷漠、沉默不语的人并非完全是出于需要才设计出来的。性格一旦被勾勒出来,无疑就会自动完成,而人物想必也有他自身的重量。尽管如此,我们总觉得他的荒诞不是经过努力达到的,而是与生俱来的:他本来就是这个样子。他要到书的最后一页才豁然领悟,但是在这以前他一直按照加缪先生的标准活着。如果说存在一种荒诞的圣宠,那么应该说他是得到圣宠的。他好像不受《西绪福斯神话》里提出的任何问题的困扰;我们也没有看到他在被判死刑之前有过什么反抗。他是幸福的,他无忧无虑地打发时光,他的幸福似乎甚至不带加缪先生在他的论著中多次提到的隐痛,这一隐痛来自人们念及死亡就会感到的眩晕。他的冷漠态度也往往像是懒散,如那个星期天他因为懒惰才待在家里,自认"有点腻味"。所以,甚至用荒诞的目光也看不穿这个人物。他不是荒诞的堂璜或堂吉诃德,我们倒是可以相信他是桑丘·潘沙①。他在那里,他存在着,我们既不能完全理解他,也不能完全评判他;反正他活着,他

---

① 桑丘·潘沙,堂吉诃德的随从,生性懒散。

作为小说人物的厚度足以使他在我们眼里站得住脚。

然而不应该把《局外人》看作一部纯粹无所为而为的作品。我们说过,加缪先生区分荒诞的感觉和荒诞的概念。他曾写道:

> 像伟大的作品一样,深刻的感情总是包含着比它有意识表达的更多的意义……伟大的感情到处都带着自己的宇宙,辉煌的或悲惨的宇宙。①

下文不远他又补充说:

> 然而荒诞感并不就是荒诞的概念。荒诞感确立荒诞的概念,如此而已。前者不能概括为后者……

我们可以说《西绪福斯神话》旨在提供这个概念,而《局外人》企图启发我们产生这个感觉。两部作品的发表次序似乎证实了这个假设;先发表《局外人》,不容分说把我们投入荒诞的"氛围";论著后出版,照亮了这片景色。荒诞即是脱节,差距。《局外人》因此是一部关于差距、脱节、置身异域他乡之感的小说。该书的巧妙结构由此脱胎:一方面是切身经历的日常生活平淡无奇的细流,另一方面则是由人的理性和言词重新组合这一现实生活,以便给人教益。于是产生荒诞的感觉,即我们无法用我们的观念和语汇去思考世上的事件。默尔索埋葬她的母亲,搞上一个情妇,犯下一桩罪。在他出庭受审时这些不同的事实将由召集到一起的证人来叙述,由律师加以解释;默尔索的印象却是人们在谈论另一个人。这一切安排是为了导致玛丽突然爆发。她在证人席上依照人类的法则作了叙述之后,忽然大哭起来,说"情况不是这样,还有别的,刚才的话不是我心里想的,是人家逼我说的"。从《伪币制造者》起,这一镜中呈像手法已被广泛采用。加缪先生的独特之处不在于此。但是他应该解决的问题迫使他采用一种新颖的形式:为了能使我们感到律师的结论和凶杀的实际情况之间的差距,为了使我们在掩卷时产生司法是荒诞的这一印象,感到司法永远不能理解甚至不能运到它企图惩罚的事实,我们必须首先与现实接触,或者与现实的某一情况接触。《局外人》的第一部完全可以如最近出版的一本书一样,题作《译自沉默》。这里

---

① 引自加缪《西绪福斯神话》。

我们触及当代许多作家共同的病症,我最初是在儒勒·勒纳尔[1]那里发现这一病症的征兆的。我称之为"沉默迷恋症"。波朗[2]先生必定会认为这一现象乃是文学恐怖主义的一种效应。这一效应表现为成千种方式,从超现实主义者的自动写作直到贝尔纳有名的"沉默剧"。这是因为,如同海德格尔说的那样,沉默乃是语言的真正形态,只有能说话的人才闭口不语。加缪先生在《西绪福斯神话》中说话很多,甚至有点饶舌。但是他也告诉我们他喜爱沉默。他引用了克尔恺郭尔的说法:"最可靠的缄默不是不说话,而是说话"[3]。他自己补充说"男人更多的不是通过他说的话,而是他闭口不语的事情体现他的丈夫气概。"所以,他在《局外人》中打算闭口不语。但是怎样才能用语言做到闭口不语呢?怎样才能用概念来表示现时不可思议、杂乱无章的连续出现呢?这一难题要求使用一种新的技巧。

这是怎样一种技巧呢?有人对我说过:"这是用海明威的风格写卡夫卡的内容。"我得供认,我没有在加缪先生那里找到卡夫卡。加缪先生的见解都是脚踏实地的。卡夫卡是以不可能达到的超验性为题材的小说家:宇宙对他来说充满我们不能理解的符号;布景有它的背面。相反,对于加缪先生,人类的悲剧根本不存在任何超验性:"我不知道这个世界是否有一个超过我理解能力的意义。但是我知道我不了解这个意义,而且此刻我不可能了解它。一个存在于我的状况之外的意义对我又有什么意义呢?我只能用人的方式来理解。我能理解的无非是我摸到的,对我有阻力的东西。"所以对他来说问题不在于怎样遣词造句,以便让人揣度一种非人性的、不能理解的秩序的存在:非人性的东西,直截了当就是混乱,就是机械性。他的作品里没有任何暧昧不清、令人不安的东西,没有任何暗示:《局外人》给我们提供的是一派阳光普照的景色。如果说这些景色令人产生陌生感,那只是因为它们数量太大,而且它们彼此之间又没有联系。晴朗的早晨和黄昏,奇热难熬的中午:这是他偏爱的时刻;阿尔及尔永驻的夏天:这是他的季节。在他的世界里没有黑夜的位置。如果他有时讲到黑夜,用的是这种口气:"我醒来的时候,发现满天星斗照在我的脸上。田野上的声音一直传到我的耳畔。夜的气味,土地的气味,海盐的气味,使我的两鬓感到清凉。这沉睡的夏

---

[1] 儒勒·勒纳尔(1864—1910),法国作家。
[2] 让·波朗(1884—1968),法国作家、文艺理论家。
[3] 也可参看勃里斯·帕兰的语言理论及其对沉默的看法。——作者原注

夜奇妙安静，像潮水一般浸透我的全身。"写下这几行字的人与卡夫卡的距离远到不可能再远。他在混乱之中安理得；大自然固执的盲目性想必叫他恼火，但也叫他放心，它的不合理性只是反面；荒诞的人是人文主义学者，他只看到这个世界好的一面。

把加缪先生与海明威相比更加贴切。这两家的风格有明显的亲缘关系。两位都爱用同样的短句：每个人都拒绝利用前面的句子造成的飞腾之势，每句话都重新开始。每句话都像是对一个姿态、一个物件摄下的照片。每个新的姿态和新的物件都有一个新的句子与之对应。然而这样说还不能使我满意。存在一种"美国式"的叙述技巧无疑对加缪先生有所帮助，但是我怀疑这种技巧在严格意义上影响了加缪先生。《死于下午》不是小说，但是海明威在这篇作品里保留了这种断断续续的叙述方式，每句话都像憋足了气才从虚无中诞生：他文如其人。我们已经知道加缪先生还有另一种风格，一种典雅的风格。但是，就在《局外人》里，他有时也提高调门；句子于是更长，更有连贯性：

在已经轻松的空气中飘散着卖报人的吆喝声，滞留在街头公园里的鸟雀的叫声，卖夹心面包的小贩的喊叫声，电车在城里高处转弯时的呻吟声，港口上方黑夜降临前空中的嘈杂声，这一切又在我心中画出了一条我在入狱前非常熟悉的，在城里随意乱跑时的路线。

透过默尔索气喘吁吁的叙述，我隐约看到一种更为宽广的带诗意的散文，正是这一散文支撑着默尔索的叙述，它应该便是加缪先生本人的表达方式。如果说《局外人》明显地带有美国式技巧的痕迹，那是作者存心借用的，加缪先生在为他提供的各种工具中间选择了他认为最适用于其目的的那一种。我怀疑他在以后的作品里还会使用同一工具。

我们只要进一步审视叙述的脉络，便能更好地了解他使用的手段。加缪写道：

人也散发出非人的东西。在某些清醒的时刻，他们的举动的机械面貌，他们的没有意义的矫揉造作使他们周围的一切变得愚蠢。

需要首先表达的正是这一点：《局外人》应该突然把我们带入"面对人的非

人性而产生的不自在状态"。不过,什么样的特殊机遇才能引起我们身上这种不自在感觉呢?《西绪福斯神话》举了一个例子。

> 一个人在玻璃隔墙后面打电话,人们听不见他说话,但看得见他的无意义的手势:于是人们就想他为什么活着。

这下我们恍然大悟,甚至看破了机关,因为这个例子暴露了作者的某种成见。你听不见打电话的人在说什么,但见他指手画脚。其实他的手势仅是相对荒诞的:这是因为它属于一个不完整的线路。你只要推开门,把耳朵贴到电话听筒上去,线路马上接通,人的活动又恢复了意义。所以,为了做到诚实无欺,我们应该说只存在相对的荒诞,而且这些相对的荒诞现象是相对于"绝对的合理现象"而言的。不过,这里需要的不是诚实,而是艺术;加缪先生于是找到一个现成的手法:他将在他谈到的人物与读者之间设立一道玻璃屏障。还有比处在一扇玻璃后面的人更荒诞的吗?玻璃好像让一切都畅行无阻,只挡住一件东西:人的动作的意义。剩下要做的是选择合用的玻璃:这将是局外人的意识。此人的意识确实是透明的,我们看到这个意识看到的一切。不过人们在建造它时赋予它一种特性,使它明于物而昧于意义:

> 从这时起,一切都进行得很快。那四个人走向棺材,把一条毯子蒙在上面。神甫、唱诗童子、院长和我,一齐走出去。门口,有一位太太,我不认识。"默尔索先生。"院长介绍说。我没听见这位太太的姓名,只知道她是护士代表。她没有一丝笑容,向我低了低瘦骨嶙峋的长脸。然后,我们站成一排,让棺材过去。

有人在玻璃后面跳舞。一个人的意识介于他们与读者之间;这个意识几乎是虚空,它是一种纯粹的透明性,一种记录一切事实的纯粹被动性。这就是它所耍的花招:正因为意识是被动的,它仅仅记录事实,读者没有发觉在他和他看到的人物之间有一道屏障。不过以这种方式做的叙述需要假定什么前提呢?总之,人们把一个富有旋律的组合变成无变化的诸项因素的简单相加;人们声称先后相继的动作与作为总体的行为是完全一致的。我们在这里遇上的正是分析法的公设,它声称任何现实都可以还原为个别因素的总和。分析方法既是科学的工具,也是幽默的手法。假若我想描写一场橄榄球赛,并且这样写:"我看见一些穿短裤的成年人为了让一个皮做的球通过两根木桩而大打出手,滚翻在地。"我把我看到的一切的总和都说出来了,但是我故意不提这一切的意义:我来了一下幽默。加缪先生的叙述是分析性的,也是幽默的。和任何别的艺术家一样,他说谎话,因为他声称要复原赤裸裸的经验,但却狡诈地滤掉所有有意义的联系,尽管这些联系也属于经验的组成部分。从前休谟①就是这样做的,他宣布在经验里只发现彼此孤立的印象。当今美国的新现实主义者们还在这样做,他们否定在现象之间除了外部联系还存在别的东西。当代哲学为反驳他们,已证明意义也是直接材料。不过讨论这个问题会扯得太远。我们只要指出荒诞的人的世界就是新现实主义者的分析性世界也就够了。文学上应用这一手法不乏成功之例:它见于《天真汉》和《小大人》②,也见于《格列佛游记》。因为十八世纪也有它自己的"局外人"——一般说,这是些"善良的野人",他们被移植到一个陌生的文明之中,感受这个文明的各种事实却未能把握其意义。这一错位追求的效果不正是在读者心里引起荒诞感吗?加缪先生似乎屡次想起这一点,尤其在他描述主人公思考自己坐牢的原因时。

正是出于这一分析手法,《局外人》采用了美国小说技巧。死亡守候在我们的道路的尽头,它使我们的未来烟消云散,人生"没有明天",仅是彼此递嬗的现时。这无非是说,荒诞的人把分析精神用于时间概念。柏格森认为时间是一个不可分割的组合物,荒诞的人只看到一连串的瞬间。最终,要靠彼此不相通的瞬间的多元性来解释生命的多元性。我们这位作者从海明威那里借用的,是后者的句子的不连贯性,而这种不连贯性是模仿时间的不连贯性。现在我们好理解加缪先生的叙述特色了:每句话都是一个现时。不过这不是那种不确定的、有扩散性的、多少延伸到后面那个现时上去的现时。句子干净利落,没有瑕疵,自我封闭;它与下一句之间隔着一片虚无,犹如笛卡儿的瞬间与随后来临的瞬间彼此隔开。在每句话和下一句话之间世界死过去又复苏:句子一旦写出来,便是无中生有的创造物;《局外人》的一句话好比一座岛屿。我们从句子到句子,从虚无到虚无跳跃前进。加缪先生正是为了强调每一单句的孤立性才选用复合过去时来叙述。简单过去时用于表示绵延的时间:Il se promena longtemps③。这些

---

① 大卫·休谟(1711—1776),英国哲学家、历史学家、经济学家和作家。
② 《天真汉》和《小大人》都是伏尔泰的哲理小说。
③ 法文:他散步了很长时间(简单过去时)。

词指向一个前过去时和一个未来时；句子的事实是动词，是有及物性和超越性的行动。Il s'est promené longtemps① 则掩盖了动词的动词性；动词被断裂成两截：在一头我们得到一个失去任何超越性，像一件物体一样被动的过去分词，另一头是动词"être"，但它在这里仅有助动词的意义，其作用是把过去分词和名词连接起来，把谓语与主语连接起来；动词的及物性消失了，句子凝固了；现在名词成了它的事实，它不再是连接过去和未来的桥梁，而是渺小、孤立、自给自足的实体。此外，如果人们用心尽可能把句子压缩为一个主句，句子的内在结构就获得一种完美的单纯性，它的凝聚力因而增强。它变成不可分割的时间原子。自然人们不会把各个句子组织起来：句子之间纯属并列关系；人们特别避免任何因果联系，因为这会在叙述中多少引入一些解释，从而在各个瞬间之间确立不同于纯粹递嬗关系的另一种秩序。作者写道：

> 过了一会儿，她问我爱不爱她。**我回答说这种话毫无意义，我好像不爱她。** 她好像很难过。可是在做饭的时候，**她又无缘无故地笑了起来，笑得我又吻了她。**就在这时，我们听见莱蒙屋里打起来了。

我们用异体字标出的其中两句话尽可能小心翼翼地用纯粹递嬗关系的外表掩盖一种因果联系。每当绝对必须在一句话里提示上一句话时，人们便使用"还有""但是""然后""正当此时……"等词，这些词不带任何意义，除非表示脱节、对抗或者纯粹的加法。这些时间单位的关系是外在的关系，犹如新现实主义在事物之间确立的关系；现实出现了，但没有被领过来，它消失了，但没被摧毁，世界随着每一时间脉冲分崩离析然后重生。但是我们不要认为世界会自己产生自己：它有惰性。世界一旦进入活动，任何活动都倾向于用令人生畏的力量取代偶然性造成的令人安心的混乱状态。一位十九世纪的博物学家会这样写："一座桥横跨在河上。"加缪先生拒绝这种人格化的做法。他会说："河上有一座桥。"这么一来物就立即呈现它的被动性。物不过在那里而已，无任何特色可言："……屋子里有四个穿黑衣服的人。……门口，有一位太太，我不认识。……门前有送葬的车……旁边站着葬礼司仪……"人们说勒那尔最终会写出"母鸡下蛋"这样简洁的句子。加缪先生和当代许多作家会写成："有一只母鸡，还有是它下蛋。"

---

① 法文：他散步了很长时间（复合过去时）。

这是因为他们爱的是事物本身,不愿意用绵延的时间的洪流冲淡事物。"有一点水":这便是永恒的一个片段,它是被动的,莫测高深的,不相沟通的,熠熠发光的;如果人们能触摸这一片段的永恒,这该是多大的感官享受!对于荒诞的人来说,这是世界上唯一的财富。所以这位小说家不喜欢有条理的叙述,他偏爱无以为继、一鳞半爪的闪光,每一闪光都带给他一次快感,所以加缪先生在写作《局外人》时可以相信自己缄默不语:他的句子不属于言语的天地,它没有枝蔓,不向上下延伸,也没有内部结构;它满可以像瓦莱里①的"风灵"一样被界定如下:

　　无影也无踪,
　　换内衣露胸,
　　两件一刹那。

　　它是由用一种静默的直觉体验到的时间十分精确地测定的。
　　在这种情况下,我们还能把加缪先生的小说作为一个整体来谈论吗?他的书里所有的句子彼此等值,就跟荒诞的人的所有经验都是等值的一样,每一个句子只为自身而存在,把其余句子都抛入虚无之中;于是,除了作者背离他的原则去制造诗意的鲜有场合,任何一个句子都不能突出显示在由其他句子组成的背景上。对话也被纳入叙述:对话本是做出解释、揭示意义的时刻;如果给予对话特殊地位,那就等于承认意义是存在的。加缪先生把对话刨平,简化,往往用非直接引语记录对话,不用特殊的印刷符号标明对话,以致人物口中的话好像一些与其他事件相似的事件,在一瞬间闪过随即消失,如一股热风,一个声音,一股气味。所以,当人们开始阅读这本书时,人们似乎面对的不是一部小说,而是一个单调的旋律,一首阿拉伯人用浓重鼻音唱出的歌曲。人们于是可以认为这本书与库特林纳②说过的那种曲调相似,它们"一去不复返",无缘无故戛然而止。但是,就在读者眼皮底下,这本书自动组织起来,显示支撑着它的结实的深层结构。没有一个细节是多余的,没有一个细节不在下文再次出现,成为辩论的材料;终卷时,我们明白这本书不可能用其他方式开头,也不可能有另一种结局:人们想让我们把世界看成是荒诞的,并且细心地抽掉了因果关系,在这个世界里最渺小

---

① 瓦莱里(1871—1945),法国象征派诗人。
② 库特林纳(1858—1929),法国作家、戏剧家。

的事件也有其重量;没有一个事件不帮助把主人公推向犯罪和死刑。《局外人》是一部古典主义作品,一部有条有理的关于荒诞、反抗荒诞的作品。我不知道这是否完全是作者的本意,我谈的是读者的看法。

　　这部干脆利落、表面上杂乱无章实际上结构缜密、一旦人们掌握了它的钥匙便变得如此富于"人性"、不带秘密的作品,我们该把它归入哪一类呢?我们不能把它叫作记叙:记叙在记录的同时作出解释和进行协调,它用因果关系取代时间顺序。加缪先生称自己的作品为"小说"。然而小说要求绵延的时间,一种变化过程以及时间的不可逆性的明显存在。这部作品是一系列彼此递嬗的无活力的现时,在它下面却隐约可见一架机器精密的结构,我很犹豫是否能给它冠上小说的名称。要不它就与《查第格》和《老实人》①一样,是道德家的中篇小说,伴有委婉的讽刺和几幅嘲弄性肖像②。这样一种小说,尽管有德国存在主义者和美国小说家助阵,归根结底还是与伏尔泰的小说很接近。

一九四七年二月

施康强　译

---

① 《查第格》和《老实人》都是伏尔泰的哲理小说。
② 拉皮条的、预审推事和律师等人的肖像。——作者原注

6
《喧哗与骚动》

简介：

【英文名】*The Sound and the Fury*
【作　者】[美]威廉·福克纳（William Faulkner，1897—1962）
【年　代】20 世纪。
【体　裁】长篇小说。
【主　题】旧道德的没落与新道德的困惑。
【人　物】班吉、凯蒂（未直接出现）、昆丁、杰生、迪尔西。
【情　节】此为意识流小说，没有一般意义上的情节，主要由作者模拟的三个人物（即班吉、昆丁和杰生）的意识流片段和对迪尔西的一段客观描述组成。无论是班吉、昆丁和杰生的意识流片段，还是作者对迪尔西的客观描述，其关注焦点都集中在凯蒂身上；因而，尽管凯蒂从未直接出现，却是小说中的真正主人公。凯蒂是美国南方乡村一个大户人家的女儿，班吉、昆丁和杰生是她的三个兄弟，迪尔西则是他们家的女佣。凯蒂究竟出了什么事，在她的三个兄弟班吉、昆丁和杰生的意识流片段中，是断断续续、模模糊糊的，甚至还有记忆差错、主观偏见和意识混乱，但在对迪尔西的客观描述中，事情渐渐清晰起来。大概是这样的：凯蒂从小受到严格管教，也许是管得太严了，她成年后反而行为出格。她和一个男人幽会，有了身孕，却被抛弃。她不得不找另一个男人结婚，但婚后不久，丈夫发现隐情，离她而去。于是，她把私生女留在父母家里，自己去了纽约，继续追求她想要的生活。（按：此小说题目取自莎士比亚悲剧《麦克白》中的一句台词："人生就如痴人说梦，充满喧哗与骚动，却毫无意义。"取此题目，暗示书中的一切只是"喧哗与骚动"，没有意义，只有困惑。）

William Faulkner

The Sound and the Fury

福克纳小说中的时间[1]
——论《喧哗与骚动》

[法] 让-保罗·萨特

一

人们阅读《喧哗与骚动》时，一上来就会对写作技巧的奇特感到突兀。为什么福克纳要把故事的时间打碎，又把碎片搅乱呢？为什么朝这个小说世界打开的第一扇窗户竟是一个白痴的意识呢？读者忍不住要去寻找故事的线索，为自己重建时间顺序："杰生和卡罗琳·康普生有三男一女。女儿凯蒂与达尔顿·艾密斯有染后怀孕，不得不赶紧去找个丈夫……"读者到这里就会停下来，因为他发现自己在讲另一个故事：福克纳并非预先构思好一个有条理的情节，然后再像洗牌一样把它打乱，他舍此没有别的叙述方法。在古典小说中，故事情节总有一个焦点，如卡拉马佐夫家父亲被害[2]，如《伪币制造者》[3]中爱德华与贝尔纳相会。但是在《喧哗与骚动》中却找不到这种焦点。是班吉被阉割吗？是凯蒂不幸的私情吗？是昆丁的自杀吗？是杰生对他外甥女的仇恨？每一段情节只要遇上我们的目光，便会自己张开，让我们看到它后面的其他情节，所有的情节。什么事也没有发生，故事没有进展：是我们在每个字底下发现故事，它像一个见不得人的、碍手碍脚的东西躲在那里，其浓缩程度则视不同场合而异。如果认为这些

---

[1] 本文选自《萨特文集》第七卷，题目为原书所有。本文要点：(1) 关于《喧哗与骚动》中时间的性质：时间顺序——"过去"与"现在"——有意被打乱，这样使读者产生一种故事没有进展的感觉，似乎所有的事情都停留在"现在"；这是一个极新颖的叙事角度，一种极新颖的叙事方式；(2)《喧哗与骚动》的这种叙事方式与普鲁斯特《追忆似水年华》的叙事方式表面上不同，其目的是一样的，都是为了再现"失而复得的时间"；只是，《喧哗与骚动》所用的方式比《追忆似水年华》更为极端，其目的在于剥夺人物的"未来"，从而呈现出生存本身的荒诞性。

[2] 见陀思妥耶夫斯基小说《卡拉马佐夫兄弟》。

[3]《伪币制造者》：法国作家安德烈·纪德(1869—1951)的小说。

反常做法不过是无谓地卖弄技巧,那就错了:一种小说技巧总与小说家的哲学观点相关联。批评家的任务是在评价小说家的技巧之前首先找出他的哲学观点。显然,福克纳的哲学是一种时间哲学。

人的不幸在于他被时间制约:

> 人者,无非是其不幸的总和而已。你以为有朝一日不幸会感到厌倦,可是到那时,时间又变成了你的不幸了。①

这是这部小说的真正主题。如果说福克纳采用的技巧乍一看似乎是对时间的否定,那是因为我们把时间和时序混为一谈了。是人发明了日期和时钟:

> 经常猜测一片人为的刻度盘上几根机械指针的位置,这是心智有毛病的征象,父亲说,这就像出汗一样,也是一种排泄。②

要理解真正的时间,必须抛弃这一人为的计时尺度,它什么也测不出来:

> 只要那些小齿轮在咔嗒咔嗒地转,时间便是死的;只有钟表停下来时,时间才会活过来。③

所以昆丁砸毁他的手表这一动作具有象征意义:它使我们进入没有钟表的时间。白痴班吉的时间也是没有钟表的,因为他不识钟表。

这样出现的时间,是"现在"。这个"现在"不是在过去和未来之间乖乖地就位并成为两者的理想界线的那个时间:福克纳的"现在"本质上是灾难性的;它像贼一样逼近我们的事件,怪异而不可思议——它来到我们跟前又消失了。从这个"现在"再往前,什么也没有了,因为未来是不存在的。"现在"从不知什么地方冒出来,它赶走另一个"现在";这是一个不断重新计算的总数。"还有……还有……再还有……"福克纳像多斯·帕索斯④一样把他的叙述当作演算加法,不

---

① 中译《喧哗与骚动》,上海译文出版社 1984 年版,第 119 页。
② 同上,第 86 页。
③ 同上,第 96 页。
④ 多斯·帕索斯(1896—1970),美国小说家,著有《美国》三部曲、《北纬四十二度》等。

过,他做得要巧妙得多。小说中的行动即使从行动主体的角度来看,在进入"现在"的同时就爆炸分裂,散落在四处:

> 我来到梳妆台前拿起那只表面朝下的表。我把玻璃面子往台面上一磕,用手把碎玻璃碴儿接住,把它们放在烟灰缸里,把表针拧下来也扔进了烟灰缸。表针还在嘀嗒嘀嗒地走。①

这一"现在"的另一特点是"陷入"。我用这个词是因为找不到更恰当的词来表示这一无定型的妖魔的某种静止的运动。在福克纳的小说里,从来不存在进展,没有任何来自"未来"的东西。"现在"并非首先曾经是一种未来的可能性,就像我的朋友先是我期待的那个人,随后他终于来临那样。不,福克纳的现在无缘无故地出现,然后陷入。这一陷入并非一种抽象的看法;福克纳在事物本身中看到它,并且设法让我们也感到它:

> 列车拐弯了,机车喷发出几下短促的,重重的爆裂声,(他和骡子就那样平稳地离开了视域,)还是那么可怜巴巴,那么有永恒的耐心,那么死一般的肃穆……②

还有下文:

> 马车虽然重,马蹄却迅速地叩击着地面,轻快得犹如一位女士在绣花,像是没有动,却一点一点地在缩小,跟一个踩着踏车被迅速地拖下舞台的角色似的。③

福克纳似乎就是在事物的中心抓住一种被冻结的速度:他碰到一些喷发出来的、凝固成水柱似的东西,这些水柱失色、后退、缩小但依然不动。

然而,这个不易捉摸、不可思议的静止状态还是可以被抓住,并形诸思想的。

---

① 中译《喧哗与骚动》,上海译文出版社1984年版,第87页。
② 中译《喧哗与骚动》,上海译文出版社1984年版,第98页。方括号内的字为萨特在引用时略去,但未加省略号。"他"指昆丁把身子探出火车窗外扭过头去看到的一个骡夫。
③ 同上,第141—142页。变体字是萨特标明的。

昆丁可以说：我把手表砸坏了。只不过,当他说这句话的时候,他的动作已成为**过去**。"过去"是可以有称谓、被叙述,并在某种程度上固定为概念或被心灵认出来的。我们在谈到《萨托里斯》时已经指出,福克纳总是当一个事件已经发生后才告诉我们这个事件。在《喧哗与骚动》中,一切都在幕后进行：什么也没有发生,却一切都已经发生。这能使我们理解他的一个主人公的那种奇怪的表述方式："我现在不存在,我过去存在。"也正是在这个意义上,福克纳可以把人写成一个没有未来的总体："他对各地气候取得的经验的总和""他的不幸的总和""他有的一切的总和"：我们在每一瞬间都能划一条线表示到此为止,因为"现在"不过是没有规律可循的传闻,不过是"过去将来时"。福克纳看到的世界似乎可以用一个坐在敞篷车里朝后看的人看到的东西来比拟。每一刹那都有形状不定的阴影在他左右出现,它们似闪烁、颤动的光点,当车子开过一段距离之后才变成树木、行人、车辆。在这一过程中,"过去"成为一种凌驾于现实之上的现实：它轮廓分明、固定不变;"现在"则是无可名状的、躲闪不定的,它很难与这个"过去"抗衡;"现在"满是窟窿,通过这些窟窿,"过去"的事物侵入"现在",它们像法官或者像目光一样固定、不动、沉默。福克纳的独白使我们想起坐飞机遇上许多气旋;每逢一个气旋,主人公的意识就"堕入过去",重新升起,再行堕入。现在并不存在,它老在变;一切都是**过去的**。在《萨托里斯》里,"过去"叫作"故事",因为这都是些经过加工的家族回忆,也因为福克纳还没有找到他的技巧。在《喧哗与骚动》中,这个"过去"更带有个人性,更游移不定。但是,"过去"纠缠不放福克纳的人物,有时它甚至掩盖了"现在"——于是"现在"在影子里行进,像一条地下河流,当它重新露出地面时它自己也变成"过去"了。当昆丁惹怒布兰特时[①],他自己毫无觉察：他在重温自己与达尔顿·艾密司的吵架。而当布兰特揍他的时候,这场打架又被昆丁过去与艾密司那场打架所覆盖、隐藏。后来当施里夫将叙述布兰特怎样打了昆丁时,他将描述这个场景是因为它已变成过去——但是,当这幕场景在"现在"发生时,它不过是隐隐约约的悄悄滑过去的事情。有人跟我讲过一位变得痴呆的中学学监,他的记忆像一只打坏了的表,永远停在四十岁上。他已六十岁了,但自己不知道自己的年纪：他最后的回忆是中学的院子以及他每天在顶棚下兜圈子。所以,他就借助这最终的"过去"来解释"现在",整天

[①] 原书第158—167页(中译本第169—186页)。尤见第162页(中译本第182页)的对话。萨特原注："见嵌在昆丁与艾密司的对话中间的他与布兰特的对话：'你有姐妹没有你有没有?'等等,以及他分不清两次打架,把它们混为一谈的做法。"

围着桌子转,自以为在监视学生课间休息。福克纳的人物就是这个样子。更糟的是他们的"过去"本是有条有理的,却不按时间顺序排列,而是根据情感散列为星辰。无数沉默的天体围绕几个中心主题(凯蒂的怀孕、班吉的被阉割、昆丁的自杀)旋转。于是时序就成为荒谬的,"时钟愚蠢地转圈子报时"也是荒谬的:因为"过去"的次序是情感的次序。我们切不要相信,"现在"一经过去就变成我们最切近的回忆。"现在"经历的变化,可以把它沉到记忆最深处,也可以让它浮出水面;只有它本身的密度和我们生活的悲剧意义能决定它的沉浮。

二

以上说的就是福克纳的时间的性质。我们是否承认它呢?这个"现在",非语言所能形容,像漏船一样到处进水,"过去"突然侵入"现在",感觉的次序与理性的次序相对立,后者虽然遵照年代顺序但缺乏现实性,记忆千奇百怪、断断续续,但反复涌现,心潮时起时伏……这一切难道不就是马塞尔·普鲁斯特[①]失而复得的时间吗?我并非不知道两者之间的差别:譬如说我知道,对于普鲁斯特来说,解脱存在于时间本身之中,在于过去全部重现。对于福克纳来说,恰恰相反,很不幸过去从来没有丢失,它始终在那里,死死地缠住我们。我们逃避现时世界的唯一方法是神秘的出神忘形。神秘主义者总是一个企求忘记什么东西的人:他想忘记自我,更一般地说想忘记语言或其形象化的表现。福克纳需要忘记的是时间:

> 昆丁,这只表是一切希望与欲望的陵墓,我现在把它交给你;你靠了它,很容易掌握证明所有人类经验都是谬误的 reducto absurdum,这些人类的所有经验对你祖父或曾祖父不见得有用,对你个人也未必有用。我把表给你,不是要让你记住时间,而是让你可以偶尔忘掉时间,不把心力全部用在征服时间上面。因为时间反正是征服不了的,他说。甚至根本没有人跟时间较量过。这个战场不过向人显示了他自己的愚蠢与失望,而胜利,也仅仅是哲人与傻子的一种幻想而已。[②]

[①] 马塞尔·普鲁斯特(1871—1922),法国小说家,著有长篇巨制《追忆似水年华》(共七卷)。
[②] 见《喧哗与骚动》中译本第85页。变体字是萨特标明的。

《八月之光》中被追捕的黑人正因为忘了时间,才突然获得一种奇特的、残酷的幸福:

> 这不是在你认识到任何东西——宗教、骄傲、任何其他——都帮助不了你的时候,而是在你认识到你不需要任何帮助的时候。①

不过,对于福克纳和对于普鲁斯特一样,时间首先是**起分离作用的东西**。我们记得普鲁斯特的主人公们因不能做到像过去一样相爱而感到惊愕,记得《悠游卒岁录》里的情侣们拼命抓住他们害怕消逝但又知道必将消逝的热情。在福克纳的作品中可以找到同样的焦虑:

> 人们是做不出这样可怕的事来的他们根本做不出什么极端可怕的事来的今天认为是可怕的事到明天他们甚至都记不起来了。②

还有:

> 一种爱或一种哀愁会是一种事先没有计划便购买下来的债券它是不管你愿意还是不愿意自己成长起来的而且是事先不给信号就涌进了自己的记忆并被当时正好当道的任何一种牌号的神所代替的。③

说实话,普鲁斯特的小说技巧**本应该**也是福克纳的技巧,它是福克纳的哲学在逻辑上的必然产物。但是福克纳是个迷途者,正因为他感到自己迷失了方向,他就不怕冒险,把自己的思想推向极端。普鲁斯特是古典主义者,又是法国人;法国人就是迷路也不会走得很远,他们总能回到正路上来。动人的文采,对清晰观念的爱好以及理智主义迫使普鲁斯特至少保留时间顺序的外表。

应该在一种很普遍的文学现象中寻找这两位作家之所以接近的深刻理由:当代多数大作家,普鲁斯特、乔伊斯、多斯·帕索斯、福克纳、纪德和弗吉尼亚·伍尔夫,都曾经企图以自己的方式割裂时间。有的人把"过去"和"未来"去掉,于

---

① 《八月之光》,(英文)现代文库1950年版,第99页。
② 见《喧哗与骚动》中译本第90页。
③ 同上,第200页。

是时间只剩下对眼前瞬间的纯粹直觉;另一些人,如多斯·帕索斯,把时间变成一种死去的、封闭的记忆。普鲁斯特和福克纳干脆砍掉时间的脑袋,他们去掉了时间的未来,也就是行动和自由那一向度。普鲁斯特的主人公们什么也不去做;他们诚然在作预测,但是他们的预见紧贴在他们身上,不能化作桥梁跨越现在;这都是些白日梦,遇到现实就逃之夭夭。阿尔贝蒂娜出现时不是人们期待的那个人,而期待也不过是局限于一瞬间的一场小小的无关紧要的骚动。至于福克纳的主人公们,他们从不预见什么;汽车把他们脸朝后带走。给昆丁的最后一天投上漆黑阴影的那个将要发生的自杀不在人的选择范围;昆丁没有一秒钟想到他可以不自杀。这个自杀是一堵岿然不动的墙,一件物,昆丁倒退着向它接近,他不愿意,也不能够思考它:"你仿佛只把它看作是这样一种经验,它可以说是一夜使你白了头而根本没改变你的形态。"它不是你**选择去干的事情**,它是一种宿命;在它失去它作为可能发生的事情的性质的同时,它就不再在未来中存在;它已经成为现在,而福克纳的全部艺术旨在向我们暗示,昆丁的独白和他最后的散步已经是他的自杀。我以为这样就可以解释这个奇怪的悖论:昆丁想着自己的最后一天时把这当作过去的事。好像是某人在回忆。但是,既然主人公最后的思想跟他的回忆的爆裂和消灭几乎是重合的,到底是谁在回忆呢?应该回答说,小说家的技巧在于他把哪一个时间选定为"现在",由此开始叙述"过去"。正如萨拉克鲁①在《阿拉斯的陌生女人》中一样,福克纳把死亡这一短得不能再短的瞬间选定为"现在"。所以,当昆丁的记忆开始列举他的各种印象("我隔墙听到施里夫眠床的弹簧声,然后是他的拖鞋在地板上的沙沙声。我起来……")时,他已经死了。在艺术上下了那么多功夫,事实上也是耍了那么多不诚实的手段,目的只是为了取代作者缺乏的对"未来"的直觉。这下子一切都明白了。首先是时间的不合理性得到解释了:"现在"既然是不期然的、不定型的,它只有借助加重回忆才能明确自身。我们也认识到**持续时间**②是"人类特有的不幸"。假如"未来"有真实性,那么时间离开"过去",趋近"未来";但是,如果你取消了"未来",时间就成了仅起分离作用,把"现在"从它自身分割开来的东西:"想到你将来不会像这样痛苦,你就再也不能忍受这个想法。"人毕生与时间斗争,时间像酸一样腐蚀人,把他与自己割裂开,使他不能实现他作为人的属性。一切都是荒唐:

---

① 萨拉克鲁(1895—?),法国剧作家。
② 法国哲学家柏格森的术语,指不受空间限制的心理时间。

> 人生如痴人说梦,充满着喧哗与骚动,却没有任何意义。①

可是,人的时间是否没有"未来"呢?我知道铁钉、土块、原子的时间处于永恒的"现在"之中。但是,人是否一个能思想的钉子呢?如果我们一开始就像投入硫酸池一样把人投入宇宙时间,星云、行星、第三纪的皱褶和各种动物种类的时间,然后讨论这个问题,那么答案是明显的。不过,如果我们相信时间是从外部加给意识的,那么像这样在一个个瞬息之间推来揉去的意识应该首先是意识,然后才取得时间属性。意识只有通过把它变为意识的同一运动变成时间,才能"存在于时间之中";用海德格尔②的话来说,它必须"时间化"。于是就不允许在每一现在时让人停下来,把他定义为"他有的一切的总和";相反,意识的本性决定它自动向前投往"未来";我们只能通过它将来是什么来理解它现在是什么,它通过自身的可能性规定它"现在"的存在:这就是海德格尔所谓的"可能性的沉默的力量"。福克纳式的人被剥夺了可能性,只能通过他的"过去"来解释他的"现在",你不会和他认同的。请你努力把握自己的意识并且去探测它,你会发现它是虚空,你在这里面只能找到"未来"。我说的甚至不是你的计划和期待;即便是在你眼前闪过的一个动作,只有在你计划把它延伸到它自身之外,你自己之外,在"未来"中完成它的情况下,它对你才有意义。你看不见这只茶杯的底——你做完一个动作就可以看见它,但是你还没有去做;这张白纸的背面你也看不见(但是你可以把它翻过来)。茶杯、白纸、所有我们周围的稳定、浑成的东西都在未来中展示它们最直接、最厚实的性质。人不是他有的东西的总和,而是他还没有的东西,他可能有的东西的总汇。既然我们是这样沉浸在"未来"之中的,"现在"的未定型的粗暴性岂不因此得到缓和?事件并非像贼一样向我们袭来,既然它从其本性来说是一种已成"过去"的"未来"。而历史学家为了解释"过去",他的任务难道不是首先寻找这一"过去"在"未来"引起的后果?福克纳在人生中看到的那种荒谬性,恐怕是他自己事先加上去的。这倒不是说人生不是荒谬的,但那是另一种荒谬。

那么福克纳和其他许多作者为什么选择了这种如此不像小说又如此不真实

---

① 莎剧《麦克白》第五幕第五场。
② 海德格尔(1889—1976),德国哲学家、20世纪存在主义哲学创始人和主要代表之一,著有《存在与时间》等。

的荒谬性呢？我以为要从我们现在生活的社会状况中去找原因。我觉得福克纳的绝望感先于他的哲学：对他和对我们大家一样，未来已被挡住。我们看到的一切，我们经历的一切，都促使我们说"不能老这样下去了"，然而变革很难设想，除非它采取灾难的形式。我们生活在一个不可能发生革命的时代，福克纳就用他出众的艺术来描绘一个正在死于衰老的社会以及我们在这个社会里感到的窒息。我喜爱他的艺术，但我不相信他的哲学：被挡住去路的未来仍是一种未来："即使人的实在'前面'再也没有什么了，即使它把账都清了"，人的实在的存在仍然取决于这"本身的提前"。譬如说吧，失去一切希望也不至于剥夺人类现实的各种可能性，这不过是"面对这种种可能性的一种存在方式"[①]。

施康强 译

---

① 参见海德格尔《存在与时间》。

7
《儿子与情人》

简介：

【英文名】*Sons and Lovers*
【作　者】［英］戴维·赫伯特·劳伦斯（David Herbert Lawrence，1885—1930）
【年　代】20世纪。
【体　裁】长篇小说。
【主　题】性问题：母爱或许是性爱的大敌。
【人　物】主要有：保罗·莫瑞尔、莫瑞尔太太、米丽安、克拉拉。
【情　节】主要是：保罗·莫瑞尔的母亲出身于中等人家，却嫁给了一名矿工。由于与丈夫性格不合，精神追求迥异，莫瑞尔太太对贪杯、粗俗、浑浑噩噩的丈夫深感失望、不满和怨恨。于是，莫瑞尔太太把自己的时间、精力和全部的感情和希望都倾注到儿子身上。她先是寄希望于长子威廉，然而长子早逝。她又寄希望于次子保罗。她竭力阻止儿子步父亲的后尘下井挖煤，千方百计敦促儿子跳出下层人的圈子，鼓励儿子成名成家、出人头地，实现她在丈夫身上未能实现的理想。与此同时，她又从精神上占有儿子，使他不能钟情于别的女人。这使得保罗在以后的爱情问题上感到迷茫、困惑、无所适从。保罗的第一位女友是青梅竹马的农家少女米丽安。由于两人兴趣相投，接触日渐频繁，产生了感情。米丽安和保罗的母亲一样，也试图从精神上占有他。这使她与保罗的母亲成了针锋相对的"情敌"。这种境况使保罗感到窒息、害怕。他觉得自己不能像一位堂堂的男子汉，理直气壮地去爱米丽安。最后，两人只得分手。此后，保罗又爱上了一个与丈夫分居的女工克拉拉。虽然保罗从她那里得到了肉体的满足，但却感受不到心灵上的契合和沟通。最终克拉拉结束了和保罗的感情生活，回到丈夫身边。莫瑞尔太太的病逝，使保罗在精神上和感情上摆脱了控制，但他却未能与米丽安重归于好，也始终无法从恋爱中找到精神与肉体的统一。

读 D.H.劳伦斯的《儿子与情人》[①]

[英] 弗吉尼亚·伍尔夫

对同时代作家加以评论,不可避免会有偏见和局限;对此,尽可能地先承认自己的无知,也许不失为上策。所以,在开始评论劳伦斯之前,我不得不首先声明:截至一九三一年四月[②],本人对劳伦斯的名声虽时有所闻,但从未特别注意过他。

劳伦斯有预言家的名声、神秘的性欲论者和隐语发明家的名声、率先使用"太阳神经丛"之类术语的创新者的名声。这样的名声,对我实在没有什么吸引力,而要我去崇拜他,那就更是难以想象了。他一开始发表作品时,就引来了种种议论,但这些作品却没有引起我太大的兴趣,甚至都没能消除我对他的才能的怀疑。他最初发表的是《罪犯》,一个写得有点激动、但很花哨、过于做作的短篇小说;接着是中篇小说《普鲁士军官》,除了开头部分和有一些不自然的性描写,几乎没有给我留下什么印象;随后是《迷途的姑娘》,一部既冗长又粗俗的长篇小说,有一股水手味,还充满了贝内特[③]式的唠唠叨叨;接着是一些意大利游记,倒十分华丽,但写得不太连贯,支离破碎的;后来,他又出版了两本薄薄的诗集《荨麻》和《紫罗兰》,读来像是哪个小伙子写在门板上的那种东西,只会引来女佣们一阵格格的傻笑。

然而,渐渐地,劳伦斯却筑起了自己的圣殿,引来了众多的崇拜者。崇拜者

[①] 本文选自《伍尔夫读书随笔》,原载伍尔夫散文集《普通读者》。本文要点:(1)《儿子与情人》是劳伦斯的杰作,小说布局巧妙而自然;(2) 小说中的情节设置和人物描写,都旨在于表现"某种情境",某种"肉体狂欢的情境";(3) 但是,这部小说"从头到尾都给人一种不稳定的感觉",原因是小说中的主人公就如劳伦斯本人一样,"不满于自己的处境",所以"内心是骚动不安的",而正是这一缘故,这部小说是从某种特定的角度看待事物的,从而为读者提供了"一种独特的观察视角"。

[②] 即撰写此文之时。

[③] 贝内特,20 世纪初英国小说家,因其采用传统写实手法写作,伍尔夫认为他的作品冗长啰唆(按:伍尔夫自己采用的是意识流手法)。

是免不了要大声赞美偶像的,所以随着崇拜者的香火越烧越旺,对他的膜拜也就变得越来越神秘、越来越令人费解了。去年他去世时,他的崇拜者又趁此机会尽情表达他们的崇敬之意,甚至一些颇有社会地位的大人物也忍不住为之动容。然而,崇拜者对他无限崇拜,反对者却对他极度鄙视;既然崇拜者隆重纪念他,反对者就百般诋毁他。情形就是这样,对他的崇拜和对他的诋毁都到了无以复加的地步。这就促使许多人最终去读了他的《儿子与情人》。因为他们很想知道,这位名声如此之大的作家究竟写了些什么?会不会只是他的崇拜者在盲目吹嘘?

我就是抱着这样的想法开始认真读劳伦斯作品的。你们或许会发现,由于我抱着这样的想法,很可能会有主观偏见,或者会曲解别人的观点。但不管怎么说,我即便抱着这样的想法,读完《儿子与情人》之后仍不由得感到惊讶——仿佛茫茫大海上雾霭突然消散,我猛地发现,眼前耸立着一座岛屿。它就在那里,轮廓鲜明、稳固如山,看上去就像一个体魄魁梧的男子汉。不管人们怎么说劳伦斯,说他是先知也好,或者说他是恶棍也好,反正有一点是确凿无疑的——他是个矿工的儿子,出生在诺丁汉,而且就在那里长大。然而,他竟能写出那么简洁、明晰、流畅的文章!这在我们这个连小说家都要追求高效率的时代当然也算不了什么,但他竟能写得那么从容不迫、那么强劲有力、那么恰到好处!这确实表明他心智不凡。不仅如此,在他展示了莫瑞尔一家的生活、展示了他们的厨房、饮食、洗涤槽和言谈举止之后,他还表现出了另一种更不平常、更了不起的兴趣。起初,我们只是感到惊异:他对生活的再现是那么有声有色、那么富有立体感、那么活灵活现,就像在描绘一只啄食樱桃的鸟;但不久,我们便在不知不觉中发现:他还把整部小说安排得井井有条,就像一个精心整理过的房间。不过,他安排得非常巧妙而合乎自然,给我们的感觉是:好像我们只是偶然走进了一个房间,一开始觉得那房间似乎有点凌乱,但多看一会之后便不得不承认,那里其实是井然有序的,只是它的秩序不同寻常罢了。于是我们便更加感兴趣,更加为之振奋。因为从某种意义上说,那里的一切比我们想象中的现实生活更富有生命,就像一位画家用绿色帷幕作背景,从而使那花瓶和郁金香花瓣的艳丽色彩显得更加艳丽了。

那么,劳伦斯是怎样用"绿色帷幕"来突出"花瓶和郁金香花瓣"的艳丽色彩的呢?在他"布置背景"时,你根本就感觉不到他是在"布置背景"——这是他最不寻常的才能。文字和场景快速而直接地向你涌来,好像是他随随便便地涂抹在一页又一页稿纸似的。没有一个句子是刻意造出来的;没有一个词是为了某种效果而有意用在句子里的;一切都自然得不留痕迹;也没有任何一个地方可以让我们停下来说:"你们看,这个场景和这段对话是用来点明小说主题的。"总之,《儿子与情人》的独特之处就在于:你在读它的时候总有一种流动不息、闪烁不停的感觉,它就像一条河或者一束光线,不会停下来让你仔细端详。

当然,小说总是要有情节和人物的;是的,小说人物总是由一张感情之网相互连接在一起的。但是,和普鲁斯特①的小说不同,这一切在《儿子与情人》中并不仅仅是为其自身而存在的。在这部小说中,令人感兴趣的并非情节和人物本身,也不是作者对情节和人物所作的渲染。我们读《在斯旺家那边》②时,即便读到其中的山楂树篱时也可以停下来细细观赏一番,但是在读《儿子与情人》时却全然不是这样,而是总觉得有什么东西在催促我们,要我们朝另一个更远的目标行进。也许就是因为有这种迫切性,或者说,存在着某种超越情节和人物的远大目标,小说的情节被凝聚、减缩到了极其简化的程度,人物是突然地、赤裸裸地出现在我们面前的,而且一晃而过。我们只有一秒钟时间匆匆一瞥,马上就被催促着往前赶路。那么,我们究竟要被带往何处呢?

也许,就是某种情境吧。这种情境,和人物、故事,和我们通常所说的小说高潮、结局,几乎都没有什么关系。劳伦斯为我们提供的、并要我们屏息关注和尽力加以感受的,就是肉体狂欢的情境。举例来说,保罗和米丽安在谷仓里的那场纵情做爱,就是这样一种情境。他们充满激情,肉体变得白热化了——这在其他作家的作品中也会描写得非常炙热,但在劳伦斯笔下,这一情境不仅仅是炙热而已,还具有一种先验的、神秘的含义;而且,这种先验性和神秘性既不是一般地体现在故事和人物的交谈中,也不是抽象地体现在人物的恋爱和死亡中,而是直接从两个在谷仓里做爱的年轻人身上、从他们激烈摆动的肉体中表现出来的。

然而,或许是由于这样的情境本身就不能令人满意,也可能是由于劳伦斯还没有足够的力量将其完整表现出来,这部小说从头到尾都给人一种不稳定的感觉。"儿子与情人"的世界,似乎始终处于聚合与解体的过程中。而把各种事物聚合到一起、并由此而构成小说中那个优美的、生气勃勃的诺丁汉世界的,就是白热化的肉体——它熊熊燃烧、闪闪发光,就像一块巨大的磁石,把一切都吸引

---

① 普鲁斯特,法国现代小说家,以多卷长篇小说《追忆似水年华》而闻名。
② 《在斯旺家那边》:《追忆似水年华》第一卷。

在自己周围。因此,不管是什么东西,一出现在我们面前便马上就不见了。没有什么东西会停下来让我们细看。所有的一切,都被一种永不满足的渴望、一种无比强烈的肉体欲念吸引着,都朝着那个方向飞去。所以说,《儿子与情人》是一本令人兴奋的书。它会刺激我们,还会改变我们。因为我们的内心会像男主人公的肉体一样充满欲念的骚动,而这样的欲念,过去却是一直被压制着的。但是,尽管男主人公保罗·莫瑞尔这块磁石已动摇和拆散了整个世界——这证明劳伦斯具有非凡的破坏力——他却无法把那些拆散的碎片重新组合起来,构成一个能使他自己感到满意的整体。

  对此,我们至少可以部分地作这样一种简单的解释:因为保罗·莫瑞尔和劳伦斯本人一样,也是个矿工的儿子。他不满于自己的处境,所以他卖掉一幅图之后所做的第一件事,就是去买一套夜礼服。劳伦斯不同于普鲁斯特,不属于一个生活稳定、心态平衡的社会阶层。他一心想脱离自己所属的那个阶层而跻身于另一阶层;他相信,他没有的东西,可以在中产阶级社会找到。他生性过于率直,所以他无法像他母亲那样,自以为下层贫民比中产阶级更好、更有生活能力。他认为中产阶级更有理想,或者说,有某种他希望自己也有的东西。就是出于这一原因,他的内心是骚动不安的。这非常重要,因为他和他笔下保罗·莫瑞尔一样,是个矿工的儿子,而且又非常厌恶自己的处境,所以他的写作态度也就显然不同于那些拥有稳定的社会地位、并对自己的处境感到满意的人。反过来说也一样,他们不会像他那样老是对自己的处境耿耿于怀,因为他们的生活已相当优越。

  正是由于对自己的出身感到不满,劳伦斯总有一种强烈的冲动。他总是从某种特定的角度看待事物,从而形成了一种独特的观察视角。和普鲁斯特不同,他从不眷恋过去,也从不关心人的性格特征之类的东西;他甚至都不是因为文学本身而对文学感兴趣的。在他看来,任何东西都只是一种工具,其本身既不是目的,也没有意义。所以,较之于普鲁斯特,你一眼就能看出,劳伦斯从不附和任何人,也不继承任何传统;他无视过去,也不理会现在,除非现在能影响将来。作为小说家,他的创作风格在极大的程度上就是由这种不受传统约束的倾向所决定的。思想会直接闯进他的头脑,就像一块石头猛地投进水里,而词句,就像急速、浑圆、晶亮的水珠,四处飞溅。所以,在他的作品中,你会觉得每个词都直接来自思想,没有一个是因为读上去悦耳或者有助于句子结构而出现在那里的。

刘文荣　译

后　　记

　　本书有些篇目选用现存译文,有些译者一时无法找到,故未商谈著作权事宜,甚为抱歉。望译者见此书后与我们联系,以便及时奉上样书与薄酬。

图书在版编目(CIP)数据

世界名著：西洋名家如是说 / 刘文荣选编. —上海：文汇出版社, 2021.4
ISBN 978 - 7 - 5496 - 3466 - 8

Ⅰ. ①世… Ⅱ. ①刘… Ⅲ. ①世界文学—文学研究 Ⅳ. ①I106

中国版本图书馆 CIP 数据核字(2021)第 035058 号

世界名著——西洋名家如是说

选　　编 / 刘文荣

责任编辑 / 陈今夫
封面装帧 / 薛　冰

出版发行　文汇出版社
　　　　　上海市威海路 755 号
　　　　　(邮政编码 200041)

经　　销 / 全国新华书店
排　　版 / 南京展望文化发展有限公司
印刷装订 / 启东市人民印刷有限公司
版　　次 / 2021 年 4 月第 1 版
印　　次 / 2021 年 4 月第 1 次印刷
开　　本 / 720×1000　1/16
字　　数 / 777 千字
印　　张 / 46.5

ISBN 978 - 7 - 5496 - 3466 - 8
定　　价 / 95.00 元